ヘルズエンジェルズ

ハンター・S・トンプソン

石丸元章＝訳

リトルモア

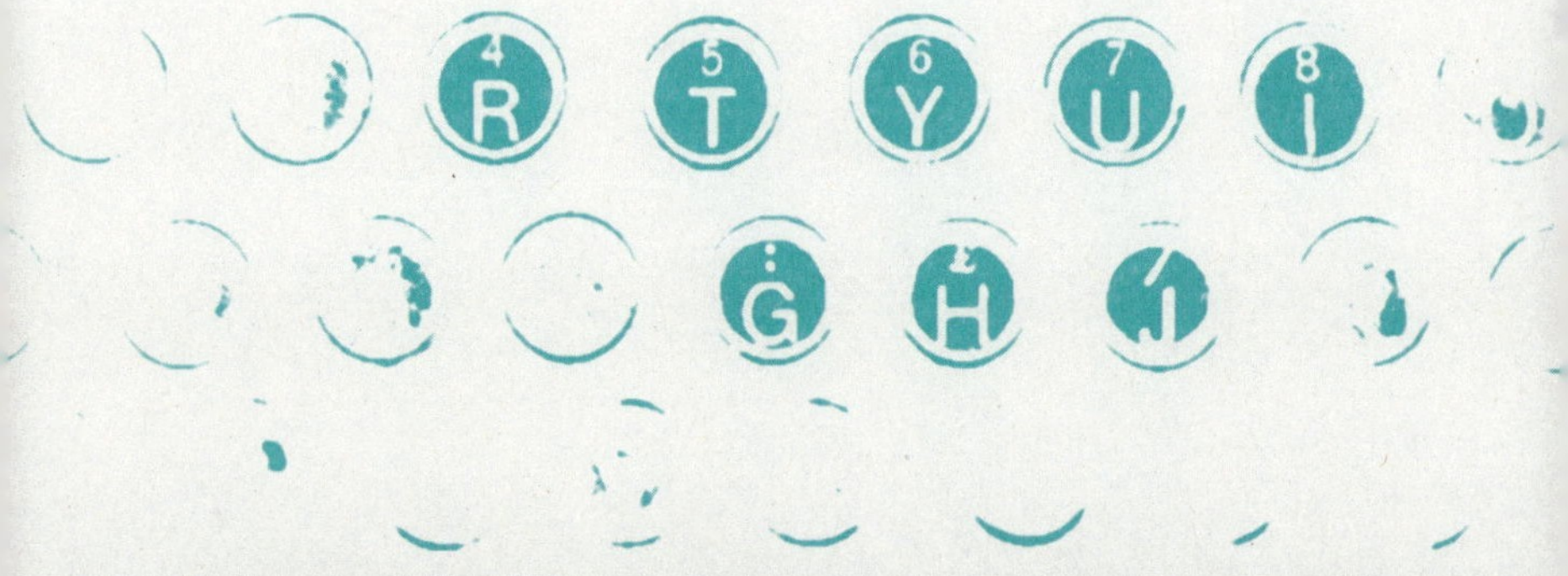

ヘルズエンジェルズ

装幀
緒方修一

To the friends who lent me money and kept me mercifully unemployed.
No writer can function without them. Again, thanks. HST

金を貸してくれたあたたかい友人たちへ。君たちのおかげで、
俺は無職のまま取材と執筆を続けることができた。
君たちがいなかったら、こうして作家になることなんてできなかった。
あらためて、ありがとう。ＨＳＴ

己の国にありながら、遥か遠くの土地にいる
強靭でありながら、力もなく
すべてに勝利を収めながら、敗者であり続ける者
朝の陽光におやすみを告げ
横たわれば、墜落の恐怖に苛まれる

——フランソワ・ヴィヨン

ぶっちぎるぜ、野郎ども！

1
HELL'S ANGELS

労働者の祝日《レイバーディ》の週末——。夜明けとともに湾から吹き込む濃い霧に蔽い隠され、サンフランシスコの市街地は、いまだ鬱蒼と闇の余韻を引いていた。

朝とは呼べないまだ薄暗い時刻、カーメルからサンシモンまで海岸線に沿って伸びる1号線を、威容を誇る改造ハーレーダビッドソンに跨ったヘルズエンジェルズの一群が疾駆していた。潮風に砕ける雷鳴のようなエキゾーストノイズ。厄介者の堕天使が再び地上に解き放たれた。100カラットの衝撃で、あらゆるメディアを騒がせる物騒な奴ら!!

エンジェルたちは、戦いの武器となる鋼鉄製のチェーンを背中から胸へと巻きつけ、ソリッドな表情でスロットルを握る。モンスターバイクの2列縦隊は、長く尾を引く閃光を放ちながら霧の中を、カリフォルニア州北部、ビッグ・サーの北の小さな半島、モントレーを目指していた。

フリスコ、ハリウッド、バードゥー、イーストオークランド――。バイクを駆ったアウトローたちは州全土から集まっていた。彼らはどこの町にもあるカビ臭い廃墟のようなガレージや終夜営業の安ダイナーのボックスシートで一夜を過ごすと、日の出とともに無愛想に目を覚まし、顔も手も洗わず、一夜の仮のねぐらを抜け出して、この世でたったひとつの自らの分身と言える存在、ハーレーダビッドソンのエンジンを、ただ一発のキックで覚醒させ、爆撃機のようにアスファルトに飛び立つのだ。

ヒュン！　ヒュン！　ヒュン！　朝を切り裂く音が連続して響き、カリフォルニアの濃霧が、いぶし銀のハーレーを何台も何台も呑み込んでゆく。

すべてが美しく、すべてがワイルド過ぎる朝。

オイルまみれのリーバイスをかっちり穿きこなし、沈むようなシートにその身を預けた研ぎ澄まされた男たち。口元は硬く引き締まり、微動だにしないその風格。渋滞の車列に頭から突っ込み、対向車線とセンターラインのわずかな隙間を時速90マイル(145キロ)で駆け抜けるなんて気狂い沙汰を平然とやってのける連中。

奴らの鼓動を駆り立てているのは灼熱に焼けた鋼鉄の馬。ケツの穴から炎を噴き出して走るこんな怪物マシーンを自由自在に操れるのは、世界広しといえども、ここ、カリフォルニアの現代のチンギス・ハーンしかいやしない。スロットルを一発噴かせば、一瞬のうちに鋼鉄の弾丸になっちまう。全速力で突っ走り……そしてビール缶を突き抜けて、アンタの娘のア・ソ・コめがけてまっしぐら。真面目腐った偽善者や、権力に取り憑かれた薄ら馬鹿連中、そんな頭の固い奴らのケツの穴に〝これぞ本物のワイルドな品格〟ってやつを、これでも食らえとお見舞いしてやれ。ヘルズエンジェルズ・モーターサイクルクラブ――。ご紹介いたしますメンバーは、リトル・ジーザス、ザ・ギンプ。チョコレート・ジョージ、バザード、ゾロ、ハムボーン、クリーン・カット、タイニー。それにもちろん、テリー・ザ・トランプ。フレンチー、モールディ・マーヴィン、マザー・マイルズ、ダーティ・エド、チャック・ザ・ダック、ファット・フレディ、フィルシー・フィル、チャージャー・チャーリー・ザ・チャイルド・モレスター、クレイジー・クロス、パフ、マグー、アニマル――こんな連中がエンジェルズにはまだまだ、あと100人を超してわんさわんさと群がっている。

街道が合流するたびにモンスターバイクの隊列は膨れあがり、バイブレーションは最高潮だ。昇りゆく太陽。エキゾーストサウンドが風をちぎりながら響き渡る。海風になびく長髪、シルバーのイヤリング、体に巻いた鋼鉄のチェーンは研ぎ澄まされた連中の牙だ。飾られたナチの紋章が胸に、腕に、肩口に、昇り始めた太陽と呼応して、危険をはらんだ閃光をアスファルトに招く。

彼らは自分たちを〝地獄の天使たち〟と称している。
バイクを駆り、好き勝手にレイプをし、奇襲部隊のように市民生活のあらゆるものを襲撃する。
彼らは「警察に俺たちを止めることはできない」と豪語している。

――『トゥルー――ザ・マンズ・マガジン』誌（1965年8月号）

一人ひとりは決して悪い人間じゃないんだが……。
例えばだ、あの理屈臭い公民権運動家の若造たちに比べりゃ、ヘルズエンジェルズの方がまだ理解できるね。厄介事を持ち込むことにかけちゃ、エンジェルズよりも運動家の方がずっとタチが悪いぜ。——サンフランシスコ市立刑務所の看守

連中の何人かは、いつの時代のどんな社会にいても、本物の野獣そのものですね。いっそ、例えば100年前に生まれていれば有名なガンマンになったとかね。

——バーニー・ジャーヴィス（ヘルズエンジェルズの創立メンバーで、のちに『サンフランシスコ・クロクル』紙の警察担当記者となった）

つまり俺たちは〝1％er《ワンパーセンター》〟なのさ。べつに世の中に迎合する気もないし、誰にどう思われてもなーんも気にしないっていう、市民社会の1％のはぐれ者。だから正直、医療費とか交通違反の話なんか、俺っちはこれっぽっちも聞きたくないわけ。わかる？ 俺には女とバイクと、それにバンジョーさえあれば、あとはこっちの勝手ってことでさ。いいかい？ こちとら何百回もの修羅場をくぐって生き残ってんだ。ブーツで誰かのケツを蹴飛ばし、鼻っ面に拳をお見舞いしながら今日の今日までこうしてさ。そういう俺たちこそがアウトローバイカーの特権階級——ヘルズエンジェルズって存在なのさ、わかるかBABEEEeeeEEEE！——永久記録のために語るヘルズエンジェルズの1人

カリフォルニア州全域の町々に点在するヘルズエンジェルズの各支部は、労働者を祝福する毎年9月の連休——第一月曜日の労働者の祝日を中心とした土・日・月の3連休——を使って、年間最大のツーリング行事として〝モントレー・ラン〟を開催していた。

日の出とともにすでにランは始まっていた。あらゆる支部のエンジェルたちが競い合うように、大西洋に突き出した小さな半島、モントレーのとある町を目指して、この日のために完璧に整備したマシーンを走らせている。サンバーナディーノやロサンゼルスの各支部がカリフォルニア州南部の町々を、101号線を北上して移動している同時刻、北部に本拠を構えるいくつかの支部は、サクラメントから50号線を南へ一直線に進んでいた。サンフランシスコ湾に近いベイエリアに本拠を構えるオークランドやヘイワード、それにリッチモンドなどの各支部の一隊は17号線を南へ――。アウトローたちはそれぞれが独自のルートで目的地、モントレーを目指している。

海を臨むコーストハイウェイを快走しているのはフリスコ支部の面々だ。オートバイのスペシャリストである彼らヘルズエンジェルズの走行中に、もし何らかの問題が起きるとするなら、それは彼らエンジェルズが〝譲る〟という概念を知らないという、その一点の理由につきるだろう。

〝キリスト教世界の歴史を通じて、最も堕落しきった暴走族のギャング〟という史上最悪の悪名を、今や全米メディアでほしいままにしている無法者のエリート――それがヘルズエンジェルズである。

ヘルズエンジェルズのメンバーは〝フライング・スカル〟（羽のある髑髏）のワッペンを縫いつけたデニムジャケットを身に纏い、〝チョップド・ホッグ〟（独自に改造されたバイク）を自在に操り、時に、彼らが〝ママ〟と呼ぶメンバー全員の共有物である女たちをタンデムシートに乗せてハーレーを走らせる。

サンフランシスコから1号線を南下してきたジプシージョーカーズは総勢36人で隊列を組んでいた。エンジェルズの友好団体である彼らは、カリフォルニアでエンジェルズに次ぐ第二の勢力を誇るアウトローバイカー・クラブだ。彼らの願いはただひとつ――自分たちの名声を全米に轟かせること。ジョーカーズの連中は極端に燃え上がった熱意を抱えてスロットルを握っていた。

ジョーカーズは地元だけを縄張りとする小さなバイカー・クラブだったが、しかし彼らは同じくベイエリアからランに参加しているプレジデンツ、ロードラッツ、ナイトライダーズ、クエスチョンマークスといった、他のアウトローバイカーたちの一団を、威勢において完全に凌駕していた。

悪の限りをつくすアウトローバイカーたちが群雄割拠するサンフランシスコを中心とするカリフォルニア州のベイエリア一帯が旧約聖書が語るところの〝悪の都ゴモラ〟なら、〝淫乱の都ソドム〟はそこから５００マイル（８０５キロ）ほど南に位置するロサンゼルスのあのトチ狂った巨大な円形競技場一帯を支配しているサタンズスレイヴズの縄張りということになるだろう。

サタンズスレイヴズはアウトローバイカーの勢力地図で、エンジェルズ、ジョーカーズに続くナンバー３の座にあるクラブだ。彼らは改造ハーレーのスペシャリスト集団で、ハーレーマシーンのあらゆることに精通していた。彼らはさかりのついた野良犬のように喧嘩沙汰を好み、それが自分たちの証である奇妙な色彩のヘッドバンドを頭に巻き、大概はロボトミー手術を受けて魂を抜かれた精神異常者のような感情を失った目つきのブロンド美人を連れているのだが……信じられない事実をひとつ報告すると、サタンズスレイヴズのメンバーは全員がロサンゼルスの高級住宅街に暮らす資産家階級の連中なのである。

彼らもまた朝早くから、ヘルズエンジェルズが主催する常軌を逸することが予言されたアウトローバイカーたちの祭典――モントレーの乱痴気騒ぎ（モントレー・ラン）――に参加するべく、今日のためにパーフェクトにチューンしたチョップド・ホッグに身を沈め、北部へと続くハイウェイを激走していた。見るがいい。爆走するスレイヴズたちの背中には、今日もほーら、必死になって革ジャンにしがみついているブロンドの美人たちがいるではないか！

ヘルズエンジェルズのメンバーたちはそんなサタンズスレイヴズの面々を、からかい半分に〝ＬＡのボンボン〟と呼んでいたが、当のスレイヴズの面々はそんなことをまったく気にしちゃあいなかった。というのも、どんなにエンジェルズにからかわれようとも、州南部に本拠を構えるいくつかの真に狂った粗暴なアウトローバイカー・クラブの連中に対して、面と向かって罵倒の言葉を浴びせかけ、平然と口汚くコキ下ろすことができるのはカリフォルニア広しといえどもスレイヴズのメンバー以外どこにもいない。

スレイヴズがコキ下ろすのは、コフィンチーターズ、アイアンホースメン、ギャロッピンググースィズ、コマンチェロズ、ストレイサタンズ――。彼らは普段カリフォルニア州南部を縄張りとして走りまわっているアウトローバイカー・クラブの連中で、全員が宿無しのうえ、ほとんどが性病持ちで……つまりあまりに不潔で凶暴過ぎて、州北部であれ南部であれ、あらゆるライダーたちが、鋼鉄のチェーンが唸りをあげ、手当たりしだいに刃向かう相手の頭を叩き割り、砕けたビール瓶の破片が宙を飛び交うような派手な喧嘩の助っ人を願い出る時以外には……まあ、普段からの積極的なおつき合いはちょっとばっかし勘弁してほしいと思っている――そんな連中である。


幾度となく私は、どのみち現在の袋小路から抜け出す道はないのだ、と語り続けてきた。

もし我々が本当に覚醒してしまったら、その瞬間に自己を取り巻いている恐怖の存在に打ち震え、徹底的に打ちのめされるに決まっている。

もし我々が本当に覚醒したら、大勢が商売道具を放り出し即座に仕事を辞めるだろう。

大勢が義務を否定し、大勢が税金を払わず、法律なぞ一瞬のうちにどこかへ消し飛び、それぞれが自分の望む人生を、勝手に生き始めるだろう。

したがって、もし本当に完全に覚醒した人間であるならば、そうした狂気じみたことをいつも行うよう期待されることにも耐えられるはずはないのである。


――ヘンリー・ミラー『性の世界』（J・N・Hによってヘンリー・ミラーの友人たちに向けて1000部刷られた出版物）より

大切なことはとにかく俺たちに近づかないってことだ。一般の人たちはまずそれを一番に学ばなきゃな。
だって俺たちは楽しくやるために、邪魔する奴らを片っ端からぶちのめしちゃうんだからさ。

——あるエンジェルが警察に語った言葉

1964年9月5日(土)早朝、テリー・ザ・トランプは激痛に耐えきれず、うめき声とともに目を覚ました。裸の上半身のあちこちには殴り蹴られた血痕や傷跡が生々しく浮き立ち、背中には皮膚を切り裂く寸前のミミズ腫れが幾筋となくのたうっている。

テリーは前の晩、オークランド市街のバーで、同じイーストベイを拠点とする敵対するアウトローバイカー・クラブ、ディアブロスのメンバー9人にぶちのめされたのだ。

「以前、連中の仲間の1人をやったことがあってね。その復讐さ」テリーはぶつぶつ言っている。「俺は仲間たちとゴキゲンに飲んでいたのさ。そうしたら、クソっ！　それまで隅の方で縮こまっていたディアブロスの連中が、仲間が帰って俺が1人になった途端に……あのクソったれども!!　バーの外に出ると一斉に飛びかかってきやがった！」テリーは早口でまくし立てる。「しかしだな、俺はいいように連中にボコられちまったが、でもそのままってわけにはいかないからな。もちろんすぐさま一緒に飲んでいた仲間を呼び出して、昨夜一晩中さ、オークランドを隅から隅までヘッドライトで照らし出して、ディアブロスのクソ野郎どもを捜しまわったんだぜ」

しかし丸一晩をかけた懸命な捜索は結局無駄足に終わり、夜空の向こうが白み始める頃、テリーはようやく居候しているスクラッグスの家に戻ってきたのだった。

体の傷を鏡で確認しながら、「大したこたぁねえな」とテリーは平然と言い放つと、手早く身支度を整え始めた。

テリーが寝起きしているのはサンリーンドロにあるスクラッグス一家の小さな一軒家だ。スクラッグスは当時のヘルズエンジェルズの正式メンバーとしては最年長の37歳。元ミドル級のプロボクサーで、あの伝説のボボ・オルソンと一戦を交えたこともあるのだが、どうしたわけか、拳闘の世界からアウトローバイカーの暴力世界へと流れ着いた。

スクラッグスが家族と暮らしている一軒家は、そもそもとても小さく、妻と自分と、自分が引き取って育てている前妻とのあいだの子供2人の4人ですでに手狭だったのだが——しかしこの夏、働き口を求めたテリー・ザ・トランプが、家族3人を引き連れてサクラメントからベイエリアへやって来た時、スクラッグスは即座に、テリー一家に専用の部屋とベッドと食事を提供することを決めたのだった。

以来2カ月、スクラッグスとテリーの2家族はサンリーンドロの小さな家で風変わりな共同生活を続けている。妻同士はうまくやっていたし、子供たちもすぐに打ち解け、何もかもうまくいっていた。ほどなくして、テリーは近くにあるゼネラルモーターズの工場の組み立てラインに働き口を見つけることができたのだが、それは——〝アメリカ労働運動の現場レベルにおいては、いまだ本来人間が持っているはずの柔軟さというものが、いくばくか残っていることの証明〟のような就職だった。というのも、テリー・ザ・トランプはあらゆる企業の雇用係がひと目見て即座に不合格の烙印を押したくなるのも当然の風貌で、喩えるなら新聞漫画「ジョー・パルーカ」の主人公ジョーと、「彷徨えるユダヤ人」をプラスして2で割ったような顔つき。身長6フィート2インチ（188センチ）で体重210ポンド（95キロ）。身体的特徴は太い腕、顔を覆うもじゃもじゃの髭、肩まで伸びた髪。性格は粗野、粗暴、凶暴。素行は最悪。特筆すべき点として、自分勝手な言い分を乱暴に長時間わめきまくるという性格上の問題点があり、さらに警察署には——テリー・ザ・トランプ27年の人生を飾る悪の勲章である前科・前歴・逮捕の記録が高々と積み上げられている。主な罪状はケチな窃盗、暴行、レイプ、麻薬不法所持、公衆の面前でのクンニリングスなど。

しかしテリーは逮捕されるたびに巧妙に罪を逃れ、長期間の刑務所暮らしを余儀なくされる重罪判決を受けたことが一度もない。その件について私は直接本人に話を聞く機会があったのだが、どうやらテリー本人も、これまで自分がやらかしてきた様々な悪事に対し、一応は世間並みの罪悪感なる感情を抱いているのは確かなようだった。が、しかし……とは言っても、テリーが感じている罪悪感というのは、どんなことをしでかしたにせよ、いわば会社勤めの一般市民が「あの時は酔っ払っちゃってハメを外しちゃった。ゴメンね～！」と、にっこり笑って済ませる程度の罪悪感でしかないのだけれど。

テリーは平然と言ってのける。「犯罪記録なんて全部インチキさ。すべて警察の戯言よ。いいかい、俺に出された起訴状のほとんどは正真正銘身に覚えのない、でっちあげ調書の典型ってやつさ。いいか、俺は自分のことをただの一度も本当の犯罪者だなんて思ったことはありゃしねえ。それに第一！　俺はそもそも、いつも必要に迫られてそうしているだけで、わざわざ狙って警察沙汰を起こしているわけじゃあないんだからよ」

しかしここで一瞬口をつぐんだテリーは、私の顔をまじまじと見てこう続けた。「でもどうなんだろう……。確かに俺は犯罪者ではないにしろ、やっぱり最近ちょっと調子に乗り過ぎてるとは思うんだな。なぁ、実は最近嫌な予感がしやがるのさ。何かこう、もうじき、クソっ！　何かクソくだらないことでパクられて、これまで自由に過ごしてきた楽しい日々よ、さようなら！　一生涯を刑務所ってことになりかねない。なぁ、そろそろこんな生活に見切りをつけて、そうだなぁ、東部のどこか、ニューヨークか、あるいはオーストラリアにでも移住する潮時なのかも知らねえな。そうだ、おい！　俺は昔、俳優労働組合のＩＤを持ってハリウッドに住んでたんだぜ――ってことは、なっ！　俺みたいにすぐにキレちまうダメ人間だって、どこに行っても、たぶんなんとかその場所でうまく生きていけるってことの証明なんだよ、この野郎‼」

その日がいつも通りの土曜日だったら、テリーも、そしてスクラッグスも、午後の2時か3時頃までそれぞれのベッドの中で鼾をかいて眠りこけ、それからようやく起きだして、どちらかの妻がつくる軽い朝食を済ませてから、行きつけのバーにたむろしている12、3人のオークランド支部のエンジェルを引き連れて、いよいよ本格的にディアブロスの連中を捜してオークランドのあちこちを流し始めていたに違いない。（註1）

しかしその日、9月5日の朝は、これから始まる年に一度の特別な日、モントレー・ランの開始を告げる、特別な朝なのだった。

毎年9月の第一月曜日、国民の祝日である労働者の祝日をクライマックスとする3連休のあいだ、ヘルズエンジェルズはモントレー・ランという、彼らにとって1年で一番重要なツーリングイベントを開催する。刑務所へぶち込まれているか、あるいは大怪我で病院のベッドに括りつけられてでもいない限り、ヘルズエンジェルズの全メンバーがこぞってひとつの場所に集まって、ハメを外す乱痴気騒ぎの大集会——それがモントレー・ランである。

テリーとスクラッグスは実際、もう何日も前からランの準備を整えていた。

年に一度の特大イベント、モントレー・ランは普段カリフォルニア州各地に散らばっている各支部の全員が、モントレー半島のどこかの町（詳しい目的地はギリギリまで秘密にされる）に大集結し、三日三晩ぶっ通しで町にあるすべての酒場のビールを飲み干し、バーボンやテキーラの酒瓶でアンフェタミンを飲み下す——そんなど派手な気狂い沙汰のお愉しみなのである。モントレー・ランは、善良なる一般市民の方々が彼らなりにハメを外してお騒ぎなさる年に一度のニューイヤー・パーティーに対する、アウトローバイカーたちからの模範解答とも言えるだろう。

奇抜に飾りあげた狂った衣装で一晩中わめき散らし、何本ものワインをカクテルしたジャグをまわし合い、久しぶりに顔を合わせた懐かしい友を挨拶代わりにぶん殴り、そしてメンバー全員の所有物である女たち（ママ）の誰とでもヤりたいだけヤりまくる。

（註1）その後、ひと月のうちにディアブロスは解散に追い込まれた。エンジェルズはディアブロスのメンバーを1人ずつ捕まえてはボコボコにしたのだ。幾度となく踏みつけられ、ぶん殴られ、鎖で鞭打たれたディアブロスのメンバーたちはすっかり怖気づいてしまった。「あんなのはしょっちゅう起こることじゃない」テリーはのちに語った。「他のクラブの奴らが俺たちにちょっかいを出すなんてことはそうそうない。だって、エンジェルに仕掛けたら最後だからな」

モントレー・ランの参加人数は毎年の開催日となる週末の天候と、その前の週にエンジェルたちが長距離通話でどれだけ互いを誘い合ったかにもよるが、例年カリフォルニア州の各地から、200人から1000人のアウトローバイカーが、鉄の馬を駆る一陣の風のように現れ、そのうちの半数はモントレーに到着する前にすでにベロンベロンに酔っ払っているという。

時計の針が9時をまわると、テリーとスクラッグスはもう一瞬も待ちきれないという顔つきで、家の中を気もそぞろにうろうろし始めた。

くわえたマルボロに火をつけると、テリーは体中のこぶやミミズ腫れに他人事のような一瞥をくれ、機械オイルの染み込んだ分厚いデニムのリーバイスを身につけ、頑丈なライダースブーツで足元を武装する。裸の上半身に、ワインや脂や汗染みが匂い立つ、赤いスウェットシャツを直接1枚。

スクラッグスは妻がインスタントコーヒーをわかしている一瞬さえも待ちきれず、何本目かのビールを呷りながら、鼻歌を歌っている。

窓の外の狭い裏庭を、カリフォルニアの眩しい太陽が照りつけていた。しかし、湾の向こうに拡がるサンフランシスコの街並みはまだ灰色の霧に包まれたまま、嘘のように静まり返っている。

アウトロー仕様に改造されたテリーとスクラッグスのハーレーダビッドソンは、この日のためにピカピカに磨きあげられていた。ガソリンタンクは燃料で一杯。準備は万端だ。テリーたちが他にするべきことといえば、小銭や、その辺に転がっているマリファナを適当に拾い集め、バイクに寝袋を括りつければ、最後に残る身支度は、例の悪名高き〝カラー〟を、それぞれの身につけることとなる。

カラーとは、ヘルズエンジェルズに所属しているすべてのバイカーが必ず身につけている、独自にデザインされたシンボルマークのことである。いわばエンジェルズの制服であり、エンジェルズとして生きている栄光の紋章であり、エンジェルズがエンジェルズであることを証明するためのアイデンティティそのもの。ほとんど彼らの魂と呼ぶにふさわしい象徴である。

エンジェルズのカラーついてはカリフォルニア州検事総長トーマス・C・リンチ氏が、メディアに向けたコメントや大上段に構えた演説をかます時に、しばしばネタ本にしている公文書『オートバイ集団 ヘルズエンジェルズ』にかなり正確な記述があるので、少々長くなるがここに引用してみたい。

1.〝カラー〟と〝ナチスの紋章〟について

〝カラー〟と呼ばれるヘルズエンジェルズ独特のエンブレムは翼の生えたヘルメットを被った髑髏が刺繍された布製ワッペンのことだ。カラーには〝MC〟と〝HELL'S ANGELS〟の文字が必ず刺繍されている。その他に、各地方支部名や、支部が本拠を構える町の名が記された別のカラーが存在し、大抵の場合エンジェルたちはノースリーブのデニムジャケットの背中に、それぞれのカラーを縫いつけている。

よく観察すると、ヘルズエンジェルズのメンバーたちはしばしばドイツ空軍の紋章やナチスドイツの鉄十字章のリメイクを身につけている。なぜ彼らがナチスにこだわっているのか、その理由はまだ解明されていない。

ほとんどのエンジェルたちは伸び放題の髭をたくわえ、大抵は長髪のぼさぼさの髪型で、それが彼らのスタイルである。片方だけにピアスをつけている者もいる。エンジェルたちがベルト代わりに腰にバイクチェーンを巻いているのは、暴力沙汰が起きた時、即座に凶器として使用するための準備である。

調査員たちの報告によると、ヘルズエンジェルズのメンバーたちは大型で頑丈な米国製バイク、ハーレーダビッドソンを特に好んでいる模様である。

メンバーたちは互いを呼び合う際、正式な呼称としてニックネームを用い、仲間内では通称が本名のように流通している。

いくつかの支部は入会を希望する新参者が現れた場合、腕に入れ墨を彫ることを強制規定しており、その代金は入会料に含まれている。

2.ヘルズエンジェルズの見分け方と捜査の効率

ヘルズエンジェルズに所属しているか否かを見極める時に最も簡単で有効な判断基準は、彼らエンジェルたちが概して非常に不潔で汚らしい連中だということである。我々の調査官たちは調査期間のあいだ一貫して、ヘルズエンジェルズのメンバー及びパートナーと思われる女性たちが、「数カ月かそれ以上、まるっきり風呂に入っていないようだ」と報告している。

ヘルズエンジェルズが起こしたと思われる事件の捜査において非常に有効な捜査手法となりうるのは、彼らの指紋を照合することだ。というのも、ヘルズエンジェルズのメンバーには大抵1回ないし複数回の逮捕経験があり、すでに警察はヘルズエンジェルズのメンバーほとんどの指紋を採取している。

3.アウトローバイカーの全国組織〝1%er〟について

ヘルズエンジェルズに限らず、その他の悪評高いアウトローバイカー・クラブに所属している者たちの一部は〝1%er〟と呼ばれる、全米を網羅した暴力的オートバイ組織に加入している。州内各地に拠点を持つヘルズエンジェルズは通常毎週定期的な集会を開いているが、1%erのメンバーは毎月カリフォルニア州内の様々な場所で秘密の会合を開いている。

ヘルズエンジェルズの正式メンバーと認められ、カラーを授与されたり、あるいは1%erのワッペンを身につけたりするための必要条件は、残念なことに現段階では定かなことが判明しておらず、引き続き調査を継続する必要がある。(中略)しかし調査員が確認したところ、何人かのアウトローバイカーたちは〝13〟という暗号めいた数字の描かれたワッペンを公然と身につけており、その意味は、我々の分析では、13はアルファベットの13番目のM、つまりmarijuanaの頭文字を示すMを意味しており、それは彼らがマリファナに代表される様々なドラッグを常用する人間あることを、自ら公言しているととらえてしかるべきなのである。

至って不快で腹立たしいリポートではあるが、1%*er*についての説明以外、上記の記述は概ね正確であると言える。実際、ヘルズエンジェルズのメンバー全員が1%*er*というワッペンを身につけている。また、エンジェルズ以外のアウトローバイカー、例えばジョーカーズやスレイヴズのメンバーも、1%*er*のワッペンを身につけている。

しかしその理由に関しては、検事局発行資料『オートバイ集団　ヘルズエンジェルズ』も、それを鵜呑みにしたリンチ氏の大演説も、大間違いがいいところだ！

正確に説明しよう。アウトローバイカーたちが斉《ひと》しく身につけている1%*er*のワッペンには「自分たちこそは米国オートバイ協会(*American Motorcycle Association*)に入会拒否された全米1%のバイク乗りである」という、彼らの誇りが込められている。

米国オートバイ協会(AMA)は全米各地で2輪車を製造するオートバイ・スクーターメーカーの業界団体傘下に設けられた急成長中の実行組織で、彼らの任務はバイクとバイク乗りたちのイメージ――つまりヘルズエンジェルズに代表されるアウトローバイカーたちがここ10年間一貫してぶち壊し続けてきたイメージ――を健全に回復したのち、健康的かつ虚飾に満ちた嘘のメッキを施すことにある。

「我々AMAはヘルズエンジェルズを公式に非難する」とAMAマネージャーは正式な声明を発表している。声明はこう続く。「しかし我々は連中がバイクに乗っているから非難するわけではない。彼らが馬やロバ、あるいはサーフボードや自転車、スケボーに乗っていたって非難する。だが残念なことに、奴らはオートバイに乗っている」

AMAは「我々は全米のバイカーたちの声を代弁している」と強弁するが、しかしAMAに登録しているバイカーは1966年現在、全米でわずか5万人に過ぎず、それは65年にアメリカで登録された150万台のバイクのわずか5%にも満たない数だ。AMAは、ある業界誌が指摘しているように、今後のオートバイ業界発展のために好ましくないと思われるヘルズエンジェルズに代表されるアウトローバイカーたちの存在を〝ないこと〟にしようとしている組織なのだ。

午前10時頃、テリーとスクラッグスはいよいよハーレーダビッドソンのスターターを勢いよく蹴り下げ、一発でエンジンに命を吹き込むと、女房と子供たちを家に残し、サンリーンドロの家を意気揚々と出発した。

オークランドのダウンタウンを2マイル(3キロ)ほど流しているあいだ、街を歩いている人々やすれ違う車のドライバーたちが、彼らの奇抜なデザインのハーレーを驚愕の視線で眺めては、怯えるような表情を見せている。テリーとスクラッグスは示し合わせたわけではなかったが、エンジンの回転数をできるだけ落とし、停止信号や制限速度をキッチリ守ってダウンタウンを走行している。年に一度のモントレー・ランが始まるって大切な朝に、つまらないことでキップを切られるなんて願い下げだったからだ。

しかし2人はこの朝の集合場所となっているヘルズエンジェルズ・オークランド支部の副支部長、トミーの家までいよいよあと半ブロックという地点に到達すると、まるで事前に入念なリハーサルでもしたかのようにほとんど同時に手首一杯スロットルを返し、爆音を響かせ、アスファルトを猛烈なスピードで駆け始めた。

その年のモントレー・ランの朝、オークランド・エンジェルたちの集合場所は副支部長トミーの家の前庭だった。トミーの家はその昔栄えていたイーストオークランド地区の昔ながらの静かな住宅街にある。かつては耀かんばかりの白色のペンキが塗られたこぎれいな木造家屋が建ち並ぶ落ち着いた地域だったが、現在はろくに手入れもされない老朽化した家々が寂しく並ぶだけの、古き良きアメリカ市民社会の残骸のような場所である。

過去何世代にもわたって、アルバイト少年たちが『オークランド・トリビューン』紙を配達してきた家々の前庭は、今はもう芝もまばらに荒れ果てて、水が撒かれることもなく、哀れな茶色の土肌を晒すがままに放置されている。

ヘルズエンジェルズ・オークランド支部でナンバー2の地位にあるトミーの家のご近所さんたちは、朝の空気を吸いにフロントポーチに出ず、家の中にひっそりと鳴りを潜めて、リビングの窓から、隣家に続々と集まってくるかの有名なヘルズエンジェルズの恐ろしいショーを食い入るように眺めていた。

午前11時、この段階で地響きをあげて到着していたエンジェルズメンバーは30人ほど。トミーの家のちっぽけな庭で、全員が勝手なことをやって騒いでいた。全員、年に一度のモントレー・ランのために、正式なカラーを縫いつけた正装で身支度を整えていた。古い家々が建ち並ぶ狭い街路の両サイドには改造されたハーレーダビッドソンがあたりを占領したかのようにずらりと並び、まるで住宅街一帯が、ヘルズエンジェルズが支配する特殊な王国のようだった。

かなり早くから到着していた何人かは、すでに出発まで1秒だって待っていられないというハイテンションで新たな缶ビールを次々と飲み干し、騒動のためのエナジーを体一杯に過充電している。彼らの過剰なテンションは新たに到着したばかりのエンジェルたちにも即座に伝染し、その場にいたオークランド支部のメンバーはすでにスパーク寸前の熱を帯び、爆発する瞬間を今や遅しと待っている状態。

もじゃもじゃの髭を奇抜なグリーンに染めた1人のエンジェルが、いよいよこれから始まるフェスティバルを祝福するため、ハーレーのエンジンを景気よく噴かしあげた。急降下爆撃機が突然来襲したような音だった。古い住宅街の窓という窓がビリビリと震え、木の葉が怯えて青褪める。

メンバーたちは大イベントのリアルを自分自身で再確認するために、意味なくお互いを乱暴にドッキまわしたり、力任せに取っ組み合い、互いの興奮を高め合っている。そしてまた新たな爆音の到着——。

対照的に、女たちは皆、どこか醒めた表情だった。女たちはトミーの家の前庭の1箇所に大人しく寄り集まっていた。セクシーなスラックスやスカーフ。袖なしのブラウスやセーター。女物の小さなブーツにサングラス。リフトアップ・ブラで胸を強調しているのは明るい口紅のママたちだ。

ヘルズエンジェルズに付き従う女性たちは男性メンバーと同じく、ほとんどが20代だったが、何人かはどう見てもティーンエイジャーだった。彼女たちはヘルズエンジェルズとつき合うようになってから、それまで想像したこともなかったアウトローバイカーたちの過酷な暴力世界の現実を肌身で知り、長くその世界を見ているわけでもないのに——アウトローバイカーの世界の恐怖の洗礼はあまりに苛烈で——ある者は無慈悲なほど鈍感に、ある者は壊れる寸前にまで神経質に、その性格を変貌させていた。

彼女たちはほぼ等しく全員が、中途半端な好奇心と中途半端に聡明な心をもちあわせている若い女性たちで、その手の若い女たちがしばしば瞳に宿している、あの、用心深さとも諦めともつかない特有の冷めた視線で、エンジェルたちを眺めながらひとところでじっと、ただ静かに出発の時を待っていた。

もちろん、そうした壊れかけた若い女にまざって、「あれま！　こんな天気のいい日に屋外でバイクに乗れるなんて、それだけで本当に健康的！　まったくもう、なんて素晴らしい週末なんでしょう!!」と心からモントレー行きのランを楽しみにしている年増の売春婦のような肥った女だって2、3人はいたのだけれど。

集まるのが5人だろうが150人だろうが、ヘルズエンジェルズの〝ショー（集会、パーティー）〟を仕切っているのが誰か、エンジェルズのメンバーはいつもはっきりと認識していた。

ラルフ・ソニー・バージャー。イーストオークランド出身。身長6フィート（183センチ）、体重170ポンド（77キロ）、痩せ型。カリフォルニア各地に多くの支部を持つヘルズエンジェルズの中で、オークランド支部を束ねるラルフ・ソニー・バージャーこそが、誰もが認めるヘルズエンジェルズ・モーターサイクルクラブの真のリーダーである。

ラルフ・ソニー・バージャーはヘルズエンジェルズに所属する全メンバーの中で最も聡明な頭脳を持つ比類なき男であり、素早い状況判断とそれに対する最適な対処が瞬時に下せるタフな元締めであり、彼自身もまたヘルズエンジェルズ・モーターサイクルクラブというアウトローバイカー集団を誰よりも深く信奉する狂信者であり、時に哲学者であり、そしてもちろん喧嘩っ早いが、しかしいかなる常軌を逸した狂乱の中にその身を置いても、常に冷静な眼であたりを観察しながら落としどころを探し出し、必ず最後には抜け目のない妥協案をタイミングよく出すことができる有能な交渉人であり――同時にラルフ・ソニー・バージャーは普段週払いの倉庫係として雇われている一介の労働者である。

オークランド支部に所属するエンジェルたちにとってラルフ・ソニー・バージャーは、慣れ親しんだ仲間の〝ラルフ〟であったが、他の各支部のメンバーたちは敬意を込めて彼のことを〝ソニー〟と呼んだ。

さらにちょっとした小競り合いがいつもの如く大騒動に発展した時には、エンジェルたちは突如としてバージャーを〝ボス〟〝パパ〟あるいは〝ダディ〟と呼び始め、つまりはヘルズエンジェルズに所属するすべてのメンバーが最終的に頼りにしている唯一の存在が、ラルフ・ソニー・バージャーという男なのである。

もしエンジェルズの誰かがバージャーと揉め事を起こし、本気になって殴りかかれば――もちろん、起こることは絶対にないのだが――バージャーを2分やそこらで倒すことができる、そんな屈強なメンバーはゴマンといる。しかしヘルズエンジェルズの一員である限り、バージャーの発する言葉に異議を挟む者は1人もいない。普段のバージャーは声を張りあげることすらめったにない穏やかな男だ。しかしはみ出し者が相手の時は、別の話だ。

ごく稀に、反抗的な新入りメンバーが出しゃばってバージャーに意見することがあった。するとその若造は毎週金曜の定例集会で古参メンバーたちにオモチャのように殴られまくり、次の週からはもう現れなくなる。いつものことだった。答えはひとつ――ラルフ・ソニー・バージャーに反抗したいのなら、今すぐ生き方を変えて、二度とヘルズエンジェルズにかかわらないこと。

トミーの家の前庭に集合したエンジェルたちの雰囲気が例年より乱れた無秩序であったとすれば、その年のバージャーがマリファナ不法所持容疑で逮捕され、いまだサンタ・リタ・リハビリセンターに収容され続け、その場に不在だったからと言い訳できるだろう。しかし意外にも副支部長のトミーはうまくショーを運んでいた。トミー独特の、静かにして我は関せずといった態度が、バージャー不在の集団に対して逆に自制を促し、騒ぎは最小限に抑えられていた。

オークランド・エンジェル副支部長のトミーは26歳。支部長のラルフ・ソニー・バージャーの1歳年下だ。髪はブロンド、髭は丁寧に剃られ整えられている。彼と妻とのあいだには2人の子供がいて、普段は建設作業員として週に180ドルを稼いでいる良き夫でもある。

逮捕されたことによりソニーが不在となったその年のモントレー・ランで、リーダーの代役ができるのは自分だけだ、ということをトミー自身、神経質なまでに理解していた――自分たちオークランド支部がモントレー・ランに参加するからには、ソニーがいようといまいと、我らこそがヘルズエンジェルズ・モーターサイクルクラブを象徴する、突出してクールなナンバーワンの存在であるということを、カリフォルニア全土から集まってくる、すべてのメンバーたちに明確に示さなければ面目が立たない！

さもなくば、今まで自分たちがほしいままにしてきたナンバーワン支部という栄誉を、南カリフォルニアを持ち場とするサンバーナディーノ支部（エンジェルたちは〝バードゥー支部〟と呼ぶ）に返上することにだってなりかねないのだ。

ヘルズエンジェルズ・バードゥー支部はヘルズエンジェルズ創立の父として、すべてのエンジェルたちから圧倒的な尊敬と崇拝を受けている特別な支部である。

ヘルズエンジェルズ・モーターサイクルクラブは1950年代のサンバーナディーノに誕生し、以来、現在のエンジェルズに連なるすべての様式や伝統を生み出し、約15年をかけてカリフォルニアの各地に新たな支部を開設し、組織をここまで育ててきた。その偉業のすべてはまぎれもなく南カリフォルニア、その一支部の成し遂げた金字塔なのだ。

しかし時の経過とともに、カリフォルニア南部でアウトローバイカーに対する警察の取り締まりが厳しくなってくると、バードゥー支部のエンジェルたちは町を捨て、快適な環境を求め、海岸寄りのベイエリアに活路を求めた。そして……1965年現在、カリフォルニア州のベイエリアにある港湾都市オークランドのヘルズエンジェルズ支部が、彼らの世界の新しい首都になりつつあった。

トミーの家の狭い庭先では、昨夜テリー・ザ・トランプを襲ったディアブロスの連中がラリっていたヤクについて真剣な論議が交わされていた。様々な情報が、声高に飛び交っている。が、実際のところ、そういった話はいつも通りの不平不満や馬鹿話であって、何らの価値もない。

その証拠にそれから数時間後、バイクを走らせ、モントレーまであと2時間という地点でフリーウェイを乗り換えた頃には、全員がすっかりゴキゲンになり、すべての問題が一時棚上げにされ、日常の中のありとあらゆる気に食わないことが、まるっきりもうどうでもよくなっていた。

正午が近づき気温が上昇してくると、エンジェルたちは着込んでいたシャツを脱ぎ、ベスト1枚のワイルドな姿となって、カリフォルニアの風を胸一杯に吸い込み、素肌で速度を呼吸しながらスロットルを握り、南へ伸びる地平線を疾走していた。

トミーを先頭に2列縦隊で走行しているアウトローバイカーたちの異様な集団を、対向車線のドライバーたちが驚愕の視線で眺めている。大きな車輪に乗った野獣どもの群れ。爆音。たなびく長髪。そのすべてに対して市民たちは恐れおののく。振り返れば、ケープのように風にたなびく、ライダーたちのベストの背で勲章のような耀きを放つあの悪名高きヘルズエンジェルズのカラー。善良な市民社会の人々が息を呑み、目を見張る瞬間だ――ああ、彼らはこれから剝き出しのレイプ本能とともに、どこかの町へと赴くのだ。

南へ向かうハイウェイは、労働者の祝日の連休を、恋人と、あるいは夫婦、家族と楽しもうとする、納税義務を怠らない生真面目な市民たちの車でごった返していた。そこへ突如現れたヘルズエンジェルズのオートバイ隊列が、彼らにとって穏やかであるはずの週末に突如襲いかかってきた信じ難い恐怖の瞬間であったことは想像に難くない。

エンジェルはセンターライン上のわずかな隙間を、遠慮なしの超高速で走り抜ける。市民社会のドライバーの中にはそうしたエンジェルたちの蛮行に許し難い苛立ちを覚え、ウィンカーなしに急左折して走路を邪魔してやりたいと、本気でその危険な誘惑に駆られる者も実際はいるだろう。が、しかし、そんなことを一瞬考えた者も、やはり他の大勢のドライバーと同じように、実際にはハンドルを握ったまま尻尾を丸めて、窓を閉めきった車内で、せいぜいの悪態をついてみるのが精一杯だ。

南に1時間ほど走ってサンノゼの町に入った頃、隊列左サイドの先頭部分を走るオークランド支部の全マシーンが、2人のハイウェイパトロールの警官によって停止を命じられるという、ちょっとした事件が起きた。

特に理由のない停止命令だった。2人の警官はただ単にハイウェイにおける自分たちの優位性を示したかっただけなのだ。

しかし誰も予期していなかったことが起きた。それがきっかけで、17号線と101号線が合流するジャンクションの車の流れが、45分間も完璧に滞ってしまったのだ。というのも、トミー率いるオークランド・エンジェルズのハーレー隊列が警官に停められているという、ただそれだけの騒動にもならない騒動を見物するために、それまで流れるようにハイウェイを走っていた車のドライバーたちがこぞって停車、あるいは時速10から15マイル（16～4キロ）で徐行し始め、そうして一旦渋滞が本格化すると、今度は渋滞の最中にヴェイパー・ロックやオイルクーラーの吹きこぼれ……他、小さなメカニカルなトラブルを起こす車両が続出。それが原因で渋滞はますます悪化した。

テリーは当時を振り返ってこう語る。「ああ、ハイウェイパトロールたちはエンジェルズのバイクを見つけちゃぁ、手当たりしだいに適当な理由をつけて、反則キップを切るのが常なのさ。連中の言うことはいつも同じ。やれ座席が低過ぎる。ハンドルの位置が高い。ミラーがない。手を挙げて方向指示していない。その挙句、昔の逮捕状やら出廷通告やら、思いつく限りのクソ馬鹿馬鹿しいことを、いちいち本部に無線で問い合わせやがってさ」

テリーはまるで愉快な経験を語るようにクスクスと笑いながら先を続けた。「あん時は路肩に停車を命じられた俺たちのオートバイを見物したくてしょうがない野次馬市民の車が次々とノロノロ運転を始めたもんで、いよいよ渋滞が本格的になってきちゃって。で、いよいよ完全に幹線道路が麻痺する寸前になって、ようやくパトロール隊の隊長が現場に現れたんだけど、それが傑作！　隊長は現場に到着するや否や、腰に手を当てて部下に向かってこう言った。〝交通渋滞を引き起こしたのはエンジェルズじゃなくてお前らだろ！　このどアホ！〟笑ったね。それも俺たちが見ている目の前で。2人の若い警官はこっぴどく叱り飛ばされ、ついには怒鳴りつけられ、ははははは！　俺たちはみんな一斉に大笑いして、それでまたエンジンをブンブンまわして、モントレーに向かって走りだしたってわけさ」

ここ、モントレーじゃ俺たちは寛大に扱われてるよ。
他のとこじゃ大抵、町から放り出されるけど、ここはそうじゃないからな。

——フレンチー（バードゥー出身のエンジェルズメンバー。モントレーの町から放り出される直前にあるリポーターに語る）

101号線はサンタクルーズ山脈の麓の豊かな農作地帯を抜けて地平線まで真っ直ぐにアスファルトを伸ばす、まことに美しい街道である。

2列縦隊で改造ハーレーを走らせるヘルズエンジェルズの走行風景は、街道に現れるコヨーテやギルロイといった小さな田舎町を背景に、酷く場違いな何かだった。もし町に、窓越しに街道を眺められる酒場か衣料品店でもあれば、住民たちの多くは大都会から爆音を響かせながらやって来たフン族の一行をとっくりと見物できたかもしれない。

しかし残念なことに、コヨーテにもギルロイにもエンジェルズの隊列を見物できそうな場所はどこにもなく、ただ街道筋に陣取った警官隊だけが、爆音とともに101号線を切り裂いて走る目の前のならず者どもが、とにかく一刻も早く、永遠に町から消え去ってくれればそれでいいと、神経質そうに目を細めて立っていた。警官隊は特別な阻止行動は何もみせず、彼らはただ、奇抜なフォルムにカスタマイズされたチョップド・ホッグのハーレーダビッドソンが連続して走り抜けていく様を、何か……何かこう、不思議な別世界の何かを見てしまったかのように、呆然と立ちつくして眺めているだけだった。

今から考えるに、うむ、確かにそれでよかったのだろう。エンジェルズがアスファルトを疾駆するあの特殊な光景は小さな田舎町に暮らす人々には刺激が強過ぎて、仮に目にすれば、ベトコンゲリラが隊列を組んでメインストリートを全速力で駆けずりまわっているような、極めておぞましい、何かわけのわからない恐怖に悩まされるのが正直関の山なのだ。

実際、数多くの警官隊が出動しマスコミが注視しているにもかかわらず、田舎の街道沿いの住民たちはギラギラと光るオートバイに乗った汚らしい悪漢どものことなんか、これっぽっちも見物などしたくはなかった。モントレー・ランだろうがヘルズエンジェルズだろうが、そんなことはどうでもよかったのだ。

ヘルズエンジェルズはモントレー・ランの道中、極力トラブルを避けようと、毎年組織を挙げて努力している。

理由は簡単。チャチな犯罪でしょっぴかれるだけで、田舎町では最低3日間は監獄にぶち込まれる。となれば、夜通し続くあのエンジェルズ・パーティーの愉快な乱痴気騒ぎに参加できなくなるばかりか、田舎町の法廷はヘルズエンジェルズのメンバーに対しては常に法が定めた罰金刑の最高額を命じたので、自動的に多大な出費を背負わされることになるわけだ。

エンジェルたちは一度逮捕されると、自分たちがそもそもしょっぴかれる理由になった罪状（交通違反や風紀を乱す行為）とは別に、公務執行妨害で追起訴されることが慣例となっており、それで30日間の追加拘留が決定。さらにさらに一旦そうなると今度は監獄で、長く伸ばした髪を切られたうえ、何だかんだで150ドルもの追加罰金を支払わされかねない。

そうした数々の過去の苦い経験と痛い学習から、ヘルズエンジェルズの面々は小さな町に近づく時には必ず——シカゴから街道を車で飛ばして来た巡回セールスマンが、すでに知ったるアラバマ州の交通違反重点取締区間をやり過ごすのと同じ方法で——警官隊をやり過ごすことにしていた。

エンジェルたちは知っていた——大切なのは目的地に着くことで、田舎警察とやり合うことじゃない。無視してやり過ごせば、それで十分。

しかしその年、わかっていながら、副支部長のトミー率いるオークランド支部のエンジェルズ隊列はモントレーの町に到着するや、ダウンタウンにエンジン音を響かせながら侵入し、町の人々の眼を惹きつける行動に打って出た。目的はモントレーの中心部、キャナリー・ロウの近くにあるデルモンテ大通りの大衆酒場〈ニックの店〉に立ち寄るためだった。メンバーの多くはすでに〈ニックの店〉を知っていたが、テリー・ザ・トランプは前年のランを監獄でふいにしていたから、その時が初めてだった。

テリーはその時の様子をこう回想する。「俺たちは一旦どこかの町へ入ったら、そこがどんな町でも遠慮なくど真ん中のストリートを突っきるんだ。交通渋滞も信号も、何もかも関係なし。モントレーに入ったあの時だってそうだった。そうだな、遅れて走っていた連中を101号線のガソリンスタンドで待ってなきゃならなかったから、うーん、どうだろう、ようやく〈ニックの店〉に辿り着いたのは、午後の3時はまわっていたかな。俺たちは40台から50台の隊列で走っていたんだが、バードゥー支部の連中はすでに到着していて、店の前には75台くらいのバイクが停めてあった。で、その後一晩中、続々と各支部の連中が到着してさ。そんなこんなで夜が明ける頃には300台くらいが店の前に停まってたってわけさ」

1964年、ヘルズエンジェルズが〈ニックの店〉に集まった公式の目的は、事故死したばかりのあるエンジェルの遺体をノースカロライナの母親のもとに送り返すための基金を募ることだった。

バードゥー支部の副支部長を務めていたケネス・カントリー・ビーマーが、ランが開催される直前に、サンディエゴ近郊のハクンバと呼ばれる砂漠の集落でトラックに激突して死亡したのだ。カントリーは無法者の伝統かくあるべしという死に方をした。家もなく、一文無しで、背中にエンジェルズのカラーをつけただけのズタズタに破れたデニムジャケットとハーレー以外何も持たずに、ただ1人で死んでいった。

ヘルズエンジェルズのメンバーたちが遺体となったカントリーにしてやれることは、遺品のすべてを故郷ノースカロライナへ——仮にそれがどんなものであっても、家族と故郷の想い出が残る土地へと送り返すことだと考えた。

テリーは言う。「だって、そうしなきゃならないだろう」

直前に幹部メンバーが事故死したことを受けて、1964年のモントレー・ランは警察でさえエンジェルズの追悼儀式を尊重せざるをえないような、例年にない厳粛な雰囲気に包まれていた。

エンジェルは公式な追悼儀式をいくつも予定していた。〈ニックの店〉で行われた、ノースカロライナの母親に息子の遺品を届けるための追悼募金もそのひとつだった。

一連の追悼儀式を、よりリアルで完璧なものするために、メンバーたちは皆、カラーをつけた正装で身を飾り、大規模な追悼走行も予定していた。

取締当局の立場からすれば、そうした一連の大がかりなセレモニーの一つひとつは、許し難い当局への反抗のジェスチャーである。しかし事が事だけに、どうやら自分たちの武力ではエンジェルたちを抑えきれないと判断したモントレーの地元警察は、死者に敬意を示すというもっともな理由をつけて、ヘルズエンジェルズの隊列をモントレーの市街地へ大人しく受け入れる〝レクイエム休戦〟を決定した。警察組織が最後には公式にヘルズエンジェルズに一歩を譲ったわけである。

ヘルズエンジェルズの面々が、表面的なものであれ建前であれ、そのような一般市民並みの扱いを受けたのは久々のことだった。

そして穏やかな晴天となった翌土曜日の朝、日が昇り始めたばかりの早い時刻――。その後のヘルズエンジェルズ・モーターサイクルクラブの命運を大きく変貌させることになる、悪名高い〝モントレー・レイプ事件〟が勃発するまで……時刻はすでに24時間を切っていた。

1964年に起きたモントレー・レイプ事件は発覚したその直後から、全米のありとあらゆるメディアによって競い合うように報道され、24時間も経たないうちに、それまでカリフォルニアの一部のバイクマニアにしか知られていなかったヘルズエンジェルズというアウトロースタイルのモーターサイクルクラブを、全米史上最悪の狂った極悪集団として、アメリカ市民社会へ知らしめることとなった。狂ったように騒ぎ立てるマスメディア。短時間のうちに、事態は常軌を逸した混沌へと突入していく。

ヘルズエンジェルズが引き起こしたとされる1964年のモントレー・レイプ事件——。全米のありとあらゆる新聞の一面を独占し、あらゆるメディアを巻き込みながら燃え上がった、あの歴史的メディア狂走曲を、当時に立ち返り、私たちはもう一度ここに検証する必要があるだろう。

何度も……陵辱された
被害者少女は14歳と15歳……
悪臭を漂わせる穢れた凶悪犯

事件をきっかけに米国の様々なマスメディアによって粗製乱造され大量にばら撒かれた、モーターサイクル集団ヘルズエンジェルズの、いかにも血生臭い、アルコールの臭いがぷんぷんする、まだらに精液が飛び散ったシーツのような薄汚いイメージは、『ニューヨーク・タイムズ』『ニューズウィーク』『ネーション』『タイム』『トゥルー』『エスクァイア』『サタデイ・イヴニング・ポスト』など、アメリカで発行されている各紙誌をご愛読されている読者諸兄にはすでに十分に知れ渡っているはずである。

1964年9月6日(日)の朝に突如わいたように始まった、あの忌まわしい騒動から半年も経たぬうちに、合衆国の西の果てから東の果てまで毛細血管のような道路網で結ばれた全米各地の小さな町という町は、〝ヘルズエンジェルズが大挙して自分たちの町を侵略しにやって来る〟という流言・噂に触れるだけで、実際の証拠や根拠はまるでないのに、強硬な武装抗戦態勢でヘルズエンジェルズを迎え撃つようになっていった。

一方メディアは全米を網羅するテレビの3大ネットワーク局のすべてがヘルズエンジェルズを絶えずカメラで追いか

けまわし、さらには政治の世界では合衆国上院議会までもが、タップダンサー出身のジョージ・マーフィー上院議員による奇妙なヘルズエンジェルズ糾弾演説に真剣に耳を傾けていた。

奇妙に感じる読者もいるだろうが、１９６４年9月6日(日)のあの朝、モントレーに集合していたヘルズエンジェルズの面々は、ショービズ界の人間の視線から見れば、まさにヒット直前のスター候補だったのである。皮肉にもモントレー・レイプ事件によって合衆国の隅々まで知れ渡ることになった、ヘルズエンジェルズ・モーターサイクルクラブが実践していた〝アウトローバイカー・スタイル〟という強烈な男たちの生き様の独創性は、全米市民たちの関心、興味、好奇心を強烈に呼び起こした。同時にまた、エンジェルたちが新聞や雑誌を通して合衆国市民に示した彼ら独自の美意識、独自のライフスタイルは、ショービズ界に身を置く人間の多くに新時代のブームの到来を予感させる斬新なものだったのである。

しかしあの朝モントレーに着飾って集まっていたアウトローバイカーたちがショービジネスの世界で成功する鍵は、人間を小馬鹿にしながら人の肩にとまってマスをかいている大鴉のように、アメリカジャーナリズム界の肩に乗っかっている、頭のおかしな熱狂的レイプファンにかかっていた。

エンジェルズの1人は事件後、「今回ばかりはホントにメディアの連中を興奮させちまったようだ」と天を仰いだが、まさにその通り。エンジェルズを激しく糾弾した新聞各紙をまとめると、レイプ事件の概要は以下のようになる。

「ヘルズエンジェルズの汚らしいヤク中ども少なくとも20人が、14歳と15歳、２人のティーンエイジャーの少女を、怯えきったデート相手の若い男からかっさらい、砂丘に連れ去って何度も何度も陵辱した」

青年たちから通報を受けて現場に駆けつけた警官は新聞に次のような証言をしている。「ビーチに辿り着くと、複数の男女のバイカーたちが大きな焚き火を囲んで何やら蠢いていた。暗がりから、ほとんどヒステリー状態になっている２人の少女が泣きながらよろめくように現れて助けを求めてきた。１人は裸で、１人は破れたセーターだけを身につけていた」
まったくこれこそが、大衆の血を煮えたぎらせ、女性の身内を持つすべての男の脳みそを怒りの感情で沸騰させるイメージの産物ってやつではないか！

月夜の薄明かりに揺れる深夜の砂丘。連れ去られ、アラブの娼婦のようにめちゃくちゃに犯され続けている14歳と15歳の少女。恐怖のあまり声すら出せず、苦痛のうめきだけが涙とともに喉の奥から搾り出される。犯され続ける少女たちの無残な姿を、青い月光がゆらゆらと照らし、アウトローたちは口々に少女たちを侮辱する言葉を吐きながら、ニヤニヤと輪になってその光景を見下ろす。また1人、また1人と、薄汚い巨漢の強姦魔が無力な少女を押さえつけ、強引にそのか細い肉体を貫いてゆく……。

事件が発覚した翌朝、1964年9月7日(月)、テリー・ザ・トランプは他の3人のエンジェル——マザー・マイルズ、モールディ・マーヴィン、クレイジー・クロスとともに、懲役1年から50年にあたる重罪、強制強姦罪で逮捕されたが、4人全員が「強姦事件について、俺は一切何も関係していない」と身の潔白を主張した。

そして、驚くことに数時間後、1人につきわずか1100ドルという強制強姦罪としてはあまりに安っぽい保釈金を設定されたまま、彼ら4人は即座にサリナスのモントレー郡立刑務所に収容されてしまった。

搾取する資本家と搾取される労働者——と言うと大袈裟になるが、スタインベックの小説『怒りの葡萄』で知られるサリナスの過酷な渡り労働者の世界は、現在のカリフォルニアのレタス畑にも存在している。アパラチア山脈の山間に拡がるレタス畑は主としてゴールドラッシュが終わる前に廃坑を逃げだすことに成功した、賢い山男たちの第二世代(息子世代)が所有しており、彼らは今、逃げ遅れた山男たちの子孫を安賃金で雇用して、メキシコ人季節労働者

(*braceros*)の監督をやらせている。

大勢のメキシコ人季節労働者たちはこうしている今も不当に過酷な条件で、泥にまみれる重労働を強いられている。それについて、票になりそうな場所ならどんなところにでも顔を出すマーフィー上院議員が、実に合理的かつ紳士的な説明をしているので引用してみよう。

「メキシコ人は地面に這いつくばって働く重労働に生まれつき最適な人種なのであります。メキシコ人の身長は神によってそもそも地べたに近い低さに創造されており、だからメキシコ人が地べたに這いつくばって働くのは人間として当然の摂理であり、要するに、おあつらえ向きなのであります」

聞くに堪えない、至極御もっともな御高説である。この驚くべき差別主義丸出しの発言をしたマーフィー上院議員は、ヘルズエンジェルズのことを〝地球上で最も下等な動物〟と呼んだことでも知られているが、昨年のモントレー・レイプ事件のあと、彼はまた、こう叫びたかったに違いない。

「ヘルズエンジェルズの面々は、そもそもが、ひとつの場所から別の場所へうろうろと移動するたびに、蛇口みたいなペニスをぶら下げて、ヤれそうな女に出会えば、誰であろうと考えなしにレイプするためにおあつらえ向きの人間として、最初から神に創造されたのであります」――と。

1年間をヘルズエンジェルズとともに過ごした私が感じるに、まあ実際のところマーフィーのその言葉は当たらずといえども、遠からずといったところだが、しかしモントレー・レイプ事件に限って断言すれば、事の真相は新聞、雑誌、テレビなどが競うように報道したものとはまったく違う。実際の事件を振り返ってみよう。

事件当日の1964年9月5日(土)、つまり労働者の祝日3連休の初日の土曜日――。午後かなり早い時間から、大勢のヘルズエンジェルズのメンバーがモントレーのダウンタウン、キャナリー・ロウにある〈ニックの店〉に集まっていたが、その時点ではもちろん誰ひとりとして、その24時間後に、よりによって自分たちがレイプ魔として、ビートルズやボブ・ディラン級の名声（こちらは悪名だが）を全米で勝ち取ろうなどとは知る由もなかった。

夕暮れ時になり、色褪せたオレンジ色の太陽がモントレー半島の海の彼方にみるみる沈んでゆく時間帯になっても、その日は特別なイベントが何も用意されておらず、〈ニックの店〉は相変わらずごった返していた。レイプ事件の主役たち――テリー・ザ・トランプ、他3人のエンジェル、そして犠牲者とされた2人の少女は、ほとんど誰の注意を惹くことなしに店を抜け出し、暮れかけたモントレーの街へ歩きだすことができた。テリーは自分の注意が少女たちに向いたのは、ほんの一瞬だけだったと言う。

テリーの証言。「俺があの2人の女たちについて憶えているのは、あの妊娠していた白人の方が、何でまた黒人なんかとヤってるんだろう？って、それを不思議に思った瞬間だけさ。でも誰が誰と寝ようと勝手だろう。いずれにせよ、あの時俺は自分の彼女を連れてランに参加していた。まあ、今じゃ別れちまったさ。だけどあの頃の俺はプッシーに飢えちゃぁいなかった。あん時つき合ってた女は、俺がよその女に気を取られるのを許すタイプじゃなかったんだ。それに……こん畜生、ファック！　せっかくのモントレー・ランなんだぜ。1年か2年ぶりに、昔馴染みの懐かしい仲間たちに会うって時に、知らない女なんかに構っていられるもんか！」

テリーとともに容疑者として逮捕された他のメンバー――マザー・マイルズ、モールディ・マーヴィン、クレイジー・クロスの3人は被害者とされる少女たちの第一印象を、口を揃えてこう証言する。「とにかく、2人とも14歳、15歳には見えなかったな。どうしたって20歳は超えてたね。本当にその年齢なのか？　ありゃ、どう見たって……」事件からしばらく経ったのち、警察当局は被害者たちの年齢を正式に確認したが、彼女たちに関する情報は氏名・年齢も含め、すべて、報道機関がレイプの被害者たちに接近することを禁じたカリフォルニア州の政策を理由に、公表されることはなかった。

テリーはまた、こうも証言している。「例の2人の女たちが可愛かったかどうか、顔つきすら俺は憶えちゃいないんだ。だから本当に全然記憶にないんだって。はっきり言えるのは——俺たちは〈ニックの店〉で飲んでいた。しかし何ひとつ警察沙汰の騒動は起こさなかった。それだけさ。店の近くには警官が待機してたけど、奴らの役目は店に入ろうとする地元の連中を追い返すってことで、逆に俺たちが〈ニックの店〉を出て、どこかよそのバーへ行こうとしても、誰も何も文句を言わなかった。そりゃ街はちょっとしたお祭りだったさ。地元の野次馬がわんさか車で集まってきて、ダウンタウンは大渋滞。店の中の空気に飽きて、じゃあ、ちょっと新鮮な空気でも吸おうかと俺たちが外に出れば、そこら中を地元の強面どもがうろうろしながら、噂に聞くヘルズエンジェルズがどんだけタフな連中なのか、直接自分の拳で試してみたくて、喧嘩を求めてうずうずしてやがんのさ。女たちは女たちで、クスリ探しに夢中でさ。あの晩、警官隊が待機してたのは、むしろ俺たちにとってありがたかったんだ。だって、もし警官たちが一晩中町のあちこちに待機してなけりゃ、俺たちは地元のワルどもに喧嘩を挑まれ、となりゃ当然だけど、俺たち、連中を徹底的にノシちまうだろう。ああ、そうなったら怪我人が大勢出て、結局俺たちゃ監獄行きだ。な。そうさ、俺たちは〈ニックの店〉で盛り上がって、大いにパーティーを楽しんでいた。畜生、いいか！　年に一度のモントレー・ランに限って、俺たちエンジェルズは誰ひとりとして、トラブルなんか望んじゃいない。みんな、ただパーティーを楽しんで、リラックスしたいだけなんだよ」

しかしエンジェルたちが言葉にする〝楽しみ〟や〝リラックス〟が、一般的な人々が考えるそれとはまるで違ったものであることは、すでに皆様ご存じの通りである。まかり間違っても、酔っ払ったヘルズエンジェルズがピンポンやシャッフルボードやホイストといった高尚かつ健全な娯楽を求めて酒場に集まるなんてことは、エンジェルズを〝地球上で最も下等な動物〟と宣ったマーフィー上院議員じゃなくても、思いつくはずもない。

ヘルズエンジェルズの野外パーティーはこれまでのあいだメディアを通じ、ある種の野獣の交尾のような享楽の究極系——アツい！　ヤバい！　間違いない！　フリーセックスの形態をとると広く伝えられてきた。それを知りつつ、午前2時に、焚き火を囲んでいるエンジェルたちの野外キャンプに姿を現せば、それがどんな女子であれ、エンジェルたちの目には単に、発情して寄ってきたメスのように映るだろう。

2人の少女たちが〈ニックの店〉で続いていたエンジェルたちのパーティーから抜け出し、ひと気のない浜辺にやって来たことは、そこにいた男たちの注意を強く惹いた——それ自体は至極当然のことと言っていい。そうしたことも含め、事件を伝える当時の新聞各紙には正確な事実を伝えきれていない謎……というよりも合理性を欠いたまま放置されている報道的疑問点がかなり見受けられる。

どうして2人の少女は酔っ払ったエンジェルたちとひと気のない真夜中の浜辺にいたのか? 〈ニックの店〉から無理やり連れ去られ、運ばれたわけではないだろう? それにそもそも何で14歳と15歳の少女たちが、我が国で最も悪名高い無法者集団として知られるヘルズエンジェルズの、しかも泥酔した面々が壁から壁まで埋めつくしている大喧騒のバーをうろついていたのだ? 2人はいったいバーで何をしていた? 少女たちは道端で信号待ちしているところをかっさらわれて、改造ハーレーのガスタンクの上に押さえつけられ、目撃者たちが恐怖で呆然としているあいだに連れ去られたのではないわけだし。

その年、ヘルズエンジェルズに対する例のレクイエム休戦を発表していた地元警察はモントレー湾とフォートオード陸軍基礎訓練場のあいだに拡がっている砂丘の中のオートキャンプ場を、ヘルズエンジェルズを隔離するための特別施設として、あらかじめ準備万端整えて用意していた。そう、町から遠く離れた砂丘の奥のキャンプ場に隔離してしまえば、仮に本当にエンジェルズの面々が、どうにも手に負えない狂った野獣のような連中だとしても、酔っ払って何を叫ぼうとも、乱交じみた馬鹿騒ぎを繰り返そうとも、それが町に暮らす市民たちの脅威となることは絶対にない——そう考えたわけである。なるほど理屈である。

さらにエンジェルたちを砂丘の奥のキャンプ地に軟禁してしまうことのもうひとつの利点は、もし万が一、エンジェルたちが警官隊での武力だけでは制圧できない暴動を引き起こした場合には、道を挟んで砂丘の反対側にある陸軍訓練場の新兵たちをベッドから叩き起こして、すぐさま武力による制圧作戦を正攻法で実施すればよい、というものだ。当夜、警察機構は念には念を入れ、エンジェルたちが何の楽しみもない砂丘のキャンプ場に飽きてモントレー市街へ戻ることを阻止するため、ハイウェイに十分な検問を実施するための警官隊まで配備していた。

しかし現実的には——少し考えればわかるだろう——四方に拡がる砂丘の奥のキャンプ地を完全に包囲する方法などあるわけないのだ。

さらに警察が見落としたのは、ヘルズエンジェルズの生態を理解していない善良なる市民の野次馬意識や、ドラッグやバイオレンスを求める地元モントレーのワルどもが、エンジェルズのキャンプ地に忍び込むという事態だった。被害者とされる少女2人は警察に対して、「バイク乗りの人たちを見たかったから浜辺に行っただけ」と証言している。

つまり少女たちの証言をそのまま信じれば、彼女たちは——「こんなスゲエ人ごみでトイレに並ぶよりはこっちの方がまだマシだね」とエンジェルたちが戸外の駐車場の暗がりで用を足していたほど超満員だった——〈ニックの店〉で数時間を過ごしたのち、まだまだエンジェルズに対する好奇心を満たしきれず、店には腐るほどヘルズエンジェルズのメンバーがいたにもかかわらず、わざわざもう一度エンジェルズを見物するために、ひと気のない暗闇の砂丘まで、てくてくと歩いたことになる。

「畜生！　あの売女ども、ただ俺たちのバイクを見るために〈ニックの店〉から砂丘へやって来たわけがないじゃないか！」とテリー・ザ・トランプは断言する。「いいか、あの晩女たちは明らかに酔っ払っていて、つまり男とヤりたくなったのさ。ただまあ俺が思うに、相手となる男の数がちょっと多過ぎたんだ。もちろん最初は楽しんでハメてたんだろ。ところが、いつの間にか男どもが次から次へと砂丘に集まってきて〝イエーイ、プッシー〟とかなんとか。自分たちを囃し立てながら見下ろしてるうちに、な、わかるだろ。それで途中から嫌になっちまったのさ。妊娠してる女に乗っかってた黒人の男は警官に捕まる前に逃げだしちまった。あの黒人は誰だったんだ？　もちろん俺たちのメンバーじゃない。エンジェルズに黒人はいない。俺はあの夜、キャンプ地にいた黒人連中のツラをあれ以降一度も見てないんだ。砂丘の輪姦の最後がどんなふうに終わったのかも、俺には本当にわからない。あの夜に関して俺が知っていることは——砂丘には何人かのママがいたけど、俺はママとも遊ばず、自分の彼女と2人抱き合って早々に寝ちまってたってことぐらいさ。あの夜はあまりに疲れきってて、彼女とだってヤれなかったぐらいなんだぜ」

レイプ事件を連日大々的に報じた新聞各紙だが、しかしエンジェルズ側の話（今のテリーの話）はどこのメディアも1行たりとも紙面に掲載していない。事件から6カ月後、ヘルズエンジェルズの重要メンバーの1人、フレンチーはサンフランシスコのプールバーでキューを構えながら、あの夜のことをこんなふうに回想した。

「ああ、確かに白人の女は妊娠してた。もう1人の女は黒人だったよ。女たちは最初から5人のスケベ黒人と一緒だったんだ。連中は土曜の夜に〈ニックの店〉に来て、それから3時間ほどエンジェルたちと飲んだり喋ったりしていた。で、それから浜辺へ来たわけさ。女だけじゃなく、例の5人のスケベ黒人のボーイフレンドも一緒にね。それで、みんなで焚き火を囲んで立ったままワインをまわし飲んで。……確か、何人かの男たちが女たちに話しかけてたな。要するに口説いてたんだな。で、じきに誰かが女たちに〝ハイになりたいか？〟って聞いた。つまりマリファナ吸いたいかってことさ。女は2人とも〝うん、吸いたい〟って。で、最初に白人の女が何人かの男たちと砂丘の暗がりへと消えていった。黒人女の方も2、3人の男と一緒に砂丘の闇に消えたけど……でも途中でやっぱりやめて帰ってきたんだな。妊娠している白人の女はとにかくもうヤりたくてうずうずしてたのさ。たぶん最初の4、5人は自分から腕に引きずり込んで、うんと楽しんだんだろ。ところがそのあと急に冷めちまったんだ。で、消えちまった黒人男の1人が、自分たちがやってることに怖気づいて警察を呼びにいきやがった——それがあの事件の一部始終さ」

事件が起きた次の朝の様子を、主犯格とされたテリー・ザ・トランプは振り返る。

「俺は……誰かは忘れちまったけど、メンバーの誰かとハイウェイのドライブインまでバイクを飛ばし、朝飯を食ってた。それから砂丘へ戻ると、なぜか警察の立入禁止テープが張られてる。で、あの2人の売女どもが、パトカーの中から俺たちを見てニヤニヤと笑ってやがるんだ。何が起こっているんだ？　さっぱりわからなかったよ。しばらくしたら警官が近寄ってきて〝お前が犯人だな〟と突然俺に手錠をかけやがった。あのクソいまいましい女どもはそれを見て威張ったように笑ってやがった！　声が聞こえたぜ。〝ははは、あいつも仲間の1人よ！〟とかってさ。それで俺はレイプ犯として牢屋へぶち込まれちまったのよ。ムショに着いてから、俺は看守に言ったんだ。〝なあ、調べてほしいんだ。医者を呼んでくれよ。だって俺は2日間セックスしてないんだからさ〟って。でも誰も調べようとはしなかったな。同じように逮捕されたマーヴィンとマイルズ、それにクレイジー・クロスもそこにいて、俺たちは顔を見合わせて、こりゃ酷いことになったもんだと絶望したよ。身に覚えのない強姦容疑で懲役15年じゃ、さすがにたまらねえ。とはいえ、それも保釈金がたったの1100ドルと知るまでのあいだのことさ。強姦容疑で逮捕されて保釈金がたったの1100ドル⁉　たったの⁉　それを聞いて俺は、ああ、これは大事にはならない。警察に事件をでっちあげられ、まんまとハメられたんだと、一瞬にして理解したわけさ」

犯人とされたテリーたち計4人のエンジェルズが刑務所へ移送されているあいだ、他のヘルズエンジェルズ全メンバーは警官隊によって強制的な集合命令をかけられ、「すぐさまマリーナ・ビーチを出て、田舎道へと続く156号線を北に向かって消え失せろ」と命じられた。ぐずぐずしている者は棍棒で肩を小突かれ、強制的に立ち退きを迫られた。抜け道はすべて州警察によって固められており、10人ほどの警官たち――多くは近隣の郡出身――は慌ただしい出発に列を成しているエンジェルたちを調べまわった。

冤罪事件の不意討ちを食らい、打ちのめされ、ボロボロに疲れ果てたアウトローの一団が精一杯のガッツでエンジンを噴かし、視界に入るすべてのものに悪態をつきながら、渋滞する道を負け犬のようにのっそりと行進する。

交通は何マイルにもわたって完全に麻痺してしまい、疲れきったエンジェルたちは腹いせに一斉にハーレーのエンジンを噴かし、怒気を含んだそのエキゾーストノイズはそれ自体がまぎれもない暴力のように、この世のすべてを爆音で呪いつくした。晩夏のモントレーの美しい景色を楽しもうと州外から来ていた旅行者たちは途切れることなく鳴り響く、不吉なハーレーのエンジン音に怯えて、車をそっと路肩に寄せた。

いったい彼らは、窓越し数十センチと離れていないところを通り過ぎてゆく、奇妙で恐ろしい怪物のような男たちの乗る巨大なオートバイの群れを、どのような気持ちで眺めていたのだろう？

地図で確認するとすぐ近くに陸軍基地があるから、おそらく当初爆音だけを聞いていた市民旅行者たちは、戦車のキャラバンとか、何かしら荘厳な軍隊らしい立派なものの行進のために、自分たちは道を開け、路肩で待機させられているのだと考えていたに違いない。しかし……爆音とともに徐々に接近し、ついに目の前にその姿を現したものはといえば――病気の羊の群れのように疲れ果て、道路を引きずられてゆくならず者のオートバイ隊列だった！　ああ、カリフォルニアを行楽地として売り出したい州商工会議所にとって、なんと恐ろしい悪夢であったことか。

事件直後、『サンフランシスコ・クロニクル』紙の記者が、101号線から郡道に入るところで強制退去させられているトミーとタイニーから次のような談話をとっている。タイニーは身長6フィート6インチ（198センチ）、体重240ポンド（109キロ）、肩まで垂らした弁髪。のちにバークレーで学生運動家が開いたベトナム反戦デモを攻撃して国民的に有名になったメンバーである。

トミーの証言[c]「僕らだって人間なんだぜ。大抵は職を持ってるし、半分くらいは結婚もしている。自分の家を持ってるのだって2、3人はいる。なのにオートバイが好きってだけで、警官たちはどこの町でも揉め事を仕掛けてくるんだ。レイプ事件は完全なインチキだよ。有罪なんか認められっこない。だってその場の全員が、ヤりたくてヤったんだから」

タイニーの証言。「クソったれ、あと2時間もすりゃ、契約している職業保証人がテリーたちを釈放してくれるって。だいたい何だってみんな、俺たちを放っといてくれないんだよ。俺たちは時々こうしてバイクで集まって、お楽しみの時間を仲間たちと一緒に過ごしたいだけなんだ。わかるか、つまりフリーメーソンなんかと同じなんだよおおおおおおお!」

しかしマスコミの世論誘導はすでにある一定方向へ向けて動き始めており、翌日の『サンフランシスコ・クロニクル』紙の8段の記事には次のような見出しが躍った。

ヘルズエンジェルズが少女2人を集団レイプ

私の知る限り、18世紀にカサノヴァが窓によじ登って女たちに近づき、組織の信条たる友愛精神に瑕《きず》をつけて以後、フリーメーソンがこんな形で世間に注目されたことなどついぞない。

おそらくいつの日か……30年先か……40年先か、あるいは50年先になるかもしれない。ヘルズエンジェルズもまた、フリーメーソンの通った道を辿って、ブルジョワの老いぼれ集団に堕ちてゆくのだろうが――その頃にはその頃で、また別の若くて威勢のいい連中が徒党を組み、何かしらとんでもないことをしでかし、時代、時代の新聞に、市民社会の激怒を凝縮したような憤りの見出しを生み出していることだろう。

例えば、そうね、時流によってはホバークラフト・クラブとか、それともすでに名門の名をほしいままにしているどこかの友愛会や慈善団体が、将来のあれこれや、あるいは不安定な現実社会を心配して極秘武装なんかをしでかしているかもしれないですぞ。

例えば、あの〝キワニス〟はどうなっているだろう? キワニスとは、ご存じ様々な善行で知られる、あのデトロイト発祥の地域奉仕団体である。オークランドでは今、あの慈善団体の毒にも薬にもならない奉仕活動の無害性の有毒性が再検討され、過激な動乱についての噂が流れている。

絶え間ない時の流れの中にあって……10年……あるいは20年後のある日曜の朝に、仕立てのいいブレザーの胸ポケットにヘルズエンジェルズの紋章を最高級の金糸や銀糸で刺繍した中年男が、抵当に入れられている家のリビングで新聞を開き、目に飛び込んできた一面の大見出しの衝撃に、悲しげに神を罵る場面を想像するのは実にたやすいことじゃないか!

キワニスによる集団レイプ　4人は逮捕　残りは逃亡　首謀者を指名手配

——となれば、事件が起きたどこかの町の警察署長はモントレーの警察署長の1964年のコメントと同じ台詞を口にする。

「連中が、この町で歓迎されることはもう二度とない。そういう空気が町全体にすっかりできあがってしまった」

13

ヘルズエンジェルズ・バードゥー支部のメンバー。
背中にフライング・スカルとカラーが見える。
1965年、ビル・レイ撮影

１９６５年、
ヘルズエンジェルズの〝脅威〟が
創作されるまで――

2
HELL'S ANGELS

あらゆる新聞は現代社会の諸悪の根源である。今後、言わずもがな明確になっていくだろうが、新聞の堕落はこの先もとどまるところを知らず、理論的には読者が望む限りどこまでも堕ちてゆく。いつの日か新聞は国家も政府も抑制することのできない、人間社会の残り滓をかきまわすだけのメディアに成り果てるだろう。

——セーレン・キルケゴール（『日誌1853・1855』の中の「最後の年月」より）

エンジェルズが最高なのは、身内に嘘をつかないってことさ。ああもちろん、殺るか殺られるかの世の中だからな。身内以外の連中にはそうはいかないぜ。だって考えてみろよ、あんたが日々顔を合わせる奴らの中で、本当のことを言う奴なんて、1人だっていやしないだろう?

——ゾロ(ヘルズエンジェルズの唯一のブラジル系メンバー)

……あれは、つまり、特集記事の一部に過ぎなかっただけの話で……

——アーサー・シュレジンガー・ジュニア
(ホワイトハウスが計画した反カストロ軍のキューバ上陸作戦ピッグズ湾侵攻の失敗に関して、なぜプレスにデタラメな説明をしたのか追及されて)

編集者、警察官、そしてジャーナリストと同じく、政治家もまた与太話を専売特許にしている職業である。その代表的1人が、これから紹介するモントレー郡選出のカリフォルニア州上院議員フレッド・ファー氏だ。ファー議員はカーメルのペブル・ビーチ界隈の実力者として知られている、いわゆる〝街の大物〟である。

ファー氏はこれまでもヘルズエンジェルズに代表されるアウトローバイカーに対して極めて強いアレルギー反応を示してきた頑迷な保守的人物であるが、モントレー・レイプ事件が報道されると、即座に自分の選挙区を荒らす〝レイプ集団〟に対してヒステリックと言えるほどの攻撃姿勢を示し始めた。

地元選挙区であるモントレーの新聞の一面にショッキングな見出しが掲載されるやいなや、ファー議員はすぐさま警察署長に直接連絡を取り、ヘルズエンジェルズだけではなく、その他すべてのアウトローバイカーを徹底的に調査・分析し、厳しく取り締まるよう強く要求した。以降ヘルズエンジェルズの存在は州政府を後ろ盾にしたモントレーの警察機構の最重要案件となり、警察権力は総力を結集した特別捜査・取締体制を整えることとなる。

しかしその際モントレー警察は、数あるアウトローバーカー・クラブの中からただひとつ、ヘルズエンジェルズだけを最重要取締対象に公式指定したため、エンジェルズ以外の集団、ジプシージョーカーズ、サタンズスレイヴズ、コマンチェロズ、ディアブロス、クエスチョンマークスなどは、すべてひとまとめにされて〝その他アウトローバイカー・クラブ〟という、彼らに対してまことに失礼な、大雑把な分類のキャビネットファイルに収められてしまった。

実に皮肉な話である。カリフォルニア州の上院議員と警察機構、そして州政府という公権力の公式認定を受けて、1964年9月——ここに命運が確定した。その瞬間をもって、ヘルズエンジェルズというバイカーたちの集団は、あの世紀の大悪党ジョン・デリンジャー(註1)と肩を並べるほどの、アメリカの悪の象徴に相成ったわけである。

当時、念願の重要ポストに着任したばかりのカリフォルニア州検事総長トーマス・C・リンチ氏もまた、モントレー・レイプ事件に即座に反応して、大々的なヘルズエンジェルズ狩りを自己アピールに利用した1人である。

カリフォルニア州のおよそ1700万人の市民(当時)の最高治安責任者であるリンチ検事総長は州内各地を管轄とする100人を超える保安官、地方検事、警察署長たちに対し、「ヘルズエンジェルズと、その他のアウトローバイカーの生態を暴き出し、あらゆる情報を収集し提出せよ」という厳命を下した。さらにリンチ氏は「どういう法的対処をとれば、ヘルズエンジェルズを我々司法当局が殲滅することができるのか、その方策も考えて提出せよ」という、まことに他人任せな、適当な命令を下した張本人でもある。

検事総長の命令を受けた州内すべての警察機構は、すぐさま独自に調査と情報収集に奔走した。州検事局には膨大な量のリポートや調査結果が続々と集められ、それらの資料はその後、約6カ月をかけて徹底的に精査・分析されたのち、最終的に15ページからなる通称『リンチ報告書』にまとめられることになるのである。のだが……その肝心の内容

(註1・訳註) 1930年代前半に活躍したアメリカのギャング。銀行強盗を繰り返し、FBIから〝パブリックエナミー・ナンバーワン〟に指定された。映画館から出てきたところを、待ち伏せしていた捜査官の一斉射撃を受け死亡。

たるや！

それは公的捜査機関が総力を結集してまとめあげた報告書というよりも、ミッキー・スピレインの、あの奇怪なミステリー小説『悪夢の世界』にも似た、まことにおどろおどろしい単なる娯楽作品に過ぎず、しかも肝心の解決策については何ひとつ言及できていないという、お粗末極まりないシロモノでしかなかった。しかしながらカリフォルニア州政府は『リンチ報告書』の完成を受けて即座に——「『報告書』の完成により、州内各地を荒らしまわっている凶悪なアウトローバイカーたちを集中的に取り締まることが可能となった。今後我々警察機構はさらなる強硬姿勢で連中に対処していくであろう」という談話を発表する。

だが実際の報告書を注意深く分析すると、リポートが発表された1965年3月当時のカリフォルニア州警察機構には、アウトローバイカーの活動を抑えるための有効な手段など、何ひとつなかったことがよくわかる。

事実、報告書の作成総指揮者である検事総長のリンチ氏ですら、各警察署の管轄区分、あるいは調査権限が及ぶ範囲が地域ごとに限定されているという政治的理由により、州検事局に集まってきたのは結局は断片的で不確実な情報ばかりだと十分に理解していた。

わかりやすく言えば、1965年3月に発表された『リンチ報告書』なるリポートは、著しく不公平で偏見に満ちた、俗っぽい、しかしだからこそ面白い……市民たちの恐怖と不安を煽り立てる、ある種の娯楽読み物だったのだ。当然ながら、日頃から読者ウケするネタを探している報道各社はそれに飛びついた。

常軌を逸した横暴な振る舞い、無分別な破壊、乱痴気騒ぎ、壮絶な流血の喧嘩沙汰、倒錯に満ち溢れた逸話、突然記される犠牲者市民の名前——。報告書をめくると次々と現れるのは何ら根拠を持たない、ただ扇情的でショッキングな文章表現だ。そして表現を担保する免罪符のように、どこそこにお住まいの善良な市民さんが、罪のない犠牲者の実例として、実名でポツポツと列挙されている。しかも報告書の文章は全体を通して堅苦しくて読みづらい警察用語の羅列で構成されていている。

もうおわかりであろう。まさにそれこそが〝警察発表なら何でも鵜呑みにするけれど、自分の足で現場に出向くなんて面倒なことはまっぴら御免さ！〟を取材信条とする、鈍感な警察記者クラブ所属のジャーナリストの求めるネタであり、それ以外の人間なら誰ひとりとして信じようとしない警察発表の典型――それである。

しかし発表されるや否や、各新聞や雑誌の記者たちはこぞって『リンチ報告書』を手に入れたがり、検事局には報告書を求める記者たちが殺到。事務局は記者たちの要求に応えて増刷まで迫られる始末だった。そのどさくさの中で、自分たちを糾弾するその珍妙なる『リンチ報告書』を、ヘルズエンジェルズもまた一部入手しているのだが……それはエンジェルの1人が、私、ハンター・S・トンプソンから盗んだものである。

『リンチ報告書』の核心は「ならず者たちの活動」というタイトルがタイプされた部分で、その章には、過去10年に遡ってヘルズエンジェルズが犯したとされる不法行為が書き連ねられている。その一部を紹介しよう。


１９６４年４月２日深夜、ヘルズエンジェルズの構成員８人がオークランド在住の女性宅を襲撃した。エンジェルたちは居合わせた被害者の知人男性に拳銃を突きつけて家から追い出すと、３人の子供の目の前で被害者女性をレイプした。同日朝、エンジェルズの準構成員の女性たちは被害者女性に対し、警察に証言したら顔を剃刀で切り刻むぞと脅迫した。

１９６２年６月２日早朝、ヘルズエンジェルズの構成員３人がサクラメント北部の小さなバーで19歳の少女に襲いかかった。突然２人のエンジェルが店の床に少女を押さえ込むと、３人目が折しも月経中であった少女のナプキンを剝がし、強制的なクンニリングスを行った。

１９６４年10月25日早朝、ヘルズエンジェルズの構成員９人と準構成員の女性２人がガーデナ警察によって逮捕された。報告によれば、酒場に現れたヘルズエンジェルズの構成員は客の１人にジョッキのビールをひっかけられたことに激怒し、突然大暴れを始めた。バーは修羅場と化し、玉突き台はビールと尿でビショ濡れになった。

『リンチ報告書』は以上のようなヘルズエンジェルズによる過去の不法行為を18件にわたって列記し、この他さらに「数百の余罪がある」とほのめかしている。

全米の各新聞はこぞって上記部分のハイライトを掲載し、リンチ検事総長は「警察当局の努力によって、ヘルズエンジェルズによる諸々の犯罪行為は、すぐに解決するだろう」との談話を発表した。

しかしカリフォルニア州で発行されているほとんどの新聞が、『リンチ報告書』を大きく扱ったのは1日やそこらで、さらなる続報が各紙の一面を賑わすことはなかった。

理由はこうだ。ヘルズエンジェルズの存在はすでにモントレー・レイプ事件（冤罪）の時点で極めてセンセーショナルな形で全国的に知れ渡っており、その熱がすっかり冷めてしまった半年後、翌年になって、今更報告書など提出されたところで、もはや読者は興味薄だし、第一、リンチ氏のつくった報告書に掲載されているのはカリフォルニア州各地の田舎警察署が古いキャビネットを大掃除して掘り起こしてきた在庫整理のような安ネタばかりで……つまり、読者の興味を呼び起こすような新しい事実など何ひとつ記載されていない、実に悲しいシロモノだったのである。

こうしてようやくこの段階（1965年3月初旬）になって、半年前に世間を騒がせたモントレー・レイプ事件以降——年越しを挟んで数カ月のあいだ、報道各社や市民たちの度を超した興味の対象として、話のタネ、あるいはメシのタネにされ続けてきたヘルズエンジェルズというアウトローバイカー・クラブに、平穏な日常が取り戻されることとなったのである。

といっても、エンジェルたちの生活は、世間が騒ぎ立てようと、マスコミがどう書こうと、以前のワイルドなアウトロースタイルのまま、何ひとつ変わってはいなかった。

しかし何はともあれ、レイプ事件の容疑者として身柄を拘束されていたテリー・ザ・トランプはじめ4人のエンジェルは、1カ月も経たないうちに全員の不起訴処分が正式に決定して自由の身となっており、その頃にはもう、アウトロースタイルに改造した派手なハーレーダビッドソンで、それぞれがカリフォルニアのハイウェイを自由気ままに爆走していた。

でっちあげられたレイプ事件を発端に、様々な人間が、政治的野心のために、あるいは購読者を多く獲得するために、市民社会の恐怖と憎悪を過剰に煽ったヘルズエンジェルズ・バッシングは、これにて一応収束する……か、と思われたのだが!! ところが! ところが! である。

カリフォルニアから遠く離れた東海岸を本拠とする大新聞『ニューヨーク・タイムズ』のロサンゼルス特派員が、配られたばかりの『リンチ報告書』と、それについての長々しい解説記事を本社へ送信したことで、すべての状況が一変してしまった。そう、喩えるなら、ようやく第4楽章が終わり、拍手を送った客がまさに席を立とうとしたその瞬間、またぞろアンコールを求めた東海岸のメディアに応じて、〝ヘルズエンジェルズのメディア狂騒曲〟が、狂ったチューニングの第5楽章をおっぱじめたって、そういうわけだ。

1965年3月16日(火)、『ニューヨーク・タイムズ』は一面トップに『リンチ報告書』に関する2段組の大見出しを掲げ、いかにも読者が喜びそうな盛り上げ調の原稿で、ヘルズエンジェルズ大々バッシングを押し出してみせた。それが狂騒曲の再開を告げる号砲となった。

次いで3月26日(金)、世界で最初の週刊誌である『タイム』が、時代を溯ること10年以上前、1953年に公開された劇場公開映画『*The Wild One*』(邦題・乱暴者)を、ハリウッドのアーカイブス・ライブラリから引っぱり出してきて、「永久不滅な乱暴者たち *The Wilder Ones*」という、これまでにない新たな視点で、ヘルズエンジェルズを分析し新攻撃方法を考案。再開されたばかりのバッシング・キャンペーンに強烈な左フックを浴びせながら、再度の参戦を表明した。

それを追うかのように、3月29日(月)『ニューズウィーク』誌が「暴力集団 *The Wild Ones*」という大きな見出しで、これでも食らえ！　とエンジェルズの顔面に右フックを炸裂させ……となれば、他のメディアが追従するのは、もはや当然のことなのである。

それから嵐のような数週間が過ぎ、偏見と事実誤認によって断片的に書き散らされた「明らかに異常」と断言してよい過剰なヘルズエンジェルズ・バッシングが、いよいよ読者たちに飽きられ始めた頃になると――驚いたことに、新聞、雑誌によって広められた事実無根の噂話や与太話が、もはやすべて事実として広く全米に知れ渡っていたのである。

つまりそれが意味することは、1965年の3月以降、全米のニュースメディアは、セックス、暴力、犯罪、異常、腐敗といった、新聞、雑誌の購買者たちが好む刺激的なキーワードとワンセットになった、書きたい放題が許される――つまり何を書いても訴えられる心配がない――ヘルズエンジェルズという金脈を手に入れたのである。

1965年3月29日号の『ニューズウィーク』誌は1年半前の63年(モントレー・レイプ事件前年)の8月31日(土)の労働者の祝日のランで、ヘルズエンジェルズがカリフォルニア州南部にある小さな田舎町ポーターヴィルで起こした、いわゆるポーターヴィル襲撃事件をわざわざ掘り起こし、記事として以下のように掲載している。

――黒いジャケットを身に纏った200人のアウトローバイカーが、南カリフォルニアのひなびた田舎町ポーターヴィルにマシーンを唸らせて集結した。彼らは卑猥な言葉を叫びながら地元のバーを次々と襲撃した。無辜の市民の車を停止させ、ドアを開け、乗っていた女性にいやらしい手つきで触ろうとした。エンジェルズメンバーの彼女の中には、閑静な町の道の真ん中に横たわり、体を挑発的に波打たせ欲情している者すらいた。

あるバーでは6人のエンジェルズが65歳の男性をメッタ打ちにし、ウェイトレスを誘拐しようと暴れだした。近隣の警察署及びハイウェイパトロールの警察官71人が、この緊急事態のために駆り出され、さらに警察犬、特殊警棒、鎮圧用の消火ホースを持った特殊部隊が出動して、ヘルズエンジェルズはようやくハーレーダビッドソンで町から去っていった。

1年半前の事件を、まるで昨日起きた事件のように、今更ながら引っ張り出してきたこの週刊誌の記事が何を書いているかというと――。『ニューズウィーク』『タイム』の両誌はともに、ヘルズエンジェルズが1年半前に起こした騒動を、10年前の映画『*The Wild One*』(『乱暴者』)という1本のエンタテインメントムービーのストーリーをなぞる方針で、記事にしているのである。

『乱暴者』は、カリフォルニア州北部にあるホリスター郡で1947年に起きた、偶発的な暴動事件をヒントにしてつくられた、オートバイ映画の先駆けといっていい作品である。が、しかし……『タイム』の紹介記事によるとこの映画は、「ブラック・レベルズと呼ばれる、ならず者バイカーたちの、薄汚れた人生を描いた事実をもとにした物語」ということになる。そして『タイム』は続けて天を仰ぐような調子でこう嘆いてみせるのだ。

――実際に起きた重大な社会的事件を柱にして制作された映画でありながら、公開後すぐに映画が忘れ去られてしまった理由は、登場人物たちがあまりに凶悪で、暴力シーンが現実とは思えないほど残酷だったためであり、それゆえ観客はそれが本当に起きたことだと信じることができなかったのだ。

一般常識で考えてみよう。血と暴力に飢えたアウトローの大集団がオートバイに乗って突然どこからともなく現れては、あちこちの田舎町を襲撃し、そこに暮らす住民たちを残忍に蹂躙し、共同体全体を恐怖のどん底に陥れるなどということを、いったいどこの誰が、映画ではなく実際の可能性として想像することができるだろうか？『タイム』にはできなかった。少なくとも暴動事件が実際に起きた1947年には無理だった。そして映画が公開された1953年にも。同様の事件がヘルズエンジェルズによって1963年にポーターヴィルという町で引き起こされた時でさえ、信じられずにいた。

しかし1965年3月26日(金)、実際に起きてから長い長い時を経て……『タイム』は、それまで誰も気にせず、歳月の中に埋もれていた18年前の事件に俄然注目し、現在に引っ張り出し、ヘルズエンジェルズをそこに、そっくりそのまま当てはめた。そうして「これは商売になる！」と直感した各紙誌の編集者たちは、ファイト満々、いっちょやったるかと、燃えに燃えてタイプライターに向かったのだった。

『The Wild One』――あの映画は現実なのだ！　カリフォルニアの検事総長、リンチがその存在をあらためてマスコミに紹介するまでの18年間、映画に登場したのと同類のならず者たちは、カリフォルニアのどこかにそっと身を潜めながらオートバイを凶暴に改造し、市民たちを殴りつけるため、鋼鉄製のチェーンを油で磨き続け、今日という日に備えていたのだ。

『タイム』西海岸担当の取材記者は上記のような読むだけで空恐ろしくなる妄想の産物を恐怖の叫びのような筆致で書きあげると、すぐさまニューヨークの本社に送稿した。本社では現場から送信されてきた原稿を今度は別の記者がさらに激しくスーパーチャージし、2段組の安物記事に仕上げて全国ニュースとして配信した。

映画『The Wilder One』が戻ってきた　現実世界に！

――カリフォルニア州検事総長のトーマス・C・リンチ氏がヘルズエンジェルズの数々の犯罪を立証し、有罪に持っていくべく、膨大な証拠集めを懸命になって行っている。リンチ氏がヘルズエンジェルズを徹底的に調べている狙いは〝ヘルズエンジェルズ（地獄の天使）〟という不吉なグループ名を名乗るアウトローバイカーたちの一群が、その不吉な名称を上まわる凶悪な犯罪行為を繰り返しているという歴然たる事実を明確に社会に知らしめ、警告を与えることにある。リンチ検事総長がヘルズエンジェルズへの特別捜査に着手した発端は、昨年１９６４年の9月に起きたモントレー・レイプ事件である。10代の少女２人がデート相手から無理やり引き離され、ヘルズエンジェルズのメンバー数人に深夜の砂漠でレイプされた、あの事件だ。――『タイム』誌からの引用

断言する。これはもはや誤報というレベルでは到底なく、許し難い名誉毀損である。

というのも、先に述べた通り、モントレー・レイプ事件で逮捕されたテリー・ザ・トランプ、モールディ・マーヴィン、マザー・マイルズ、クレイジー・クロスの４人は身柄拘束後１カ月も経たないうちに、すべての起訴を正式に取り下げられているのである。

『タイム』の執筆者たちは最初からそれを知りつつ、記事を恣意的にねじ曲げて書きあげたばかりか、レイプ物語を生々しく印象的に読者に読ませるために、15ページからなる『リンチ報告書』の中から自分たちに都合の悪い記述がある１ページを、まるまるなかったことにしてしまった。その１ページを広げてみる。

（モントレー・レイプ事件は）その後の捜査により、強制的なレイプがあったのか、あるいは犠牲者たちによる犯人の識別が正しいのかについて、疑問が生じることがわかってきた。そのためモントレー郡首席検事は１９６４

年9月25日付で、モントレー・カーメル地方裁判所へ容疑者4人の不起訴処分相当を請求し、市民たちから選ばれた大陪審の意見も、全員一致でそれに同意し……

明確に記されているではないか。レイプ事件は冤罪だった、と。

さらに『タイム』は『リンチ報告書』に掲載されているモントレー郡の地方検事補のコメントも都合が悪いとみたらしく、引用を避けている。『タイム』が報告書から除外した、検事補のコメントとは次のようなものだ。

——医師が少女たちを検査したが、強制的なレイプを裏付ける明確な証拠は見出せなかった。さらに少女の1人は捜査協力への宣誓証言を拒否し、もう1人の少女を嘘発見器にかけてみたところ、事件に対する一連の発言・証言はまったく信用できないものと確認された。

レイプ被害者として全米の同情と哀れと興味を誘った少女たちの言い分が、実は真っ赤な嘘だった！
ヘルズエンジェルズ糾弾キャンペーンの準備を始めていたマスメディアにとって、これほど都合の悪い事実はない。そこでおそらく、世界で一番古い伝統を持つ週刊誌である『タイム』は、読者をがっかりさせる真実のために貴重な誌面を割くわけにはいかないと判断し、検事補のコメントを、なかったことにしたのだ。そのうえで『タイム』はさらに激しく、さらに甲高い、饒舌なトーンで、根も葉もない、単にヘルズエンジェルズを激しく糾弾するためだけのデタラメな統計記事を、以下のように、これでもかと誌面に並べ立て読者の気分を盛り上げようとした。

——1950年にロサンゼルスの50マイル(80キロ)東の鉄鋼の町、フォンタナで結成されたヘルズエンジェルズは、今やカリフォルニア州全体の広範囲に450名ものメンバーを擁す大集団に成長している。彼らは日常の退屈をまぎらわすために、乱交、レイプ、薬物乱用から、暴行、窃盗に至るまで、多岐にわたる犯罪を当たり前のように犯し続けており、その内訳としてこれまで――重罪逮捕874件、重罪有罪判決300件、軽罪逮捕1682件、軽罪有罪判決1023件の司法記録を残している。しかし実際に刑務所あるいは少年院に収監されたのは、たったの85名に過ぎない。ヘルズエンジェルズという、この粗野な、下卑た凶暴さに満ちた集団を前にすれば、我々の社会のどんな下劣な行為ですら、もはや下劣ではなくなるほどである。

例えば彼らヘルズエンジェルズの入会儀礼を例にとると、新しく入会を希望するメンバーは、〝シープ(羊)〟と呼ばれる、メンバー全員との性交渉を喜んで受け入れる女性、あるいは成熟しきっていない少女を連れてくることが義務付けられている。むろん乱交のためである……(略)しかし何といっても、彼らの一番のお気に入りは、突然、バイクでどこかの小さな田舎町を襲撃し、住民たちを恐怖に陥れることのようである。

さらに『タイム』は、1963年にポーターヴィルという町で起きた、実際のオートバイ暴動をこんな感じで記事にしている。

――時間を持て余している時のエンジェルズは自分たちの幼い子供やクラブにたむろしている未婚女性を連れ歩くこともある。彼らは町の外れの荒れ果てた廃屋のような家を共同で借り、少女やドラッグやオートバイを自由気ままに交換しながら暮らしている。……あるいはドラッグで頭が朦朧としていない時は、オートバイを盗むために、街の中心部や住宅地に繰り出す。彼らのトラックには盗んだオートバイを速やかに積み込むための特殊スロープが装備されており、手慣れた様子で窃盗を完了することができる。そして一連の悪行を終えると、エンジェルたちは再びバイクに跨り、さらなる悪の深淵を求めて町を去っていくのだった。

さらに同誌はそのあとを――「貧困や差別のない理想的な社会を目指す国内改革プログラム『偉大な社会』を、ジョンソン大統領が提唱した(1965年)からには、たとえヘルズエンジェルズといえども、これまで通りのやりたい放題など許されるはずがない」と断言する。そして『タイム』の記事は高らかな勝利宣言を謳いあげ、最後を敬虔にこう結んでいる。

――すべての司法警察組織は、今や末端に至るまで、ヘルズエンジェルズや、その他のアウトローバイカー・クラブに属するすべての悪党の個人記録を、管理、運用し始めている。また、州内のどこにアウトローバイカーが現れても、管轄区域に関係なく、州内を統括的に捜査できる州政府直属の諜報部門をも立ち上げた。リンチ検事総長は「我が州の正しき市民の生命、平和、安全を脅かすような真似は、もはや彼らに二度とできはしないだろう」と述べている。これに応え、カリフォルニア州の善良なる市民数千人は感謝に身を震わせつつ、アーメンを唱えたのだった。

この週の『タイム』を読んだカリフォルニアの「市民数千人」が各地で「身を震わせ」たのは、記者がそう書いているんだから、まあ、確かなんだろう。しかし全員が、感謝のアーメンを唱えるために身を震わせたのではないことも、また明白である。

ヘルズエンジェルズのメンバーたちは、たむろしているいつものバーで記事をまわし読み、ビールをガブ飲みしながら大笑いで身を震わせた。

また、記事で「その他」扱いされた他のアウトローバイカー・クラブの面々は『タイム』をズタズタに引き裂きつつ、エンジェルズの名声へのジェラシーで身を震わせた。

カリフォルニア中の血気盛んな警官たちは次にどんなバイカー集団と抗戦することになっても、きっとマスコミの注目を浴びるに違いないと、期待と緊張で身を震わせた。

そして、『タイム』の経営陣のお偉方もまた、今や同誌の目玉企画となったヘルズエンジェルズ糾弾キャンペーンが大成功をおさめ、多くの新規読者を開拓し、途方もない売り上げを記録し、とてつもない営業利益を上げていることの歓喜に身を震わせた。

いずれにせよ、『タイム』は記事の中に現実の事件に目を向けるという姿勢を微塵も見せることなく、営業戦略的に必要なインパクトだけを求めて、ヘルズエンジェルズに関する与太記事をその後も次々と垂れ流し続けた。決して忘れてはならない重要なことだ。

では、1965年3月の初め、実際のヘルズエンジェルズがどう過ごしていたかというと、様々なマスメディアによる強烈なバッシングと、それを後ろ盾にした警察の横暴かつやり過ぎの取り締まりによって、1965年3月初めには、もはや荒廃と弱体の果てにあり、この世に存在しないも同然の、名ばかりのバイカー・クラブに成り下がっていた。ソニー・バージャー自身が、カリフォルニア全州で85人のメンバーが残っていればいい方だろう、と考えていたほどだ。

いつまで経っても終わる気配を見せない警察当局の猛攻撃の結果、エンジェルたちは州湾岸部に位置するオークランド警察署管轄区域以外の場所では、もはや所属していることを示すカラーを身につけて街を出歩くことすらできなくなっていた。

最盛期に75人いたフリスコ支部のメンバーは11人に減っていた。エンジェルズ発祥の地であるバードゥー（フォンタナも含む）支部ですら、沈没寸前の戦艦とともに深海へ沈む、殉死を覚悟したほんのひと握りの、真のレジスタンスが残っているのみだった。サクラメント支部は地区を管轄するジョン・ミザリーとレナード・チャトイアンという2人の警官によって、憎悪剥き出しの弾圧を執拗に受け続け、ついには支部の全メンバーが、取り締まりが比較的緩いオークランド支部へ、1人残らずまるごと移籍するという方針を立てていた。

しかし警察権力の横暴・無謀とも言える常軌を逸した弾圧作戦は、エンジェルズの楽園、オークランドへも達しつつあった。

「ファック！　奴らがいつ〈エル・アドービ〉（オークランド・エンジェルの溜まり場のバー）にやって来て、俺たちをバーの前に1列に並べてショットガンを突きつけるか、わかったもんじゃなかったぜ！」ソニー・バージャーは当時をそう振り返る。「俺たちはしょうがなく、〈シナーズ・クラブ〉へバイクを飛ばし、そこで飲み始めたんだ。あそこなら裏口があるからな。踏み込まれた瞬間、逃げ出せる窓もある。だけど、サツの連中は俺たちより一枚上手で、実際あん時ゃあヒデエ目に遭わされたんだ」

優れた記者は正しい方法を選択している限り、取材相手が猫であれ、アラブ人であれ、適切に対処できる。重要なのは〝選択〟なのである。間違った選択をすれば、引っかかれたり、裏をかかれたりする。

――A・J・リーブリング

そもそも、『リンチ報告書』とは――ヘルズエンジェルズ及び、その他のアウトローバイカー集団の知られざる生態を徹底調査・分析し、彼らの犯罪を抑えるための対策を講じるために、州検事総長のトーマス・C・リンチ氏の大号令の下、州検事局が作成した正式な報告書である。まずそれを確認しておきたい。そのうえで『リンチ報告書』の、以下のページ記載に注目してほしい。

（カリフォルニア州は）過去15年間にわたって、手のつけようのないギャング団にずっと煩わされてきた。

州が犯罪に悩まされてきた。確かにそれは事実だ。しかし、15年間にわたって煩わされてきたにもかかわらず、ヘルズエンジェルズの犯罪行為を具体的に指摘しているのは報告書全15ページの中の、たったの5ページしかないのである。それもシングルスペースでタイプされた字数の少ないページで。しかも記載されている犯罪・事件のほぼすべてに、カリフォルニアだけでなく、全米あらゆる地域の12人から100人のアウトローが関与していると記載されているのに、逮捕の実例として紹介されているのはわずか16件。有罪判決例は2件しかいない。この矛盾を我々はどう受けとめればいいのか？

しかしその一方で、報告書の別の箇所には、「ヘルズエンジェルズのメンバーと認められる463人のうち、151人が重罪有罪判決を受け、刑務所に送られた」と記載されている。

このような、すぐにわかる矛盾が、わずか15ページの報告書の中にいくつも現れるのは、そもそも報告書に記載されている犯罪統計なるものが、納税者である市民や、マスメディアの警察批判を避けることを目的に創作された、架空の活動報告だからなのだ。

明白な事実は実にあっけない。

『リンチ報告書』が公表された1965年3月の時点で、警察の弾圧によってヘルズエンジェルズの会員数は、実際には、悲しくも、すでに１００人を割り込むほどに減少していた。というか、そもそも１９６０年以降、ヘルズエンジェルズのメンバーが２００人を超えたことなど一度もないのだ。

しかも、２００人といっても、その3分の1以上は結婚したり中年になったために表立った活動を休止しているメンバーで、彼らはモントレー・ランのような年に一、二度ある大イベントの時だけ、クローゼットの奥からカラーのついた古いジャケットを引っ張り出して、ようやく「自分はヘルズエンジェルズのメンバーである」と名乗る、いわば名ばかりの幽霊会員だったのである。これは事実だ。

『リンチ報告書』はヘルズエンジェルズの定期的な行事についても触れているが、その描写もまた、客観性をまったく欠いたインチキ作文の典型である。そうしたドキュメントが作成された理由は、現場の警官が実際に犯罪が起きる場面に立ち会うことなど、当然ながら確率的にほとんどゼロに等しいわけで、仕方なしに警官たちはあとから聞き込みをした伝聞や噂話を、あたかも自分が直接関係した事件であるように粉飾し、そうした作文を報告書に寄せたのである。

先に述べた『ニューズウィーク』誌（1965年3月29日号）の記事は、そんな『リンチ報告書』の内容を一語一句なぞるように書かれたものだが、同じポーターヴィル襲撃事件について、まったく別の見方の記事も存在する。『ポーターヴィル・ファーム・トリビューン』紙（1963年9月5日号）に掲載された記事だ。

記事の内容は警官が書いた伝聞リポートではなく、事件が起こってから数時間も経たないうちに、実際に現場を目撃したビル・ロジャースという地元紙の記者によって書かれたものだが、その記者は同時に、ポーターヴィルの市長でもあった。その記事の全文をここで紹介したい。

彼らは　来た　見た　征服しなかった

ポーターヴィル警察機構は、カリフォルニアのアウトローバイカーの大集団が週末のポーターヴィルの町を襲撃する可能性があるという情報を土曜日の朝までに入手していた。（中略）午後遅くになるとアウトローバイカーたちが、溜まり場である酒場〈イーグル・クラブ〉があるメイン通りとオリーブ通りに集結し始めた。マリー公園にも幾人かが集まっていたが、記者が見る限りでは社会規範を乱す者は1人もいなかった。

夕刻が近づき主要構成員が到着し始めると、メイン通りとオリーブ通りは改造バイクで埋めつくされた。市庁舎には「市はこの状況をどうするつもりなのか？」という苦情の電話が殺到し、我々市当局者は市民たちに「州兵を出動させろ」と急き立てられ、「無差別逮捕しろ」と罵られ、「市民も斧や猟銃で武装させて戦わせろ」と攻め立てられ続けた。

午後6時30分頃、バイクで溢れ返っているメイン通りを、市当局の警官隊がパトロールした。エンジェルズのショーは、すでに始まっていた。女、子供を含む200人のライダー集団は荒れ狂い、興奮しきった幾人かが停まっている車を蹴飛ばしたり、歩行者を脅したりして凶暴さを誇示していた。100台か……あるいはそれ以上のオートバイがメインストリートの東側に停められていた。

我々は警察署に戻り、事件の担当責任者である警察官トリージャンとサールに加えポラッゾも、対策本部の担当に任命すると決定した。しかしその段でもまだ、法令違反となる暴力事件は1件も起こっておらず、我々にはヘルズエンジェルズのメンバーを逮捕・拘束する理由が見出せていなかった。我々は状況が進展するのを待っている段階だったのである。その頃、対策本部が町中央のマリー公園の封鎖を決定した。

午後8時になると、状況を伝える地元のラジオニュースが、「アウトローバイカーの集団が町の中心部を引き揚げ始め、東に向かっている」というアナウンスを流し始めた。対策本部は「あるいはバイカーたちは一旦町の外へ出て待機し、大勢を募って再度来襲するつもりなのかもしれない」と警戒を強めた。

ところが数分後、ドイル・コロニーにある町外れのクラブで喧嘩騒動と交通事故が起こり、救急車が呼ばれたという連絡が対策本部へもたらされた。興奮した一群がバイクで町に向かっているとも報告された。この時点で市の治安当局はオートバイグループを町から強制退去させることを決定。

市警察署の電話交換台は、市民からの通報で、夜間フル稼働していた。電話のほとんどは市民を名乗る者からのもので、内容は「保護を求める」といったもの、あるいは「何をやっているんだ警察は」という取締当局の対策方針を侮辱するものであった。

夜半、メイン通りはバイクで埋めつくされていたが、同時に、市民たちの人通りもまた途絶えることがなかった。1500人の住民が〝これから起こる何か〟を期待して、メイン通りとオリーブ通りの周辺をうろうろと野次馬見物していた。

その時点で町の中に、およそ300人以上のヘルズエンジェルズがいたと推測される。メイン通りを巡回すると、期待にたがわず彼らは酒を煽り、好き勝手に停車した多数のバイクで交通渋滞を引き起こし、酒瓶を割り、卑猥で侮蔑的な言葉を大声で吐き捨て——つまり彼らにとっての〝ジョー〟なるものを上演していた。

その頃警察は交通渋滞と野次馬市民たちの扱いに手こずっていた。

我々はパトカーの拡声器で、「道を開けて下さい！」とポーターヴィル市民に呼びかけながら進んだが、結局、道を譲る者はなく、逆に「何事が起こっているのか？」とさらなる野次馬たちが集まってくる始末であった。渋滞のためバイクを動かそうにも動かせなくなったエンジェルズの一部からは不満の声がブーブーとあがっていた。

掃討作戦が開始された。メイン通りは、まずガーデンからオリーブまで、ついでオークまでのブロックが完全封鎖された。同時にハイウェイパトロールの警官隊が南方面へ。他の警官隊が北部へと配備された。

自分たちがいる地域の交通渋滞が緩和されると、エンジェルたちは自らの勝利を確信したようだ——「警察はメイン通りを自分たちに差し出したのだ」と。

しかし9時30分までには市警察署に、特別に編成された治安警察部隊が召集され準備を整えており、指揮を執るトリージャンがブリーフィングを行っていた。要点は以下の通りだった。

警官隊はメイン通りを装甲車両で南に向かい、最後の半ブロックは徒歩で現場を目指す。

エンジェルズのオートバイは町を出る街道筋に通じる南へ誘導する。

北方面への交通路は完全に封鎖する。

ハイウェイパトロールの警官隊はオリーブ通りとメイン通りの南側に待機する。

最後に指揮官トリージャンは士気上がる治安警察部隊を大声で鼓舞した。「いいか、エンジェルズの口車や挑発には絶対に乗るな。奴らはもはや町から追い出されるか、刑務所に行くかしかないのだ！」

ほどなくして、市消防局の放水車がペニー・ストアの前に配置された。それに呼応して、警棒とショットガンで武装した警官隊のパトカーが、エンジェルたちを過剰に刺激しないよう、サイレンを鳴らさず、ランプだけを点滅させながら出動した。メイン通りに到着すると、エンジェルズの一団は道の中央にたむろし、一部は地べたに寝転がっている始末だった。

「5分以内に退去しなさい。全員、ここから移動しなさい！」治安警官隊を従えたトリージャンが、拡声器で声を張りあげながらメイン通りを威圧的に進行すると、たむろしていたバイカーたちから反抗的な態度がにわかに消え失せ、ほとんど全員が指示に従って移動し始めた。

もちろん中には抵抗する者もおり、6人がその場で逮捕された。放水車が強力な水圧で放水を始め、北へ向かおうとしたオートバイ1台が転倒。ライダーたちは制圧計画通り次々と南へ向かい始めた。治安警官隊と放水車を避けるように、スポーツセンター近くに何台かのオートバイが停車していたが、マリー公園を奪還するため、そこにも警官隊が送られた。

さらに警官隊は室内に潜んでいるバイカーたちを探索するため、バーやナイトクラブなどに踏み込んで捜索を始めた。町にたむろしていたヘルズエンジェルズを含む3つの主要なバイカー・クラブのリーダーたちが、尋問のために警察本部へ連行され、残りのライダーたちはスポーツセンターに拘留された。その際、「警察本部へ連行したリーダーたちを即座に釈放しなければ、奪還に向かうぞ」との脅迫があったが、現場指揮官のトリージャンは「逮捕拘留された仲間を取り戻す唯一の方法は、法的手続きに則って保釈金を支払うことだ」と即座にそれを拒否した。

トリージャンの強気な発言の裏には、エンジェルズが警察署を攻撃してきた場合を想定して、暴動鎮圧用散弾銃を持った警察官を多数配備するという、周到な計画の完了が意味されている。

深夜の2時30分を過ぎた頃になると、ポーターヴィルの町には留置場の中以外、ただの1人のアウトローバイカーもいなくなった。深夜、6台のバイクがエンジン音を響かせて町へ戻ってきたが、しかし取締部隊責任者のトリージャンは彼らをメイン通りの橋で停車させて宣言した。

「今来た方向へそのまま立ち去れ。さもないと逮捕する。オートバイは没収だ。今この場で6台を鎖で縛り上げて、トラックで警察署まで引きずって運ぶぞ」

日の出まで、まだ何人かのライダーが町周辺の各所に点在していたが、しかし暴動や破壊活動を起こしかねないそれまでの勢いは、すでに完全にそがれていた。

——『ポーターヴィル・ファーム・トリビューン』紙（1963年9月5日）ビル・ロジャース

それが誰であれ、正しい言葉を使えない人間が表通りを進めば、公共の敵として殴り倒されるのである。

——ハリファックス卿

警察が作成する報告書（と、それを引用する新聞記事）の大半はヘルズエンジェルズの暴力的な行動を、実際以上に大袈裟に脚色することが、もはや慣わしのようになっていた。実例として、1964年の7月4日（土）、アメリカ独立記念日に行われたエンジェルズのウィリッツ・ランを記述した2人の文章を比べてみたい。ウィリッツはカリフォルニア州北部にある人口3500人の材木の町だ。

まずひとつは私、ハンターＳ・トンプソン個人に送付されてきた手紙。送り主はサンフランシスコの主婦、テリー・ウィトライト夫人。彼女の夫はウィリッツの出身だ。彼女はヘルズエンジェルズの記事を雑誌に発表しているライターである私宛に、私信として事件に遭遇した手紙を送ってくれた。

夫人が送ってくれた手紙と、警察や検事局が発表する公式報告書とのあいだに事実関係の明確な矛盾はないが、両者を比べると、ヘルズエンジェルズの実像というものが、話者によってまるで違ったものであることがよくわかる。

まずはウィトライト夫人が私に送ってきた1965年3月29日付の手紙を紹介しよう。

親愛なるハンター氏

私がヘルズエンジェルズを初めて見たのはカリフォルニア州ウィリッツでの独立記念日のお祝いの時でした。

ウィリッツはサンフランシスコの北100マイル（161キロ）ほどにある、とても小さな町です。

毎年7月4日の独立記念日に開拓者の日というお祭りが開催され、カーニバルやパレードやダンスなどが行われます。私たちはそれを目当てに毎年町へ出かけるのですが、その年のウィリッツのメイン通りはヘルズエンジェルズが1ブロック半を独占し、混雑しきった貸しきり状態のバーを、出たり入ったりしていました。私たち(ローリ、バービー、夫のテリー、そして私)が道を歩いていると、エンジェルズのメンバーらしき黒い皮ジャン、ブーツ、汚い黒いTシャツといった出で立ちの1人の男性が、友人のローリの手を摑んで名前を聞いてきました。私たちはしばらく話をしたのですが、男性はとても優しく、私は彼に好印象を持ちました。午後2時30分くらいのことです。

夕方になり、私たちは年配の知人女性アイリーンの家に行きました。私たちはウィリッツの町を訪ねると、彼女のところに泊まるのが恒例なんです。彼女にはラリー・ジョーダンという、先住民族ウィラキーインディアンの甥がいます。年齢は27、8歳で、ラリーの兄、フィル・ジョーダンはニューヨーク・ニッカーボッカーズ、デトロイト・ピストンズでプレイしたプロのバスケットボール選手なんですが……。

そんなことはさておいて、その晩7時30分頃、1人の若い女の子が家のドアの前で泣き叫んでいるのです。

「アイリーン、アイリーン、助けて!」

私がドアを開けると、玄関口に、首の横とこめかみから血を流したラリーが立っていました。

アイリーン(ラリーの叔母です)は慌てふためくばかりでしたから、私がラリーをバスルームに連れていき、体を洗ってやりました。ラリーはヘルズエンジェルズに、剃刀かナイフのようなもので酷く切られていました。

理由はわかりません。どうしてラリーが6、7人のヘルズエンジェルズに襲われたのか。ラリーは確かに、いつも何か威張ったようなところがありましたけど、根はいい子で、人懐っこいし、優しいし……そりゃ確かに、負けん気の強いところもあったけど。もちろん、弱虫ではありませんよ。なんて説明したらいいのでしょうね、本人を知らなきゃわかりませんよね。インディアンにお知り合いがいれば、雰囲気くらいは摑めるかしら。

それで、テリーが買い物から帰ってきてから相談して、私たちはラリーを車に乗せて病院まで運ぶことにしました。私たちはみんな酔っていましたから、「まったくこんなことをするなんて、ヘルズエンジェルズを捕まえて、町から追い払ってやろうか！」と怒っていました。もちろんしませんでしたけど。

そしてその晩ずっと一緒にいた友達の1人、フリッツ・バッチーもヘルズエンジェルに襲われてしまったのです。家に銃を取りに帰った彼は、地元の警察官によって一晩留置場に入れられてしまいました。

まあ、そんなに酷いことをされたわけじゃありませんけど、その年の独立記念日は、一日中不安な空気が町に立ち込めていて、次々起こる騒動に全員が怯えて、緊張していて……毎年いつも独立記念日を皆で愉快に楽しむのに、その年はそれができなかったのです。――テリー・ウィトライトの妻

同じ事件を、リンチ検事総長は次のように語っている。

1964年7月4日、独立記念日、カリフォルニア州ロデオにあるヘルズエンジェルズの溜まり場で働いていたバーテンダーの招きによって、オークランドのヘルズエンジェルズがウィリッツへのランを決行した。先遣部隊30人は前日入り。4日の午後までに120人のヘルズエンジェルズとエンジェルズの女たちが、地元のバーに集結した。

オークランドの他に、ヴァレーホやリッチモンドから遠征してきたエンジェルズもおり、サンフランシスコのモフォ支部のメンバーも確認されている。

いつものことながらエンジェルズは、ビール瓶、喧嘩用のチェーン、金属製の缶切りといった凶器で、地元住民と町のあちこちで喧嘩沙汰を繰りひろげていた。特徴的だったのは、メンバーの何人かが明確な見張り役とし

て配置されていたことだ。暴行が警察に通報されたことがわかると、酒も飲まずに待機していた見張り役は割れた瓶を拾い上げ、床に拡がる鮮血をビールで洗い流し、不特定のメンバーをバーに入り乱れさせて警察の尋問を妨害した。

その際、1人の地元住民が、銃を手にエンジェルたちが集結しているバーに乗り込もうとして逮捕勾留されている。カリフォルニアのハイウェイパトロールの警官隊とメンドシノから派遣された援軍の協力を得て、市の警察署長はヘルズエンジェルズに対し、町を出て、市との境界まで移動するよう指示を出した。移動が終わったのちに、エンジェルズのメンバー間でちょっとしたいざこざが起きたが、幸いにして住民が巻き込まれることはなかった。

ポーターヴィル襲撃事件について『リンチ報告書』並びに、それを引用した『ニューズウィーク』誌の記事は詳細をボカシながらも、しかし明らかに、ヘルズエンジェルズが〝町に押し寄せ〟〝恐怖に襲われた住民たちが混乱に陥った〟という、暴力的なイメージを伝えようとしている。

一方、ウィットライト婦人から送られてきた手紙はウィリッツ暴動を直接目撃した市民の客観証言だが、『リンチ報告書』と比較して、まるで違った印象を読む者に与える。

両者が述べている基本的な事実はほぼ同じで、議論の余地はない。ただ、婦人の手紙には、大都市のほとんどの新聞がヘルズエンジェルズを記事化する時に見受けられる過剰な緊張感や恐怖感が露悪的に描き込まれておらず——当然ながら、大袈裟でショッキングな見出しや恐怖を煽る常套句は登場しない。両者を比較することで、実際に現場を目撃した市民の証言と、警察当局が発表し報道各社がそれに追従する形で記事にする文章では、強調されている箇所や文脈がまったく異なっていることがおわかりいただけただろうか。

私は読者に問いたい。ヘルズエンジェルズは新聞でしばしば書き立てられているように、実際に、町を乗っ取り破壊する目的を持って、バイクで大挙して田舎町に襲来するのか？ あるいはそうでなく、田舎町の中心街や地元の飲み屋にたむろして、大勢の野次馬を引き寄せ、単に有頂天になって、酒に酔って喧嘩沙汰をしでかし、自分たちが注目されていることに自意識の満足を得ているだけなのだろうか？

もっと広い視野から考察を試みるなら、メディアの言う〝ヘルズエンジェルズの脅威〟とはいったい何を指すのか？ ヘルズエンジェルズはカリフォルニアの街道沿いの小さな田舎町の住民たちの生命や財産を、どれだけ深刻に脅かしているのか？ さらにアイダホの、アリゾナの、ミシガンの、ニューヨークの、インディアナの、コロラドの、ニューハンプシャーの、メリーランドの、フロリダの、ネバダの、カナダの……その他大勢の米国市民たちの〝ヘルズエンジェルズがやって来る〟という噂だけで、〝恐怖に駆られて混乱をきたした〟と報道されている善良な町の人たちの命を、つまり、合衆国全土の安全保障にもかかわるような実際の脅威を、本当にヘルズエンジェルズは国民たちに与えているのだろうか？

3
HELL'S ANGELS

神が公平であられることを思えば、自分の国の有り様に身が震える。
――トマス・ジェファソン

『リンチ報告書』を丁寧に事実検証していけば、カリフォルニア州全域で起きている犯罪総数と比較して、ヘルズエンジェルズが関連している事件など、取るに足りない数でしかないことがすぐにわかる。

報告書に、「1965年現在、カリフォルニア州警察機構は州内に463名のヘルズエンジェルズの存在を確認している」という記述がある。内訳は――

ロサンゼルス近郊…205名
サンフランシスコからオークランド地域…233名
その他のカリフォルニア州全域…25名

しかしながら前章で述べた通り、ヘルズエンジェルズ・モーターサイクルクラブに所属するメンバーが200名を超えたという事実は、1950年の結成時に遡り、過去に一度もない。

その段階で私は『リンチ報告書』に記載されているエンジェルズ関連の統計数字が、すべて完全なでっちあげである可能性を感じ、あらゆる数値を再検証することにした。この州検事総局が作成した信憑性に乏しい各種統計のでき合いパッケージにはまた、ヘルズエンジェルズがカリフォルニア州で受けた裁判の有罪件数として——

軽犯罪…1023件

重犯罪…151件（車両強盗・住居侵入・加重暴行など）

を列挙して「多大な件数である」と糾弾しているが、そもそも記されている犯罪総数は過去15年間に——つまりヘルズエンジェルズが創設された1950年から現在に至るまでに——受けた、あらゆる有罪判決の合計数であって、当然のことながら件数の中には遥か以前に引退したメンバーが記念碑のように残していった遠い昔の犯罪遺産も含まれている。しかしそれを示唆する注意書きは報告書のどこにも記載されておらず、あたかもすべての判決が昨日今日下された生々しい事件であるかのような印象を見る者に与えている。

州が公式に発表している「カリフォルニア州の犯罪統計」によると、1963年に起きた州内の——

殺人事件…1116件

加重暴行事件…1万2448件

性犯罪…6257件

住居侵入事件…2万4532件

1962年は、交通事故による死者が前年の3839人から4121人に増加している。さらに1964年、マリファナの使用・所持で検挙された未成年者の割合は前年比101%アップ。

一方メディアは1965年の『サンフランシスコ・エグザミナー』紙が、裏一面トップに「(カリフォルニア州都市部に暮らす)15歳から19歳の少年少女の性病発症率　4年で2倍以上増加」という大見出しを掲げている。

ここで読者に申し上げたいのは、カリフォルニア州の人口が1960年代以降、加速度的に増加している現状を十分に考慮したとしても、未成年の逮捕者があらゆる犯罪カテゴリーにおいて、前年比連続10%以上の割合で毎年連続して増え続けているというのは、明らかな社会的異常事態だ、ということであります!!

実際、民主党選出のブラウン知事は1965年末の州上院議会で、知事在任中の7年間で犯罪率が70%も上昇しているのに、何ひとつ有効な手立てが講じられていないと共和党議員団から厳しい批判の矢面に立たされてもいる。

上記のような、カリフォルニア州が抱えていた様々な社会問題を踏まえたうえで、『リンチ報告書』をもう一度眺めてみよう。

当時、カリフォルニア州が確認していたヘルズエンジェルズのメンバーと、「その他のアウトローバイカー・クラブ」に所属するライダーの総数は報告書では「901名」。

私は主張したい。ということは、仮に1965年の大安吉日に、ヘルズエンジェルズを含むアウトローバイカーを、全員吊るし首で一斉処刑にしたところで、実質的には、カリフォルニア州の犯罪が激減するわけでも、市民生活に暗澹とした黒い影を投げかけている社会不安が解消されるわけでも、カリフォルニア州の治安が著しく改善されるわけでも、これっぽっちもないわけである。

ではなぜ？　年を追うごとに増え続けるカリフォルニア州の犯罪、特に少年犯罪の急増と、それによって市民たちが抱くことになった将来への社会不安が、あたかもすべてヘルズエンジェルズという、ただひとつのアウトローバイカー・クラブによって引き起こされているかのように喧伝されてしまったのか？

ニューヨークを本拠とする報道機関が持っているメディアの権力の恐ろしい側面が、そこに隠されている。ヘルズエンジェルズというアウトローバイカー・クラブの実態と広くアメリカで信じられているものが、実は『タイム』や『ニューズウィーク』といった雑誌、あるいは合衆国報道機関の最高権威である『ニューヨーク・タイムズ』紙によってつくりあげられたメディアイメージ上の架空の産物でしかないという恐るべき歴史の闇がここにある！

『ニューヨーク・タイムズ』は、ご承知の通り、合衆国報道メディアを代表する大新聞である。と同時に我が国ジャーナリズム界のヘビー級王者として、その評判にたがわず、掲載されている記事のほとんどは堂々たる風格を備えていたものである。

しかし私は問いたい。『ニューヨーク・タイムズ』の編集者とて、決して過ちをしでかさないとは言いきれないのではないか？　早い話、小さなでっちあげ記事を書いてしてしまうことだってあるのではないか？　と。もちろんそうした過ちを探し出して列挙したところで、また過ちを犯した記者たちを責め立てたところで、所詮はせんないことなのだ。

しかし「せんないことだ」と言いつつも、なぜ私のような非力なフリーのジャーナリストが、誰もが認める全米メディアのチャンピオン『ニューヨーク・タイムズ』を引き合いに出して、なぜ、かような正義の雄弁を熱くかましているかと申しますと――本書『ヘルズエンジェルズ』出版の目的のひとつは、そうしたでっちあげ記事の実例をスッパ抜いて挙げつらうことではなく、読者諸兄に提議したきは、現在、合衆国メディアの本流となったニューヨークのジャーナリズム業界で、著しい利益重視の編集方針に基づいた報道が行われ始めているという極めて重大な問題なのであります。

利益重視の編集方針は、今や『タイム』や『ニューズウィーク』といった週刊誌だけでなく、ついには合衆国で最高の権威を誇る高級新聞『ニューヨーク・タイムズ』にまで波及することとなっておるのですぞ!! そして高級新聞としての、その持てる権威が、他紙誌がでっちあげた事実無根の記事の信憑性を事実上担保するという本末転倒の恐ろしい事態にまで陥っている。その事実がもたらす、報道メディアが合衆国社会全体に与えている、強い悪影響の問題性を、私は明白にここに指摘したいのであります。こともあろうに、『ニューヨーク・タイムズ』ともあろうものが、不確かな統計ファイルのパッケージでしかない『リンチ報告書』を、かなり省略した形とはいえ、事実確認を怠ったまま掲載するとは嘆かわしいにもほどがある!!

『ニューヨーク・タイムズ』が記事を掲載した際の見出しは、「カリフォルニア州政府　悪漢のバイク乗りたちのテロリズムの抑制と対応に本腰」というもので、確かに記事内容そのものは大部分がまともであった。が、しかし、見出しと記事の橋渡し役であるリード文は純然たる記者による創作《フィクション》だ。曰く——

片田舎の街道沿いのバーが、アウトローバイカーの群れによって占拠されていた。バイカーたちは女主人を代わるがわるレイプし、立ち去る際に、目撃者の目の前で武器をチラつかせ、「サツに喋れば、報復が待っている」と言い捨てて立ち去った。当局による証言・目撃者捜しは困難を極めており、警察・検察当局は今もって容疑者を逮捕・起訴できないままでいる。

読者に断っておくが、現実にはリード文にあるような事件など起きていないのだ。じゃあなぜ、実際には起きていない出来事がリード文にされているのか?

答えは簡単——。我々は一流紙でタイプを叩くプロのライターの手品を見せられたのである。種明かしをしよう。上記のリード文は『ニューヨーク・タイムズ』の特派員記者が、『リンチ報告書』に掲載されている複数の事例を一度分解して繋ぎ合わせた〝ジャーナリスティックなモンタージュ〟なのである。つまり、まったくの嘘とは言えないが、実際に起きたとは口が裂けても言えない、つぎはぎの創作ニュースもどき。

しかし『ニューヨーク・タイムズ』の記者は愚者ではない。編集者も皆大変に優秀である。2カ月以上新聞社で働いたことがあるメディア業界の者なら、誰だってわかっているはずだ。

読者は常に、よりショッキングな記事を求めている。

そしてすべての優秀な記者は、読者が求めるインパクトを損なうことなしに、しかも十分な法律的防衛手段を講じながら、求められる記事を書きあげる技術を身につけている。そう、訴えられることなしに読み応えのあるでっちあげを記事にできる、野蛮で破廉恥な、しかし高度な文章技術を持っている人間――それが、プロのジャーナリストというものなのだ。

新聞、雑誌などでよく目にする〝伝えられるところでは〟という一節などは、でっちあげ記事を見抜くための重要なキーフレーズのひとつである。いったいどこから伝えられているのかな？　記者の空耳、あるいは悪魔の囁きじゃないのかな？

同様の詐術的レトリックを見抜くキーワードとして、〝誰それが言った〟〝――と報告された〟〝――によると〟などが挙げられる。それらの表現が頻出する記事には注意が必要だ。1965年3月の『ニューヨーク・タイムズ』には、ヘルズエンジェルズを扱った短い記事中、たった14段落に、同種のキーワードが9つも出てくる。中でも最も顕著な2つはハリウッド式の大仰なリード文とも深く関係している。

集団レイプの疑い。労働者の祝日、14歳と15歳の少女がヘルズエンジェルズのメンバー5人から10人に。

しかも『リンチ報告書』からの引用文で構成された『ニューヨーク・タイムズ』の記事は、モントレー・レイプ事件が起きた6カ月もあとに書かれているのに、テリーをはじめとするエンジェルズの容疑者全員の起訴が取り下げられているという事実は一行も記載されていない。

まあ記事そのものは、どこの地方新聞に載っていてもおかしくない、右から左に読み流されておしまいという、陳腐で偏見のこもった、毒にも薬にもならないどうでもいい内容だが、しかし！ アメリカを代表する高級新聞『ニューヨーク・タイムズ』は、たとえ記事に間違いが含まれていようとも、アメリカ社会に対してヘビーウェイト級のパンチを放つ、まぎれもない全米メディアの王者なのである。

『ニューヨーク・タイムズ』がヘルズエンジェルズを記事として掲載した——その衝撃に、全米メディアは大きく揺さぶられた。メディアの最高権威である『ニューヨーク・タイムズ』がヘルズエンジェルズを記事にしたということは、それ自体が〝これは全米的な社会問題である〟という最高のお墨つきを与えたことに他ならない。

もし仮に、事前に『タイム』誌と『ニューズウィーク』誌がヘルズエンジェルズについて、何らの事前報道をしていなかったとしても、『ニューヨーク・タイムズ』が正面から題材として取り上げたからには、他のマスメディアがその好機を見逃すはずはない。あらゆるメディアが遅れてはならじとエンジェルズ・バッシングのウェーブに飛び乗った。

ヘルズエンジェルズという〝現代アメリカ社会に潜む癌〟が、とうとう国を代表する高級新聞に存在を暴かれたその1週間後には、エンジェルズ・バッシングのパイオニアである『タイム』『ニューズウィーク』の全国週刊誌2誌が、さらなる2挺拳銃でダムダム弾のような記事をぶっ放し——そしていよいよ……ヘルズエンジェルズは現代アメリカ最高の悪役という位置に公式に押し上げられ、１９６５年の合衆国でその名が語られない日がないほどまでに、悪の階段を最高最悪に上り詰めるのである。

ここで読者に考えてほしいのだ。それまでカリフォルニア州にほんのいくつかの支部を持っていただけの、創設以来

15年間、西海岸で細々とやってきた一アウトローバイカー・クラブが、メディアの力でたった6カ月のあいだに18年分に相当する全米の注目を一気に浴びてしまったらどうなるか——。当然のことながら、当のメンバーたちは興奮した。

繰り返すが、1964年にモントレー・レイプ事件が報道されるまで、ヘルズエンジェルズ・モーターサイクルクラブは、カリフォルニア州のハイウェイパトロールの警官と、多く見積もって、全米数千人のバイクマニアにのみに知られる、マニアックな地方《ローカル》バイカー・クラブでしかなかったのだ。

その頃の彼らの存在は、どう贔屓目に説明しても〝州で一番大きくて悪名高いアウトローバイカー〟といったところだろう。もちろん当時でも、アウトローバイカーの世界では確かにそれなりに突出した存在として語られていた。が、しかし、かといって全米各地の一般市民の日常会話に登場するような、そんなご大層な存在では、これっぽっちもなかったのである。そうしたアウトローバイカー・クラブが、例のでっちあげのモントレー・レイプ事件をきっかけに、ロサンゼルス、サクラメント、サンフランシスコなどの州内都市を中心とした、カリフォルニアの地方新聞の一面を飾るようになり、そしてそれらが、全国誌である『タイム』『ニューズウィーク』両誌のデータマンによって、ネタとしてスクラップ保存され、そしてついには、このような記事ができあがる。

ヘルズエンジェルズ ティーンエイジャーをレイプ
4000人ものアウトローバイカー モントレーを襲撃

——少女2人が、交際している青年2人（少女たちを救うために虎のように勇ましく戦った）と、ビーチでバーベキュー用のフランクフルトを焼いていたところ、集結を予定していた約4000人のヘルズエンジェルズの先遣隊から、突然襲われるという事件が起きた。突如として少女たちのキャンプファイヤーを囲んだヘルズエンジェルズ構成員は「心配するな、おいガキども。お前らの女たちを調教してやるぜ！」と叫んだという。……そして髭面の大男が、悲鳴をあげて嫌がる少女の1人を強引に押さえつけ、強引に唇を奪ったのち、他のエンジェルたちとともに、泣き叫ぶその少女を抱えて浜辺の暗闇に消え去ると、直後！　刺し貫かれた少女の悲痛な叫び声があたりに響き渡り、その後は、喉の奥から搾り出された、男たちを罵る涙まじりの悲しい声が、現場ビーチにいつまでも続いたのだった。

『リンチ報告書』にはヘルズエンジェルズによる不法行為の実例が計18件報告されている。しかしその内訳は、1964年の9月5日(土)のモントレー・レイプ事件以降に摘発された件数としては、わずかに2件。2件ともレイプではなく、単なる飲み屋での喧嘩である。

もし、ジャーナリズムを自分の職分とわきまえる優秀な記者たちがその気になってさえいれば、モントレー・レイプ事件が起きてから、トーマス・C・リンチ氏が記者会見まで開いて、仰々しい白い包みに入れた報告書を報道陣に配布するまでの6カ月間に、ヘルズエンジェルズというアウトローバイカーの実態について独自取材し、正確な情報を入手することは十分に可能だったはずなのだ。

しかし誰ひとりとして取材に動こうとする記者はいなかった。

なぜか？　可能性として考えられるのは、あるいはおそらく、取材したくても本当に時間がとれなかったのではないか？　私はそう推察している。

1964年はJ・F・ケネディの疑惑の暗殺の翌年であり——折しもモントレー・レイプ事件が起きた9月以降、合衆国の報道各社はどこもかしこも、民主党のジョンソン*vs.*共和党のゴールドウォーターという、大統領の座を競う、第36代大統領選挙の取材合戦に可能な人材をすべてつぎ込んでいた。

そうした状況の中で、強硬な犯罪撲滅右派で知られる共和党大統領候補バリー・ゴールドウォーターは犯罪撲滅に関する立候補演説を行ったが、しかしヘルズエンジェルズに触れることはついぞなかった。ゴールドウォーター上院議員の心配事はカリフォルニアのアウトローバイカーではなく、ストリート犯罪の増加――つまり、都市部に暮らす善良なるアメリカ市民が、近隣スラム街を練り歩くチンピラに脅威を感じ始めていることだった。

民主党陣営はゴールドウォーターのその発言を、黒人やヒスパニック系住民に対する人種差別であるとネガティブキャンペーンを張ったが、もしゴールドウォーターが、数千人を超える不道徳なヤク中の白人のならず者集団、つまりヘルズエンジェルズの脅威について演説していたなら、あるいは民主党支持者はどう反応しただろう?

しかし悲しいかな、ヘルズエンジェルズは白人であるがゆえに、リベラルを旨とする民主党の関心からも外れていた。

そのような社会情勢の中で、あくまでカリフォルニア州を基盤としたドメスティックなアウトローバイカー集団に過ぎなかったヘルズエンジェルズ・モーターサイクルクラブに所属するアウトローたちは、報道記者たちが次々とモンタージュし生み出してゆく記事によって、猛烈な速さで〝今や合衆国中にその勢力を拡大しつつある〟、いや〝世界中に勢力を拡大している凶悪な組織〟として語られるまでに成長してゆく。

凶暴なバイクで風を切り裂きながら突っ走る神出鬼没のアウトローの大群が、時と場所を選ばず、いつ何時でも大挙して現れては、町や村などの小さな地域共同体に襲いかかり、略奪、破壊、レイプを繰り返す。

戦闘的な騎馬を走らせるフン族が
急襲、奇襲、そして恐怖を武器に
カリフォルニアに繁殖し狼煙を上げる瞬間
連中はついに、東部を征服すべく槍を構えて突っ走る
ハーレーが放つ爆音に耳を澄ませろ

遠くから聞こえるだろう、いななく雷鳴が……
そよ風に乗って
乾いた血
精液……
野獣たちの血生臭い汗の匂いが地平線から漂い始めると
いよいよ始まる。赤く燃えた鋼鉄の騎馬隊のお出ましだ
奴らは突然目の前に現れる――

彼方西の地平線に血走った眼光
唇から泡を吹き、外国の密林からこっそり持ち出した
あの根のエキスを噛んで興奮の極地

奴らはあなたの女性を強姦し
あなたの酒屋を略奪し
あなたの村の一角にあるベンチに堂々ブーツを載せ
口汚い言葉で侮辱するだろう……
あなたの街の市長さんを

ストリートの犯罪について大演説をかました大統領候補バリー・ゴールドウォーター上院議員は、要するに……たぶ

んさっぱり、現実が理解できていなかったのだ。ゴールドウォーターが大統領選挙に名乗りをあげた1964年の時点で、彼が合衆国国民に訴えかける憂慮すべき社会問題は間違いなく、〝いよいよ全米各地に完備したハイウェイ交通網が引き起こす、いわゆるハイウェイ網を巧みに利用した移動的犯罪〟、あるいは〝車両による公共の安全保障にかかわる犯罪〟でもいい――とにかく、道路網の完備とモータリゼーションのとどまるところを知らぬ発展の末に、ついに第二幕を開けた新しい犯罪の概念だったはずなのだ。

スラム街にはびこる非白人たちを犯罪予備軍と見做したゴールドウォーターに対して、民主党が人種差別とのネガティブキャンペーンを張ってきた時点で、ゴールドウォーター陣営は反証として、ほぼ100％が白人であるアウトローバイカー集団、ヘルズエンジェルズの写真を提示し、モントレー・レイプ事件の新聞記事を読み上げることだって、やろうと思えばできたわけだ。しかし結局は、大統領選を控えた民主党ジョンソン、共和党ゴールドウォーターどちらの候補者も、モントレー・レイプ事件に触れはしなかった。そして大統領選のお祭り騒ぎの中で事件は急速に過去のものとなっていった。

モントレー・レイプ事件が起きた1964年9月から、『リンチ報告書』がメディアにリリースされる翌65年3月までの半年間にも、ロサンゼルスとベイエリアの両地域では、ヘルズエンジェルズ各支部と地元警察が、新聞記事にならないほどの小規模な衝突を日常的に繰り返していた。その結果、レイプ騒動に端を発したメディアの過熱報道が一段落ついた頃になると、もはやメンバーたちの多くは精神的に疲れきっていたのだった。

エンジェルズのカラーをつけたジャケットで街角に立っているだけで、見ず知らずの誰かに突然理由なく襲われかねない。有名になった引き換えにメンバー各人が手に入れた現実はそんなものだった。ただ唯一、オークランド支部だけを除いて。（註1）

他の町をテリトリーとする支部は警察が強引かつ巧妙に仕掛けてくる、微細な罪での逮捕という法的な攻勢によって逃げ場を失い、日に日に追い詰められ疲弊していった。特別取締がピークに達していた頃、とうとう音をあげてフリスコ支部を脱退したメンバーの1人は私にこう言ったものである。

「もし俺が明日仕事をクビになってさ、またバイク中心のエンジェルズの生活に戻ったとしたら……それってつまり、1カ月以内に運転免許を取り上げられて、刑務所を出たり入ったりして、保釈金を借りる職業保証人に借金してさ。それから町を出るまでずっと、また警官につきまとわれる生活に戻るって……なあ、そういうことだよなぁ」

当初私はそのエンジェルが、いや、その元エンジェルが、レイプ事件以降のマスコミ報道を受けて少々被害妄想に陥っているのではないか？　と考えた。警察の取り締まりが想像を絶する厳しいものであることは話には聞いていたが、まさかそこまでやるとは思えなかったからである。

そこで私は実際に大排気量の大型バイクを買い求め、自分でアクセルを握り、サンフランシスコやイーストベイの周辺地域の街道を流してみることにした。

といっても、私が選んだオートバイはアウトローバイカーが好むハーレーダビッドソンではなく、ファクトリースタイルのＢＳＡ（元はイギリスの銃器メーカー）製のバイクで、両者のあいだにはいかなるビジュアル的類似点もなく――し

（註1）ソニー・バージャーをリーダーとするオークランド支部の面々は、地元警察と実にうまくやっていた。両者ともに公式には認めていないが、オークランド・エンジェルとオークランドの交通警官は、明らかにひとつの〝駆け引き〟とも呼ぶべき、特殊な関係性を築き上げていた。政治的にではない。エンジェルズと現場の警官はその時々に展開する意地の張り合いを、ある種の男同士の駆け引きとしてエンジョイしていたのだ。敵味方に分かれた両者はいかにも息が合っていた。駆け引きの存在など誰ひとりとして認めてはいないし、証拠となるものは何ひとつない。だからそれをもし、ここに断定して記述し、根拠のない中傷だと双方から非難を受けても、それに反証することができない。しかしオークランド・エンジェルズ *vs.* オークランド警察の、お決まりの対決現場に実際に立ち会ってみれば、あるいはオークランド・エンジェルズの溜まり場で時折実施される一斉職務質問の現場に居合わせたことが一度でもあれば、誰にでもそれが両者にとっての〝お楽しみ〟であることがすぐにわかる。第一幕はこうだ。警官とエンジェルズは適当な距離を取りながら、お互いを口汚く罵り合う。そして次に、新聞にはめったに載らないが、エンジェルたちのハーレーとオークランド警察のパトカーがある種のカーチェイスのようなゲームを始める。まあ時には激しい衝突事故の大惨事に発展することもあるにはあったが、しかし警官とオークランド・エンジェルたちは、そうした駆け引きを明らかに同じゲームとして同じルールで楽しんでいた。

かも私はＢＳＡに乗る時いつも羊飼い用のシープ・ジャケットを身につけ……つまりその格好は、ヘルズエンジェルズとも、いかなるアウトローバイカーとも似ても似つかぬファッションである。

しかし現実はフリスコを脱退した元エンジェルが語っていた以上に酷い有り様だった。納車されたＢＳＡに乗って３週間もしないうちに、私は３回逮捕され、何枚もの違反キップを切られ、なんと！　カリフォルニア州の運転免許証を失ってしまったのである。

運転免許証はジャーナリストである私にとって、あらゆる意味で生活の基盤となるものだが、バイクに乗り始めた瞬間から、それは単に巨額の保証金を裁判所に供託したり、「裁判などやっても無駄だ」と噛みつき続ける判事、あるいは執行官、警察官、弁護士たちと怒鳴り合うためだけの、永遠に続くいざこざを呼び込むトラブルの保障証でしかなくなってしまった。

断っておくが、それ以前の私は12年間にわたって合衆国本土47州のうち４州を除くすべての州を走りながら、しかしスピード違反で捕まったことわずかに２回――ともにネズミ捕りによるものだったが――１回は故郷ケンタッキー州のパイクヴィル、もう１回はネブラスカ州のオマハ近くのどこか……そういう運転歴の人間である。

それがサンフランシスコやイーストベイをバイクで流し始めた途端、わずか３週間で運転免許を失効するという事態に直面しようとは!!　その事実に私は強い衝撃を受けた。

実際当時、警察によるオートバイの過剰検挙や露骨なバイカーイジメがあまりに度を超したため、ついには一般的な市民バイカーのあいだからも様々な不平不満の声があがるようになっていた。そうした不満の声を取り上げた報道陣の質問に対し、州警察当局は取り締まりの行き過ぎを公的には否定していたが、１９６５年のクリスマス直前、あるサンフランシスコ市警の交通警官が取材記者と交わしていた次のような記録が私の手元に残っている。

記者の質問に警官が答える。「俺たちゃ、とにかく何でもいいから奴らを捕まえるんだ。戦争だよ」

記者は尋ねる。「〝奴ら〟とは誰を意味しているのですか？」

警官が答える。「もちろんヘルズエンジェルズさ。あのバイクの連中だ」

記者は次の質問をする。「それじゃあ、ヘルズエンジェルズ以外の真面目なバイカーはどうするんですか？」

警官は即答する。「罪があるにしろないにしろ、どっちにしても、まあバイクに乗っていれば、とにかく捕まえてキップを切りまくるってことになるだろうなぁ〜」

記者はその時の様子を私にこう語った。「警官とのやりとりを記事に書き終えた時、裁判所の前で別の警官にばったり出くわしたから記事を見せたのさ。そしたら、その警官はゲラゲラ笑いながら別の警官にこう言った。〝おい、これ見ろよ！　あのバカがいらぬことをペラペラ喋ってやがる。またドジを踏みやがって、警部にドヤされるぜ！〟」

魔女狩りのような過剰なオートバイ取締が繰り返された１９６４年暮れから65年初頭にかけての期間、メディアに発表されたエンジェルズ関連の記事の中で、唯一意味があると思われたのは『サンフランシスコ・クロニクル』紙に掲載された連載コラムだけである。

コラムの書き手は、フリスコ支部の新しいクラブハウスとなった酒場でエンジェルたちが開いているパーティーをネタに毎回ユニークな面白い原稿を仕上げていたが、連載が始まってほどなく、店は警察によって強制的に閉店に追い込まれてしまった。

カリフォルニア州全域に点在するヘルズエンジェルズ各支部が、警察の強硬な取り締まりで急速に衰退していく中、ソニー・バージャー率いるオークランド支部だけが、逆に、各地から流入してくるエンジェルを吸収して、巨大な組織へと急成長を遂げていた。

バードゥー支部、オークランド郊外のヘイワード支部、サクラメント支部……様々な町から事実上、追い出された格好のエンジェルたちが目指したのは、わずかにまだ自分たちの存在が公権力から許されている町、オークランドだった。そのため1964年の12月までに、ソニー・バージャーが束ねるオークランド支部は、支部の枠を超え、かつてないほどに巨大化する。

強大な力を持つようになったオークランド・エンジェルズは警察取締による鬱憤を晴らすが如く、まず、同じエリアに棲息するエンジェルズ以外のアウトローバイカー・クラブを攻撃対象に選び、あっという間に蹴散らしてしまった。攻撃対象を根絶してしまったことは、また、別のことも意味していた。

バイクに跨り、ただハイウェイを疾走することだけに飽き足らなくなったオークランドのエンジェルたちは暴力に飢え、平穏な日常に苛立ちを覚え始めたのである。敏感にそれを察知したリーダーのラルフ・ソニー・バージャーは、そしてついに！　サンフランシスコ湾ベイブリッジの反対側をテリトリーとするヘルズエンジェルズのフリスコ支部を攻撃するようにと部下たちに正式に命じるのである。

そもそもオークランドとフリスコのエンジェルたちは、湾を挟んだ町同士でライバル心を持ってはいた。しかしいくら何でも支部が支部を襲撃するとは、いったい誰が予想しただろうか。

「たった11人の在籍者しかいなくなったフリスコの腰抜け連中はヘルズエンジェルズの面汚しだ。カラーを没収して全員を除籍する」——これがバージャーの打ち出した方針だった。

バージャーはフリスコ支部の強制廃止を正式に宣言すると、ヘルズエンジェルズメンバーの証であるカラーが縫いつけられたデニムジャケットを、支部の全メンバーから回収するため、屈強な親衛隊をフリスコに派遣した。フリスコ支部のメンバーたちは当初、バージャーの強引なやり方に断固拒否の姿勢を示していたのだが——噂に高いオークランド支部の凶暴な面々に急襲されては、もはや戦意を喪失するのは当然だった。

フリスコ・エンジェルの1人はこう回想する。「俺たちはいつものバーにいたのさ。窓を開け放して涼しい風を入れ、ビリヤード台を囲んでビールを飲んでいた。その時さ、突然扉が蹴り開けられ、振り向くと、オークランドの連中が鎖やら何やら物騒な凶器を握り締め、ギラギラした眼で凄んでやがった。え⁉ こっちは戦意ゼロ。降参さ。だけどまあ、それで話は終わらない。しばらく経ってから、俺たちはオークランドへ復讐ツアーに出かけるわけさ。連中のヤサはわかっていたからな。んでもって、そっと静かに近づいて、連中のバイクの1台にガソリンをぶっかけて火をつけたのさ。場所？ 道のど真ん中。それから連中のヤサに乗り込んで、寝込んでるのを誰彼構わず徹底的にぶちのめしてやった。ありゃ凄かった。何たってさ、俺たちはオークランドの連中に本当の喧嘩を仕掛けたんだからな」

モントレー・レイプ騒動が起きてから数カ月、執拗な警察の取締攻勢によって、ヘルズエンジェルズはすでにそのような瀕死の壊滅的状態に陥っていた。

そこへ『リンチ報告書』が発表される。

前章でも述べた通り、報告書はヘルズエンジェルズを確たる証拠もなく〝合衆国全土の地方の田舎町を襲って略奪とレイプを繰り返す、凶悪なアウトローバイカーの犯罪集団〟と断罪してみせただけの、単なるでっちあげの統計書類に過ぎなかった。しかし報告書がメディア向けに配布されてから24時間後、全米に配信網を持つ『ニューヨーク・タイムズ』が報告書を記事として取り上げたため、事態は急変するのである。

そしてヘルズエンジェルズ・モーターサイクルクラブに、誰も想像もしなかった別の展開がもたらされることになる。なんと！ それまで、ロクに金の稼げない放浪者バイカーの集まりとして、メディアから見向きもされたことのないヘルズエンジェルズの元に、合衆国全土の新聞、雑誌の記者、カメラマン、フリーライターが、さらにショービジネス関係者までが、大金をチラつかせて群がり始めたのである。エンジェルズのメンバーたちはそうした相手を対象に各人が自分の裁量で、様々な金のやりとりを始めた。『ニューヨーク・タイムズ』によって、初めてアメリカ全土に紹介されたヘルズエンジェルズの〝アウトローバイカー〟というライフスタイルは、全米市民の興味をショッキングかつ大きくそそり、彼らの話は金を生む卵となったのである。

そうしたメディア騒動が数カ月続いたのち、1965年の半ばになるとヘルズエンジェルズ・モーターサイクルクラブはカリフォルニア州のローカルなアウトローバイカー・クラブという実態を大きく逸脱し、マスメディアがつくり出したイメージ上の産物としての、〝合衆国一の凶悪集団〟、あるいは〝全米市民を悩ませる社会問題化した存在〟として扱われるようになる。

『ニューヨーク・タイムズ』にヘルズエンジェルズの記事が掲載されたことは、すなわち、彼らの存在が数百の通信社から全国に同時配信され、彼らの存在が合衆国津々浦々の地方新聞にまで、隈なく掲載されたことを意味する。

それによりヘルズエンジェルズは依頼を受けた半ダース以上の雑誌に写真で登場しただけでなく、テレビのカメラに向かってポーズを取り、視聴者参加のラジオ番組に出演してリスナーの質問に答えるようにまでなっていく。

また、様々な集会や記者会見場に現れては、あとでどう書かれるかも知らず、麻薬取締官寄りの保守的な記者たち相手に自分の意見をとうとうと述べて悦に入るエンジェルも現れた。一部の神秘主義者や、詩人、学生運動家たちは反体制の象徴としてのヘルズエンジェルズに拍手喝采を送り、エンジェルたちはリベラリストやインテリたちのパーティーに招かれるようにもなっていった。

これら一連の流れを現在の時点から振り返ると、すべてが実に奇妙であり、非現実的でさえあり、騒動を嫌って脱退していったエンジェルたちを除き、多くのメンバーの人生は大きく変貌することとなった。

具体的にその一例を述べると、ヘルズエンジェルズのメンバーの一部は明らかなプリマドンナ・コンプレックス（有名人病）を発病した。自分を有名人と錯覚したメンバーは州税務局への納税を宣言する一方、取材を求めてやって来た新聞や雑誌に、多額のギャランティを要求するようになってゆく。

1965年7月2日付の『ニューヨーク・タイムズ』が、そのことを紙面に載せている。同紙が派遣した特派記者の1人がヘルズエンジェルズの広報担当を名乗る男から、500から1000ドル払えば、週末にある町で予定している暴動略奪行為の写真撮影権を売る、と持ちかけられたというのである。

記事によれば、広報担当を名乗る男は同時に、「エンジェルズのメンバーのインタビュー記事が欲しいなら、1本につき100ドル。写真を撮影するなら、プラスギャランティで用意してやってもよい」と言いだし、さらには「エンジェルたちが定期集会を行っているバードゥーの酒場にみかじめ料を支払わずに取材に行けば、身の安全は保障できない」と脅しをかけたという。平然と——「ある雑誌のカメラマンは同行取材に1000ドル支払ったぜ」と言い放ちながら。記事は取材不足を感じさせるもので、真実とも都市伝説ともつかない曖昧なコラムのような仕上がりである。

しかしまあ、『ニューヨーク・タイムズ』の特派記者が取材対象に興味を失ったのは当然と言えば当然である。取材相手からいきなり、「ギャラを払わずに書いたら、テメエ、ぶん殴るぞ!」と脅されれば——しかしジャーナリストである限り、取材相手に脅されて金を支払うことなど絶対にありえない。ジャーナリストなら誰でも、また伝統的なジャーナリズムのルールに則るなら、たとえ誰に、どのように脅迫されようとも、取材記者は一切の金品の要求に応じる必要はなく、金を払えと脅されたという事実を妥協せずキッチリと自分のスタンスを示しながら厳密な記事として書けばよい。それが常識である。

しかし『ニューヨーク・タイムズ』は、もう少し控えめに、別の対応をとった。かの新聞社は、そんな理不尽な集団はこの世から消え去ってしまえばいいと期待してなのか、その期を境に、ヘルズエンジェルズの取材記事の掲載をパタリと一切やめてしまうのである。皮肉なことに、その対応が今度はそれはそれで、燃え盛っていたメディアの過熱報道に一層のガソリンを注ぐ結果となってしまう。

一度全国に配信されたヘルズエンジェルズの都市伝説的でおどろおどろしい、スキャンダラスで刺激的なイメージは、雪だるま式に膨らんでいく一方だった。情報が権威ある『ニューヨーク・タイムズ』に掲載されたという事実は——そのイメージが確固たる事実であるという担保であり保証であり、もはや訂正される場すら失った。

マスコミがつくりあげた、ヘルズエンジェルズという名のイメージ上の怪物は、そしてついには自己模倣を始め、エンジェルたちの一部は自らプレス・エージェント（広報担当）を引き連れて、報道各社を食い物にしようとヘルズエンジェルズを演じながら、メディアの世界へ乗り込み始める。

自らを、俺こそがヘルズエンジェルズだ！　と言わんばかりにメディアに乗り込んだのは実際にはひと握りのチンピラ・エンジェル——カスも同然の連中だった。バードゥーのような疲弊し弱体しきった支部ですら幹部になれない、意気地のない下っ端が精一杯の虚勢を張って、ジャーナリストに「取材費1000ドル払えば、俺たちの週末の集会を取材させてやる」と吹っかけてまわる。

多くのエンジェルたちはそうした要求を出すことを半ば冗談として楽しんでいたが、幾人かのエンジェルは本当にそれを妥当な金額請求だと信じ込んでいた。そしてある雑誌が1000ドル（『ニューヨーク・タイムズ』によると）、または1200ドル（エンジェルズによると）というギャラを払うと、エンジェルたちの過剰なまでの自信はすっかり正当化されてしまった。

ジャーナリズムにおける謝礼金問題は常にきわどいものである。

というのも、たとえ本社の編集幹部がそうした支払い（度を超した多額の取材謝礼）と交換にスクープを欲しがったとしても、現場レベルの記者やカメラマンは〝記事を金で買った人間〟というレッテルが貼られることを、絶対に善しとしない。

ちなみに、エンジェルたちが取材に対して大っぴらな謝礼の要求をし始めた初期、ソニー・バージャーが「そういうことを言っていると税金のトラブルに巻き込まれるぞ！」と釘を刺したため、それ以降メンバーたちは正式には、謝礼を求めたという事実を否定するようになっている。

しかしながら写真雑誌『ライフ』から派遣されたカメラマンが、結局掲載されることなく終わった写真特集記事のために、極めてわずかな時間を独占的にヘルズエンジェルズと過ごしたことは事実である——『ライフ』は払った。

当時のエンジェルズとマスメディアの関係性を語るうえで興味深いオマケ情報がある。エンジェルズが、取材謝礼や取材協力費の名目で多額の金を要求するようになったきっかけは、年間10万ドル以上を稼いでいるある売れっ子メディア・プロデューサーのアドバイスがきっかけだ——というのである。結局、噂は検証されることなく、『ニューヨーク・タイムズ』のあやふやな記事で終わってしまった。

しかしそれとは別に、記者の仲間内では『ニューヨーク・タイムズ』の特派記者に多額の謝礼を持ちかけた広報担当こそが、その人間なのではないかと噂されていた。

広報担当を名乗る男とヘルズエンジェルズのかかわりは、私の知る限りバードゥーで開催されたドラッグレース（4分の1マイル＝402メートルのタイムを競うレース）が最初のはずで、男はそこでバードゥー支部の誰かと知り合った。もちろん、その男がヘルズエンジェルズの公式な広報担当だったことなど一度もない。

男はエンジェルズのメンバーでも何でもなく、どこからともなく現れて首を突っ込んできた、お節介で不誠実な仲介者に過ぎない。男は電話以外の連絡手段を持たず、しかし男を本当のヘルズエンジェルズ広報担当だと信じた報道機関は、連絡が取れなくなるたび、相当な焦燥を感じていたようだ。しかし繰り返すが、その男はヘルズエンジェルズでひと稼ぎしようと目論んで近づいてきた単なる詐欺師なのである。

そもそも男は1965年の夏まで、自分で勝手に制作したヘルズエンジェルズ・ファンクラブTシャツなるものを無断で販売していた人間なのだ。「Tシャツを着ている人間を見つけたら剝ぎ取ってその場で燃やしてやる！」とエンジエルズ幹部がマスコミに向けて公式に宣言するまで、Tシャツはかなりよく売れていた。

そしていつの頃からか男は、ヘルズエンジェルズ・バードゥー支部広報担当を名乗りだし、取材記者とバードゥー・エンジェルズのあいだに立って絶えず巨額の金銭を要求することで、あらゆる意味で支部の立場を不利なものに貶めてゆく。

ある雑誌（『ライフ』）を除けば、どこの会社も進んで金など払おうとしなかったが、しかし自称広報担当のハッタリを見抜くことができなかった記者たちは約半年間にわたり、とっくに終わっている過去の事件を最新の出来事のように話す男に乗せられ、無駄な取材に翻弄された。そして結果的に、バードゥー・エンジェルズに関するインチキ情報が事実として垂れ流されることにもなった。

私が思うに、バードゥーのエンジェルたちは若いうちに大きな社会的注目を集中的に浴びてのぼせ上がってしまったディック・ニクソン（39歳の若さで副大統領になったリチャード・ニクソン）と同じような、古典的な自己認識の判断ミスを犯したのだ。そもそも広報担当をつけようなどと考えること自体、何をか言わんやである。ああ！　モントレー・レイプ事件と、それに続く地元マスコミの何でもありのバッシング、さらにペテン師の登場……。バードゥー支部の勢力は短期間のうちに恐ろしいまでに衰退し、ヘルズエンジェルズ発祥の特別な支部だというのに、メンバーは激減、評判はガタ落ち。それでもカラーをつけ続けようとするメンバーたちは、もはやアウトローというよりも難民のような生活を強いられていた。ソニー・バージャー率いるオークランド支部が威勢よく勢力を拡大していた同時期に、バードゥー支部はヘルズエンジェルズの評判を地の果てまで堕としていった。１９６５年の8月半ば、『ロサンゼルス・タイムズ』紙が、そうしたバードゥー支部の状況をもとに、ヘルズエンジェルズの未来をこう分析している。

記事のリード文はこうだ——

いずれヘルズエンジェルズは荒野の谷間へ消えてなくなり、警察はアウトローバイカーたちを飼い慣らすだろう。

記事中、登場する巡査部長は次のように語っている。「かつてサンフェルナンド・ヴァァリーには危険なアウトローバイカーが多数たむろしていた。しかし連中はすでに消え去った。凶暴なバイカー連中は、今や大人しく従順で騒動もほとんど起こさない。（中略）連中が再度この町に出現するようなことが仮にあったとしても、連中を発見した最初のパトカーが即座に停車を命じるだろう。そして現行犯での犯罪が立証できなくとも、無線で連中の氏名を照会すれば、交通違反の出頭命令が出ているかなど、連中の違法行為の現状がすぐわかる。（註2）アウトローバイカーを町から追い出すのは、今やそうした方法で十分だ。実際、我々はその取締手法で連中を追い詰めることに成功した。さらに我々は、凶暴で知られる北カリフォルニアのヘルズエンジェルズがロサンゼルスへ移動を企てた時のために、リッジ・ルートのゴーマンに検問所を築いている。それ以外にも、太平洋沿岸のハイウェイ、特に（サーファーのメッカである）マリブ周辺にも、すでに複数の検問所を用意している」

まさに自信満々。とくれば警官の話はいつも通りのトンチンカンな方向へ向かう……。

「アウトローバイカーたちは住所を次々と変える流動的な集団になりつつある。我々は様々なクラブに属する2500名以上のバイカーが列記されたリストを持っているが、移動した連中の住所をいちいち控えちゃいられない。最近、ならず者たちは常に移動している。住所を変え、名前を変え、髪の色までも変えている」

（註2）この戦法はすぐさまカリフォルニア州の他の地域の警察にも広まり、ヘルズエンジェルズとはまったく関係のない場面においても適用された。群衆を制圧するのに効果的で、1966年の半ば頃までにはバークレーにおける平和デモ行進に対するスタンダードな対処法となった。警察はまず、デモ参加者を無作為に捕まえ、無線で本部に運転履歴を照会する。もし照会中の人物が、例えば駐車違反で召喚状を受け取ったことがあったりした場合、彼は〝ストリートを追いやられる〟――この警察ならではの婉曲的な表現はつまり、刑務所に入ることを意味する。

はあ？　しかしバードゥー・エンジェルズがテリトリーとするフォンタナの町で、アウトローバイカーが引き起こす騒動が激減し、警察の出番が日に日に少なくなっていたのは歴然たる事実だった。

地元警察署のラリー・ウォレス警部もまた、自信満々だ。

「バードゥーのエンジェルどもが4、5台のバイクで暴れ始めても、心配は御無用なのであります。それどころか10人か12人か、いや、もっと大勢の連中が一度に暴れだしても、私どもが、ひとまとめにぶちのめすのをご披露するだけであります」

ちなみに署内にあるウォレス警部の個室には、ヘルズエンジェルズがどのような人種であったかを永遠に忘れないための記念品が、飾られているそうだ。

それはエンジェルズの溜まり場から押収した、複製されたモディリアーニの女性画2×4インチで、モデルの女性は原画通りの眠たげな表情の、例の長い首で小さな口をきゅっと結んでいる……その頭部にはメンバーによって鉄十字章が殴り描きされ、髪の毛の部分に〝*HELP!*〟とあり、首にはナチスの鉤十字のスタンプが押されたユダヤ教の聖なる紋章、ダビデの星のネックレスが描かれて、さらに背景には迫りくる銃弾のイラストが。女性の咽喉部分には実弾でぶち抜いた穴がパックリと開いていて、そのうえで、そのズタズタにされた複製画のあちこちにヘルズエンジェルズ流の今日の格言が散りばめられている。

永遠にラリって、永遠に酔っ払って
正直な役人さんよ、俺がもし
……自分の健康が危険に晒されていること知っていたなら
……決してマリファナになんか火をつけなかっただろう

ヘルズエンジェルズ・バードゥー支部は結局、廃れきって消滅することこそなかったが、1950年代の終わりから60年代初頭にかけての、あの威風堂々と光り耀く象徴性に満ちた、権威ある地位を取り戻すチャンスを、もはや永遠に失っていた。ヘルズエンジェルズの歴史と現在のすべてを象徴していた支部の名声が、哀れな落ちこぼれ支部の代名詞になってしまったと気づいたのち、バードゥーのメンバーたちに残されていたものは、震えるような恥辱的な罵りの言葉と、例のインチキ広報担当の他、何もないのであった。

バードゥー支部が誇っていた、ヘルズエンジェルズ発祥の地としての象徴的な名誉ある地位が永遠に取り戻せないほど醜く失墜したのは、すべて支部長オットーの責任と言っていいだろう。

オットーには統率力がなく、交渉能力も狡賢さもカリスマ性もない。ないないづくしの、何もないリーダーだった。

オットーは『理由なき反抗』で知られる映画俳優のサル・ミネオが製作するオートバイ映画に現役のヘルズエンジェルズを出演させる契約に、3000ドルのギャランティで正式にサインしたが、撮影日までに契約した数のエンジェルを集めることすらできなかった。確かに刑務所に収監中のメンバーもいた。が、しかし、ほとんどのメンバーはすでに脱退しており、特に最高の人材はとっくのとうにオークランド支部に移籍して、ソニー・バージャーに従っていたのだ。

バードゥー・エンジェルたちのほとんどが、エンジェルたちが〝神の国〟と呼ぶオークランド(カリフォルニア州北部)へ走り去ってしまい、いつしかバードゥーの町周辺ではヘルズエンジェルズにまつわる話すら聞こえなくなっていた。

しかし支部長のオットーはその段階になっても諦めが悪く、なんとか一発ドカンとデカいことをやってやろうと、ない知恵を絞って次なる作戦を練っていた。幸いなことに、支部にはまだオットーを支えようという腹心も何人かは残っていた。

ヘルズエンジェルズの仲間内で、「あいつらも、まあなんとか最後に一発ぶちかますことだけはできたけどな」と、幸いにもそれなりの評価を受けることができた、落ち目の支部長オットーが考えた〝最後の一発ドカン！〟とは、カラーをつけた正装で『サタデー・イヴニング・ポスト』誌の表紙に大々的に登場してみせたことだった。

オットーがかました企画が他のエンジェルたちに与えた心理的効果は絶大だった。１９６５年の11月に発売された『サタデー・イヴニング・ポスト』は、記事そのものは当然ながらエンジェルズに批判的な内容であったが、エンジェルたちは記事などどうでもよかった。そんなことより何より!! ヘルズエンジェルズに所属するメンバー全員を震えるほどに感動させたのは、雑誌の表紙を飾ったバイクに跨るバードゥー・エンジェルの1人と、タンデムシートから顔を覗かせているママの写真の大きさである。明るい青空の下、イカしたサングラスでキメたエンジェルがスプリンガーフォークのハーレーに堂々と跨り、めかし込んだママが後ろでにこやかに笑っている。その写真は、その号の『サタデー・イヴニング・ポスト』の主役が誰であるかを全米に向けて告げていた。表紙の右端に小さく、イギリスのマーガレット王女の記事が載っていることを示すコピーが掲載されていたが、どちらが主役かは、もはや歴然ではないか。

あの瞬間、間違いなく、オットー率いるバードゥー・エンジェルに所属する面々は、ヘルズエンジェルズに名を連ねるアウトロー世界の住人たちが求めてやまない、彼らの世界独特の美意識の得意の絶頂を思うがままに生きている、正真正銘の名士となった。そしてバードゥー・エンジェルの唯一の不満は……そこまで有名になったのに、相変わらず金がないという現実だった。

バージャーが『サタデー・イヴニング・ポスト』の記者に面と向かって文句を言ったことがある。

「クソったれ！　お前らマスコミどもは俺たちを利用してうまいこと金を儲けている。だがな、当の俺たちは、いいか、ただの1セントだってメディアで金を儲けちゃいないんだ」

メディアとは商売はしない。それがソニー・バージャーの方針だった。バージャー率いるオークランド・エンジェルズはメディア各社やショービジネスの世界とある一定の距離をとり、他の支部が多かれ少なかれマスコミ業界と金銭の授受を伴う様々な契約事を交わしている最中も、無視を決め込んでいた。しかし最終的にはオークランド支部もまた、『サタデー・イヴニング・ポスト』に５００ドルで自分たちの写真を売ったのだから、エンジェルズ全体はもちろん、オークランド・エンジェルズでさえも、一部の社会学者が主張するような、完全に搾取されたマイノリティとみなすことには、やはり相当な無理があると言わざるを得ない。

俺らは勇敢な英雄だ
結成してから10年より長く　こうして活動してきた
俺らはバワリー街の精鋭部隊
街では知られた存在さ
昔からの立派な血統
丸い岩と長いガス管
俺らはそれを持っている
俺らはブルックリンの見張りにだって勝利する
奴らが手の内を明かそうものなら
俺らは悪魔みたいに突っ走る
地面が平らなところなら
ひとっ走りで４００ヤード（３６６メートル）を駆けつける
そして可愛い女の子たちは
いかしたスタイルにくらくらし

バワリー街の精鋭部隊のヘアーオイルの匂いを嗅ぐと
すっかり虜になっちまう

――「バワリー街の精鋭部隊」作詞・作曲　ジョン・アリソン（裸で歌うナチュラリスト）

私、ハンター・S・トンプソンと彼らの奇妙な取材関係は、かれこれ1年間以上も続いていたことになる。しかし結局、もうこれでおしまいということにはならなかった。顔見知りのメンバーが増え、ほとんどのエンジェルたちと打ち解け、お互いの個人的なことを語り合える仲間もできた。

しかし取材開始当初の私は、周囲から聞かされていた非常に多くの警告のおかげで、エンジェルズのメンバーと、ともに酒を飲むことにさえ慎重になっていた。

ある午後のことだった。私は、サンフランシスコの臨海部南の産業地区、ハンガーズポイントのスラムにある〈ドゥポワ・ホテル〉という安酒バーで、フリスコ支部に所属する6人のエンジェルと会うことになっていた。取材を繋いでくれたのはフレンチーという、やはりフリスコのメンバーだ。（註3）フレンチーはヘルズエンジェルズの中で最も小柄で、最も抜け目のない人間と言っていいだろう。

フレンチーとの初めての出会いを、私は今も細部まではっきりと思い出すことができる。

フレンチーは〈ボックスショップ〉と呼ばれる、自動車のトランスミッション専門の修理工場を友人と2人で経営していた。29歳で、熟練した機械工であり、海軍にいた頃は潜水艦の乗組員だった。身長5フィート5インチ（165センチ）、体重135（61キロ）ポンドと人並み外れて小柄であったが、恐れというものをまったく知らぬ男で、誰にでもすぐに喧嘩をふっかけることで有名だった。

（註3）このフレンチーはフリスコ支部の者で、バードゥー支部のフレンチーとは別人。

フレンチーの妻は、すらりと背の高い、優雅で清楚なブロンド美人で、酒を飲んでのドンチャン騒ぎや、ワイルドなエンジェルズ・パーティーよりも、フォークミュージックを好む穏やかな女性だった。フレンチーもまた、ギターやバンジョーやティプルを弾く。

フレンチーの〈ボックスショップ〉は、さびれた外観の〈ドゥポワ・ホテル〉からエヴァンズ通りを横切った場所に看板を出していた。商売は繁盛し、修理待ちの車で一杯だったが、そうした車がすべて客からの依頼品かというと――どこからか運び込まれた盗難車を、どうにかするのも彼の仕事のうちなのだ。

フレンチーは修理の現場を専門技術を身につけている3、4人のエンジェルズと交代で切り盛りしていたが、時々、日によって4時間から12時間、ふらりとバイクで出かけたまま、どこかへいなくなってしまうことがあった。

私は、フレンチーと電話で約束を交わした翌日、待ち合わせ場所である〈ドゥポワ・ホテル〉へと向かった。

フレンチーはすでに到着しており、バーでは同じフリスコ・エンジェルのオーキー・レイ、クレイジー・ロック、それに〝ピンポン〟とその場で呼ばれていた1人の中国人が、ビリヤードに興じていた。

バーに入るや否や、私は自分のキッチリした服装と彼らのアウトロー的雰囲気十分の服装のギャップに驚いて――エンジェルたちに対する極端なまでの平等主義的精神を発揮して、とでもその時の気持ちを表現しようか――身につけていたパームビーチのスポーツコートを慌てて脱いだものだった。

それから私は彼らに拙速に近づくことを避け、ある程度の距離をとって席に座り、ビリヤードに興じている6人の様子を黙って眺めていることにした。フレンチーは私が居心地が悪くなるほど長い時間こちらを無視してから、かすかに微笑み、コーナーポケットに鋭いショットを決めた。

私は時々ビールグラスに手をやりながら、ただ黙って、フレンチーたちが中国人とビリヤードしているのを眺めていた。時間が静止しているようだった。

喋っていたのはほとんどピンポン1人だった。ピンポンはのべつまくなし喋り続けていたが、しかし私には、ピンポンと呼ばれているその中国人が何者なのかわからなかった。ピンポンはカラーをつけていなかったので、エンジェルズのメンバーでないことは察しがついた。しかし同時に、ずっと昔からフリスコのメンバーであるかのような、独特のヘルズエンジェルズっぽい言いまわしで喋っている。のちに聞いたところでは——要はピンポンは、フレンチーの〈ボックスショップ〉やエンジェルズが溜まり場にしているバーに出入りしたがる、いわゆる、ヘルズエンジェルズの追っかけの1人だったわけだ。

ピンポンはハーレーダビッドソンを持っていなかったが、その埋め合わせと言わんばかりに、剝き出しの357マグナムのリヴォルバーを、これ見よがしに尻ポケットに突っ込んでいた。もちろんエンジェルたちにそんなハッタリは通じない。ヘルズエンジェルズにはハーレーダビッドソンの機械工をしている中国人のメンバーが1人いたが、彼は良識のある大人しいタイプで、およそエンジェルらしからぬ男だった。ピンポンはその真逆で、自分のタフな男ぶりを売り込もうとするあまり、逆にすべてを見抜かれていた。

ビリヤードが終わると、フレンチーがつかつかと寄ってきて、ストゥールに腰をかけた。

「で、何が知りたいんだって?」

ざっくばらんな口調だった。私とフレンチーはまったくの初対面だったが様々な会話を1時間ほど続け、しかし私はしだいにフレンチーの会話スタイルに苛立ちを感じ始めていた。

フレンチーは、しばしば黙り込むことで私の投げかけた質問をいつも宙吊りにしたまま、悲しそうな笑顔を見せ——お前にならわかるだろう? と言わんばかりに仲間の方を向いて内輪向けのジョークを口にするのである。

時間の経過とともに、私とフレンチーとのあいだに、風通しの悪い部屋にこもった煙草の煙のような、敵意のある、重苦しい、彼らと接した者が誰しも感じる、ある独特の嫌な雰囲気が醸し出されるようになった。しばらくのあいだ私はそれを、フレンチーが私個人に向けて放っている敵意なのだと解釈していた。

しかし違った。フレンチーに限らず彼らヘルズエンジェルズは、相手が誰であれ、対している者に独特の感覚——威嚇の感覚を、自分でもそうとは知らず放っているのだ。確かに私が店に現れた瞬間、フレンチーは私に対して敵意を示したが、しばらくして私たちは打ち解けたのである。それでもフレンチーは無意識のまま威嚇の感覚を放ち続けていた。

威嚇の感覚とは、ヘルズエンジェルズのメンバーが人生の中で身につけたひとつの呼吸なのである。エンジェルたちが生きているアウトロー世界は常に厳しい敵意に晒されている過酷な世界であり、それを当然として生き抜いてきた彼らは自分自身ですら気づかないうちに、無意識に周囲を威嚇しながら生きている。ヘルズエンジェルズの面々は大抵の場合、初対面の外部の人間に対して意識的に冷笑的な態度をとるが、しかし稀に本心から友好的な姿勢を示しても、その態度が逆に相手に拒絶される結果を生んでしまう。

私は、エンジェルたちがその場でつくりあげた滑稽な与太話でよそ者を冷たく笑いながら、しかし本心から歓迎している場面に幾度となく立ち会っている。しかしエンジェルたちのユーモアの感覚は一般的な市民基準とあまりにもかけ離れているため、友好を示すためのユーモアが逆に、聞く者に恐怖と不安を与え、相手を尻込みさせてしまうのだ。そうした状況はヘルズエンジェルズに常についてまわった。

エンジェルの中にも、自分たちと市民たちとの埋め難いコミュニケーションギャップを意識している者がいた。しかし大抵のエンジェルたちは、一般市民から恐ろしいとみなされること自体に困惑し、戸惑い……侮辱されていると解釈していた。

エンジェルたちはまた、自分たちを不潔だと断じている記事を読むと、剝き出しの怒気を顕にした。さもあろう。ヘルズエンジェルズのメンバーは、デニムのパンツやライダースジャケット、あるいは革のジャケットを、荒野をさすらうライダーの雰囲気を自己演出するためにわざと汚しまくっているわけで、実際には耐え難い体臭を放つ不潔な者など、ごくごく少数の生来の無精者くらいで、大抵のメンバーは、例えば結婚相手やステディな彼女と暮らしている状況も手伝って、一般的なパート勤務の男性と同じくらいの頻度でバスタブに浸かって入浴している。（註4）

あらゆることを誇張して、過剰な形で表現するのがヘルズエンジェルズ・スタイルの基本である。多くの新聞や雑誌の記事が書き連ねる「エンジェルたちが発散している耐えられない体臭」の正体は実は体臭ではなく、廃油などを塗り込んでわざと汚したライダースジャケットが放っているものなのだ。

ヘルズエンジェルズに新規加入したメンバーたちは最初に全員がリーバイスのデニムパンツを身につけ、エンジェルズの正式な紋章（カラー）が背中に縫いつけられた、袖をナイフで切り落とした染みひとつない新品のデニムジャケットを着て、入団の儀式に臨む。儀式の詳細は支部によって異なるが、共通する特徴は――まず、新しく加入したメンバーの〝正装〟を、徹底的に汚すことである。

一例としては、ミーティングのあいだに古参のエンジェルたちが自らの糞尿をバケツに溜め、厳粛な洗礼式で新入りの頭にぶっかける。あるいは新入りが衣服を脱ぎ、裸で立ちつくすあいだ、古参エンジェルたちがバケツに入った汚水を新入りの衣服にかけてブーツで踏み続ける。

そのようにして創作されるのが、ヘルズエンジェルズの本当のオリジナルユニフォームであり、同時にそれこそが朽ち果てるまで大切にされる彼らの正装となるのだ。

（註4）エンジェルの妻たちは一般の女性と同じく汗臭い男が苦手である。「うちの旦那が、2カ月もシャワーを浴びずに通したことがあったのよ――」エンジェルズと同棲しているリッチモンド出身の女の子が経験談を語ってくれたことがある。「それであたしは旦那に〝どうしてそんなことするの！〟って怒って聞いてみたの。そしたら何て言ったと思う？〝新聞なんか読むとヘルズエンジェルズは不潔な連中の集まりだと書いているから、その通りにしたらどんなもんかと思ってさ〟だって。あたしは鼻炎持ちだから、どっちかってーと臭いがわかんない方だけどさ。だけどあの時はホントに酷いことになってきちゃって、だから言ってやったの。〝あんたがシャワーを浴びるまでは一緒に寝ないからね！〟って」

エンジェルたちはリーバイスのデニムパンツをどろりとしたエンジンオイルに浸したのち、砂漠の炎天に丸一日干したりもする。また、デニムパンツをオイル漏れするクランクケースの下に丸めて置き、滴り落ちてくるエンジンオイルの受皿代わりにすることもある。

あまりにボロボロになって穿けなくなってしまったデニムパンツは別の新しいリーバイスと2枚重ねで穿いてしまう。カラーの刺繍されたデニムのジャケットはどのメンバーの物も酷く汚れていて、カラーの判別がほとんど不能なほどだが、文字通りのボロ雑巾のように、デニムの繊維が1本ずつの糸にバラバラに分解され、風に乗ってどこかへ飛んでいってしまわない限り、絶対に捨てられることはない。

ヘルズエンジェルズメンバーのクラブにおける地位はリーバイスのデニムの汚れ具合によって表されていると言ってもよい。ジャケットにせよパンツにせよ、一人前のヘルズエンジェルズを名乗れる状態までデニムを熟成させるには、最低でも1、2年はかかるだろう。

こんなことがあった——。毎週決まったバーで行われるミーティングのあと、私は、何人かのメンバーが、カラーが縫いつけられているライダースジャケットの下に高価なウールシャツや毛糸のスキージャケットを着ていることに気がついた。

午前2時にバーが閉まると、そのうちの5人が、「ようハンター、朝まで飲もうじゃないか」と私のアパートへやって来た。

1人は、エンジェルズの仲間うちで〝歩く毛ジラミ農場〟と呼ばれている、寄生虫持ちで有名なメンバーだったが、しかし迂闊にも、私がそれに気づいたのは翌朝になってからだった。

私は慌てて居間の各所を見てまわり、ヒトジラミあるいは何か小さな寄生虫の幼虫でもいやしないかと、注意深く調べまわるはめに陥ったが結局何も見つからなかった。しかしその後10日ほど、私が、毛ジラミ農場が落としていった卵が孵化するのではないかと神経質な日常を過ごしたのは言うまでもない。幸いにしてその後も私の部屋に寄生虫がわいてくることはなかったが、毛ジラミ農場が私の家にいた時間、私たちはボブ・ディランのアルバムを何枚もプレイヤーに載せ換えていたので、それ以降かなり長いあいだ、私はディランの歌を聞くたびに毛ジラミを連想することになった。

1965年の夏の半ばを過ぎた頃になると、ヘルズエンジェルズのメンバーたちとあまりに深く日常的にかかわるようになっていた私、ハンター・S・トンプソンは、もはや自分がヘルズエンジェルズを取材しているのか、逆に彼らのスタイルに、ゆっくりと染められながら呑み込まれ、流されているのか……自分自身の立ち居地を失いかけていた。週のうち2、3日をエンジェルズの集うバーやメンバーの家で過ごすようになっており、気がつくと私はバイクでのランや、エンジェルズ・パーティーと呼ばれる乱痴気騒ぎ、定期ミーティングなどを心底楽しむようになっていた。最初のうち、取材者としての私は、ヘルズエンジェルズと取材者である自分との境界線を明確に維持するため、彼らを私自身のプライヴェートな領域から締め出していた。が、数カ月もしないうちに、エンジェルたちは昼夜を問わず私のアパートに出入りするようになっていく。

メディアの世界で古くから私を知る友人たちは、私のそうした変化を当たり前のように受け入れていた。しかし私と同じアパートに暮らす住民たちは、私のそうした生活環境の変化に強い警戒心を抱き始めた。玄関前に何台かの改造バイクが停まっていると、歩道に人だかりができたりもした。ヘルズエンジェルズが私の部屋に出入りしているという噂が中国人の大家の耳に届くと、大家は私立探偵を雇い私の仕事を調べさせた。

そしてある朝、私は滞納していた家賃の取り立てから逃れるため、テリー・ザ・トランプに「インターフォンが鳴ったら代わりに出てくれないか」と頼むわけだが、しかしテリーの姿を見た隣家の女性がパトカーを呼んでしまったため、家賃の取り立てがくる前にテリーの役目は終了した。

アパートの前に停めてあるバイクをどかすよう、エンジェルたちに指示していた時の彼女の態度は、至って穏やかなものだった。次の日、「あの子たちはあなたのお友達なのかしら?」と不思議そうな顔で聞いてきた時も同じだった。

そこで私は当然ながら、イエスと返答したのだが、その4日後——突然、アパートの大家から強制退去通知が郵送されてきた。理由は「近隣住民に対するレイプの予兆があり、アパートの安全が脅かされている」というものだった。

言いたいことは山ほどあったが、私は仕方なく、別のアパートに移ることにした。大家の理屈はつまり、事件が起きるより早く、徹底して街は浄化されねばならないという浄化理論に基づいたものだろうと推測された。しかし……そうではなかった。ずっとあとになって、私はようやく気づいた。私の隣の部屋に住んでいた女性は本気で私を恐れていたのである。

女性はエンジェルズが私の部屋に出入りしている場面をしばしば目撃していた。そして響き渡るハーレーのエンジン音を耳にするたびに、びくっと体を震わせて怯え、いつの間にか、病院通いをするほどの神経過敏症に陥っていたのだ。しかし私とエンジェルたちはそうとは知らず、隣に住む女性を昼も夜も、毎日毎晩、無意識に威嚇し続けていた。

改造されたハーレーの大型のV型エンジンは、スロットルを軽くひねると、ただそれだけで、低く獰猛な野獣が敵を威嚇するようなエキゾーストノイズを放つ。しかし彼女は、その音と、半ブロック離れた場所から聞こえてくる、歯科医師共済組合の職員が移動用に使っている小さなホンダ製バイクの甲高いエンジン音すら聞き分けられないほど、本当に神経をやられ、怯えきった暮らしをしていた。

そういえばある時期から気の毒な隣人の女性は、毎日午後になると決まって玄関口に仁王立ちし、エンジェルズのバイクがアパートの前に停車しないよう、必死になってホースで歩道に放水しながら、近くの医療センターから丘を越えてやって来るホンダ製の小型バイクを睨みつけていた。

アパートが建つストリートの一角が、エンジェルたちの改造ハーレーダビッドソンで埋めつくされてしまうことも何度かあった。それがアパートの所有者から見て、到底耐えられない光景だということはわかる。しかし実際に私たちが何か騒動を起こしたかというと、そんなためしはついぞなく、せいぜい音楽がやかましいとか、歩道に乗り上げて停めてあるバイクが邪魔だとか、時折「パーン！」という、銃声に似たバックファイヤー（エンジンの爆発音）が鳴り響くとか……実際には、近隣の皆さんに迷惑をかけることも、怯えさせることも、私たちは何ひとつとしてしでかしちゃぁいないのだ。しかし大家や近隣住民たちは酷く私たちの存在を嫌った。

本当に悪いことは、大抵夜、エンジェルズがいない時に起こったものである。

私の部屋を訪ねてくる客の中で、最も社会的地位の高い人物は、ニューヨークに本拠を構える広告業界の重鎮だが、彼は真夜中まで酒を飲んで腹が減ってくると、近所のアパートに忍び込み、冷蔵庫からハムを盗んだ。

別の客は私の部屋のマットに火をつけると、想像以上に燃え上がったことに驚いて、火のついたマットを裏窓から投げ捨てた。

それとはまた別の客で、ボートの遭難信号に使われるファルコン製の超大音量ホーンを装備したワイルドなカスタムカーを運転してくる人物がいたが、彼が自慢のホーンを鳴らすたび、少なくとも近隣に住む20人の住民が、窓を開けて「うるせぇ！」と怒鳴り、ついには棒切れを振り上げて飛び出してきたパジャマ姿の男に追いかけられたこともある。

また別の晩には、ある地方検事が、よりによって私のアパートのすぐ近くで車のハンドル操作を誤り、歩道を越えて、1軒の家の門前の生垣に扉を打ち破らんばかりにバンパーから突っ込み、大音量のクラクションを長時間近隣に響かせたりもした。

別の日には、訪ねてきたある詩人が、通り過ぎようとするバスの車輪の下にゴミバケツを放り込み始め、そのたびに起きる酷い衝突事故を連想させる破滅的な破裂音を、何度も何度も鳴らしては楽しんでいた。私の部屋の上階に住む住民に言わせると、それは、フォルクスワーゲンが潰れたような音だったらしい。

上階の住民は言った。「何かが破裂したような大きな奇妙な音だったよ。で、俺はベッドから飛び起きたんだ。ところが不思議なことに窓の外を見ても、バスの姿しか見えない。俺はてっきり、ワーゲンとバスが正面衝突してぺちゃんこになり、バスの完全な下敷きになったと思ったわけさ。酷く引っかいたような、金属的な嫌な音がしたからね。ひしゃげたワーゲンの車体に閉じ込められた人たちは、みんな潰れてるんだろうなぁと想像して、あん時ゃぞっとした」

その頃起きた最悪な出来事の中には、最悪であるがゆえに、逆に小さな騒動にもならないという、不思議なものもあった。

とある日曜の早朝3時30分に起きたその事件は、言うなれば、偶発的かつ暴発的に勃発した銃火器の実演ショーのような出来事で……。なぜそんなことになったのか、私自身、いまだに自分でもはっきりと理由がわからないのだが、その時なぜか私は突然そうせずにはいられない気持ちになり、12ゲージのショットガンを5発、さらに44マグナムを6発！　わけがわからないままに、部屋の裏窓めがけ連続して撃ちまくってしまったのである。

深夜の静まり返った空気をつんざくショットガンと44マグナムの銃声！　それに続く、酔っ払いたちのゲラゲラという笑い声。銃声の余韻がおさまったあとも、ガラスが割れた長く引くような音が、深夜の裏通りにいつまでも響いた。

しかし不思議なことに、普段は口やかましい隣人たちが、この時ばかりは、窓を開けて「うるさい！」と叫びもせず、近所は何もなかったように静まり返ったままだったので、私は何か不思議なエアーポケットのようなものが銃声を吸い込んで海の彼方へ運んだに違いないと思い……そしていつしか、そのこと自体を忘れてしまった。

しかしアパートを立ち退く時になって、それが間違いだったと思い知る。

私が発砲したすべての弾丸――11発は近隣住民の証言の中に、ちゃんと記録されていた。

私の住むアパートのある住民は、「大家は住民たちから集めたいろんな情報から判断して、あんたの部屋の内部が、連日のドンチャン騒ぎのやりたい放題やショットガン発砲で、原型もとどめないほど破壊されきっていると、勝手に思い込んでいたみたいだよ」と私に語ってくれたものである。

それだけではない。大家は私がバイクに跨ったまま、アパート正面の入り口を出たり入ったりしているという噂さえ本気で信じていたのである。

裏窓を粉々にした深夜の計11発の発砲事件からは、1人の逮捕者も出なかった。近隣では、発砲騒ぎと私の部屋に出入りしていたヘルズエンジェルズを関係づけた噂が流れていたというから、おそらく私が逮捕を逃れた理由は――新聞で読んだヘルズエンジェルズの復讐を恐れて誰ひとりとして警察に証言しなかったからだと思われる。

アパートの部屋を立ち退く少し前、中国人大家の親戚一同が大勢で視察にやって来た。私が破壊した部屋の惨状を確認し、修繕の見積書をつくるためだ。

彼らは口々に中国語を交わしながら私の部屋に入り、中の様子を自分の目で確認すると、当惑しながら安堵していた。私の部屋にはヘルズエンジェルズが出入りしていたことを連想させる破滅的な痕跡など微塵もなかった。あえて言うなら、アパート前の歩道に私のバイクが停めてあったわけだが――。親戚たちは帰り際、バイクの前で立ち止まり、眺めながら早口に何かを喋り込んでいた。

滞納している家賃の代わりにバイクを取られるのではないだろうか? 私の脳裏を新たな心配がよぎった。が、彼らがそれを察したのかどうか、唯一英語を話せる親戚の1人が私に向かってこう言った。「みんな、あなたのバイクの優美さを褒め称えているのですよ」

ということで、まあ、私のアパートの引っ越しの一件は、それでまずは落着ということになったわけである。

思うに、私の部屋の大家である中国人は、たぶん、自分の不動産を荒らすヘルズエンジェルズという集団の脅威について、よく理解できていなかったのだ。というのも、アパートの住民たちから寄せられるあらゆる苦情は、すべて一度、中国語に翻訳されなければならならず、果たして大家が、住民たちから寄せられた苦情のすべてを、本当に理解できていたのか、非常に怪しい。

一連のヘルズエンジェルズ騒動のあれこれは、すべて英語メディアによってのみ報道されていたため、英語を理解できなかった中国人の大家は、アパートの住民たちが、なぜあれほど動揺し怯えているのか、その原因が最後までよくわからなかったと思われる。

家賃が遅れた時に、大家が私の部屋へよこす中国人の取立人も同様で、彼らはヘルズエンジェルズに対して何の興味も恐怖も抱いてはいなかった。取立人は私が飼っていたドーベルマンの子犬を恐れはしたけれども、テリー・ザ・トランプと顔を突き合わせても、瞬きひとつしなかったのだ。

取立人が訪ねてきたのは、薄ら寒い、じめっとしたある日のことだった。テリー・ザ・トランプは前の晩から寝ずに仲間と騒ぎ続けており、朝方になると、意識はあったがいよいよマリファナとワインでグロッキーという状態だった。テリーは私のアパートに向かう途中、救世軍の店に立ち寄って、39セントと交換にシーズンの残り物の1枚の毛皮のコートを手に入れていた。

それは1920年代にマレーネ・ディートリッヒが着ていたような、酷いババア趣味のコートで、ギザギザした裾が膝丈でひらひらしており、袖は……何かこう……こんがらがった長い髪の束が、デニムジャケットの肩口に妙な具合にニョッコリ植え付けられている……というか……そんな言葉でしか表現しようがない……いかにも珍妙な毛皮だった。そのコートにすっぽりと包まれたテリーは、何というか……300ポンド（136キロ）に酷く膨張した原始的な〝何か〟に見えた。原始的で、しかし明らかに狂っている何か。その何かがブーツを履き……盲人のような丸縁の黒眼鏡をかけ、顎鬚を生やし——その姿を玄関口に立たせたからには、家賃の滞納問題などきれいさっぱり解決したも同然だと、私は軽く考えてた。家賃なんざぁ踏み倒せるだけ踏み倒してしまえ、と。

奥の部屋でくつろいでいた私とテリーは家賃が永遠に無料になったことを祝福してビールの栓を開け、これから始まるちょっとしたショーの展開を予想してみた。

扉をノックする音が聞こえる。ちょっと待ってくれ。私が返答をすると、次に、テリーが無言で扉を開ける。その途端、驚き怯えきった家賃取立人の「ぎゃっ!」という悲鳴が聞こえ、逃げていく足音が、廊下に伝いに響き渡る……。

そしてついにその瞬間がやってきた。ノックに続き私が返答し、いよいよテリーが扉へ向かった。ところが! 聞こえてきたのは悲鳴ではなく、くぐもった低くはっきりしない男の声で、数秒後には困った顔で居間に戻ってきたテリーがこう言ったものである。

「なんてこった、連中ビビリもしねえぜ……」テリーは明らかに驚いていた。「中国人てのは俺のこの姿を見ても、その辺を歩いているアメリカ人の1人くらいにしか思わねえんだなぁ」

そしてさも恐ろしい何かを見たように、ぶるっと体を震わせて先を続けた。「俺が扉を開けたらさ、婆さんが2人いて、無言でニヤリと笑いやがった。でな、もう1人英語を話す小柄な中国人がいて、そいつの異常な腰の低さに、俺はぞっとしちまってよ」

テリーは動揺していた。「俺はなハンター、借家人は今部屋にいないし、いつ戻ってくるかもわからないと、ちゃんと言ったんだ。でも連中はいつまでも扉口で待ってるって」

なるほど――。

「今も待ってるぜ」

テリーが部屋に戻って30秒もすると、今度はアパートの下の歩道から何やら喧騒が聞こえてきた。窓から下を眺めると、警官が歩道に乗り上げて停車してあるテリーのバイクを見咎めているところだった。

テリーは慌てて外へ飛び出していった。

それからしばらくのあいだ路上で交わされることになった、テリー *vs.* 警官のやりとりは20人ほどの野次馬を惹きつけたが、家賃を取り立てにきていた中国人たちは何ひとつ興味を示さず、ただ黙って、私の部屋の扉の前で待っていた。中国人たちは滞納された家賃について話をしにきたのであって、警官と、モンゴル方面から真っ直ぐ地面を掘ってカリフォルニアに現れたような格好の得体の知れない白人とのあいだで始まった意味不明な口論など、まったくもって、どうでもよかったのだ。

しばらくすると、テリーの背中にエンジェルズのカラーが刺繍されていることに気づいた野次馬たちが、わぁわぁと騒ぎ始めた。警察とヘルズエンジェルズの口論の行方を、野次馬たちは勝手な展開で思い浮かべていたのだろう。テリーと警官が揉めていたのは単純な理由で――テリーと、そしてもう1人私の部屋にいた同じフリスコ支部のモールディ・マーヴィンのバイクが、車道の通行を妨害する形で停められていたために、それぞれに15ドルの罰金を科すのか？　あるいはオマケして、10フィート（3メートル）の丘を登ったところにある正規の駐車場までバイクを移動させるだけで見逃すか？　ただそれだけのことだった。

2人の警官は、多くの野次馬を集めて展開するヘルズエンジェルズとのやりとりを、すっかり楽しんでいた。エンジェルズとの駐車違反キップをめぐる応酬は、いつも十分な数の市民を、聴衆を惹きつける。若い警官たちは単調で退屈なパトロール仕事が、突如劇場的に変化して大勢の観衆の注目を浴びることを歓迎したのである。

現場の交通警官が、自分の判断でヘルズエンジェルズに対して執行できる法の最高刑、総計で30ドルの罰金を科すために2枚の召喚状を書くだけである。キップを切るにしろ切らないにしろ――若い警官たちのほとんどは、だいたい平均して20分ほど、エンジェルズとの他愛ない言葉の応酬を楽しむようだった。

最終的にその時は、会話のイニシアチブを持ち続けていた若い警官の1人が不意にポケットに召喚状台帳をしまい込み、くるりとテリーに背を向け、軽蔑漂う溜息を演出的にもらして、話し合いの終了を告げたのだった。

「わかった、わかった」若い警官はパチンと指を鳴らしながら言った。「おい、頼むから、そのクソいまいましいバイクを今すぐ道からどけてくれるか?」

テリーは何はともあれ罰金は取られず、丘の上の駐車場までバイクを運ぶ面倒も迫られず、その場が無事に終わったことに満足して黙っていた。

警官はこれ見よがしに言った。「畜生、2台ともさっさとレッカー移動しとけばよかったぜ」

警官は若かったが、野次馬たちに囲まれて、束の間のヒーロー気分を存分に味わっていた。その姿は、聖メアリー教会の鐘に唾を吐きかけて糾弾された指揮官を起訴することを拒んで、アンボイ・デュークスのメンツを潰した時のビング・クロスビーのようだった。……ということである。さあて、おわかりだろうか?

彼らこそはワイルド・ビル・ヒコックやビリー・ザ・キッドなのであります。
すなわち、ラスト・アメリカンヒーロー。——エド・ビッグダディ・ロス

ゴロツキどもを捕まえろ。——『ニューズウィーク』誌（1965年3月）

4

HELL'S ANGELS

有名人に祀り上げられたことを、ヘルズエンジェルズのメンバー全員が斉しく歓迎しているわけではなかった。『サンフランシスコ・クロニクル』紙に自分たちをチャカしたコラムが連載されてから、フリスコのエンジェルたちは常に新聞記者を警戒するようになり、となれば、彼らにとって新聞記者という存在は単なる厄介者でしかない。

しかしサンフランシスコ湾を挟んで反対側をテリトリーとする、イーストベイの各支部の反応は実に様々だった。創設以来7年にわたり、事実上メディアから無視され続けてきたイーストベイ界隈のエンジェルたちはマスコミ取材に興味津々。露骨な好奇心を顕にしていたといっても、もちろんそれは、他の支部から最近移籍してきたエンジェル、特にバードゥーからの転籍組を除いての話だが。

すでに述べた通り、バードゥーのエンジェルたちがオークランドへ転籍したのは世間の注目を浴びるためではなく、逆に世間の視線から逃避するためであって、報道カメラマンの取材を受けるなど、まっぴら御免の境地なのだった。実際問題、ヘルズエンジェルズのメンバーの中には窃盗、暴行、扶養義務不履行などの犯罪容疑で、南カリフォルニア全域を対象に指名手配されている者もいた。そうしたエンジェルにしてみれば、たまたま自分が写り込んだ写真が新聞に掲載される、あるいは駐車場で本名を呼ばれただけで、いきなり面倒な事態になりかねない。そして結局は牢獄にぶち込まれる。

オークランドで撮影された写真やインタビューが、翌朝、約425マイル（684キロ）離れたバードゥー地区の新聞に掲載されることは十分にありうるのだ。

エンジェルたちは新聞の怖さをすでによくわかっていた。うっかり記事に顔を出すなどすれば、取り締まりに燃える制帽のワン公どもに嗅ぎつけられ、連中は即座に牙を剝いて追ってくるのだ。

全米市民社会の耳目を集めたことはエンジェルたちの雇用状況を悪化させた。1964年、年末の時点でエンジェルズの3分の2は何らかの正業に就いていたが、翌年の同じ時期にはそのわずか3分の1だった。

スクラッグスの家に居候しながらゼネラルモーターズの組み立てライン工場で働いていたテリー・ザ・トランプは、『トゥルー』誌に自分の記事が出た数日後、1965年8月某日、上司に呼び出されて即刻クビになった。

「管理職の連中に呼び出され、部屋に入るとただひと言〝出ていけ〟と言いやがったよ」テリーは肩をすくめて話す。「理由なんか何もなし。職場の仲間にわけを聞くと、どうやら現場監督が『トゥルー』を読んで、俺がヘルズエンジェルズの一員だって知って、縮み上がっちまったらしい。組み立てラインで働いている仲間の連中に聞いたところじゃ、現場監督の野郎、〝あいつがクスリをやってるとこを見たことないか？〟〝レイプがどうのこうのと喋ってなかったか？〟とか、どうしようもないことを聞きまわりやがったらしい。ああ、もちろん組合は、俺が望むのなら組合として正式に会社へ抗議をする、と言ってはいるけど……ケッ！　でもな、どうせ俺なんか！　ふん、どうせどうなったって、最初から構わねえんだ！　メシを食う手段なんか他にいくらでも……ケッ、ゴマンとあるんだからよ!!」

現実問題として考えた場合、ヘルズエンジェルズのメンバーが仕事に恵まれているかといえば、間違いなくノーだ。そしてこれも重要なことなのだが、そもそもメンバーのほとんどは、職に就くことを積極的には希望していない。技術力を持っている少数の例外、例えば自動車整備などの専門技術を持っている者でさえ、あくせく働くよりも失業保険給付金で生活していた方がいいと口にする——「だってそうすれば、いつだって昼近くまで寝ていられるし、一日中ハーレーに乗ったり、キャブレターをいじってたりできるからね。金が必要な時は日雇いか期間雇いの仕事でも見つければいいだろ」

強盗や窃盗、盗んだ車やオートバイをアシがつかないよう解体して部品として売り捌いたり、あるいはポン引き——ストリートガールのボディーガード兼客引き——のようなアルバイトをしているメンバーもいる。しかし最も一般的なヘルズエンジェルズの男たちのシノギは妻やガールフレンドに食わせてもらうことである。エンジェルの女たちの仕事は、秘書、ウェイトレス、ナイトクラブのダンサーなど……。

若いメンバーの中には実家に住んでいる者もいる。が、そうしたメンバーは家族のことをあまり語りたがらない。私が観察してきた限りでは、彼らは、家族と暮らしていると言ってはいるものの、実質的には、空腹に耐えきれなくなるか、あるいは極限まで飲み疲れ、いよいよ倒れそうなったり、あるいは小銭をくすねるために――つまり、帰る必要に迫られた時にだけ帰宅している仮面の実家暮らしだ。

ヘルズエンジェルズに所属するバイカーたちの主な仕事は、サンフランシスコ湾に停泊する貨物船の荷物運び。倉庫係。トラック運転手。修理工。事務員。いずれも雇用主に対する忠誠心など微塵も必要としない、日雇いか週払いでの労働である。仕事は至って不安定で、今週はまあ十分稼げても、来週には収入がゼロということもよくある話だ。とはいえ、メンバー約10人に対して1人の割合で、ヘルズエンジェルズは何らかの定職か、定収入のある仕事に就いている。オークランド・エンジェルズのスキップはゼネラルモーターズの組み立てラインの最終検査員としてコンスタントに週200ドル稼ぐ。自分の稼ぎで買った持ち家があり、最近は株式投資も始めた。

同支部の見張り役である〝殴り屋〟タイニーは地元のテレビ販売チェーン店の信用販売担当取締役として週に150ドルを稼ぐ(註1)。タイニーのガレージにはピカピカのキャデラックがあり、仕事の内容は――要するに、滞納されたローンの取立人だ。当然ながら、うんと強引で有能な剛腕タイプの。

「この仕事に就いてから、随分とたくさんのクズどもに会ったぜ！」

仕事について尋ねると、タイニーにいつも嬉しそうに喋りだす。「俺のやり方はな、まず最初は電話するんだ。当の本人が電話口に出るまでは、なるたけ丁寧な口調で礼儀正しく喋る。そんで、本人に代わった途端、怒鳴りつけてやる。〝よく聞けこのゲス野郎！　24時間やる。テメエが俺のとこまで自分で金を持ってこい‼〟とね。ほとんどの滞納者はそれだけですぐに全額を支払ってくるね。払わねえ奴んとこには、俺が家まで車を飛ばして、そいつんちのドアを力任せに蹴り続ける。居留守なんか使わせねえ。だけど、たまに生意気なのがいて、理屈をつけちゃごまかそうとしやがんのさ。でも、そん時が一番単純だ。エンジェルズのメンバーに何ドルかずつ渡して、みんなで滞納者の家の前にハーレーで乗りつけて、エンジンをブンブンと噴かしあげる。うまくいかなかったためしは一度もねえ。全員が払う。実際にぶん殴ったことなんか、一度もねえんだぜ」

もちろん彼らのように定職を持って生活しているエンジェルは他にもいる。しかし大概のエンジェルたちは、あちらこちらで、近い将来機械にとって代わられるような、単純に肉体だけを酷使する重労働に従事していた。

いつの世も、肩まで伸びたワイルドな髪に、金のイヤリングという出で立ちでは、仕事を見つけるのは難しい……そんな奴を雇うのは、倒産寸前でヤケクソになったキチガイ社長か、あるいは病的な偽善的奉仕雇用主か……。

ましてや服装だけでなく、全米にその名を知られた、アウトローバイクに跨った極悪レイプ集団、ヘルズエンジェルズ様の現役メンバーときているわけだ。そりゃもう、最悪の社会的ハンディキャップだ。そんな地獄の十字架を背負って職を探したきゃ……よっぽど卓越した能力でもあれば別として、ところがそんなものありゃしない。ヘルズエンジェルズのほとんどの者には教育も、技術も、コネもなく、持っているのは犯罪記録とオートバイの知識だけ。(註2)

それが彼らのすべてなのだ。社会的にも、経済的にも、彼らは最初から何も、そう、失うものすらもちあわせてはいない。読者はそれを憶えておいてほしい。

というわけで、新聞、雑誌、テレビなどのマスメディアに露出して、最初の数カ月こそ多少浮かれはしたものの、基本的に、ヘルズエンジェルズのアウトローバイカー精神と有名人願望、あるいは売名願望は相容れないものだった。実際、エンジェルとしての生活と、有名人になることは、両立不可能だったのだ。

(註1) 1965年の末頃、幾度も裁判所に出廷したタイニーの収入はみるみるうちに損なわれ、66年6月になると強姦罪に問われた自らの裁判に出席するため、無期限の欠勤許可の取得を余儀なくされた。

(註2) ベトナム戦争によって、1966年半ばまでに何人かのエンジェルに再び収入がもたらされた。オークランドの陸軍ターミナルから大量の軍事物資を輸送する際に積荷を運ぶ要員が不足していたため、エンジェルたちでも仕事にありつけたのだ。

ではなぜ、連日連夜続いた、あの常軌を逸したメディア狂騒曲の中で、ヘルズエンジェルズのメンバーたちは自ら望んで、あえて目立つ行動を取り続けたのか？　冷静に状況を振り返るに、エンジェルたちが自ら望んでメディアに露出していたこと——これは間違いない。いったいどういう衝動が彼らを？　いったい何に突き動かされて？

その答えは——ヘルズエンジェルズに所属している彼らのアウトロー精神を真に駆り立てていたもの、それは実に単純で明快な本能的反射的判断だったのである。

その時、その瞬間、その場所で、いったいどういう行動をすれば、それが自分にとって最善なのかを彼らは加速度的に次々と瞬時に判断していく。いわば、瞬間瞬間の反射神経。ヘルズエンジェルズのメンバーが本能的に身につけている能力のひとつである。

断っておくが、ヘルズエンジェルズに所属するメンバーたちは、自分たちが現代競争社会の敗残者であることを、明確に認識している。

ある種の社会的地位、つまり世代の代表者になるために、学園闘争というキップを最大限有効に利用し、目論見通りに、ある日ひょっこり社会の注目を浴びることに成功した学生運動のお坊っちゃん連中と異なり、ヘルズエンジェルズに代表されるアウトローバイカーたちは、社会的成功という言葉などとは最初から無縁の、極めて低い階層に生まれ育った者たちだ。

したがって、エンジェルたちのほとんどは、低い社会階層出身者独特の悪意に満ちた絶望の眼差しでしか自分たちの将来を展望することができない。何代にもわたって続いてきた遺伝的貧民生活が、ある日突然、自分の目の前で劇的に好転するなどと、彼らはまったく夢想しない。至極当たり前のことである。

新しい時代の夜明けとともに、社会における専門家や技術者の需要がますます高まり、様々な工作機械が日に日に複雑・高度に新開発されていく中で、ヘルズエンジェルズに代表されるような単純労働に従事する者たちは、明らかな負け組となってゆく。そうした社会変化が、意識・無意識にエンジェルたちを苛立たせ、社会憎悪に駆り立てていた。

神が与えたもうた宿命的な敗残者の運命を受け入れる代わりに、彼らはこの世に誕生した瞬間から、社会を呪い、市民社会の人々を呪い、自らの運命に復讐を果たすための雄叫びをハーレーの爆発するエキゾーストノイズに変えて、荒野を疾走することで、どうにかここまでやって来たのだ。

ヘルズエンジェルズの面々が、何かを勝ち取ろうなどと考えたことは一度もない。そもそも失うものすら初めからないのだ。考えようがないではないか。これまでも、これからも、いつまでも……。

有名人になったことで、意図せず、厳しい現実社会の矢面に立たされることになったヘルズエンジェルズ・モーターサイクルクラブ。その状況変化は、当然のことながら、個々のメンバーの社会経済の観念にモロに衝撃を与えた。

ある時点から現れた、新聞や雑誌を相手にギャラを要求し、自分たちの存在を金儲けの道具にしようとしたエンジェルたちも、やがてそれが金にならないとわかると、自分たちの存在やライフスタイルが新聞や雑誌を売るためのネタとして使用されていることに、陰気な嫌悪感を抱くようになっていった。

メディアに登場することで、なぜ、どうして、どういう仕組みで、自分たちが儲かり、経済的な成功がもたらされるのか？　それ以前に、そもそも自分たちに金銭的価値があるのか？　最初から最後までエンジェルたちはさっぱりわかっていなかった。

だが、これだけ多くの報道・エンタテインメントメディアが連日連夜自分たちの元へ集まり、自分たちを中心に全米が大騒動を繰りひろげたのだから、いずれは金まわりがよくなるんだろう……多くのエンジェルは漠然と、半ば他人事のように思い込んでいた。何らの根拠があってのことではない。ただ、盲目的に信じていていたのだ。

ヘルズエンジェルズ・モーターサイクルクラブというアウトローバイカー集団をぼんやりと包括した、この、奇妙に妄想的な明るさに満ちた理由なき未来予想図は、ある日1人のメンバーが『ポスト』誌の表紙を飾った瞬間にピークに達し、それから数週間、エンジェルズのメンバーは口を開くと金の話ばかりしていた。

ある期間、エンジェルズのメンバーはそれぞれ勝手に、ありとあらゆるメディアと、ありとあらゆる取引を試みた。一気に話を進めてキャッシュで支払われる契約金を手にするべきか？　あるいは冷静にじっくりと考えてから独占取材を受け、引き換えに印税を要求するべきか？　エンジェルたちは数々のオファーを瞬間的本能的に選別、即断し、とにかく、狂ったチューニングでかき鳴らされるメディア狂騒曲のアップテンポに自ら飛び込んで、誰もが何かしら金儲けに走らなければ、どうにも収拾がつかない――ある短い期間、ヘルズエンジェルズはそんな混乱状態に陥っていた。

言い方を変えれば、ヘルズエンジェルズは要するに、自分たちのバブルに乗ったのだ。報道メディアやショービズ界との取引が崩壊し始めるその日まで、エンジェルたちは、自分たちがパンパンに膨れあがった、空っぽのドル箱を持たされているだけだということに、微塵も気づいていなかった。彼らは流れを読むのが遅過ぎたのだ。

そしてある日、突然。電話は鳴りやみ、ゲームは終わった。フェスティバルは終わったのだ。進行中の儲け話はすべて頓挫し、水の泡。ある時期、ヘルズエンジェルズの頭上を巨額なマネーが飛び交ったことは事実だ。しかしエンジェルたちが札束を摑むことは一度もなかった。誰ひとりとして金など儲けられなかった。

大金を得るためにヘルズエンジェルズに必要だったのは、誠実で有能な芸能エージェントか、買収に応じる悪徳警官のどちらかで、しかしエンジェルズは両者ともにめぐり合えなかった。

バブルが弾けてしまえば、ヘルズエンジェルズに映画への出演を打診していたサル・ミネオに対して、「契約書通りの金を支払ってくれ」と3000ドルの請求書を突きつけて交渉してくれる代理人はどこにもいなかったし、同様に、ヘルズエンジェルズの映画化を検討していた「マーヴ・グリフィン・ショー」のプロデューサーに「契約金の2000ドルを払え」と催促してくれる弁護士も現れなかった。

しかし!!　誓って言うが、確かに私、ハンター・S・トンプソンは回収しようとしたのである。ヘルズエンジェルズの中心メンバーたちは、「プロデューサーからハンター・S・トンプソンが2000ドルを横領した」と文句を言っている。まったくの言いがかりもいいところだ。マーヴ・グリフィンと彼のマネージャーは、ただの1セントも私に対して支払わなかった。……たぶんレス・クレインがヘルズエンジェルズに関する企画を用意していたのを知っていたせいだ。これははっきりと言っておく。

マスコミ人気に火がつくと、ヘルズエンジェルズを食い物にしてひと山儲けようという連中が、あちこちから現れた。これはあまり知られていない話だが、エンジェルズにかなり深く食い込んでいたあるサンフランシスコのジャーナリストは、全米ネット局のプロデューサーから、「今度、エンジェルズがどこかの田舎町で、めちゃくちゃな大暴れをするなら、たまたまそこにカメラクルーが居合わせたことにして、独占的に撮影させてほしい」と持ちかけられている。

その胡散臭いジャーナリストを通じて、ネット局のプロデューサーに返されたエンジェルズ側の回答は、「1人につき100ドルくれれば、テレビ局の指定するどんな町へでも遠征し、存分に大暴れして、最高の暴動シーンを撮らせてやる」であった。

結局、最後の最後になってテレビ局サイド（おそらく上層部）の判断で企画はボツになったのだが、もしそれが実現していれば撮影隊のフィルムには、ぞっとするような、高視聴率が保障される悪魔的にショッキングな破壊映像が記録されていたに違いない。このおぞましい交渉決裂の結末は、しかしつまり見方を変えれば、最終的にテレビ局自身が〝拒否した〟という事実を持って、テレビ業界が、まだいくらかは公共の福祉に関心を払っているらしい、ということを明示した証拠と言えるのかもしれない。

公の出版物を否定するのか。——アングロサクソンの金言ヘルズエンジェルズのメンバーは、『ポスト』誌に自分たちの写真が掲載されたことを誇りにしていたが、しかし表紙に大きく掲載されたのは無名のメンバーで、典型的なヘルズエンジェル像とはほど遠いか弱い男なのであった。

驚くことに『ポスト』は、667万人の購読者（註3）をヘルズエンジェルズの恐怖で震え上がらせるために、風貌も喋り方も、まさに〝理想的な職業訓練センター在籍中の男〟にしか見えない元ロックンロールミュージシャンで、現在スーパー店員の、スキップ・フォン・ブーゲニングを写真モデルに起用したのである。

スキップは確かにいい奴だ。しかしスキップのビジュアルを、これがヘルズエンジェルズだ！と世に送り出すのは、マーロン・ブランドの代わりにサル・ミネオが主役を演じて、映画『乱暴者』を撮り直すのと同じくらいに、二流の偽りの積み重ねと言っていい。

可哀想なスキップは、『ポスト』の表紙を飾ったがために、大勢の仲間からのジェラシーを総身に浴び、半年も経たないうちにカラーを剝ぎ取られ、ヘルズエンジェルズから叩き出されてしまった。あるメンバーは言った。「奴にエンジェルらしいとこなんざ、これっぽっちもなかったぜ。あいつはただのクソったれの目立ちたがり野郎さ」

可哀想なスキップ！　君もまたメディアの犠牲者だ。

エンジェルたちは、自分たちをめぐるメディア狂騒曲がピークを迎える頃になると、新聞や雑誌に書かれることに、徐々に慣れていった。

当初、すべてのメディアが『リンチ報告書』の受け売りだった頃は、「ジャーナリストのくせに、何でこんなにいい加減で偏見だらけの記事しか書けねえんだ⁉」と憤っていたメンバーたちも、時間が経つにつれ、少しずつではあるが変わっていった。「編集者や記者って連中はどうしようもなく堕落した、ふん、口をきく価値もねえクズ人間だぜ」と息

（註3）1965年11月当時の発行部数が667万だったため。『ポスト』誌の担当部署調べ。

まきながら、もちろん気に入らない記事を見つければ即座に怒りを爆発させたが、しかしインタビューを受け、カメラマンのフィルムに収まることもまた、彼ら流のやり方で楽しむようになったのである。

彼らが本能的に選んだ方法は、デタラメな記事に対して沈黙を守り、怒りと憎悪で身を固めるという防御方法ではなく、垂れ流されている記事の誤解を正すため、率先してインタビューを受け、ありのままの事実を提供することで情報戦を五分五分に引き戻すという、実に正攻法のマスコミ戦略であった。

興味深い事実を報告すると、デタラメやでっちあげ記事があまりにそこかしこに氾濫していたため、エンジェルたちは慣れっこになってしまい、記事のいちいちに怒り狂うということが減っていった。

ただ、たった一度だけ、書かれた記事のすべてに対して、ヘルズエンジェルズの全員が、例外なく敵意と憎悪を顕にし、本気で激怒したことがある。

『タイム』『ニューズウィーク』という全米を代表する2つの週刊誌による、完全なるでっちあげ記事がそれだ。当時〈サンフランシスコ・ヒルトンホテル〉の夜警として働いていたクレイジー・ロックの眼前に、両誌のスクラップページを差し出した時のことを思い出す。ロックは切り抜きかれた『タイム』に、チラっと、本当にチラっと、ほんの一瞬だけ視線をくれると、すぐにソッポを向き、切り抜きをクシャクシャに丸めて放り投げ、そして言った。

「全部読んだら気が狂うぜ！　まったく意味不明。戯言しか書いてねえ」

エンジェルたちと生活をともにするようになって間もない頃、エンジェルズの情報を裏でメディアに流していると、とんでもない嫌疑をかけられた私は、フリスコ支部の一般会員原則に従って、チェーン打ちの刑に処されかかったことがある。

そのしばらくのちには、今度はオークランドの支部で、『ニューズウィーク』に載ったでっちあげ記事の返礼として、あのトンプソンというジャーナリストに火をつける、そういう話も出ていた模様だ。

その私が、ようやくヘルズエンジェルズの主力メンバーに信用されるのは、私の署名記事が『ネーション』に載り始めた1965年5月頃で、彼らはそれを読み、初めて私という人間を本当に信頼するに至るのである。

しかし1966年10月、ヘルズエンジェルズが政治的なデビュー（カリフォルニア大学バークレー校の学生たちが企画したベトナム戦争反対平和デモへ乱入した）を果たしたのをきっかけに、メンバーたちは自分たちを取り上げる記事に毒づくことや嘲り笑うことを、きっぱりとやめてしまった。

ヘルズエンジェルズが全米を揺るがす大騒動となっていたのと同じ時代、1960年代中盤に、同じ合衆国西海岸で起きていた、カリフォルニア大学バークレー校の学生たちを主体とする、反体制的な政治ムーヴメントとヘルズエンジェルズの存在が、偶然にも時代の中で奇妙な形で交錯し、事態はまたもや誰もが想像もしなかった方向へと移り変わっていったのだ。

その頃を契機に、ヘルズエンジェルズを扱う報道メディアのトーンが、一風変わった方向へ転向しつつあった。新聞王ウィリアム・ハーストが所有する保守系メディア帝国の尖兵、『サンフランシスコ・エグザミナー』と、ウィリアム・ノウランドが社長を務める、やはり保守系の『オークランド・トリビューン』の保守系2紙は、反戦平和デモの学生にヘルズエンジェルズが攻撃をしかけたことをきっかけに、いきなり態度をエンジェルズ寄りに豹変させた。それまでヘルズエンジェルズを、嘲笑の対象としてしか扱ってこなかった『サンフランシスコ・クロニクル』紙でさえ、故ルシアス・ビービの「日曜コラム」で、バークレーの学生たちによる反戦平和集会を冷笑したうえで、次のような記事を掲載した。

ヘルズエンジェルズは、イーストベイの他のあらゆる場所において最近欠如してきている適合感覚と現実主義を併せ持っている。

180度の転換である。しかしこの時点ではまだ、ヘルズエンジェルズが右翼的な愛国者を演じることで保守系メディアを騙しているのか、あるいは本当に右翼的愛国者なのか、どちらとも判断がつかなかった。

ただ、公平な眼で各報道を見ている一部の社会観察者や、右派・左派各紙を比べ読みする新聞通たちは、エンジェルズとメディアのあいだに突如起きたこの休戦を、非常に奇妙なものと感じていた。

例えばサンフランシスコを代表する新聞である『サンフランシスコ・エグザミナー』の場合、それまでエンジェルズを、恐怖と嫌悪の視点でしか記事化してこなかったにもかかわらず、エンジェルズが反戦平和デモと衝突した途端、突如彼らを、誤解されていた愛国者として読者に紹介し始める。『サンフランシスコ・エグザミナー』は、最近は経営的にかなり厳しいようだが、ジョージ3世が現在でもアルゼンチンで生き続けているかもしれないと、本気で怯えているような人々に対しては、いまだ高い影響力を持ち続けているメディアである。

同じ地区のライバル紙である『オークランド・トリビューン』もまた、まあ同じ類の新聞だ。が、理解できない事態に直面すると、突如勝手に混乱をきたして、取り乱した記事を連発するようなことはない。

当時の報道メディアと政治の関係を簡単に説明すると——『サンフランシスコ・エグザミナー』の社主であり、全米メディア王として知られるハーストは、ちょうどその時期、共和党の大統領候補バリー・ゴールドウォーターを見捨て、1963年11月のケネディ暗殺後、自動的に副大統領から大統領に昇格していた民主党のリンドン・ジョンソンへ、政治的支持を転換させていたタイミングにあたる。

一方、ノーランド率いる『オークランド・トリビューン』は、従来通りの共和党支持路線を保持していた。そして折よく、ゴールドウォーターが勝利を収めたカリフォルニアでの予備選に合わせて巧みな共和党支持のキャンペーンを張っていたため――支持者はあまりいなかっただろうが――11月の時点で共和党支持の『トリビューン』が、民主党支持のライバル紙『エグザミナー』との部数競争に勝つことは確実だった。複数の消息筋では、『オークランド・トリビューン』は人類学者の呼ぶところの〝先祖返り的努力〟の典型的な例とみなされている。(註4)

まごうことなき尊大かつ偉大な大人物である、過去の亡霊コラムニスト、ルシアス・ビービ大先生が『サンフランシスコ・クロニクル』に書き流す、例の御大層かつ御もっともな御意見は、カリフォルニアの大地に牧場の所有区分を分けるための、有刺鉄線という文明の利器がもたらされた時代以降、あらゆる書物の一要素になることすらない無駄な文字の羅列の最高峰に君臨していたが、しかしどうしたわけかビービ先生は、過去の怨霊の代表としてなのか、その地位を現在まで保ち続け、どうしたわけか『サンフランシスコ・クロニクル』は、1966年を迎えてもなお、ビービの文章を印刷し続けた。

私は約3年のあいだ、ビービのコラムを真剣に受けとめる人間に、ついぞ出会ったことがない。しかしある時、何人かのエンジェルたちが真剣な顔でビービのコラムの一説を、私に向かって朗読しだしたことがある。しかも真面目な顔で、かなり誇らしげな表情で――。ビービによって書かれたヘルズエンジェルズに関するコラムのくだらなさに私が笑いだすと、エンジェルたちは、にわかに不機嫌な顔を見せた。

ビービはヘルズエンジェルズを、なんと! 開拓者時代の英雄物語、テキサス・レンジャーになぞらえ絶賛していた!! 私から見れば、そりゃいくら何でも冗談にもほどがある、というか、お笑いダネ以外の何物でもないが、これまでメディアから散々酷い書かれようをしてきたエンジェルたちにとっては、ビービのコラムは彼らを狂喜させるとびきり画期的な賛辞であり、本気の賞賛に映ったのだ。

(註4)『エグザミナー』を尻目に、『トリビューン』はさらに利益を伸ばそうとした。前者は1965年についに降参し、今ではサンフランシスコで朝刊のみ発行している『クロニクル』と合併。商売をたたむ代わりに、『エグザミナー』は夕刊紙となる道を選んだのである。

「ルシアス・ビービなんてのは単なる食わせ者のコラムニストだから、奴の書いてることなんて信用しない方がいいぜ」と忠告したが、有頂天になったメンバーたちは耳を貸そうとはしなかった。私はすっかり嫌気がさしてしまった。そんな私を見て、あるエンジェルが毒づいた。「クソっ！　今まで俺たちを誉めてる記事なんてどこにもなかったんだぜ。それなのにあんたときたら、やっと現れたその記事を、ムカつくゲスが書いたと言いやがる。畜生!!　ようハンター、今まであんたが書いた俺たちの記事より、こっちの方がずっとカッコいいじゃないかよ」

それはまあ事実といえば事実である。確かに私はそれまでに、彼らヘルズエンジェルズに関する記事をいくつかのメディアに発表してきた。が、しかし、いくら何でも、タイニーを西部開拓の伝説的保安官バット・マスターソンになぞらえるなんて、はあ？　思いつきもしなかった。同様に、テリー・ザ・トランプをビリー・ザ・キッドになぞらえることも。ラルフ・ソニー・バージャーを西部開拓時代の高名な興行者バッファロー・ビルと並べて賞賛することも……。

だいたいにして、最初にあの大仰な迷コラムニスト、ビッグ・ダディーがわけのわからないレトリックを駆使してアメリカの伝説的英雄とヘルズエンジェルズを一緒くたのイメージで強引に結びつける記事を発表した時でさえ、私にはそんなこと考えることすらできなかったのだ。そこにビービ大先生が現れて、エンジェルズを、現代のテキサス・レンジャーとして持ち上げた。おいおいおいおいおい！　である。ホントに。

ところがエンジェルズのメンバーは大喜びで、即座にその書きっぷりを全面的に受け入れた。あまりに長い期間、警察とマスメディアによってメタメタの袋叩きに晒されていたエンジェルズのメンバーたちにとって、右派系メディアが突然始めた一連の愛国者ヘルズエンジェルズ賞賛記事は、純粋に彼らの心の慰めになったのだ。エンジェルたちは隠すことなく、そうした記事を無邪気に手放しで喜んだ。

エンジェルたちは一部の右派報道機関の手を返したような報道的転向の原因を、つまり、にわかに自分たちを英雄視する記事が現れた原因を、今まで自分たちが薄々感じてきた空想の、現実的な確証として捉えた。「やっぱり俺たちは、稀にみる魅力的な人間なのだ」と。

♪目覚めよ～ 土を掘り起こせ 我らはテキサス・レンジャ～！

彼らの記憶に残る、勇ましく軽快なテレビ番組のテーマ曲。その番組の登場人物になぞらえて自分たちを賞賛する新聞記事――「ようやく世間が俺たちを認め始めたぜ！」エンジェルたちは、本気でそう受けとめていた。エンジェルたちは、……なぜ今になって突然？ という、新聞報道転向の裏にある、政治的背景に対して何ひとつ疑問を抱かず、ただひたすらに満足していた。それに合わせ、ヘルズエンジェルズは報道についての見方を修正する。曰く――

「記者の誰もが同じように嘘つきなわけじゃない。やっぱりところどころにゃあ、本当のことを書く、根性のある、鋭い理解力を持った例外って奴がいるもんなんだな」

ブラックデニムとエンジニアブーツで　あいつはいつもキメている
羽ばたく鷲　黒いライダース　背中の風にたなびかせ
弾丸のように走りだす　パワー全開の改造バイク
あの馬鹿野郎は１０１号線の脅威なのさ　――１９５０年代後半のジュークボックスのヒット曲（註１）

カリフォルニア州の気候は、サーフボード、オープンカー、プール、それにのんびりとした日光浴を楽しむのに最高であると同時に、オートバイという乗り物にとってもまた最適である。年間を通して穏やかに暖かく、からりと晴れ渡り、雨量は少ない。

州内のバイカーのほとんどは、天気のよい週末や休日にだけオートバイを楽しむ無害なレジャーバイカーで、そうしたバイカーたちは、山や海におけるスキーヤーやスキンダイバーがまったく無害なのと同様に、ハイウェイにいかなる危険性も持ち込まない。

（註１・訳註）ザ・チアーズの「ブラックデニム・トラウザーズ＆モーターサイクルブーツ」。

第二次世界大戦が終結した1945年以降、アスファルト舗装のフリーウェイが全米に整備され始めると、カリフォルニア州を中心としたアメリカ西海岸中南部に、地平線の果てへ向かって狂ったようなスピードでバイクを走らせる、速度の危険を厭わないワイルドで無鉄砲な若いバイカーたちが急増した。

当時、そうしたバイカーは、大抵の場合10人から30人程度の小さなチームを組んで、ハイウェイを目的もなく闇雲に疾駆し、喉が渇くか、あるいは走行に飽きると、気の向くままに荒野や街道沿いのバーや適当な路肩などにバイクを停めて、ビールを呷って酔っ払った。周囲とトラブルを起こすのは必至である。

ヘルズエンジェルズ・モーターサイクルクラブというアウトローバイカーたちの集団が、自ら進んで浴びるように飲み、また、メディアによって強引に喉に流し込まれた〝ヘルズエンジェルズ メディア狂騒曲 1965年〟という、目新しいラベルが貼られた世紀の安酒《スピリッツ》は、第二次大戦終了後のカリフォルニア州に誕生し、徐々に増え始めていったアウトローバイカーというライフスタイルを生み出し育てた、過去の若者たちの歴史的群像を、まるでたった今アメリカ社会に生まれたばかりの真新しい社会現象であるかのような誤解を大衆に与えながら、世の中に広まっていった。

今なお現役で走るヘルズエンジェルズの古参の幹部メンバーは、「市民社会とアウトローバイカーの軋轢や摩擦のピークは、むしろ現在を遡ること15年以上前、1950年代半ば、バードゥーでヘルズエンジェルズを創設したオリジナルメンバーたちが、結婚したり住宅ローンを組んだり、あるいは生活のために時間給労働を開始するなど、必要に迫られて市民社会へ入り込んでいった時代だった」と過去を振り返る。またさらに「ヘルズエンジェルズに限らず、アウトローバイカーたちがクラブを名乗り、徒党を組み始めたのは、それよりさらにもう少し前、20年ほど前の1940年代の後半だったのではないか」とも口にした。

1945年、第二次世界大戦が終わり、前線から生まれ故郷に帰還した若き兵隊たちは、これから始まる新しい人生を、戦前に夢想していたような平穏で豊かな、充実したものにしたいと考えていた。大学への進学。給料のいい安定した就職。結婚。可愛らしい子供たちに囲まれた穏やかな家庭生活。バーベキューパーティー。戦場の緊張感から解放された若き兵士たちが望んだのは、安全の感覚とともにやって来る、平和で満ちたりたゆとりある新生活であった。

しかしすべての帰還兵が同じように感じているわけではなかった。1865年4月9日に南北戦争が終結したあの時代にも、戦争が終わったのちにも、やはり馬を西へ走らせて、生涯を流れ者として生きた軍人がいたように、第二次世界大戦の終結後にも、戦場を経験する以前の平穏な市民生活に戻ることをきっぱりと拒否した帰還兵が、何千人という規模で出現したのだ。

そうした帰還兵たちを捉えていたのは、永遠に続く、晴れることのない陰鬱で暗い気分。彼らは市民社会に溶け込むことを望まず、孤独を求めた。必要としたのは、自分自身を理解するための深い時間。戦争体験のあとにつきものの、惨めで漠然とした不安感は、いつまでも彼らを苦しめた。圧縮された時間感覚、苛立ち、焦燥。運命論的諦めの極北に自分自身が存在するという非現実的な現実。苦悩。

戦場から戻ってなお自分を失ったままの帰還兵たちは、不安定な精神状況の中で、必死に〝何か〟を手探りで探し求めた。求めているものの正体は、彼ら自身にもわからなかった。そしていつしか彼らは、探し出そうとしている何かの断片を、その頃生産が開始されたばかりの、ワイルドで危険な、そして孤独なマシーン――巨大なエンジンを搭載した大排気量のオートバイに発見するのだ。

1947年になるとアメリカ社会は、真新しいアスファルトで舗装されたハイウェイに登場したニューカルチャー、オートバイ文化に活気づいた。

当時、全米バイク業界で圧倒的なシェアを占めていたのは、ハーレーダビッドソン社とインディアン社（原稿執筆時、すでに倒産）の2つのバイクメーカーだった。

24台のソリッドに磨きあげられた改造ハーレーが、オークランド・エンジェルの溜まり場、〈エル・アドービ〉の前にズラリと停車していた。エンジェルたちはいつもの通り、傍若無人に叫び！　笑い！　浴びるようにビールを飲んでいる。

遠巻きにそれを眺めている野次馬の中に、2人の少年がいた。少年たちはエンジェルズのバイクを心底羨ましそうに眺め、何か言いたげな顔で黙っていた。

しばらくして1人の少年が、とうとう我慢できなくなったのだろう、ガットという細身で髭面のエンジェルに、おずおずと話しかけた。

「お、俺、あんたたちのバイク気に入ったぜ。スッゲエ、スッゲエカッコいいのな！」

ガットは少年にちらりと視線をくれると、双眸《そうぼう》を眩しそうに細め、自分のバイクを無表情に眺めて呟いた。

「気に入ってくれて嬉しいぜ、坊主」そしてガットは言った。「……俺たちにあるのは、これだけだからな」

——1965年9月

1960年代のエンジェルたちは、自分たちのアウトローバイカーとしてのルーツや精神的な伝統性に、さして興味を持ってはいるわけではなかった。アウトローバイカーという独自のライフスタイルに、特別なこだわりや尊厳を抱いてもいなかった。

「ヘルズエンジェルズの初代メンバーなんて、もうどこにもいないよ」

バージャーは、確かに私にそう言った。

だが、アウトローバイカーというライフスタイルを、自らが選択した尊厳ある生き様として、一生を一途に生き抜いた者は何人かはいた。死んでしまった者にもいる。牢屋にぶち込まれ二度と出てこれなくなった者にもいる。脱退したメンバーにもいる。だが、大概のそうしたバイカーは世間から隔絶して、人目を避けて生きようとした。

1965年のある土曜の午後——。どうにか話を聞くことができたのが、そうした本物のアウトローバイカーでヘルズエンジェルズの初期メンバーの1人、プリータム・ボボだ。私はボボを、サンフランシスコ湾沿いのソーサリート・ヨットハーバーに訪ねた。

ボボは、数日後に一家で船出することになっているカリブ海への片道クルーズに向けて、スループ（小型帆船）の高さ40フィート（12メートル）の帆を点検していた。旅のクルーは16歳になる息子と、ヨットを扱える2人のヘルズエンジェルズメンバー、それに派手なブロンド美人のイギリス人ガールフレンドの計5人。すでに女性はブルーのビキニを身につけ、デッキの上に寝転がって日光浴をしていた。

プリータム・ボボは、フリスコ支部でこれまでたった2人しか認められていない終身栄誉メンバーのうちの1人だ。もう1人は支部の会長を7年務めたのち、アウトローバイカーの世界を退き、現在は南太平洋でサーファーとして暮らしているフランク。

フランクのことを先に述べておこう。フランクはヘルズエンジェルズ世界のジョージ・ワシントン——建国の父である。フリスコだけでなく、あらゆる支部のメンバーたちが敬意と尊敬を力強く言葉に込め、フランクの名前を口にする。

「あいつは今までで最高のリーダーだった」古参のエンジェルは皆同様に断言する。「俺たちをひとつにまとめ上げ、強力に引っ張ってくれたのが、フランクなのさ」

フランクは生まれついての特別なオーラと品格を持っており、現在に繋がるヘルズエンジェルズの伝統儀式・様式やオリジナルスタイルの多くを定めた。ゴールドのイヤリング。紫に染めた髭。クリップでとめた鼻のリング。すべてフランクが独自に生み出したオリジナル様式である。エンジェルズをひと目見ようと、群衆が沿道に集まっている時のフランクは、いつでも鼻にリングをつけていた。

ヘルズエンジェルズを牽引・統治していた1955年から62年のあいだ、フランクは腕のいいカメラマンとして安定した収入を得ていた。しかし彼は、常に何か、何かもっと！　激しく自分の魂を揺さぶり、心の底から本当の自分を駆り立てる、強烈にワイルドな何かを渇望し続けた。そしてフランクは、ユーモアとファンタジーの世界へ自分を誘ってくれる唯一の相棒として、ハーレーダビッドソンのマシーンを選んだのだった。

流血の暴力沙汰の景気づけとして浴びるように酒を飲み、時には怪物ゴーレムのように暴威を振るい、陰鬱な勤め仕事をおっぽり出して、独自に改造を施した爆撃機のようなバイクでハイウェイを疾駆する。

アウトローバイカーという人生を選択しなければ、決して出会わなかったであろう、どこか自分に似たワイルドな連中を、ほんの少しの刺激の足しにと街道沿いの安酒場で殴りつける!!　瞬間――フランクが求めていたものが、そこにあった。

フランクは流行に敏感な男で、わざわざハリウッドまで出かけ、映画『乱暴者』でリー・マーヴィンが着ていたのと同じデザインの、ブルーとイエローのストライプのトレーナーを手に入れてくる。そしてすぐにわざと使い込まれた状態までボロボロにして、ランやエンジェルズ・パーティー以外の時も、常に身につけていた。

自分たちヘルズエンジェルズが、市民社会からいわれのなき迫害を受けていると感じた時は、そのボロボロのトレーナーを着て警察署長のオフィスに姿を現し、法の下の公平性を正面から訴えもした。署長に話しても埒があかないと見るや、フランクはすぐさまアメリカ自由人権協会へも協力を求めた。

アメリカ自由人権協会への参加――オークランド支部長のソニー・バージャーが、共産主義者の臭いがするという理由で、完全に無視した自己防衛の手法である。

バージャーと違ってフランクは、独特にひねくれたユーモア感覚と、自分たちがアウトローバイカーとして生存し続けるために必要な、極めて洗練された本能を併せ持っていた。

ヘルズエンジェルズの中で、当時も今も、最もビッグで最もワイルドな支部、フリスコ・エンジェルズのリーダーを務めているあいだ、フランクはただの一度も逮捕されたことがなく、組織内に揉め事さえ起こしていない。仲間たちでさえ、フランクの犯罪記録のクリーンさに驚いていた。

フランクの下でフリスコ・エンジェルズの副支部長を務めていたのが、今まさに、カリブ海への片道クルーズへ旅立とうとしている、プリータム・ボボである。

ボボは、フリスコ・エンジェルズに入ってから副支部長の座を勝ち取るまでの1週間に、7人の屈強なエンジェルと、ある夜は一晩に3人と戦って、全員をメッタ打ちにぶちのめさなければならなかったが……何のことはない、素手の殴り合いこそボボの専門分野だったのである。

〝ヘルズエンジェルズ〟というライフスタイルが人生に入り込んでくるまで、ボボはサンフランシスコ地区で非常に有望視されたミドル級のプロボクサーだった。しかるに、酒場で騒いでいる腕自慢の連中を、半ダースくらいノックアウトするのは朝飯前。ボボは、のちに空手のエキスパートになるのだが、すると今度は新世代の若き挑戦者たちを次々と空手でなぎ倒し、嬉々として地に這わせた。

フリスコ・エンジェルズのメンバーたちは、ボボを非常に希少価値の高いある種の殺し屋だと考えていた。「プロの殴り屋が味方にいるってのは、いいもんだよなぁ」フリスコ・エンジェルの1人は私に言った。「だけど、ボボも仲間といる時は、少しは冷静じゃねえといけねえよなあ。大酒飲んで誰彼構わずぶん殴り始めるんじゃぁ、こっちはたまらんもん……」。

同時にまたボボは、ヘルズエンジェルズを脱退するまでサンフランシスコ地区の文学バーに出入りする、奇妙で異色な文学青年だった。

エンジェルたちは皆、ボボを尊敬していたが、ともに飲みたがりはしなかった。理由は要するに、一緒に飲んでも楽しくなかったのである。ボボは、時々発作的にカッとなり、一度、裁判所の大理石の長椅子に飛び上がって空手チョップを叩き込んだ時など、椅子にピシッと亀裂が入り、マジで周囲を唖然とさせた。

警察でさえ、ボボには用心していた。

ボボは〈ボボ空手スクール〉を経営し、しばしば喧嘩の決着として〝死闘〟——ジョン・L・サリヴァン時代の、時間制限なしのベアナックルによるボクシングマッチの空手版——をやらせることを愉しんだ。

一度、死闘が始まると、どちらか1人が死ぬまで命がけの殴り合いは続けられた。……というほどではなかったが、どんな理由であれ、片方が完全に立ち上がれなくなるまで戦いは続けられた。だいたいはセコンド役の仲間の〝喧嘩の原因はもうなくなった〟という宣言が戦いの終了を意味した。

死んだ場合は——死闘の結果が死に至ることは極めて稀ではあったが——対戦者と見物人のあいだで事前に交わされた暗黙の了解により、その死はすべて必ず不慮の事故として処理された。ある夜、サンフランシスコのメディアでセレブ欄を専門としているコラムニストが何人かの友達を連れて、ボボたちのファイトクラブが特集記事になるか事前取材に来たことがあった。運の悪いことに、よりによってその晩、旅の途中のジャップに挑まれた死闘の申し入れを、その場の弾みで受けてしまった。

以降……そこで繰りひろげられたのは……血みどろの悪夢、絶叫、血しぶき、凄惨な形相、どろりと拡がる血の塊、見物人のパニック。幸い相手の日本人は死ななかったが、その夜の死闘は、いつにも増して惨たらしい残酷なショーであった。間もなく、プリータム・ボボの名前は、空手協会の認可インストラクターの名簿から外された。

ボボが真剣に物書きになろうと考えていたのはその頃だ。公衆を混乱に陥れる手段として自らの暴力を使い果たした時——実は、その数年前から——ボボは、誇りを感じられなくなったという理由でバイクに乗ることをやめていた。

長いあいだバイク便の配達員をしてきたボボは、ある日、11世紀のペルシャの詩人ウマル・ハイヤームの4行詩集『ルバイヤート』に遭遇し、自分自身の考えを世の中に発表しなければならないと、はたと悟ってバイクをやめてしまったのだ。

自分の考えを世間に発表するために努力し始めたボボは、「あん時ゃ、まるで娼婦のような気分だったぜ」と当時を振り返る。「真面目にやります！　真面目にやります！って、ペコペコ編集者に頭を下げてさ。畜生！　俺は一生バイク便の配達員で終わりたくなかったんだ」

プリータム・ボボは、間違いなく〝何か〟が生きた具体例だったが、それを何と呼んだらいいか私にはいまだにわからない。ただプリータム・ボボが、ヘルズエンジェルズの全員がそう生きたいと願望していた何かを象徴し、しかもほとんどのメンバーが到達できなかった高い次元の何かを、現実に体現する生きるモニュメントなのは確かだ。

ボボもまたフランク同様、一度も逮捕されることなく、燃え盛る激しい時代をうまく乗りきった、稀有なエンジェルの1人だ。

ボボは言う。「悟りとは……。オマワリが近くに来たら、いつでもじっとしているってこと。わかる？」

なるほど。私が頷くと、ボボは続けた。「警察沙汰が起きるたび、俺は脇の方にちょこんと移動し、黙って口を閉じている。何か聞かれたら丁寧に、イエス・サーと答えてやる。いいか、オマワリって連中は、自分にへーコラする人間だけが好きなんだ。要望には応えてやらなくちゃいけない。賢いやり方って、そういうもんだぜ。牢屋へぶち込まれるより、安上がりだろう？」

プリータム・ボボは、ヘルズエンジェルズに入るずっと以前から大地を走り続けている生粋のアウトローバイカーである。

ある夜のこと、ボボがサンフランシスコ・ダウンタウンのマーケット通りを1人で流していると、〈アントンズ〉というビリヤード&バーの前に、顔見知りのバイカーが何人か談笑しているのが目に入った。特別仲がよい奴らというわけではなかったが、素通りするのも何だからと、ボボは店の前にバイクを停め、挨拶のため彼らに近づいた。数分もしないうちにボボは、彼ら〝マーケットストリート・コマンドーズ〟と称するグループの一員になっていた。1950年代の初頭のアメリカでは、アウトロースタイル・バイカーがまだ珍しかったから、同類を見つけるだけでその偶然がお互い嬉しかったのだ。

ボボは言う。「昼でも夜でも、いつだって仲間がいた。いつ行っても店の前には、最低10台のハーレーが停まっていた。週末は50台から60台ってとこだろうな。そりゃ、当時だって警察に通報されるくらいのことはしたさ。でもまあ、バイクのせいで客の車が停められないって、そんな苦情を出されるくらいのことだけどな……」

マーケットストリート・コマンドーズは、アウトローバイカー・クラブというよりは、バイク仲間の集まりといった感じの親睦会だった。組織としての活動らしい活動はなかったが、ボボは何とはなしにその仲間たちと1年間を過ごした。しかし1954年の初め、映画『乱暴者』が街の映画館で上映されて情況が一変した。

ボボは言う。「もちろんさ！　もちろん俺たちは、大勢のバイク仲間と誘い合って、マーケット通りのFOXシネマに駆けつけた。総勢50人はいたな。全員がワインのボトルを抱えて、黒のレザージャケットでばっちりキメて……そうだそうだ！　それでみんなで2階のバルコニー席を占領してシガーを吸ってワイン飲んで、ハハハハ！　評判通りに映画は最高!!　俺たちゃ2階の観客席を乗っ取ったも同然のロクデナシそのもの。大声でわめき、歓声をあげ、手を叩いて立ち上がり！　最高に盛り上がったぜ」

ボボは懐かしげに一気に喋り続けた。「スゲエんだ！　俺たちみんなが、全員まるで自分がスクリーンの中にいるみたいだった。ホントさ！　本当に全員がマーロン・ブランドだった。俺はあの映画を、あの頃だけで4回か5回は見ているぜ」

マーケットストリート・コマンドーズのような、オートバイを媒介とする仲良しグループは、その時代、誰もがバイク映画『乱暴者』に夢中だった。

カリフォルニア州各地にアウトローバイカーが増え始めた第一期を、第二次世界大戦終戦後の1945年からとするならば、映画『乱暴者』が公開された1954年から55年にかけてが、第二次急増期ということになるだろう。まさにそのピーク時代に、州南部からアスファルトを疾駆して、神のお告げを背負って現れた預言者が〝地獄のロッキー〟だった。

ヘルズエンジェルズの元メンバーで、のちに『サンフランシスコ・クロニクル』紙の警察担当記者となるバーニー・ジャーヴィスは、ロッキーが初めてサンフランシスコに現れた記念的な瞬間を〝真実の瞬間〟として、10年後、男性誌で次のように描写している。

1954年、サンフランシスコ。ある暑い日――。アウトローバイカーたちが溜まり場とする危険な雰囲気が漂うバーに、1台のハーレーダビッドソンが後輪を激しくスライドさせながら急停車した。タイヤが鳴り、砂埃が硝煙のように立ち昇る。

乗っていたバイカーはしばらくのあいだ、深く沈み込むようなサドルシートに腰を下ろしたまま身動きひとつせず、やがて磨き込まれたライダースブーツがクラッチペダルからゆっくりと離れ、ジャリっと地面を踏み締める。そしてようやく、浅黒く日焼けした若い男が、太陽を背にしてゆっくりと、影のように揺らぎ立った。

ロッキーだ。グリースで整えられた髭。伊達なダービーハット。ハンサムでクールな青年だった。リーバイスのジャケットの袖は、肩口からナイフで乱暴に切り落とされ、色褪せたデニム地の背に視線をやると、カリフォルニア州内すべての警察官が知っているあのヘルズエンジェルズの真新しいカラーが、砂埃の中で耀いていた。男が4フィート（1メートル）の高さにある改造チョッパーのステアリングをグイとひとひねりした瞬間、ネルシャツの腋にワイルドな汗染みが拡がっているのが目に入った。

ほんの少し手首を返しただけだというのに、マシーンは強烈な爆発音を放ち、日曜午後のマーケット通りの静けさは、瞬時に跡形もなく吹き飛んだ。

〝ロッキー〟と呼ばれたその男は、逆光を浴びながらブーツの踵でサイドスタンドを立て、陽光を反射するバイクの前にゆっくりと仁王立ちになると、4インチ（10センチ）長く改造したXAサイズのギラギラ光るスプリングフォークを、ポケットから取り出したボロボロのハンカチで大仰に磨いてみせた。

そして押し黙ったまま囲んで見入っていた男たちの方に、顔をおもむろにぐるりとまわすと、少し目を細めて太陽を仰ぎ、オイルでベトついた両手をジーンズで無造作にぬぐってみせた。誰もが、ロッキーの一挙手一投足に釘付けだった。ロッキーにも、当然苗字があっただろう。しかし気にしている者は誰ひとりとしていなかった。

ロッキーは生まれながらにして正統派――ヘルズエンジェルズ発祥の地バードゥーからやって来た筋金入りのエンジェルだ。バーの前には30台のバイクがズラリと停めてあったが、サンフランシスコ・エンジェルズの連中は、1人として口をきくことすらできなかった。彼らは全員、ただ1人の男、ロッキーの到着を待ち構えてバーの前に立ち並んでいたのだ。

ロッキー、いったいどんな奴なんだろう。全員が、バードゥーから目の前に現れたばかりの新参者のことを考えていた。迎え入れるエンジェルたちもまた、ライダースブーツをピカピカに磨きあげ、髪をきれいに刈り込みキメていた。

いったいどんな奴なんだ？　バードゥーからやって来た新しい仲間が到着したその瞬間、全員の緊張は、まさにピークに達していた。支部に新参者がやって来る瞬間の歓迎会は、いつでもメンバーたちにとって最も重要な儀式だった。

のちに現れることとなる、真に凶暴なエンジェルたちに比べれば、随分と大人しいわけだが、それでも1950年代半ばのヘルズエンジェルズもまた、警官たちと小競り合いを繰り返していた。

ロッキーはそんな時代に、とにかく凄いバイカーで、独自の美的スタイルを持っているという理由で、新しく開設された支部の会長にいきなり選ばれた、伝説のバイカーである。

エンジェルズの1人は回想する。「ロッキーは、両足をペダルに載せたままバイクをスピンさせることができたんだぜ！　ああ、最高にイカした奴だった」

ロッキーを迎え入れたフリスコ支部のエンジェルたちが、新天地を目指して旅立つまで、さほど時間はかからなかった。メンバーたちは、ロッキーだけが背負っていた真新しい邪悪な紋章――新支部用のカラーを複製できる刺繍店を探し出すと、自分たちの服もまた同じ紋章で飾り立て、ほどなくしてロッキーを中心に40人ほどのエンジェルズが、アスファルトの向こうに拡がる未開の大地を目指してハーレーの隊列を組んだのだった。背中に耀いている新しいカラーにはこう刺繍されていた。

Hell's　Angels　Frisco

不気味に微笑む髑髏のまわりに〝フリスコ〟という支部名を縫い込む刺繍代は7ドル50セント。金額的には大したものではない。が、しかし、それは決して金銭であがなうことができない、7ドル50セントの男のプライドなのだ。

この時、ロッキーとともに未開の町、フリスコを目指して旅立ったメンバーのほとんどはデニムジャケットの背に、白地に赤い刺繍糸でカラーを縫い込んだが、もちろん到着した次の酒場でもまた乱闘騒ぎが際限なく巻き起こり、白地の部分はすぐに垢、もしくは流血で斑模様になってしまう。

「聞いてくれよ！　そもそも今日だって……！」ビアホールから帰ってきたばかりの1人が空を仰いで叫んだ。「俺たちが喧嘩をふっかけるわけじゃないんだぜ。ただ、バーには決まって大口を叩いてくる不良崩れや、俺たちの女に寄ってくる馬鹿がいるだろう。だから殴りつけるんだ。な、当たり前のことじゃないか」

ヘルズエンジェルズが好む溜まり場は、昔も今もオールナイトの酒場か、ビリヤードバーといったところだが、エンジェルズのチョップド・ホッグが集まるようになると、すぐに周辺住民たちから苦情があがり、大抵は1週間ほどで警察がやって来る。

取り締まりが厳しくなり、エンジェルたちがあちこちのバーを移動するようになっても、警察は諦めもせず、次から次へと、どのバーへも必ずすぐに現れた。

余談だが、ヘルズエンジェルズに所属している正式メンバーには現役の警察官、それも白バイ警官がいた。エンジェルズメンバーの幾人かを友達と呼んでいたアウトローバイカー警官、テリブル・テッドがその人物である。

初めて会った時、テッドは早口でまくし立てた。「道のど真ん中でドラッグレースをやってた馬鹿がいてさ。で、あの浮浪者バイカーども、1人残らずマーケット通りから追っ払ってやった。盗んだバイクに乗ってる連中も多いんだぜ。もちろんすべて調べ上げ、全員トッチめてやったぜ！」

運転記録偽造を4回繰り返し、テリブル・テッドからついに免許没収を食らった、あるメンバーの諦めきった言葉を思い出す。「ああ。そうさ。テリブル・テッドにやられたのさ。そんなわけだから、俺は諦めて働きに出なきゃならなくなった。稼いだ金で罰金を払わなきゃ、ムショにぶち込まれちまう」

テッドはヘルズエンジェルズのメンバーであったが、特にヘルズエンジェルズに容赦のない取り締まりを加えることで知られる白バイ警官だったのである。

エンジェルたちは回想する。「俺たちはあの警官のことを〝テリブル・テッド〟、恐怖のテッドって呼んでいたのさ。何でって……おい、あいつはとにかく最低なんだよ。白いハーレーに跨って狂ったみたいに俺たちをしつこく追っかけまわしやがって、嬉しそうにこっぴどい罰則キップを、何枚も切りまくりやがるんだ」(註2)

数々のメディアに残されている実録ヘルズエンジェルズ黄金伝説の中で、今でもエンジェルたちに最高にウケてる一発がこれだ。

ある日曜の午後——。サンタクルーズの海岸沿いで、仲間たちから〝ミュート(消音)〟と呼ばれている1人のエンジェルがスピード違反で警官に停車を命じられた。ミュートはカラーを縫いつけたデニムベストを身につけ、自分がヘルズエンジェルズの一員であることを見せつけていた。

「それを脱げ」停車を命じた警官は、ミュートがうやうやしく差し出した筆談用のメモ帳にペンを走らせた。ミュートは生まれつき耳が聞こえず、喋ることもできなかったのだ。ミュートは黙って頷くと、素直にジャケットを脱いだ。が、その下のレザージャケットの背中にも、やはりエンジェルズのカラーが刺繍されていた。腹を立てた警官はミュートのメモ帳と鉛筆を乱暴に奪い取ると筆談で命令した。「それも脱げ」

ミュートはレザージャケットを脱ぎウールのシャツになったが、なんとそこにもカラーが耀いていた。警官はカンカンになって書き殴った。「脱げ!」。

(註2) テリブル・テッドは1966年、赤色灯を点していないパトカーを猛スピードで運転中、赤信号を突っきろうとして、グレーハウンド長距離バスと激突。同乗していた妻を死亡させ、パトカーは廃車になったが、本人は重傷を負ったものの一命を取り留めた。

シャツを脱ぐとミュートはもう下着1枚だけだった。しかしそこにもエンジェルズの紋章がステンシルで刷り込まれていた。

「わかった。生意気な奴め。それも脱げ」引っ込みがつかなくなった警官は紙にペンを走らせた。

するとミュートは、にわかに得意げな笑みを満面に浮かべ、下着を脱ぎ、素っ裸になると、警官に向かって胸を反らせて仁王立ちになった。驚いたのは警官だった。体のあちこちに、翼を持つ髑髏のタトゥーが彫り込まれ、それぞれがニヤリと不気味に、警官を嘲笑っていた。警官は何も言わず、押し黙って反則キップを切ると、そそくさと自分のパトカーへ帰っていった。

確かにキップは切られた。がしかし……しかし最後の瞬間に勝利を収めたのは、間違いなくミュートだ!! ズボンとパンツに特注のステンシル印刷までして、ミュートは最初から、とことんまでやってやる準備をしていたのさ!! 仲間は皆口を揃えて言う。あいつはとびっきりの奴さ——!

世間の連中は、俺らがヘルズエンジェルズだってだけで、全員一緒くたにして毛嫌いするだろう。な、だからこっちも、ちょっくら脅してやりたくなるわけよね。すると、脅された連中は腹を立てるわな。それでまた俺たちも腹を立てる。俺たちと世間の連中の関係って……単純なんだよねえ。　——ゾロ

ヘルズエンジェルズには、他のアウトローバイカー・クラブ——例えばブーズファイターズのようなクラブ——を卒業した者たちもまた、数多く在籍していた。

ブーズファイターズもまた、今日におけるヘルズエンジェルズと同じような恐怖の伝説に彩られた、人に知られたアウトローバイカーたちの集団である。

第2章で軽く触れたが、映画『乱暴者』のモデルとなったホリスター暴動のきっかけをつくったのは、実はブーズファイターズである。暴動が起きたのは1947年だから、1960年代になってから、名を高め躍進し始めるヘルズエンジェルズのメンバーのほとんどは、当時まだ10歳にもなっていない。遠い昔の事件と言えよう。

暴動の舞台となったホリスターという町は、カリフォルニア州中部、ディアブロ山脈の丘陵の外れ、オークランドから車で南へ飛ばして約1時間、農業地帯の合間に位置する、人口約4000人の小さな集落である。町に集まってくるのは、近くの農場で働く農民たちがほとんどだ。

1947年に、アメリカ初のバイク暴動の被害地としてその名が知れ渡る以前のホリスターは、合衆国で消費されるニンニクの74％を生産しているだけの町だった。当時のホリスターは、ハリウッド映画『エデンの東』（1955年）でエリア・カザンが描いたような保守的な幻の町――地元のアメリカ在郷軍人会の会長が地域のリーダーを務めるような土地柄――で、現在も変わらず、そういう雰囲気の町である。

1947年7月4日、アメリカ独立記念日。ホリスターの町の人々は、住民総出で独立記念日のパレードの準備を進めると同時に、町の恒例行事であるオートバイレースの準備にも余念がなかった。沿道を飾る旗の準備。楽隊。バトンガール。土産物店や飲食店は、大量に仕入れた商品を店先に見栄えよく並べてゆく。町で行われるオフロードバイクレース、トラックレースは、何マイルも離れた遠方から大勢のバイクファンが集まってくることで、町の経済を大いに潤していた。少年たち。農園主。商店経営者。退役軍人。1947年に開催されたレースにおいてもまた、何マイルも先の遠くから、多くの出演者の来場が予定されていた。

7月4日独立記念日、レース当日。ディアブロ山脈から陽が昇り始める夜明けの時刻、ホリスター地元警察から会場警備のために出動していた警官は、わずかに7人。一方、近郊で一夜を明かしたバイカーたちは、その数約3000人。当然ながら警官はバイカーたちの行動を統制しきれていない。徹夜の警備担当者たちがピリピリとした緊張感の中で苦いモーニングコーヒーを啜っていた。

バイカーの総数については諸説あり、警察発表では4000人、在郷軍人バイカー協会の発表では2000人。そこで私はあいだをとって3000人という数字を採用している。

2000人と4000人、もちろん3000人も、かなり大きな隔たりのあるアバウトな数字だが、しかし今ここで重要なのは、ホリスターという人口4000人の小さな田舎町に、過剰に多くのバイカーが一挙に詰めかけた、という事実であって、その段階では1000人多いか少ないかなど、もはや大した問題ではない。人口4000人の町に突如現れた3000人のバイカーたち。町は結果的に占領された形となり、バイカーたちはしだいに治安機構の統制を完全に逸脱した暴徒と化してゆく。

7月4日の夕暮れ時には、ダウンタウン中に割れたビール瓶が散乱し、酒に酔ったバイカーたちがメインストリートを狂ったように縦横無尽に突っ走り、即席ドラッグレースを繰りひろげ、エンジン音は遠く離れた路地裏にまで激しく響き渡った。同時刻、些細な理由で始まった酔っ払い同士の殴り合いが、突然本格的な喧嘩に発展した。それをきっかけに、興奮したバイカーたちの大群が警官に公然と歯向かい始め、地元の女性を襲い、酒場で略奪し、町の人間と見るや誰彼となく殴りつけ、文字通り町を占拠して蹂躙の限りをつくした——それがいまだにホリスターに語り継がれる町の伝説である。

このアメリカ初のバイク暴動に目をつけたのが、当時無名のプロデューサーだったスタンリー・クレイマーと、若手俳優のマーロン・ブランドだった。

ハリウッドマスコミのゴシップ担当コラムニストだったヘッダ・ホッパー女史は1966年、おっ死ぬ直前に遅ればせながらヘルズエンジェルズの脅威に注目したコラムを発表し、アウトローバイカーの歴史と起源を、ハリウッドで製作された映画『乱暴者』に強引に押しつけてみせた。なんと彼女は、「一連のアウトローバイカー急増の悪しき社会現象の責任を負うべきは、スタンリー・クレイマーとマーロン・ブランドと、どんな形であれその映画製作にかかわった人間全員である」という、見当違いもはなはだしいトンチンカンな非難を始めたのである。

映画『乱暴者』はフィクション性が強い作品ではあるが、私は同映画を、フィルム・ジャーナリズムの影響を受けたドキュメント作品であると解釈している。

映画『乱暴者』の主題は、『タイム』誌が、どうでもいい理屈をこねくりまわして読者に押しつけようとした、画一的な常識論などではもちろんない。『乱暴者』という映画は、これから起こりうる未来を予測した物語であり、それが世の中に送り出されることによって、のちの時代そのものが、映画から直接的な影響を受けてしまうことを描いた、映画の枠を超えた壮大なノンフィクションなのである。

映画『乱暴者』は――荒野のライダーのロマンスに彩られた永遠に耀き続けるワイルドなイメージ（アウトローバイカーの美学の極北）をバイクファンたちにこれでもか！　と見せつけた――いわばバイク乗りにとっての『日はまた昇る』なのである。若き日のヘミングウェイが情熱を注ぎ込んだあの傑作に、世界中すべての書き手が憧れるように、アウトローバイカーは、映画『乱暴者』に深い情熱を込めた憧憬を抱く。

主演のマーロン・ブランドを含め、役者たちが演じるアウトローバイカーと、実際のアウトローバイカーはビジュアル的には、かなりの相異があったが、バイカーたちはさほど気にしなかった。注目すべき点は、映画のストーリーが注意深く、良いアウトローと悪いアウトローを区別していたことだ。

バイクに乗って映画館にやって来たほとんどの観客は、悪役のリー・マーヴィンではなく善玉のマーロン・ブランドに自分を重ねた。マーヴィンの悪役顔の方が、ブランドの困惑したヒーロー像よりずっと現実に近かったにもかかわらず、である。つまり当時のアウトローバイカーたちは、自分たちを現代版ロビンフッドの主人公だと思っていたのだ。

ヘルズエンジェルズがメディアを通して急速に現代の伝説と化していく過程で、ハリウッドの映画界が果たしたもうひとつの大きな功績として忘れてならないのは、その秀逸なるネーミングセンス、〝ヘルズエンジェルズ〟という名称に対する貢献である。

一般的に、〝ヘルズエンジェルズ・モーターサイクルクラブ〟という名称は、第一次世界大戦の時代、ロサンゼルスの近郊の軍事基地に配属されていたヘルズエンジェルズという爆撃隊の部隊名に由来するとされている。当時、空挺の訓練や攻撃命令がない時、ヘルズエンジェルズ爆撃隊の隊員たちが基地周辺の砂漠をバイクで走りまわっていたために、クラブの名前の由来となったとされている。それが一説。

その他にも、ヘルズエンジェルズという名前は、そもそも1930年に公開されたジーン・ハーロー主演の戦争映画にその源流を持つとする人々もいる。第一次世界大戦中に実在した(あるいはフィクションの)、陸軍航空隊の活躍を描いたその映画のタイトルが、航空隊の名前からとって、『ヘルズエンジェルズ』だったのである。

第二次世界大戦の戦場から帰還した大勢の兵隊たちが、平穏な市民社会生活に馴染めず、焦燥と苛立ちの中で自分自身を持て余し、苦悩しながら何かを模索していた1950年代——。退役軍人たちによって、カリフォルニア州南部のフォンタナで、初めてモーターサイクルクラブとしてのヘルズエンジェルズが結成された時、映画『ヘルズエンジェルズ』は間違いなく上映されていたはずで、ヘルズエンジェルズ・モーターサイクルクラブを創設したオリジナルメンバーたちが映画から何らかの影響を受けたことは推測に難くない。

〝ヘルズエンジェルズ(地獄の天使たち)〟というその宿命的な名前は、現在のヘルズエンジェルズのメンバーたちがこの世に誕生する遥か前から南カリフォルニアの砂漠に埋もれた名も知れぬ小さな軍事基地の歴史の奥深くに隠されたまま、長い時間忘れ去られていた。その名前を、ある日突然ハリウッドの映画産業が拾い上げ、有名にし、ハーレーを駆って荒野を走り抜けるワイルドな男たちのイメージづくりに大いに利用した。

映画の主人公たちが所属する航空部隊名ヘルズエンジェルズが、後年アウトローたちによって名乗られ、マーロン・ブランドの映画さながら、現実の世界に現れて全米を揺るがす大騒動を引き起こそうとは——。よもや！　1930年代のハリウッド関係者の誰ひとりとして想像できなかった未来が、実際に起きてしまったのである。

全員あの世でびっくりだ。

アウトローバイカーというライフスタイルはひとつの概念であり、それはジャズと同じく、極めて現代アメリカ的な概念である。ヘルズエンジェルズのように自分たちのライフスタイルをここまで独自に伝統化して発達させてきたバイカーは、これまでのアメリカ史上、どこにも存在していない。

懐古主義者から見れば、確かにヘルズエンジェルズは、混血児のアナクロニズム——西部開拓時代の生き残りと言えなくもない。

しかし違う角度から見れば、彼らが身をもって示した、ヘルズエンジェルズというひとつのアウトロースタイルの美学の極北は、当時誕生したばかりのテレビメディア同様、新時代の到来を告げる、脚光を浴びて当然の、まっさらなアメリカン・ニューカルチャーであり、彼らはそれを具現化した現代アメリカのスターだったのだ。

話を戻そう。第二次世界大戦が終わって2年ほど経った1947年、ホリスターでアメリカ初のバイク暴動が起きるまでは、合衆国のどこの都市を探しても、速度を神と崇め、暴力に酔い痴れ、週末になると500マイル（805キロ）の距離を羽ばたきひとつで一気に駆け抜け——、そうしてこれまで観光バス1台のツーリストさえ受け入れてこなかった辺鄙な田舎町を突如大集団で襲撃しては、そこに暮らす人々が長年守り続けてきた共同体を手当たりしだいに破壊しつくし、獣のような勝ち名乗りをあげる！　そんなことをやってみせるアウトローバイカーなる存在は、合衆国のどこの都市にも存在してはいなかった。

しかし合衆国各地が、アスファルト舗装で完備された血管のようなハイウェイ網で結ばれたことで、1940年代後半に誕生したモーターツーリズムというニューカルチャーの実際は、皮肉にも、絵画のように美しい静かで穏やかなホリスターの町へ、フォードやシボレーのようなファミリーカーに乗った家族連れのレジャー客を運ぶことではなく、酔っ払いながらバイクに跨り、気の向くままに警察力の弱い田舎町を襲撃する野獣の群れを連れてくるという形で具現化されたのだ。

とはいえ、ホリスター暴動の実際の目撃者の中には、「現実は、映画『暴れ者』で描かれていたほど酷いものではなかった」とする証言する者もいる。

暴動に関する正確な資料を歴史の中から掘り返すと――7月4日に起きたホリスター暴動は5日の正午までに、緊急招集をかけられた、わずか29名の警官によって鎮圧されている。当時の資料には「日暮れまでに、バイカーの大半は爆音をあげて町から立ち去った」とある。

ヘルズエンジェルズを紹介した『タイム』誌に載った記事の美文を借りれば――例の「さらなる悪の深淵を求めて町を去っていくのだった」というアレである――騒動が過ぎたあとくすぶっていたバイカーたちも、警察に促されしぶしぶ町から去っていった。

事件当日、1947年7月4日と5日のホリスターの刑事処罰記録を調べると、罰金20ドルの交通違反者から、露出罪で90日間の禁固刑の判決を受けた者まで、実に様々な人間の様々な罪が列挙されている。しかし、バイカー、市民ともに死者・重傷者はおらず、暴動に巻き込まれたとされる6000人から8000人のうち、約50人が地元の病院で軽い怪我の手当てを受けたのが、人的被害のすべてである。

現在、毎年5万人以上のアメリカ市民が自動車事故で死んでいる。1日あたり148人である。しかし1000台のオートバイが縦横無尽に町を破壊し、あらゆるものを蹂躙したと言われながら、ホリスターではその日、ただの1人の事故死亡者も出てはいない。

以上の事実をしっかりと念頭に置くことが、巷間言い伝えられているホリスター暴動の伝説の実際を、もう少し肯定的な観点から眺める助けとなると、私は信じる。

どの司法組織も、いや少なくともアメリカ合衆国裁判所は、１９６６年の現在の時点まで、ヘルズエンジェルズに所属するメンバーの誰かを、無差別殺人罪で裁いたことも有罪にしたこともない。

だがもし、ヘルズエンジェルズのメンバーが偶然にも、一般市民３人から４人を殺したとされ、有罪判決を受けたら社会はどう反応するだろうか？　考えただけでぞっとする。

おそらく、カリフォルニア州内すべてのアウトローバイカーが即座に警察にしょっぴかれ、全員まとめて鉄の鎖で縛り上げられながら、処刑場に続く大通りを延々と引きずりまわされた挙句、最後はグチャグチャのハンバーガーにされてしまう。

アウトローバイカーは、独自のファッションやライフスタイル、それにハーレーマシーンの放つ爆発的で攻撃的なエキゾーストノイズなど、多くの理由により、大多数の平均的アメリカ人ドライバーから嫌悪されている。

報道メディアによる一連のヘルズエンジェルズ騒動がすべて過ぎ去った頃、『ニューヨーク・ヘラルドトリビューン』紙（すでに廃刊）のとある記者が、「アウトローバイカーの現在について」という長文の記事を書いている。

記者は記事の取材調査過程で、「猛スピードで走るヘルズエンジェルズの改造バイクに、センターライン越しに自分たちの車が追い越される瞬間、かなりの数のドライバーが〝この連中を殺したい！〟と、発作的な憎悪に駆られている模様だ」との判断を下している。

自分で自分のオートバイに乗ったことがある人間なら、『トリビューン』紙の記者が言っていることの意味がわかるだろう。

ここ数年、特に最近の傾向になるが……善良なる一般市民が、４輪車を運転する精神的な目的（移動以外の目的）は、平凡な自分を馬鹿にし続ける世の中に対する、また望むがままのやりたい放題を生きているアウトローバイカーや、さらには自分に対してはせいぜい現在程度の凡庸な運命しか与えてくれない神に対する、車という重機を使った復讐行為なのである。そんな気迫でステアリングを握るクレイジーな市民ドライバーが、ハイウェイに溢れ出ている。

凡庸な人生を呪いながら生きている気弱な市民ドライバーは、いざハンドルを握ると、猛スピードでアクセルを踏み込み、麻薬的悦楽を貪るように、自分もまた速度を愉しみたいと願望する。が、しかし万が一停車中の大型車やコンクリートの側壁に激突して、自分も車もペチャンコになってしまうのが怖いから、つまり事故死や裁判沙汰や刑務所や慰謝料が怖いから、かろうじて交通規則を守っているだけの、取り締われた〝善良なる市民たち〟である。

だからして、センターライン上をうろちょろ走ってくるハーレーをサイドミラーに発見したら、軽くハンドルを切るだけだ。やっちまえ！　ヘルズエンジェルズが相手なら、どうせ訴訟沙汰になんかになりっこない!!

1964年から65年当時、アウトローバイカーたちは、走行中の視界に映る沿道の人影のすべてが自分を殺そうとしているような緊張の中でフリーウェイを走らねばならなかった。むろん、本当にバイカーの命を狙っているドライバーも少なからずいた。そうした狂気を隠し持った一般市民ドライバーは、言わずもがな、エンジェルズと彼らの操縦するハーレーマシーンにとって、極めて危険な存在である。

オートバイという乗り物は、非常に繊細なメカニックの集合体なのだ。

ハーレーダビッドソン社製の巨大なバイクといえども、鋼鉄製のボディーで守られているわけではない。オートバイというのは、いかにハイグレードに改造されたハイポテンシャルマシーンであっても、絶対に克服できない脆弱性を宿命的に抱えた乗り物なのだ。

バイクと4輪車が猛スピードで爆走している時、一撃で吹っ飛ばされるのは、剝き出しのエンジンに何の防御もなく跨っているオートバイライダーの生命であって、4輪車の運転手にはいささかの脅威も発生しない。しかしまあ、ごくごく少数の例外（註3）もまた、あることはあるが、基本的にオートバイに攻撃力はない。オートバイという乗り物は大型であろうと小型であろうと、ステアリング操作が唯一のディフェンスで、しかも小さな操作ミスや、ちょっとしたアクシデントが、すぐに生死にかかわる致命的な大事故に直結する繊細な乗り物なのだ。

フリーウェイで転倒したら最後、即座に後続車に轢かれてしまうことを運命として受け入れなくてはならないのが、オートバイを運転するという行為の本質だ。こうした危険にもかかわらず、アメリカ合衆国カリフォルニア州ではフリーウェイは生活の一部だ。カリフォルニア州は間違いなく我が国で一番のバイク天国なのである。

（註3）例外の実例――。1950年代のある日曜の午後、プリータム・ボボがハイウェイ40号線を気持ちよく走っていると、巨大な4輪自動車の新車が、テールランプぎりぎりにちょっかいをかけてきた。あの汚ねえチビ野郎！　プリータム・ボボは怒りで真っ赤になった。ボボは嬉しそうに回想する。「俺は路肩にバイクを停めて、それで、仲間たちと相談してあの礼儀知らずのイカレポンチを懲らしめてやることにしたんだ」その時ボボは、何人かの仲間たちと走っていた。ボボの思い出話は続く。「そんで、俺たちみんなで、ちょっかいをかけてきた車の全後左右に群がって、寄ってたかってボンネットにチェーンをかまし、アンテナを引っ剝がし、手が届くすべての窓を全部ぶち破ってやったのさ。しかも、俺たちはそれをすべて時速70マイル（113キロ）で走行しながらやり遂げたんだ！　車を運転していた野郎は、完全にビビっちまって、アクセル踏み込んだまま足が凍っちまってさ」

6 HELL'S ANGELS

調査分析を進めるうちに我々は、巷間世間で語られているヘルズエンジェルズ伝承が、事実を超えた都市伝説であり、その神話性ゆえに市民社会の人々を魅了しているのではないかという結論を持つに至った。ほとんどの若者が憧れ、しかしただ夢想するだけに終わってしまうワイルドな生き方の象徴。虐げられ、迫害される者たちを救いに現れた、ギャングとは違う伝説の英雄——。プリンス・ジョージ・カウンティの町外れで、1人の年老いたバイカーが、警察に難癖つけられて渋々その場を引き下がる数人のエンジェルズを遠めに眺めながら緊張のあまり身動きもできずにいた。「見てるがいい。明日にはヘルズエンジェルズの大群が復讐のためやって来て、町は修羅場と化すだろう」――『トランザクション』1966年8月の記事より。全国規模のモーターサイクル・レースを開催するにあたって、メリーランド警察がエンジェルズによる暴動事件勃発を防止するために2人の心理学者に作成を依頼した、分析結果の文章

野郎のツラぁ、ははは、見るも無残にぶっ潰してやった！ ちったぁ思い知っただろうぜ。俺のことをチンピラ呼ばわりするとは、よほどのバカ野郎に違いねぇ。――ヘルズエンジェルズの1人が、あるよそ者に語る

ヘルズエンジェルズのメンバーがアメリカ社会に提示したアウトローバイカーというライフスタイルが、とりわけ市民生活者たちを驚愕させた理由のひとつは、エンジェルたちの基本的な行動基準が、我々人類が文明を手にして以来育んできた、至極御もっともな社会関係維持のための因果応報の根本原則、目には目を――という、フィフティー／フィフティーの互角な暴力的コミュニケーションの原則を一切無視した、全く斬新な彼ら独自の暴力バランスの感覚のうえに成り立っていたからである。

ヘルズエンジェルズに名を連ねている人間たちは、そもそも生ぬるい連中ではない。エンジェルたちは生まれつきトゥーマッチ――過剰であることを最大の美徳として、過酷な無法者の世界を生き抜いてきた、生粋のアウトサイダーだ。

そのうえで、彼らは仲間内でさらなる過剰さを競い合い、生命の瞬間瞬間をフルスロットルで刹那的に突っ走ることを人生最大の美徳として生きている。となれば、市民社会との衝突、警察沙汰が避けられないのは当然のことであろう。

そうしたヘルズエンジェルズの過剰な暴力的報復スピリッツは、取り締まりにあたる警察サイドにとって、非常に厄介で危険なものであった。が、しかし、身に受けた無礼や侮辱に対し、相手が誰であろうとも、完膚なきまでに相手を

ぶちのめし、完全に屈服させるというヘルズエンジェルズ一流のスタイルは、それゆえ、大衆の心をカルト的にかき立て、魅了していったのだ。

「きっかけをつくったのは俺たちじゃない。いちゃもんをつけて先に喧嘩をふっかけてきたのは連中の方だ」——血生臭い暴力沙汰のあと、エンジェルたちがしばしば口にする聞き慣れた言い訳を、私、ハンター・S・トンプソンが冷静にジャッジするに、まあ確かに、ほとんどの場合、確かに彼らの言う通りなのである。いかにエンジェルたちの報復が過剰で、度を超して苛烈で、釈明不能なほど無慈悲な暴力であったとしても、彼らの言葉に本質的な嘘は含まれていない。ただひとつ、非常に難しい問題が内包されていることを除いて。

エンジェルたちの激怒のプラグを点火させる、直接的な怒りのスイッチは何なのか？　誰にも予想することができないのだ。

エンジェルたちがどうした理由で、突然狂ったように怒りだし、暴れ始めるか？　ここで私が、その発端となる要因を一般論として断定的に語るのは、あまりに無謀で危険が過ぎよう。というのも、ヘルズエンジェルズのメンバーが怒りを爆発させる原因は、メンバー各人によって大きく異なり、正直、仲間同士ですらよくわかっていないのである。

誰が、いつ、どういうタイミングで突如暴れだし、牙を剥いて何に対して襲いかかるのか——。それはエンジェルズメンバー間ですら予想不可能な、目には見えない恐怖の導火線であり、さらに言うなら、ヘルズエンジェルズという組織の中には、メンバー各人が内包している目には見えない危険な導火線が、縦横斜めに張り巡らされ、そしてひとたび1本の導火線に火がつけば、瞬く間に他の導火線へと燃え移り、共振しながら激しい一斉大爆発を引き起こす。

そんな彼らが、過去の経験に基づいて唯一例外なく守っている実にシンプルなコミュニケーション原則が——〝常に仲間は正しい〟ということだ。

具体的に説明すると、どんな些細なことであれ、たった1人のヘルズエンジェルズのメンバーに対して、部外者が

「あんた間違っているよ」と正面からの指摘を行うことは、すなわちそれ自体が、ヘルズエンジェルズというアウトローバイカー・クラブ全体に対する、正面からの挑戦と全く同議であるという事実である。

言わせてもらおう。新聞などで、エンジェルたちの行動心理を事あるごとに分析・解説している精神科医や、フロイト学派の去勢主義者たちが唱えている御高説など、まったくもって馬鹿馬鹿しい、意味をなさない戯言である。精神科医が解説するまでもなく、確かに彼らヘルズエンジェルズは、猛り狂う発情した猪の群れのようにタフで、意地汚く、一分の隙もない危険なアウトローバイカー独特のオーラを、常に総身の毛穴という毛穴から放出している。

しかしいざ実際の暴力沙汰が始まれば、心理学者たちが言う「(メンバーたちの)レザー製品に対するフェティシズム的欲求……」だの「社会に適応できない自我を維持するために必要な感情の爆発……」だのといった行動の分析解説なぞ、瞬時にして悲しいほどに意味をなさない、単なるお勉強家の能書きに成り下がってしまうのだ。

もしどこかの酒場で、市民社会に生きるあなたとヘルズエンジェルズの誰かが――いや、他のクラブに所属するアウトローバイカーでも同じことだ――口論を始めてしまったら、行動分析はさておき、最初のビール瓶が砕け散る前に……誰でもいいから腕っ節の強い助っ人をできるだけ多く電話で呼び出すとか、あるいは逃げだすとか、実際的な行動でしか自分の身を助ける方法はないのである。

ヘルズエンジェルズと暴力沙汰を起こして無傷で済むなんて絶対にありえない。喧嘩もスポーツマン精神で正々堂々と……などという、市民社会における理想的な暴力解決の理念は、老いぼれのリベラリストか、あるいは世間知らずのアマチャンのガキの戯言に過ぎない。アウトローバイカーの現実世界では、そんな言葉にこれっぽっちの意味もない。

エンジェルズに襲撃され、餌食となった被害者の多くは、だいたいが西部劇の見過ぎで、虚構と現実の区別がつかなくなった、ヒーロー気取りのお気楽な市民社会の皆々様方である。いわゆる、ジョン・ウェイン・コンプレックス(正義漢症候群)に取り憑かれているそうした方々は、エンジェルたちの傍若無人な振る舞いが目に入ると、自分たちの暮らす市民社会の秩序を維持している正義の価値観が著しく侮辱されたと受け取り、途端に脳内で、理想のジョン・ウェイン像が妄想的に大きくスウィングオーバーしてしまう。

もちろん一般市民の皆様方が、生活の折々で立ち入る図書館や博物館、公共の施設などで正義漢として振る舞うことは、まったくもって危険ではない。それこそが平均的なアメリカ市民社会のモラルの標準というものであろう。しかし繰り返しになるが、アウトローバイカーたちが集う酒場やバーで、ジョン・ウェイン流の正義感を丸出しにするなんて行為は、取り返しのつかない愚行なのだ。すべての市民、識者は、自らの身を守るために、あらかじめ歴然たる事実として、そのことを知っておくべきである。

サンフランシスコの警官に忠告されたことがある。「いいか、ヘルズエンジェルズの連中は、理由なんか何でもいい、相手なんか誰でもいい、殴り合う相手を四六時中捜しているんだ。だからな、もしどこかで連中と顔を合わせたら、とにかく即座にオール・オア・ナッシング、つまりゼロか100かで自分の態度を決めないといけない。かかわり合いを持ちたくなかったら、何をされても絶対に逆らうな。ガールフレンドにチョッカイ出されても言い返しちゃダメだ。1人のエンジェルと揉めれば、すぐに4、5人……いや、もっとたくさんのエンジェルがやって来て、サンドバッグ同様殴り倒されるのがオチなんだ。普通の市民たちは、そういう現実をもっと謙虚に理解しなくちゃいけない」

フリスコ支部のあるメンバーもまた、まことにわかりやすい言葉で自分たちの行動原理を解説してくれた。「ほら、何とかっていう、有名な一節があるだろう? 〝みんなは1人のために、1人はみんなのために……〟とかさ。俺たちのモットーもあれに似ている。俺たちのは〝1人の敵はみんなの敵、みんなで1人をやっつけろ!〟。いいか、1人のエンジェルに誰かが突っかかれば、即座に25人の仲間が一斉にそいつに襲いかかる、つまり、誰か1人に文句をつければ、即座にメンバー全員で相手を完璧にのしちまう。それがエンジェルズ流なのよ、BabeeEEEわかる⁉」

ヘルズエンジェルズの正式メンバーたちは、全員がこの「みんなで1人を、1人でみんなを」の復讐原則を忠実に遵守しており、会則にもそれが明文化されている。

【ヘルズエンジェルズ会則 第10条】
エンジェルが非エンジェルを殴打した場合、他のエンジェルも加勢すること。

ヘルズエンジェルズのメンバーが、自分たちの誇りである紋章、カラーを侮辱した人間と殴り合いの喧嘩沙汰を始めることは日常茶飯事だ。しかしそれがいつ、鎮圧のために大規模な警官隊が必要とされるような本格的な大騒動へ発展するかは、誰にも予想できない。

エンジェルたちの暴力感覚を知る一例として、現役ヘルズエンジェルズメンバーと、すでにエンジェルズを脱退している元メンバー、フィルのあいだで起きたある騒動について、部分的に不明瞭とはいえ、現状を認識するに有効な示唆に富んだ報告があるので紹介したい。

オークランド支部に所属するヘルズエンジェルズ現役メンバー6人と、泥酔した元メンバーのフィルが、理由は不明だが街道沿いのドライブイン・バーで激しい罵り合いを繰りひろげていた。口論はしだいに激しさを増し、とうとう最後には、オークランド・エンジェルの6人がフィルに対して最終通告を与えることとなった。

「今すぐここから立ち去れ。さもなきゃ殺すぞ!」

となればしかたない。エンジェルズに所属した経験のあるフィルは、〝みんなで1人を――〟のエンジェルズ会則を知っているので、大人しく1人店の外に出た。そして停めてあった愛車、イギリス製の高級車ジャガーXKEに乗り込むと、50ヤード(46メートル)ほどバックして停車させ、そこで、これから始まるショーのリハーサルのように何度かアクセルを深く踏み込み、エンジンの回転数を目いっぱいまで噴かしあげた。そして次の瞬間、フィルは、食らえーっ!!

バーの前に並んでいた現役エンジェルたちのハーレーダビッドソンに、まるでブルドーザーで一斉撤去でもするように全速力で突っ込んでいった。途中、慌てて店を飛び出してバイクを引き出そうとしたエンジェルズの1人が、激突に巻き込まれ脚を骨折。この時の出来事は『リンチ報告書』に次のように記載されている。

1961年11月4日、ロデオ・ドライブを走行していたサンフランシスコの一般市民が、おそらく酒に酔っていたのだろう、街道沿いの酒場に並んで駐車していたエンジェルズのハーレーに猛スピードで突っ込んだ。車は慌てて現場からの逃走を図ったが、エンジェルズの一団が見逃すはずはない。即座に追跡が開始された。エンジェルたちは車を停止させるや否や、運転席からドライバーを引きずり降ろし、車をめちゃくちゃに破壊しつくした。事件を目撃したバーテンダーは、「私は何も見ていない」と証言を拒否した。しかしウェイトレスの1人が全容を事細かく警察に説明した。しかし早くも翌日、捜査に協力したウェイトレスだけでなく、証言を拒否している他のウェイトレスにまで、「法廷の証言台に立てば殺すぞ」とヘルズエンジェルズが脅しをかけたとの情報を警察は摑んでいる。ある男性の目撃者は警察官の事情聴取に対し、「車を襲撃した犯人たちは、バレーオ・エンジェルズの支部長とバレーオ・ロードラッツ（ヘルズエンジェルズに吸収された）に所属するアウトローバイカーを含む5人だ」と明確に特定した。しかし「エンジェルズの仕返しが怖いから法廷で証言するのは拒否します」と警察官たちに明言した。

オートバイが自動車に衝突されるような平凡な交通事故は、合衆国各地で連日連夜、日常的に起きているわけだが、ヘルズエンジェルズのようなアウトローバイカーの手にかかると、取るに足らない些細な交通事故が、突然、狂気の様相を呈し始める。

通常、交通事故が起きた場合、当事者同士は、まずは双方が加入している自動車保険についての情報を交換するなどして、円満な解決に向けての話し合いを平和的に開始する。か……最悪でも、せいぜいその場で罵り合って、まあ2、3発殴り合えば事が済んでしまうのだが――エンジェルたちは寄ってたかってフィルのことを硬いエンジニアブーツで蹴り上げてから、ジャガーをめちゃくちゃに破壊してしまった。

警察が発表するエンジェルズ関連の交通事故調書の記述に、偽りの誇張表現があるのか？　私はメンバーの1人に直接尋ねたことがある。

答えは即座に、ノーであった。

自動車事故の相手に対してエンジェルたちが行っていると言われていることは、誇張でも何でもない。ヘッドライトを粉々に砕き、ドアに蹴りをくれ、ウィンドウを破壊し、力任せにボンネットをこじ開け、エンジンから様々なパーツを引きちぎる――。エンジェルたちは自動車と接触事故を起こすたびに、ごく自然に、いつも通りのことをしてしまうのである。

ヘルズエンジェルズ独自の報復様式がどのようなものであるかを示唆的に語っているもうひとつの事例を紹介しよう。

1964年9月、モントレー・レイプ事件の直後に起きた、とある出来事である。その日、エンジェルたちにとって面白くない出来事があり、メンバーたちはいつもと同じように徹底的な報復を行う予定を立てた。が、非常に稀なことだが、報復は中途半端に終了してしまうのである。そのため、事件を伝える警察の調書は、珍しくヒステリックな調子に陥らず、平常心を保った制御された文体でまとめられている。

1964年9月19日――。ヘルズエンジェルズとサタンズスレイヴズからなるアウトローバイカーの集団が、ロサンゼルス郡サウスゲートの街道沿いにある1軒の酒場に大挙して襲来するという事件が起きた。原因は、し

ばらく前、双方のグループからの計3人のメンバーが、店からの出入り禁止を食らったことにある。それに対する報復のため、バイカーたちは店を破壊する目的で大集結したのであった。しかしエンジェルズとスレイヴズのバイクがバーの前の駐車場に集まり始めた時点で店のオーナーは危険を察知し、すぐさま室内の明かりを全部消し、扉という扉に鍵をかけて奥に立てこもってしまった。オーナーの態度に怒りを倍加させたエンジェルたちは仕方なく、敷地を囲むセメント製のブロック塀を跡形もなく破壊しつくした。警察が到着した時、塀の破壊を完膚なきまでに終えた両クラブのメンバーたちは、歩道や道路に寝転びビールを飲むなどしてくつろいでいたのだが、警官隊から立ち退きを命じられると、「今度は店をぶっ潰してやるからな！」と捨て台詞を残しながら、しぶしぶ去っていった。

以上、紹介したいくつかの事例は、ヘルズエンジェルズの報復の実態を紹介するうえでは、総じて至って穏やかな部類である。

最後の、バーを襲撃した一例などは、エンジェルズがコンクリート塀さえ破壊していなければ、むしろ法と秩序を守る取締御当局が好む、型通りの〝取締当局勝利の記録〟とすら言ってもよい。しかしここで読者に理解してほしいのは、警察が残した調書に、いずれも確かにヘルズエンジェルズの完全報復主義を理解するうえで重要となるポイントが含まれている、ということなのだ。

バーテンから「お前は出入り禁止だ」と言われて、その瞬間に相手の顔にパンチを一発お見舞いすることを、ヘルズエンジェルズでは報復とは呼ばない。店のすべてを破壊しつくして、ようやく報復が完了したとみなされる。そこに一切の妥協は存在しない。

説教めいた態度をとる思い上がった人間がいたら、全員で顔がペチャンコになるまで蹴り上げてやれ！　仲間を馬鹿にして鼻であしらう女がいたら、全員でレイプしてやれ！　それこそが、ヘルズエンジェルズがあちこちで引き起こしている——とされる、仮にそれが都市伝説だとしても——様々な物騒な報復騒動の裏に隠された、エンジェルたちの基本的な行動原則なのである。

全米各地の新聞社や雑誌社、またラジオ番組には、毎日のように〝暴れているエンジェルズを見た〟〝エンジェルズにこういう目に遭わされた〟〝こんな復讐をされた〟という、読者からの都市伝説めいた投稿が山のように送られてくる。全米104の地方警察署に記録されている実際の証言を総合すると、ヘルズエンジェルズが彼ら独自の報復の掟を適用している攻撃対象は、自分たちと同じ社会階層——プアホワイト（白人貧困層）、レッドネック（同）、あるいはその周辺部に暮らす下層階級の人間に対してだけ、という歴然たる社会事実が見えてくる。

繰り返す。ヘルズエンジェルズが、報復の掟という恐怖の法則を適用し、恐怖と暴力的威圧で縛りつけている対象は、ほとんどが社会的下層階級に暮らす貧しい人間たちなのだ。もちろんエンジェルたちが信奉している報復の掟の存在を知れば、ホワイトカラーや、オフィス街に暮らすボタンダウンの中流以上の市民たちも、エンジェルズへの警戒感をさらに高めるのだろう。しかし報復の掟が対象とするのは、実際的には限られた世界に対してである。『リンチ報告書』は結論部分で、そのことを特記している。

ヘルズエンジェルズは組織への忠誠心という、いわゆる〝ギャングの掟〟を乱用しており、事件の目撃者を脅迫するだけでなく、証言者への報復もしばしば行っている。目撃者や犠牲者が女性の場合、エンジェルズの女性仲間も積極的に証言の妨害工作に加担する。目撃者の証言拒否問題は、ほとんどの場合、犠牲者あるいは目撃者が、エンジェルズのメンバーたちと同じ社会階級で暮らしているという点に起因する。ヘルズエンジェルズによる集団レイプや強制猥褻の被害者あるいは目撃者は大抵、エンジェルたちと同じ低所得階層の社交社会——サルーン（酒場）社会で生活している。低所得者のサルーン社会において、ヘルズエンジェルズは暴力を背景とした絶対的な権力を維持しており、被害者や目撃者が盾突くことなどできるはずもなく、証言拒否問題の唯一有効な解決手段は以上の事実を正確に認識し、裁判前後の長期にわたって証言者を保護する特別なプログラムを一刻も早く発動させることである。

報告書は1日も早い証人保護プログラム（証人の身の安全を守るために講じられる特別な措置）の発動を訴えているが、しかし仮に発動されたとしても、それを鵜呑みに法廷の証言台に立とうとするサルーン社会の住民は、まずいまい。

警察が証人を保護するよりずっと長い期間、ヘルズエンジェルズとその仲間たちは、証言者に対する復讐の掟を適用し続ける。誰にだってわかることだ、考えてみてほしい。警察官という種族は、陪審員が評決に達して5分もすれば、検察側証人の身の安全など、即座に二の次になる連中ではないか。警察を信じてエンジェルズに不利な証言をしたバーテンダーは、その日から、遠からず響き来るであろう大型2気筒エンジンの轟きや、扉に向かって大股で近づいてくるエンジニアブーツの足音に怯えて暮らすことになる。

ヘルズエンジェルズのメンバーたちは、報復すべき相手をあちこち捜し、追いまわすようなことはしない。彼らは習慣的に、気が向けば、あるいは喉が渇けば、適当な街道沿いのバーで適宜ビールを一杯ひっかけるというライフスタイルをとっているので、ほとんどいつも、州内いずれの酒場にも誰かしらメンバーがいて、そうした情報網がいざという時にものを言う。

例えばエンジェルの1人が、捜していた誰かをどこかの街道沿いのバーで発見したとしよう。情報は、即座にネットワークを駆けめぐる。ほどなく2、3人のエンジェルが集まりバーは打ち壊され、証言者は病院送りにされる。すべてが完了するまで5分とかからないだろう。

もちろん報復を成し遂げたことによって、傷害罪で逮捕されることもある。しかし仮に逮捕されたとしても、報復をしたという事実は残る。それがヘルズエンジェルズ流の考え方なのである。

酔いどれ客を追い払ういつもの調子で、エンジェルズの誰かに対して運悪く、出入り禁止を宣言してしまった酒場のオーナーは、ある日突然、自分の店が特別な存在になっていることに真の恐怖を思い知る――「……と、とうとう俺は、あの連中にマークされてしまった。ヘルズエンジェルズとサタンズスレイヴズがこの世に存在する限り、いつか連中は必ず大挙して店に押しかけ、俺に報復しにやって来る」

ヘルズエンジェルズの社会的立場は時代によって流動しているが、その基本的なアウトローバイカーとしてのスピリットは、創設メンバーがクラブを名乗り始めた1950年当時と現在とで、何ら変わるところがない。ホリスター暴動のきっかけをつくったブーズファイターズの強い影響のもとに、バイカー・クラブとしてのルーツを持つ彼らは、今もってなお、灼熱に燃える巨大なエンジンでアスファルトを疾駆する危険なアウトローのままなのだ。

しかしもう少し深く現実に目をやると、実はカリフォルニア州を走っているほとんどのアウトローバイカーは、特定の集団に属さない、漂泊のフリーランスバイカーという立場なのである。

フリーランサーのアウトローバイカーもまた、ヘルズエンジェルズと同じく、こうして話題になるずっと以前から何年にもわたってカリフォルニアの荒れ果てた砂漠の大地を、誰にその存在を知られるまでもなく、ただひたすら走り生きてきた生粋のバイカー種族である。インディペンデントなアウトローバイカーは、しばしば背中に〝*No Club*（所属なし）〟あるいは〝*Lone Wolf*（一匹狼）〟、または単に〝*Fuck You*（クソ食らえ！）〟という文字を刺繍、もしくはペイントしているが、その文字がなければ、彼らとヘルズエンジェルズを見分けることは事実上不可能である。

カリフォルニア州では、少なくとも500人から1000人のバイカーが、ヘルズエンジェルズ以外のアウトローバイカー・クラブに所属している。ジプシージョーカーズ。ナイトライダーズ。コマンチェロ。プレジデンツ。サタンズスレイヴズ。いずれも報告書で「その他の」と分類されたクラブだが、そうした彼らが生きる世界の頂上に、約150人が正式メンバーとして名を連ねる(1966年現在)、正式名ヘルズエンジェルズ・モーターサイクルクラブが君臨しているわけだ。

ヘルズエンジェルズと、他のアウトローバイカー・クラブの特筆すべき大きな差異は、エンジェルズのメンバーが飛び抜けて〝過剰〟だという一語につきるだろう。

他のクラブのバイカーたちが、生活を維持するため、アウトローとしてバイクに乗る時間をほとんど終末だけに限定せざるをえない、いわばパートタイムのアウトローバイカーであるのに対し、エンジェルズの面々だけは、1年365日、1週間に7日間、1日24時間休みなく、ヘルズエンジェルズのメンバーであることを、自己演出もたっぷりに演じ続ける。

実際、ヘルズエンジェルズのメンバーたちは、自宅でも、路上を歩く時も、時には就労中であっても、自分がヘルズエンジェルズの一員であることを示すカラーを身につけている。そして近所の食料品店に1クォートの牛乳を買いに行く時ですら、ハーレーの爆音を近隣一帯に遠慮なく響かせて自己を主張する。メンバーの多くは、カラーをつけていない自分の装いに対し、無防備な不安を感じているようだ——まるで鎧のない騎士のような。

サクラメントのとある警官が、身長5・5フィート(168センチ)、体重135ポンド(61キロ)のヘルズエンジェルズメンバーにこう質問した。

「ヘルズエンジェルズって、何がそんなに魅力なんだ?」

背の小さなエンジェルは即座にこう答えた。

「カラーをつけているあいだは、誰も俺をからかったりしないからさ」

意外に感じる読者も多いと思うが、アウトローバイカーの世界と市民社会のバイカーを隔てる壁は、あっけないほど脆く低いものでもある。

世間から好意を持って認められてきた多くの生真面目な市民派バイカー・クラブが、たった一度のちょっとしたトラブルがきっかけで、一夜にして正規のクラブ資格を剝奪されてしまうことは、実はよくある話なのだ。派手な殴り合いにも発展しないような、どうということのない小さな揉め事が警察の報告書に記載され、それが新聞記事の5、6行にでもなれば……たったそれだけのことで、それまで市民派で通ってきたクラブに対して、突然、アウトローの烙印が押されることとなる。

その烙印は多くの場合、クラブの解散に直結する。当然ながら、クラブに所属していた良識派のバイカーたちは心傷つき、世間の理不尽さに悲憤の感情を抱くことになる。しかし一度問題を起こしたバイカーは、良識派と認知されている市民派のバイカー・クラブに入会することが二度とできない。というわけで、些細な騒動を起こしてクラブ解散に追い込まれたバイカーたちは、致し方なく、業界用語で言うところのインディペンデントにならざるをえないわけである。〝インディペンデントバイカー〟――しかしこの言葉の意味も、また正確ではない。

というのも、要するにインディペンデントを自称せざるをえないバイカーは、結局のところ、すでにしてアウトローバイカーという種族の一員であって、所属するクラブこそないものの、遅かれ早かれ、また誰か一緒に走る仲間とめぐり合うことになるのである。

交通法規や刑法を遵守する市民向けの健全なバイカー・クラブ＝米国オートバイ協会（AMA）所属の市民バイカーであろうと、その対極にあるヘルズエンジェルズのようなアウトローバイカーであろうと、オートバイに跨る者たちの、ともに走りたいという連帯意識は、世間で思われているよりずっと強固なものだ。

真面目なバイカー＝ＡＭＡ／アウトローバイカー＝ヘルズエンジェルズ——面白いのは、この両極に中間がないということではなかろうか。

そもそも、ＡＭＡに入会するような品行方正を目指す良識派のバイカーの方々は、生来が生真面目な性分だから、会員資格取り消し処分という社会的制裁を、軽い気持ちで受け流すことができない。したがって何らかの理由によってＡＭＡを除名され、致し方なくヘルズエンジェルズに入会したようなバイカーは、あたかも自分が共産主義者、あるいはカソリックのレッテルを貼られたような、疎外された暗い気分を漠然と背負っている。

ヘルズエンジェルズのメンバーのほとんどは無秩序を好み、暴力を愛し、物事に対する客観的で公平な視点などまるでもちあわせていない。しかし意外に思われるかもしれないが、ヘルズエンジェルのメンバーたちは知性を重んじており、各支部のリーダーには、驚くほど頭のきれる聡明な人物が多数就任している。ヘルズエンジェルズの支部長という地位に決まった任期があるわけではないが、例えばオークランド支部のラルフ・ソニー・バージャーのような強靱な男なら、刑務所に入れられて殺されるか、自分からカラーを外して引退するか、その日まで誰からも地位を脅かされることはないだろう。

ヘルズエンジェルズのメンバーたちがリーダーを選ぶうえで最も尊重しているのは、その人間が心身の内側に溜め、そして放出している一個の人間としてのパワー——つまり、他の人物の追従を許さない、圧倒的にワイルドな人物独特のオーラである。

たとえそのイメージが自己演出によってつくり出されたフィクショナルなものだとしても、エンジェルたちは一個人が放つパワーを何よりも重んじる。エンジェルたちが何をパワーとしてイメージするかは、すでにもうおわかりだろう。エンジェルたちが崇拝する大型２気筒エンジンを搭載したハレーダビッドソンは、地平線の彼方の危険に満ちた荒涼たる別世界へ、バイカーたちを望むまま連れ去り、たとえそこが地上の果ての永遠の地獄であろうとも、どこまでも、

どこまでも、永久に駆け続けることができる、真にアナーキーな可能性を内燃機関の実力に公然と秘めている。ハーレーダビッドソンのモンスターマシーンに深く身を沈め、アクセルを全開に噴かし、猛然と地獄を目指してアスファルトを駆け抜けるエンジェルたちの生きる目標はただひとつ——誰もが認める美学を持った、真のヘルズエンジェルズになること。

そのためにヘルズエンジェルズのメンバーは、グループの方針に従属することを常に意識すると同時に、自分自身にもまた、エンジェルらしいエンジェルになることを厳密に課し、日常的に厳しく自身を磨きあげている。

繰り返すが、ヘルズエンジェルズのメンバー全員が、仲間たちの羨望と尊敬の眼差しを一身に集める、エンジェルの中のエンジェルになることを、人生最大の目標に定めているのだ。メンバーたちが強く抱いている、ヘルズエンジェルズ・モータサイクルクラブへの盲目的な、ある種の信仰にも似た狂信的隷属意識を〝集団への帰属感〟とわかりやすく言い換えてもよい。

ヘルズエンジェルズのメンバーたちは、互いの存在を強く意識しながら、相互に依存し合うことで、グループ的な帰属環境が高まることを絶えず求め合っている。互いが互いを惹きつけることで組織の結束をより強固なものにし、自分たちの所属する集団の神秘性を高め合っていると言えるだろう。そうした心理は時にエンジェルたちに、その表／裏として、インディペンデントのバイカーを見下す、という傾向をもたらしてもいる。曰く——「……市民バイカー・クラブの肩書を奪われたまま、惨めなバイカー生活を送っているインディペンデントの連中は、入れてくれるクラブがあるなら、どこにだって入りたいという腰抜け連中だからな……」

１人の元エンジェルは私に言った。「インディペンデントで走っていると、どういうわけだか、どこかグループに入らないとって気持ちが自然とわき上がってくるもんなのさ。クラブに所属していないバイカーはどこへ行っても仲間外れだろ。インディペンデントのアウトローバイカーは酒場ですら、どこか半端な奴、つまりクズだって思われている」

この涙ぐましいまでの相互依存的連帯意識が、ヘルズエンジェルズというアウトローバイカー・クラブをある種の伝説的で神秘的な存在にまで昇華させている隠された要因である。

市民社会から追放されたバイカーたちが、流浪の果てにヘルズエンジェルズというアウトローバイカー集団に参集し、そこで自分たちのアウトローバイカーとしてのアイデンティティを徹底的に高め、磨き、追求し、確認し、認め合い……。狂信的なまでに集団帰属意識を高め、そしてメンバー全員が一様に感じている、社会から追放されたという負の共通意識を、権力者、あるいは市民社会の偽善者、あるいは敵対するバイカー集団や武装した警官隊などに対して、唯一信じるに値する自分たちの力《パワー》を武器に炸裂させる——それが、彼ら個人と組織間に存在する帰属関係の正体なのだ。

切実かつ現実的な話である。

〝みんなで1人を、1人でみんなを!!〟——裏を返せば、どこかでエンジェルの1人が殴り飛ばされたと聞くと、ヘルズエンジェルズのメンバーに名を連ねる者は、まるで自分が誰かに脅迫されたような切迫した気分を味わっているのだ。ヘルズエンジェルズのメンバーたちはまた、自分たちのつくりあげたセルフイメージに縛られきった盲信者でもあるので、1人でいる時にカラーをからかわれると、ヘルズエンジェルズ全体に対して戦いを挑まれたのだと直感的に決めつけ、愚直に身構え、過剰な応戦を挑んでしまうことも珍しくない。

招かれる者は多いが、選ばれる者は少ない　——マタイ福音書（22章14節）

『リンチ報告書』がマスメディアに公開されて以来、突如全米から殺到し始めた全米バイカーたちからの入会申し込みを、ヘルズエンジェルズはことごとく断ってきた。

その時の状況を、あるメンバーは次のように表現している――「あん時は、まるでイナゴが異常発生したみたいだったぜ」

実際、マスメディアで初めてヘルズエンジェルズの存在を知り、入会を申し込んできたバイカーのほとんどが単に所属先を欲しがっているだけの平凡なインディペンデントだった。しかし特例もあって、例えばヘイワード地区を縄張りにしていたクエスチョンマークスなどは、メンバー全員が同時に入会希望を申し出て、そのままヘルズエンジェルズ・ヘイワード支部に名を変えてしまった。

入会を希望する手紙は、インディアナ、ペンシルベニア、ニューヨーク、ミシガン、さらにはケベックのような遠方からもひっきりなしに届いた。

それだけではない。すでに活動している東部のあるクラブが、そっくりのカラーを刺繍したジャケットをつくり、勝手にヘルズエンジェルズを名乗り始めるなどという珍騒動も起きている。(註1)

断っておくが、1966年当時、ヘルズエンジェルズの正式な支部はカリフォルニア州内にしか存在していない。他の州に現れたエンジェルズを名乗る集団は、すべて偽物である。

しかし扱われ方がどうであれ……望むと望まざるにかかわらず……メディアによって知名度が上がれば上がるほど……ヘルズエンジェルズを名乗る偽クラブは、様々な形で全米的に増殖し続け、ヘルズエンジェルズはそれに対抗する

(註1) デトロイト・レネゲイズというクラブは、自分たちのアイデンティティを求めて、ヘルズエンジェルズを名乗ることに決めた。1966年1月、警察が表向きは店になっている彼らのアジトを襲撃し、18挺のピストルを取り上げた時には、彼らのうち44人が逮捕された。この襲撃はレネゲイズの存在がその地区に恐ろしげな雰囲気を醸し出しているという近隣住民の不満に促されたものだ。「奴らは晴天の霹靂のようにやって来たんだ」と、ある住民は言った。「奴らはあそこで飲んでいた。で、あんまり飲むんでこの辺の女たちがブルっちゃったんだ」。警察はアウトローのほとんどが工場労働者かガソリンスタンドの従業員で、年齢は18から33までの幅があると言った。レネゲイズの制服は大変エレガントなのだが(黒のレザージャケットにサテンのシャツ)、近隣の1人は彼らのことを「薄汚い格好の奴ら」だと言った。1966年の後半に、ヘルズエンジェルズの非公式の支部がデトロイトに出現した。何度か逮捕されて有名になったのち、リーダーたちはバージャーに国内の支部として認可してくれるように嘆願した――この件は、この本の出版される1966年秋現在、検討中である。

何らかの戦略をとらざるをえなくなった。

当然ながら、アウトローバイカーのクラブ名やトレードマークを保護する著作権法など、この世に存在しない（当時）。また、仮に連邦法がエンジェルズの著作権を法的に認めたとしても、ヘルズエンジェルズはそんな法律に露ほども頼らないであろう。

そこで彼らは、大切にしているヘルズエンジェルズというアウトローバイカー・クラブのイメージを自分たちの手でコントロールしていくために〝厳選しながら拡大する〟という戦略をとることにした。ソニー・バージャーは、支部設立を申し込んできたアウトローバイカー・クラブの中から特に規模が大きく凶暴そうな組織を厳選し、ヘルズエンジェルズを名乗る栄光を与える代わりに認可の条件を突きつけたのだ――「同じエリアで、勝手にヘルズエンジェルズを名乗っている連中を発見したら、即座に襲撃して殲滅すること」

認可は順次与えられ、カリフォルニア州1州を中心に活動していたヘルズエンジェルズは、しばらくのち、東海岸でもカラーを走らせることと相成った。（註2）

が、しかし、クラブ名やトレードマークのデザインの使用許可を出すことはできても、カリフォルニア州を走るバイカーたちのライフスタイルは、そう簡単に東部に移植できるものではない。そもそもオートバイという乗り物は、燦燦と陽光降り注ぐ、温暖で気候が穏やかな、雨の少ないカリフォルニアのような土地だからこそのマシーンであって、冬になると氷点下の寒さが連日続いて路面が凍結し、あるいは年間を通して雨や雪が多い土地柄には本質的に向いていないものである。

ニューヨーク、シカゴ、ボストンの支部メンバーたちは、1年のうちほんの数カ月間だけ、一応はヘルズエンジェルズ・スタイルと呼べなくもない感じでバイクを走らせることができる。しかしカリフォルニアでなら、一年中自由に道なき道をバイクで走ることがたやすくできる。

バイクと気候の関係はマーケットにも見事に反映されている。

1964年、ニューヨークで2万3000台のバイクが登録されていた時点で、カリフォルニアでは、その10倍に上る20万3420台ものバイクが、すでに登録されていた。

州面積の差を考慮しても大きな差である。ちなみに61年のニューヨークの登録台数はたったの1万台だ。(註3)

社会学者たちは上記のような統計数字とAMAお得意の1%*er*というギミックを用い、「近い将来、1970年までに、ニューヨークだけで500名の(潜在的な)ヘルズエンジェルズが誕生するだろう」結論づけているのだが……。

500!! しかもニューヨークだけで! おいおい! である。500名という数字は、1965年時における、全米のヘルズエンジェルズ会員数の約5倍の数にあたる。なんという誇張! そもそもその計算式で推測してゆけば、1970年までにヘルズエジェルズは全米各州に増殖し、そのすべての支部が個別の広報担当を持たねばならなくなるほどに肥大する……という、ありえない推測が導き出されてしまうのだ。明らかなブラックジョークである。

2輪車業界団体は、「1965年の時点で、アメリカには約150万台のオートバイが登録されており、未登録のバイクの存在を含めると、実際に公道を走っている総数は、その4・1倍である」と結論づけている。

しかし、ち、ちょっと待ってほしい! 登録バイク1台につき、それを乗りまわす4人のバイカーが存在する? あまりにも非現実的な数字ではないだろうか。せいぜい多く見積もって1・5倍がいいところだろう。業界団体の眉唾統計をそっくり信じれば、カリフォルニア州だけで100万名以上、全米には600万名を超えるバイカーがアメリカ全土を縦横無尽に駆けまわっていることになる。常識的に考えられない数字だ。しかし問題は統計数字だけではない。

(註2) 1966年8月、ヘルズエンジェルズは髑髏の上に〝ヘルズエンジェルズ〟、下に〝カリフォルニア〟と配したカラーを公式のものとし、1967年までに東部や中西部の新しい支部の活動開始も予定された。それら新支部は由緒正しい公式カラーをつけることを許されたが、髑髏の下に自分たちの州の名を入れるよう命じられた。

(註3) ペンシルベニア州では1964年(3万5196台)から65年(7万2055台)にかけて、バイクの登録台数が倍以上になった。他のバイクが盛んな州としてフロリダ州とイリノイ州が挙げられ、アウトローバイカーも含めると、どちらも65年に5万台を超す。

2輪業界団体が、あらゆる種類の2輪車を〝オートバイ〟というひとつの言葉で括ってしまったために、大多数の合衆国市民たちは〝オートバイ〟という単語から、ヘルズエンジェルズが愛用している〝大型バイク〟を短絡的に連想するようになってしまった。

しかしオートバイ市場の急激な拡がりを支えているのは大型バイクではなく、小さなエンジンを搭載した軽単車部門であり、我が国のオートバイ市場の売り上げの90%を占めているのは間違いなく小型バイクなのである（『サイクルワールド』誌、『ロサンゼルス・タイムズ』紙から）。

業界団体が軽単車と呼ぶ小型バイクと、改造されたチョップド・ホッグ、あるいはハーレーダビッドソン社の主力マシーン、ハーレー74は、呼び名がともにオートバイというだけで、全くの別の乗り物と言ってよかろう。メカニカルな側面だけではない。乗り物としての根本思想も、種の起源も、進化の過程も完全に異なった別種の生物――それが軽単車と大型バイクなのだ。『サイクルワールド』は、「小型バイクのほとんどは、日常的な娯楽、通学手段、また、山道や砂漠などのオフロードを走行するモータースポーツのツールとして使用されている」と記事にしている。

以上が、1966年近年の合衆国オートバイ市場の、ざっとした流れだ。あくまで合衆国オートバイ市場の主流は、小さく、排気量の少ない、コンパクトな車体の娯楽&世間体を満たすに手頃な軽単車であって、その全体に基づいてオートバイ業界は、「1967年までに合衆国全土に889万4000名のバイカーが出現する」と予測している（例の登録バイク1台あたり4・1人のバイカーがいる計算で）。

バイク業界に限らず、業界団体の出す数字は常に宣伝過剰なものではあるが、しかし昨今の2輪車ブームを考慮すれば……889万4000台という予測統計はさすがに馬鹿げているとしても、例えば1967年の600万台という数字は、あながち的外れとは言えないだろう。

とすれば、「オートバイを武器に無法を働くアウトローバイカーは、全体の1%に過ぎない」というAMAの1%*er*

理論は――なんと1年後の1967年までに6万人ものヘルズエンジェルズが全米に誕生すると主張しているわけで、すなわちそれは――アメリカ現代文明社会の終焉を意味することに他なるまい。

天国において奴隷たるよりは、地獄の支配者たる方が、どれほどよいことか！ ――ミルトン『失楽園』

純粋に金儲けの話をするのなら、1950年代中頃からの合衆国オートバイ市場は、まぎれもなく合衆国に新しく誕生した、今後の荒稼ぎが最も保障された〝新時代のゴールドラッシュ〟――新金鉱脈の発見であったのだ。その事実の前で、私はこれまで何度も同じ悪夢にうなされ、いまだに苦しめられている。私を悩まし続ける悪夢のタイトルは「1958年を思い出せ」だ。

1958年、私はなけなしの1000ドルを後生大事に抱えて、単身故郷テキサスからニューヨークへ出てきたばかりの、おのぼりさんだった。

ある10月の午後、青空の眩しい日。地下鉄を降り、私はタイムズスクエア駅から地上を歩き始めた。目に飛び込んできたのは物乞い。ジャンキーの一団。奇妙なファッションを誇らしげに身につけた倒錯者。『ルーニーチューンズ』に登場するアニメキャラクター、エルマー・ファッドのような口調で話しかけてくるエホバの証人の信者たちなど。近寄ってくる妙ちくりんな連中を避けるように陸軍リクルートセンターの脇の歩道を進んでいると、急に道が細くなる地点で、1人の若い日本人に、「ちょっとすみません」と声をかけられた。「ぼ、僕は日本のバイクメーカー、ホンダの創業者一族なんです」

思わず私は足を止めて、目の前の若い日本人を頭のてっぺんから靴の先まで、まじまじと見つめてしまった。日本人の若者は乞食と見間違うばかりのボロ着を身に纏っており、聞けば1セントも持っていないという。若者は今にも泣きだしそうな顔で、東京に帰るための航空券を買う金を貸してくれと言う。彼は必死の形相で、早口で私にこう確約した。

「ニューヨーク→東京の片道航空運賃、８９４ドルを援助して下さるのなら、今後ホンダがアメリカ大陸で展開するバイクビジネスの利益を、あなたに分配することをお約束いたします。もちろん正式な契約書を交わし、偽りのない約束を結ばせていただきます。その際の弁護士は、あなたが好きに指名して下さい。もちろん今ここで僕が喋ったことも、すべて明文化して誓約書の形にし、署名します」

そしてホンダ一族を名乗る若い日本人は、身分を保証するために日本政府発行のパスポートと、バイク製造に関するしわくちゃな企画書の束をバッグの中から引っ張り出すと、ほら本当です！　と言わんばかりに広げて見せたのである。

ふう～ん……なるほど。

私は、日本人の話をひと通り聞き終えると、まあそういうこともあるだろうと、にこやかに微笑みながら、ポケットの中から1ドル銀貨1枚と地下鉄用の乗車コインをつまみ、ポイッと地面に放り投げ、振り返りもせずそそくさとその場をあとにした。

……しかし!!　信じられるだろうか!?　なんと彼は、のちに判明するわけだが、正真正銘本物のホンダ創業者一族の御曹司だったのである。クソっ！　思い出すのもいまいましい。愚かなる私はそうとは知らず、突然目の前に現れた人生最大の幸運を、アホな思い込みで見事にふいにし、何の価値もない就職面接の会場へと、ひたすら足を進めたのであった。まったくもって――それが私の人生だ。

しかしあれから10年近くが経った現在でも、もしあなたがブーツの中に溜まった小便を便所に流せる程度の聡明なIQを持っているのなら、新しいバイクを買うために貯めたその金でホンダの株、あるいは世界各国に点在する30数社のバイクメーカーのうち、いずれかの株を買っておくべきだと、私は進言しておきたい。当然、私が推薦する銘柄には、ハーレーダビッドソン社も含まれる。

言わずもがな、依然として、現在のハーレー社の製造・管理体制やメカニカルなテクノロジーは石器時代並みの低い水準にある。しかし同社が現存するアメリカの唯一のバイク製造会社であることは間違いない事実だ（註4）。

現存するアメリカ最後のオートバイ製造会社ハーレーダビッドソン社が合衆国オートバイ市場で辿った悲惨な物語は、我が国の自由市場が経験した、最も陰鬱で救いのない負け戦さの歴史である。

第二次世界大戦が終わった1945年の時点では、アメリカで登録されていた約20万台弱のバイクの中に、輸入車は存在しないも同然だった。1950年代になっても、ハーレー社は躍進を続けていた。ほどなくして、国内ライバル社であるインディアン社が倒産。勢いに乗ったハーレーダビッドソン社の販売台数は、一気に2倍に跳ね上がり、市場における独占体制はさらに確固たるものとなった。そしてすぐに売り上げは3倍になり、ハーレー社とハーレーマシーンの将来は、天井知らずのバラ色に思われた。

そう、1950年代から60年代にかけてのあの時代、ハーレーダビッドソン社は間違いなく、アメリカバイクビジネスにおける唯一の勝利者であり、大金鉱を掘り当てた奇跡の新興企業だったのだ。しかし驚くほど早く、ハーレー社の黄金時代に陰りが見え始める。

1962年から63年にかけて、欧州や日本のバイクの輸出攻勢が開始されると、64年までに、全米のオートバイ登録台数は100万台近くまで跳ね上がることとなったが、しかし人気の売れ筋商品は、もはやハーレーダビッドソンではなく、輸入されるホンダの小型バイクであり、車両を満載した日本からの貨物船は、しばしば港湾荷受業務のキャパシティをパンクさせるほどであった。

（註4）『フォーブス』（1966年9月15日）によると、ハーレーダビッドソンの売り上げは、会計年度の1959年は1600万ドルだったが、65年に2960万ドルにまで増加した。同期間のうちに、アメリカのホンダはわずか50万ドルから7700万ドルに飛躍——そしてなお成長を続けており、66年には1億600万ドルを売り上げている。

アメリカオートバイ界のヘビー級王者ハーレーダビッドソン社は、その時期を境に輸入車の一方的な攻勢を受け、市場においてひたすら守勢にまわることとなる。

ハーレーは、イギリスのバーミンガム・スモール・アームズ社（BSA社）が輸出してくる大排気量の新型ライバルモデルに強烈なボディーブロウをかまされる一方で、太平洋を越えて際限なく小型マシーンを送り込んでくる東洋のペテン師のジャブにも悩まされた。さらにイギリスのBSA社は、別ラインで人気車種トライアンフを生産。アメリカに向けて、新たな輸出攻勢を仕掛けてきた。

そして同年、ついに合衆国政府が、自国のオートバイ産業を守るためという理由で、輸入バイクに対して強力な保護関税をかけることを決定する。これは効いた。日本やイギリスからの輸入バイクは、増税による売り出し価格の高騰というハンデを背負って苦戦を強いられ、政府の後方支援を受けた1965年のハーレー社は、登録台数を前年比50％アップというV字回復を記録する。

が、そのあいだも、ホンダとBSAは関税というハンデを背負いながらも、なおも痛烈な正面攻撃を浴びせ続け、ハーレーダビッドソン社の業績のダメージは徐々に蓄積していった。

結局、以降も海外からのバイク輸入は衰えることがなかった。事実、当時のハーレーダビッドソン社が確実にあてにできた購買層は全米でただ2つ、警察のパトロール隊とアウトローバイカーだけだった。

ほどなくして、日本企業は低価格帯の小型オートバイ部門でアメリカ市場を完全に制覇。BSAは合衆国各地に無数に点在するオートバイレース場にレース専用のスポーツマシーンを大量に送り込むようになった。

アメリカのバイクブームは1966年に入っても依然として続き、市場は活況を呈していた。しかしその頃になると、ハーレーダビッドソン社の国内シェアは10％以下にまで低下。低水準を必死で維持するのがやっと、という悲惨な状況にまで落ちぶれている。

ハーレー社は現在、〝大型2気筒エンジンを搭載したワイルドなアイアンマシーン〟という自社製品のアメリカ的思想性に固執し、また1200立方インチクラスの巨大エンジンを搭載した新機種の開発に全力を投入し続けるので、遅くとも1970年までには、これまで若干製造していた、軽・中量級のオートバイ市場での競争力をほぼ完璧に失ってしまうことになるだろう。

しかしながら、そのような現状にあっても、ハーレーダビッドソン社は、大排気量の大型バイク部門においてまだ十分な技術的な企業体力を蓄えている。その証拠に、V型2気筒の大型エンジンを搭載したハーレー社製のバイクは、1966年、アメリカ国内で開催された数多くのビッグレースにおいて、BSAやトライアンフの最新鋭マシーンとデッドヒートを繰りひろげながら、多数の優勝を飾っている。しかし……レースには勝利したものの、レースにおけるハーレー社の奮闘と好成績は、購買層となるバイクファンの心を動かすことはできなかった。

というのも、ハーレー社がスポンサーとなってアメリカ最高峰のトップライダーたちに提供したマシーンのすべては、最初から完璧にカスタムメイドされたレース用の特別仕様モデルで、市場に出まわっている一般車とは性能が明らかに異なっていた。対するBSAやトライアンフのレースマシーンは市販品をベースに改造したもので、その事実が広く知れ渡っていたため、ハーレー社のマシーンは、優れた戦績にもかかわらずファンの心を摑み損ねたのである。

今後のハーレー社は、日本やヨーロッパの輸入車との販売競合において、レジャー用、レース用、オフロード用を問わず、重量、価格、操作性、エンジンサイズなど……あらゆる方向性の、あらゆるスペックにおいて、正面から対抗できうるだけの高性能モデルのバイクを量産するための設備と開発を整える必要を、否応なく迫られるだろう。

一度は完全に合衆国市場を制覇した王者ハーレーダビッドソン社が、その絶頂からわずか十数年を待たずして、業界のシェア争いについてゆくのがやっとという悲惨な状況にまで凋落したという世界経済をめぐる歴然たる事実は、極めて示唆に富んだ、現代アメリカ製造業界への警告であり、教訓であると、私は考えている。

4輪車自動車市場において、ハーレー社が経験したような急激な売り上げ低落傾向が起きるなど誰ひとりとして想像していないし、また実際そうはならなかった（出版時1967年）。仮にもしフォード社が、第二次世界大戦末期（1940年代中頃）のアメリカに存在する唯一の国内自動車メーカーだったとして、1965年までの20年間に90％以上のシェアを失うなんてことがありえただろうか？

国策による保護関税で政府に守られている独占米国企業は、市場変動の激しい、例えばヨーヨー製造業界であっても――円形のオモチャを紐で回転させるあれ――時に大きな利益の乱高下を繰り返しながらも、マーケットにおける主導的地位を常にキープし続けなければならないという、保護貿易主義の恩恵を受ける者の宿命的使命を背負っている。

市場を独占して10年も経たないうちに、ヘルズエンジェルズと警官以外の顧客を、みんな外国の会社にとられちゃったとしたら、アメリカのヨーヨー王たる会社社長は、一体全体、その信じ難い惨状を、どう受けとめて自己認識すればいいというのか？

7 HELL'S ANGELS

繁栄した民主主義とは、勝者と敗者を二分する世界である。
壁をぶち破るための凶器を持たぬ者は（……少なくとも持っているのだという幻想を抱かない者は）
定義上、虐げられた人々なのだ。

――数々の引き金のタイプに精通し、銃口の見極めに定評のある、スポーツハンティングのカサドール（狩人／スペイン語）

あの人たちって、そうね、妖精の群れなのよ。
それもうんと残酷で残忍な。うん。事は単純よぉ。ただそれだけ。
誰だって嫌ぁーな気分になるものだわよ、あんなの見ちゃったらぁ。

――サンフランシスコのドラァグ・クイーン

サクラメントの37番通りで、家の前を通りかかる女性に、次々と卑猥な言葉を投げつけているヘルズエンジェルズがいると、近所から苦情が出た。

「ちょっとそこ行くベイビーちゃん！　おいらと一発ハメハメしてちょ～……ヘイヘイヘイそこのお嬢ちゃん！　パパのお顔をおトイレみたいにまたいでチョーだい！」

現場に駆けつけた警官は、そのあまりのくだらなさに呆れて怒鳴った。

「この馬鹿野郎、監獄にぶち込むぞ！」それから少し冷静になり、警官は言葉を継いだ。

「しかしお前、もうちょっとこう、何か他にやることがないのか？」

エンジェルはちょっと考えてからこう言った。

「他にやること……あんたを犯すぐらいかな」

——サクラメントの警察官との会話より

最近ブームとなって売り上げを伸ばしている小型バイクと、アウトローバイカーが走らせる大排気量エンジンを搭載した改造大型バイクの関係は——偽ヘルズエンジェルズ・ファンクラブTシャツと、洗いざらしのカラーをつけた筋金入りのエンジェルの関係に等しい。

「小さいバイクは楽しく、手軽で、比較的安全。一方改造ハーレーは、2つのタイヤを牙のように磨きあげた爆弾マシーン」——巷間言われるこのフレーズは、真実を告げている。

改造したモンスターハーレーを愛してやまないエンジェルたちは皆、そもそもがオートバイにおける安全性、手軽さ、世間体などを、これっぽっち考慮したことがない。「ホンダやヤマハやスズキのちゃちな小型バイクに乗るくらいなら、けっ！　てめえの2本の足で、てくてく歩いた方がマシだぜ」——エンジェルたちの心の叫びだ。アウトローバイカーを自認する者なら、口を揃えて皆同じことを言うだろう。エンジェルズのメンバーが一般のバイク愛好家をせせら笑うのは、それがまた理由である。

ハーレーダビッドソン社が製造する大排気量の大型2気筒バイクは、あらゆる意味でデンジャラスで、気まぐれで、整備や修理に大金がかかるジャジャ馬である。だいたいにして、ハーレー74の所有者はその排気量のため、ナンバープレートを維持するだけで、年間48ドルもの納税が求められる。

ヘルズエンジェルズのメンバーは、創意工夫で生み出した自分だけのオリジナルのハーレーマシーンをキングコングに匹敵する凶器とみなして狂信的に崇拝する一方、善良な市民たちが爽やかなレクリエーション用として楽しむ健康的なオートバイを徹底的に侮蔑、軽蔑していた。そうした態度を明確に示したバイカーは、全米でヘルズエンジェルズが初めてである。

ライディングファッションもまた、エンジェルズは安全性をまるっきり無視したものを標準としていた。頭部や顔面を守るヘルメット。掌や指の大怪我を防止するためのグローブ。砂や飛んでくる甲虫から眼球を防御するゴーグルなどは——笑止! エンジェルズのメンバーが自らの身を守るために、手・足・頭にプロテクターをつけることなど、死んでもない。断っておくが、エンジェルたちが時々被っている鉤十字などのマークのついたヘルメットは、奇抜な主張を目的として被っているだけの話で、安全のために装着しているわけではないのだ。

彼らのファッションを語るうえで忘れてはならないのが、マーロン・ブランドやボブ・ディランが着ているような、メタル製の鋲のついた革ジャケットである。

どういうわけか世間の目線は、アウトローバイカーという人物像を思い浮かべると、無条件にレザーのライダースジャケットを想像するようで、したがって、エンジェルたちはしばしば、心理学者や社会学者たちから〝偏執的レザー嗜好を持つフェティシズム集団〟などと、メディアを通して揶揄されているのだが、ちょっと待ってほしい。ヘルズエンジェルズのメンバーたる者、レザージャケットなんて身につけやしない。

例によって例の如く、今もヘルズエンジェルズについてベラベラとメディアで喋くってひと稼ぎしているのは、ロクにバイクのことを知らない連中ばかり。エンジェルズのセンスに対するテレビコメンテーターたちの愚にもつかない見当外れの指摘は、そのくだらなさを示す、まさに好例と言えるだろう。

厚いレザーのバイク専用ジャケットを制服にしているバイカー・クラブは、私の知る限り、ニューヨークのマディソン街に本拠を構えるニューヨーク・マディソンアヴェニュー・モーターサイクルクラブくらいのものである。同クラブは、歯科医、映画プロデューサー、精神科医、それに国連職員などが所属しているセレブなバイカーたちの集まりで、そうした場所では、身を守るための分厚い革製のジャケットが欠かすことのできない重要なアイテムとなる。

映画プロデューサーのテッド・デヴェラットは、こう嘆いている。「僕たちは似たようなレザージャケットをみんなで着ているけど、どうもアレの世間体が悪くてねえ。だけど実用的な面から言えば、バイカーはああいう分厚い本革でつくられたジャケットを着るのが一番いいんだよ。理由？ 簡単なことさ。滑ってバイクで転んだ時のことを考えてみて。アスファルトに剝き出しの腕やら肘やらを引きずって、皮膚がべろべろに剝けちゃって、骨が浮き出るような酷い怪我をするよりも……だって革のジャケットをズタズタにした方が痛くないし、現実的にはずっと安上がりでしょ」

質のいい丈夫なレザージャケットが、転倒時の怪我を軽減するプロテクターの役目を果たしているわけだ。もしバイクで転倒し、背中に直径８インチ（20センチ）もの深くえぐったような擦過傷を負えば、翌日からは、仕事どころか日常の生活にさえ支障が出る。彼らはそれを予防しているのである。

経験者にはわかるだろう。バイクの転倒で生じる、あの規則性のない、無残な、縦横に刻まれたような深い擦り傷は、実際、完全に癒えるまでに相当の時間を要する。また醜い傷痕として生涯残る。

そうした事故からバイカーの体を守ってくれるのが、様々なレザー製品である。例えばプロのレーサーたちは、過去の苦い事故の経験から、レースに臨むにあたってヘルメットやグローブとともに、体全体を保護するための厚手のレザーでつくられたバイクレース専用のスーツを必ず身につける。

しかしヘルズエンジェルズはそうではない。エンジェルたちはそもそもオートバイに、安全という概念など求めていないのである。確かに、サングラスや一風変わったデザインのゴーグル、あるいはヘルメットを被って走るメンバーもいる。が、しかし、それは身を守るためではなく、あくまで自分のセンスを誇るためのものだ。エンジェルたちは安全策と見做される装飾を極度に恥辱的で屈辱的な装備と受けとめ、徹底的に嫌悪していた。

アウトローバイカーとしてのヘルズエンジェルズのファッション史を紐解くと、レザージャケット（いわゆるライダースジャケット）の着用は、1950年代半ばまでは、確かにエンジェルズ内でも流行っていて、多くのメンバーたちは、レザージャケットの背中にヘルズエンジェルズのカラーを縫いつけていた。

しかし時の経過とともに大きな変化が起きる。アウトローバイカー集団としてヘルズエンジェルズの悪評が高まり、警察がエンジェルたちの動向を厳しくマークし始めた頃、フリスコ・エンジェルの1人が、脱いだり着たりが簡単にできるデニム地のベストにカラーをつけることを思いついたのだ。ヘルズエンジェルズにファッション革命がもたらされた。彼は視界の先で警官が検問を実施している姿を発見すると、レザージャケットの上に着込んだベストをさっと脱いで小さく丸め、自分がエンジェルズの一員であることを隠してしまう。

それが、のちのヘルズエンジェルズのファッション標準となった。ヘルズエンジェルズに、デニムベストの時代が訪れたのだ。ファッションはライフスタイルを革命する。エンジェルたちは、ニューデザインによって警官たちを体よくやり過ごす手段を手に入れたのだ。

カリフォルニア州南部のエンジェルたちもまた、当初、カラーつきのデニムベストを、レザージャケットの上に着ていたのだが、しかし州南部の気候は重ね着には暑過ぎた。

そこで考案されたのが、バードゥー支部のメンバーが思いついた、腋の下に風を通すニューファッションだ。もはや長袖の革製ジャケットなどいらない。デニムジャケットの袖を、腋の下でナイフで切り取り、背中にカラーを縫いつければ、それだけでよいではないか。こうして、ヘルズエンジェルズ・モーターサイクルクラブ創設期の1950年代から続いた黒い革製ライダースジャケットの時代は終焉を告げ、60年代、エンジェルズファッションは新時代へと突入した。ワイルドスタイル・デニムベスト&カラー。それはすぐにヘルズエンジェルズ全体のファッション標準となった。

となると、来るべき次世代のエンジェルズのニューモードは……50年代から60年代半ばに至るモードの段階的変遷から推測するに、おそらくは次は、下半身の風通しを考えて、リーバイスのジーンズを脱ぎ捨てることになるのではないか？　おお、次世代エンジェルズのイメージの完成である。エンジニアブーツ。顎鬚。袖をナイフで切り取ったワイルドスタイルデニムベスト。で、下半身は裸で性器のまわりにだけチン妙な装飾品を装着する。そ、そんな馬鹿な！

古株メンバーの中には、長年愛用のレザージャケットをいまだに手放せない者もいる。特に冬のあいだ酷く寒い、ベイエリアなどのバイカーはなおさらだ。

しかし、はっきり言ってダサい。しかも、そうした時代遅れのファッションは、彼が古株だからこそ許されている特権なわけで、新規入会を希望しているインディペンデントが、もしレザーを着込んでクラブを訪ねれば、ダセエ臆病者野郎という理由で、即座に入会拒否が決定されるのは確定的である。

ヘルズエンジェルズが群れをなしてハイウェイを疾走している、威風堂々たる、ある種の神々しさを湛えたオートバイ隊列の威容は、一度目にしたら決して忘れられない印象的な人生のワンシーンになるだろう。そのエンジェルたちが大群のままガソリンスタンドに乗り込むと、従業員は決まってパニックを起こす。全米に悪名を轟かせている〝あの連中！〟が大群で押し寄せてきたのだ。対処する術などあるわけがない。

エンジェルたちには、いつも決まった戦略があった。大挙してガススタンドに乗り入れたメンバーたちは、1人ずつ順番に、わずか「1から2ガロン（4〜8リットル）のガソリンを売ってくれ」と数少ない従業員たちに矢継ぎ早にオーダーし、従業員を徹底的に攪乱するのである。

会計は……？　俺に聞かないでほしい。そうした場合、エンジェルたちがガソリン代を支払うことは、まず、ない。

ある晴れた土曜日の朝、50号線——。オークランド近くの、とあるガソリンスタンドに立ち寄っていた私は、その日のうだるような暑さの中、エンジンというものがいかにあてにならない文明的機械であるかについて、従業員と親しく話し合っていた。

その時、突如スタンドに、雷鳴のような爆音を響かせて、アウトローバイカーの大群が押し寄せてきた。見るからに凶暴そうなバイカーたち。エンブレムやカラーから察するに、ヘルズエンジェルズとジプシージョーカーズの連合部隊のようだった。

全員が意味不明の叫び声をあげながら給油ポンプのまわりを走り、大騒ぎをしている。目を点にした従業員が小さく叫ぶのを、私は聞き逃さなかった。

「ホーリー、ジーザス！」

従業員たちは激しく取り乱していた。彼らは会計を求めることすら忘れてしまい、怯えた様子で連中の動向に完全に気を取られていた。私は車を降り、ボンネットを開けて、ラジエーターに自分で水を入れながら、あたりの様子をうかがった。ガソリンスタンドは開業してまだ間もない最新式の大型店舗で、効率よく、わずか4名の従業員ですべての業務がこなせるようなマニュアルシステムで運営される。

しかしアウトローバイカーの集団が押し寄せてきた瞬間、マニュアルシステムはすべて一瞬のうちに崩壊し、指揮権のすべてはバイカーたちに委ねられた。

アウトローバイカーたちは好き勝手に給油ポンプを操作して、それぞれのタンクをガソリンで満たし、事務所内で販売しているビール缶を、前や後ろに放り投げては、次々と仲間たちに配給した。さらに商品棚を物色して、50ガロンのバイク用エンジンオイルなど、必要なものを次々と戦利品として持ち去っていく。

給油待ちをしていた5、6台の車の市民ドライバーたちは、突然目の前で始まった、実際の恐怖を伴うエンジェルズのドラマチックなショーを目の当たりにして、車内で小さく縮こまり、戦々恐々と窓ガラスの向こうをうかがっていた。4人のスタンド従業員たちは、アウトローたちがあまりこれ見よがしに盗みを働かないことをひたすら神に願いつつ、しかし万が一にも自分に直接的な暴力被害が及ばないよう、神経質に状況を見守っていた。

そう、いくら何でも！　目の前で大っぴらに盗みを始められれば、従業員としても「ちょっとそれは！」と対処せざるをえない。しかしエンジェルズ相手に「盗みをやめてくれ」などと注意したい者は誰もいない。ヘルズエンジェルズの大群と一度でもかかわりを持った人間なら、また本書をここまで読み進めてきた読者なら、エンジェルズに対応することこそが、最悪の事態の序章なのだと、もうおわかりいただけるだろう。

多少の盗みくらい見逃した方がいい。もちろん従業員たちは人間存在が無視されたような屈辱的な負け犬気分を味わうだろう。しかしその程度のことでヘルズエンジェルズに立ち向かうのは利口ではない。

たかが数ガロンのエンジンオイルのことではないか。エンジェルズに「盗みはやめろ」ともっともな正論を披露して、原形をとどめなくなるまで顔面を殴りつけられ、蹴り上げられ、地面に這いつくばるリスクを負う必要がどこにある？　それならいっそ10クォートのオイル缶と5タンク分のガソリンを黙って持って帰ってもらった方が、安上がりで安全ではないか。

それともあなたは、「陳列棚の商品を持っていく気なら、1ペニーたがわずに代金を支払え！」とゴロツキどもに要求して、歯をへし折られたり、窓ガラスを粉々に割られたりしてみたいかな？　この種のジレンマは、ガソリンスタンドで働く従業員たちにとって、まことに切実な問題であった。

ヘルズエンジェルズの大群に襲われたガソリンスタンドの従業員は、さながらマシンガンで武装した銀行強盗に急襲された銀行員だ。銀行員は、預金者から預かった金を守るべく命を賭すべきなのか……とすれば、給油ポンプを扱う者は、1ガロンのガソリンを死守するために、死ぬほど殴られる危険を、あらかじめ承知するべきなのだろうか？　そんなこと、あるはずはない！

ヘルズエンジェルズの面々が、もし、もう少し思慮深さを持っていれば、おそらく雇われ店長のガソリンスタンドだけを選んで、襲撃の対象にしていただろう。オーナー自身が自ら陣頭指揮を執っているスタンドと違い、雇われ店長は概して強盗に抵抗の態度を示さない。

理由？　雇われ店長は給料で働いているだけで、何をどれだけ盗まれようと自分の財産が侵害されるわけではない。生活のためにガススタンドで働いたことがある人間なら、その店が自営店のスタンドか、あるいはそうでないかの区別が数分で簡単につく。

ヘルズエンジェルズには多数のガソリンスタンドの就労経験者がいた。しかしそうしたメンバーも、いざ自分がエンジェルズの一員として暴れる時には、そこが雇われ店長のスタンドか、あるいはオーナー経営者の店かなどお構いなしに、仮に察しても、知らぬ存ぜぬを決め込んで、徹底的なやりたい放題をやりつくす。

襲撃するガソリンスタンドを選別しないという理由で、時にエンジェルたちは——1日に12時間、何十年間も店に出ずっぱりで休みなく働き続け、しかも生涯かけて築き上げてきた貯金を、いまだにガソリン卸元の石油メジャーに高額のフランチャイズ・ロイヤリティー（加盟料）で吸い上げられ続け、そのうえで最近は、いつアウトローバイカーに襲撃されるかもしれないという焦燥と不安に悩まされ、総身にアドレナリンを溜め込んでいる——病的に追い詰められた気の毒なガソリンスタンドオーナーの店を、偶発的に襲撃してしまうことがある。

蓄積した経済的不満。充足感のない日常。搾取され続けし者が隠し持つ積年の激怒。様々なストレスで、破裂寸前の風船のように、病的に神経が膨れあがったオーナーたちが経営するガソリンスタンドには、必ずと言っていいほど、5連発か6連発のリヴォルバーが、レジの下や道具棚の奥に隠されている。いつ何時か襲撃してくるバイクに乗った海賊たちへの防衛的緊張の極北がそれだ。

治安が悪い、強盗多発地域のスタンドオーナーなら、オーライ、オーライ！　とフレンドリーに客を呼び込む制服の下に、当たり前のように、肩かけ式のホルスターに収納した拳銃を所持していたりもする。

実はガソリンスタンドを舞台に、ヘルズエンジェルズが起こした（とされる）殺傷事件の大半は、実はそうした神経病的に追い詰められた、ストレス過剰のオーナー経営者たちが引き金を引いたものなのだ。ヒステリックな破滅パニック反応に陥った一般市民ほど恐ろしいものはない。実際、全米に悪名を轟かせているヘルズエンジェルズでさえ、時として、追い詰められた神経症のガソリンスタンドのオーナーの発狂に、思わずたじろいでしまう場面がある。

エンジェルズはそうした一般市民の中に混ざり込んでいる「キチガイ」――エンジェルたちは彼らをそう呼ぶ――を酷く恐れていた。というのも、そうした破裂的ヒステリーを爆発させる一般市民には、筋論や大義名分などは一切通用せず、一度パニック状態に陥れば、誰彼構わず銃をぶっ放す、ただ狂った習性だけが彼らの行動を支配するからだ。

とはいえ、天上の穏やかな花畑で気ままに暮らす神様は、傍若無人の限りをつくす地獄の天使《ヘルズエンジェルズ》を相手に、見境なく銃弾をぶっ放す善良なる市民たちから、ああ！　おそらくは、それが神のお慈悲というものなのであろう、すぐさま武力的な優位を奪ってしまわれる。つまり具体的に言うと、だいたいの場合、善良なるキチガイ市民は、振りまわしていたショットガンをあっという間にエンジェルズに奪い取られ、ろくでもない目に遭わされる。筆舌につくし難い……ろくでもない目に。残酷の極北に彩られた無残な逸話は、枚挙にいとまがない……。

もし、エンジェルたちに襲撃されたガソリンスタンドオーナーが、本当に銃をぶっ放した最初のきっかけをつくったとしても、「あんたらが先に撃ったから、わしはただ、恐怖のあまり反射的に撃ち返してしまっただけのことで、つまりこれは、わしの臆病からくる正当防衛的な行為なのでありまして……」と繰り返し、低姿勢でエンジェルズに謝罪し続ければ、オーナーの命は、おそらくは失われることはないだろう。しかし……。

ヘルズエンジェルズの面々は、市民社会に生きる自分たちの敵対者を、様々な角度から無意識に分類して対処方法を変えていた。

例えば、恐怖のあまり弛緩してしまい、ヨダレを垂らし始めた臆病者や、恐怖に震えて、ただうずくまっているだけのチキンが相手なら、エンジェルたちは相手を見逃す気持ちになれるのだ。しかし、最後まで戦うつもりがないくせに口先だけでエラそうな啖呵をきった敵対者は絶対に許さない。アウトローバイカーに限らず、市民社会に暮らす一般の人間が相手であっても、ヘルズエンジェルズにそうした態度をとった人間は、必ず、想像を絶する恐怖の報復に身をよじることになる。

ヘルズエンジェルズの基準――。エンジェルたちは一般市民であることをわきまえながら、穏やかな方法で抗議してくる相手には、一発殴るとか、蹴り上げるとか、常識的な拒否反応をお見舞いするだけで済ませていた。しかし仮に相手が普通の市民であっても、アウトロー世界特有の暴力基準、あるいはそう思われる方法で、正面からあからさまに歯向かわれた場合、想像を絶する手酷い方法で――骨が軋み、肉が裂け、ぐしゃりと鼻が潰され、本人ですら想像しなかったような恐怖の絶叫が響き渡る獄門の果て――これ以上ないほどに残酷な返礼をお見舞いするのが常だった。

しかしながら一方で、ヘルズエンジェルズは、自分たちが意識的に維持している暴力的基準、あるいは市民社会の人々が想像しているヘルズエンジェルズの暴力基準に、必ずしも隷従して行動しているわけでもないのである。

例えば各支部のエンジェルたちは、自分たちの縄張りから外れた、街道沿いの知らない町の酒場でバイクを降りてくつろぐ時など、地元の荒くれ連中が突っかかってこない限り、店の雰囲気に馴染もうと、自ら積極的に土地のみんなと仲良くする努力をしていた。実際エンジェルたちは、自分たちが狂犬であるとメディアを通じて全米に喧伝されていることを知っていたので、どこかの町の見知らぬバーで突然誰かに友好的な態度で「ハ～イ!」などと挨拶されると、ほとんど倒錯的とも言えるほど、本心からの喜びに打ち震えてしまう、そんなナイーブでシャイな側面も持っているのだ。

カリフォルニア州中北部のシエラの町近くのエンジェルズ・キャンプ（マーク・トウェインの短編『キャラヴェラス郡の跳び蛙が評判になる』の舞台となった場所）の近くに店を構えるガソリンスタンドの老オーナーは、ヘルズエンジェルズとの最初の出会いを、恐れと驚嘆を込めて回想する。「……ある夜のことさ。バイクに乗った30人ほどのヘルズエンジェルズがヘッドライトを光らせて、凄まじい轟音とともに、わしのスタンドへ乗り込んできた。奴ら、バイクをちょっくらいじるから場所を貸してくれと言ったよ。わしはもう、怯えきっていて、目をくれてやるのが精いっぱいで――〝このスタンドはすべてお前らのものだ！〟と大声で言い残して、すたこら逃げだしたってわけだ」

老オーナーの反応は、人里離れた山中で、深夜にセルフサービスのガソリンスタンドを経営している人間として、極めてノーマルで正しいものである。意地を張って自分の権利を主張し、死ぬまで戦うと決心したところで、30人ものアウトローバイカーを相手に何ができようか。結果は、火を見るより明らかではないか。

老スタンドオーナーの話には、まだ続きがある。「1時間くらい経ってからだ。勇気を奮い起こし、恐る恐る店の様子をうかがいに戻った。その時、エンジェルズの連中はちょうどバイクの修理を終えたところで……いやぁ、生涯あれほど驚いたことはないね！　店がピカピカに掃除されてたんだな。道具はきれいに洗って、整頓して戻してあった。床もオイル染みひとつないほどピカピカに磨かれてたっけ。実際連中が来る前より店がきれいで、ああ、驚いたのなんの！　でも本当にそうだったんだ」

以上のような逸話はそう珍しいものではない。警官たちもしばしば同じようなことを口にする。以前、町が暴動に巻き込まれたポーターヴィルの中心街に店を構える、あるバーの主人はこう証言している。「確かにエンジェルズの連中は、酔っ払って店の中までバイクで乗り込んできたりした。おかげで床のタイルが剝がれちまった。だけど連中、出ていく時に、剝がれたタイルから割れたグラスまで損害分を全部細かく計算して、現金で弁償してったのさ。こっちとしちゃぁ、今まで一晩であんなに大量のビールが売れたことなんてなかったし、損害金は払ってくれるし、今となっちゃあ、俺の店はヘルズエンジェルズの皆さんならいつでも大歓迎さ！」

媚びへつらった態度でヘルズエンジェルズを客として迎え入れた酒場の店主たちは、エンジェルズによってひと儲けができた。エンジェルたちが求めていたのは、自分たちに対する讃辞であり、敬意であり、歓迎の表明だったのだ。自分たちに対して示されるそうした店主たちの露骨な怯えの表情を、エンジェルたちは歓迎表現の直接的で純粋な形態であるという認識で捉えていた。怯えの表情——エンジェルたちにとってのそれは、非常にプリミティブな表敬と同義なのである。

ヘルズエンジェルズの面々は、自分たちに恐怖し、引き下がる者には、ほとんどの場合手を出さなかった。もちろん稀に、エンジェルズのようなワイルドで男臭い男を目の前にすると性的リビドーがむらむらと高揚してしまうラリった隠れマゾ・ホモが、むんむんに誇張した敬意と色気であからさまに近づいて、逆にメタメタな目に遭わされるという珍事件も、ないではなかった。実際エンジェルたちは、変態丸出しで近づいてくるマゾやホモを、いつも酷い目に遭わせていた。

ある夜のパーティーを思い出す——。エンジェルたちは1人の無礼なバークレーの学生活動家を火あぶりの刑に処すると決議した。パーティーの主催者が、さすがにそれはやめてくれと懇願すると、学生の足首にロープが巻かれ、学生はバイクで引きずりまわされ……そうになったが、それだけは勘弁してやってくれと手を合わされ、結局、リビングの天井柱から片腕だけで宙吊りにすることで、全員の意見が一致した。

そして学生は宙吊りにされ、30分が過ぎ……。エンジェルたちの中にも、まあ、こんなところでいいんじゃない？という学生に対する同情的な気分が拡がり、ロープが切られ、学生はそっと床に下ろされた。しかし相当な苦痛を味わっていたはずの学生は泣きを入れるどころか、うめき声ひとつあげず、床に下ろされたあともなお、官能的ともいえる陶酔した恍惚の表情で石のように静止したまま、下唇を艶めかしく舐め、囲むように彼を見下ろしたエンジェルたちをすっかり困惑させていた。

思い返せば、まだ若い学生活動家は、片腕で吊るされ続けているあいだ、やめてくれという慈悲を求めるひと言すら発していなかった。俺たちは、単にあいつの倒錯的な御趣味に協力してやっただけではないのか？　誰もが、そう思わずにはいられなかった。

UCB（カリフォルニア大学バークレー校）から来た、その若き無礼な活動家は、ロープから解放されてしばらく経つと、ふらふらと外へ出て何時間ものあいだ木の切り株に腰を下ろしたまま、時折思い出したように、LSDの、あの……あの幻覚のピークが過ぎたあとの人間のように、1人沈黙に浸りながら、過ぎ去った悦楽の余韻に耽溺していた。

ヘルズエンジェルズは、一部のサド、マゾといった特殊な性的志向者から絶大な人気を得ていた。それが〝ヘルズエンジェルズのメンバーは、全員が変態的な性的嗜好を持っている〟とメディアから糾弾された原因のひとつになっているのだが……いかがなものかねえ。

この変態問題についの重大な核心について、フリスコ支部の1人が、ある日の午後、私にこう語ってくれた。

「確かに俺は、10ドルくれるって男にフェラチオをさせていたさ！　クソったれ!!　ついこないだも、ダウンタウンのバーで飲んでいたら、1人のホモが近寄ってきた。で、俺の目の前で10ドル札をヒラヒラしてカウンターの上に置き、〝何が飲みたい？〟と聞いてきた。俺が〝ジャックダニエルのダブルを1杯さ、Ｂａｂｙ〟と応じると、そのホモはバーテンに向かって〝あたしと、あたしのお友達ために2杯ちょうだい〟とぬかしやがる。それから奴は、その場でいきなりしゃがみ込んで、俺のチャックを下ろしフェラチオをしてきたんだよ。そのあいだ、なんとまあ！　俺はと言えば……カウンター越しに、バーテンとどうでもいい笑い話をしながら、ただクールにジャックダニエルを飲んでただけさ、ははははは」

記憶が鮮明になってきたのか、エンジェルは大声で笑いだした。「その場にいたのは、4人のガキがいるこの俺と、それと、ウィグだかワグだか知らないが、黒人の男と何とかいうダンスを踊っていたネエちゃんだけだ。キーッ、こん畜生!!　まったくもう!!　俺が10ドル以下でホモたちにしゃぶらせているのなら、ホモ呼ばわりされても文句はねえ。でも、自分でも自分に驚いちまうよ!!　確かに俺は、たった数ドルのはした金のためでも、言われれば、どっかの海に潜って魚とだって一発ヤるって男なんだ！　そんなことに金を払う奴がいるのか知らねえけどよ！」

ヘルズエンジェルズの謎を探るテーマとして、メディアではしばしば〝彼らがどの程度潜在的なサド・マゾ、あるいは抑圧されたホモセクシャルであるのか〟が頻繁に論じられている。皆様ご存じの定番議論である。

しかし1年近くを彼らヘルズエンジェルズと同じライフスタイルで過ごした私から見れば——その議論は議論自体が極めて的外れである。そうとしか言いようがない。

文学の世界にも、〝アーネスト・ヘミングウェイは抑圧されたホモだった〟とか〝マーク・トウェインは死ぬまで肌の色が違う少年たちへの偏愛に取り憑かれていた〟と、強行に主張する文芸批評家たちがいる。アカデミックな季刊文芸誌に嵐を起こすには手っ取り早い手法だ。

だが、そのような指摘をしたところで、作家が書いた言葉は一文字も変わることはない。ヘミングウェイが描き出した勇壮な世界や、マーク・トウェインの小説が生み出すインパクトに、彼らの性的志向が後天的に何らかの影響を与えることなど微塵もないのである。

さしずめ、すでにこの世を去った、あのスペインの有名な闘牛士マノレテ氏が、熱烈な蹄フェチであったとか、牛の角フェチの集まる変態バーで、幾晩も尻の穴をツノで突かれ過ごして重度の痔に悩まされていたとか、そんな類の意味のない戯言を、あたかも意味のある社会学的発見のように繰り返し話の俎上に載せて議論して、それがどうしたというのだ⁉

もし仮にそうだとしても、私はこう主張したい。

マノレテがスペインを代表する偉大な闘牛士であったことに変わりはない。いかなるフロイト理論も、マノレテが持てる能力のすべてをつくして生み出した、あの感動的な闘牛場の劇場的リアリティに、いくばくかの影響を及ぼすことなどできやしない。

同じ理由で、アメリカで発行されているすべての新聞がヘルズエンジェルズのことを「野蛮なホモセクシャル」だと非難したところで、またそれがもし本当にそうだとしても、ヘルズエンジェルズという存在の本質は何ひとつ変わらないし、彼らの行動を抑えることもできやしない。

私、ハンター・S・トンプソンは、ヘルズエンジェルズ・モーターサイクルクラブが主催する様々なランに同行し、たくさんの町へ同道しているが、町の住民の皆さんがエンジェルズの精神構造をジークムント・フロイト的な見地から分析している場面に出くわしたことなど一度もない。誰でも、アウトローバイカーとホモのレザーフェチの見分けくらい、ひと目で簡単につけられる。当たり前ではないか。

今日もヘルズエンジェルズのメンバーたちがたむろする街道沿いのバーの駐車場には、ソリッドにチューンアップされたギラギラのハーレーダビッドソンが、威風堂々と並んでいる。

確かに、レザーフェチが集まる倒錯的なバーの壁には、シュルレアリスティックにデフォルメされた奇妙な形のバイクの絵がかけてある。そして時々は、フロントガラスに妙な形のラジオ、あるいは赤いプラスティックサドルバッグのような、アウトローバイカーなら絶対見向きもしない悪趣味なパーツを取り付けた巨大なハーレーが1台、2台、店の前に停めてある場合もある。

断っておくが、両者のあいだには、〝NFLに所属するアメフトプレーヤー〟と〝その熱烈なファン〟ほどの違いがある！　片や、厳しい現実の片隅を孤独に生き抜いてきた正真正銘のワイルドなアウトロー。片や、その従順な崇拝者。自分たちを魅了するスタイルが、しかし毎朝目覚めた時に鏡に映る自分自身の姿とあまりに違うからという理由で、時に人は感傷的な模倣者になるものなのだ。

『リンチ報告書』に次のような報告がある。

ホモセクシャルたちがヘルズエンジェルズに魅了されているようだが、エンジェルズがホモのグループであることを示す情報は上がっていない。エンジェルたちはホモではなく、主としてヘテロ的な関係に興味を持っているようだ。実際に、エンジェルズによるヘテロ的倒錯性を帯びた事件も起きている。

しかしそういった倒錯的行動もまた、様々な状況から推察するに、エンジェルたちが、自分たちは他の人間とは違うのだということを、強いインパクトで他者へ訴えるための手段に過ぎないと思われる。その他諸々の人の注意を引くための行動もまた、本質ではなく、単に、周囲に格の違いを見せつけてやるというヘルズエンジェルズ特有の自己顕示のための演出であろうと推測される。

『リンチ報告書』は名ばかりの報告書ではあるが、作成された政治的な意味や方針から言って、もしヘルズエンジェルズにホモセクシャルな行動があれば、真っ先に言及し、市民社会の異端者として厳しく糾弾していたはずだ。

しかしリンチ氏の報告書には〝クンニリングス〟という言葉は何度も何度も登場するのに〝フェラチオ〟という単語は一度も出てこない。一部には、その不在こそが、ヘルズエンジェルズ＝ホモ説の隠然たる事実を逆に高めていると解釈する向きもあるようだが、私、ハンター・S・トンプソンは、ここにもう一度繰り返し記述する。

ヘルズエンジェルズ＝ホモ説を主張している心理学者や精神学者は、ヘルズエンジェルズというアウトローバイカーの洞察に関し、根本から的を著しく外している。〝ヘルズエンジェルズ＝特殊に改造された大型バイクを駆るアウトロー集団〟という、現代アメリカに発生した特有の社会現象をホモセクシャルな現象の一部として理解納得しようとする過ちは、分析能力の欠如に対する責任回避の詭弁であり、彼ら専門家の社会洞察に対するご都合主義的な姿勢は、この先の合衆国に起こりうる、希望的可能性の発見さえ否定してしまう。彼ら専門家が時折見せる、責任回避のご都合主義的社会分析は、実質的な有害性を伴った、まごうことなき社会悪である。

バイクは明らかに性的なシンボルである。具体的には、運動する男根的なシンボルである。つまり体の延長であり、両脚のあいだにあるパワーである。——バーナード・ダイアモンド博士（カリフォルニア大学／犯罪学者／1965年）

最も大衆的によく知られた、アウトローバイカーとホモセクシャルのフェティッシュな関係を暗示する映画は、1960年代の初めに公開された『スコピオ・ライジング』である。監督のケネス・アンガーは当時30代半ばの実験映像作家であるが、『スコピオ・ライジング』がヘルズエンジェルズと関係があるなどと、彼はひと言も発言していない。

映画の大部分は、ニューヨーク州ブルックリンの、弱小バイカー・クラブのゴロツキたちの協力で撮影されたもので、1953年にマーロン・ブランド主演で撮影された映画『乱暴者』と違って、そこにはジャーナリスティックな意図や、ドキュメンタリー的な趣旨はまったく含まれていない。

アンガーの作品はロックンロールに乗せたアートフィルムであり、作品を通してアンガーは、オートバイ、鉤十字、ハードゲイの3つの要素を、三位一体の新世紀カルチャーとして映像に描いてみせたかったのである。アンガーの映画は、20世紀のアメリカ社会に対する奇妙で短いコメントなのだ。

ヘルズエンジェルズがアメリカ文化のメインストリームに参入する以前に、それとは関係なく、ケネス・アンガーはいくつかの強烈な、ホモセクシャルに傾倒した前衛フィルムを制作している。しかしそのような映像を撮りながらも当時のアンガーは、自分が何か酷く時代遅れのドキュメントを撮っているのではないか、という考えに捉われていたらしい。問題作『スコピオ・ライジング』は、1964年にサンフランシスコのノースビーチにある〈ザ・ムービー〉という映画館で初上映されたのだが、映画館の2階には当時、監督のアンガー自身が住んでいた。そこでアンガーは、全米の注目を集め始めたばかりのヘルズエンジェルズの新聞記事を自らハサミでチョキチョキと切り抜き、モンタージュ風にポスターデザインし、映画館の外の壁に貼り出して、映画の宣伝に利用した。

アンガーの映画のポスターに、実在するヘルズエンジェルズの写真が使われていることは誰の目にも明らかだったので、それに惹かれ、サンフランシスコのエンジェルたちはわざわざアンガーの映画を〈ザ・ムービー〉まで見に行ったくらいだ。

が、映画は、エンジェルたちにとって面白いものではなかった。映画を見たエンジェルたちが怒り狂って暴動を起こしたわけではないが、侮辱されているとの印象を強く抱いたのは確かだ。「ああ、また自分たちの名前が、詐欺商売の道具に使われている」という、諦めを含んだいつもの悲憤である。

エンジェルズメンバーの1人、フレンチーは映画の感想を次のように述べている。

「ああ、確かに映画は面白かったよ。だけど俺たちとは何の関係もない話さ。俺たちは映画を満喫したあと、映画館の外に出て、例のほら、俺たちの切り抜き写真のポスターをあらためて見て、その瞬間感じたんだ。〝あ、これはダメだ、正しいことじゃない〟とね。俺たちは利用されてる。それ以来、映画宣伝のペテンのせいで、今じゃ俺たちがホモだなんて噂まで立てられてんだし。クソっ！　映画に主演していた、あのどチンピラのバイカーどものファッションを見たか⁉　なんだ、あのチンケでみみっちいダサいバイクは‼　あの貧乏臭せえ連中と俺たちに、何の関係があるんだ？　映画に出てくるチンピラ野郎とヘルズエンジェルズが、全く関係ない別の世界の存在だってことぐらい、見た瞬間にわかっただろう？」

監督のケネス・アンガー本人は、こうしたヘルズエンジェルズの意見をもっともだと受けとめていたが、特に釈明はしなかった。評判を呼んでいる自分の新作映画の話題の部分を、あえて否定して興行成績を台無しにする必要はないと考えたからだろう。

そもそもホモの男性特有の優れた感覚的才能の中で最も際立った能力は、ほとんど例外なく、他の男が隠し持っているホモセクシャルのテレパシーを感受する能力である。

そしていつしか、一部のエンジェルたちの行動が、映画『スコピオ・ライジング』に欠けていた真のホモセクシャル的リアリズムを、現実の出来事として望む者に提供するというフィードバック現象が起き始めた。

ヘルズエンジェルズの一部が内包していたホモセクシャルな側面は、メディアにとってはテーマになりやすい好奇の的であり、日々のレイプ記事に混ぜ合わせるのに適した、物珍しく奇抜な、読者を喜ばす話題であり、以降アウトローバイカーたちの生態を活字にして読者に提供する全米各紙誌の記事は、より一層、奇妙で珍奇で薄汚れて、さらに不明瞭な、読者が求めるままに堕落した、ポピュリズムの深淵へと深く深くはまり込んでいったのである。

アンガーの映画と、その影響を受けたホモセクシャルな記事により、ヘルズエンジェルズというワイルドなアウトローバイカーの公的イメージは、以前にも増してフェティッシュで変態的なリビドーと結びついた、あるいはエロチックな猥雑さに彩られ、背徳的で異常なオーラに包まれた謎めいたものとなった。

そして今や全米メディアでは、ヘルズエンジェルズのメンバーに名を連ねる全員は、いかなる野獣とも好んで性交し、穴なら何にでも突っ込む破廉恥な神、サテュロスの如き究極の変態的倒錯者としてキャラクタライズされてしまったのである。現実がどうあろうと関係なく。合掌。

8 HELL'S ANGELS

ナチの軍服に身を包んだあのゴロツキバイカーどもは、市民社会と、そこに暮らす我々の全員を憎んでいる。年を追うごとに連中の危険度はますます高まり、今はご覧の通り、とんでもなく厄介な存在になってしまった。

――『マンズ・ペリル（人類の危機）』誌（１９６６年２月号）に引用されたフロリダの警察官の発言

ヘルズエンジェルズのメンバーは、オートバイを神のように崇拝している。連中は夜中になるとオイルまみれのシーツにくるまり、油染みひとつないマシーンを家の中に入れて、祈るように眠りにつくのさ。

――１９６５年、ロサンゼルスの警察官

ヘルズエンジェルズがそれぞれの支部の縄張りを越えて、全体規模の長距離ランを行うことを発表すると、コース沿道の田舎町の住民は、にわかに恐慌状態を引き起こした――「あの地獄の天使たちが、わしらの町へ恐怖とともにやって来る！」

実際、素朴で善良な田舎町の人々が、改造された奇抜なハーレーダビッドソンを自由自在に操るヘルズエンジェルズの姿を目にすれば……何かこう、アシッドを服用して見る酷い幻覚のような、奇怪でおどろおどろしい恐怖の降臨として、その姿を目に映したに違いない。ヘルズエンジェルズが町へ襲来するという噂は、それが根拠のない流言に過ぎなくても、それまでの田舎の地域社会の平穏を担保してきた秩序、価値観、モラル、ルール、宗教律といった装置のすべてが、衝撃的なまでに一瞬のうちに蹂躙される予言なのである。

身動きひとつ取れない大渋滞のフリーウェイ。時間だけが刻々と過ぎ、マイカーを運転するドライバーたちの苛立ちをよそに、車はのろのろと進んではまた停まり、アスファルトには怒りと焦燥、そして諦めが、ただひたすらに飽和してゆく。そのフリーウェイのど真ん中、センターライン上に残されたわずかな空間を、まるで鋭利な刃物で切り裂くように、エンジェルたちのチョップド・ホッグが閃光を放ちながら突っ切ってゆく。サイドミラーに次々と現れては、瞬時にして横を通り過ぎ、彼方前方へ走り去ってゆく大型ハーレー。停滞していた時間が粉々に裁断され、散り散りの瞬間になって疾風に流れ飛ぶ。オートバイという乗り物は、現代アメリカに混沌を突きつけるために生み落とされた禁断のマシーンなのか？　あるいは現代文明への抵抗を宿命づけられた脅威なのか？　バイクに乗ったならず者――アウトローバイカーという言葉が匂い立つようなリアリティを伴って、市民社会に暮らす人々を恐怖に凍りつかせるのは、いつもそうした瞬間のリアリティなのだ。

とはいうものの、ハーレーから降りて、2本の足で地面を歩き始めたエンジェルズメンバーの大半は、素朴で愉快で、ユーモア溢れる、典型的なアメリカの、その辺のどーしよーもないあんちゃんたちに過ぎない。市民社会に生きる人々にとって、エンジェルたちの振る舞いが、アメリカ社会に脅威を与える恐るべき何かに感じられるのは、出会ってから最初の数時間がせいぜいだろう。

わざとらしくだらしのない態度。延々と繰り返される馬鹿話……。驚愕の2、3時間が過ぎれば、エンジェルたちの日常的会話など、バイクに乗った知的障害者たちの退屈な、気の滅入る、最低な時間の垂れ流しでしかない。大勢の市民の方々が、必ずやうんざりすること請け合いだ。

立派な年齢に達している大の男だというに、皆薄汚れたお揃いの貧乏たらしい制服を誇らしげに身につけて、毎晩毎夜同じバーに集まっては、同じような顔触れで代わり映えのしない馬鹿話を繰り返す。飲んだくれ、闇雲に喧嘩して……そして酔って気を良くしたお掃除のおばちゃんに、一夜に一度のおしゃぶりを恵んでもらうラッキーをうずうずしながら待っているバイクを降りた地獄の天使たちの実像は、市民社会の皆様方の視界には、哀れを誘う惨めな人間として映るだろう。

ところがだ！　ハーレーダビッドソンのシートに深々と腰を下ろした途端、エンジェルたちは生まれ変わる。ああ！　生身の人間と鋼鉄のマシーンが、本質的に融合したことで放出される想像を絶した稀有な耀き。一瞬前まで彼らを包んでいた、哀れさを伴う雰囲気など、今はもうその気配すらない。

ハーレーダビッドソンに跨ることで初めて誕生した、地獄の天使という恐るべき存在は、単なるオートバイと操縦者という存在の壁を軽々と越えて、瞬く間に、生きるアメリカの伝説へと飛翔し、闇夜に耀く暗黒の星へと変貌を遂げるのだ。

暗黒の星は、地上へ降り立つや、スロットルのひとひねりで鉄の鼓動を響かせ、ハイウェイの彼方まで、時空を超えて望む限りどこまでも、アメリカの大地を揺さぶりながら永遠に走り続ける。世界でただ1人、自分のためにつくりあげた、ただ1台のハーレーダビッドソンは、エンジェルたちが生涯唯一我が物にした〝自由〟なのだ。同時にそれは、彼らのステータスであり、人間存在の証明であり、魂の疾走そのもの——。

ヘルズエンジェルズのメンバーは自ら生み出した改造ハーレーを、ハリウッド女優が毎夜のバスタイムにボディーを磨きあげるような手つきで、ネジやナットの一つひとつに至るまで、愛撫するよう手塩にかけて整備していた。

バイクを持たないエンジェルなど、単なる街角のゴロツキに過ぎない。メンバーは、自分たちでもそれを十分に理解していた。

ヘルズエンジェルズのメンバーはあらゆる分野において感情を言語として表現する能力に著しく劣った者たちだが、しかし、ことバイクのこととなれば話は別だ。突然思いがけない哲学的な表現がエンジェルたちの口から飛び出し、私はしばしば息を呑んだ。からかうわけではない。オークランド・エンジェルを率いるソニー・バージャーは、普段感傷的なことを口にする性質《たち》ではないが、かつて〝愛〟という言葉をこんなふうに定義してみせた。

「恋する者のインスピレーション。愛、それは、誰かとバイクとを同じくらい好きになった気持ちなんじゃないか。愛ってのは、たぶんそんな感情なんだって、俺は思うぜ」

ヘルズエンジェルズのメンバーが、バイクに改造を施すためのパーツをあちこちから盗み集め、あるいはメンバー同士で交換して、世界で唯一のオリジナル・ハーレーダビッドソンを苦心してつくりあげているという事実も、単に改造のスペックを情報として伝えただけでは、彼らの内に秘められた燃えるようなバイクへの愛情を、半分も伝えたことにはならないだろう。

ハーレーとヘルズエンジェルズが、いかに深い絆で結びつけられた、融合した存在であるかを、外部の人間が認識するためには、まず彼らがエンジニアブーツで、自分自身が生み出した相棒《マシーン》に1歩、2歩と近づき、儀式のように大仰に跨り、そしてスターターペダルに足をかける、その瞬間のリアルから目を離してはならない。

エンジンを始動させるためのペダルにブーツの踵をかけた瞬間、エンジェルたちの顔つきは豹変する。渇ききった獣の舌舐めずり。彼らの表情に自信と威厳が満ち溢れ、そして満身に溜めた力でペダルを一気に蹴り下げるや、マシーンに一発で命が吹き込まれる。鼓動を始める鉄の心臓。しばらくのあいだエンジェルたちは、自分と愛車のバイブレーションの共振を味わうように静かにシートに腰を下ろしたまま、沈黙を愉しんでいたかと思うと突然！　スロットルをひねり上げて改造ハーレーを急発進でぶっ飛ばす。時にはクールに、時にはホットに。あるいは気が向けば、いななく荒馬をけしかけるように突然のウィリー走行。酒場の歪んだ暗い窓ガラスに、一分の隙もないハーレーのエキゾチックなシルエットが映し出されていた。

毎夜のように繰り返される酒場での乱痴気騒ぎが、もうじきお開きを告げる夜明け近い時刻。エンジェルたちは、物々しい、あるいはうやうやしく気取った足取りで、それぞれのハーレーマシーンに歩み寄るや、その場にいる全員に、自分が最高のエンジェルであるというイメージを嫌というほど焼きつけてから、轟音とともに闇の彼方へ走り去るのだ。

互いが互いのパワーを誇り合うことで、自らと自らが拠り所とする集団の存在意義を、相乗的に高め合うというヘルズエンジェルズ独自の流儀は、メンバー間のあらゆる行動様式のすべてを、合わせ鏡のように互いの瞳に映し出して相互模倣していた。

ヘルズエンジェルズとして生きるアウトローバイカーたちは、愚行も、栄光も、耀きも、生きる誇りも、強さも、弱さも、人生のすべてを集団への帰属に確認している。

エンジェルたちが酒場を引き上げる深夜の劇場的な光景は、何度見ても印象的だった。夜の終焉が近づくや、誰かがリクエストしたノーマン・ルボフのムード歌謡が、店の奥のジュークボックスでむせび声をあげ始める。揺らめく影、男たちの背中、ブーツが床を叩く音、バーカウンターに別れを告げる男たち、開く扉、逆光——。薄暗いバーの外壁に、酔っ払ったシェーンが1人、1人、また1人と揺らめくように現れては、それぞれが西部劇の主人公のように、おぼろ月夜の薄暗い影をスポットライトに、その場に残っているすべての者に永遠の物語の余韻を残しながら、暗闇のアスファルトの奥深くへ呑み込まれ……そして消えゆく。

ヘルズエンジェルズのメンバーたちがいかにオートバイを独創的に改造し、作品化しているからといって、彼らを芸術家と断言できないように、エンジェルたちはまた、バイクレーサーでもない。

現在のヘルズエンジェルズは2、3のドラッグレースを除き、全米で開催されるすべての公式オートバイ競技会から、完全に締め出されている。したがって、ヘルズエンジェルズ・モーターサイクルクラブのレース戦績を資料から辿ろうにも……どうにもこうにも！　そんなものは、この世に存在しないわけである。（註1）

エンジェルたちが競ってつくりあげているアウトロー仕様のハーレーダビッドソンは、ドラッグレースやスクランブル競技、あるいはオーバルコースを使ったトラック競技などのためにセッティングされた各種の競技用のバイクマシーンと、まるっきり違ったものである。メインフレームの設定からエンジンチューンアップの方向性、ショックアブソーバー、キャブレターの設定まで、すべてが異なってつくられている。2つのタイヤを持つということで、両者は2輪車という扱いを受けているが、はっきり言って、別の乗り物だと考えた方が正確だろう。

エンジェルズのメンバーたちは、「レースに飛び入りしてプロと対決し、徹底的に叩きのめしてやるぜ！」と酒を飲むたび気勢をあげているが、実際にはどうだろうか？　「アウトロー仕様に改造された巨大なハーレーマシーンが、コンパクトでレーシーな低排気量のドゥカティにハイウェイで抜かれていた」とバイク好きのあいだで広く語られている都市伝説には、確かにある種の真実味がある。

それ自体の虚実は、本当かもしれないし、嘘かもしれない。議論の余地はあろう。しかしまあ……私は思うのだ。そんなことはどうでもいいではないか！　ここで大切なことは、そもそもオートバイという乗り物は、モトクロス用とか

（註1）これは相互排除の問題である。エンジェルでも普通の格好をしていれば2ドル払ってスポーツマンズカードを買い、どんなAMAのイベントにも参加できる。つまり、AMA主催のレースに出場することもできるわけだが、それはAMAのメンバーに志願することも意味している——そんなことをしたら、他のエンジェルたちは決して黙っちゃいないだろうが。ヘルズエンジェルズ会則はこういった利害の対立する状況に関して非常に明確な規定をしている。エンジェルは他のバイカー・クラブや組織に所属してはならない。AMAの会員証を持つためには、カラーを捨てなければならないというわけだ。

ロードレース用とか長距離クルージング用とか、あるいは、気軽なスニーカー代わりというように、はじめから用途に合わせて、特定的に設計・製造されている。エンジェルたちのバイクは、決してレース用にチューンされているわけではない。もちろんどのバイクだって、アクセルをひねれば走りはする。犬や馬が走るのと同じように。しかしフクロネズミを捕まえるために馬を走らせたり、ケンタッキー・ダービーに出場させるために犬を飼う馬鹿はおるまい。

そもそもハーレーダビッドソンに限らず、あらゆるオートバイという乗り物は、走行の全領域においてオールマイティな性能を持っているわけではなく、それぞれが得意とする特殊なフィールドにおいてのみ、最高のポテンシャルを発揮するようにつくられている、そういうマシーンなのである。

世界各国のバイク製造業者は、過去何十年にもわたって万能型のニューモデルをつくり出そうとしてきたが、これまでのところいずれのメーカーも成功していない。

オフロード競技場や舗装されたサーキット場で見かける、それぞれタイプの違った競技用バイクと、荒野のハイウェイを、あるいは混雑した街中を明けても暮れても突っ走り続けるアウトロー仕様の大型バイクのポテンシャルを単純に比較することに、そもそも意味などないわけだ。

レース競技と、ランでは、バイクに求められるメカニカルな特性が異なるのは当然だが、同時にまた、ライダーに求められる操縦技術も、必要とされる反射神経もまるで別のものとなる。最高速を競うスピード競技専用のバイクには、ほんの数百グラムの車重を軽減するために、ブレーキすら取り付けていないモデルがざらにある。しかしハイウェイでそんなバイクを走らせたら——運がよくて即死だ。

面白いのは、プロフェッショナルのレースライダーの多くが、「レース場より一般のハイウェイを走行する方が遥かに危険である」と主張している事実だろう。未舗装のコースで順位を競い合うダートレースのライダーたちもまた、同じことを口にする。曰く——「バイクはレース場で乗ればいい。公道では4輪車を運転する」

彼らのその発言は、奇をてらった特別なものではない。オートバイレースに参加するプロのライダーには、公道用のバイク免許を持っていない者がざらにいる。そうしたレーサーたちは、競技用のバイクをピックアップトラックや、専用のトレーラーに積んでレース会場まで運ぶわけだ。

山林に設営された急勾配の荒地を競争するスクランブルレースのベテランライダー、ドン・マグワイアは、普段、リッチモンド市街でオートバイ整備工として働いているが、「ハイウェイを含む一般道路でバイクを操縦するのは、狂人かマゾヒストだけ」と断言する。

ドンは言う。「いいかい、考えてみなよ。俺たちレーシングライダーは、レース前に、設定されたコースのどこに危険が潜んでいるかを、練習走行を通して徹底的に把握し、綿密に計算してバイクを最高速で走らせるんだ。もちろん言うまでもなく、レース中のコースは完全に封鎖されている。見通しのきかない路地から突然飛び出してくる馬鹿野郎とか、酔っ払いとか、道の真ん中でまごまごしてるバアさんにヒヤリとさせられる心配もない。いいかい？ レース場と一般道ってのは、まったく違う場所なんだ。そりゃまあ、たまにはレース中にも事故は起きる。けど、大概が骨折ぐらいのもんで、死亡事故なんてのは、そうは起こらないものさ。ところが一般のハイウェイときたら！ とれる安全対策ってどんなものがある？ 制限速度ピタリの時速65マイル（105キロ）で、車の流れに合わせて走るくらいが精いっぱいじゃないか？ それでも雨が降って道がちょっとでも濡れてきたら、あるいは霧でアスファルトが湿ったくらいでも、タイヤが2つしかないバイクってのはどうしたって滑りやすい。そもそも事故を起こしやすい構造なんだよ。かといってスピードを落とせば、後続の4輪車がケツにピタリと貼りついてくる。場合によっちゃあ、幅寄せしてくる大型トレーラーなんかもいるだろう。それじゃあとスピードを上げれば、今度はどっかの馬鹿な素人ドライバーが、目の前でいきなり急ブレーキを踏み込みやがる。な、そういうわけさ。自動車免許を持った馬鹿野郎ってのは、決まってバイクに対して、小さな嫌がらせをする。公道って場所は恐ろしい。意識もしない小さなミスで、ライダーの体が、巨大な電動の挽肉マシーンに放り込まれたみたいにグチャグチャにされかねない。急ブレーキをかけた瞬間タイヤが滑り始めたって、バイクは自動車みたいにはドリフトできないからね。で、ハイウェイで一度ひっくり返ったら、そうだなあ……後続のトラックに二度轢きされて潰されるくらいで済めば、まあラッキーってもんじゃないの?」

1965年の1年間、合衆国内ではオートバイ事故で1000人以上が死亡している。自動車事故全体の死亡者数は、その約50倍、5万人を超えているが、オートバイによる死亡事故の急増を受け、米国医師会はオートバイを、「我々の共同体が抱えている生命への深刻な脅威」と指弾した。

ヘルズエンジェルズ・モーターサイクルクラブは、これまで平均して1年に4人のメンバー(全体の4%)を交通事故で失っているが、エンジェルたちのめちゃくちゃで無謀なライディングの実態を考えれば、年間4%の事故死亡率というのは、逆に彼らの操縦技術がいかに極めて優れているかを証明していると、私は捉えている。

総排気量74立方インチ(1213cc)を誇るハーレーダビッドソン社のフラッグシップ・モデル、ザ・ハーレー74・スプリンガーフォークは、1966年現在、4輪車との激突事故で相手とまともに張り合える、世界で唯一無二の2輪車だろう。強烈な飛ばし屋を自認するエンジェルは、改造マシーンのベースとして迷うことなくハーレー74をチョイスする。

エンジェルたちは、ハーレー74をベースにした改造バイクなら、加速装置を備えた機雷の如く、公道を行くパトカー、白バイ、あらゆる自動車、トレーラーなどを圧倒的な力量差で追撃、威嚇し、抜き去ることができると信じている。ヘルズエンジェルズのメンバーに名を連ねる者は、全員がオートバイのエキスパートだ。彼らのホームサーキットは、晴れた日のハイウェイ。その条件であれば、ヘルズエンジェルズは世界的レーサーのどんなマシーンと競っても、必ず勝つことができる。

ヘルズエンジェルズがまだその悪名を全米に轟かせる以前、1950年代末頃の話だが、当時フリスコ支部に所属していたピートというメンバーは、北カリフォルニアにおけるトップランクのドラッグレーサーとしてレース業界で名を馳せていた。スタートから4分の1マイル（402メートル）を競い合うドラッグレースで、ピートは地元のハーレーダビッドソン正規ディーラーをメインスポンサーに、棚に飾りきれないほどの優勝トロフィーを獲得し続けた。

注目すべきはその時代、ピートはヘルズエンジェルズのカラーを誇らしげに身につけたままレースに出場しただけでなく、他のレース参加者たちが、競技専用に特別にセッティングした高性能オートバイを明朝時代から伝わる中国の骨董の壷さながら、うやうやしくトレーラーで会場に運び込むのを嘲笑うかのように、レースのたびいつも、バイクのフェンダーパッドに可愛いブロンドヘアの若い女房をちょこんと乗せて、いかにもエンジェルズらしく自由気ままな身勝手さでレース会場にふらりと現れては、レースに参加していたのだ。

「ピートは実際、ホントにうまくバイクを走らせることができたんだ」ある古参のエンジェルは回想する。「いつ見てもホントにカッコよかった。なにしろピートは、出場の申し込みを済ませちまうと、テスト走行もせずに点火プラグだけを交換して、いきなり本番に出ちまうのさ。もちろんアウトローバイカー流のハンドルもシートもそのまま。タイヤもスプロケットもいじりもしないで、それでいてドラッグレース専用にカスタマイズされたスペシャルチューンのマシーンを、ことごとく負かしちまうんだからな！」

1950年代が過ぎ去ったある朝、ピートは、もう何もかもすべてやりつくした気がして、ヘルズエンジェルズを引退した。

そして30歳の誕生日を迎えると間もなく、ピートは妻と2人の子供を連れて、シエラネバダ山脈近くのとある小さな町に移り住んだ。のんびりとした田舎に定住して、整備工をしながら家族みんなと穏やかな暮らしをする気持ちになったのだ。ピートの引退生活は約2年続いた。

もしヘルズエンジェルズが、その後有名にならなければ、ピート一家の穏やかな生活はきっと長続きしていたに違いない。しかし1960年代半ばから、ヘルズエンジェルズの存在がメディアを発端に全米にその悪名を高め始めると、否応なく聞こえてくる古巣の仲間たちの活気ある生活が、ピートの目に眩しく映った。田舎暮らしに退屈さを感じ始めていたピートは、もう一度バイクのアクセルを握ることにした。

1965年の初頭、ピートは家族に別れを告げ、シエラネバダの小さな町から、古巣のフリスコに戻る。昔なじみのメンバーたちとの再会の祝福を済ませると、ピートはすぐに、強力なニューマシーンを作製するためのパーツ集めに奔走し始めた。

ピートは、工場から出荷されたままのノーマル仕様のハーレーダビッドソンを、質のいい原料の塊としてしか見ていない。ピートに限らず、一流のエンジェルは、出荷されたままのハーレーダビッドソンを〝自分のバイク〟などと呼んだりはしないものだ。(註2)エンジェルたちは誰しも、自分自身の手でカスタマイズしたスペシャルバイクを、たとえそれがどんなに抽象的であるにせよ、自己イメージの中に建立した個人的なモニュメントとして捉えている。だからこそ、外部の人間には理解し難いほどの熱意を愛情をたった1台のバイクに注ぐのだ。オートバイに一度も興味を持ったことのない人間には、極めて奇異に感じられる不思議な感覚だろう。

ヘルズエンジェルズが改造してつくりあげる奇抜なチョッパースタイルのハーレーダビッドソンを、見かけ倒しだと嘲笑う人間もいる。機械に偏執的な愛情を抱くなんて倒錯的だ！　と言う者もいる。しかし、美しく飛ぶように地を駆ける、野生の獣のバイクを一度でも操縦したことがある誰もが感じたことがあるはずだ。バイクのアクセルを握った途端、それまで一度も感じたことのない奇妙な新しい感覚が自己の中で胎動し、目覚めてゆくあの不思議を――。暴れ馬が鞭に反応するように、軽いアクセルのひとひねりが瞬時に強烈な加速に転化して、前輪が乱暴に宙に跳ね上がった

（註2）ピートがやっとのことでカスタマイズしたバイクは、加速後4分の1マイル（402メートル）を時速108マイル（174キロ）、12秒フラットで走行した。

まま15ヤード（14メートル）も突っ走ってしまうあの驚愕のパワー！　クロームの排気管から激しい熱風を吐き出しながら、ゴロゴロと雷鳴のような音を轟かせて舗道を焦がす、高価で気まぐれで危険な相棒をギリギリの限界まで走らせる、あの興奮!!

企業側が宣伝しているように、扱いやすい気楽な小型バイクで遊ぶのは、確かにラグジュアリーで楽しいことだ。しかしそれを言うなら、フォルクスワーゲンだって楽しいし、ＢＢ弾を発射するモデルガンだって楽しいではないか。私、ハンター・Ｓ・トンプソンがここで読者に伝えたきは、大型バイクやフェラーリや44マグナムといった、人類が生み出した精緻で凶暴なメカニックの最高峰は、お遊びの楽しさを与えてくれる単なるお道具を超越した、ある種の確固たる文明存在そのものと同義だという明白な事実である。

人間という存在が、結集した英知で生み出したその種のスーパーマシーンは、あまりに強力かつ絶大なパワーを内包するがゆえに、逆に人間たちに対して「俺を極限までコントロールする能力がお前にあるのか!?」という恐ろしいまでの重圧感を伴って絶えず挑戦してくる。まるでマシーンそのものが、意思を持つ何かであるかのように。自分たちを生み出した人間文明を激しく挑発してくるあの感覚――。それこそが、エンジェルたちがハーレーダビッドソンに人生を捧げていることを説明する根底となる感覚であり、つまりエンジェルズ流の言い方をすれば、「だからこそ、ハーレーなのさ」なのである。

しかしこうした考え方が、必ずしも市民社会の皆様方に受け入れられないことは、想像に難くない。実のところ、かつて私もまたそうだったのだ。以前私は、大型バイク1台と2台のスクーターを所有していた。それは、ちょっとした臨時収入があって、安く手に入ったから買ってみただけのことで、その種のシミったれた貧乏根性と、エンジェルたちがハーレーに寄せる愛情は、まるで別のものである。

そんな私がいよいよ本格的に大型バイクに乗ろうと考え始めたのは、エンジェルズの取材を進めてしばらく経った頃だった。やはり購入すべきはハーレーであろうと考えた私は、ビールグラスを片手に、まずフリスコのエンジェルたちに相談した。当然ながら、全員が熱心に知恵と手を貸してくれた。肝心なことはひとつだけ。どうやって、ハーレーダビッドソンを手に入れるか?

話を持ちかけた時、フリスコのエンジェルたちは即座に、倉庫に隠してある新車の盗品を何台か、格安で売ると持ちかけてきた。普通に買えば1500ドルのバイクが、400ドルで手に入るのは大変な魅力だったが、しかし盗難バイクを乗りこなすためには、交通警官の質問をはぐらかすコツを身につけなくてはならない。確かに、うまい言い逃れの方法はいくつかある。……のだが、そんなノウハウの細部をここに書くわけにはいかない。それに万が一言い訳に失敗すれば、即座に監獄行きだ。取材者である私としては、そういう事態はどうしたって御免だった。

そこで私はエンジェルたちに、合法で入手可能な、格安の、中古の、しかも最新のエンジェルズスタイルにカスタマイズされたハーレー74を探してくれるよう頼んだが、残念ながらかなり手をつくしてもらったものの、希望はかなわなかった。

その段階で、私はハーレー74を諦めた。次の候補として検討対象に加えたのは、当時、最もアバンギャルドなアウトローバイカーたちが好んで乗っていた売れ筋の軽量モデル、ハーレー・スポーツスターだった。一方で、堅気の友人たちの薦めで、ハーレーではなく、イギリスのトライアンフ社製のボンネビルや、ドイツBMW社製の真面目臭い大型バイクにも試乗してみた。

私は最終的な候補を、①ハーレー・スポーツスター、②トライアンフ・ボンネビル、③BSA・ライトニングロケットの3車種に絞り込んだわけである。それぞれに一長一短はあるものの、いずれもハーレー74を遙かに凌駕する優れた性能を持ってるバイクだ。エンジェルズのスペシャリストが特別レーシーな方向性へチューンアップを施したとしても、私が挙げた最新にして最高品質を誇る3種の量産モデルに、基本性能が及びもしないことは明白だ。

というわけで、結局私はＢＳＡ・ライトニングロケットを購入したのだが、まあ、それはどうでもいいことで……重要なのは、１５００ドルの予算枠で、４週間ものあいだ、大勢の仲間に相談したり、真剣に考えたり、試乗したり、研究したりした結果——カスタムチューンを施していないノーマル仕様のハーレー74という大型マシーンは、基本的には優れたオートバイではないと、はっきりと自分の感覚で理解できた、その発見である。

その後私は、大事故でバイクを廃車にしてしまうまでの2、3カ月、ＢＳＡ・ライトニングロケットで町を走るわけだが、そこでわかったことは、アウトローバイカー仕様に改造されたハーレーダビッドソンを好むヘルズエンジェルズと、レース仕様にチューンした、カフェレーサー風のトライアンフのライディングをエンジョイしている会社勤めのホワイトカラーたちのあいだには——バイクのデザインやエンジン性能、デザインセンスに対する意識の違いにとどまらず、もっと根本的で決定的な、本能的な生命感覚の違いがあるという歴然たる事実だった。

ハンドルを握ったエンジェルたちは、一旦ハーレーの内燃機関を爆発させると、飽和した危険状態が人間にもたらす、神経がキリキリと悲鳴をあげるアドレナリン的な刺激を極限までエンジョイし、驚くほど何の考えもなしに、徹底的な無茶をやらかす。エンジェルたちは皆、折々のタイミングに、様々な形で人生を破滅させている。あるいは社会から排除されたり、決定的な敗北を経験しているために、世の中で唯一自分が群を抜いて優れている領域——神聖なるモーターサイクルの領域——においては、お上品に取り澄ましたり臆病風に吹かれたりなど、万が一にもしないのだ。ヘルズエンジェルズと彼らの愛車、ハーレーダビッドソンのあいだにある特殊な関係性は、ここまで読み進めてきた読者には、すでに明白であろう。

その日は薄曇の午後だった。『サタデー・イヴニング・ポスト』誌のために、データ原稿を集めていたジャーナリストのビル・マーレーは、バードゥー支部の協力で製作された30分のドキュメンタリー番組をテレビで見たらしく、興奮した様子で私に話しかけてきた。ロサンゼルスのテレビ局が製作したその番組には、4人のエンジェルたちが、業界用語で言うところの〝素材〟として登場しているのだが、そのうちの1人をビル・マーレーはこう表現した。

「アウトローバイカーとは思えない瓶底メガネをかけた、ほとんどまともに喋れない野蛮人が出てきてさ。傑作なことに、そいつはブラインド・ボブと呼ばれているのよ。で、そのブラインド・ボブがまた、異常者スレスレの大間抜けで、インタビューそっちのけで、しきりに〝俺っちの女にチョッカイを出したらどうなるか〟について齣軋りしながらまくし立てているわけさ。〝どっかの女が俺っちと一緒にいたら、そりゃ、そいつが俺っちの女だって、そういうことなんだよおおおおおおOHHHHHH……〟って、あんなトンマな男まで、ヘルズエンジェルズには在籍してるのか？」

職業ジャーナリストとしてのビル・マーレーは、ブラインド・ボブに対し、最初から100％侮蔑的な視線を向けていたが、しかしマーレーは、改造されたハーレーを操縦し始めた瓶底メガネの野蛮人に、強い興味を感じたらしい。

「ところがさ、番組で一番よかったシーンはさ……」マーレーは興奮気味に私に続けた。「インタビュー中、トンマな田舎者にしか見えなかった、あの、インタビューもまともに受けられない低能の瓶底メガネが、ハーレーに跨ってエンジンを一発でかけた瞬間さ‼　風采の上がらない間抜けな田舎者にしか見えなかったあの男が、おい、ハンターわかるか！　いったいどういうことなんだ‼　まるで名馬ケルソーをスターティングゲートに誘導するイスマエル・ヴァレンズエラ……ああ、まさにそんな優雅で堂々たる手綱捌きで、あの間抜け男が、重い鋼鉄の荒馬ハーレーダビッドソンを、片手でいともやすやすと操りやがったのよ。しかもさ、優雅なハンドル捌きでぐんぐんと加速していくうちに、あのブラインド・ボブっちゅうトンマな男は、普通の人間ならスピードの恐怖に震えるような猛烈な向かい風の中で顔を歪ませながら、口の端に……ジーザス‼　貴公子のような優美な微笑を湛えやがった。あの瓶底ネガネの薄ら馬鹿が、ハーレーに乗った瞬間に……ハンター、あんたならわかるだろう？　いったいあいつらどういう連中なんだ‼」

ごく少数の例外を除いて、ヘルズエンジェルズが乗るバイクは、オートバイ界の巨星、ハーレー74と相場が決まっている。ミルウォーキーの工場で生産されたノーマルの74は、出荷当時、ガソリンやオイルを含まない乾燥重量で約700ポンド（318キロ）という、とてつもない重さのままディーラーに運ばれてくる。

エンジェルたちはこの鈍重な〝赤ん坊〟を手に入れると、まず徹底的に装備を削ぎ落とし、まず約500ポンド（227キロ）まで車体を軽量化してしまう。

ハーレーは、バイカーたちの隠語で〝ホッグ〟と呼ばれているが、ヘルズエンジェルズ・スタイルに改造されたバイクは、特に〝チョップド・ホッグ〟と称されるのが通常だ。チョップド・ホッグ——フロントフォークを延長しホイールベースを確保することで、ハイウェイにおける直線走行の安定性を極限まで追求したため、必然的に手元に極端に湾曲したハンドルを持つに至ったアウトロー仕様のチョッパースタイル・ハーレーダビッドソンの総称とでも記憶してもらおうか。

ヘルズエンジェルズのメンバーが改造した奇抜なチョップド・ホッグと、カリフォルニア州ハイウェイパトロールの警官隊が正式採用している白バイが、事実同じ会社が製造した同タイプの大型バイクであるという皮肉については、すでに前章で触れたわけだが——エンジェルたちが贅肉を削ぎ落として完成させた、ダイナモのようにギラギラした極限のマシーンに比べると、付属品を満載したハイウェイパトロールの白バイは、海岸に用意されている観光客を乗せるためのインド象のように鈍重なシルエットである。

両者の類似点を強引な文章表現で表すなら、一方は工場で組み立てられたままディーラーの展示会場に並んでいる標準仕様のキャデラック。一方はシャーシとボディーだけを残して装備を削ぎ落としたドラッグレース専用のキャデラック。つまり両方とも、キャデラックと呼ばれているという以外には、い・か・な・る類似点を見出すことも不可能なのだ。ヘルズエンジェルズは標準装備のハーレー74を、平然と〝ゴミ収集車〟と呼んでおり、会則で正式にこうコキ下ろしている。

【ヘルズエンジェルズ会則 第11条】
ヘルズエンジェルズ以外の者とゴミ収集車で走る際、メンバーはカラーを装着してはならない。

ハーレー74の排気量は、名前の通り74立方インチ。つまり、トライアンフ・ボンネビルや、BSA・ライトニングロケットの約2倍、1213ccに相当する。頑丈で重量感のある巨大なフレームに、車体に不釣り合いなほどの小さな座席が載っているのが特徴のマシーンだ。

かつて、『ロサンゼルス・タイムズ』紙のコラムニストが、大型バイクについてこういう記事を書いた。「大型バイク、それは、第二次大戦中のドイツ軍スパイが、犬や鶏、そして人間を轢き殺すために使っていたマシーンで、そうした残虐行為を好む人間にぴったりの、下品で野蛮な乗り物――」

フリーウェイ、あるいはハイウェイに〝割り込む（*jam*）〟とか〝突っ込む（*screw on*）〟ことができる隙間が残されている限り――つまり極限まで贅肉を削ぎ落とした車体に、瞬時にして常識外れのパワーを発揮することが可能な巨大エンジンを搭載し、しかもその特殊な長所を思う存分に活かせるわずかな隙間がセンターライン上にある限り、2、3の限定されたスーパースポーツカーやレーシング用にチューンされたマシーンは別として、エンジェルたちがつくり出したチョップト・ホッグ・ハーレー74とまともに勝負できる2輪車、4輪車は、この地上のどこを探しても存在しない。

しかし基本思想を含めた基礎設計の段階から速度など全く除外視して製造されているノーマルの74を、工場ラインから送り出された標準装備のまま公道に送り出せば、わずか305ccの、ホンダのマシーンをチャージする可能性はゼロに近く、ましてやデュアル・キャブレター方式を採用しているトライアンフやBSAには到底かなわない。それがハーレー74というマシーンである。

ここで、現在アメリカのバイク愛好家たちに人気のある、何台かのマシーンを紹介しよう。まずはトライアンフ・ボンネビル。そしてBSA・ライトニングロケット(私、ハンター・S・トンプソンが選んだマシーンである)。

両者はともにイギリス製で650ccエンジンを搭載している。最高速度は時速120から130マイル(193〜209キロ)。小型バイクの一番人気はホンダ・スーパーホーク。305ccで最高速度は100マイル(161キロ)弱というところだろう。

というわけで、イギリス製バイクの愛好家の中には、ハーレーダビッドソンを正式採用しているカリフォルニア州の白バイ隊を、「ぶっちぎってやるぜ」と虎視眈々チャンスを狙っているバイカーが少なくない。しかし白バイ警官もまた、プロフェッショナルバイカーの1人であるからして、自分のマシーンの実力は、とっくに知り抜いているわけである。

高度な改造を施された特別高速追跡パトカー、ダッジチャージャーのステアリングを握っているカリフォルニア・ハイウェイパトロールの警官ですら、走行中に英国製の大型バイクや、アウトロースタイルにチューンされたチョップド・ホッグに遭遇すると、何か自分たちが侮辱されているような不快な気分を味わうという。

本来、ハイウェイの王者であるべき自分たちハイウェイパトロールの警官隊が、ゴロツキのアウトローバイカー風情に遅れをとっているという屈辱感。ギリギリと奥歯を噛み締めながら抑え込む激情は、時にとんでもない形で発露する。

一例を紹介しよう。私が以前、BSA・ライトニングロケットでハイウェイを走行中、パトロール警官にスピード違反での停車を命じられた時の話である。突然、すぐ背中に大音量のサイレンが鳴り響いた。ミラーを覗くと、パトカーのフロントバンパーが私のバイクのリアフェンダーのわずか2、3フィート(60〜90センチ)の位置にあるではないか!

まさに接触する寸前。驚愕した私は、追突されないよう注意しながら、徐々に減速してバイクを路肩に停めた。

なぜ、危険な高速運転をしているバイクに対し、あんなにギリギリまで車体を接近させつつ追跡を仕掛けてきたのか？　私が尋ねると、警官はパトカーを降りながら平然とこう答えた。

「離れていると、次の出口で逃げきられると思ったからさ」

そんなこと思いつきもしていなかった私は、正直に言った。

「まさか逃げるとでも？」

現在の私なら、逃げることも考えるだろう。しかし当時の私は、停車を命じる警官から逃げるなど、本当に微塵も思いつかなかったのだ。

警官は先を続けた。「逃げようなんて考えなくてよかったな。この前も逃げようとしたゴロツキを1人殺っちまったばかりさ」

「えっ？」

「ずっと猛スピードで、ぴったりケツに張りついて追跡してやってたわけよ。で、ゴロツキがミスして転倒した途端、俺は奴をまともに轢いてやったぜ」

警官は、ニヤリと嬉しそうに口の端を歪めた。

薦めるわけではないが、読者諸兄がエンジェルズのようなアウトロースタイルのチョップド・ホッグで、警察車両にデスレースを挑みたいなら、勝ち残る方法はひとつしかない。

まず、今すぐハーレー社の正規ショールームに行き、ノーマルで時速120（193キロ）マイルは出る、まっさらなエンジンを積んだ新車を、1300から1400ドルで手に入れること。

本題はここから――。ハーレー74で、警察の特別追跡車両を相手に、テール・トゥ・ノーズの命がけのカーチェイスに挑むには、当然ながら専門の改造知識と、高度なチューンアップ技術が不可欠となる。第一に取り組むべきチューンは――専門用語を使うが――パワーウェイトレシオを、徹底的に小さい数値に収めることだ。エンジンの出力を高めると同時に、車体重量を限界まで削ぎ落とし、加速性能を極限まで高めなければ、特別チューンされた警察車両とのデスレースに挑むのは危険過ぎる。

実際、エンジェルたちは標準装備の74を手に入れると、すぐに、山のように取り付けてあるデコラティブなパーツを、ほとんどシャーシしか残らないところまで――場合によっては前輪ブレーキまで――取り外してしまう。それだけで飛躍的にパワーウェイトレシオ＝車重／馬力（kg／ps）の関係は改善する。

エンジェルたちの大半は、さらに次のステップに進む。エンジン出力を高める最も有効な改造手法は、ホットカムやバルブなどの部品を、すべて高性能のスペシャルパーツに変更すること。さらにシリンダーのボア（内径）をアップすると同時に、ピストンのストローク（稼動域）を大きくして、排気量そのものを上げてしまう。精度の高い技術で以上の改良をエンジンに施すと、排気量と燃焼効率が格段にアップして、マシーンの馬力はひとまわり大きなエンジンを積んだようにグンと跳ね上がる。そしてＹｅａＨ！　この段階まで手間と金と時間をつぎ込んで大改造を加えたからには、法律で義務づけられている最低限の安全部品である、テールライト、サイドミラー、後部座席の同乗者が掴む取っ手以外、車体からすべて外してしまおう。それがヘルズエンジェルズ流の、正統派アウトローバイクのスタイルだ。

しかし直径３、４インチ（８〜10センチ）しかない標準装備のサイドミラーさえ、クレイジーなエンジェルは、歯科医が歯の裏側を診療するために使う極小のデンタルミラーに変更してしまったりする。どんなに小さくてもミラーはミラーだ。カリフォルニア州法では合法なのである。

さらなる改造を続けよう――。

標準サイズのガソリンタンクを取り外し、軽量のハーフサイズタンクを採用する。タンクそのものの重量を軽減させると同時にガソリン積載量を半減させ、満タン時の車重を大きく軽減できる。走行可能距離もまた半減するが、パワーウェイトレシオを上げる意味で、また、デザイン的な意味でタンクの変更は非常に大きな意味を持つ。フロントフェンダーは不要だ。取り外してしまおう。リアフェンダーは車輪の一番上あたりでカットしてしまう——エンジェルズの用語で言うところの〝バッサリちょん切る〟ってやつだ。純正のハンドルは取り外す。代わりにチョイスするのは、長く湾曲した、胸の位置にスロットルが来るチョッパースタイルのコンチネンタルハンドル。当然ながらノーマルシートは取り外し、代わりに、バレーボールの膝当てのような極薄い革製の小さなサドルを、エンジンに直接貼り付けるようにフレームの一番低い位置に置く。フロントフォークもノーマルは使わない。特殊なロングサイズフォークを採用し、ホイールベースを長く確保することによって車重のバランスが、前輪軽く／後輪重く、つまり前輪が浮き上がりやすくなり、エンジンからのパワーが直接伝わる後輪が空まわりしにくい絶妙なバランスにセッティングすることが可能となる。そして、エンジェルたちが〝自殺クラッチ〟と呼ぶ、足踏み式の変速装置を取り付ける。

さてさて、ここから先は個人それぞれの工夫とオリジナリティが物を言う世界だ。採用するかどうか、すべて読者しだい。例えば、極端な傾斜角度をつけた特異なマフラー。異様な風貌をもたらす小さな2つ目のヘッドライト。自転車並みに細い前輪——。さらにオリジナリティを追求したければ、後部座席に座った同乗者が振り落とされないために摑む取っ手、通称〝弱虫棒〟を、例えばクローム製の短剣形デザインに変更するなど、専門のパーツメーカーの製品を、様々に組み合わせていく。

アイデアと工夫。徹底した美意識と譲れないスタイル。あらゆるエッセンスを結晶させること。それらをとことんまで追求した結果、あの、地獄から蘇ったような究極のハーレー74、霊魂が宿った本物のマシーンを、自分自身の手で創造することができるのだ。

仕上げは塗装である。つくりあげた車体に、クロームメッキや、鮮やかな新色のファイヤーカラーなどの特殊塗料を惜しげもなく使って、誰もの度肝を抜くような、奇抜でど派手なペイントを美しく施すのだ。

こうした過程を経て生み出されたオリジナルのチョッパーは、多くの場合まさに芸術作品と呼ぶにふさわしい。完成させるためには、工賃を別にして最低3000ドル。それくらいの出費は当然かかる。磨き抜かれたロングサイズスポークは、最高級のクローム仕上げ。フライホイールは超軽量で、バランスに微塵の狂いもない。ガソリンタンクの塗装は12層構造の特殊工程を経て完成させたものなのだ。

完璧に仕上げられたエンジェルたちのオリジナル・チョップド・ホッグは、限りなく優美で、そして贅沢だ。シルエットは、現代文明が生み出した内燃機関を持つ乗り物として、飛びぬけて優雅なオリジナリティに富んでおり、あまりに完璧に近い物体なので、実際間近でうっとりと眺めていると……今夜もまた誰かが、泥酔の果て、深夜のハイウエイでブレーキもかけずに路肩の樹木やガードレールに激突して、原形をとどめぬほどぐしゃぐしゃにバイクが潰れている、あの、あまりに悲惨な事故現場のリアルを忘れてしまうほどである。それもまた、伝説と現実のあいだを行き来しながら存在しているヘルズエンジェルズというイメージ集団が抱える数多くのパラドックスのひとつであると言えるだろう。

衛生・教育・社会環境……。あらゆる面で劣っている自己存在のすべてを、ヘルズエンジェルズのメンバーたちはバイクへの美意識を徹底することで埋め合わせてきた。しかし約6カ月の期間と大金を費やしてようやく完成させたチョップド・ホッグを、たった数分でぶち壊すこともまたエンジェルズではよくある話だ。その理由は、どんなにレーシーに改造されたマシーンでも決して時速50マイル（80キロ）以上では曲がりきれない激しいRに、エンジェルたちがいつも狂ったようなトップスピードで強引に突っ込んでいくからだ。

【ハイサイド】カーブなどを猛スピードで走行中、タイヤが路面のグリップ力を失ってスリップを始める。次の瞬間、タイヤが路面のグリップを急に取り戻すと、その反動でまるでカウンターパンチを食らったように車体が倍速で逆方向の路面に叩きつけられ、搭乗者が上方向に高く飛ばされる現象。最悪のバイク事故。車体とガードレールなどのあいだに搭乗者が挟まれる危険性が極めて高い。

命の危険に直接かかわる過去の事故体験を、エンジェルの1人はこんなふうに語っている。「ああ、ハイサイドね。そりゃもうベイベェ。俺たちゃ誰だって、一度はハイサイドを食らっている。どういうことかっていうとな——つまり、時速70から80マイル（113〜129キロ）で急なカーブに突っ込む。すると、どうしたってタイヤはグリップを失って滑りだすんだわ。わかるかい？　遠心力でカーブの外側にタイヤが滑ってくんだよ、ずるずるずると……そこでいきなりBANG!!　タイヤが突然グリップを取り戻すと、車体がまるでポップコーンが弾けたみたいに、一瞬のうちに逆方向に叩きつけられて、その勢いで俺たちゃ、ゴムまりのように跳ね上がって、縁石とかガードレールとか路肩とか……ベイベェ、何でもいいけどさ、なぜかその時に限って危険な物めがけて宙返りして吹っ飛んでいくのさ。わかるかい？　そいつが古典的なバイクの〝ハイサイド式降車方法〟って奴なのさ。ベイベェ、ホントにわかってる？」

1965年のある冬の夜のことだ——。オークランドから北に延びる街道で、急な雨に降られ、私自身、2人乗りのバイクをハイサイドさせたことがある。

セカンド・ギアの最高時速70マイル。路面は滑りやすい状態だった。そのまま突っ込めば明らかに何かが起きそうな危険なカーブに、しかし私は、そのまま突っ込んだ。

路面がウェットだったせいでバイクの傾斜角を十分にとることができず、結果、やはりカーブの途中から、後輪が外側へ滑りだすこととなった。Z、ZZッZZZッ！　一度タイヤが滑り始めると車体のコントロールがまるで効かなくなり、後部シートに友人を乗せたままの車体は、道路沿いの線路脇に積まれていた砂利山めがけてスローモーションのように流れていった。

その時、私にできたことのすべてと言えば、必死になってハンドルにしがみついているだけだった。不思議なことに、相当な速さで路面を滑っているにもかかわらず、私の瞳孔が捉えていたのは、時間が止まったような逆さ映りの曇り空と、ざらざらした濡れたアスファルトの舌舐めずり。車体と路面の摩擦が起こしている火花が、スローモーションの花火のように散っていたことが記憶に残っている。とても穏やかな、瞬間にも満たない時間の断片。私は、まるで誰かに優しく抱きかかえられたような不思議な飽和感に包まれて……その刹那だ——BANG! 車体がアスファルトに強烈叩きつけられたのち、次の瞬間、その反動で私の体は音の出ないバズーカ砲で吹き飛ばされたように灰色の宙空を舞っていた。死神の指先で弾かれた宙を舞う命の断末魔。ハンティングの標的にされた鹿がそうであるように、最前線の兵士たちもまた、狙撃される瞬間の銃声を聞くことはないという。ハイサイドを経験した人間もまた、同じような沈黙を聞く。

鋼鉄のマシーンが路面に墜落し、鉄の塊が金切り声をあげるのと同時に、私もまたアスファルトに叩きつけられた。全身が酷い痙攣を起こし、震え軋み始め、もし運がよければ意識を失い、救急病棟で目を覚ますまで、私はきっと何も憶えちゃいないはずだ。

そして気がつけば、ぼんやりとした視界の先で頭皮が目の前に垂れ下がり、血に染まったシャツが胸に貼り付いている。ところでこいつらいったい誰なんだろう? 役人風の顔をした誰かが、俺を真上から見下ろして喋っている。「こういうイカれた馬鹿どもは、学ぶってことを知らないな」。満足そうな薄笑いを浮かべながら。

酷い交通事故にロマンティックなオマケなど何ひとつないのが現実だ。唯一の不幸中の幸いは、ハイサイドのような大事故の衝撃は、多くの場合、怪我人の感覚を瞬間的に完全に奪い去るほど強烈だということ。仮に意識があったとしても、もはや感覚は麻痺している。

私が起こした事故の場合、バイクから吹き飛ばされた同乗者は、かなり長いあいだ曇天の空に放物線を描き、それから砂利山に落下し、大腿骨を立体パズルのように砕いてしまった。発見された時、同乗者の脚はシュールな形に折れ曲がり、折れた骨の鋭く尖った先端は筋肉も皮膚もデニムも突き破って、濡れた砂礫に飛び出していたという。脚を元通りに繋ぎ合わせる前、外科医たちは骨についた砂利を丁寧に洗い落とすのに、随分と手間取ったそうである。ところが当の本人は手術のあと、翌日まで何の痛みも感じなかったという。地上に落下した時も。身動きひとつ取れず、そぼ降る雨の中で瓦礫に横たわっていた時も。大腿骨を剥き出しにしたまま、親切な誰かが救急車を呼んでくれないだろうかと考えていた時も。痛みをまったく感じなかった。

ヘルズエンジェルズのメンバーなら、誰でも一度や二度はER（緊急病棟）の世話になっている。しかしメンバーたちは、バイクによる事故を、名誉の負傷と考えており、あたかもそれこそがアウトローバイカー騎士道の王道だと言わんばかりに、事故の恐怖を口に出さない。

外部の人間は、そういう彼らの無謀さを、狂気という言葉で括るだろう。あるいはこの先、どこかの分析医か学者が、深遠でもっともらしい、新しい病名を与えてくれる時代がくるかもしれない。だがヘルズエンジェルズのメンバーたちは、ビールジョッキから白い泡が溢れるのがこの世の道理であるのと同じように、死の危険との同伴を人生の道理であると考えている。エンジェルズのメンバーたちは、スキー愛好者がゲレンデで脚をポッキリやるのと同じくらいの感覚で、生死を賭けた激しい経験を受け入れるのだ。

生命を失いかねない大事故や、生涯苦しむ大怪我を負いながらも、メンバーたちが、いかにも、そうした事実を気楽に受けとめていることもまた、一般市民がヘルズエンジェルズに言い知れぬ恐怖を抱く理由のひとつになっている。

地元じゃ負け知らずの喧嘩自慢を自認していながら、思春期以降は殴り合いなどしたことのない、平均的中流家庭に育ったアメリカ人青年に比べれば、たとえチビで非力な男であったとしても、ヘルズエンジェルズのストリートファイターは、圧倒的に暴力に長けている。

事実として語れば、しかしそれは、単純に経験の差の問題に過ぎない。つまり本当に自分自身が空っぽになるまで、殴られたり蹴られたりしたことがおありですか？　ただ、それだけのことである。

お上品なる一般市民社会の方々の目には、本気の喧嘩というのは、醜いヒステリーの最悪の結末としか映らないだろう。しかし実際は、鼻骨を3度潰された男なら、ヒステリーなど起こさなくとも、誰だって簡単に反射的に人を殴れるものである。実際に死の危険を伴う東洋の伝統武術をどれだけ習ったところで、恐怖心を克服する術など学べやしない――インストラクターが本気のサディストなら話はまた別だが――と思ったが、やはりそれでも無理だろう。

誰であっても、人生の経験値がもたらす感覚を、空想上の人為的な偽りでねじ曲げることなどできやしない。

サンフランシスコは、空手が盛んな街である。1965年のベイエリアには、授業料を取る全日制の空手スクールに通う生徒が、ざっと数えて、どうだろう7000人はいたのではないだろうか。となると、繁盛している酒場には必ず、「空手の技みたいなことをやらかそうとした馬鹿を、俺の拳でぶちのめしてやったよ」という笑い話を披露するバーテンダーが、結構な数いたりもするわけだ。だが、さて諸君！　ここでは、その話が実話かどうかなんて、まったくもってどうでもいい。

この逸話で何が重要かというと――つまり、自分自身の体が圧倒的な暴力に晒される局面において、人間が生き残る／淘汰されるの境界は、ほとんど条件反射によって決まるという、厳然たる生死の真実である。

古傷で握り拳を固めたバーテンダーは、どんな条件であっても、血まみれになった経験が一度もない熟練の空手修練者より、素早く強烈な一撃を相手の顔面に炸裂させることができる。それと同様に、大事故の経験をジョークにできるくらい幾度もハイサイドを経験したヘルズエンジェルズのメンバーは、本当にきつい経験をした者だけが持つ、さりげない流儀でライディングを語りながら、危険な走行を平然と繰り返すことができる、真に根性のある面構えを自然と身につけているものだ。(註3)

ヘルズエンジェルズとともに過ごすうちに、私は、ギプスや包帯、吊り包帯、赤紫色に変色した腫上がった顔面といった、暴力に付随する様々な光景に慣れきってしまった。途中からは、ギプスをしているエンジェルを見ても、いちいち「ヘイ、いったいどうした?」と聞くことすらなくなった。スリル満点に脚色された大喧嘩の顛末は、いずれにしろ日常的な話題だったし――出来の悪い作り話は、ストーリー展開が見え見えのレイトショーのアクション映画そのものの陳腐さに感じられた。

ヘルズエンジェルズと揉め事を起こす連中のほとんどは、自分たちが今、どんなに恐ろしいことに首を突っ込んでいるのか認識できていない、よその町からやって来た、自称喧嘩自慢の若造たちだ。

懸命な読者諸兄におかれましては――すでにもう、あの、あらゆる国の司法規則よりも尊重遵守される〝みんなで1人を、1人でみんなを〟のヘルズエンジェルズの道徳律について、深くご理解いただけていることと存じます。

つまり言い換えれば、ヘルズエンジェルズのメンバーは、誰であれ自分たちの支部が支配するテリトリーにおいては――マフィアの支配下にあるイタリア街で、イタ公のチンピラの安全性が完全に保障されているのと同様に――安穏と過ごすことができるのである……と言いたいが、ところが!　縄張りという安全地帯内に身を置いているにもかかわらず、時にヘルズエンジェルズのメンバーは、実情を知らないか、あるいは無視しているよそから来た屈強なファイターに散々な目に遭わされている。オークランド支部を束ねて8年になるソニー・バージャーでさえ、「鼻を折られた

(註3) 喧嘩や交通事故で死亡したエンジェルは、1964年に5人、65年には3人を記録。66年は現時点で3人だが、それに加えて腹を撃たれ大怪我を負った者や、同じく撃たれて首から下を永久に麻痺してしまった者もいる。

り、顎を砕かれたり、歯を折られたり、よそ者にはいろいろやられたぜ!」と告白しているくらいだ。

たった一度のオートバイ事故で、1ダースの大喧嘩より凄まじいぶっ壊れ方をするエンジェルもいる。例えばバードゥー支部のファニー・ソニーは、埋め込んだ鉄板で頭蓋骨を補強し、片腕は鉄の棒で接続されているうえに、足首はプラスティックで、深く裂けた顔はいつまで経っても修復されず、相手をぞっとさせながらニヤリと笑う男だが、それらすべては、たった一度の衝突事故による勲章だ。

ちなみにファニー・ソニー(笑えるソニー)というエンジェルネームは、頭に入れた鉄板が、奴の脳に不思議な影響を与えていると考えたエンジェルたちがつけたものだ。1964年10月、バードゥー・エンジェルズが、カリフォルニア州南部のサンタアナまでランを決行した時、ファニー・ソニーは、沿道に集まった野次馬相手に大演説をやらかし、大ウケにウケた。

一段高いところに突然立ち上ったファニー・ソニーは、警察官や裁判所や現代アメリカの社会構造を激しくコキ下ろし、集まった群衆たちはファニー・ソニーに対し拍手喝采で声援を送った。それが原因で、ファニー・ソニーはある日突然、御当局から凄まじい枚数の交通違反キップと、無限の召喚状を送りつけられ、刑務所送りとなってしまうわけだが——。

バス湖での乱痴気騒ぎからレイプまで

9
HELL'S ANGELS

ヘルズエンジェルズはどのようにして、全米一の嫌われ者になりえたか？
答えは、そんなに簡単なことじゃない。彼らは非常に狡賢く、社会の陰に暗く身を潜めながら、
自らの存在をより残酷で陰惨な堕落した存在へと貶め、棲息してきたのだ。

――『トゥルー・ディテクティブ』誌（1965年8月号）

やれ学校だ、やれ家族だの、その類の悩みはひと通り全部経験済みさ。

で、ようやくわかった。どいつもこいつもクソだ！

おいらはエンジェルズに入れてもらえて、嬉しくって嬉しくってしょうがねえ。

エンジェル以外の何にもなりたくねえ。それがおいらの人生ってことなんだ。――あるエンジェルが質問に答えて

1964年9月に起きたモントレー・レイプ事件から翌65年の夏頃までに、ヘルズエンジェルズを社会学的な主題に据えた、少なくとも2本の正規の学術論文が専門誌に発表された。おそらく、他にも準備中の論文はあったはずだ。だがしかし、ヘルズエンジェルズをフィールドワークしていると公言していた社会学者、文化研究者は多数いたにも

かかわらず、ほとんどは、若干のエンジェルとごく限定的な関係を持ったに過ぎず――その結果、アメリカ市民社会が漠然と抱いていた、〝ヘルズエンジェルズ〟という新しいライフスタイルを引っさげて現れた新種の若者たちの脅威の本質を正しく把握・分析することに、ことごとく失敗していた。

実物のヘルズエンジェルズを見たことがあるアメリカ市民1人に対し、メディアが煽ってつくり出した、想像上のヘルズエンジェルズを妄信していたのは、優に500人を超えていただろう。1対500――イメージに支配された社会不安の誕生である。

当時のアメリカ国民は、実際には見たこともない、メディア上にだけ存在する誇張し歪められたイメージだけのアウトローバイカー・クラブに対する脅威をかき立てられ、闇雲に怯え、不安な生活を送っていた。

そのため、ヘルズエンジェルズ・モーターサイクルクラブが、1965年7月4日の独立記念日の前後を含む3日間、〝独立記念日のラン〟と命名した大規模ツーリングを実施すると発表した時、アメリカ市民社会は驚愕恐怖し、それが、全米規模の暴動や社会騒乱への引き金になるのではないかと、強い疑心暗鬼を募らせた。

1965年7月2日(金)、独立記念日のラン前夜。私、ハンター・S・トンプソンは、バードゥー・エンジェルの1人、フレンチーが経営する〈ボックスショップ〉に電話をかけた。私はそれまで、ヘルズエンジェルズが連休を利用して開催する、数日間に及ぶ大規模なランに参加した経験がなかったが、今回だけは、事前のメディア報道の雲行きから、何かろくでもない騒動が勃発しそうな匂いがプンプンして、ジャーナリストとしての本能を無性に駆り立てられたのだ。

フレンチーは電話口で、私が他に誰かを連れてこないかと再三にわたって聞いてきた。私が断言すると、通常はメンバー以外には絶対に知らされることのないランの目的地を、フレンチーは驚くほどそっけない口調で告げた。

「目的地はバス湖さ。わかるかい?」

私の頭の中に、すぐに地図が広がった。フレンチーは先を続けた。「東へ200マイル(322キロ)にある山間のリゾート地の、そう……そこが目的地のバス湖さ。でもちょっと心配なんだよな」フレンチーは少しだけ声を潜めた。「今回は、何か大きなトラブルが起きる嫌な予感がする。なあハンター、マスコミがあんだけ派手に騒いでいるだろ。俺たちは集まって楽しくやれりゃいいって、いつもの通り思ってるんだけど、こんだけ騒ぎが大きくなっちゃぁ、州内すべてのオマワリが動員されるような騒動になるんじゃないか?」

フレンチーが心配するのも当然だった。ヘルズエンジェルズの独立記念日のランを阻止するため、カリフォルニア州警察機構は威信をかけて、必ずや大量の警官隊を動員してくる——。私もまた確信していた。メディアマスコミ各社が、全米に向けてあまりに過剰な警告を、数週間にわたって加熱した調子で煽り続けていたからである。

UPI通信(ロサンゼルス発 1965年6月25日)

7月4日のヘルズエンジェルズ包囲網突破か!? 警察が危機感

ヘルズエンジェルズが計画している年に一度の真夏の祭典、独立記念日のランに対し、当局は余裕の構え——。

ロサンゼルスから全米に向けて配信された速報記事には、リンチ検事総長の、「州当局は、情報を完全に把握し、十分な対策を準備している」というステートメントが掲載されていた。しかし実際には、ヘルズエンジェルズが暴動を計画しているなどという事実は一切なく、リンチ氏が対応を準備したという〝暴動計画〟なるものの正体は、当時エンジェルズ関連の読み物で読者を惹きつけていた『ニューヨーク・タイムズ』紙などのメディアにガセネタを売りつけてひと儲けしてやろうと企んだ、詐欺師連中の作り話に過ぎなかった。

ところが計画されてもいない暴動計画の噂は、メディアネットワークによって、あっという間に全米に事実として伝えられ、ついにはニューヨークの３大ネットワーク局のひとつ、ＮＢＣのニュース番組『*NBC's Monitor*』にまで紹介されてしまう。

当時のアメリカ社会が、ヒステリックなまでにヘルズエンジェルズのランを恐れ、問題視した背景を、もう少し詳しく説明しよう。

ヘルズエンジェルズの脅威に対し、市民社会に漠然とした不安が高まりつつあった同年6月。19日夜から翌20日未明にかけて、なんと！　大陸を挟んでカリフォルニア州と真逆に位置する東海岸ニューハンプシャー州の中東部に位置する小さな市ラコニアで、オートバイに乗って集まった群集たちによる暴動事件が、本当に起きてしまったのである。

独立記念日のランを直前に控えているタイミングで、実際にバイク暴動が起きたという揺るぎようのない事実は、全米市民と警察機構に対しあまりに強烈な印象と衝撃を与えていた。

断っておくが、ラコニアで起きたバイク暴動とヘルズエンジェルズのあいだには、一切何の関係もない。しかしながら全米各地のあらゆる新聞は両者を関連づけて、一面トップで大々的に事件を報じた。事件をことさら大きく取り上げたのが、ヘルズエンジェルズが拠点として活動するカリフォルニア州一帯の報道機関であったのは当然であろう。しかし私が何より驚いたのは、記事中でラコニア市長が、「すべての責任はヘルズエンジェルズにある」と明確に犯人をエンジェルズに特定して非難していたことである。

月刊写真雑誌『ライフ』（1965年7月2日号）もまたラコニアの事件をヘルズエンジェルズと関連づけて大きく取り上げたメディアのひとつだ。数多くの象徴的な暴力写真が誌面を煽情的に血生臭く飾り、読者の恐怖を刺激的に煽り立てた。炎を放たれ、黒煙を吹き燃え上がる車。動員された州兵が銃剣を手に身構える姿。押収された武器や凶器の

SPORTS

'Come to the riot. See Weirs Beach burn'

by MICHAEL MOK

LACONIA, N.H.

The motorcyclists came vroom-vrooming down the streets of Laconia, purpling the air with exhaust fumes and cheerfully shouted obscenities. The more conservative among them wore Wellington boots, grimy jeans and black leather jackets, but there were also wispily bearded lads sporting single piratic earrings and one who actually wore a ring in his nose. There were heavily muscled rowdies, their shirts flapping open to reveal tattoos of skulls and snakes. There were also crew-cut college kids whose immaculate chinos could only have been laundered by Mother.

All told, some 15,000 cyclists were gathered in that New Hampshire town for the 44th Annual New England Tour and Rally. As they double-clutched through town, Laconians studied them with honest avarice and profound uneasiness. They knew what maverick bands of marauding cyclists had done to other towns across the country and were worried when cyclists' signs appeared on telephone poles along the highway: COME TO THE RIOT—SEE WEIRS BEACH BURN SATURDAY NIGHT!

Another kind of sign stood outside the Evangelical Baptist Church: WELCOME CYCLISTS WORSHIP WITH US. A local motelkeeper stood outside in deep discussion with a restaurant owner. "Sure, some sleep on other people's lawns, but we do a turn-away business at the motel. It's fine with me, even though I had to pay $400 for new asphalt tile two years ago after one guy used the hallways of my place for a drag strip." His companion agreed: "They drink more than is good for them, but they buy the stuff locally. Anyway, we're ready, whatever happens. . . ."

Armand Baron wasn't ready, but then again, he wasn't a member of the police department or the National Guard or the sheriff's riot squad or the Civil Defense auxiliaries or the state police—all of whom had been alerted. Mr. Baron, a barber, thought he'd go grocery-shopping with the family and then for a ride that sultry Saturday night. He took his wife, his son, his son's wife and the two grandchildren, Duane, 2, and Brenda, 8 months. They had the bad luck to drive through The Weirs, a lakeside suburb of Laconia, where the motorcyclists were juicing it up and racing their motors. As the Baron family approached the lake in bumper-to-bumper traffic, some of the cyclists were on the rooftops pelting the crowd with beer cans. The boardwalk was crunchy with broken glass. A unicyclist was showing off and a cop was trying to move him out of the road. "Come and get me, baby," said the showoff, stepping back into a circle of friends. His companions were wearing bicycle chains slung across their bodies, Mexican bandit style, and when the cop approached, they carefully wrapped the chains around their knuckles. The policeman backed away and the crowd closed in on a panel truck just in front of the Barons and began rocking it from side to side.

Then Armand Baron felt his own car begin to rock. A sweating fat woman squinted through the window. "Hey, there's babies in there," she protested. No one paid any attention. Panicky, the Barons squirmed out of the car, somehow carrying the children, just before the crowd flipped the auto over and set it ablaze. Mr. Baron was swept away in the roiling crowd. He got back to his family five hours later, puffy-lipped from a police billy club and limping a little because a Guardsman had slammed him in the hip with a rifle butt.

The riot was on, full steam. Cyclists stoned the police who came back with their nightsticks whirring. Tear gas shells exploded and National Guardsmen, advancing with fixed bayonets, fired shotguns loaded with rock salt and No. 6 birdshot into the crowd. Brawlers and bystanders alike were blinded by gas and peppered with pellets. The more agile cyclists roared away over lawns and bounced along railroad tracks, leaving the fuzz to mop up the laggards and the innocent. Some of the people who got mopped up resented it on the grounds that they weren't rioting and didn't even own motorcycles. "They yanked me out of a car and knocked me bowlegged," said a 17-year-old named James W. Deveau Jr., "then one cop stood on my head while another put handcuffs on." About 70 people were injured, some with serious fractures, and 34 cyclists wound up in jail. The police chief, Harold Knowlton, was blunt about charges of brutality. "I don't know a man in the department who didn't suffer bumps and bruises. They were throwing rocks as big as grapefruits." He blamed the riot on a contingent of California's notorious Hell's Angels cycling club. "We knew they were around and that they had taken over a town out west, but they weren't going to do it here," he said. His words were all but drowned out by the insolent roaring of engines as the last of the cyclists kicked their bikes to life and went zapping out of town.

Flames roar aloft from the Barons' car which the cyclists flipped over as

Weapons confiscated from cyclists by police include jungle knives, stilettos, switchblades, bicycle chains.

Exuding ones conti when led

ラコニア・バイク暴動を報じる『ライフ』。1965年7月2日号数々。手斧、バール、鉈、メリケンサック、チェーンや牛追い用の強力な革鞭。ページを開くごとに目に飛び込んでくる、ショッキングで直接的な恐怖を連想させる写真の数々。

「ラコニアに集まっていた1万5000人のオートバイライダーたちが、ヘルズエンジェルズに煽動されて突如暴徒と化し警察と衝突！　多数の建物が放火被害に遭い、ニューイングランドの小さなリゾート地は破壊された」

事実無根の記事に、写真が完璧なリアリティを与えていた。

『ライフ』誌が、約2週間後に迫っていた独立記念日のランの恐怖を煽ることで、読者の興味を惹きつけ雑誌の売り上げを伸ばそうとしていたことは明白だった。同誌は単純明快なイメージを訴えていたのだ——「ヘルズエンジェルズは、地元カリフォルニアから3000マイル（4828キロ）も離れた東海岸ニューハンプシャー州のラコニアで、ごく少数のメンバーだけで、これほどの大暴動を引き起こしてみせたのだ。本拠地である西海岸でエンジェルズが企てている暴動計画が、狙い通りに実施されたらどうなるか？　読者の皆さん、考えただけで恐ろしいではありませんか」

1965年の独立記念日のランで、ヘルズエンジェルズが目的地に選んだバス湖は、カリフォルニア州中部一帯に拡がる広大なシエラネバダ山脈の一角を占める、アメリカ三大国立公園のひとつ、ヨセミテ国立公園から南へ14マイル（23キロ）に位置する、伝統的なアメリカのひなびたローカルリゾート地である。

出発前、ソニー・バージャーをはじめとするエンジェルズ幹部は、ランの目的地を最後の最後まで極秘にする戦略を立てていた。しかし彼らの情報管理は極めていい加減で……情報解禁前に目的地を耳打ちされたメンバーは、それが根拠のない噂レベルの話であっても、〝俺は知っている〟という虚栄心を抑えきれず、思慮深い少数派の沈黙を圧倒してペラペラとあちこちに伝え始めたので、すぐに虚実取り混ぜた様々な情報が飛び交うこととなった。そうして流れ始めた噂はもはや誰にも止められない。

Xデーが近づくにつれ、乱れ飛ぶ情報は混乱を極め、メディアを巻き込む形で加速度的に拡大し、市民社会の不安を無根拠に高める最悪の結果を生んだ。

警察が「とある筋から」（キーワードだ！）入手したとされる根拠の薄い情報を発表すると、今度はマスコミが「とある警察筋から」（また出た！）の情報を流し、それが放送電波に乗る頃には……もはや西海岸全域の市民社会は、かの有名なオーソン・ウェルズのラジオドラマ『火星人来襲』（註1）が引き起こした社会的パニックの予兆のような、恐怖に怯えきったある種の恐慌状態に陥ってしまった。

1965年7月3日（土）早朝。Xデー当日――。

ラジオスピーカーから流れるニュースは、バス湖周辺に暮らす住民たちが、間もなく来襲してくるであろうヘルズエンジェルズの大群に対し、もはや勝ち目のない決死の攻防戦を覚悟していると物々しい調子で伝えていた。ラジオキャスターは、想像するも恐ろしい町の命運に対し、住民たちが最後の徹底抗戦を準備していると声高に喋り続ける。

しかしよくよく聞いてみると、ニュースを伝えているラジオキャスターですら、エンジェルたちが目指す正確な場所をはっきりとは把握できてはいないようで、しきりに「警察発表では……」と情報ソースを繰り返していた。

しかし肝心の警察発表の精度は、発表するたび曖昧といったシロモノで、朝の新聞各紙への発表では「ヘルズエンジェルズは、メキシコ国境の町ティファナからオレゴン州との境界まで、カリフォルニア州のどこの町を襲撃してもおかしくない」ということになっていた。

同日朝の『ロサンゼルス・タイムズ』紙は――「マリブ・ビーチ周辺が、現代版『乱暴者』の舞台になる可能性が高い。

（註1・訳註）1938年10月30日（日）、半月の夜。映画監督であり高名な役者でもあったオーソン・ウェルズが、「火星人が来襲して町を攻撃し始めた――」という、SF作家、H・G・ウェルズ原作の小説『宇宙戦争』のラジオドラマを、あたかも本当のニュースであるかのようなリアリティ溢れる演出で放送した。そのため多くの市民が、ドラマではなく本当のニュースと勘違いして短時間のうちに噂が広まり、実に100万人以上のアメリカ市民がパニックに陥り、恐怖のあまり町や家を捨てて逃げ始める大騒動となった。

ただし今回流されるのは、映画用の血糊ではなく人間の血で、マーロン・ブランドは現れないないだろう」との、予測記事を掲載していた。

『サンフランシスコ・エグザミナー』紙は、「金門海峡の真北に位置するマリン郡で年に一度行われるライオンズクラブ主催のパーティーを粉砕することが、ヘルズエンジェルズの目的である」と記事にしていた。

『サンフランシスコ・クロニクル』紙は、『エグザミナー』と同じくマリン郡襲撃説を唱えていたが、しかしこちらの記事は「ヘルズエンジェルズは、マリン郡で行われる盲導犬のチャリティー慈善事業をぶち壊すことを目的としている」と胸が痛むスクープをぶち上げている。

当時のマスコミ報道を検証するに、カリフォルニア州内の少なくとも12の自治体が「ヘルズエンジェルズの暴力侵攻に対する警戒が必要」と注意を喚起しており、そうした情報の一つひとつが、独立記念日の連休初日を迎えた一般市民たちに恐怖を与えていた。

しかしメディアが発する過剰なまでの警報を耳にしてもなお、市民たちの反応はまちまちだった。シエラネバダ山岳地帯へのハイキングを楽しみに計画していた観光登山客や、バーベキュー用の炭やバドミントンのラケットをファミリーカーに積み終わり、あとは車を走らせキャンプ場を目指すだけという9時・5時タイプの善良な市民――たまの連休なんだから思う存分ハメを外したいとわくわくしている人たち――は、予定を変更する決心がつかず、ただ漠然と「暴動騒動に巻き込まれたらどうしよう」、あるいは「無法者バイカーに出くわしてチェーンで殴られたり脅されたり、子供たちのトラウマになるようなことが起きるのではないかしら」と、どんよりとした不安を抱えながら、しかし朝の出発の準備を黙々と進めていた。

ラン決行当日のこの段階まで、アメリカのメディアは市民社会の住民たちに対し、過去、ヘルズエンジェルズが起こした様々な事件を、新聞、ラジオ、テレビを通じて連日連夜見せつけてきた。そしていよいよXデー当日を迎え、メディアはいよいよライブ中継に、自分たち自身が参加する好機を得たのである。残るは、メディアを飛び交う噂話の中から、正しい情報を見つけ出せばよいだけの話だ。（註2）

市民たちはまた、この数週間、Xデーへの不安を煽られながら、しかし一方で、メディアを通してヘルズエンジェルズという恐怖集団にあまりに慣れ過ぎており、恐怖を感じながらも、すでに事件は過ぎ去ったかのように、矛盾した奇妙なマンネリ気分も同時に味わっていた。

直前のこの段階に来て、カリフォルニア州のハイウェイパトロールの警官隊は、「アウトローバイカーたちの集団がいかに素早くハイウェイあるいはフリーウェイをオートバイで移動しようとも、即座に連中の動きを特定・追跡できる無線ネットワークの構築が完了した」と発表した。「これにより、州内すべての警察署が、相互の情報を迅速に共有することが可能になったのであります」

警察のスポークスマンは、メディア記者を前に力強く宣言した。「我々は、この新システムの導入により、いかなる小さな田舎町であろうとも、オートバイで来襲するヘルズエンジェルズに、突如寝首をかかれるようなことは起こりえないと絶対の自信を持っております」

しかしそのような最終発表をする段階に至っても州警察機構は、〝ヘルズエンジェルズが計画している暴動計画とはいったい何なのか?〟という具体的な内容について、また、〝暴動計画を未然に防ぐための手立て〟については、何ひとつ発表しなかった。

それもそのはずで、これは大変重要なことなのだが、そもそもヘルズエンジェルズは最初から暴動など計画していないのである！　私、ハンター・S・トンプソンが当時の全米社会が陥っていた根拠なき恐慌状況を分析するに、〝ヘルズエンジェルズが計画的な暴動を企てている〟という誤解が社会全体に無秩序に拡大していった原因は――〝連中は違

（註2）または〈ボックスショップ〉に直接電話して聞くか。

法行為をやらかすに決まっている〟という決めつけに端を発したソーシャルヒステリーにある。ヒステリーは際限なく拡大し、潜在的な危険行為の象徴であるランを阻止するためには、エンジェルズがハイウェイに現れるやいなや、即座に全員を逮捕してしまえばいいという、強固で一方的な負の連鎖反応に帰結していく。

ヘルズエンジェルズと市民社会のあいだに生じたこの負の連鎖反応は同時に、実に興味深い法的矛盾状況をも生み出している。

というのも、エンジェルたちを一網打尽にするために、無線ネットワークを警察機構がいかに整備しようとも、現実的には、ヘルズエンジェルズをハイウェイで逮捕できる法的根拠など、何ひとつとして存在していないのである。言うまでもなく、町から町へハイウェイをオートバイで移動することに、違法性はない。つまり理論上は――交通法規や自治体規則に違反しなければの話であるが、たとえ1000人ものヘルズエンジェルズの大集団がロサンゼルスからニューヨークまで2列隊列を組んで長々と移動しようとも、法的には誰にもそれを阻止することができないのだ。

当のヘルズエンジェルズは、そのことを熟知していた。ランが間近に迫ると、エンジェルたちが集合してルートを地図で予習し、警官隊が配備されそうな町はどこか？　スピード違反に厳しい区間はどこか？　あるいは標識がないのは？　あるのは？　特殊な地方条例を施行している自治体はどこか？　その他、自分たちが法的処罰の対象とされたり、通行禁止命令を食らう可能性のあるあらゆる懸案について、細かい情報を交換する念入りなミーティングを頻繁に行っていた。

エンジェルたちの多くは、過去何年にもわたって、カリフォルニア州内のハイウェイの動脈から動脈、フリーウェイの静脈から静脈、また、裏道の毛細血管も含め、州内各地を隈なくバイクで走破していたので、どの街道のどの町が、特別な敵意を隠し持って自分たちを排除しようと攻撃的に身構えているのか、徹底的に承知していた。

例えばサンフランシスコ市街から1号線を海岸沿いに南へ30マイル（48キロ）進んだところにある海辺の町、ハーフムーンベイ（註3）の地方条例は、「アウトローバイカーを見つけしだい逮捕・拘束してよい」と定めている。

エンジェルたちは全員その条例を知っているので、ハーフムーンベイの行政管轄に立ち入ることを避け、迂回路を通って走行する。とはいえ、まあ、ハーフムーンベイという町自体、バイカーのパーティー会場に向いている場所ではないのだけれど。

もちろんハーフムーンベイが定めている、対ヘルズエンジェルズ差別丸出し条例を上級裁判所に持ち込めば、仮にメンバーの誰かが逮捕されていようとも、エンジェルズは走行の自由の権利を獲得できることはできるだろう。しかしそんなことをいちいち法廷に持ち込んでも……ご承知のように、無駄に時間と金がかかるだけである。

もうひとつ例を挙げよう。

サンフランシスコから80号線を車で約5時間、シエラネバダの山脈を越えたところに位置するネバダ州リノの町もまた、ヘルズエンジェルズ対策をむちゃくちゃな地方条例でやり過ごそうとしている自治体のひとつだ。〝世界で一番大きな小都市〟という愛称で呼ばれているリノは、過去、何度もヘルズエンジェルズの独立記念日のランの目的地に選ばれているが……1960年7月4日(月)、12人のエンジェルズが町のバーで大暴れしてから間もなく、〝市内で2人以上のバイカーが示し合わせて一緒に走ることを違法とする法案〟を可決している。そして驚くべきことには、ラスベガスに次ぐカジノ・シティとして全米に知られているリノの町には、当然ながら市内を走る大小の街道が数多くあるのだが、しかし道のどこにも条例の存在を示す標識は出ていない。

となると、もし東部からやって来た何も知らない3人組のバイクツーリストが、何も知らずただリノを走行しただけでブタ箱に入れられ、そのうちの1人が、「条例は違憲である」と州の上級裁判所に訴え出て、リノ市議会が法的に徹底的に叩かれ敗北することも起きうるわけだが、しかしそんなことは実際には起きはしない。リノ市は同条例を、た

（註3）世界3大サーフィンスポットのひとつに数えられる。

だ、ヘルズエンジェルズを町に入れないためだけに施行しているのである。

地方自治体が整備しているこの手の条例は、地元警察がヘルズエンジェルズと対決するためだけに用意した、法的な武器なのである。もちろん、もしエンジェルズが先方の武器の正当性について法廷闘争を挑めば、地方自治体を完膚なきまでに打ち負かすことが可能だろう。しかしそのためには、最低限次のような手順を踏まなければならない。

①独立記念日直近の週末を監獄で過ごし、②最低100ドルの保釈金を支払い、③数週間後に無罪の申し立てを行い、裁判日程を知るために、弁護士を連れてリノへ戻り、その後地元へ帰り、④公判日当日、また弁護士を連れてリノの法廷に舞い戻り、⑤すると、ほぼ確実にリノ市当局は法廷で敗訴の宣告を受けるのだが、しかし市当局は「エンジェルズの逮捕は法的に有効である」と主張して高等裁判所に上訴してくるはずなので、今度はリノ、または高等裁判所が置かれている近郊のカーソン・シティに出頭し……そして最後にようやく無罪放免となったエンジェルズに求められるのが――⑥2人以上のバイカーが一緒に走行することを禁じたリノの自治条例は不合理で差別的であり違憲であるということ、ごく当たり前のことをネバダ州立最高裁判所に納得させるためにかかった弁護士費用を、自分自身でどう工面するかという経済的暗澹である。(註4)

正義は安く手に入らない。もう一度言うが――この国では、正義は安く手に入らない。それを知りながらこの国で正義に固執するなんて……そんな人間は、ヤケを起こして自分を見失っているか、あるいはほとんど偏執病的な個人的信念に凝り固まった変人のどちらかだ。数多くのヘルズエンジェルズのメンバーと出会ってきたが、その中に――「自分

(註4) ヘルズエンジェルズのメンバーは、可能な限り、好奇と偏見の視線に晒される法廷に立つことを避けようとする。それでも証言台に立つ必要に迫られたエンジェルは、髪をバッサリ短く切り、髭を剃り、真面目に見えるように誰かに地味なネクタイを借りて、廷吏に応じる。過去の苦い経験が、エンジェルたちに様々なことを教えていた。かつて暴行容疑をかけられたフリスコ支部のメンバーが無罪放免を勝ち取ったことがあったが、それは容疑者となったエンジェルが、長かった髪を短く切り詰めて出廷したため、彼を逮捕した警察官が顔を見分けることができなかったからだ。

もまたアメリカ国民である限り、法的な正義を平等に保障されるべきである」などと主張する人間など1人もいなかった。

たとえリノへのランを諦めなければならないとしても、法的にであれ、何であれ、ヘルズエンジェルズのメンバーたちは、勝ち目がなさそうな場所は避けて走行する。

エンジェルたちは、勝算を嗅ぎ分けるための、正確で抜け目のない嗅覚を持っている。そしてあらためて言うまでもないことだが、ヘルズエンジェルズのランとは、ツーリング&パーティーを楽しむアウトローバイカー流のハッピーなフェスティバルであって、それは絶対に、たとえむちゃくちゃクレイジーな乱痴気騒ぎであったとしても、社会暴動への呼びかけでも、権力への抵抗運動でもない、本当に、単なるレクリエーションなのだ。

田舎町の監獄は退屈だ。面倒なトラブルは避けたい。それが、1965年7月3日(土)、Xデー当日、独立記念日のラン初日における、エンジェルズメンバーたちの共通した気持ちだった。

想像してほしい——。もしあなたが人口2万人ほどの田舎町の警察署長(警官の数は、平均して25人前後だろう)だとして、「もうすぐ300人から500人のヘルズエンジェルズが町に来襲する」という連絡を突然受た場合、いったい何を決断し何を準備できるというのか? 一般的に考えて、9年間の在任中に署長であるあなたが扱った一番大きな事件といえば——かなり大昔のことだが、ロサンゼルスから来た2人の銀行強盗と10発ほどの銃撃戦を繰りひろげたことくらい。以来所轄では、何ひとつ大事件は起きてはいない。日々の仕事といえば、ハイウェイの交通事故の処理とか、ティーンエイジャーの喧嘩の仲裁とか、地元のバーで週末に起こる酔っ払いの喧嘩の後始末とか……平穏な町で長年にわたって真面目にコツコツと積み上げてきた経験は、しかし残念ながら、「近々、凶暴なバイクに乗って来襲する」と伝えられた野獣のようなアウトローの大群に立ち向かうための演習になっていないことは明白なのだ。

何せ新聞やラジオが伝えるところによると、ヘルズエンジェルズという野蛮きわまる連中は——19世紀の列車強盗ジェームズ・ギャング一味の現代版であり、奴らはヒキガエルを踏んづけるのと同じくらいわけなく市民社会を踏み潰す無慈悲な横暴さを持ち、一度暴れだしたら最後、こちらもまた、徹底的な武力で対抗するしか制圧する方法がない、現代アメリカ最狂の凶悪犯罪者集団なのである。

警察署長であるあなたは考える。……もし、緊急非常事態宣言が発令されて警察署長である自分に特別な法的権限が与えられたとして、なおかつエンジェルズの全員を一度に収容できる巨大な留置場が用意できたとして、しかし果たして我々地元警察機構は、ヘルズエンジェルズを逮捕し強制的に牢獄へ拘禁する実力があるだろうか？

25人いる部下のうち2人は病気で欠勤。2人は休暇中。残り21人。不安な気持ちを抱えながら、あなたは〝警察署長〟とプレートのついたデスクの上にメモ帳を開き、作戦をシミュレートしてみる。ざっとした見通しはこんな感じだ。

ヘルズエンジェルズ殲滅作戦

21人の部下全員にポンプ連射式ショットガン（弾は5発）とリヴォルバー（弾は6発）を持たせる。そのうえで、いきなりパトカーでエンジェルズを取り囲み、奇襲取締作戦を実行する。その方法なら万が一暴力的に抵抗されても、理論上は、我々21人が携帯する銃の弾丸で、約２００人のエンジェルズを殲滅できる計算になる。

しかしもし本当にそんなことを実行すれば、生き残った３００人前後のエンジェルたちが、怒りと憎悪に震えて凶暴化するに決まっている。

あなたはぞっとする。

警察署長として自分が長年守り、愛し続けてきた、この静かで美しい町の名が、めちゃくちゃに破壊された無残な写真とともに全米に配信される恥辱と深い悲しみ。そして怒り。破壊を回避するには、ヘルズエンジェルズを銃で取り囲み、一斉射撃して……いやダメだ！　あなたはふと我に返って、ブルブルと頭を左右に振る。

殲滅作戦など、いずれにしろ実行不可能ではないか！　よりによって独立記念日に、ど田舎の警官隊が銃を持たない200人の合衆国国民を、たとえ相手がヘルズエンジェルズとはいえ、ショットガンで虐殺したら、我が国で最も進歩的な州の知事、カリフォルニア州知事はプレスにいったいどう釈明すればいいというのか……。

殲滅作戦を諦めた警察署長の第二案は——。

一旦はヘルズエンジェルズを素直に町に受け入れ、そのうえで連中がなるべく騒動を起こさないよう穏やかに抑え込むには、計画が穏便案に変更されるのは容易に想像できる。しかし穏便案を採用すると、取締作戦全体が場当たり的なものになり、あらゆる対応が相手任せ・運任せになってしまう可能性が高いのだ。

しかも、町へのヘルズエンジェルズの大群の侵攻を許すということは、もし連中が突如暴れだした場合、いきなり街中での接近戦を強いられることを意味する。さらに不利な点を言うと、連中が凶暴性を増す得体の知れないクスリをやったり、酒を飲んだりする隙を与え、それによりヘルズエンジェルズはさらに凶徒と化し、あるいは武器を準備したり、戦闘に有利な陣営をつくる時間的な余裕を、むざむざと与えることにもなりかねない——。

では、ど、どうすればいい？……わからない。何せこちらには、21人の警察官しかいないのである。おそらく近隣の町郡に応援の要請をすれば、明日の朝までに50人から75人の応援部隊をかき集めることくらいはできるだろう。

いやダメだ。独立記念日の週末は、どこの警察署だって手いっぱいだ。他の町に警察官をまわす余裕なんてありゃしない。それにもし、よそから援軍が来てくれたとして、この町へ向かっていると伝えられているヘルズエンジェルズの大群が街道の途中で方向転換したり、どこか他の町の酒場に立ち寄ってビールを1杯、なんてハプニングが起きれば、全員が即刻、所属する町の警察署へ緊急招集され、帰ってしまう可能性もある——。

ヘルズエンジェルズが法廷で、法や秩序の在り方について正面から戦いを挑んだことは一度としてないが、メンバーが1人、あるいは3、4人の警官に突然襲いかかるような偶発的な事件は頻繁に起こしている。したがって大抵の町の警官はエンジェルズに対し〝暴れださないように穏健に扱うか〟あるいは〝圧倒的武力で完全に制圧するか〟どちらか二者択一の態度をとることを強いられていた。

エンジェルズのメンバーたちは、そもそも一般社会の市民たちが抱くのと同じような、権力構造に対する中産階級的な敬意などもちあわせちゃいない。警察バッジに対する畏敬の念もまるでない。エンジェルたちはバッジをつけた警官が、それに見合うだけの実際的なパワーを保持しているかどうか。それだけを見ている。

1947年に起きた合衆国初のバイク暴動――ホリスター暴動にまつわる伝説によると……「暴動が起きている最中、地元の警官は、町を乗っ取ったバイカーたちによって全員が警察署の留置場に閉じ込められていた」という。なるほど。やはり面白おかしく大袈裟に伝わるのが、伝説というものなのだ。

ホリスター暴動の現場に居合わせたという、ヘルズエンジェルズ最古参メンバーの1人――当時を知る唯一の現役エンジェルは、こう言って笑った。

「伝説だか何だか知らないが、噂なんか信用しちゃダメだぜ」エンジェルたちがよく口にするフレーズである。男は先を続けた。「俺たちゃ、町を乗っ取ってなんかないって。ただパーティーをやってただけさ。確かに、酷く大騒ぎして暴れはしたよ。でも町の連中をぶん殴ったりしちゃいねえ。だけどそうだな、石を投げてきた奴がいて、そいつを追っかけまわすなんて遊びはした。あとは、そう！　半狂乱のオマワリが殺到してきた時、2、3人まとめてゴミ缶に頭からぶっ込んで白バイで蓋をしてやった。ま、そんくらいのことはしたけど、警官を牢屋に閉じ込めて町を乗っ取ったってことぁ、ははは、いくら何でもそりゃないぜぇ」

それはともかく、時は遡りAMAがステートメントを発表した1948年――。大都市ロサンゼルスに隣接するリバーサイド郡でもまた、約1000人のバイカーが集ってパーティーを開催したという記録が残されている。記録によると、「多数のバイカーたちが街路で無法なレースを開催し、警官に爆竹を投げつけたりした」という。1年前のホリスター暴動を彷彿させる事態の勃発に付近の住民たちは恐怖のどん底に陥り、リバーサイド郡には、現在まで地獄のような伝説が残っている――「ある空軍士官夫婦が乗っている車を、町の真ん中に溜まっていたバイカーの集団が停めた。空軍士官がクラクションを鳴らすと、一団はニヤニヤと笑いながら突然ボンネットの上に飛び乗って、車体のスチールをベコベコにし、窓という窓を叩き割り、引きずり出した士官をぶん殴り、恐怖に怯える奥方をいやらしいお触り攻撃で脅すなどしたうえで――〝おいてめえ！　歩行者に向かって、むやみやたらにクラクションなんか鳴らすんじゃないぜBABEEEEEY！〟と言い残し、ようやく夫妻を解放して走り去った」

当時、リバーサイド郡の保安官だったケアリー・レイバーンは、あるアウトローバイカーの小集団を袋小路に追い詰めて町から出ていくように命令したが、しかしアウトローたちは命令に従わないばかりか、軽蔑した様子で保安官に歩み寄り、いきなり往復ビンタを食らわせ、バッジをもぎ取り、制服を引き裂き唾を吐きかけるという暴挙に出た。ヨレヨレにされた保安官が無線を使って援軍を要請すると、ならず者たちは爆音を響かせて逃げていった。

カリフォルニア州内各地の警察署、保安官事務所がそれぞれの管轄区を越えてアウトローバイカーを取り締まる、相互支援・取締協定を組む遥か前のアウトローバイカーたちは、現在よりは分別があり、武装した大勢の警官隊と真正面から対決するような無茶はしなかった。

もちろん1966年の現在であっても、法を執行する立場にある警察サイドが、高圧的になりがちな対応を自制しているような場面では、ヘルズエンジェルズは、警官を挑発する侮蔑的な言葉をしきりに投げかけたりはするが、しかし自分たちから警官に対して直接暴力的な攻撃を仕掛けるような真似はしない。

この場合の、警察サイドが自制をしているような場面とは――不穏な空気が高まっているが、睨み合ったまま違法行為が何も行われずに時間だけが過ぎてゆく局面、あるいはテレビの中継カメラが目の前でまわっている局面、あるいは多数の野次馬市民が現場にいて発砲ができないような局面などのことを指す。(註5)

ランの目的地であるリゾート地を目指してバイクで移動しているヘルズエンジェルズの大群は、地元警察にとって厄介きわまる存在であった。暴力沙汰を避けながら、穏便にエンジェルズを町から追い払うには、ちょっとしたコツが必要だ。

重要なことは、エンジェルたちをいたずらに挑発せず、できるだけ穏やかに、しかし、思惑通りに集団全体をコントロールすることなのだが、これには問題があって、ほとんどのエンジェルは異常に短気で些細なことでカッカと怒りだして大暴れを始めてしまうのだ。

いずれにせよ確かなことがひとつある。ヘルズエンジェルズと警官隊が真正面から衝突すれば、町と住民は必ず大損害を被り、その責任の追及の矛先は、エンジェルズだけではなく治安当局にも向けられる。

大勢が入り乱れて激しい乱闘が繰りひろげられている最中、仮に警官が発砲し、流れ弾が一般市民に当たるようなことでもあれば、銃弾を放った警官は、いかに優秀な人材であったとしても、懲戒処分を食らってキャリアをふいにするだろう。

(註5) 1966年8月、サンフランシスコ南部で、あるエンジェルの弔いの儀式が夜通し開催された。その際、儀式を中断させようとした警官に3人の若いエンジェルが襲いかかり、逮捕・起訴された。法廷で判決を読み上げる際、W・ハワード・ハートリー判事は、証言台より一段高い裁判長席から3人を次のような言葉で断罪した。「当法廷は、君たちの〝オマワリなんかやっちまえ〟的な自分勝手な蛮行を、極めて悪質で到底見過ごすことができない大罪であると判断する。君たちは処罰の対象となる。君たちは社会の寄生虫のように振る舞った。地元住民たちに対しても、法に対しも、警察機構に対しても。そして君たち自身に対しても。君たちの胸には敬意というものがない。君たちが法に対して抱いている敵意は理解不可能である――」。3人の若いエンジェルは裁判の過程で、「法の執行官に対しての暴力行為は重罪とする」という、当時まだ新しかった法律に違反したことを認めざるをえなかった。3人は自制を効かすことができず、表立って警官に反抗を示してしまったため、通常の〝逮捕抵抗罪〟ではなく、〝公務執行妨害罪〟というより厳しい罰則へ、自分自身を追い詰めてしまったのである。ヘイワード支部所属ルー・ローズベリー(22)懲役1年・執行猶予5年。レイ・ハッチンス3世(22)空軍を名誉除隊した経験が認められて減刑、懲役6カ月・執行猶予3年。ケン・クレイク(22)10代の頃ボーイスカウト活動の一環として探検団員に参加した記録が認められ、懲役90日。以上の判決を受けた。

これは極めて重要なことだが――1965年のアメリカの、様々な現場における法執行の手続きは、暴徒化した群集を鎮圧することを前提としていない。65年のアメリカの法律のすべては、個人的な犯罪行為、あるいは個人的な犯罪者から公共の安全を守る目的で制定されている。そしてすべての法律は〝警察と市民が一致団結して重大犯罪者・重大犯罪に対して立ち向かうのは当たり前〟という、社会共同体の維持に対する善意の協力思想を前提として成り立っている。

しかし合衆国の法律が前提としてきた、市民と警察の自然な同盟関係――つまり犯罪防止・検挙のために市民と警察が協力し合うのは当たり前だという考え方は、1960年代の半ばを過ぎようとしている今、30年前に崩壊したマジノ線（註6）と同じ壊滅的な運命を辿ろうとしている。

徴候はあちこちに現れている。現在の警察機構と一般市民のあいだに、もはや友好的な同盟関係などなく、現場の警官はしばしば、もはや自分たちは市民と敵対しているのだ、という現実を思い知らされている。市民という存在は、従来の法執行の考えでは誰ひとりとして犯罪者ではない。しかし現在、市民の多くが、武装した凶悪犯と同じような、潜在的な危険性を秘めた不気味な存在に変貌しつつある。この現象は特に、黒人や10代の不良グループにあてはまる。

1965年にロサンゼルス郡で起きたワッツ暴動は、新たな社会現象を象徴する典型例と言えるだろう。

暴動が起きた町、ワッツ地区に暮らす黒人層、あるいは地域の不良グループは、出動した警官隊に対して強烈な――まるで何かに復讐するかのような、予想もしなかった激しい抵抗を示したので、警察サイドは次々に打つ手を失い、州兵が動員されて、ようやく暴動は鎮圧されるに至った。注視すべきは、ワッツ暴動は史上稀に見る大暴動であったにもかかわらず、暴徒の中に暴力的傾向を持つ犯罪者はほとんど含まれていなかったという点である。驚くべきことに、ごくごく普通の一般市民と考えられていた人々が、突如暴徒と化したのである。

（註6・訳註）第二次世界大戦前に、フランスが対ドイツ防衛線として国境沿いに構築した要塞線。絶対的と盲信されていたが破られた。

アメリカ社会には今、直接的には犯罪者と呼べないが、現代社会への不満を募らせ憎しみを抱いている潜在層が急増している。そうした潜在層に属する市民は、一旦暴動が起きれば、警官隊に協力するどころか、自分もまた積極的に暴動に加担して、破壊し、略奪し、暴れまわりたいと熱望する隠れた社会犯罪者なのだ。そうしたこれまでにないカテゴリーに分類される〝新しい市民〟と呼ぶべき人々が、今、アメリカ社会に続々と誕生している。

社会に対する不満を隠し持つ新しい市民たちは、日常的に法律を犯しているわけではないが、法を軽視し、恒常的に警察に不信感を抱き続け、個々それぞれが心の内に鬱憤を溜め込んでいる。その鬱憤がある瞬間に爆発し、伝統的なアメリカの社会秩序の構造を脅かす強力な起爆力に変化する。

新しい市民と警察機構との緊張は、ほんの少しの刺激で爆発しかねない状態まで高まっている。

ここで、読者諸兄におかれましては、ヘルズエンジェルズが犯したとされる違法行為のほとんどが、〝猥褻でみだらな行為を公衆の面前で行なった〟あるいは〝酒を飲み、社会の平穏を乱した〟という軽微な犯罪であることに、もう一度注目してほしい。……そんなこと、我々のアメリカ市民社会の人々が、毎年何千人もやらかしている、どうってことのない犯罪ではないか。実際、多くの同様の事件が起きながら、一度たりとも社会問題化などしていないではないか。

だというのに、同じ行為が、特異なビジュアルのアウトローバイカーによって行われると、例えば500人ほどが集まって、街路で小便するとか、互いにビール缶を投げつけ合ったり、村の広場を爆音轟かせバイクで走りまわったりするとか、それくらいのことが、にわかに合衆国全体の公共の安全保障を脅かす社会的な現象として問題視され、ヘルズエンジェルズという存在は、もはや1930年代にマシンガンで武装して地方の銀行を次々と襲撃したジョン・デリンジャーを遥かに凌ぐ脅威の存在として、現代アメリカ社会からパージされているわけである。もっとも、デリンジャーが銀行から強奪した預金にはすべて保険がかけられており、個人預金者は1セントも強奪されなかったわけだが。

支払いを要求される連邦預金保険公社の先行きを憂いて取り乱す人はそういないが、1965年の独立記念日のランのように、100人近い汚らわしく奇妙な風貌をしたアウトローバイカーの集団、ヘルズエンジェルズが自分たちの町に来襲するという噂が駆けめぐると、確証がない噂レベルの話であっても平和な山岳リゾート地に暮らす、元来が穏やかで牧歌的な住民たちですら、パニック状態を引き起こし、共同体に暮らす全員が、銃火器で武装するという異常事態が起こるわけである。

1965年の7月3日——Xデー当日のバス湖がまさにそんな状況だった。ランが実施されるその瞬間まで、バス湖周辺の町々には何日も何日も何日も、喩えようのない緊迫した暗い空気が霧のように淀んでいた。

マーケットの雑誌コーナーには、直前に起きたラコニアバイク暴動の特集を組んだ『ライフ』誌7月2日号が、何十冊も目立つところに置かれている。地元住民たちは、最悪の事態を予想して絶望していた。新聞、雑誌、ラジオ、それぞれのメディアが確実性のない、ただおどろおどろしいだけの恐怖を煽り立てる未確認情報をしきりに流し続けた。

その中で住民たちは、顔を合わせれば誰彼となくヘルズエンジェルズのことを噂し、あらゆるメディア情報から総合的に判断するに——自分たちの暮らしている町は、どう楽観的に見ても、もうすぐ来襲してくるアウトローたちによって、酔っ払ったドンチャン騒ぎの果ての暴動劇の餌食となることは確実だと予想せざるをえない。酷い諦めの境地に陥っていた。

商店や家や、様々な町の公共施設が徹底的に破壊され、オートバイに乗ってやって来た凶悪なよそ者によって仲間たちが蹂躙されるという、絶望的な予言——。例によって例の如く、住民たちは新聞や雑誌から、十分な誤解とエンタテインメント化された都市伝説を含んだ事前情報を念入りに仕入れていたので、彼らの思い込みは仕方がなかったことではあるのだが。

事前情報は多岐にわたり、住民たちは実に様々なことを想定しては震え、怯えた。

酒屋という酒屋、バーというバーにあるすべてのビールが、エンジェルたちに買い占められる事態が起きるだろう。まあ、楽観的希望もないわけではない。しかし、夢見る希望的予測が見事外れて、ヘルズエンジェルズというロクデナシのバイカーどもが、やはり新聞やラジオが伝える通りの、とんでもない桁外れの凶悪集団だとしたら……放火、略奪、レイプ。町が壊滅することは明白だった。

独立記念日の前日、バス湖はすでに、カンザスの小さな町の市民たちが緊急警報の出たトルネードに備えているような、恐怖と怯えが臨界に達した異様な空気に包まれていた。

なあ、例えば自分が15、6歳の少年だとして、ヘルズエンジェルズに入って、
それが自分の人生のすべてになっちまって、そのまま一生が終わるなんて、そんなこと考えたりすると思う?

しないよな。俺だってしなかった。ところが俺はそうなった。神様、教えてほしいんだ。

俺は陸軍を辞めてからリッチモンドに戻って、チノパンに爽やかなスポーツシャツで、
もう一度バイクに乗り始めた。ヘルメットだって被っていたよ。

そんな時さ、ヘルズエンジェルズと出会ったのは。

それから俺は、よくわからないうちに、だらしなくなって、だらしなくなって、だらしなくなって。

よくわからないうちに、汚くなって、汚くなって。自分でもわからない。

10
HELL'S ANGELS

そのうち仕事もクビになって。あとはもう年がら年中、ランに出てるか、ランの準備をしているか。

神様――本当にいまだ自分の人生が信じられません。

――ファット・D(リッチモンド・エンジェル)

あんたに聞きたいことがある。

あんたは〝正義〟って言葉をいったいどういう意味で使ってる?

俺らが信じているのは、俺らにとっての正義だ。

わかるかい?

俺たちには俺たちなりの正義がある。――哲学に耽るとあるエンジェル

〈ボックスショップ〉を経営するフレンチーの電話では、1965年の独立記念日・バス湖のランは、7月3日(土)アメリカ独立記念日前日の朝8時にスタートすることになっていた。集合場所はオークランド・エンジェルの溜まり場である〈エル・アドービ〉。イーストオークランド14丁目の酒場である。

〈エル・アドービ〉は、1965年の秋まで、ヘルズエンジェルズ・オークランド支部の公然たる本拠地であり、北カリフォルニアにおけるヘルズエンジェルズのすべての活動の拠点だった。もっとも、その年の10月に店は取り壊されて駐車場になり、以降のエンジェルズの拠点は、以前の〈シナーズ・クラブ〉に戻るのだが。

ラジオの天気予報は、「本日は、カリフォルニア州全域が、早い時間から燃えるような暑さになるでしょう」とのリポートを流していたが、しかし早朝のサンフランシスコは、いつも通りの濃く蒼い霧に包まれ、太陽が湾から顔を出したあともなお薄暗いままだった。

そして私は、この肝心な朝になんということか！　ついうっかり寝過ごしてしまい、ピーナッツバターサンドイッチを頬張りながら、サンフランシスコのアパートを飛び出して、大慌てでランの支度に取りかかっていたのである。寝袋を後部座席に放り込む。ビールを詰め込んだクーラーボックスも後部座席。助手席にはテープレコーダーを置いた。ドイツ製拳銃のルガーを運転席の座席の下。事態が収集不能に陥った時に役立つかもしれないと考え、拳銃を持っていくことにしたのだ。弾丸は装填せず、ポケットに忍ばせた。プレスカード（報道記者証）は、持っているにこしたことはないが、混乱状態における安全パスといったら何といっても、拳銃である。

しかし大慌てで出発準備をしたために、カメラを忘れてしまった。なんだって肝心な日に私は寝過ごすのか――。

急いで準備を整え、車のイグニッションをまわす。コホンコホンと咳のような音を立て、ボロ車のエンジンを始動すると、心臓のプラグに点火したような気がした。時間は間もなく8時になろうとしていた。連休初日の土曜日。渋滞が心配だ。途中までは順調。サンフランシスコとオークランドを繋ぐ、ただ1本の中空の糸ような霧のベイブリッジを渡っていると、その日最初のニュース速報が流れてきた。

――悪名高きオートバイ・ギャング集団、ヘルズエンジェルズの襲撃が伝えられているバス湖及びシエラ地区には、早朝からすでに緊迫した空気が漂っています。重装備に身を固めた警官隊及び郡保安官代理たちが、バス湖へ続く街道のすべてに配置され、マデラ郡のマーリン・ヤング保安官によれば、ヘリコプター及びその他の緊急部隊も、すでに出動の準備を整えているとのことであります。周辺地域の警察機関、カーン郡保安官の警察犬パトロール隊なども緊急出動態勢に入っています。……ただ今入った最新情報によりますと、ヘルズエンジェルズの大群が、オークランド及びサンバーナディーノの地区に、続々と集合し始めているとのことです。続報は定期的にお伝えいたします。引き続き詳しい情報にご注意下さい。

独立記念日の連休を、バス湖あるいはヨセミテ国立公園近くのリゾート地でエンジョイしようと、マイカーを走らせ始めていたカリフォルニア州の一般市民約数千人が、真剣な面持ちでカーラジオに聴き入っていた。ハンドルを握るドライバーのほとんどは、起き抜けの寝ぼけ眼の、あるいは出かけに大急ぎで荷物を詰めたり、子供たちの朝食を急かしたりしたせいで苛々気分が高まっている、一般的市民社会の皆様である。

もちろん彼らだって、ヨセミテ方面へ向かえばヘルズエンジェルズのオートバイ軍団が、連休中の自分たちに災いをもたらす可能性があることを、つい最近起きたばかりのラコニアのバイク暴動の報道も含め、新聞、雑誌などから十分に理解していた。ヘルズエンジェルズは確かに恐ろしい。現実感だってもちろんあった。しかし同時に、伝えられるヘルズエンジェルズ警報の内容は、あまりに衝撃が強過ぎて、平穏な生活を送っている彼らのような市民には、どことなく現実味が薄い、何というか、遠い別世界の戦争の話のようにも感じられるのだった。

とは言うものの、実際にガレージから車を出して走らせてみると、カーラジオが「あなたたちが向かっている場所は、まさにヘルズエンジェルズと警察が決死の対決を行おうとしている危険地帯です——」との警告を繰り返している。早朝、ラジオのエンジェルズ警報を耳にした市民たちのほとんどは、その時に初めて、自分と自分の家族を包んでいる恐怖の予感に震え上がるのだった。あなたは、感じたことがあるだろうか？　新聞や雑誌を読んでいた時には気づかなかった、「次は自分の番だ！」という胃液が逆流するようなリアルな恐怖を。

ヘルズエンジェルズ。流血の惨事。集団レイプ——。奴らが妻を、そして後部座席に座っている可愛い子供たちをジロリと睨む。夫である自分は、酒とクスリで狂乱した若くてタフなギャング集団から家族を守ることができるのだろうか？　先週も写真で見たじゃないか。デカくて醜いヘルズエンジェルズの喧嘩野郎どもが警察にも怯まず、暴力を愛し、情け容赦なく、チェーンや巨大なスパナやナイフを振りまわすあの姿を。

明日の新聞に掲載されるのは、3000マイル（4828キロ）彼方の知らない町で、知らない家族がメッタ打ちにされたというお決まりの記事ではない。まぎれもない、自分と自分の家族が狂乱の暴力騒動に巻き込まれると、ラジオが繰り返し警告しているのだからして——。

連休の早朝にもかかわらず、ベイブリッジはファミリーカーで、かなりの混雑をみせていた。集合時間に遅れていることが気がかりだった私は、橋の料金所の守衛に「ヘルズエンジェルズはすでにブリッジを通過したか？」と聞いてみた。すると守衛は、「ああ、あの汚らしい、いけすかねえ野郎どもなら、ほら、すぐあそこにたくさんいるぜ」と諦めきったそぶりで手を振りながら、しかめっ面で罵ったものである。

ベイブリッジ一帯はまだ深い霧に包まれていたため、料金所のゲートを通り過ぎて、さらに200ヤード（183メートル）ほど進むまで、私は守衛が何を言っているのかわからなかった。

霧の中をゆっくりと進んでいくと、突然、フロントガラスに人間とモーターマシーンが織りなす、巨大なゴーストの群れが浮かび上がってきた。

ナチの鉤十字をペイントした灰色のピックアップトラックを中心に、怪しげなバイクの群れが幻想のように揺らいでいる。アウトローバイカーたちがゾンビのように霧の中を蠢いている。朝のベイブリッジ——。交通渋滞を酷く悪化させていたのは、何のことはない、ランへ向かうエンジェルズの大群だったのだ。

サンフランシスコとオークランドを結ぶベイブリッジには、東方面へ向かう料金所が17箇所。しかし出口は3箇所しかない。そのためすべての車が料金所から半マイル（805メートル）先の分岐点まで、できる限り高速で突っ走るのが通例である。晴れ渡った午後でも危険を伴う、そのレースを思わせる公道上の直線コースに、濃い霧がかかる休日の朝、あのヘルズエンジェルズが群れをなして道路を占領しているおぞましい光景が突然フロントガラスに浮かび上がってくるのだから、ハンドルを握る市民たちの車列が大混乱に陥るのは、むしろ当然のことだった。

ベイブリッジは酷い玉突き事故が起きた時のような麻痺状態に陥り、至るところで途切れる間もなくホーンが打ち鳴らされている。エンジェルズの出現に驚いた多くの市民が慌ててハンドルを切り、また、エンジェルズを避けようと左車線から右車線に突っ込んだため、あちこちで急ブレーキが踏まれ、タイヤが甲高い悲鳴をあげていた。

すべてのドライバーが、ベイブリッジへ乗り込んだことを後悔していた。ついさっきラジオで警告していた怪物たちの集会現場に、よりによって何で自分から近寄ってしまったのだろう！　けたたましいホーンが鳴り続ける。エンジェルたちの姿をじっくりと眺めようと、ここぞとばかり、のろのろと野次馬運転を始める善良なる市民ドライバーの方々もまたあとを絶たず、見通しのきかない灰色の混乱は、渋滞の車列を次々と呑み込みながら、さらに混迷の度合いをさらに、さらに深めていった。

あちこちの車の中で小さな叫び声があがっていた――おい、あれを見ろ！　ヘルズエンジェルズだ!!　本物だぜ！　あれが例の悪臭漂う入れ墨野郎か。スゲエ！　本物のアメリカ社会の脅威が今、俺たちの目の前に現れているんだ！

しかし渋滞に巻き込まれて車が進むにつれ、私にはその大群がヘルズエンジェルズではなく、ジプシージョーカーズであることがわかってきた。その年の独立記念日のランでは、警察当局からかけられる圧力に対抗するため、ヘルズエンジェルズのリーダー、ソニー・バージャーの呼びかけで、カリフォルニア各地の様々なアウトローバイカー・クラブが参加していたのである。ジョーカーズも、そのひとつ。

ジョーカーズの面々は、自分たちが原因の交通渋滞を気にかける様子もなく、道の真ん中に堂々と停めたピックアップトラックを中心に、20人ほどのメンバーが仲間たちの到着を悠々と待っていた。

市民たちがジョーカーズとエンジェルズを見間違えたのは、まあ、仕方あるまい。長くワイルドなヘアスタイル。顎いの。鬚、袖なしの黒いライダーズベスト。彼らがアウトローバイカーであることを示している。それもうんと筋金入りの。いずれのジョーカーズのハーレーダビッドソンもまた、見事なチョップド・ホッグに改造され、ハンドルには寝袋が括りつけられていた。小さな後部座席には、アンニュイな仕草の女たちの姿がある。ベストに縫いつけてあるカラーの違いを除けば、ヘルズエンジェルズとそっくりだと言えた。

私が集合場所である〈エル・アドービ〉の駐車場に到着したのは、8時15分過ぎ。途中、オークランドのダウンタウンにあるダイナーに立ち寄って、水筒にコーヒーを入れていたら遅れてしまったのだ。到着した時の駐車場は、すでにハーレーでいっぱいで——しかし場を埋めつくしていたのは、やはりここでもヘルズエンジェルズではなくジプシージョーカーズだった。

ソニー・バージャー率いる50台から60台のヘルズエンジェルズの先遣部隊は、予定時間である8時きっかりに、すでにバス湖へ向けて出発したという。

なるほど。仕方なく私は、ジョーカーズが群れている駐車場に車を乗り入れ、自己紹介を開始したのだが、仲介してくれるエンジェルがいるわけでもなく、実にあっさりと無視された。まあ、取材ってのはそんなもんさ。連中にしてみれば、これから始まるランは、いずれにせよ何か特別な暴力沙汰が起きる可能性が高いリスキーなイベントなのだ。そんなところで、私のような取材ライターの保護者役になるなんてまっぴら御免——それが彼らの態度の理由であろう。御もっともとしか言いようがない。

しかし言わせてもらうが、私はそもそも一度たりともジプシージョーカーズに「お仲間に迎え入れていただけたら光栄です」などとお願いしていないし、連中だって、私が普段エンジェルズと一緒に走っているバイカーだとわかれば、因縁をつけたり、からんでくることなどないに決まっている。と、私は楽観して、その朝の雰囲気を捉えていたのだが——しかしのちに紫色のハーレーに跨ったジョーカーズメンバーの1人、巨漢のインディアン、バックが話してくれ

たところによると、彼らは私を、よりによって私服警官だと思っていたのだそうだ！　ジーザス‼

そういう理由で、その朝のジョーカーズの一群が私に対して陰険な敵意を抱いていたのは明らかだったが、私はそれを感じても、てっきり自分がジャーナリストだからそう扱われているのだと思い込んでいた。かといって、そうあからさまに突っかかってくる感じでもなかったので、私はとりあえずジョーカーズの隊列が出発するまで〈エル・アドービ〉にいて、その後、いずれエンジェルズを追えばいいと、予定を変更した。メンバーたちが出発したのはたかが15分前であるからして、追いつこうと思えば、そうは時間はかかるまい。

その日のように、厳しい取り締まりが予想されるランの場合、ヘルズエンジェルズの隊列はあくまで法定速度を遵守してバイクを走らせる。

エンジェルズの走行方法にはある一定の基準がある。例えば集合に遅れた少数台のメンバーが主隊列に追いつこうとしている場合、彼らはフリーウェイの３車線すべてを占領したり、あるいは道が混んでいれば、渋滞の車列のセンターライン上を時速85から90マイル（137～145キロ）で突っきる。そういう時のエンジェルたちは、交通法規などこれっぽっちも意識しない。ランの隊列を取り締まろうと待ち構えている警官隊が目を光らせているのは主隊列だけで、遅れてくるたかが数台の後続など眼中にないことが、最初からわかっているからだ。

一方で、ハイウェイパトロールが厳重な警戒態勢を敷いているとあらかじめ確認できているその日の朝のような状況下で、多数のバイクによる大隊列走行を組む時のエンジェルたちは、法律で定められたリミットの目一杯までは速度を上げるが、しかし騒動の勃発に備えて待機している州兵の出動を招かないように、わずかなスピード違反もせず、長い二列縦隊を一筋に維持したまま、長時間にわたり同じ速度で果てしなく走り続ける。

ヘルズエンジェルズは1年を通じ、ほとんどかなりの期間を自重しながら、地元地域との調和を考えて過ごしている。エンジェルたちの一部が、自分たちの暮らす家の周囲や、あるいは支部が縄張りとするエリアで、地元警察とある種の共存関係を築いていたことは、先にも述べた通りだ。

しかしカリフォルニアに本格的なオートバイシーズンである夏が到来すると、州内だけで優に半ダースはあるヘルズエンジェルズ支部のうち、最低1、2の支部が、ほとんどの週末、それぞれ20台から30台で走る小規模なランを独自に計画する。そういう場合の彼らは、制限速度など関係なく、ハイウェイを思うがまま自由に隊列走行で突っ走る。

ランの行き先は、大抵は近隣以外では名も知られていないローカルな田舎町だ。もちろん田舎町にも警察署や保安官事務所はあるが、実際には名ばかりの場合も多い。となれば時には、町に到着した途端、エンジェルたちがバイクに乗った海賊に豹変し、貧相な中年店主が1人で切り盛りしている貧乏酒場を我が物顔で占領して、ろくでもない乱痴気騒ぎが始まることも……なきにしもあらず。

それを来襲と考えるかどうかは判断の分かれるところだが、酒場のオヤジの唯一の慰めは——エンジェルたちは逮捕を免れるため、必ず料金を支払って大量のビールを飲みまくるから、それなりの営業利益が上がることだろう。が、まあ結局、酔っ払ったエンジェルが大暴れをおっぱじめて店をめちゃくちゃにしてしまえば、1杯幾らのビールがいかに売れようとも、利益なんかあっという間に消し飛んでしまう。しかしオヤジの運がちょっとよければ、エンジェルたちと地元の誰かの軽い殴り合いが起きるだけで……あるいはいくつかのグラスが割れるだけで……あるいは酔ったメンバーが下半身丸裸でうろうろするだけで……あるいはボックス席でママの輪姦が始まるだけで……つまりは何でもござれのセックスパーティーが店の中で繰りひろげられるくらいの軽いダメージで、一夜が無事に済むのだろうけど……。

そうした個々のエンジェルズ支部が引き起こす〝来襲騒動〟は、しばしば当時、小さな新聞ネタとして世間を騒がせていた。しかし——「黒い翼を持った地獄の天使降臨 地上の大惨劇またしても！」といった大仰な見出しにふさわしい大規模なランは、1年に2回しか行われない。たったの2回だ。それが毎年9月の第一月曜日の〝労働者の祝日のラン〟と毎年7月4日の〝独立記念日のラン〟——この2つなのである。

年に2回のその時に限っては、普段はカリフォルニア州全域に散っているヘルズエンジェル全支部の全メンバー、さらにある時期からは、州内あらゆる場所にいる他のアウトローバイカー・クラブも参加し、目的地を目指して大勢が一斉にバイクで走りだす。そして最終的にカリフォルニア中のアウトローバイカーが1箇所に大集結することとなる。

そうして繰りひろげられる年に2回のスペシャル・キングサイズの大乱痴気騒ぎ（*brain-bender*）は、ヘルズエンジェルズのメンバーに名を連ねている者なら当然の如く欠かすことのできない、まさに〝今、俺はここに生きている！〟ことを自分自身に証明するための、極めて重要なイベントである。大酒を飲み、誰彼となく交わし合う派手な挨拶。改造バイクの品評会。それは自分たちがヘルズエンジェルズの一員であることを自覚し、お互いがお互いを認め合い、団結を感じ、自分自身がよりエンジェルらしいエンジェルになるための、重要な社交の場でもあった。

ゾロは言う。「ヘルズエンジェルズに何人のメンバーがいるかなんて、年に2回の大規模ランに行かなきゃ、誰にもわかりゃしない。除名されたのもいれば、引退したのもいる。ブタ箱に入ってるのだって当然いるさ。もちろん毎年新入りが入ってくる。だから年に2回のランが大切になるんだ。だって、どういう連中が今の自分の仲間なのか、正確なことはその時しかわからないんだから」

ヘルズエンジェルズという巨大な無法者集団を目的地までトラブルなしに牽引するには、厳密な規律が必要で、そのためにはソニー・バージャーのような強力な指導力を持つリーダーが必要となってくる。

トラブルは、いつ何時、どんな場所でも起こりうる。エンジェルたちは否定するが、当局がエンジェルズのランを取り締まる主たる理由は——エンジェルたちが道すがら、沿道の一般市民を意識的に驚かせたり、挑発したりするからである。逆に言えば、もしすべてのエンジェルが、一般レジャー客と同じような服装でフォードやシボレーに乗り、目立たず地味にツーリングする気になりさえすれば、彼らは、ベイエリアからバス湖まで（あるいはどこが目的地であっても）何の問題もなくスムーズに辿り着けるのだ。

しかしそんなことは絶対にありえない！　理由は簡単。ヘルズエンジェルズのメンバーたちは、世間様にひと泡吹かせようと、意識的にパーティー用の派手な服装をし、意識的に社会を挑発しているのだからして。

そのあたりの心理をゾロはこう解説してみせた。「ヘルズエンジェルズというだけで、世間の連中は俺たちを見下しているだろう。俺たち、ムカついてるわけよね。だからみんな、たまには世間の堅物どもの度肝を抜いてやろうと、わざと派手な格好をして、堂々と隊列を組んで連中を威嚇してやる。するとどうだい！　連中は、さらに俺たちを見下すわけだ。つまりそういうことなのさ。自分たちと違う派手な生き方をしている人間なら誰であれ憎しみの対象とする。それが頭の固い世間ってことなのさ」

もし誰かが……これを読んでいる誰でもいい。ランで隊列走行を組んでいる真最中のヘルズエンジェルズを実際その目で目撃したなら、〝ヘルズエンジェルズは世間に拒絶される人生を自ら選択して生きている若者たちの挑発集団である〟というゾロの見解に、即座に同意するはずだ。

大規模なランに参加するエンジェルたちの姿は、車輪に跨った人間移動動物園さながら。

普段からその風貌だけで一般市民を恐怖させ、意図せず善良な人々の交通往来を妨げているあるエンジェルは、長く伸ばした顎鬚を素っ頓狂なグリーンやファイヤーレッドにカラーリングし、ど派手なオレンジ色のゴーグルを顔面の真ん中にドカンと装着。さらに鼻に堂々たる牛用の真鍮のリングをピアッシングしてバイクを走らせている。別のエンジェルは、見てくれ！　あの姿を‼　全身をケープのような奇抜な衣装で飾り立て、バイクに跨っている。さらにアパッチ風のヘッドバンドで誇らしげに長髪を抑えてハンドルを握るバイカー。過激に巨大なサングラス。プロイセン軍のヘルメット。イヤリング。ナチ国防軍のヘッドギア。鉄十字勲章。そうしたアイテムは、機械油でてらてらと光っているリーバイスや、ナイフで袖を切り裂いたワイルドスタイル・アウトローベスト同様、実質的にはヘルズエンジェルズのユニフォームの一部になっている。とてつもない光景だ。

多くのメンバーが前腕や肩口に彫っている短剣や髑髏をモチーフにしたタトゥーもまた、ユニフォームのようなものだ。タトゥーとして好まれている文字は、マザー、ドリー、ヒトラー、切り裂きジャック、LSD、ラブ、レイプ……文字とともにデザインされているのは、大抵は例のまごうことなきヘルズエンジェルズの紋章、フライング・スカル。

タトゥー、つまり入れ墨は、エンジェルたちが最も好む身体装飾のひとつで、大勢のメンバーが、今列記した以外の、さらなる深遠な意味を隠し持つシンボリックな数字や、暗号化された文字を肌に彫り込んでいる。実際、メンバーたちが取材で秘密を明かすようになるまで、そうした秘密の言葉の多くは、仲間内でしか通用しない隠語だった。今となっては〝1%*er*〟と同じくらい有名だが、最初に有名になったのは〝13〟という意味深な数字が示す暗号だった。

〝DFFL〟が意味するのは——*Dope Forever, Forever Loaded*＝永遠のヤク中、死ぬまで飲んだくれ。

有名な『プレイボーイ』誌のウサギちゃんマークを、「避妊を嘲笑っていることを意味している」と仰天の意味として伝えたのは『トゥルー』誌であるが、ちなみに同誌は、ヘルズエンジェルズのカラーにデザインされているフライング・スカルの翼の色の違いについても、実に詳細な暗号解読の説明を載せている。それによると——「赤い翼のカラーをつけているメンバーは、月経中の女にクンニリングスをした経験を示し、黒い翼は黒人女に同様のことをしたことを、茶色は男色、つまり肛門性交を示している」……そうである。なんとも凄い解説だ。なわけない。

カリフォルニア州には、公序良俗を乱すことを禁ずる法律があるが、存在自体が公序良俗への挑戦であるヘルズエンジェルズには、どういうわけかこの法律がほとんど適用されない。

「一般の連中が大勢集まるような場所に行ったらさ、俺はできるだけ、みんながムカムカするように振る舞うようにしているんだよね。自分を、わざと嫌な感じに見せたいわけ、俺は」ある若いエンジェルの打ち明け話だ。曰く「そりゃさ、確かに俺は社会のクズ、はぐれ者さ。でもそれは俺自身が心底望み、意識してそうしてるわけなのよ」なるほど。若いエンジェルは続けた。「世間の連中が何かを正しいと褒め称えたら、俺はわざとそれをせせら笑ってやる。見せつけながらね。確かに俺らは自他ともに認める世間の厄介者さ。だけど俺から見れば、厄介者は逆に善良なる市民の方々ってことになるのよ——」

他のメンバーに同じことを質問しても返ってくる答えはだいたい同じだ。

「極悪だと思われること？　気にしないね、そんなこと」

彼らが発するそうした言葉の感覚の源は、いみじくもこのメンバーが断言した次の言葉に集約される。「……世間の連中から極悪人集団として扱われるから、俺らは逆にヘルズエンジェルを続けていられるんじゃねえのかなあ。俺らは社会と戦い、社会は俺らと戦う。俺はそれでいいけどな……」

ヘルズエンジェルズのメンバーたちは、決して多くない稼ぎの大半をつぎ込み、アイデアを駆使し、努力を惜しまず、あえて世間の連中——真面目腐った堅物どもに、自分と遭遇しただけで、強烈なドラッグをいきなりケツの穴に一発お見舞いしたようなショックを与えることを日頃から心がけている。うっかり自分と偶然出くわしてしまった善良なる市民社会の皆様方が、恐怖とショックで縮み上がり、それが理由で代謝のバランスを崩し、ベッドの中で何日間も悪夢にうなされ続ける……それが彼らヘルズエンジェルズの真のお望みなのだ。

ただし、エンジェルたちのそうした脅しには、いつもちょっとだけ、独特のユーモア感覚が含まれていることを忘れてはならない。ある時、ヘルズエンジェルズの面々が誇る奇怪な服装について、ファニー・ソニーが説明してくれた。

「まあ、すべては悪ふざけってとこさ。何というか、俺たちのランは、大がかりな悪ふざけの仮面舞踏会みたいなもんなのさ」

ファニー・ソニーの言葉は確かに、エンジェルたちの振る舞いの、ある真実を伝えている。ランに参加したエンジェルは自分たちが被っているアウトローバイカーという仮面を、ユーモアを駆使し徹底的に楽しんでいるのだ。しかしその彼らのユーモア感覚は強烈で、理解できない多くの市民は心の底から怯えきってしまう。

エンジェルズの笑いの感覚を説明するのは難しいが、「一般の市民と比べて、ブラックユーモアの許容範囲が極端に広い」と表現すれば、まあ間違いはないと思われる。

ジャッキー・グリーソン（アメリカのコメディアン）が、TVショーで全米市民向けにひねる一般的なジョークに腹を抱えて大笑いするところから、割れたビール瓶でザックリと顔を切られた血まみれの男を見て静かにクスクスと微笑むところまで、エンジェルたちには共通して笑える出来事なのである。では諸君、UPI通信が配信した次のニュース記事を、ヘルズエンジェルズ独特の笑いの感覚を伝える物証として紹介したい。

オートバイギャング団の隠れ家で　珍品所蔵品を押収

――サンディエゴ　7／18（UPI通信）

あるオートバイギャング団のメンバー3人を麻薬常習の罪で逮捕した際の家宅捜索で、取締当局はアジトから4つの棺桶と、2つの墓標、さらにナチスの紋章を押収した。警察によるとアジトにはさらに高さ5フィートの王座、ふくろうの剝製、東洋の斬首剣、様々なオートバイのトロフィーなどが隠されていたという。

棺桶！　墓標！　ふくろうの剝製！　東洋の斬首剣！　それが彼ら流のユーモアである。笑えるかどうかは別として。

しかし1965年7月3日（土）朝8時過ぎ――〈エル・アドービ〉に集まっていたアウトローたちは、誰ひとりとして浮かれ騒ぎも、ふざけ笑いもしていなかった。遅刻したエンジェルたちも続々とやって来る。彼らもまた私と同じように、単独で本隊を追うのではなく、ジプシージョーカーズとラン走行の隊列を組んでハイウェイを行くと決めたようだった。

〈エル・アドービ〉の駐車場は、時間の経過とともに賑やかになってきた。

高々と前輪を上げてウィリーをしてみせるバイク。しゃがみ込み、キャブレターの最終チェックをしているエンジェル。大抵のバイカーはバイクの傍らで缶ビールをまわし飲みながら煙草を吸い、リラックスしていたが、出発時刻が近づくにつれ、現場には緊張の色が深まってきた。

ジョーカーズのリーダーのビルが、ヘルズエンジェルズ・ヘイワード支部長のダーティ・エドと真剣な面持ちで打ち合わせをしていた。2人はピックアップトラックのフロントボディーで地図を広げ、何やら小声で話し込んでいた。

ジョーカーズ副隊長兼広報部長のハッチは、2人のエンジェルとともに私の車の横に立ち、じっとラジオニュースに耳を傾けている。1人のエンジェルが叫んだ。

「畜生！　俺たちを待ち構えているゲスな警官野郎どもが、いつの間にか2倍に増えてるぜ。町中の女が隠されちまわないことを俺は祈るぜ！」

警官と獰猛な警察犬からなる迎撃部隊が、ヘルズエンジェルズを待ち構えているというラジオ放送が、ランを控えたアウトローたちのテンションをいつもと違うものにしていた。ラジオ速報は市民への警告を与えるとともに、エンジェルたちへも次々と有益な情報をもたらした。

いつもは決まって〝俺の女〟をバイクの後ろに乗せてランに参加する多くのメンバーが、今回のランに限っては、警官との衝突に備えて、独り身で〈エル・アドービ〉にやって来ていた。田舎町で牢屋にぶち込まれるのはもちろん最低だ。だが、保釈のために必要な弁護士や仲間を呼んでくれる妻や彼女が同じ牢屋にぶち込まれてしまったら厄介事はさらに2倍。避けるべきリスクが何か、エンジェルたちは経験から学んでいた。

いつもなら必ず女とともにランに参加するソニーや、テリーや、タイニーや、トミーや、それにゾロといったメンバーまでがタンデムシートに誰も乗せていないことからも、エンジェルたちが今回のランで、かなりのトラブルを覚悟していることが想像できた。

ランにはトラブルがつきものだ。しかし断言してもいいが、これまでヘルズエンジェルズは、ランの最中、トラブルを避ける努力を惜しむことはなかった。しかし今回だけは別だった。エンジェルたちは、あらゆるトラブルに真正面からぶち当たっていく覚悟を決めていた。

数日前の、ソニー・バージャーの口調が思い出された。

「バス湖に特別な思い入れがあるってわけじゃねえさ。けど、湖のまわりで大勢の警官隊が、俺たちが来るのを今か今かと待ち構えているって――もう、どの新聞にも書いてあるじゃねえか。ラジオだって宣伝している。やるしかねえ。俺は、今回のランは絶対にモノにしなきゃならないって気がしてるんだ。でなきゃ、俺たちヘルズエンジェルズは、永遠に平和を取り上げられちまう。そんな予感がするのさ。俺たちは厄介事はあくまで御免だ。だが、売られた喧嘩は必ず買う。俺たちヘルズエンジェルズが逃げたなんて、誰ひとり言わせるわけにはいかねえんだ。わかるだろう?」

ちょうどその時――時報が8時半を告げ、ラジオから「*A World of Our Own* ――僕らの世界」というロックミュージックが流れてきた。

僕らは、僕らの世界をつくる
他の誰も入り込めない、僕らの世界を
哀しみは、みんな過去のものさ

私は最初、ティーンエイジャーの夢を歌った軽快なその曲の歌詞を、ただぼんやりと聞き流していた。しかし曲が進むにつれ……しだいに、私はあることに気がついたのだった。いつもなら、ベッドで丸くなって眠っているわびしい孤独なアウトローたちの朝の時間。しかしその日に限っては、そう、世間から気狂い扱いされている彼らと歌の主人公が一緒であるということに。私もまた取材ライターとして、陸軍のお下がりの水筒からコーヒーを啜りながら、ヘルズエンジェルズたちと同じ朝を眺めていた。歌は響いた。私の胸にも、おそらく彼らの胸にも。駐車場の時間が、静かに流れを止めているように感じられた。

そして僕らは知っている、
心の安らぎがあることをいつか君が知るだろうと――
僕ら自身の世界に
今僕たちは生きている

平和な土曜日の朝。オークランドのトルコ風のみすぼらしい酒場の駐車場に集まっている人間社会の珍妙なる存在――ヘルズエンジェルズ、ジプシージョーカーズ、その他のアウトローバイカーたち。珍奇なグループ名を自ら名乗り、武装した警官たちが待ち受ける町へ自ら進んで乗り込もうとしている、独特な正義感に満ちた気取り屋の一群。普段、世間の路地裏に隠れている彼らのようなアウトローバイカーこそが、正真正銘の〝僕らの世界〟を生きる人間だとして、何の不思議があるだろう。カップにもなる水筒の上蓋から唇を離し、駐車場をぐるりと見まわした私は、その時、今にもハリウッドの映画監督が〝カット!〟とか〝アクション!〟と書いた板を振りながらその場へ現れるのではないかというある種の錯覚に囚われた。そこにいるのは、1953年のスクリーンから抜け出してきたジャイアント・ボッパーズ、乱暴者、アウトローバイカー――。

実際にはありえないような光景の真っ只中で、私は、現実に出現した幻の世界を取材していることを、その時はっきりと認識した。皮肉なことに、映画のように非現実的な光景に、「アクション!」という現実の声をかけたのは、現実を伝えることを標榜している『タイム』や『ニューズウィーク』『ニューヨーク・タイムズ』といった報道メディアだったのだ。

あの日の朝、〈エル・アドービ〉にいた有像無像のアウトローバイカーたち——ヘルズエンジェルズやジプシージョーカーズ、サタンズスレイヴズの面々は、市民社会に暮らす読者諸兄から見れば、全員どこの馬の骨とも知れない面々だろう。しかし同時に彼らはあの瞬間間違いなく、全米メディアの注目を一身に集めた絶対的な時代の象徴だったのだ。ミュージックがDJのトークに変わり、ふと我に返ると、目の前に群れ拡がるアウトローバイカーたちの姿は、過酷な現実そのものとして、私の目に突き刺さって見えた。画家のグラント・ウッドなら、こうして引き起こされた状況を絵にして「アメリカン・モダーン」というタイトルをつけたかもしれない。

しかしその朝、芸術家の姿はどこにもなかった。

取材のカメラマンもいなければ、ニューヨークのエスタブリッシュメントなニュースメディアが派遣した使いっ走りの取材記者さえいなかった。通信社の記者もいなかった。それでもカーラジオは、「500人のアウトローバイカーの大集団が週末のカリフォルニアを破壊しようとしている——」と根拠なく狂ったように喋り続けている。

なぜだ? なぜマスコミは、直前まで、そして今現在こうしているあいだも、これから行われる独立記念日のランの恐怖を煽り立てるだけ煽り立てておいて、なぜ! 取材の現場に現れないのだ⁉ のちに判明するのだが、報道記者たちは暴動が起こったあとで、警察に電話してコメント取材して、それで良しとするつもりだったのだ。私にはそれが、極めて奇妙なことに思えた。

そしてついに、ジプシージョーカーズのリーダーが、ゴー! のサインを出した。あちこちでチューンアップされたエンジンが、同時に熱を帯びて噴き上がり、周囲一帯に地響きのような爆音が炸裂した。トップ集団が出発すると、あらかじめ決められた序列に従って、ハーレーマシーンの大群が歓喜のエキゾーストをあげながら動き始める。

しかし駐車場から出た先頭集団のバイクは、数ブロック先のフリーウェイに入ると、響かせていた爆音をほとんど一瞬にして抑え込み、法定速度の65マイル（105キロ）までピタリとスピードを落とし込んだ。後続の全マシーンがそれに従う。ランに参加したアウトローたちは、1車線に2台横並びの統制された長い縦隊を整然と組み、エンジンを無用に噴かさず、規則的で穏やかなハーレーダビッドソン独特の2気筒エンジンの鼓動を維持したまま、巡航速度65マイルを遵守してバイクを走らせた。事前に全員に厳しく言い渡されていた決まり事である。

シートに深々と腰を沈めたアウトローたちは緊張でいかめしい顔つきをし——しかしその日、自分たちがやるべきことをはっきりと理解している者独特の、威厳のある堂々たる風情に満ちていた。もはや無駄口を叩く者はいなかった。

ここにいる彼ら一人ひとりは、今夜までアイデンティティを持たない一人ひとりであった。
しかし今夜、彼らはロサンゼルス警察署とロサンゼルス消防署をめちゃくちゃに破壊した。州兵を出動させた。今夜、彼らはひとかどの人物である。
今夜、彼らはアイデンティティを持った一人ひとりである。

——G・マンスフィールド・コリンズ師（ワッツ地区の牧師）1965年の暴動のあとの葬儀でのスピーチで

〝現代アメリカで最も非難されるべき人間たち〟という名声を、自ら望んで何年にもわたって培ってきたヘルズエンジェルズに対し、バス湖近隣の住民たちが怯えながらも、怖いもの見たさの野次馬根性を見せるのは必至だった。人口およそ1万1000人、50号線沿いの町トレーシーでは、町中を通過するアウトローバイカーの大隊列をひと目見ようと、大勢の住民たちが道路に飛び出した。

何台もの抑えられたハーレーエンジンが重奏的に織りなす、ごろごろという低く重厚な響き。無用のトラブルを避けるため、アウトローたちは徐行速度までバイクのスピードを落とし町中を通過する。途切れることのないチョップド・ホッグの隊列が、見物人たちの存在を無視するようにのろのろと進んゆく。

私は隊列から離れ、冷房の効いた街の酒屋に車を停めて、ビールを購入していた。

「まったく、どえらい連中だ！」

アウトローバイカーの隊列が店の前の通りに姿を現すと、酒屋の店員が窓を開け放った。響く爆音と、焼けるようなオイルの臭いが、むっと室内に入り込んでくる。店員は、隣にいた見物客の腕に手を置いたまま、通過するエンジェルたちに気圧《けお》されて、数分間以上ただ呆然と立ちつくしながら無言で隊列に見入っていた。

トレーシーのダウンタウンは、歩行速度並みで徐行するオートバイの隊列が放つ、低く太いエキゾーストノイズが響く以外、物音ひとつなく静まり返っていた。

ならず者たちは、あたかも閲兵式に臨む儀仗兵のように、2列縦隊を整然とキープしながら、無駄な言葉を交わすことなく、無表情に町の中心部をゆっくりと進行した。そして東側の隣町との境界線に達した瞬間――すべてのマシーンが同時に、時速65マイルに加速し、町にさよならを告げる排気音の絶叫を残して、視界の彼方へ消えていった。

シエラネバダのコースタル山脈のあいだに拡がる豊かな農場地帯、セントラル・ヴァレーを突っきるように走る99号線。沿道の町モデストでは、ヘルズエンジェルズが現れる遥か前から、大勢の地元住民が興味津々で街道に群がりお祭り騒ぎの様相を呈していた。

ダウンタウンの交差点には、プロの報道カメラマンたちもいた。カメラマンが撮影した何枚かのショットは、のちにＡＰ通信が配信したいくつかの記事に掲載された。

見事なショットだった……。独立記念日にアウトローバイカーが小さな町に大挙して現れ、住民たちが逃げ惑っている——。最新のウェストコースト・スタイルに、見事なまでに演出された報道写真。

ソニー・バージャー率いるヘルズエンジェルズの主要大隊は、オークランドを定時に出発して以降、法定速度時速65マイルを遵守しつつ、堂々たる存在感を示しながら目的地へ向けた長蛇の隊列走行を長時間にわたり順調に続けていた。

集合場所に遅れたエンジェルや、事故や故障ではぐれた者、孤高の独立走行派バイカーなど……ランに参加した各々のアウトローバイカーたちは、それぞれ独自の方法で目的地を目指していた。

エルセリート方面から来た、ハングマンというアウトローバイカー・クラブ所属の4台編隊が私の車のバックミラーに小さく姿を映したのは、マンテカの脇道付近だった。ミラーに映った次の瞬間——彼らはいきなり私の車の真横に現れており、カーラジオをかき消すほどの猛烈な爆発音を響かせながら、みるみる前方に小さくなって消えてゆく。

フロントガラスの向こうで、すべての車が、あたかも消防車に道を譲るが如く、おずおずと路肩へ逸れていた。ハングマンのすぐ前を走っていた家族連れのステーションワゴンの子供たちは舞い上がってしまい、後部座席の窓をいっぱいに開け放ち、猛スピードで疾駆する改造ハーレーを指差し、大声をあげていた。窓から飛び出した子供の小さな手の先が、バイクに触れるほどの距離だった。

ハーレーダビッドソンの爆音があまりに早く、一瞬のうちに遠ざかってしまったため、農薬散布用のセスナ機が空中から低空飛行で接近してきたと、瞬間的に勘違いしたドライバーもおそらくいたはずだ。しかし勘違いは一瞬のこと。窓のすぐ横を通り過ぎた物体が何かを理解すると、国道上にいるあらゆるドライバーたちは、極めて不愉快な気持ちを味わいながら速度を極端に下げ、緊張に顔を歪めた。また次の一群が、後方から現れるのではないかという不安に駆られながら。

アウトローバイカーたちの突然の出現が、国道を走っていた市民ドライバーのほぼ全員にとって、極めて不快だった理由は――〝侵入〟この言葉に集約できる。

私がハングマンに遭遇したセントラル・ヴァレーという場所は、ブドウ畑や果樹園が拡がる、豊かで気持ちのいいのどかな農村地帯である。沿道には、トウモロコシやリンゴ、トマトなどと手書きされた直販の看板がズラリと並び、木製の台では採れたての新鮮野菜が安く売られている。

視界いっぱいに拡がる農場の遠くを何台かのトラクターがゆったりと動いていた。屋根には農夫たちが括りつけた日よけ用の黄色い傘が眩しく光っている。そんな農村地帯をのんびり走る車窓から眺めるにふさわしい風景といえば、やっぱり馬や家畜や、あるいは先述した通り、農薬を散布する飛行機が地上すれすれを行き来する姿だ。

私もまた公平に考えてみよう――。牧歌的な農村の風景に、ヘルズエンジェルズのオートバイはそれほど不釣り合いだろうか？　爆音とともに風景をズタズタに切り裂きながら走るエンジェルたちのアウトローバイクの場違いさは、客観的に見て、どう考えても――ジョージア州の農産物品評会にまぎれ込んだブラック・ムスリムの過激派集団の場違いさにも匹敵している、としか言いようがない。

経済発展。ネオンサイン。高層マンション。進歩的生活。建設途中の建物。派手さを競い合っている商店の表看板。……そういったあれこれが当たり前の大都市ならまだしも、ノーマン・ロックウェルが好んで描くセントラルヴァレーのような土地――つまり、『サタデー・イヴニング・ポスト』誌の表紙に描かれているような、古き良き伝統的なアメリカの光景の拡がる場所で、パワー漲るマシーンの爆音をことさらに大きく響かせ、風景の湛える平穏さをことさらにぶち壊すように、威圧感バリバリの隊列走行で市民たちの車を軽侮しながら追い越していくエンジェルたちのアウトロー・ライディングスタイルは、当然のことながら大多数のアメリカ市民にとって受け入れ難いものである。国道を行くすべて人々にとって、アウトローバイカーたちの姿と行動は、純粋に厚かましく、不自然で、ただの傲慢な侵入者としか目に映らなかった。

11

HELL'S ANGELS

不潔で満足な教育すら受けていない人間、妙ちくりんな格好をした出来損ないの変わり者、あるいは無分別で常識に欠けた世間知らず……。いわば〝人間版おたまじゃくし〟ともいうべき発展途上の愉快な連中がこの世に存在していなければ、地平線はこんなにも大きな口を拡げ、平和そうに笑ったりはしていないだろう。

――フランク・ムーア・コルビー『イマジナリー・オブリゲーションズ』

ヘルズエンジェルズを集団として眺めた場合、確かに彼らは頑ななまでに暗愚である。しかしメンバー個人に目を向けると、あらゆる場面で如才なく振る舞える、賢い人間がいないわけではない。

断っておくが、ヘルズエンジェルズは単に馬鹿騒ぎするしか生きる術のない低能連中の集まりで、だから、たかがオートバイでの乱痴気騒ぎにここまで固執しているのだ、と読者諸兄が考えているのなら――完全に間違っている。

同様に、個人として賢者たる者が、集団になるとにわかに愚者と化すアウトローバイカーの集団心理を、メンバー個々人の心理を追求することで解明できるという思い込みも、見当違いもはなはだしい。心理分析など必要はない。彼らの行動は常に、純粋な実践の繰り返しから生み出された、反射的なものなのだからして。

「警官隊と事を構えたくなかったら、逆に威嚇してビビらせなきゃならないのさ」オークランド支部長のバージャーが、以前私に語った言葉だ。「いいかハンター、15台以下のバイクで走っていると、警官連中はいつも、ちっぽけな罪状をいくつも抱えて、俺たちを逮捕しようとやって来る。でもな、100台、200台の大隊列を繰り出すと、どうだ、連中は俺たちを捕まえるどころか、シミったれたエスコート根性を発揮して、トラブルを避けるために誘導役まで申し出てくる。要するに、大勢が集まった時、初めて警察は俺たちに敬意ってものを払いやがんのさ。警察ってのは、結局、その辺をうろついている普通の連中とまったく何ら変わらねえ。つまり、自分たちの手に負えない厄介は御免ってことさ——」

1965年7月3日(土)独立記念日のラン出発当日。ついにXデーを迎えたアメリカ社会は、ソニー・バージャーが予想していた通りの展開を呈していた。

バス湖は2年前、1963年の独立記念日のランでも目的地に選定されていたが、その時エンジェルズは、町の教会を冒涜して、ひと騒動起こしている。その前科と、町の主要産業である観光事業を妨害する恐れがあるとして、バス湖周辺を管轄するマデラ郡警察は、今回、新たな戦略を練り上げてヘルズエンジェルズと対峙する方針を固めていた。

郡首席検事のエヴェレット・L・コフィーは、Xデーを前に、取締当局の武器となる新たな条例を用意していた。

〝法的抑止令〟——郡検事局が用意した、マデラ郡に未来永劫アウトローバイカーを近づけないことを目的に立案された……少なくとも、大まかな趣旨はそう取れる、武器の名前である。

正午近くになると、複数のラジオ局が次々と最新のヘルズエンジェルズ警報を流し始めた。

……巨大な集団に膨れあがったヘルズエンジェルズの群れが、さらなる膨張を続け、繰り返します、さらなる膨張を続け、バス湖に向かっています……

ここに来ていよいよ、報道機関が最終決定としての情報を告げ始めたのである。しかし奇妙なことに——まったくの同時刻、一部のメディアは、「ヘルズエンジェルズが、自分たちの住む、カリフォルニア州北部及び南部のコミュニティを襲撃すると判明しました」と該当地域の住民たちが必死で抵抗の準備を始めている様子を報道している。

なぜ……？　なぜラジオメディアは、正確な情報を入手するのにこれほど手間取り、いよいよ最終的な局面を迎える段になっても、まだあちこちの報道機関が怪情報と言って差し支えない誤報に酷く惑わされる結果になったのか？

理由は簡単である。複数のマスメディアは、それぞれが勝手に垂れ流していたあやふやな情報に相互的に惑わされ、最後の最後までヘルズエンジェルズの総数を、実数より遥かに多い500人から1000人と信じ込んでいたのである。

ヘルズエンジェルズを主体とするランの主力大隊が、バス湖に200人前後で現れた時、あらゆるニュースメディアや警察機構は、その数倍にあたる残り数百人のアウトローバイカーが、どこか別の町で大暴れしていると確信していた。そのため、別ルートからバス湖に入ろうとしていたフリスコ支部の5、6台は、湖にほど遠いカリフォルニア州のマリン郡に入った途端、彼らのことをヘルズエンジェルズ全軍の電撃突撃部隊と信じて疑わない郡保安官代理の武装部隊に取り囲まれ、猛烈なテンションで追い立てられるハメになったそうである。

その可哀想なエンジェルは、フレンチーと彼の〈ボックスショップ〉の仲間たちである。彼らは、予想される大騒動を避けるためバス湖へ向かう正規のランをキャンセルして、わざわざ自分たちだけの平和な週末ツーリングを計画したというのに。結局、バス湖に向かったエンジェルたち以上の酷い仕打ちをマリン郡で受けてしまうのであった。合掌。

〝数こそ強さである〟というヘルズエンジェルズのポリシーを裏付ける証拠が必要なら、それはまさに、1965年の独立記念日のランに象徴されている。その日、オートバイでロードへ出たヘルズエンジェルズの中で警察に襲撃されなかったのは、バス湖へ向かった主要大隊のメンバーだけなのである。

主要大隊から離れて走行していた、あるいはバス湖で予想される混乱を避けてランをキャンセルし独自にハイウェイを走っていた分派は、ほとんど理由なく各地の警官隊に追跡され、管轄境界線で交通法規違反のキップを切られるなど、法的奇襲を受けている。

結局のところ、その日バス湖のランに参加したエンジェルは、ジプシージョーカーズなど、その他のアウトローバイカーを合わせても、実数で300人に満たなかった。となれば、警察が発表し報道機関が定時のラジオニュースで断定していた「1000人のアウトローバイカー」のうち、700人はどこへ消えてしまったのか？

生じてしまったミステリーに解答をすることができるのはただ1人。そもそも存在しない数のバイカーまで持ち出し、政治的な目的でヘルズエンジェルズ撲滅を熱心に推進したカリフォルニア州検事総長トーマス・C・リンチ氏しかいない。リンチ氏は、あらゆる手段を駆使してあやふやな情報を集め、それを逐一マスメディアに発表し、市民たちの脅威を煽りに煽り立ててきた最終責任者である。しかしリンチ氏もまた、他の政治家同様、自分に都合が悪いことが起きると、貝のように口を開かなくなる習性を持つ。（註1）

オークランドとバス湖のほぼ中間点、出発場所から走行距離にして約150マイル（241キロ）――。ジプシージョーカーズと小数の遅刻組のヘルズエンジェルズからなる混合隊列の少し前を自動車で走っていた私が、これもまた小さな町であるモデストにさしかかったあたりで、ラジオからまた新しいニュースが流れてきた。

……ヘルズエンジェルズを主力とするアウトローバイカーの大群がバス湖周辺のリゾートエリアに侵入することを防ぐため、警察部隊がついに周辺の道路を強行封鎖し始めた模様です……

（註1）リンチ氏はヘルズエンジェルズについて語ることを頑なに拒んだ。この話題は彼にはバツの悪いものだったようだ。全米最大の人口を持つ州の検事総長として、沈黙は金なりという格言の生きた証となった。ブラウン知事は彼の良き友であり、後援者でもあった。

私は少々焦り始めた。ラジオから推測するに、ソニー・バージャー率いるヘルズエンジェルズのラン本隊は、予想以上に先を行っている様子だった。

私は考える——。彼らがバス湖に到着する瞬間にその場に居合わせなければ意味がない。ニュース放送はしきりに「……大きな騒動は避けられない様相です」と繰り返していた。私は焦った。自らの目で、その瞬間を確かめなければならない。追いつかなければならない。そのために車を走らせているのだからして。ハンドルを握る手に力がこもり、焦りは徐々に高まっていった。

フリーウェイ99号線からバス湖へ向かう道は2つある。マデラまで南へ向かい、そこでカリフォルニア41号線に入り、広々とした舗装状態のよいハイウェイを、ヨセミテ国立公園まで太陽を浴びながら悠々と走るコース。バイクを走らせるには最高の道だ。間違いない。ソニー・バージャー率いるヘルズエンジェルズの主要大隊は100％そのコースを行く。

残るは、マーセドの分岐点から脇道に逸れて山岳地帯を抜けてゆく短縮ルートである。距離は50マイル（80キロ）ほど短くなる。しかし地図を広げるとわかるが、ルートの半分が未舗装の迷路のような山越えの裏道である。その時点で、私の年代物のボロ車は、サンフランシスコからずっと喘息のようにゼエゼエ咳き込み、まるで発作の前触れのような異常振動を続けている。山越えの道はいかにも厳しそうに思われた。しかしマーセドの分岐点で、私は躊躇なく左の山越えの短縮ルートに急ハンドルを切ったのだった。

裏道へ旋回。アクセルを力一杯踏み込んで山道へ突入する。眼前にそびえるヨセミテ山脈の高く険しい山並みが、私という取材者の行く手を断固として阻もうとする強い意志のように感じられ、私はサングラス越しに行く手を見据えながら挑むような気持ちで、エンジンの続く限り急勾配を駆け抜けるローラーコースター・ランを開始することとなった。

最初から覚悟はしていたが、山岳の裏道は酷いものだった。タトル、プラナダ、マリポサ、ブートジャックと次々と中継地点が現れるが、その間も攻撃的な登り坂が長時間にわたって私と車をボコボコにいたぶり続けた。ショックアブソーバがボトミングし、シャーシが軋む。私はただただ必死でハンドルにしがみついていた。

途中、いい加減にうんざりして車を停め、地図を広げて行く手の路面状況を確認すると……NNNoooOOOhhHHHH〜!! 最後の20マイル（32キロ）は、ヤギしか通ることのできない石くれの急勾配じゃないか! 私と同じルートを選んだバイカーは2人だけ。

2人とも、バージャーの主要隊列からはぐれてしまい、追いつこうと焦っていたエンジェルである。2輪車の彼らにとって、山岳の裏道は明らかに間違ったチョイスに思われた。

山深くなるにつれ、道はさらに険しく厳しい様相を呈し始め、土埃の舞う路面はまるでオフロードのバイクレース場のようになってきた。しばらく行って案の定、私は、モルモン・バー近くの古式ゆかしいガソリンスタンドで、かがみ込んで道路地図に困り果てる1台のチョップド・ホッグを追い越すこととなった。アスファルトのハイウェイを飛ばすために特別チューンしたマシーンで未舗装の山岳道を走るのは、いささか無理があり過ぎるのだ。

しかし! 驚くべきことに、マリポサへの急な登り坂で、私はなんと、タンデムシートに女を乗せたまま猛烈な速度で走る1台のハーレーに追い越された! あまりに……あまりに強烈な信じ難いシーンだったので、その時の状況を説明しよう。時刻は正午。気温は摂氏40度——。カリフォルニアの山岳地帯の空気は100%ドライに乾ききり、見渡す限りの焦げたような茶色い丘は、今にも暑さで燃え上がる寸前だった。乾ききったカリフォルニアの山岳地帯で目に入る緑といえば、谷底のところどころにこんもりと茂っているヒイラギ樫だけ。

物知りを自称する博識家によると、ヒイラギ樫——このコブだらけの小さな樹木は、世界でたった2つの地域（カリフォルニアとエルサレム）にしか生えていない希少種だそうで、それはさておき、この樫は脂質を多く含み、つまり燃えやすく、一度火がつけば手がつけられないほど強力な火力を瞬時に発揮する、そういう樹木なのだ。

もしどこかで小さな山火事が起きた場合、地元の山岳消防隊は火の手を拡げないため、まず初めにヒイラギ樫へ火の手がまわるのを防ごうとする。というのも、この珍しい樫は、普段は乾いた風の中で処女のようにじっと静かにうずくまっているのだが、わずかな炎に晒されると途端に、実戦経験のない新兵が初めての戦場で銃を連射して収拾がつかなくなるように見境なく猛り狂って制御なく炎を吹き、燃え上がらせるという、まことに神経質で厄介な存在なのである。

その日も——燃えるような熱暑の中、自然発火的に小さな山火事でも発生したのだろう。馬力の強いエンジンを積んだ山岳消防車が、どこからかサイレンを鳴らしながら山道に現れた。急勾配をぐんぐん登ってゆく消防車について行こうと、私はハンドルにしがみつきながら、アクセルをいっぱいに踏み込んだ——と、その時だ、誰かはわからないが、1台のアウトローハーレーがバックミラーの後方にぽつんと現れ、物凄い迫力で近づいてきた。

ハーレーを駆っていたのはエンジェルで、バイクはあっという間に私に追いつき、追い越し、ついには消防車を追い越そうかという勢いだ。しかし山岳の裏道は狭く、バイクはうまく消防車をチャージできない。バイカーは消防車のスローペースにうんざりした様子で、しばらくのあいだスロットルをブンブンと空噴かしして威力を溜めていたのだが、道幅がほんの少し広くなった瞬間！　ギアがサードにチェンジするカチッという精密な機械音が鳴り、その後に続く猛烈な爆音！　ギューーン!!　エンジェルのハーレーは一瞬のうちにロケットのように加速し、狂ったようにサイレンを鳴らして先を急ぐ山岳消防車を追い越していった。

その時の山岳消防隊の隊員たちの顔ったらなかった。自分たちの乗り込んだ消防車のすぐ隣を、土煙を巻き上げながら追い越してゆく1台の改造ハーレー!!　そんなものを目の当たりにして、その、何というか、消防隊員たちは、熱暑の山岳地帯に突然1頭の北極熊が現れ、道路を横切って消えてゆく姿を目撃したかのような、なんとも不思議そうな表情をしていたのであった。気持ちはわかる。地元の消防隊員たちを追い越していったのは、よりによって——ガソリンタンクにナチスの鉤十字を描いたギラギラのチョップド・ホッグに跨るヘルズエンジェルズだ。太い腕でがっちりとハンドルを握り、舞い上がる砂埃の中、髭と長髪をもじゃもじゃにしながら、しかも、ガッタガタに飛び跳ねる後部座席に、必死で背中にしがみつく若い女を乗せていた……。カリフォルニアの山岳地帯に突然現れた、常識では考えられない光景。絶対にありえない。絶対にありえない。消防隊員たちは、見てはいけない不思議な悪夢のイリュージョンに魅せられたように、ただただ口をぽかんと開けて見入っているばかりだった。絶対にありえない。しかしハーレーは、視界から消え去ったあともジェット機のような排気音を山々のあいだから響かせ続け、それが幻覚ではなく、まぎれもない現実なのだと我々に告げながら消えていった。

マリポサの西数マイル、山深い林道でカーラジオから、その日何度目かの定時ニュースが流れ始めた。

……ただ今入った最新の情報です。ヘルズエンジェルズの大群がバス湖に到着した模様です。繰り返します、繰り返します。ヘルズエンジェルズの大群がバス湖に到達した模様です。最新の情報では、ヘルズエンジェルズを中心とするアウトローバイカー数百人が、観光客のいる湖周辺のリゾートエリアに近づこうとしているため、当局は裁判所が発令した法的抑止令を根拠に、連休の期間中ヘルズエンジェルズが一般市民がいるリゾート地域へ侵入しないよう、人員を配備し道路を完全封鎖する準備を開始した模様です……

ヘルズエンジェルズ*vs.*警官隊の、いよいよ本格的衝突の序章が始まったことを確信し、取材者としての私は高揚した。しかし実際には、事態がここに至る前に、もし警察当局が道路封鎖を行う場所をより戦略的に計算をしていたならば、暴力的な正面衝突など楽勝で回避することができたはずなのである。方法は、さして難しいものではない。①検問を実施し、国有林にある公共のキャンプ地への通行を遮断し、②エンジェルズとアウトローバイカーの集団を、郡や市の法令を確実に犯す場所へと誘導して逮捕する。

この2つの戦略を実行すれば、ヘルズエンジェルズの本来的習性である〝放っておけば自然と集団化する〟という彼らの行動原理を逆利用し、警察当局との暴力的な衝突の危機なしに、彼らを分散することで予定されていたランの乱痴気騒ぎを未然に阻止することが十分可能だったのだ。例えば国有林の境界に近いオークハースト地点で道路封鎖と検問を行えば、ハイウェイの通行妨害、あるいは私有地への侵入という条令違反で、エンジェルたちの多くを逮捕することができる。さらに警察幹部にもう少しの想像力があれば、道路封鎖によってバイク大隊の一部を南へ、一部を北へと分散して追い立てる実際的な対策を練ることもできただろう。

断っておくが、私はヘルズエンジェルズのランを取り締まるべきだったと主張しているわけではない。読者諸兄に訴えたいのは——1965年バス湖のランを阻止するために、取締当局が立案できた安全性の高い対応策は、他にいくらでもあったのではないか？　その問いかけなのだ。

しかし警察の対応は、新聞、雑誌でおなじみの独善的な展開となった。警察はエンジェルズの数を〝少なくとも500人〟と実際より極端に多く見積もっていたため、当初立案していた計画は、残念ながら初期段階からして、すでに現実的有効性を失っていた。地元の警察署長は、おそらくこう考えたに違いない。——道路封鎖の実施は、エンジェルたちのバイク走行を一時停止させ、時間を稼ぐ妙案かもしれない。しかしどれくらいの時間その状態が保てるだろう？　封鎖を解除したあとはどうなるのだろうか？

ヘルズエンジェルズの大群を迎える、あらゆる地方自治体の治安担当責任者が抱く悩みと、まったく同じ悩みを、バス湖の警察署長もまた抱えていた。

警察署長は、こうも自問自答したはずだ。——独立記念日のパーティーを楽しみにバイクで200マイル(322キロ)も走ってきた(少なくとも500人の！)荒くれ者のバイカーたちが、道路封鎖をやっているからと、目的地10マイル(16キロ)手前で自分たちの家へ大人しく引き返すだろうか？　ありえない！　もしそれを強制すれば、道路封鎖を実施した地点を中心に、ハイウェイのあちこちでエンジェル *vs.* 警官隊の血なまぐさい武力衝突が勃発し、そのせいで休日の車が何マイルも渋滞するのは必然である。マズい、非常にマズい。

となると……警察署長に残された対応策は、いよいよ限られてくる。——いっそのこと、道路封鎖などせずエンジェルたちの通行を黙認してしまうか？　エンジェルたちに妥協する穏便策もないではなかった。が、しかし、妥協策は、ホリスター暴動のような大惨劇を町にもたらす危険性をはらんでいた。つまり私に言わせれば、マデラ郡警察と州検察機構があらかじめ立てていたヘルズエンジェルズ封じ込め戦略は、初期段階からしてすでに、現実がどのように推移しても、どっちにしろ致命的な破綻が生じてしまうという、矛盾だらけの大失敗作戦なのである。

山岳道をかなり奥深く進んだ地点マリポサで、私はガソリンスタンドに立ち寄り、バス湖へ向かう道を尋ねることにした。山岳道の道なき道は、複雑に交差し入り組んでいる。

15歳くらいの子供っぽい従業員が真面目な顔で忠告してきた。

「お客さん、どこか別の場所へ行った方がいいですよ。ヘルズエンジェルズが襲撃して、バス湖をめちゃくちゃにしようとしているんです」少年はガソリンを入れながら早口でまくし立てる。「雑誌の『ライフ』に詳しく載ってました。お客さん見てないんですか？　とんでもなく恐ろしい連中なんです」

「ああ。知ってるよ」

私が答えると、少年は一層驚いた顔で声を高めた。

「それがわかっているのにお客さん、どうしてバス湖なんかに行こうとするんです?」

「まあね」私は言った。

「物凄く恐ろしい連中なんですよ」少年の声はもはや叫び声に近かった。「連中は、バス湖周辺の町を全部燃やしつくそうとしているんですよ!」

必死になってバス湖へ行くことを思いとどまらせようとする少年に対して私は——自分は空手の師範であり、常に戦いの場に在りたいのだと返答した。しかし健気な少年は、私がスタンドを発つ時も、「気をつけてお客さん! 危ないことはしない方がいいよ。ヘルズエンジェルズは、ヘルズエンジェルズは! お客さんが思っているよりずっとずっと酷い連中なんですからね‼」そして最後にこう叫んだ。「奴ら、銃だって目じゃないんですよ!」

ガソリンスタンドを出て以降の道程を読者諸兄に伝えようとすれば——私はどうしたって、ジェファーソン大統領がルイジアナ購入地の調査のために派遣したルイス・クラーク探検隊の実録日記さながら、冒険に満ちたワイルドな記述をここに書き並べざるをえなくなる。

私のボロ車は延々と続く山道のデコボコに耐えかねて、途中から完全に末期の喘息患者のような瀕死の喘ぎ声をあげていた。おそらく、帰り道まで車は持つまい。となれば、完全に動かなくなった車を置き去りにして、鉤十字のマークをつけたエンジェルズのピックアップトラックでサンフランシスコに帰るはめになる。悪夢だ!

否が応にもテンションが下がりつつある自分自身を鼓舞するため、狭く曲がりくねった山間の十字路と十字路のあいだで私は一旦車を停車させ、〝都会からハーレーを駆ってリゾート地を目指している精神病質者の群れを見つけ出すために、このような山道に自動車で突っ込んでいる自分自身の行動が、やはり同様にいかに狂っているかについて〟を、取材用のテープレコーダーに独白で語りかけた。行く手はもはや道とは呼べない獣道で、地図を見ても道路を示すための番号さえ振られていなかった。

録音を終えた私は気を取り直して再度ハンドルを握り、強くアクセルを踏み込んだ。車は激しく咳き込んでから走りだす。フロントガラス越しにゴールドラッシュ時代の遺物である腐り果てた丸太小屋が、魔界の幻のように現れる。そんなものには目もくれず、限界まで速度を上げて、目的地バス湖へ向かってアクセルを踏み続けた。

そのあいだ、ひっきりなしに最新ニュースを流し続けるカーラジオがなければ、私は、モンタナ州北部のミッション山脈の荒涼とした山の頂でグリズリーを狙う孤独な密猟者が味わうのと同じ、文明と隔絶されている孤独な感覚を味わっていただろう。（註2）

午後2時頃、ようやくハイウェイ41号線へと辿り着いた。41号線はバス湖のすぐ南を走っている舗装道路だ。ほっとして最新ニュースを求めてラジオのチューナーをまわしていると、ホットドッグ屋台の前の道路の脇に、これ見よがしにアウトローハーレーを並べている2人のならず者の姿が目に入ってきた。私はすぐに車をUターンさせて、ハーレーの隣に車をつけた。

2人は若いアウトローバイカーで、名前はガットとブザード。2人はホットドッグ屋のパティオで丸テーブルを挟んで腰を下ろし、この日のランに合わせて緊急にバス湖周辺に発令された法的抑止令について話し込んでいた。元バードゥー支部のブザードは、バージャーの側近を務める幹部メンバーで、映画のキャスティング会社が配役したような、〝いかにも〟付きの典型的アウトローバイカーの風貌をしている。危険さと、猥雑さと、優雅さと……そして目に入るものすべてに純粋な敵意と不信感を表す、無意識の脅威を湛えた奇妙な視線。ブザードは、どんな時もカメラマンの撮影を拒否し、ファインダーに背を向ける。〝取材記者を名乗る連中は全員が警察の手先である〟を信条としていた。ブザードにとって、警察という存在は、厄介事に巻き込まれて致し方ない時以外は近づきたくはない……囚人にでもならなければ永遠に自分と正反対にある……見せしめとして手首を切られかねない……何というか、彼にとっての警官と

（註2）アメリカ最大のグリズリー（ハイイログマ）の群生地でおよそ400頭が棲息。

は、底なしの壕に守られた高級アパートのコンドミニアムに暮らす市民様方と同じように、自分と正反対に生きている人々の世界を象徴する存在であった。

しかし同時にブザードは、今時珍しいほどの一貫性を持った美意識を生きている人間であった——ヤマアラシの如く、いつでも針のような猜疑心を心の奥で逆立たせていた。

例えばもしどこかで知り合ったその場限りのガールフレンドがブザードの名前で買った宝くじで1等賞の新車を当てようものなら、即座にブザードは——「俺から車の登録料を巻き上げるために当局がひねり出した新手の詐欺の手口に違いない」という、類稀なる猜疑心に駆り立てられて、自分で自分が抑えきれないほど強く怒りだす。そして宝くじを当てた彼女を「この、当局に雇われたアバズレめ！」と罵って、宝くじの主催者をしたたかに殴りつけ、当選した新車を躊躇なくセコナール（アンフェタミン）５００錠と金属のグリップのついた牛追い鞭に交換してしまう——そういう男なのだ。

私はブザードを面白い奴だと好意を持って眺めているが、エンジェルズ以外の人間がブザードと接すると、こいつには、棍棒による12時間ぶっ通しの殴打の刑がふさわしいと、即座に断言したくなるらしい。こんなことがあった。ある朝、懇意のジャーナリストであるマーレーが『サタデー・イヴニング・ポスト』誌の記事を書くための取材準備をしていると言うので、私は「ヘルズエンジェルズについて話を聞くなら、オークランド支部長のバージャーに会うのが最も安全だ」と助言してから眠りについた。その数時間後——激怒しているマーレーに電話で叩き起こされた。マーレーが言うには、バージャーのインタビュー取材を順調に進めていると、突如、怒りで眼を充血させたハイエナジーの精神異常者が目の前に立ちはだかり、マーレーの鼻先に節くれだった木製のステッキを突きつけてこう怒鳴ったそうである。

「テメエ、いったい誰だ‼」

怒鳴りつけてきたという狂人の人相を聞いても、すぐにはわからなかった。そこでバージャーに電話をして何が起こったのか尋ねると、バージャーは大笑いしながら言ったものである。「ははは、ブザードさ！　はははは、あいつがどんな奴かハンターも知ってるだろ」

御意。誰しもブザードと直接会えば、瞬時にして、目の前の相手が普通の人間じゃないとすぐにわかる。乱入してきた男の正体を知らせるために私はマーレーに電話したのだが、マーレーはなおも激しく動揺しており、彼が落ち着きを取り戻すまで、私は数時間も電話口で慰めの言葉を繰り返さねばならなかった。

しかし数週間後、長い熟考の期間を経て、しかもオークランドから３０００マイル（４８２８キロ）離れたニューヨーク州マンハッタンの地に戻ってからも、傷つけられたマーレーの心は癒されず、その揺れる心理は、次のようなタイピング捌きとなって表れることになる。『サタデー・イヴニング・ポスト』紙に掲載されたマーレーの記事を、少々長いが引用してみよう。

私の取材は、最初の30分ほどなごやかな雰囲気で進んだ。インタビューに応じてくれたのはヘルズエンジェルズ・オークランド支部の支部長ソニー・バージャーだ。彼は想像と違った穏やかなリーダーで、私の質問に、時折ニヤリとしながら、こんなふうに喋り始めた。

「ああ、確かに俺たちのことをよく書く記者連中はどこにもいねえさ。だけど、そういう俺たちだって、よく書かれるようなことは、これまで一度だってしてきちゃあいねえ。お互い様ってところ。だろう？」

ところがあるタイミングで、タイニーと名乗る男をはじめとする4、5人のバージャーの側近のエンジェルが取材場所に現れると、それまでの明るくなごやかな雰囲気が、瞬時にして邪悪で険悪なものに変貌を遂げた。現れたエンジェルの1人、ブザードという黒い顎鬚を生やしたむっつりした若者は、これ見よがしに頭に載せたポークパイハットを指先で摘みながら、私に向けてどこかで拾ってきたらしい木製のステッキを振りまわし、取材現場の雰囲気をぶち壊した。ステッキを際限なくブンブンと振りまわしながら、時折私の面前に一直線に突き出してくる彼の行為は、明らかに威嚇的であった。

その時だ。突然私の頭の中に、ある考えが思い浮かんだのは。このブザードと名乗る若者は、理由なんかどうでもいいから、振りまわしているステッキで、退屈しのぎに誰かをぶちのめしてみたいと思っているだけなのではないのか？　となると、冷静に考えて、餌食となる候補は私しかいない。

支部長のソニー・バージャーも、そして途中から現れたエンジェルたちも、理由なく私に殴りかかることはないだろう。しかしもしこのブザードという狂った男が、自慢のステッキで私をメッタ打ちにし始めても、バージャーと仲間たちが私を助けてくれるかというと、どうやら期待薄の模様だった。もちろん私自身がブザードに手向かいするなど愚の骨頂だ。そんなことをすれば、ヘルズエンジェルズの鉄の掟により私は、ソニー・バージャーを含む、そこにいる全員からめちゃくちゃな暴力的制裁を受けていただろう。

私は、身に迫った危機を回避するため、〝こいつは逃げだそうとしている〟という印象をエンジェルたちに抱かせないよう、細心の注意を払いながら、しかし一刻も早くその場から退散する方法を必死になって考えていた。こうした場合〝恐怖に駆られて逃げだす人間〟もまた、エンジェルたちが蔑みながら暴行する対象となるのである。心の内を悟られないように、私は慎重にバージャーにグッドバイを告げ、恐怖で高揚した気持ちを必死で隠しつつ、ふらふらと、我ここにあらずの状態で、ようやく取材現場をあとにしたのであった。

私がここにマーレーの記事を引用したのは、彼のこの文章が私、ハンター・S・トンプソンの取材視点にある種の〝市民的なバランス感覚〟をもたらしてくれると考えたからだ。

同じ出来事に遭遇し、同じ光景を瞳孔に映しても、私とマーレーの捉えるヘルズエンジェルズ像の印象はまるで違う。例えばこの一件を私に言わせれば――実際にマーレーを脅し上げたのはブザード1人である。バージャーや他のエンジェルたちは、マーレーに鳥肌が立つ思いをさせたひとつの要素に過ぎない。しかしマーレーに言わせれば――そのような時、今の今までなごやかに話し合っていた取材相手、ソニー・バージャーが自分をあっさりと見捨てること自体が正義ではない。取材者マーレーがかつて味わったことのない侮辱であり屈辱なのである。

もちろん当然ながら私は、私自身の視線を信じる者であるからして、もし同じような状況になっても、マーレーとはまた別の視点で、彼らのことを私なりの原稿にするだろう。

だが同時に、こうも考えるのだ。

マーレーの感覚こそが正しいのかもしれない。いや、ある意味でマーレーは完全に正しかったのだ。今でも私は、他ならぬ私自身に願っている。マーレーが正しかったと信じたい。

なぜなら――その場における取材者マーレーの感覚を、正しいと断言できるからこそ、アメリカ社会が伝統的に堅持している信頼や文化の感覚を通して、初めてバランスよくヘルズエンジェルズというアウトローバイク集団を取材・分析することができる。エンジェルたちとつき合う中で、ついつい失いがちな伝統的なアメリカの良心とも言うべきバランス感覚を、私はこれまでもマーレーの記事を通して保持してきた。

しかし同時につけ加えるなら、ブザード本人は、マーレーの記事にあるほどは危険な男ではない。ブザードは洒脱な〝劇的感性〟を持っており、日頃から奇妙な小道具を愛好していた。例えばマーレーが記事で述べている「ポークパイハット」とは、マドラス地のバンドがついた麦わら素材のパナマ帽のことで、サンフアンの高級店なら18ドルもの値がつけられる高価なものであるが、カリブ海全域でアメリカ人ビジネスマンに愛用されている、ごく一般的なものである。またブザードのステッキ――。マーレーは棍棒の親戚のような凶器の一種だと感じたようだが、ブザードが普段から持ち歩いているこのステッキは、いつもブザード自身がイメージする〝ヘルズエンジェルズのブザード像〟を演じるために不可欠なパーツとも言える必需品なのである。ヘルズエンジェルズの中で、ブザードはゾロに次いでファッションにこだわる男である。実はブザードの素顔は、手入れもせずに伸ばし放題の顎鬚とエンジェルズのカラーさえなければ、大学生と見間違えられてもおかしくないほど、爽やかな青年なのだ。

20代後半で、背が高く、しなやかで、はっきりとイエス／ノーが言える好青年。現代にふさわしい、実にグッドなアメリカの若者ではないか。実際、昼間のブザードは気軽にジョークで笑い合える、気持ちのよい青年なのだった。だが唯一の問題点は、日暮れの訪れとともに飲み始める大量のセコナール錠にある。セコナールの錠剤は満月が狼男に与えるのと同じ効果を、ブザード青年に与え給うた。太陽が沈むと同時に、ブザード青年の瞳はどんよりと暗澹に沈み始める。そして突然、牙を剝いたような唸り声をあげながらジュークボックスに拳を叩きつけると、惨めでやり場のない、どうしようもなく鬱屈した暗い気分を重く抱きかかえたまま、ブザードは夕暮れの町を所在なげにうろつきまわる。そして正真正銘の真夜中が訪れると、ついにブザードは昼間とは正反対の近づき難い陰険な人物に変身し、何でもいい！　とにかく自身が内包する暴力性に火をつけるものを求めて闇雲にハーレーを走らせる。狂気の世界を生きる歪んだ稲妻。深夜になると、いつもそこには昼間とは似ても似つかぬブザードがいた。

そのブザード青年と私が実際に初めて遭遇したのが、1965年7月3日、独立記念日のラン初日。バス湖のホットドッグ屋だったわけである。湖が見える湖畔のホッドドック屋のパティオで向かい合わせで座っていたブザードと仲間のガットは、郡検事局が作成してアウトローバイカーたちに緊急配布した、5ページからなる『走行抑止令』、正式名称『オートバイ臨時走行抑止令』という小冊子に目を通していた。どこで手に入れたのだろう？　尋ねると、舌打ちしながらガットが言った。「警察の奴ら、コースゴールドで道路封鎖をしてやがるのさ」

なるほど。私が頷くとガットが続けた。「で、封鎖地点で、ご丁寧に1人1冊ずつ、これを渡しているってわけよ。で、ついでに渡す時にわざわざ1人ずつ、全員の写真を撮影してやがるのよ！」

屈辱的な光景を思い出したガッドがたまらず声を荒げると、唸るような罵り声をブザードが響かせた。「あの、クソったれ男がぁ！」

「クソったれ男って……」私が言いかけると、白目を剥いて怒り狂ったブザードが金切り声をあげた。「リンチの野郎に決まってるぜ！　奴のやり口はいつもこうなんだ。野郎のあの貧相なケツを、今すぐここで、思いきり蹴飛ばしてやりたい気分だぜ!!」

言い終わるや否や、ブザードは小冊子を私に突き出し、「ほら、テメエで読んでみろって。何が書いてあるか、テメエが読んで、んで、俺に話すんだよ。やってみ。できるか？　できゃしねえーから。当たり前だってーの！　こんなクソったれた文章の意味なんて、世界中の誰にだってわかりゃしねえから！」と大声でわめき騒いだものである。ブザードが差し出したごく薄い小冊子には、次のようなタイトルと文章が並んでいた。

なぜ戒厳予備令が発令されず オートバイ臨時走行抑止令が発布されたのか その原因を示すための令状

原告　カリフォルニア州の人々。

被告　ヘルズエンジェルズ、またはワンパーセンターズ、コフィンチーターズ、サタンズスレイヴズ。アイアンホースメン、ブラック&ブルー、パープル&ピンク、レッド&イエロー。上記のアウトローバイカー集団のいずれかに所属しているか、あるいは組織化されていないアウトローバイカーの名の下に、そしてその流儀の下に、個人または集団としてかかわりのあるジョン・ドウの1番から500番、またジェーン・ドウの1番から500番……。

いったい当局は、この小冊子を配布して何を伝えたいのだろうか？

知っての通り、「ジョン・ドウ」とは、訴訟上必要だが当事者の本名が不明の場合、合衆国の法廷が用いる男性の仮名であり、同じく「ジェーン・ドウ」は女性の仮名である。

オートバイ臨時走行抑止令の意図するところは明白だったが、その独特な法律用語の羅列は、被告リストに並ぶクラブ名を見てもわかる通り、あまりに曖昧で古めかしく、50年代後半の黄色くなった新聞から切り抜いた、カビ臭いスクラップそのものと言ってよいものである。

『走行抑止令』の1箇所に、「この文書を警察から手渡された時に写真を撮られた者は、以下の行為を犯した場合、即座に法令が適用され、警察に検挙される」との明示があった。

①法律、法令、条例に対する侵害、公共における迷惑行為。

②モラルに対する無作法あるいは無礼な行い。

③革で包んだ棍棒、投石器、警棒、サンドクラブ（砂を入れた袋状の鈍器）、銃身を短く切り詰めた散弾銃、金属ナックル、飛び出しナイフ、タイヤチェーン、あらゆる種類の小火器を、武力行使の目的で所持あるいは所有すること。

『走行抑止令』はまた、それが新たに施行された理由として、2年前の独立記念日のバス湖へのランで、ヘルズエンジェルズが引き起こしたリトル教会冒涜事件も挙げていた。

——被告たちは酔っ払った状態で、職権も許可もないまま教会に入り込み、おびただしい数の聖歌隊のローブを持ち出し、これを着用し、不道徳で卑猥な言葉を使いながら、みだらな態度で徒歩あるいはオートバイで行進した。上記のローブを取り返すため、保安官代理は、上記の時間及び場所において、上記被告たちを強く説得する必要があった。

『走行抑止令』2ページ目をめくると、前項とは打って変わって、哀調に満ちた文章トーンが前面に打ち出されている。こんな具合だ。

カリフォルニア州ではよく知られていることだが、前記した組織のメンバーたちは、威嚇や襲撃、その他一般的な暴力的方法により、集合目的地の地域共同体を占拠しようとする。そしてひとたび暴力を発揮すると、地域の住民に危害を加え、時には命を奪う結果をもたらす。そのような暴力行為から住民各人が身を守るための唯一確実な理性的方法は家から出ないこと、あるいは被告人組織のメンバーが存在する場所に近寄らないことである。

道路封鎖地点に至ったすべてのアウトローバイカーに配られているという、5ページからなる『オートバイ臨時走行抑止令』というこの小冊子が、いったい何を言わんとしているのか？　実際私にもさっぱり理解できず、そのことにブザードは大喜びしていた。「なぁ、そうだろ！　オメエにだって、さっぱり、わかんねえ〜よなあ！」

小冊子に記述されている走行抑止令の法的な有効性は、それから数週間後、私が依頼したサンフランシスコの弁護士も理解できなかったし、のちに、発布した当のマデラ郡の警察機構ですら、自分たちが発布した法令の理論性を理解できていなかったと判明するのだが……その日、沿道でバイカーたちを待ち構えていた警官隊は、かなり明快かつ具体的に、法令の施行方法を解釈していた――「オートバイに乗っている者に何かしら騒ぎの前兆を感じたら、すぐに実力で拘束し、全員を刑務所に送り、保釈金による釈放も拒否する」

走行抑止令のような法令が発令される事態になってしまったことを、ガットは怒りよりもむしろ落胆で受けとめていた。「結局のところ、俺たちが髭面だとかさ、なあ、そういうことが気に食わないから、警官隊は俺たちをムショに入れようとしているわけだろう。なあハンター、この国は、この国の未来は、この先どうなっちまうんだ？」

アメリカ合衆国の未来は、この先どうなってしまうんだろう……。聞かれた私は答えることができず、ただ沈黙したまま、ガットと同じことを考えていた。その時である!! 私たち3人が座っているパティオのわずか10フィート（3メートル）先の沿道に、パトカーがゆっくりと近づいてきた。サイレンは鳴らしていなかった。私は慌ててテーブルの上の小冊子を裏返し、持っていた飲みかけのビール缶に巻きつけた。屋外での飲酒は法令違反だからだ。

2人の警官は座ったまま、私たち3人を猜疑心に満ちた陰険な目つきでジロジロと睨んでいた。パトカーのダッシュボードに据え付けられた1丁のショットガンが、フロントガラス越しに目に入る。私は緊張した。窓が開け放たれていたので、絶えず最新状況とそれに即した配備態勢を呼びかける警察無線の声が聞こえてくる。「フレズノでは逮捕者なしと伝えられる。ハイウェイ99号に大集団。20人の集団がバス湖の西の道路封鎖地点で、停止命令に応じた模様……」

ヘルズエンジェルズの動向を逐一伝える警察無線をBGMに、パトカーはゆっくりと私たちの座るパティオに近づいてきた。私は慌てて、持参していた取材用のテープレコーダーをテーブルの上に置いて、スイッチをONにし、わざとらしくその場の状況を喋り始めることにした。

そうすれば、つまり、音声を現場の証拠として残せば、無線で指令を送ってくる指揮官が「適切な行動を開始せよ」と命じた途端、目の前のパトカーの警官が、いきなり我々にショットガンを撃ってくるような事態は起きないだろうと……願いを込めて。

ガットはリクライニングさせたウッドチェアに、わざとらしくだらりと身をもたせかけて、くつろいだふりをし始めた。オレンジスカッシュを啜り、警官を無視した風を装って視線を空へさまよわせる。

ブザードは、内心は怒りで炎上しているようだったが、かろうじて自制心を保っている。その時私は、ガットとブザードの2人が、おやっ？　と驚くほどよく似た風貌をしていることに気がついた。両人ともに背が高く、痩身ではあるが貧弱ではない。

2人は示し合わせたように、ランに参加するにふさわしいアウトローバイカー独特の服装をしていたのだが、髭はきちんと手入れされており、ヘアスタイルは整えられたミディアムレングスで、その姿を見て彼らが喧嘩沙汰のために武器を隠し持っているとか、極上品のドラッグを所持していると考える人間などおそらくいまい。ベストについているヘルズエンジェルズのカラーを外してしまえば、両人ともに、市民や警官の目には、大都会ロスから来た気取り屋のオートバイ愛好家くらいにしか映らないはずだ。

ちなみにこの時のガットは、厳密にはヘルズエンジェルズの正式メンバーではなかった。ガットは以前、ヘルズエンジェルズ全支部の中で、最も自由な雰囲気で知られるサクラメント支部の特別会員の1人だったが、数年前に引退して以後、フリーを続けてきた漂泊のエンジェルである。サクラメントと同じように自由な雰囲気を持ち味としているエンジェルズの支部は他にフリスコや、テリー・ザ・トランプが一時期特別会員として所属していたノースサクラメントなどが挙げられる。

ガットやテリー・ザ・トランプといったメンバーは、それらの支部がある町そのものが湛えるビートニクで詩的な雰囲気と相性がよかった。よって、のちに警察の強力な圧力で否応なく支部が壊滅させられると、ハーレーとともに難民のようにベイブリッジを渡った彼らは、サンフランシスコ湾の反対側——つまり、ソニー・バージャー率いるオークランド・エンジェルズへ逃れるように移籍した際も、やはり自分たちが好むビートニクな要素を新天地へと持ち込んだのだった。

しかし溜まり場である酒場、〈エル・アドービ〉での夜毎の大騒ぎを最大の楽しみとしている生粋のオークランド・エンジェルたちと、湾の反対側から合流してきたガットたちのグループは、いまひとつウマが合わなかった。オークランド・エンジェルは、生粋の騒動好きだ。むろん、彼らオークランド・エンジェルズこそが、その性質上、ヘルズエンジェルズというアウトローバイカー・クラブの純血種である。

ガットやテリー・ザ・トランプは、ヘルズエンジェルズではあったが、いまいち純血種の雰囲気に馴染めなかったのだ。2人が好んだのは、例えばジャズ、例えば詩、例えばプロテスト。つまり、アカデミックな学生たちの町バークレーやサンフランシスコ的な――60年代以降の西海岸に芽吹き始めたアメリカン・ニューカルチャーであって、ソニー・バージャー率いる生粋のオークランド・エンジェルたちは、そうしたニューシーンに、何の興味もなかった。

同じヘルズエンジェルズのカラーをつけていても、サンフランシスコ湾を挟んだそれぞれの町の支部のあいだには、メンバーの性格、人間性など、あらゆる面において大きな違いがあった。サクラメントやバードゥーといった町のエンジェルたちが、緊急避難的にベイブリッジを渡り、オークランド支部に合流移籍することは、実はヘルズエンジェルズという組織全体の運営に新たな不安定要素を生み出していたのである。

ヘルズエンジェルズの各支部を転々と移籍し続ける、漂泊のエンジェルたちの多くがそうであるように、ガットもまた、かつてはエンジェルズ発祥の支部、バードゥー支部のメンバーであった。しかし現在27歳のガットは、オークランド支部を数年前に飛び出したきり、現在に至るまで、どこか相性のよさそうな支部へ移籍することを画策し続けながら、フリーとしてバイクを走らせている。

エンジェルたちは支部を移籍すると、以前の支部における公式な階級を失う。しかし新しい仲間が他の支部から運んでくる新しい意識は、不思議と皆に伝わるものである。何らかの理由で、自らが所属する支部を離脱した漂泊のエンジェルたちは、時間をかけて集合離散を繰り返し、そうしていつか本当に一緒に走りたいとお互いが望む仲間たちとめぐり会い、最終的に気の合うメンバーだけが集う支部に収斂されていく――これもまたヘルズエンジェルズに属しているあらゆる者たちが当然としている共通認識のひとつである。

ただし、どのメンバーが、どの支部へ入会を望んだとしても、必ず一定の仮メンバー期間が設けられることが通例となっていた。理由は、新しい支部で本当に一緒に行動できるか？　何より本人がはっきりと認識する必要があるからだ。ガットは、まさに1965年の独立記念日のランの時点で、どこの支部にも所属していない漂泊のエンジェルだった。

ガット本人はそれについてこう語っている。

「秋には大学に戻ろうと思っていてさ……」

ガットはカリフォルニア州南部のカレッジにすでに1年通っており、将来的には工業デザイナーになりたいという希望を持っていた。

実際、ガットがスケッチブックに描いたオートバイのイラストに、私はかなりの才能を感じている。また、ある夜、私はガットからあらたまった打ち明け話も聞いている。

「ヘルズエンジェルズに戻りたいのか、自分でもよくわからないんだ。仲間たちは失いたくない。でも、エンジェルズを辞めて、落ち着いた生活に戻りたいと思うようになったのは確かなんだ。でも、まあ……そんなことエンジェルズの仲間には相談できないだろう……」

ヘルズエンジェルズと一切の関係を持たない学生時代の友人たちは、ガットの未来をこう予言した。「大学へ戻ってきても、ガットは必ずまたヘルズエンジェルズに戻るさ。だって、そうならない方法をガット本人が知らないんだから」（註3）

（註3）結局、ガットはヘルズエンジェルズから離れ、バークレーのＬＳＤシーンに没入していった。

ガットとブザード、そして私の3人が、パティオのイスに座ったままお喋りのふりを続けていると——運転席の警官がギアをバックに入れ、何か緊急の招集でもかかったのか、あるいは我々に最高にカッコいいドライビングテクニックをご披露しようとでも思ったのだろう、跳ね上がるような派手な音を立てて車を急反転させ、駐車場からハイウェイに飛び出していった。

とりあえず眼前の危機は去ったわけである。

私は、ほっとしてビールを飲み干し、とりあえず用済みとなったテープレコーダーのスイッチを切って片付けた。その時である。何かとてつもなく重々しい、まるで嵐の前触れのような不穏な空気の振動が、周囲の山々から押し寄せてきた。な、何なんだ、いったい……。何が起きようとしているのだ⁉ 私はにわかに不穏な空気に包まれた。そして、その時である。数秒後、ついに私の感じた不穏の正体が姿を現した。ソニー・バージャー率いるアウトローバイカーの大隊列が、低く重い排気音を放ちながら、ゆっくりと西側の丘から姿を現したのである。

ガットとブザードは椅子を蹴るように席を立ち、大喜びで手を振って何事か大声で叫んでいる。物凄い数だった。目の前の道が、みるみるうちにオートバイで溢れ返った。いずれも磨きあげられた、見事なチョップド・ホッグだった。私たちがいたホットドッグスタンドは、バス湖を見下ろす丘の頂のわずかな平坦地にあった——バス湖へ向かうエンジェルたちにとっての最後の地理的難所である。ここを通過すれば、彼らを阻む地形的な障害はもう何もない。

警察は見事な手腕で(反語!)バイク1台1台に例の『走行抑止令』の小冊子を1冊ずつおごそかに手渡すと、少なくとも100台以上のバイクを一旦は道路封鎖地点で足止めにした。しかしそのあと、次に打つ手を失ったまま、すべての車両をハイウェイへ解放したのである。

警官隊とのトラブルを避けるため、小さな集団に分散してバス湖に三々五々集合するつもりだったエンジェルたちは、その100台を超す大群に膨れあがり、隊列を合流させてバス湖への坂道を登ってきたわけである。断っておくが、バス湖の目の前に100台を超す獰猛なアウトローマシーンの大群を集めたのは、取締当局に他ならない。

アウトローバイカーたちは、わめき散らしながら、野次りながら、狂ったようにバンダナを振りまわしながら……想像していた通りのおぞましい姿でバス湖の住民たちを恐怖で震え上がらせながら走行していた。と同時に、自分たちがハイウェイを占領している喜びを、存分にエキゾーストノイズに炸裂させていた。

取締当局がエンジェルたちにあれほど求めていた秩序は、皮肉にも取締当局の不手際によって完全に崩壊し、ただ野放図に乱舞するアウトローたちの狂喜の雄叫びだけが場を支配していた。あたりは狂乱寸前の様相を呈していた。

パティオに立ち、勝利を祝って歓喜の声援を送り続けるガットとブザードに応えようと、リトル・ジーザスが走行中のバイクから両手を離して拳を高々と宙に突き上げ……ために車体がグラリと右へ逸れて、もう少しで〝強姦魔〟の異名を持つチャーリーのマシーンに突っ込む事態を招いたり、もう何が起きてもおかしくない。巨大なエンジンを搭載した派手なオレンジ色のオート3輪を操りながら足を投げ出し、まるでロデオに挑戦しているような格好の者もいた。オークランドからやって来た無免許のアンディは、妻をガソリンタンクに座らせて――警官を気にして、いつでもハンドルに手を伸ばせるようにしながらも――ハンドルを妻に任せ、自分はただご満悦の様子でシートに反り返っていた。

数えきれないほどのバイクが同時にエンジンを躍動させることで生じるエキゾーストノイズは底知れぬ地響きのようでもあり、また、過ぎゆく爆撃機の翼の残響のようでもあった。

ヘルズエンジェルズとは何か?

すでによく知っている私でさえ、正直言って、目の前で展開している光景がいったい何なのか――理解できず困惑していた。その光景はあたかも、チンギス・ハーンと、南北戦争で南軍ゲリラとなったモーガンの騎馬隊と、映画『乱暴者』と、南京大虐殺をミキサーにかけ、ローカルカントリーの下り坂の国道にどろどろに流し込んだような、現実を超えた混沌だった。しばらくしてガットとブザードは、自分たちのバイクに飛び乗るとキック一発！　エンジンを始動させて、混沌の集団の中へ消えていった。

彼らの凱旋行列に加わろうと、私が車のドアを開けた時、1台のアウトロースタイルのBSAが、ホットドックスタンドの駐車場に入ってきた。BSAは私のすぐそばに停まり、シートから高々と片脚を上げて降り立ったタフな30代後半の男は、首から400ドルのニコンのカメラを下げていた。とくれば、おお！　ドン・モーアではないか‼　ドン・モーアはこの日、『オークランド・トリビューン』紙のカメラマンとしてランに参加していた。もちろん、現役バリバリのアウトローバイカーである。

モーアはニコンのカメラを持ち、カラーはつけていなかったが、エンジェルズメンバーの誰よりもアウトローらしい独特の匂い立つような危険なオーラを全身から放っていた。

モーアは、ほとんどのエンジェルより長いバイク歴を持つ、ベテランのアウトローバイカーだ。モーアが他の仲間たちと違っていたのは、彼は自分の持っている（少なくとも）ひとつの才能を伸ばして、社会的成功者の仲間入りをするキーを手に入れたことである。

普段のモーアは、紺のスーツを着て、オークランドでカメラマンとして仕事し、白いサンダーバードの新車に乗っている。しかしヘルズエンジェルズのランに参加する時は、ダブルキャブレター搭載の愛しの*Beezer*（アウトロー仕様のBSA）に跨り、本能の向くまま血をたぎらせアスファルトを疾走する。使い込まれたライダースブーツ。油染みで照り耀くリーバイス。袖なしのデニム。剝き出しの太い両腕からはタトゥーが覗いている。タフな雰囲気。モーアは初対面の相手に、ミドルウェイト級チャンピオンのロッキー・マルシアーノのような印象を与える男でもあり、実際喋り方はそっくりだった。（註4）

私とモーアは、その日の状況とこれからの展望について、手短に見解を交換した。そうこうするうちに、バイクの隊列が通り過ぎていったため、私たち2人は慌ててそれぞれのマシーンに点火し、エンジェルズのあとを追いかけることにした。

バス湖への坂道をモーアのBSAについてくねくねと下っていくと、間もなく狂喜のキャラバン隊の最後尾に追いついた。バージャー率いるヘルズエンジェルズの隊列は、この段階になっても法定速度を遵守していた。

しかし速度こそ遵守していたものの、彼らの全員が熱病に冒されたように叫びながら、エキゾーストノイズを響かせ、銃声のような音とともにギアを落とし、カーブにさしかかると示し合わせたように4台平行でRに突っ込み、呆然とその様子を眺めている沿道の地元住民たちにろくでもない言葉を投げかけて、わざとらしく手を振って挑発し――つまり彼らは、自分たちにできるあらゆる方法を惜しみなく発揮して、自分たちを迎え入れる運命のバス湖の住民たちを、最大限に苛立たせ侮辱する努力をしていたわけである。

ああ……もし私が、その日の光景をバス湖近くに暮らす住民の1人として目にしていたら、即座に家に帰り、所有している銃のすべてに弾丸を詰め込んで、家に鍵をかけ連中の襲撃に対し決死の覚悟で備えたであろう。

（註4）バス湖のランののち、ほどなくして、モーアはヘルズエンジェルズの名誉会員となった。

我らフン族の騎馬軍が天下の無敵部隊であることは、
隣国から地の果て、遠方諸国の隅々にまで知れ渡っている周知の事実である。
そして今また、我が騎馬軍は激しい戦闘を渇望し、高まる興奮に武者震いしている。
ゆえに我々は戦うのだ。我が帝国はすでに敵に包囲された。
しかし人類の歴史は、ワインではなく常に赤い血によって塗り替えられる。
さあ、血のしぶきで勝利を遂げ、ワインの祝杯をあげようではないか！

——映画『侵略者（*Attila the Hun*）』（1954年／仏・伊）

12

HELL'S ANGELS

バス湖という場所を正確に表現すると、行政区分上の〝町〟ではないが、しかし実質的には、湖を中心にした山岳リゾート地帯全体が、〝バス湖〟という町なのである。

バス湖は、全長約7マイル(11キロ)、幅はどこもほぼ1マイル(1・6キロ)という細長く小さな湖で、湖畔のあちこちに、地元で暮らす人々の集落がぽつりぽつりと点在している。湖に沿った国道からは、伝統的なローカルアメリカにふさわしい、どこをフレームアップしても絵葉書になる山岳地方の美しい景色が拡がり、湖畔には、ボートや水上スキーの貸し出し施設、またオートキャンプ場も整備されている。

北側には小さなダウンタウンがあり、メインストリートには生活用品店、土産物店、宿泊施設などが並んでいる。そのほとんどは、ウィリアムズなる地元の資産家が所有する不動産で、一角にちっぽけな郵便局があるのだが、その郵便局こそが――1965年のヘルズエンジェルズ独立記念日のランで、エンジェルズが指定した最終目的地なのだった。

地元の治安責任者である保安官タイニー・バクスターは、湖畔からダウンタウンに向かう国道約半マイル(805メートル)の地点に第二検問所(第二封鎖地点)を設置して、ヘルズエンジェルズを中心とするアウトローバイカーの大群が商店街地区に進行することを、断固として阻止する構えだった。

コースゴールドに設置されていた第一検問所が、アウトローバイカーたちに警告を与え、写真撮影などで人定・人数を確認することを目的とした文字通りの検問地点だとすれば、第二検問所は、アウトローバイカーたちのバス湖への侵入を阻止するための最後の砦――そうした位置づけである。すべての作戦は、地元保安官であるタイニー・バクスター本人が立案し、直接陣頭指揮を執って実施されていた。

バクスターが指揮するのは、直属の部下である3人の保安官代理と、地元の森林警備隊から派遣された応援の5,6名。付近にはハイウェイパトロールの警官隊が待機してはいたが、実質的にはバクスターも含めたわずか10人ほどが、バス湖を死守するための唯一の守備隊である。

私の車が第二検問所に到着した時、アウトローたちのマシーンは、ざっと100台を超えていた。エンジンを止めたバイクやピックアップトラックが、ハイウェイの左右に分かれてずらりと並んでいる。アウトローたちの全軍を統制指揮しているのは、ヘルズエンジェルズ・オークランド支部の支部長ラルフ・ソニー・バージャー。狡猾でタフな交渉ができる屈指の男である。

検問所のバリケード近くにハーレーを停めたバージャーは、疲れた様子もなく地上に降り立つと、数人の側近幹部だけを従え、いつもの通り力強いストライドで保安官に向かって歩き始めた。全アウトローの視線が集中する。衆人環視の中、バージャーとバクスターは、2人だけでごく短い話し合いを持つことになった。私は少し近づき、彼らの会話に耳をそばだてる。

保安官バクスターの提案内容はこうだ。――「少し山を入った場所に、湖を見下ろせるキャンプ場がある。キャンプ場は広く、君たちのオートバイとトラックを全台乗り入れても、窮屈な思いはさせない。むろん我々は、キャンプ場全域を君たちに独占的に提供するつもりだ。そしてキャンプ場内であれば、我々は君たちがそこで何をしようと、逮捕、拘束を含め、あらゆる法的処罰の対象としない。キャンプ場にさえ入れば、君たちがそこで何をどうしようと全く自由である。我々は、以上の処遇を完全に保障する」

破格の好条件だった。

眼前に居並ぶアウトローバイカー100台の大群に対し、地元保安官タイニー・バクスターは燦然と耀く金色のバッジを胸につけて、敢然と行く手を阻む姿勢を見せていた。バクスターは身長6フィート6インチ（198センチ）、NFLボルチモア・コルツのディフェンシブエンド（DE）でも通用しそうな、機動力と重量を兼ね備えた体躯の男である。対するソニー・バージャーは身長6フィート（183センチ）弱の痩身の若者。しかしバージャーにいつも付き従っている側近のオークランド・エンジェルたちは、交渉が決裂した瞬間、バージャーがいつものように、相手の顔面のど真ん中に突き刺すような鋭い鉄拳を炸裂させることを知っていた。

バージャーと間近で対峙したバクスターにも、すぐに緊張感は伝わっただろう。

ヘルズエンジェルズ全軍の実質的なリーダーであるラルフ・ソニー・バージャーは、年齢こそ27歳と若かったが、ある種のカリスマ性——思慮深さを内に秘めた威厳ある風格を漂わせながらバクスターと対峙していた。バージャーは、ヘルズエンジェルズには珍しく、自分と意見の異なる相手とも自制心を持って粘り強く、筋道を立てて、理論的な交渉を進める能力を持っている。

しかしそうは言っても、一見穏やかで人あたりの良さそうな、このラルフ・ソニー・バージャーという若者が、8年間、実に8年の長きにわたってヘルズエンジェルズ・モーターサイクルクラブという厄介者だらけの集団を、事実上ワン・トップで統括し続けてきたパワーの源は、頭脳ではない。狂信的なまでに自己中心な思考。静かだが寸分の隙もない威嚇のテンション。爆発の危険性を常に内に秘めた暴力衝動。このような表現を列挙すれば伝わるだろうか? バージャーは、一般的な同年代の若者たちとは明らかに異なった、無法者独特の強烈で冷厳なオーラを、絶えず周囲に放出していた。

ジャーナリストとしての私は、ソニー・バージャーという人間をつくりあげたのは他でもない、ヘルズエンジェルズそのものであると推測している。組織を統率してきた8年という長い歳月に経験した数々の修羅場——。当初、新米エンジェルだったバージャーは、自分自身を飾る装飾のひとつとしてヘルズエンジェルズらしい〝無法者のテンション〟を意識的に放っていたはずだ。が、しかし時間の経過とともに、テンションはそれを放つ男と深く同化融合し、二度と切り離せなくなり、ついには、男をテンションに見合う冷徹なアウトローへと変化させ、そして現在のラルフ・ソニー・バージャーという稀有な人物が地上の地獄に創造されたのだ。

燃えるような暑い午後だった。空気は極度に乾燥し、風はなく、じっとしているだけで肌がヒリヒリと焼けた。ヘルズエンジェルズを中心とするアウトローバイカーたちの大集団は、その焼けるような気候の中で、まるで加熱したエンジンを休ませるためにひと息入れているかのように、街道沿いにマシーンを整然と並べ、バクスターとソニー・バージャーの1対1の対決を、場違いなほどのんびりと眺めている。

バクスターは巨漢の保安官で、ホルスターには銃弾を装填した拳銃が入っていた。しかし保安官代理はわずかに3人。対するアウトロー陣営は100人以上。想像するに、エンジェルたちは単純に、目の前の直接的な武力の差だけを楽観視して、自分たちの優位性を確信していたと思われる。数において自分たちの暴力性が圧倒的に勝っている――。どうやらアウトローたちの頭の中には、騒動が起きればすぐに強力な火器を持って出動してくる州兵の存在や、付近に待機しているハイウェイパトロールの警官隊が、無線ひとつで即座にショットガンを持って駆けつけてくることなど、微塵も浮かんでいないようである。そのため現場となった沿道一帯を支配していたのは、意外にも決闘的な緊張感ではなく、アウトローバイカーたちの群集心理が生み出した、勝利を確信した場違いで脳天気な雰囲気であった。

彼らの考えはこうである。

バージャーがバクスターの提案の価値を認め、受け入れる(=勝利)。

バージャーがバクスターを殴り倒す。同時に、自分たちは雄叫びをあげながら町へ突撃し、縦横無尽に走りまわり略奪と破壊の限りをつくす(=勝利)。

要するに彼らは、どちらの勝利を選ぶのかをバージャーに一託していただけなのだ。話し合いはすぐに決着した。バージャーはバクスターの提案を即座に、価値あるものとして受け入れ、山間部のキャンプ場へ向かう決断を下したのだ。

バージャーからの指示が出ると、100台を超すアウトローの軍勢は、ただひと言の疑問や異議を差しはさむこともなく、また、しぶしぶ、ということもなく、自信満々、当然といった顔つきで、悠々とリーダーに従い行動を開始した。

バージャーが「ベストだ」と言うならベストなのである。いつ、誰にとっても、どこででも。ヘルズエンジェルズに所属するメンバーなら、あるいはランに参加しているアウトローバイカーなら、全員がそれを知っていた。

キャンプ場への詳しい道順は、バクスターではなく6人の森林警備隊員からメンバーたちに伝えられた。説明を聞いた私の印象では、今いる国道からすぐのところを未舗装の山道に入り、森を約10分も行けば、そこが目的のキャンプ場であるらしい。

バージャーとバクスターの和平交渉が成立したことで、バス湖エリアの、差しあたりの混乱と騒動は回避された。そこで取材者としての私は、キャンプ場へ向かうエンジェルズの隊列に今すぐ加わる必要はない、という判断を下した。しばらくここ第二検問所で、治安を守る保安官サイドへの取材活動を行い、それからエンジェルたちが到着したあとのキャンプ場へ向かう。そうした手順でも、ランの夜の恒例のお楽しみとして行われる特別な乱痴気パーティー、エンジェルズ・パーティーに十分間に合うと踏んだわけだ。

車を降りた私は、検問所に詰めていた2人の森林警備隊員に歩み寄りつつ取材記者証を提示した。彼らはエンジェルズが去ったあとも、いささか緊張気味ではあったが、しかし記者証を珍しそうに確認すると、自己紹介ののち、案外気楽に取材に応じてくれた。

――ヘルズエンジェルズに町を乗っ取られるのは、やはり怖いかい？

最初の質問をぶつけると、2人は「いいや」と言わんばかりに、控えめな笑みを浮かべて黙っている。見ると、トラックの運転台下にショットガンが隠されていた。アウトローたちを必要以上に刺激しないよう、彼らはわざと、ショットガンを目につきにくい運転台の下に置き、そのそぶりさえ見せなかったのだ。

森林警備隊員は、ともに20代前半の若さで、浅い経歴である。ヘルズエンジェルズというアウトローバイカー集団が、全米にその名を知られた〝極悪非道の限りをつくす有名な無法者軍団〟であったことを考慮すれば、彼らの取った冷静で落ち着いた所作は、治安当事者としてふさわしいものであったと高い評価を与えるべきだろう。そして私はのちに、これはソニー・バージャーを唯一守りの姿勢に追い込んだ治安当局側の人間、タイニー・バクスターの指揮によるものだと知ることになる。

検問所の取材を終えた私が、ヘルズエンジェルズが向かった山腹のキャンプ場目指して国道から脇道に入ったのは、しばらくあとの午後の3時半くらいだったろう。山道に入ると森林警備隊の説明と違い、想像以上の険しい砂利と土砂の山道がすぐに始まった。オンロード仕様が基本のアウトローハーレーで走るのは、かなり無理のある山道である。私が運転していたのは、年代もののポンコツとはいえ、一応は4輪の自動車なので、未舗装の荒地ではチョッパーよりも駆動性が遥かに強い。したがって、まあそう遅れずに、バージャーたちが待つキャンプ場へ辿り着けると楽観していたのだが……が、しかし、30分間以上山道を進んでもキャンプ場は現れず、とうとう私の車は40分か50分前には出発していたアウトローバイクに追いついてしまった。おかしい。森林警備隊の話では、山道を入ればすぐにキャンプ場に到着するはずだ。道を間違えているわけではなかった。山の荒地を進むにつれ、森の中にはしだいに高山植物が茂り始めた。しかし行けども行けども目的のキャンプ場は現れず、道は相変わらず昨日ブルドーザーで切り開いたような急勾配の荒れた山道。私はギアを低速に入れっ放しでアクセルを踏み込み、エンジンは常に悲鳴をあげている。

警備隊員が「10分ほどで辿り着く」と言っていたキャンプ場は、その後も現れる気配すらなかった。目の前に拡がる光景といえば、まるでフィリピンの密林をサバイバル探検していたら、突然視界の先に道らしきものが開けたような……行けど進めど延々と続く、タイヤを弾く大きな石が転がる道もどきのジャングル。ゴロつき、うっかりガツンとやれば、クランクケースに亀裂が入りかねない。巨大な岩石や剝き出しの大木の根が、至るところで顔を出していた。

改造されたアウトロー仕様のハーレーに、こんな山林の荒れた急勾配を走行させるなんて、最悪にたちの悪い笑えない冗談だ。フロントガラスに積もった茶色い土埃を払おうと、ワイパーのスイッチを入れながら、私は不吉な胸騒ぎを覚え始めた。

いずれのハーレーも、呼吸困難に近い悲鳴に喘いでいた。苦戦するアウトローバイカーたちの最後尾を進んでいた私の車は、コブや深い轍を越えるたびに、ケツを跳ね上げ、ボディーを軋ませ、乾燥したジャングルを乱暴に曲がりくねり、どう見ても鹿が通るのがやっとの獣道を何度かやり過ごすと、ようやくだ——ようやくそこにキャンプ場の名を記した表示が現れた。

エンジェルたちのバイクに続き、注意しながら空いているスペースに車を入れる。長い時間ハードな山道に揉まれていたせいで、私は車を降りてもまだふらふらしており、平衡感覚を戻そうと歩きながら周囲の山々を眺めると、おお！遥か下界には物言わぬ白霧が幻想的に拡がり、自分たちが存在している場所と大陸の反対側のマンハッタン島が霧の海で繋がれている——そんな印象の風景があった。かなり高い山の頂上まで登ってきたらしい。

土埃の舞う中で疲れ果てた男たちの声が様々に交錯していた。私もひと息入れようと、しばらくキャンプ場のまわりを歩いてみたのが、しかしそのうち恐ろしいことに気づいた。キャンプ場のどこを探しても、給水施設がないのである。

１００人を超すバイカーたちは誰もが水を欲しがっていた。過酷な急勾配を、マシーンを限界まで酷使しながら、ようやくここまで登坂してきたのだ。クタクタに疲れ果て、総身を砂埃に包まれ、やつれた肌は砂漠の倒木のように渇きっている。

「クソっ、水がねえじゃねえか！」誰かが吐き捨てるように叫んだ。「水がないキャンプ場なんて、そんな馬鹿な話があるかクソったれ野郎！」

誰かが、同じように怒鳴る。「どうなってんだ、いったい！」

地下水を利用した水道、湧き水、清流、井戸、何でもよかった。しかし何にもなかった。ようやくの思いで辿り着いたのに、喉をうるおす1滴の水さえない。その現実に大勢がしゃがみ込み、落胆していた。想像できるだろうか——。

地域を代表して現れた保安官と、こちらの代表が正式に取引を交わし、言われた通りに国道から山岳地帯の脇道へ入り、話と違うと誰もが思いながら、しかし干乾びた山の裏道を9000から1万フィート（2・7〜3キロ）も黙って登坂し、ようやく約束されたはずの楽天地へ到達し、ほっとひと息つけると安堵したのも束の間……今度は給水施設がない！　案内されたのは、地図でキャンプ場と示されただけの、厄介者を押し込むための単なる捨て地だったのだ。

「まさかだろ、ここがキャンプ場だって⁉」あちこちで叫び声があがっていた。

私も怒鳴り声のひとつもあげたい気持ちだった。こんな場所で快適に過ごせるのは、ラクダか山岳地帯のヤギだけだ！　まあ、確かに眼下に霧の拡がるネイチャーワイルド的な眺望は素晴らしかったが、しかし太陽が照りつけ、記録的な暑さの乾燥しきったカリフォルニアの給水設備のないキャンプ場なんざ、キンキンに冷やされたビールの空き缶と同じくらい、クソの役にも立ちゃしない。保安官たちは、最初から知っていったはずじゃないか！

エンジェルたちは、山岳の荒れ道を走破することが嫌だったのではない。砂埃にまみれたことを怒っているわけでもない。ただ、悲鳴をあげるクランクや、オイルが焼ける臭いを放ち始めたパンヘッドエンジンを叱咤激励し、根性を鼓舞し、ようやくここまで頑張ったその結果が……こういうことか。騙されたという無念の思いが、エンジェルたちを傷つけた。

その時、ヘルズエンジェルズを主体とした100人を超すアウトローバイカーたちは、法の執行者にまんまと一杯食わされた過酷な現実を、精神と肉体の両面で受けとめ、強烈な復讐を地獄に誓っていた。一度集団的な爆発が始まれば、もう誰にも抑えきれない。険悪なムードがキャンプ場全体を支配し始めた。危険な雰囲気をいち早く察知したのは、他ならぬソニー・バージャーである。「クソっ！」バクスターに一杯食わされたことを、誰よりも本人が理解し激怒していた。

私はしばらくのあいだ、あたりに飛び交う水に飢えた野獣たちの暴力的な叫び声を聞いていたが、しかしふと我に返って——大慌てで車に乗り込むとハンドルを握り、シフトレバーをバックにぶち込んだ。後輪が急回転を始め、砂利を跳ね上げながら車体が急旋回する。私は慌てふためいて登ってきたばかりの山道をダウンヒルレーサーのように駆け降り始めた。

一刻も早く、町へ戻らねばならない！　ジャーナリストとしての自分が叫んでいた。目的はひとつ。記者としての仕事をやり遂げるためだ。ハンドルを握りながら確信していた――「1960年代最高の暴動記事をモノにできるぞ！」

私はラン出発の直前に、その時ヘルズエンジェルズが起こすと予想されていた、独立記念日の暴動のすべてを記事として発表する契約を、すでにワシントンの新聞社と交わしていた。そしてここに来てついに、歴史に残る〝バス湖大暴動〟をモノにする予備的状況が整ったわけである。

まずは電話だ！　ワシントンの編集部へ長距離電話をかけなければならない。山を降りた国道に電話ボックスがあったのだ。一刻も早く!!　私は、転がり落ちるように車を走らせた。頭の中はスーパースクープのことでいっぱいだった。劇的な暴動が起きる！　何が何でも一面のトップスペースを確保するつもりだった。

車体が歪むほどの勢いで坂道を下っている途中、事情を知らずに遅ればせながら山道を登ってくる気の毒なエンジェルたちとすれ違った。彼らもまた、第二検問所で停車を命じられ、「10分で辿り着くから」と言われた通りキャンプ場を目指してきたのだ。出くわした3台のハーレーのうち2台は、山道の途中で完全にご臨終したらしく、ローギアで急勾配を登っている息も絶え絶えのピックアップトラック――ナチスドイツの鉤十字が塗装された特殊なデザインからフリスコ・エンジェルの車とすぐにわかった――の荷台に横たわっていた。3台目のハーレーは、ピックアップトラックの20フィート（6メートル）後ろを、ウィンチから伸ばされた細長いワイヤーケーブルに牽引されていた。もうもうたる土煙の中、シートに跨ったバイカーは、緑色のゴーグルをひっきりなしに指で拭いながらハンドルを握り、口と鼻をハンカチでキツく縛り上げ、まるで潜水夫のようだった。

そしてそれに続いて……い、いったい何で？　山道を駆け上ってきたのは、なぜか突然、オシャレな都会派のレジャースポーツカー、プリマスなのだった。

プリマス？　なぜ？　思い当たる節はなかったが、しかしプリマスを運転しているドライバーは、すれ違いざま私に向かって何事か叫び、クラクションで合図まで送ってくる。プリマス、プリマス、プリマス……めまぐるしく私の頭が回転した。

私が反射的にブレーキを踏んでギアをバックに入れ近づくと、先方も車を停めてこちらを待っている。車を降りて窓を覗くと……あれま！　プリマスのシートに座りニンマリ笑っていたのはラリーにピート、そしてフリスコ・エンジェルズの支部長に就任したばかりのパフではないか。

〈ドゥポワ・ホテル〉のバーで行われたミーティングを取材して以来、久しぶりの再会だった。8章でも紹介したが、数々のトロフィーを獲得している有名なドラッグレーサーのピートは、普段はサンフランシスコのダウンタウンでバイク便をやっている。ラリーは、ピートと仲の良いエンジェルの1人で、仲間の家の前庭を借りて、切り株から民芸品のトーテムポールを彫り上げる職人をやっていた。それはいい。しかしなぜ彼らがスタイリッシュな都会派のスポーツセダン、プリマス（しかも赤）に乗っているのだ？　おまけに、若く健康そうな明らかに可愛い女のコ3人と一緒に……。

聞くところによると、モデスト近くの街道で、ピートとラリーのバイクがマシーントラブルで立ち往生していた時のこと——。偶然通りかかったプリマスの彼女たちが、エンジェルズのランだと知って、「じゃあ、アタシたちも連れてって！」と3人をピックアップしてくれたというのである。おんやまあ……。

次は、私が説明する番だった。このまま山道を進んでも行き着く先は、キャンプ場とは名ばかりの開拓途中の荒地で、大勢のエンジェルたちが怒り狂って吠えている。となれば、連れている彼女たちも、何らかの形で騒動に巻き込まれる可能性がある。引き返した方がいい。私は状況をできるだけ手短に話したのだが——ところが……あららら、そうしているあいだにも女のコの1人は、後部座席のピートの膝の上に乗っちゃって、座ちゃって、すでに服を半分脱いじゃったりして、私の話などまったくの上の空。笑みを浮かべてうっとりしているのだから……まあ仕方ないよね。

ピートたちの答えは――「なるほどね、事情はわかったよ。でも、一応このまま行ってみるまでさ」

ならばオーケー。引きとめる理由はない。

私の運転する車と、ラリーとピートとパフ、そしてガールズを乗せた赤いプリマスは、山の麓と頂へ向け、挨拶を交わすと、それぞれ逆方向へアクセルを踏んだ。明るい言葉で別れたものの、しかしその時私は、ひょっとしたら、次に彼らと会うことになるのは監獄の面会場かもしれないなと、ハンドルを握りながら漠然と感じていた。

カロライナには〝山に暮らす人間は、平地の人間とは違う〟という土地の言葉があるそうだ。生粋のケンタッキー人として、平地より山の血が濃く流れている私には、その言葉の意味がよくわかる。だからこそ、その言葉がずっと心に引っかかっていたのだ。

映画『乱暴者』の舞台となったポーターヴィルや、18年前にバイク暴動が起きたホリスターといった場所は、平均的アメリカの都市文化を、交通を交流手段として受け入れてきた、よくある普通の田舎町である。

しかしバス湖のある西シエラの山岳地帯には、長年そこにで暮らし続けてきた人々の文化的固有性が現在に至るまで色濃く残っている。バス湖は町ではなく、あくまで共同体なのだ。両者の違いは大きい。

バス湖の人々を――〝地理的な理由によって、開拓時代から何世代にもわたり山岳地域で閉鎖的に暮らしてきた人々。固有の文化、習慣、気質を持つようになった特殊な山岳白人民族である〟という――いわゆる〝アパラチア山岳民族〟を定義するステレオタイプに当てはめて説明するなら、〝温厚な気質で、ちょっとしたことでパニックなど起こさない、古き良き自分たちの伝統を守り暮す山の人々〟と言うことができるであろう。しかし、もし自分たちの共同体が一旦よそ者に襲撃されるなどということが起きれば、山の住民たちは常軌を逸して怒り狂い、一般的なアメリカ市民とは比べものにならないほどの情け容赦のない暴れ方で敵と立ち向かう。

山岳地方の共同体に生きる人間たちが、本質的に信頼しているのは法律ではない。彼らが信じるのは〝共同体への帰属性〟である。そして生まれながらに身につけている〝正義の感覚〟なのである。彼らの感覚の極端なバランスは、実は市民社会に暮らす平均的アメリカ人よりも、むしろヘルズエンジェルズに近いのだ。要するに、信じるべきは〝自分たちの正義〟というやつ。

山岳共同体に暮らす人々が感覚として捉えている正義と、一般市民社会の人々が法律を最大の論拠として考えている正義とは、近いことは近いと言えるのだが……いや、むしろここは、異なった感覚であると言いきった方が正しい理解に近づくだろう。

私、ハンター・S・トンプソンの私見ではあるが――山岳共同体に生きる人々は、ヘルズエンジェルズがしでかすような、派手な乱痴気騒ぎに対しては、一般的アメリカ市民よりも遥かに寛容な視線でそれを受け入れる。その反面、自分や仲間が侮辱されたり、あるいは具体的な身体攻撃を受けることがあれば、彼らは躊躇なく軽々と復讐に乗り出すこととなる。それが彼らの正義なのである。

はやる気持ちを抑えながらハンドルを握る私は、バス湖で歴史的な大暴動事件が勃発するのは、もはや時間の問題であると確信していた。

100台を超えるモンスターマシーンを駆る怒りのアウトローバイカーの大群が、山頂からバス湖めがけて爆撃機のように急降下してくる瞬間が目に浮かんだ。全員が、すでに導火線に火をつけたダイナマイト級の復讐心を抱えた狂った野獣。スクープは目の前だった。

乾燥して硬く盛り上がった土コブや、深い轍に突っ込むたびに、車は大きなバウンドを繰り返し、私はしたたかに腰を打ちつけたが、その最中も、カーラジオは、さっきとは別の中継レポーターの声で、「ヘルズエンジェルズが大騒動をしでかすため、バス湖に向けて大挙して侵攻しています……」と緊迫した口調で繰り返し報じていた。続いて昨日起きたばかりのヘルズエンジェルズによる最新のレイプ事件の続報が報じられた。

……昨日、新たな少女レイプ事件の事情聴取のためにロサンゼルス警察に連行される途中、容疑者の1人であったヘルズエンジェルズのメンバーが、突然その場で取り乱した被害者少女の父親（職業・私立探偵）に銃で撃たれた。

ラン出発の前日……7月2日に起きたこの事件を受けて、新聞各社は当然の如く、翌7月3日の紙面に「ヘルズエンジェルズのメンバー　レイプ事件で撃たれる！」との衝撃的な特大見出しを掲載した。というわけで、当然ながらいよいよヘルズエンジェルズを迎え入れることになったバス湖の売店にもまた、事件を派手に報じた夕刊がずらりと並ぶこととなる。しかし数日後に判明することだが、被害者の父親に撃たれた21歳の容疑者は、レイプ事件ともヘルズエンジェルズとも、まったく関係がない冤罪逮捕者で、幸いにして青年の命に別状はなく、数週間の入院ののち退院したのだが、しかしなぜこんな誤認逮捕に端を発するドタバタ騒動が起きたのだろうか？　検証してみよう。

レイプ被害者の少女は、普段から様々な家を訪問しては料理の本を販売し、それを個人的なアルバイトにしていたらしい。その少女が、ドラッグレーサーやアウトロー仕様の改造バイク（チョップド・ホッグ）のマニアたちが出入りしているガレージでレイプされた――その事実が、即座に〝犯人＝ヘルズエンジェルズ〟という断定を呼んだ。それが事の真相である。

誤認逮捕は、容疑者が警察署内で被害者の父親に銃撃されるというショッキングな事件の連鎖を引き起こすのだが、一連の騒動のすべてが、バス湖のランをめぐる様々な混乱の隙間に生じた報道錯乱の末の狂った産物であると、新聞、ラジオが正確に事実を把握するまで数日間を要している。

当時の全米市民社会は、「ラコニアバイク暴動はヘルズエンジェルズの犯行」と断定した雑誌『ライフ』（1965年7月2日号）の大袈裟な特集記事や、各新聞が印刷し続けた「独立記念日のランでヘルズエンジェルズがどこかの田舎町を襲撃・占拠しようとしている」という憶測記事、さらにはテレビやラジオが煽り続けたエンジェルズの脅威に、すっかり怯えきっていた状態だ。そしていよいよXデー、ラン出発当日7月3日の朝刊にピタリ！「ヘルズエンジェルズ　ロサンゼルスの少女をレイプ　父が復讐の銃弾を放つ！」という大見出しが掲載されたわけだから……バス湖に暮らす人々の驚愕を感ずることができるだろうか？

私のボロ車は、いつボルトが飛び、ネジが弾けても不思議ではないほどの勢いで、急な山道を転がり続けたが、車のことなどどうでもよかった。その瞬間、私の頭の中にあったのは（のちに誤報と判明する少女レイプ事件も含め）、様々なメディアが報じているニュース情報と、これまで独自の取材で得た見識、状況、それらを冷静に考慮し分析した結果、「ヘルズエンジェルズというアウトローバイカー集団は本日、この瞬間、この場所で、導火線に火がついたばかりの超ド級のダイナマイトに変身している」――この確信だけだった。

国道沿いの電話ボックスに駆け込むと、ひったくるように受話器を摑んだ。早口でワシントンへの長距離コレクトコールを交換手に告げる。私は、あまりにもはっきりと、バス湖でこれから起こるであろう悲劇を確信していたため、自分自身が会話している内容が、その段階ではまだ、予測に過ぎないと認識する余裕を失っていたが、そんなことはどうでもよかった。

受話器を握り締めながら、私はバス湖のダウンタウンをぐるりと見渡し、小さな郵便局、食料品店、カクテル・ラウンジ&バー、そして絵のように美しい紅色の木材で建てられた町の施設の数々が、破壊され、火を放たれ、激しく炎上している戦場のような光景を思い描き、これは物凄い記事になる!! と、しきりに熱く早口でワシントンのデスクに張り付いている編集者にまくし立てた。

罪悪感など何もない。

編集者は当然特ダネに飛びついた。さらに詳しい打ち合わせを重ねていると、ドン・モーアが、やはり電話ボックスにBSAで乗りつけてきた。例のアウトローバイカー・カメラマンだ。ドンは報道記者証をうまく使って、保安官事務所の道路封鎖を突破してきたのだ。

ドンはまた、私同様大慌てで、こちらが電話中であるにもかかわらず、「契約している『ヘラルド・トリビューン』紙へ緊急連絡を取りたいんだ!」と必死の手振りで訴えてきた。特ダネに出くわした報道記者のとる行動は、誰しも似たようなものである。

ワシントンの編集者は、しきりに「何時までに暴動の原稿を送れるんだ?」と同じことを繰り返した。しかし私はそこに関しては、何ともはっきりとしたことが言えなかった。

私の考えはこうだ。何のことはない。何しろこっちは、これから起こる暴動現場の真っ只中にいるのだ。時間なんか関係ない。ヘルズエンジェルズの大群が暴れだし、暴動が勃発し、制御不能の生き物としてうねり始め、人的、経済的に重大かつ深刻な被害が町に現れた……その段階になって初めて原稿を送っても、決して遅過ぎるということはない——。締め切りに合わせて、想像上の暴動を予定原稿として送信する必要などないのである。実際に暴動が起きてから、通信社が配信しているようなスタンダードなニュース原稿——〝誰が・何を・いつ・どこで・なぜ〟というニュース報道に必要不可欠な要素を押さえたうえで、現場にいる者ならではの生の恐怖の迫力をちょっとばかし凝ったレトリックで書き加え、全体を整えれば記事は完璧な仕上がりになる!

電話ボックスでワシントンと話し込んでいる最中、ふと視線を上げると、腰のベルトに、これ見よがしに拳銃を差し込んでいる巨体の縮れ毛の若造が、モーアを脅している様子が目に入った。ガラス越しではっきりとは聞き取れなかったが、どうやら若造は、「今すぐ町から出ていけ」と迫っているようだった。モーアはすぐさまバッグから、多数の新聞社、雑誌社が正式に発行している報道記者証の束を取り出して――まるで扱い慣れたトランプを手にしたイカサマ師よろしく、ずらりとひと息に並べて見せた。田舎の純朴な若造は、為す術もなく大人しく引き下がったようだった。

モーアもまた電話を使いたがっていたので、私は編集者と〝一番重大なことは、一番始めに起こる〟という同意事項を確認し合い、とりあえず電話を切った。

そしてモーアと入れ違いに電話ボックスを出ると――わっ！　私は驚いて、ぐるり360度を眺めてしまった。こりゃ凄い。いつの間にか、ダウンタウンの大通りを埋めつくすほどにあたり一面、お気楽な観光客が集まっていたのである。まさに人、人、人、人、人、人――実物のヘルズエンジェルズを、ひと目見物しようという好奇心の強い野次馬市民は珍しい存在ではないが、今回はメディアによる前宣伝が大きかった分だけ、普段にも増して見物人の数か多かった。ダウンタウンの大通りは、往来する雑踏が巻き上げた砂埃で、曇って先が見通せないほどだった。

幸運なことに、私はどんなアウトローバイカーの定義にもあてはまらない、人畜無害な服を着ていたので、モーアのようにヘルズエンジェルズに間違えられ、生意気な若造に脅されることはなかった。リーバイスのデニムパンツ。メイン州の*L.L.Bean*で買ったウェリントンブーツ。白いテニスシャツ。モンタナで買ったシープハーダーズ・ジャケット――それがその時の私の服装だ。

と、そこへさっきの腰に357マグナムを差した若い縮れ毛の大将が、私の前に現れた。

「オメエは何者だ？」男は理不尽なほど威圧的な態度で詰問してきた。私は自分がプロのジャーナリストであることを示す名刺を渡しながら、逆に素朴な質問を投げかけてみた。

――あの、あなた、そんな破壊力の強いピストルを、なんで腰のベルトに差してるわけ？

縮れ毛の男の返事は明快だった。「わかってるくせによぉ。オートバイで大勢して来やがったクソったれ野郎が、な、もし生意気なことでも言った日にゃあ、ドッカーン！　ドテっ腹に一発ぶち込んでやるためだってのに」

独特の山の訛りのある男の思い込みたっぷりの言い分を聞きながら、私は思わずくらくらしてきたが、さらに彼はキッパリと断言した。「あの連中に通じる言葉なんてぇ、そんぐらいしかねんだからな」

縮れ毛は電話ボックスのモーアに向かって、「なあおい、オメエもそう思うだろ」と強く同意を求めたが、男の口調のどこを探しても、目の前にいる私を「クソったれ野郎」どもの一味から除外している気配は、これっぽっちも感じ取れなかった。

事態を楽観的に捉えるのは危険だった。ちらりと視線を動かす。

男が腰に差している拳銃は、銃身の短いスミス＆ウェッソン社製の357マグナム。恐ろしく強力な威力を発揮するリヴォルバー式の拳銃で、狙い撃てばモーアの乗っているあの頑丈なBSAマシーンの鋼鉄製のシリンダーヘッドですら、楽々と一発の弾丸でぶち抜くことができる。読者諸兄にここで伝えたいことがある。しかしスペックとしての銃の威力など、現実的には何の意味もないのだ。例えばその時の私と男の距離、つまり腕を伸ばせば届く距離なら、男は指先一本で確実に私を狙い殺すことができる。あるいは100ヤード（91メートル）以内なら、357マグナムから狙い放たれた弾丸は、どんな相手をも撃ち殺すことが可能だ。使い慣れた者が撃てば、100ヤードどころの騒ぎではない。

さて、ここで目の前にある現実の危機に話を戻そう。

男はカーキ色のパンツのベルトに、警官連中が好んで使用するポリススタイルの皮革のホルスターをぶら下げ、そこに357マグナムを収納していた。

気になったのはホルスターの位置だ。ホルスターは右側のヒップのかなり高い、奇妙な位置にポジショニングされている。ということは、男は銃に関してはズブの素人で、素早い抜き撃ちはできない――私は力量を即座に判断した。だが問題は、男が銃を、それも強力な殺傷力を持つ３５７マグナムを持っているという事実を、彼自身が強く意識していることだった。危険な兆候である。銃を持っていることそれ自体に興奮しているズブの素人が、混雑する街中で銃を振りまわせば、どんな地獄絵図が展開するのか！

私は男とのあいだに、意思を疎通させる必要を――つまり、安全保障のための他愛ない会話の必要性を感じて、どうでもいい質問をしてリラックスさせることを考えた。

「もしかして、あなた、保安官代理なのではないですか？」

「いーや、そうじゃねえ」男は、ジャーナリストという肩書きが入った私の名刺を見つめながら返答してきた。「俺は、ウィリアムズさんの下で働いているだけだ」

「なるほど」私は納得した。電話ボックスから見渡せるバス湖ダウンタウンの商店や建物は、ほとんどすべてウィリアムズ某という地元資産家の不動産だからだ。

男は私の名刺をいじりながら、目線だけ上げて質問してきた。「そういうあんたは、オートバイ野郎だらけになるって噂のバス湖にやって来て、何をしようってんだ？」

私は、自分が日々の仕事を真面目に果たそうとしている律儀なジャーナリストであると丁寧にわかりやすく説明した。

「なるほど……」名刺の角をゆっくり撫でまわしながら男は大きく頷いた。

「もしよければ……名刺をどうぞ。差し上げるから」私がそう言うと、男は無言でパンツと同じカーキ色の胸ポケットに名刺をしまい込み、それから突然まじまじと私の顔を見つめると、ベルトホルダーに太い親指をグイッと突き刺し、自尊心も顕に胸を反らせて――「で、いったいどういうことを知りたいわけだ？」と、おお！　今度はなんと、私の取材に進んで協力してくれるのだと言う。

男の口調から推察するに、とてもじゃないが、こいつの口から取材の足しになる話など出るはずないと思われたので、私は無邪気に肩をすくめて、「それが、う〜んそれが、実はまだ自分でも何を記事にしたらいいのか、よくわからないんですよ。ちょっとその辺を車でまわってて……」と、弱りきったジャーナリストを演じて苦笑いしてみせた。するとと男は自信満々に大声で叫んだ。「へえ本当か！　じゃあ書くことを教えてやるぜぃ。いいか、〝バス湖じゃあもう、バイカーのクソったれどもを、喜んで迎え入れる戦闘準備ができてるぞぇ！〟って、そう書きゃあいいのさあ！」

気づくといつの間にか、私たちを中心に大勢の山男たちが集まっており、その全員が、「んだ、んだ」と大きく頷いていた。男は声を張りあげた。

「バイク野郎どもの大暴れを楽しみに待ってるぞぇーっ！」

大通り周辺にあまりに多くの観光客がいたため、私は迂闊にも、自分を取り囲んでいるのが、何か異様な高揚感を帯びている武装した山男たちであることに、その瞬間まで気づかなかったのだ。１００人はいただろう。素早く左右に目を走らせると、それが制服なのだろう、同じカーキ色のシャツを着た若い男たちの、すぐ目の前の少なくとも5、6人が拳銃を持っていた。

山岳地域の自警団に所属している地元の若者というのは、読者諸兄のご想像通り、ぱっと見は、ど田舎育ち丸出しの、垢抜けない、いかにも愚鈍なあんちゃんたちである。しかし時は非常事態だ。注意深く観察すると、ほとんど全員が木製の棍棒を握り締めており、幾人かはハンティングナイフをベルトに差している。

もちろん自警団の若者たちは、暴力に飢えていたわけでも、ニュースが伝える来襲に怯えて恐怖のパニック状態を呈していたわけでもない。ただ、明らかに全員が非常時特有の異様な興奮状態にあり、とにかく誰でもいいからバイカーの頭を棍棒でぶん殴ってやりたくてムズムズしている、それは間違いないと思われた。

バス湖畔の資産家、ウィリアムズが己の資産を守るべく、金で雇ったガンマンとおぼしきプロの警備員も何人かは見受けられたが、ほとんどの若者たちは地元の有志である。彼らは、都会からオートバイで攻め込んで来るという、ベルトの代わりに武器となるチェーンを体に巻きつけて、機械油と汗の臭いをぷんぷんさせた無法者たちと一戦交えてやろうと、一日中町で待ち構えているのだ。

これはまぎれもない事実であるが、シエラ山岳地帯共同体の若者たちは、噂に聞くヘルズエンジェルズを情け容赦なく殲滅しようと、彼らが到着する以前から気持ちを昂ぶらせ、騒動に備えていたのだ。

ヘルズエンジェルズ *vs.* 山岳地帯の男たちの戦い——。両者の性格、腕っ節の強さ、いざと言う時の情け容赦のない暴力性……。どちらの性質もよく知る私は、銃がないなら、壮絶で凄惨な戦場が互角に展開するだろうと予想した。と、ちょうどその時、背後の電話ボックスの扉が開き、長電話を終えたモーアが現れた。モーアは、棍棒やサバイバルナイフ、それにベルトに拳銃を差した自警団の若者たちが群れ集まっているのを目にするとギョッとしたようだが、心の揺れをおくびにも出さず、うんっ？ と、ちょっと不思議そうな感じに首を傾げ、カメラを構えて見せた。そして、アメリカ在郷軍人会のピクニックを取材する報道カメラマンと同じくらい気軽な感じで自警団の若者たちにカメラを向け、正面からシャッターを押しながら、相手に有無を言わせぬ雰囲気でバイクに跨り、一発蹴ってエンジンをかけると、爆音を残し国道の検問所目指してスタコラサッサと一目散に走り去った。すべてが一瞬のあいだの出来事だった。うむ。これこそが、キャリアを積んだ報道カメラマンが持つ、〝どんな危険な場面に遭遇しても、相手に有無を言わさずその場から逃げ去る〟という見事な技術。

すっかり意気込んでいた縮れ毛の若者が、気勢をそがれて一瞬困惑した様子を見せたので、私もまたその機に乗じて、自分の車へ向かうことにした。

棍棒を持った自警団の集団に襲われることも恐ろしかったが、モーア同様、早いとここの現場を抜け出して、怒り狂ったエンジェルたちがまず最初に報復に向かうであろう、バクスターと配下の保安官たちが待機する、第二検問所に急ぎたかった。

私はゆっくりと、靴底の砂利を踏み締めるように1歩、1歩と車に向かって歩み始めた。自警団の若者の全員が私を注視していたが、喋る者は1人もいない。

私は、自分のとっている行動が、逃げているのではなく〝取材者として当然のことをしている〟と思わせるために、後ろを振り返るような真似をしなかった。エンジェルズの取材と同じ要領である。内心は、太い棍棒で腹をぶん殴られやしないかとビクビクものだ。予想しなかったことだが、モーアと私は、正規の報道記者証を持っていたにもかかわらず、自警団の若者たちに、完全にヘルズエンジェルズの一味だと思われていたのだ。

代々山岳地帯に暮らしてきた純朴な若者たちの目には、私の着ている白いテニスシャツも、モーアが乗っているBSAも、どちらも都会の人間＝侵入者の象徴であり、当時のような緊迫した状況下にあっては、どちらも敵として映ったのだろう。当時、中立的立場として扱われたのは、おそらく子供連れのファミリーや老夫婦など、ひと目でわかる観光客しかいなかったはずだ。

内心の焦りを悟られないように、私は車のドアノブに手をかけ、ゆっくりと閉めた。そして私は発車させ、封鎖地点へ向かう道すがら――誰でもいい、誰でもいいから、私が持つ風に震えるポプラの葉のような力ない小切手で、いかにも観光客が装っていそうなハワイアンビーチ風の馬鹿げた水着とか、僕はレジャー客ですと、ぱっと見でわかるカラフルなレジャーサンダルを売ってくれないだろうか――そんなことを考えていた。

ソニー・バージャー率いる、ヘルズエンジェルズ *vs.* バクスター保安官指揮するショットガンで武装した治安維持隊が、正面から武力衝突するであろう第二検問所は、町の中心部から半マイル（805メートル）の位置にある。すでに戦いは始まっているのではないか？

私はアクセル踏みっぱなしで現場に急いだ。ある地点からスピードを落として慎重に車を進めることを忘れてはいけない。速度を緩めてしばらく行くと、私は異常な光景を目にすることとなった。な、なんと、そ、そ、そこには……なぜだ！　予想を裏切る光景に私は思わず息を呑んだものである。砂埃の舞う乾ききった山頂のキャンプ場で復讐を叫び、シエラ山脈に怒号を響かせ、完全に人間としての制御を失って狂っていたあのアウトローたちの大群が、なぜか整然と、何事もなかったかのように再びハイウェイの両サイドに列を成して停車していたのである。ええ？　何でなのよ。

見ると、バージャーとバクスターが先ほどと同じ路肩に立ち、真剣な顔で何やら話し合っている。バクスターの隣には、腰に手をやった森林警備隊の主任が立っていて――「実はエンジェルズのために、別のもっと環境のいいキャンプ場を用意してあるのだが」などと、やけに明るい顔で説明をしている。車を降りた私は不自然じゃない程度に近づいて、耳をそばだてた。漏れ聞こえてくる内容によると、どうやらバクスターは、バス湖を囲むメインロードを現在地から2マイル（3キロ）ほど下った地点、湖のほとりに突き出て位置するウィロウコーヴ・キャンプ場にエンジェルズを誘っているようだ。

目の前で行われている新交渉があまりにうまく進み過ぎていて、私は即座にその光景を受け入れ難かった。しかしバージャーは今度もバクスターの提案を即座に受け入れ、アウトローの大集団に大号令を出した。

「よーし、現場に向かうぞ、ついて来い！」

すべてのバイカーたちが一斉にエンジンを始動させた。反対する者は誰もいない。

なんとも奇妙で不思議な行列がバス湖を囲むハイウェイをゆっくりと移動し始めた。先頭を行くのは森林警備隊のジープ。続いて100台を超すモンスターマシーンが、尾を引くような長々とした2列縦隊を組んで整然と走る。ジープは途中で方向を転換し、キャンプ場に続く狭い未舗装の松林へ入ったが、道は平坦で走りやすく、今度は誰も文句を言わなかった。

すぐに〝ウィロウコーヴ・キャンプ場〟という看板が現れた。高い松の林に囲まれた細い道をゆっくりと進み、しばらくすると開けた場所に辿り着き、そこで森林警備隊のジープのブレーキランプが大きく赤く光った。目的に到着したという合図だ。私は息を呑んだ。治安当局は、本気でこの場所を提供する気なのだろうか?

本当に素晴らしい場所だったのだ。

キャンプファイヤーを焚くのにふさわしい開けた場所を囲むように、木々が豊かにすっと枝を伸ばし、緑の葉が重なり合って強い日差しを遮っている。目の前にはバス湖の碧い湖面が静かに拡がっていた。目を疑うような美しさだった。すぐに十数人のエンジェルがバイクを放り出し、埃だらけの服のまま、ザブンと湖に飛び込んだ。私は、木漏れ日の揺れる木陰に車を停めると、少し歩いて周囲の地形を確かめたのだが、どうやらアウトローたちが案内されたのは、バス湖にある小さな半島の先端部分で、ダウンタウンへ通じるハイウェイとは、松林を挟んで半マイル（805メートル）ほど切り離されている。

無料の生ビールを提供するサービスが用意されていなかったことを別にすれば、そこはヘルズエンジェルズのランの目的地として100%の理想郷だった。美しく静かな波を光らせている湖。そよ風。樹木。鳥の鳴き声。キャンプ場には少年時代のセピア色の思い出が立ち込め、これほど魅力的な場所が、なぜアウトローたちの狂ったドンチャン騒ぎのために予約されていたのか? エンジェルたちにはその現実感すらなかっただろう。ただその現実が何かこうもったいないほどの僥倖であることは、誰の目にも明らかだった。ならず者たちは、ようやく自分たちの勝利を確信し、めいめいバイクを降りると、祝勝のワインに酔い痴れる騎馬軍のような足取りで占拠した場所をエンジニアブーツで自由に歩き始めた。

もちろんジャーナリストとしての私は、松林の緩衝地帯を隔てて半島に突き出たウィロウコーヴ・キャンプ場というその場所が、実は治安当局にとっても、アウトローバイカーたちを町から隔離して統制するうえで、実に都合のよい場所であったことを理解していた。

バクスター保安官と森林警備隊の主任は、以下の2項目さえ守れば、キャンプ場を自由に使って構わないとバージャーに伝えていた。

①キャンプ場を去る時は、掃除してゴミのない元通りの状態にすること。

②部外者との接触を避け、観光客がいる対岸のキャンプ場を脅かさないこと。

ソニー・バージャーは2つの項目に即座に同意し、かくして1965年7月3日・独立記念日のラン、最初の危機は去ったのであった。

キャンプ場に到着したアウトローたちは、ざっと、その数約200人。当初100人前後だった軍勢は、目的地が近づくにつれ仲間の合流を受け入れ、いつの間にか2倍に膨れあがっていた。全員が、自然美しいバス湖のほとりに提供された自分たちの王国――〝僕らの世界〟に溶け込んで、ゆったりと落ち着いて見えた。その日、その瞬間、その場所に、彼らが長いアウトローバイカー生活の中でたびたび味わってきた辛酸や不満は一切なかった。

ヘルズエンジェルズの最高権力者ソニー・バージャーが、「責任を持って全軍をコントロールする」と、保安官のバクスターと1対1の男の約束を交わしたことも大きかった。2人の契約が生きている限り、エンジェルズが町を襲撃することはない。

バージャー自身もまた、よもや自分たちが恵まれた状況を与えられることになるとは考えていなかったようで、その表情に安堵が見えた。実際、稀なことなのだ。いつもなら様々な迫害を受けながら町から町へとバーをハシゴして酔っ払い、そのたびにやって来る……あるいは待ち受けている……銃とバッジを身につけた正義の味方から、手段を駆使した法的攻撃を受けつつ、逮捕を免れるために直接対決を避けた挙句に追っ払われ、怒りと憎しみをアルコールで燃やしながら次の町を目指してハイウェイを猛スピードでさすらい続ける——それがいつものヘルズエンジェルズのランなのである。

それがいったい今日ばかりはどうしたというのだ？　敵対してくるはずの取締当局にうまく誘導されているうちに、ヘルズエンジェルズのランは楽しげな袋小路に押し込まれてしまい、不思議なことに全員が湖畔のキャンプ場でハッピーに過ごしてしまっている！

これまで当局の偏見に基づいた理不尽な仕掛けに対して、意図的に乱暴狼藉を働いてみせることで——法律や規律やモラルを、これ見よがしに踏み躙ってみせることで意思を伝えてきたヘルズエンジェルズが、今回に限っては、バス湖で取締当局と対等な友好関係を築いている。

この奇跡的な状況は、ヘルズエンジェルズのリーダー、ソニー・バージャーとバス湖の保安官、タイニー・バクスターの、ある種の子供じみた男同士の口約束の上に成り立っていた。2人の取引は書面や契約ではなく、カウボーイ映画に出てくるような〝インディアン方式の対話〟によって成立したのである。

バクスター「ヘルズエンジェルズのボス、ソニー。約束しよう。あんたが俺たちに正直にやるって言うなら、俺たちも正直にやる。こっちとしちゃあ、もちろんトラブルは御免だが、あんた方にだって、他の観光客と同じくバス湖でキャンプする権利があるってことを、俺たち保安官事務所は知っている。だがソニー、仮にもしあんたたちが、町や観光客に騒動を仕掛けた瞬間——俺たちは、ここにいる全員をパウダー・ヴァリーの大虐殺みたいな目に遭わせるぜ」

ソニー「まあ聞きなよ、保安官さんよ。言っとくがな、新聞がどう書き立てているかは知らないが、俺たちは物騒な騒ぎを引き起こす目的で、ここへ来たわけじゃない。だが、あんたの言い分を聞いてると、まるで俺たちが何やら物騒な大騒ぎをしでかすためにここに来て、あんたそれを待っているような言い方じゃないか」

バクスター「やれやれ。それじゃあ聞くがな。あんたたちバイカーは、そもそも何を期待してバス湖に来たんだ？　大暴れして町をぶっ壊すためにバス湖へ来たって、新聞もラジオもみんな同じことを言っている。だがな、ヘルズエンジェルズのボス、ソニーさん。もしそうじゃないなら、あんたらが他の観光客と同じように、バス湖を楽しむためにこの町に来たって言うなら、邪魔する権利は俺たちにはない。あんたらだって本当は、自分たちのしていることの良し悪しがわかってるんだろ。実際あんたらは、この町へ来てから、ただの一度も間違ったことをしちゃいない。新聞が何と書こうと俺たちは、この目で本当のことを見ているんだよ」

ソニー「馬鹿を言いなさんな。ふっ、保安官さんよ。知っての通り、俺たちゃめちゃくちゃ狂ったロクデナシなんだよ。あんたもわかってるはずさ。じゃなきゃ、オートバイでバス湖へなんか来るもんか。そうだろう？」

バージャーは途中かすかに微笑んだような表情を見せたが、非常に稀なことなので、人によってはしかめっ面に見えたかもしれない。会話はそこで終わり、握手もしないままくるりと背を向け2人は別れた。

その瞬間に男の契りは完了したのである。が、バクスターが、「まいったまいった」と言いたげに肩をすくめながら戻ってきたため、保安官代理の1人は慌てて「き、君たちは根っこの部分では実に真面目な人間であるからして……」とかなんとか、目の前のエンジェルたちに向かっておべんちゃらの和平交渉の話を継ぎ始めた。しかし、しばらくして保安官代理は、5、6人のエンジェルが自分の慌てっぷりをニヤニヤ笑って見ていることに気づくのである。

言うまでもなく、バクスターとバージャーのあいだの取引は、お互いが背中を向けた瞬間に成立しており、空気の読めない保安官代理以外は、その場の誰もがそれを承知していた。キャンプ場に到着してから約30分が経過していた。

バージャーが、キャンプ場の開けた場所の中心にゆっくりと歩み、ビールを共同購入するための出資金集めのひと声をあげた。「金がある奴は出せ。ビールを買ってくる！」

求めに応じ、金のある者は、それぞれ出せるだけの金を出してゆく。

ちょうどその時、その場にいたあらゆる人間の中で1人だけ、とある重大な事態に見舞われていた。

実は私は、今回の取材に向けて、私の金で！　私が購入し！　私自身が飲むために！　あらかじめ個人用の缶ビールを大量に用意し、クーラーボックスに入れて車の後部座席に置いていたのだが、そのビールが……私の計算では、取材最中ずっと飲み続けても十分な備蓄量であるはずの缶ビールが……NNNooooohhhHHH！　エンジェルたちの襲撃を受け、その時猛烈なスピードで次々と飲み干されていたのである。

きっかけは、フリスコ支部のパフだった。後部座席にあったクーラーボックスを発見したパフは、冷えたビール缶を仲間にまわし始め、私が止める間もなく事態は悪化拡大の一途を辿っていった。私個人としては、目的地に到着してからわずか30分で、取材3日間のために用意したビールがすべて飲み干されてしまうことに積極的な賛同など示せるわけがない。当然である。しかもその日の私は、サンフランシスコへ帰るガソリン代すらギリギリあるかどうかのスカンピン状態――ということは、車に積んできた2ケースのビールがなくなってしまえば、あとは、独立記念日の連休に金庫を開けている奇特な銀行を探しあてて小切手を現金化しなければ、私はこの週末、ただの1缶のビールも飲めない渇ききったオケラになってしまう。

しかし懸命なる読者諸兄には、もはやその時の私に選択の余地などなかったということを、ご理解いただきたい。「これは自分が飲むためのビールだからダメだ！」とエンジェルたちの要求を断ることなどできるだろうか？　仮にそうしても、もちろんエンジェルたちはビールを脅し取ったりはしなかっただろう。でもそんなことができるか？　できるわけがない。そうなった以上、もう覚悟を決めるしかないではないか。なぜなら、その場には、そこにあるビールは、その瞬間！　他でもない、バス湖で喉をカラカラにしたすべての仲間が等しく分かち合うために存在していると、それを疑うエンジェルは誰ひとりとして存在しやしないのだから。

断っておくが私は、ヘルズエンジェルズが出会ってきた数多くの記者の中で、出版社の経費を使わずに彼らとつき合ってきた、たった1人のジャーナリストだ。ガソリン代、食事代などすべて自分の持ち出しでやっている。しかも今回は、ワシントンの新聞社が望んだ「ヘルズエンジェルズ血の惨劇　祝日の湖畔大暴動！」という大スクープを逃すことになり、原稿料はゼロ。そんな私は、自分の金で購入したビールがエンジェルたちに次々に飲み干されていくのをただ呆然と眺めながら、少々心配になってきた。

夜になって取材者である私が、「実は自分ももちあわせがなくて……」とエンジェルたちが共同出資で買い集めたビールを遠慮なく飲み始めたら、連中、どんな反応をするだろうか。うんっ？　自分のビールがなければ、彼らのビールを飲むしかないのだから、エンジェルズが共同資金で購入したビールを私が飲むのは、そりゃ、当たり前の権利である。何たって、冷えた現物を2ケースも供出しているんだから。

それから数時間――。私は飲まれたビールの元を取り返そうと、必死になって次から次へとエンジェルズのビール缶に手を伸ばし、飲み干しては次の缶へ手を伸ばし……そういう私の姿を見て、何を卑しい！　と不満げな顔のエンジェルもいたにはいた。でも私は気にしなかった。だってそもそも、ヘルズエンジェルズの面々に負けず劣らずのハード・ビールドリンカーである私、ハンター・S・トンプソンが、避暑地の柔らかな太陽が降り注ぐ湖畔で、あるいはキャンプファイヤーの炎を眺めながら、ビールなしのくつろぎのひと時を過ごすことなど、まさか！　ありえないのだからして――と、こうして原稿をタイピングする段になって時を振り返ると、ビールのことなど、およそ瑣末な、どうでもよいことのように思えてくる。しかしその時は、何よりそれが重大な事だったのだ。

喉をカラカラに渇かしたエンジェルたちは、冷えたビールでいっぱいの私のクーラーボックスに恐ろしい勢いで殺到してくる。ぬっと突き出てくる何本もの手。丸太のような腕に強引に引っ摑まれ、次々と放り投げられ、宙を飛び仲間たちにまわされていく冷たいビール缶。その1缶1缶が、なけなしの金をはたいて買った、貧乏ジャーナリストの貴重品であると知るエンジェルなど、ただの1人もいやしなかった。いや、それどころか誰かこうが叫んだ。

「畜生！　どっかの新聞記者野郎が、自分の分だけ隠し持っていやがったらしいぜ」

「なんてヒデエケチ野郎だ！」

エンジェルたちのあいだから、私を非難する怒声やら罵声やらがあがる。マスコミとヘルズエンジェルズのあいだに生じている日常的な不協和音が、極めてわかりやすい形で耳に届いてきたようなものだ。私は、特に誰に向かってというわけではないが、自分自身に対してこう愚痴ったことを憶えている——「わかったぜ、こん畜生！　俺も飲むぜ。この俺の冷えたビールで、俺とお前ら両方が、ともに最高の気分を味わえば、それでいいってことじゃないか？」

しかし取材者である私と取材される立場のエンジェルたちが、同じような最高の気分になれる根拠など、どこにも存在していない。実際、私、ハンター・S・トンプソンの風変わりな取材スタンスを知っているのは、全体から見れば、ごく小数のエンジェルだけなのだ。もちろんスカッと炭酸の効いた冷たい缶ビールは、その場にいたすべてのエンジェルたちにとって最高のはずだ。しかし当時、全米のありとあらゆるメディアに〝ないこと・ないこと〟書き放題のネタにされていたメンバーたちの視線からすれば、私という取材者もまた、『タイム』誌や『ニューズウィーク』紙の記者と同類のクソ野郎なのである。

何時間かが経って、エンジェルたちがビールを買い込むことに成功し、ようやく〝ビール危機〟（そう命名した）が去ったのち、少々アルコールがまわってきていた私は、それまで自分が心配していたビールをめぐる様々なことが、なんとなく、ああ、本当になんとなく馬鹿らしくなってきた。ならず者たちは、そもそも何も考えちゃぁいなかったのだ。彼らが私のビールを飲み干すことも、あるいは逆に、私が彼らのビールを飲み干すことも、エンジェルたちには、どっちも当たり前の出来事だったのである。

結局、7月4日の独立記念日が終わるまでに、私はバス湖畔で、自分で持ち込んだ3、4倍のビールを飲み干した。そして今、あれから1年近くが経ち——エンジェルズとともに飲んできた日々をいくばくかの懐かしさを込めて振り返っても、やはり、ビールに関しては、私の方が余計に飲んだように思える……。

彼らヘルズエンジェルズは、今私が述べたような損得勘定で人とつき合わない。ナチの鉤十字デザインを盲目的にファッションとして身につけているため、往々にして彼らヘルズエンジェルズはナチ崇拝者のように思われがちだが、実は、ヘルズエンジェルズの経済的思想は、純然たる共産主義思想に近いのである。つまり、メンバーの全員が、個々の能力やニーズに応じてお互いを助け合う——この考え方の上に成り立っている。

クーラーボックスに入った冷えたビール。オートバイの部品。暮らす部屋。バイクを整備するガレージ。何でもい い。お互いが必要としているものを、お互いが何の疑問もなしに分かち合うタイミングと、そこに込められたお互いの気持ち。それは、損得や帳簿勘定などでは到底図りきれない、彼ら独特の極めて重要な平等と公平の感覚なのだ。エンジェルたちは表向き、自由競争や資本主義社会への信奉をメディアなどで公言してはいたが、彼らの本能はその考えに順応していない。

その日の午後、私のクーラーボックスがみるみる空になっていく最中、バージャーがランに参加した全員に向かって共同ビール基金の大号令をかけた時、私にはまだ、ヘルズエンジェルズのそのような真実の側面が何ひとつわかっていなかった。

ヘルズエンジェルズの実践経済学は、あくまで〝持てる者は、持たざる者に分け与えよ〟の、共産主義の基本原則に則って秩序していた。もちろんそれは、条文化されているわけでも、掟になっているわけでもない。ただ、エンジェルたちが自然に感じ、自然にそう生きざるをえないだけなのだ。

保安官のバクスターはすでに現場から消えていたが、しかし決してエンジェルたちを野放しにしていたわけではない。私のクーラーボックスが空っぽになった頃になっても、6人の保安官代理がエンジェルたちの動向を見張るため、キャンプ場に駐在していた。そのうちの1人と話している時、ソニー・バージャーがひと摑みの紙幣を持って私のところへやって来た。

「なあハンター、ダウンタウンの郵便局の隣に、俺たちヘルズエンジェルズにもビールを売ってくれる酒屋があるって保安官が言うんだが……」とバージャーは涼しげに切り出してきた。「で、物は相談だが、あんたの車を使わせてもらえないか?」

一向に構わなかった。しかしいったいどうして私の車を? エンジェルズにもピックアップトラックがあるはずじゃないか。保安官代理と私が黙って顔を見合わせていると、バージャーが理由を話し始めた。「エンジェルズのマークが入ってるピックアップを使うと、町の連中と揉めるかもしれないからな」

なるほど。私に異存はない。話を聞いていた保安官代理も、そりゃ確かにいい考えだ、と賛同を示した。すぐに、私とバージャー、そして保安官代理の3人は、アウトローたち200人が供出した共同基金の総額をボンネットの上で数えることになった。しわくちゃの紙幣で120ドルと、小銭で15ドル。十分だ。相当量のビールが買える。私が頭の中でざっと勘定していると、「グッドラック! 任せるぜ、ひとっ走り急いでくれよ、みんな喉がカラカラなんだ」バージャーはすべての金を私に差し出してきた。

しかし瞬間的に私は躊躇した。

「なあソニー、でもビールを車に積み込む手伝いをしてくれる仲間が必要だと思うな……」私が言うと、バージャーも少し考え、「……それもそうだな」と同意した。

私が単独で買い出しに行くのを渋ったのには理由がある。エンジェルズのメンバーたちが住む都市部では、通常ビール6缶パックが79セントから1ドル25セントで売られている。しかし私の経験からすると、バス湖のような都市部から遠く離れたリゾート地では、ビールに不当に高額な観光地値段をふっかけている店が、実に堂々と営業しているのだ。

以前私は、ユタ州とネバダ州の州境近くのドラッグストアで、6缶パックひとつに3ドルも支払わされたことがある。今回も同じ状況が起きるかもしれない。となれば、私に必要なのは信頼に足る証人なのだ。つまり、バージャーのような人間が必要だった。

ざっと計算して――135ドルあれば、都市部の標準的な店なら1箱24缶で30箱のビールを買うことができる。だが、山岳の観光地では、同じ額でよくて20箱。強気で強欲な経営者の店なら15箱が限度かもしれない。ヘルズエンジェルズの仲間として町に出かけるからには、あちこちの店を訪ね歩いて、安い値付けのビールを探している余裕はない。〝高いビールを売りつけられた〟という悪いニュースは身内の誰かから伝えられた方がよいに決まっている。と、同時に、文無しの飲んだくれフリー記者に、135ドル相当のビールを買いに行かせることは、フルシチョフがニクソンについて語ったのと同様――「ヤギにキャベツ畑の世話をさせるようなものだ」という心配も、私自身にもまた、あるにはあったわけで……。

結局、バージャーとピートが、町への買い出し係となった。車に乗り込んだ私は、自分が危惧していたこと――つまり、金をチョロまかしたと疑われるのが心配だったことを2人に向かって隠さず話してみた。するとバージャーは即座に断言したものである。「ハハハ、俺にはハンター、あんたが1セントもごまかさずビールを持って帰ってくるってわかっていたさ」

続けてピートが笑いだした。「よっぽどの馬鹿じゃなきゃ、俺たちのビール代を持ち逃げしようと考えたりするもんか。だって俺たちは、あんたがどこに住んでるか知ってんだぜ」

え？　私がギョッとして黙り込むと、ピートは当たり前のように先を続けた。「そういえば、何かあんたにゃ威張ってるカミさんがいるって話じゃないか。フレンチーが言ってたぜ」

もちろんエンジェルズの2人は冗談を言ったのである。しかし冗談にしても〝妻をレイプする〟というのが、まず最初に彼らの頭に浮かんだ私に対しての復讐方法であることを、私は私で真剣に記憶にとどめておくことにした。

ソニー・バージャーは、さすがに場の空気を読める政治家だけあって、私の表情を察して急に話題を変えてきた。

「あんたが書いた記事を読んだよ」

「ああ」

「悪くなかったな」

バージャーが読んだ記事は1カ月ほど前、とある雑誌に掲載した私の原稿だった。その時、私は反射的に身構える反応を示したと思う。その記事を書く前、エンジェルたちとこんなやりとりを交わしていたからだ。

その夜、私のアパートに数人のエンジェルが飲みにきていた。そのうちの1人、フリスコのメンバーが私にビール臭い息を吹きかけながらニヤニヤと笑った。

「なあハンター、もし、今度書くというあんたの記事が気に入んなかったら、アパートの扉を蹴破って、玄関にガソリン撒いて火をつけてやるからよ〜」

幸いなことに全員が上機嫌で飲んでいたから、大笑いのジョークとなった。しかし思い返してみると、その時の私は、散弾を装填したまま壁にかけてある2連式のショットガンを指差して、笑いながらこう応じていたのである。

「もしお前らが火をつけにきたら、そっちが逃げきる前に少なくとも2人はぶっ殺してやるからな〜」

結局、私とヘルズエンジェルズのあいだには、一度たりとも記事をめぐるいざこざが起きたことはなかったから、私は、エンジェルたちが記事を読まなかったか、あるいは、まあ許容範囲と許したか、どちらかだろうと勝手に推測してきたわけだ。

私は記事を常に正直に、ある部分辛辣に書きあげてきた。記事がエンジェルたちの話題にのぼった時は、常に用心して身構えるようになっていた。それまでの記事中、私はエンジェルたちを、「負け犬」「無知な凶悪犯」「非道なチンピラ」と表現してきた。人里離れた山岳地方のキャンプ場で200人の酔っ払ったヘルズエンジェルズに囲まれ、本人たちに記事の真意を説明するなんてまっぴら御免だった。まして、記事について意見を述べているのは、発した言葉がそのまま〝ヘルズエンジェルズの公式見解〟となるラルフ・ソニー・バージャーなのだからして。

バージャーは尋ねてきた。

「で、ハンター、今は何を取材しているんだい。何か別のものを書いてたりとか?」

「ああ」私は答えた。「本を書いてるんだ」

バージャーは肩をすくめた。「なあハンター、俺たちが記者に要求するのはただひとつ。真実を書くことさ。わかるだろ?」(註1)

「ああ」用心しながら私は答えた。バージャーは先を続けた。「だからハンター、俺はあんたがエンジェルズを善人として書けないってことはわかってる。俺たちが善人じゃないのは真実だからな。でもわからないのは――いったい何の権利があって、ありもしないことを、あの記者って連中はでっちあげて書くんだろう。どいつもこいつも俺に言わせればクソったれ野郎さ。真実だけじゃ、記事にするには〝酷さ〟が物足りないっていうのかよ……」

私たちを乗せた車は、すでに地元の資産家ウィリアムズの所有する酒店のごく近くまで来ていた。

私は、あの強力な357マグナムを持った、酷い訛りで喋る縮れ毛の山岳自警団の男の存在を思い出していた。連中が突然目の前に現れ、エンジェルズの姿を見れば、いきなり襲いかかってくる可能性すらある。そこで私は、湖畔を走る沿道から脇道に一旦逸れ、店から30ヤード(27メートル)離れた地点に、静かに目立たないよう車を停める必要を感じていた。出発前、キャンプ場の保安官代理が無線で確認をしたところでは、店側は私たちが到着するまでに金額に見

(註1) 数カ月後、彼らは真実だけでは十分ではないと結論した。金も必要だと。このことが緊張状態を生み出し、怨恨、ついには暴力沙汰へと発展した。

合ったビールを準備しておく手筈だった。つまり、前もって伝えた金額を支払って、ビールを積み込んで大人しく立ち去りさえすれば、何の問題も起きはしない。金はバージャーが持っていた。私は単なるお抱え運転手に過ぎない。

しかし気づかれないように静かに離れて車を停めたにもかかわらず、歩き始めて15秒もしないうちに、自警団の若者たちが押し寄せてきた。何かがおかしい。不穏な空気があたりにたちこめている。私たちがキャンプ場を出て店へ到着するまでのごく短い時間に何かが起こって、保安官代理が店側と話をつけたビール売買の合意がご破算になったのだ。

その日はとても暑い午後だった。肌が焼け、唇を舐めると乾いた砂の味がした。太陽が照りつけ、素早く視線を左右に動かすと、商店街の向こうの端に、マデラ郡の犯罪護送車が停めてある。フロントシートには2人の警官が座っていた。ウィリアムズの酒店の前には、自警団の若者たちが立ちふさがるように群がり、群れたまま私たちに近づいてくる。自警団員たちは、分厚い人の壁をつくっていた。私たちが保安官代理を通じて、すでに店と話をつけてあることなど、何ひとつ知らないようだった
私は考えた。おそらく、ソニーとピートは自警団がつくる人間の壁に正面から対峙し、何らかの方法で田舎もんのあんちゃんたちを納得させ、無事にビールを買うことができるに違いない。しかし万が一それに失敗したら……。私は、じりじりと後ろに下がった。もし喧嘩沙汰が始まったら、大急ぎで車に戻りトランクを開け、すぐさまそこに飛び込んで鍵をかけて隠れるつもりだったのだ。それから騒動が一段落ついたあとで後部座席を蹴破って車内に逃れ、そのまま車を運転して逃げれば、すべては事足りる。

ところがソニーもピートも私の隣に立ったまま、一歩も前へ進もうとはしなかった。酒屋がある町の大通りは完全に交通がストップし、大勢の観光客が離れた安全な距離から、ヘルズエンジェルズ *vs.* 山岳自警団の睨み合いを興味津々見つめていた。まるでハリウッド映画だ。シーンは最後の対決――『真昼の決闘』『リオ・ブラボー』それともあるいは……しかしフィルムカメラも、音楽もなかった。長い沈黙の睨み合いののち、縮れ毛の男が2、3歩前に踏みだしてこ

う叫んだ。

「こっから、出てった方がいいぜ。オメエらに勝ち目はねえ!」

私は考えた。実際、保安官代理を通して店とはすでに話がついている。こうなった以上、まず彼らと面識のある私が、ヘルズエンジェルズ側の代理人として事情を説明するしかない。

正直言って私は、バス湖でヘルズエンジェルズが暴れだすことに、特別反対していたわけではない。だが、発火点に自分の車を停めている以上、私は必ず巻き込添えを食らうことになる。御免だった。考えてみてほしい。ヘルズエンジェルズのメンバー2人と取材記者1人が、埃っぽい大通りで、100人を超す腕っ節の強い山男たちと決闘するなんて考えただけでもぞっとするではないか!

私は、357マグナムをホルスターに入れて腰に差している例の縮れ毛に直談判しようと、歩み寄って説明した。なぜ私たちが、ここまで車を飛ばしてきたのか――。しかし縮れ毛は、盛り上がった肩に埋もれた野太い首を左右に振りながら、こう繰り返すだけだった。

「ダメだぁ、ウィリアムズさんの気が変わったんだぁ」

その時だ――「ファック!! クソ食らえだこの田舎野郎! こっちだって、気を変えることができるんだぜ!」私の後ろでバージャーが叫んだ。バージャーとピートが、ずかずかと背後からやって来た。2人は私に並んで立つと、縮れ毛を鋭く睨みつけた。自警団員の群れもまた、仲間を助太刀するようにグイグイと前に押し出てくる。縮れ毛は表情を硬く引き締め、微塵の恐怖も躊躇もなさそうだった。

いよいよ始まったぞ――心の中で私は思った。

背後の護送車にいるマデラ郡の警官2人は仲裁に乗り出してはこなかった。警官たちは、ただ車の中で事の成り行きを見ていた。彼らは、もちろんエンジェルズの町への来訪が面白いわけがなかったが、しかし、今保たれている平穏な時間を、自分たちが動くことでぶち壊すことだけは避けたいと考えているのであろう。

しかし、事態は緊迫していた。

突然だが、四方八方から大勢の群衆に囲まれ、殴り蹴られた経験が、皆さんおありだろうか？　私はニューヨークとサンフアンで、これまで2度経験しているが、それは生き延びようという本能のままの行動以外、渦中にいる人間にできることなどまるでない、台風のビーチで荒波に呑まれるような恐ろしい経験なのだ。

3度目が今この瞬間、起ころうとしている。

暴発寸前の危機を阻止したのは――タイニー・バクスター保安官！　あの男である。にわかに信じられないほどウサン臭いジャストのタイミングで、タイニー・バクスターが現場に到着したのだった。屋根に赤いランプをクルクルと光らせているバクスターの大型シボレーが現れると、群れていた観光客はおずおずと道を開けた。バクスターは、私たちと自警団のあいだに割って入るようにシボレーを停め、「町には近づくなと言ったはずだ」と、いきなりバージャーに決めつけた。

「ビールを買いにきただけさ」バージャーは答えた。

バクスターは首を振った。「ダメだ。生憎と自分の店じゃビールは品切れだと、経営者のウィリアムズは言ってる。湖の反対側に行くんだな。そこの店にならいくらでもある」

私たちは無用の混乱を避けるため、すぐさま車に乗り込み、その場を離れた。最初に荒地にあるキャンプ場に送り届けられた時と同じく、今回も保安官が細工した様子がありありと見て取れた。

バクスターは本当にすべてを計算し、先々の動きを推測して動いていたのだろうか？

だとすれば、まったくもって巧妙な作戦としか言いようがない。バクスター保安官は、ヘルズエンジェルズがバス湖畔にキャンプを張っている終末のあいだ、ほんの数回、数えるほどしか姿を現さなかった。しかし現れるのはいつも決定的瞬間とも言うべき絶体絶命の場面で、しかも必ず、あらかじめ何らかの解決策を持っているのである。

結果から言えば、仕組まれたものであるにせよ、本当に若干の手違いが起こったにせよ、しかし我々は、その夜、バクスターの言う通りに湖畔反対側の店へ車を走らせ、念願のビールを手に入れることができた。地元住民との争いも起こらなかった。すべてはバクスターの手腕である。

この件をきっかけに、ヘルズエンジェルズの主だったメンバーたちは、バクスター保安官個人を〝(密かな)自分たちへの協力者〟と考えるようになっていった。そのため、バス湖に到着した当日真夜中までに、バクスターと1対1の男の取引を結んだラルフ・ソニー・バージャーは、本来保安官の仕事である、バス湖でエンジェルズにトラブルを起こさせないことに対して、ほとんど個人的な責任を負わされているような気分にさせられていた。

振り返るに、やはりバクスターの仕掛けだったのではないか。小さなトラブルが偶発的に起き、そこへ保安官のバクスターがタイミングよく現れ、何かひとつ解決するたびに、エンジェルズはバクスターにまた1つ借りを増やしてゆく。一番の被害者はバージャーだ。奇妙な責任感を背負わされ、バージャーのランの夜のお楽しみは台無しになってしまった。約束を守らねば、バクスターへの個人的なメンツが立たない。禁止条項や取り決めをエンジェルズの無法者たちに守らせるため、バージャーは一睡もすることができず、頭を抱え続けた。数少ない慰めのひとつと言えば、バクスターもまたバージャー同様、眠れぬ夜を過ごしていると、わかっていることくらいだろう。

バクスターに示された別の酒屋がある湖の反対側に向かって車を走らせながら、私たちは話し合った。

「あの田舎者ども、最初から俺たちが来るとわかってて、待ち構えてたんだぜ」ピートが言った。

「ああ、あるいはな」バージャーが呟いた。「あの保安官は一歩間違えば、自分のせいで本当の戦争がおっぱじまる寸前だったってことが、わかっちゃいねえんだ」

私はその時、バージャーの言葉をさほど真剣に受けとめていなかったが、夜が明ける頃までにバージャーが本気だったことが理解できた。もしあの時、バージャーが地元の男たちに一発でも殴られていたら、即座に200人ものヘルズエンジェルズが復讐のために町になだれ込み、それを阻止することができるのは、強力な火器で武装した州兵しかいなかったのだ。

ヘルズエンジェルズのリーダー、ラルフ・ソニー・バージャーを標的とすることは、他のメンバーを狙うのとはわけが違う。しかもあの状況を考えれば——つまり、保安官事務所がオーケーと言うからわざわざ車を繰り出して向かったのに、到着してみれば酒屋には大勢の自警団が武器を持って待ち構えている——この歴全たる裏切りの事実は、誰が見たって許し難い卑劣な行為である。偉大なるリーダーが、悪辣な罠にはめられたとなれば、エンジェルのすべてが怒り狂い、最初からそもそもそうなるだろうと予想していた大暴動を、遅まきながらバス湖でやり始めたことだろう。となれば、当然、エンジェルの多くは明日以降を、監獄か病院で過ごすことになる。しかしヘルズエンジェルズはまた、そうした騒乱を本心から望んでもいたのだ。

緊迫した現場の渦中で確信した結論のひとつが上記であるとするならば、1年ほどの時を経た現在、タイプライターを叩いている私が、「もしも、あの時……」と状況を冷静に振り返ると、結論はまた別のものとなる。賢明なる読者諸兄には、それもまた伝えておこう。

ヘルズエンジェルズと山男たちの自警団が真正面から激突しても、結局は、全面的な最終戦争に至らなかったのではないかと、現在の私は推測している。

理由はこうだ。町に押し寄せたヘルズエンジェルズの大群と自警団が真正面から激突した瞬間、自警団の若者たちは、大都会からやって来たアウトローの軍団が、自分たちの想像を超えて残忍な、真の意味で人間を人間として捉えていない、いまだかつて遭遇したことのないニュータイプの人間だとすぐさま感覚で悟り、驚愕し怯え、逃げだしてしまったのではないか。可能性は高いのだ。

例を出そう。例えばフリスコ支部のビッグ・フランク（註2）は空手の黒帯で、喧嘩の際、相手の目玉をエグり出す恐るべき技を持つ男として知られていた。目玉をエグるという残酷な攻撃法は古来から伝わる空手の伝統的な技である。もちろん最近流行りの、主婦やビジネスマン、短気な店員向けの護身空手教室などは、目玉をエグり出すことは教えない。しかし、技そのものは難しいものではなく、鍛錬を積んでいる人間なら難なくできる。その技の真実を語れば、その技の妙意は、敵の戦意をそぐのが真骨頂であって、相手を失明させるためのものではないのだ。

「ホントに目玉をほじくり出すわけじゃない」とビッグ・フランクは私に説明した。「ただ、ちょっと目ん玉を弾くようにするだけさ。それだけで相手の目玉には飛び出す稲妻みたいな衝撃が走って、大抵の奴は気絶しちまう」

自警団に入っている伝統的なアメリカの若者たちは、そんな戦い方を知らない。背中を向けている相手に、平然と鋭いチェーンを振り下ろすこともない。信じられない光景が平然とあちこちで繰りひろげられる狂乱の血の現場で、田舎育ちの若者は恐怖に駆られてしまうだろう。鼻面を拳でぶん殴られるのと、奇妙な技で目玉を弾き出されたり、レンチで前歯を粉々にされたりするのじゃあ、わけが違う。

もし仮にあの午後、酒屋の前でエンジェルズと自警団の正面衝突が起きたとしても、喧嘩騒動の初期の段階で、純朴な山育ちの地元の若者たちはおそらく戦意をくじかれ、総崩れになってしまったに違いないのだ。もちろんエンジェルズにも被害は出る。2、3人のエンジェルは銃で撃たれたはずだ。しかし反撃もそこまで。あとはエンジェルズの独壇場だ。暴れ始めたエンジェルズを鎮圧するには、武装した州兵の出動が必要となるが、いかんせん時間がかかる。保安官のバクスターとその配下の守備隊は、即座に駆けつけることができるが、とてもじゃないが計10人ほどの守備力で、200人のアウトローを制圧することなどできるはずがない。


（註2）またの名を〝フランク・ナンバー2〟。フリスコ・エンジェルズの伝説的リーダー、フランクとは別人。

州兵が到着するまでのその間、仲間を銃撃されて怒り狂ったエンジェルたちは、町を燃やし、バス湖の資産家ミスター・ウィリアムズの財産をめちゃくちゃに破壊しつくし、窓という窓を割り、ビールの冷却機をぶっ壊し、視界に入るあらゆる店を襲って現金の入ったレジを強奪しただろう。残虐の限りをつくし、そして次に始まるのが、ハイウェイパトロールの警官隊とのカーチェイスだ。警官隊との小規模な戦いもまた、バス湖周辺のあちこちで繰りひろげられる。

その結果、西シエラの山岳地帯は、ヘルズエンジェルズ各支部が縄張りとするエリアからあまりに遠く離れているため、逃げようとしたほとんどのエンジェルたちは、いずれかの検問所で捕捉され、逮捕、拘禁。無事に家まで帰りおおせるエンジェルは、どう頑張ってもほとんどいまい。それが現実だ。

バージャーにはそのことがわかっていた。だから自分を抑えたのだ。

そしてバージャーには、次のこともよくわかっていた。

自分たちに居心地のいい湖畔のキャンプ場が独占的に与えられたのは、〝アメリカ社会は何びとに対しても平等であるべきだ〟などという、バクスター本人がしらじらしく持ち出してきた社会正義の理論が理由であるはずがない。あるいはバクスター個人がエンジェルズへ賛同心を持っているからでもない。タイニー・バクスターは、町の治安を預かっている者の責任として、掌中にしたヘルズエンジェルズという爆弾を、爆発しないように扱った——ただ、それだけのことなのだ。

おそらく保安官のタイニー・バクスターは、ソニー・ラルフ・バージャーというヘルズエンジェルズの若きリーダーと初めて対面した瞬間に、すべてを察したに違いない。目の前にいるこの若者を強引に急き立て、苛立たせるようなことがあれば、その瞬間200人を超えるアウトローバイカーの全軍は、リーダーの号令ひとつで野獣のように暴れ狂う——と。

ソニー・バージャーとタイニー・バクスター——。正反対の立場にある2人の人間の、まったく異なった思惑が、バス湖一帯を混乱に陥れる最悪の事態を抑制していた。元国務長官のジョン・フォスター・ダレスなら、この状況を対ソ連との核武装競争に倣って〝恐怖のバランス〟とでも呼んだであろう。〝静かで平穏〟と文字面で表現できても、実際的なそれは、爆発の危険を内にはらんだ沈黙と緊張の膠着状態のことであり、ひと時の安穏は単にどちらの陣営も事を荒立てたくなかったから生じた、騒動の〝隙〟としか言いようがなかったのだ。

独立記念日の週末のバス湖に生み出された奇妙な冷たい共生関係――よそ者と地元の人間が、法を超越した状況の中で戦闘的な睨み合いを続け……しかし実際には何事も起こっていない状況が、西シエラの山岳共同体にとって正しい／正しくない、あるいは望ましい／望ましくないものだったのか、それをここでジャッジすることに意味はない。

断言しよう。カリフォルニアの小さな山岳リゾート地であるバス湖で起こっていた、あの日のアウトローバイカー *vs.* 山岳住民の対決は……それがニューヨークやシカゴのラジオリスナーに、どれほど奇妙で非現実的なニュースに聞こえようとも、逃げも隠れもできない現実の危機そのものだったのだ。言うまでもないが、自分たちが目にしている光景を、現実だろうか？　などと疑ってかかる人間はいない。正しかろうが正しくなかろうが――目の前で刻々と変化し続ける出来事のすべては、その瞬間にも、現実のそのものなのである。当局が発布していた走行抑止令のような法的予防措置すら、刻々と変化する現実の流れに適応できず事実上無効となっていた。バス湖の治安維持責任者は、あの日、あの時、あの瞬間、時間とともに刻々と変わりゆく厳密なる現実に従ってしか……つまりは成り行き次弟でしか、あの日、すべての作戦を指揮しようがなかったのである。

その渦中にあって、取材者としての私、ハンター・S・トンプソンは、当然ながら、どのような事態の中でも、物理的な殴り合いに巻き込まれるつもりなど到底なかった。しかしウィリアムズの店から間一髪逃げだして以降は、私は自分の思惑とは関係なく、地元民たちから完全にエンジェルズの仲間内と見なされてしまい、自分としては、少しずつ中立の立場に戻る努力を試みたのだが、結局は無駄だった。

バージャーとピートは私の存在を、エンジェルズの仲間として受けとめているようだった。湖畔沿いの国道の緩いカーブを、ヘルズエンジェルズのリーダーたちを乗せて走っているあいだ、私はカラーの重要性についてあらためて真剣に質問したことを思い出す。「あんたなあ……」ピートはそれこそ、そんな質問が今更出るなんて、まったく解せない様子だった。ピートは言った――「だから、カラーこそがすべてなんだって」

バクスターに指定された酒屋は、バス湖ダウンタウン、観光エリアの中心部にあった。私たちの車が、湖畔の反対側のその店に到着した時、ダウンタウンはヘルズエンジェルズ目当ての野次馬観光客でごった返していた。一帯は相当な混雑ぶりで、車を停められる場所といえば、表のガソリン給油ポンプと店の通用口のあいだの隙間しかなかった。

車を狭いスペースに入れながら、私は軽い不安に駆られた。車を停めたと同時に、敵となる集団に囲まれるようなことがあれば、車中に閉じ込められてしまう。ついさっきバクスターに救い出されたウィリアムの店の前より、そこが遥かに危険度の高い場所だと感じた私は、あたりに注意を慎重に払った。

だが、集まっていた群衆たちは、先ほどとは違っていた。

観光客の全員が、本物のヘルズエンジェルズを見ようと、何時間も我々を待望していたのである。野次馬の中に地元の人間はいなかった。大混雑の全員が都市部から来た観光客だった。

バージャーとピートが車から降りると、観光客のあいだから喜びの歓声があがった。まるでハリウッドスターの登場よろしく。街頭の新聞スタンドには、ロサンゼルスでヘルズエンジェルズが起こした（とされた）レイプ事件が載った新聞が山積みにされていたが、本物のエンジェルの登場に脅えている人間は1人もいない。バージャー、ピート、そして私からなる3人のならず者が、店主とビールの買値について交渉していると、野次馬たちがこわごわと近づいてきた。その間、背の低いまん丸顔の店主は、私たちの顔を交互に見比べながら、ずっと同じことを言い続けていた。

「いいさ、いいさ。ああ、いいともさ。その金額でなんとかしてやるよ」

店主は、脅したわけでもないのに反撃的なまでに愛想がよく、ビール貯蔵庫に向かうピートの垢じみた肩に親しげに腕をまわしてみせたほどだった。

私は、ビールの買い出しをバージャーたちに任せ、レイプ事件が記事になっている新聞を手にして、バー兼スナックのカウンターに座った。新聞を開いて読んでいると、背後から無邪気な声が聞こえてきた。ん？ 目をやると、まだ小学校は低学年と思われる小さな女の子が新聞を指差し、「ねえ、ママ、新聞に載っているあのバイクの人たちどこにいるの？ 見に行くって約束したでしょう」と笑っている。

私は、まだ永久歯が生え始めたばかりでオムツすら取れていない、ガニ股の妖精みたいなその子をまじまじと見てしまった。そして、自分には息子しかいないことを、つくづくありがたく神に感謝した。彼女の母親はこの素晴らしき繁栄の時代にあって、いったいどんな精神の盛り上がりをみせて、バス湖に子供連れでヘルズエンジェルズを見に行くなどという奇抜なレジャーを思いついたのだろうか？

母親は35歳ぐらいだろう。短く切ったブロンドヘア。袖なしのゆったりしたブラウス。裾がぴっちりしたバミューダパンツから素肌が覗いている。まさに、〝ペプシ世代〟を鮮やかに描き出した女性だった。想像してほしい。アメリカ独立記念日の前日の暑い午後、サントロペ（南仏の高級リゾート）風のサングラスをかけた中年太りの始まりかけたご婦人が、小学生の娘を引き連れて、カリフォルニアのローカル観光地のスーパーをぶらつきながら、ほんの24時間前『ライフ』誌でその暴力性を全国に派手に喧伝されたばかりの、超凶悪なアウトローハーレーに乗った凶暴極まりないレイプサーカス団の到着を待っている——。

私はその時、前年の春のある晩、サンフランシスコからビッグ・サーまで車を走らせた、あの夜のことを思い出していた——。

……真夜中には、大津波がカリフォルニアの沿岸部に到達します。

突然、レギュラープログラムを中断してラジオの臨時ニュースが鳴り響いた。夜の11時少し前のことだ。宿泊していた街道沿いのモーテル〈ホット・スプリングズ・ロッジ〉は、真下に海を臨む絶壁に建てられている。私は大慌てでタイヤを鳴らして駐車場に車を入れ飛び降りると、チェックインカウンターへ駆け込んだ。津波警報のベルを鳴らすためだ。モーテルのロビーでは、地元に住む6人の宿泊客がテーブルの上に空のワインボトルを何本も並べ、呑気そうに雑談に興じている。私は驚いた。

確かに、緊急の事態が信じられないような穏やかな春の一夜であった。しかし宿泊客たちは、セコイア材の丸テーブルを囲みながら、全員がすでにラジオの警報を聞いているにもかかわらず、逃げようともせず、いざその瞬間が襲ってくるのを楽しみに待っているのだ！　彼らにとって大津波は、酔って眠い目を擦りながら待っていても損はない、純粋なエンタテインメントだったのである。

後日発表された、苦悩に満ちた警察のリポートによれば、ラジオで津波警報を聞いた市民1万人以上が群れをなしてサンフランシスコ湾を直接望めるオーシャンビーチに見物に殺到したそうだ。そのためコーストハイウェイは、一晩中大渋滞となる騒ぎとなった。彼らは、自分自身が好奇心と呼んでいるに過ぎない、単なる野次馬根性で見物に駆けつけただけのズブの素人であり、警報が外れたからよかったものの、もし予報通り大津波がビーチを襲っていたら、ほとんど全員が死んでいただろう。幸運にも津波はホノルルとウェストコーストのあいだのどこかで消え失せたのだが。

バス湖の酒屋では、バージャーとピートが車にビール積み込む様子を、50人ほどの野次馬市民たちが遠巻きに眺めていた。しばらくして、5、6人のティーンエイジャーが「手伝います」と勇敢にもバージャーたちにボランティアを志願した。一方で、「家庭用ムービーで撮影したいから、しばらくのあいだポーズを取っていてもらえないか」と、しきりに頼み続けている男もいる。マドラス地のショートパンツに黒いサラリーマン風の靴下を履いた中年だった。

その時、同じようなバミューダパンツを身につけた別の男が、新聞を読んでいた私ににじり寄ってきて、内緒話でもするように小声で尋ねてきた。

「なあ、あんたたち、ホントにナチなのか？」

「俺は違うよ」そっけなく私は言った。「あいにくと俺は、キワニスなんでね」

すると男は、まるで最初からわかっていたというように大きく頷き、「じゃ、新聞に載ってるあれ、あれはいったいどういうことなのさ？　あれだよ鉤十字――」と臆面もなく聞いてきたものである！　私は即座にバージャーに話題を振った。

「ソニー！　このおっさんが、あんたがナチかどうか知りたいんだって〜！」

私が声を張りあげると、狭い車の後部座席にどうすればビールケースが納まるかボランティアの若者たちに指示を出していたバージャーの動きがピクっと止まった。私は当然、バージャーが笑ってくれるものと思ったのだが……しかし笑わなかった。ゾ〜っとした。いつものバージャーなら、エンジェルズが身につけている鉤十字や鉄十字勲章とナチの関係性について質問してくる雑誌や新聞の記者に向かって、「あんなの意味があるわけじゃないのさ。ダイムストア（安物雑貨店）で買う単なるバッジだよ」と気軽に応じているのだが、その日は違った。質問した男は黙りこくっている。

しばしの沈黙ののち、そしてバージャーは、ベイエリアの報道関係者にマイクや質問を向けられる原因となった、あの耳障りな冗談が過ぎるアドリブを男に繰り出し始めた――「ナチには尊敬できるとこがたくさんあるだろう。お前はそう思わないか？」

質問した男はすっかり困惑していた。1965年といえば、第二次世界大戦の終了からまだ20年。〝ナチ〟という言葉から連想される様々な事柄に、いまだ生々しいリアリティが残っていた時代だ。しかしお構いなしにバージャーは続ける。「奴らには規律があった。臆病じゃなかった。ナチの考えのすべてが正しいとは言わないが、少なくとも奴らはリーダーを尊敬し、仲間が互いを信頼していた」

都市部から来た野次馬の聴衆たちは、現役のヘルズエンジェルズが、目の前でこれ見よがしに言い放つナチ賛美の長口舌を、じっくりと噛み締めるように味わっていた。

私はバージャーとピートに、すぐに仲間の待つウィロウコーヴ・キャンプ場に戻ることを提案した。さもないと、今にも群衆の中から――「ナチ野郎がダッハウ（強制収容所があったドイツ南部の町の名）でやったことを忘れたのか！」と怒りの叫びがあがるかもしれない。あるいは、怒り狂ったユダヤ系の誰かが、キャンプスツールを振りかざしてバージャーに襲いかかってくる可能性もある。

しかしそんな徴候は野次馬たちのどこにもなく、市民社会の住人たちは、ただじっと現役ヘルズエンジェルズメンバーというスターを囲んでその言説を楽しんでいるのだった。

そんなこんなで、最初の緊張はどこへやら、私たちはすっかりリラックスしてしまい、ビールを車に積み込み終わるともう一度店の中に戻り、ハンバーガーで冷たいビールをやることにした。

冷たいビールが旨かった。バーガーを食べ終えた私たちが、くつろぎながら何杯目かのジョッキを傾けていると、ほどなくして沿道に強烈なハーレーの爆音が聞こえ始めた。え？　別の誰かがやって来たのだ。私たちを遠巻きに眺めていた観光客たちが、新たに登場したヘルズエンジェルズを見ようと、わっと一斉にガラスドアへ駆け寄った。

店の扉から入ってきたのはリッチモンドのスキップだった。好奇の視線を一斉に浴びながら店内へ入ってきたスキップは、一体全体どうなってんだこれは？　とでも言いたげな顔で喋り始めた。「もう待ちきれなくてさ。それで探しにきたんだけど……」

しばらくすると、さらに5、6台のハーレーのエンジン音が響き、何人かのエンジェルズが店に駆け込んできた。店主はあたふたとバーカウンターの後ろを走りまわり、彼のイメージする愛敬を過剰に振りまきながら、冷たいビールがなみなみと注がれたビアマグをエンジェルたちに差し出して言った。

「さあ、あんた方、これ飲んで気楽にしてくれよ。長いこと運転して喉がカラカラなんだろう?」

店主の態度は、今から考えても、最後まで酷く奇妙だった。

なんと、愛想のいい店主は私たちが出ていく時、外の車にまで見送りに現れ、大声で「すぐまた別の皆さんも連れて戻ってきて下さいよ〜!」と手まで振ったのである。疑り深い私は、店主の声の調子に密告者特有の微妙にチューニングが狂った偽装が混ざっているのではないか? と、じっと耳を傾けた……しかしそうとも思えない。

もしかすると、あの男は、店主ですらないのかも。

例えば——すでに本当の店主は、ヘルズエンジェルズ襲来の噂を恐れて、家族とともに州境を越えてネバダへ逃げだしてしまい、その間の店の営業を、近所で一番頭のおかしなあの男に任せ、やって来る野蛮なバイカー連中への対応を、おかしな頭独特の流儀に託したのかもしれない。わからない。

確かなことは、少なくともあの酒屋はあの日の午後、1ドル50セントの6缶パック×88を、買い手が誰であるにせよ、一度にドカンと売ってそれなりに儲けたということと、うまくすれば残された連休中、引き続きヘルズエンジェルズと景気のいい大口取引が繰り返せるかもしれないということに、彼なりの皮算用があったのかもしれない。さらに店主は、〝西海岸一の愛想がいい滑稽な店主〟という猿芝居の道化《ピエロ》を引き受けることで、ただの1セントも使わず、自分の店に〝ヘルズエンジェルズ御用達〟という冠をつけることに成功し、その年、バス湖を訪れていたすべての観光客に対して自分の店を強力にアピールした。連休中ずっと、噂を聞きつけた観光客の多くが、「あそこへ行けば生のヘルズエンジェルズが見られるかも」と群れをなして酒店を訪れ、きっと何かしら買っていくだろう。商売の成功はまず間違いない。このうえ店主が心配することと言えば、せっかくの今年のバス湖ナンバーワンの呼び物興行が、何か些細なきっかけでエンジェルズの怒りに火をつけてしまい、瞬間的にぶち壊しになる、どころか店や客までぶち壊されてしまうことくらいなもんである。まあ、その確率も高いわけだが。

状況をまとめておこう。読者諸兄に申し上げたい。本来ならば、明日全米に配信される朝刊の見出しは——「バス湖で強姦　山岳リゾート行楽地　燃え上がる大パニック　避難住民眠れぬ夜　警察とヘルズエンジェルズが正面衝突！」となるはずであった。

ところが現実のバス湖で繰りひろげられたのは、ヘルズエンジェルズを歓迎する奇妙な酒屋の主人と、全米的スターであるヘルズエンジェルズが演じる奇妙な関係劇。さらに野次馬気分でバス湖へエンジェルズ来襲を見に来た観光客の歓声の織りなす、何ともおかしな珍騒動である。

一方で地元の住民たちは、自警団に重武装させてヘルズエンジェルズを今や遅しと緊張の面持ちで待っていた。カリフォルニア州警察機構もまた、過剰とも言える厳戒態勢をとっていた。この矛盾はどこから生じたのか？

今回のヘルズエンジェルズのランは、昨年9月に起きたモントレー・レイプ事件以降開催された初めての大規模ランである。それを報道各社が〝警察*vs.*エンジェルズの全面対決〟という興味深い記事に仕立てあげ、全米に向けて報道。それが今回、ヘルズエンジェルズ／警察の双方に新しい状況を生み出した最大の理由であろう。メディアネットワークが報道で煽り立てたことで誕生した〝ヘルズエンジェルズと警察の対決を見守る全米市民の好奇の視線〟という新要素は、エンジェルズと警察機構双方に影響を与えていた。

今回のランを制御するために特例的に実施された道路封鎖や、各種の禁止条例、禁止特例の連発もまた、両陣営に対して新たな問題を提議することとなった。

ヘルズエンジェルズに対して、市街地から隔絶されたキャンプ場をベースキャンプとして提供し、場所ごとエンジェルたちを完全に隔離しようとする作戦は以前から実施されていたが、過去一度も成功したことがない。今回も失敗した。そもそもアウトローバイカーたちは、酒場や酒店がシャッターを下ろした深夜になって、あてどなく町中をうろつきながら誰かを襲う暴漢に変身するわけではない。くだらないようだが、本当にヤバい問題が起きる、あるいは起きそうになるのは……いつもビールがらみのことなのである。

ヘルズエンジェルズのメンバーたちは自分たちが訪れた土地の住民すべてを恐怖で震え上がらせながら、しかし多額のキャッシュをビール代金として町へ落として去ることをひとつの生きる矜持としている。このため彼らは、どこの町で、どのように住民に嫌われようとも——よもや！　まさか自分たちに、ビールの販売を拒否する店主が現れようとは思いもしない。事前の通達がない場合はなおさらだ。

もし事前に、ビールを売っている店ならどこでもいい、目指す町の酒屋、バー、サルーン……といった店が、前もって、「エンジェルズの皆さんへのビール販売はお断りします」という連絡でも入れてくれれば、エンジェルたちは各支部が、都市部からトラックまるごと1台分のビールを持っていくはずだ。

とにかく1965年のバス湖のランは、多くの点で今までのヘルズエンジェルズのランと大きく異なり、世間の耳目を集めた。繰り返しになるが、特筆すべきは、バス湖共同体に暮らす人々が、報道が過熱し続けたほぼ1週間から——各種の煽動的なメディア報道を通して、自己催眠的に、恐怖と憔悴の崖っぷちへ追い込んでしまったことである。ヘルズエンジェルズのメンバーたちが、イーストオークランド14丁目の集合場所にいた早朝のあの時間、ラジオから「僕らの世界」が流れだしていたあの頃すでに、バス湖の住民たちは——残された唯一の手段として、十分に武装した戦闘態勢でならず者たちを迎え撃つしかないと決死の覚悟を決めていたのだ。実際には、エンジェルズの姿をちらりとも見てもいないというのに。

おそらく、エンジェルズ対策を考えるために、少なくとも数回は開かれたであろう事前の住民集会で、「ヘルズエンジェルズに酒を売らない、買わせない」という提案も出されていたかもしれない。とにかくバス湖の地元民たちは、事態を穏便に済ませるため、いろいろなことを必死に考えた。ヘルズエンジェルズがたとえ来襲しても、アルコールが手に入らないとわかれば、帰るか、あるいは違う町へ去ってくれるのではとないかと期待を込めたりしながら。

なにしろ今回の騒動は、観光産業で成り立っているバス湖周辺に暮らすすべての人々にとって、生活がかかった重大事だったのだ。リゾート地がかき入れ時の夏――しかも独立記念日の週末――その時期に、あれだけ派手に新聞、雑誌、ラジオで〝ヘルズエンジェルズが暴動を企てている町〟と悪い噂を流されれば、客の大半は騒動を避けて、どこか違う観光地へ逃げてしまうに違いない。儲けの少ない週末になりそうだ。そう考えるのが普通だろうが、ところがだ！

実際には例年以上の観光客が集まったのである。敵軍の侵攻が決まっている戦場のような場所に、家族連れのキャンプ客がわんさかと。いったい連中の頭の中はどうなっているんだ⁉

私が言いたいのは、そういうことなのだ。とは言え、今更私が声を大に叫んでみたところで、その週末のバス湖に、カリフォルニア中から大勢の家族連れやレジャー客が訪れたという事実は変わらない。モーテルやキャンプ場に入りきれなかった観光客は、路上の車の待避所スペースや、ぬかるんだ峡谷の荒地で夜を過ごしていた。それくらいの人出だったのだ。月曜の朝までに湖畔の土地は、あまりに大勢の人間に一度に踏み締められたため、アンドリュー・ジャクソン就任記念舞踏会のあとのホワイトハウスの芝生のように、見るも無残な荒れ放題となっていた。待ちに待っていた夏の最後の大型連休だけあって、観光客たちは異常にハメを外していた。

確かにカリフォルニア州民は、熱狂的なアウトドア好きとして知られている。１９６４年、ロサンゼルス近郊で大規模な山火事が発生した時は、鎮火直後から大勢の市民の車が現場へ殺到。まだ煙を燻らしている山岳の光景をひと目見物しようと、数千人の週末キャンパーたちが、ハイウェイの封鎖地点に溢れて大混乱となる事態が発生している。道路封鎖が解かれるやいなや、黒こげのキャンプ場はすぐに人でいっぱいになった。その光景を当時のラジオリポーターは

「……煙が燻っている切り株のあいだに家族連れがテントを張っています」と報じている。

妻と子を連れた1人の男性は、焼け焦げたキャンプ場を訪れ、災害を楽しんだ理由をこう語っている。「他に行くところもなかったし、休みはたったの2日しかないからね」と。なんとも……なんとも市民生活の哀れを誘うコメントではないか。

しかし1965年の独立記念日に、宿泊収容能力の限界を遥かに超えるほど多くの野次馬がバス湖に詰めかけた理由を、鎮火した山火事を見物しに集まった市民たちの言葉をそのまま引いて、単純に説明することはできないだろう。なにしろ、厄災がすでに過ぎ去ったあとではなく、これから暴動が起こると警告が出されている場所へ大勢が駆けつけてきたのだ。もっと安全に休暇を過ごせる場所は他にいくらでもあったにもかかわらず。

しかし現実に、バス湖のダウンタウンは、ヘルズエンジェルズ目当ての観光客でごった返した。あらかじめ警察が発表した「ヘルズエンジェルズが襲撃する可能性がある町のリスト」のほぼ一番上にバス湖が載っていたにもかかわらず大勢の家族連れが殺到した。市民たちがバス湖に集まった理由だけは……考えれば考えるほど謎であり不気味である。

一方、ヘルズエンジェルズの来襲が――厄災どころか、かつてないほど大勢の観光客をもたらし、非常に大きな経済効果で町を潤したという事実は、バス湖商工会議所にとって、めまいがするほど大きな驚きであった。というわけで、読者の皆様、人生はどう転ぶかわからない。見てごらんなさい。今回の成功に気を良くしたバス湖商工会議所のイベント担当マネージャーは、ショービジネスにも犯罪にも通じていないがゆえに、今シーズンと同じ原理で来年の観光シーズンを盛り上げようと考えるかもしれないですぞ！――「どうです皆さん、来年のバス湖にもスターを呼び込みましょう！　ハイ、暴動が起きたロサンゼルスのワッツ地区から2組の対立するギャング団を呼び寄せるのです。で、湖畔のビーチの特設ステージで、観光客向けに両者に対決してもらう。もちろん頭上には花火。とくれば音楽はもちろん！地元の高校生たちによる吹奏楽演奏〝ボレロ〟〝ゼイ・コール・ザ・ウィンド・マリア〟――これでキマリっ！」

13 HELL'S ANGELS

ポーターヴィルではウンザリしたね。
何せ、ダウンタウンに4000人はいた野次馬連中の全員が、
俺たち200人のやることなすこと、すべてに注目しているんだから。——テリー・ザ・トランプ

酒屋で購入した最後の商品は、ピートが連れているアメリカ原産の中型犬、レッドボーン・ハウンドのエサにする、馬肉の缶詰1ダースだった。

ピートの犬は、これまで何度もヘルズエンジェルズのランに参加していたから、アウトローバイカーのスピリットを深く理解していた。絶えずガツガツと何かを食い、まるっきり寝る様子がなく、四六時中狂ったようにギャンギャンギャンギャンギャンギャン！　発作的に吠えまくっている。

酒屋からキャンプ場までの帰り道、国道はがらんとしていた。が、とてもじゃないがスピードは出せなかった。積み込んだビール箱で車内はいっぱい。ほとんど隙間がなかったとさえ言っていい。ハンドルを切ろうにも腕がまともに動かせない状態だ。完全な重量オーバーで、ちょっとしたデコボコのたびに、沈みっぱなしの後部シャーシがガツンガツンと路面を擦った。

国道を逸れキャンプ場へ向かう未舗装の脇道へ入ってからしばらく、松林を抜ける砂利の上り坂で重量オーバーの私のポンコツ車はついに立ち往生した。私はギアをバックに入れ、少し車を後ろに下がらせ、そこでエンジンを噴かし、アクセルを目一杯踏み込んでギアをローに入れ、勢いをつけて上り坂を突進した。すぐにセカンド、サードとギアをチェンジ。ようやく車は弾丸のように上り坂に突っ込んで――YES！ 見事、坂道をクリアした。のはいいのだが、今度は坂のてっぺんを越えたところで、車体がバランスを失い、下り坂の路面にフロントから激しく突っ込んでしまった。金属がひしゃげる音が松林に響く。勢いづいた車は停まらず、激しくバウンドしながら坂道を転がり落ちた。とそこへ、おわ！ 私たちの帰りがあまりにも遅いので、捜索に出てきた12台のハーレーが突進してきて、あわや激突！という大惨事の直前に、ふう。なんとか、道をふさぐようにして停車した。

車を降りて点検すると、右のフロントフェンダーが大きく曲がり、タイヤに食い込んでいる。これじゃもう走れない。車を走行可能な状態に戻すため、私はバージャーとピートと協力し、七面倒臭い修理作業に精を出すはめとなった。そしてバンパー・ジャッキや他の工具を使って、やっとの思いで、ひしゃげた右フェンダーから前輪を救出したまさにその瞬間、今度は！ 突如、坂のてっぺんに怪鳥のように躍り上がった、酔っ払い運転の紫色のピックアップトラックがNOOOOOooooooOOOOHHHHHH！！！！！ ブレーキも踏まずにモロに突っ込んできた。

衝突音！ 車内ではいくつものビール缶が破裂して、どばどば泡を吹き上げている。ははは。私は大笑いした。これぞまさに、ヘルズエンジェルズではないか。大量のビールが運び込まれ、金属が引きちぎられ――いつもの通りの週末のリズムが戻ってきている！

キャンプ場に戻り、ウィリアムズの店からの一連の出来事をソニーが説明すると、あたりにいた連中から、お世辞にも上品とは言えない遠慮なしの笑い声がゲラゲラとあがり、興奮のどよめきがその場を包んだ。ソニーたちが観光客に受けた歓迎は、エンジェルたちの興味を激しくそそったのである。

私たち3人は、結局何だかんだと2時間ほどキャンプ場を留守にしていたわけだが、その間もキャンプ場には、車数台の新たなガール持ち込み組とビール持参組の到着があったらしく、ビール争奪に関しては暫定的な和平ムードが保たれていた。

このあと夕刻6時までに――さらに遅れてきたエンジェルたちが続々とキャンプ場に到着し、広場全体の中央の空き地を、バイクと車でぐるりと取り囲む独特の陣形が整えられる。右フロントフェンダーを破損した私の車は広場の真ん中に置かれ、積み込んだクーラーボックスが共同冷蔵庫の役目を果たしている。

私たちがいないあいだ、各地区の支部長たちは薪集めの手配をしていた。ヘルズエンジェルズでは、薪集めは新入りに与えられる仕事である。誰ひとりとして異議を唱えることのないランの夜の慣例だ。結局のところ、タイニーが言うように、ヘルズエンジェルズという組織は慈善的な友愛会と似たようなところがあり、儀式や階級や組織に対する意識が強い。

しかし友愛会的ではあるが、ヘルズエンジェルズは当然ながら、エルクスやファイ・デルツ（ともにアメリカで各地に支部を持つ慈善団体）とはまるで違った性質を持つ。

ヘルズエンジェルズにあって、他の友愛会にないもの――それはハーレーダビッドソンが象徴する、エンジェルズ自身が築き上げた、誇り高き〝アウトローバイカー〟という人生のスタイルである。先に挙げた2団体に限らず、全米のあらゆる宗教的な友愛会や慈善団体は、エンジェルズを奇人、犯罪者、狂犬と非難している。エンジェルズが公に非難を受ける場合、いつも問題にされるのは――レイプ、暴行、体臭の3点セットだが、それに加え、特筆すべきと言うほどではないにしろ、エンジェルズが市民社会に許容されない理由として挙げられるのは、エンジェルたちが自らを証明するためのあらゆる記号――電話番号や現住所などを、ほとんど無視と言ってもいいほど軽視していることだ。

数少ない例外を除けば、ヘルズエンジェルズのメンバーは全員住所不定である。住所を持たないエンジェルは、実生活（衣食住）のすべてを、ママや、グルーピー、あるいは懇意の売春婦たちに頼って生きている。ヘルズエンジェルズというカラーさえつけていれば、昼夜を問わず、いつでも誰でもウェルカムという女性たちがこの世にはいるのだ。

誰とも連絡がつかない状態――。エンジェルたちは、何よりその状態が心地よかった。集金人や、復讐を狙う誰かの攻撃を避けることができる。もちろん警察の嫌がらせも。

ヘルズエンジェルズに所属する多くは、電話番号を持たず、自ら望んで、世間から隔絶された生き方を選んでいる。しかしメンバー間で連絡を取るのは簡単だ。その証拠に、ソニー・バージャーが飛行機でロサンゼルスに到着すると、空港でオットーが必ず出迎えている。テリーがフレズノに向かうと、フレズノ・エンジェルズ支部長のレイを探し当てることができる。レイが、絶えず変更される秘密の電話番号でしか連絡を取ることができない、謎めいた不確定地帯のような場所に暮らしているにもかかわらずである。

オークランドのエンジェルたちは、バージャーの電話番号を活用してメッセージを交換していた。顔の利くバーを伝言板に利用しているエンジェルもいる。落ち合う場所を決めたり、指定の時間に電話するよう伝言したり、皆がそれぞれの方法で連絡を取り合っていた。

こんな話もある。ある夜私は、ラジオDJ出身のロジャーという若いエンジェルに連絡を取ることができなかった。次に会った時、ロジャーは言った。

「その日どこにいて、翌日どこにいるかなんて、俺自身にだってわからないよねえ。〝居候のロジャー〟と呼ばれるには理由があるんだ」ロジャーはラジオDJ仕込みの、滑舌のいい早口でテンポよくまくし立てた。「実はね、その時々の俺は、いられるところにいるだけなんだよ。居場所がわからなきゃ、連絡が取れるかどうか心配だって？　どうしようもないよな。連絡が取れなきゃ、まあ……それでおしまいさ」

その晩、この短い会話を最後にロジャーがどこへ行き、どこで眠ったのか、私は知らない。そればかりではなく、仮にこのあとロジャーがどこかの荒野で殺されたとしても、何の足跡も手がかりもなく、バイク以外の個人的な財産を、彼は何も残しはしない。

ヘルズエンジェルズはメンバーが死亡すると、遺品となったバイクを、支部が開催する身内の宝くじで景品として処分してしまう。ヘルズエンジェルズのメンバーたちは遺言を残す必要性を感じていない。財産を持たないから、役所での相続などの事務手続きもほとんどない。エンジェルが死ぬと、免許の有効期限が切れ、顔写真の貼られた警察の資料はキャビネットの奥に葬られ、バイクの持ち主が替わり、個人を証明する数少ない身分証が、大抵財布から抜き取られてゴミ箱に捨てられる。手続きは淡々と行われる。

しかしジプシー的なライフスタイルを生きているヘルズエンジェルズだからこそ、組織的なネットワークは常に機能的に生きていなければならないのだ。メンバー間でメッセージが渋滞すると重大な問題に直接かかわることになる。逃亡中の仲間が逮捕されることもあれば、盗みたてのバイクが買い主に届かないこともある。仮にもし、1ポンド（454グラム）のマリファナを取引する重要な相手と連絡ミスで会い損ねれば大損害だ。また、ある支部だけが、組織全体で行う大規模ランや、全支部が集まる統一パーティー開催の報せを受け損ねるようなことがあれば大問題だ。

ヘルズエンジェルズの情報ネットワークの中で、とりわけ厳しい機密性を求められるのが、ランの目的地である。警察には直前まで知られず、できるだけ長く気を揉んでもらうのが望ましい。州内の各支部のリーダーたちは長距離電話で事前に目的地を知らされるが、詳細が末端エンジェルに伝えられるのはランの前夜だ。

伝達は、定期的なミーティングでメンバー個人に直接口頭で伝えるのが最良だが、例えば少数ではあるが、バーテンダーやウェイトレス、あるいは連絡係の女の子たちに伝言を託すこともある。非常に効率的だが、しかしその場合、リークの可能性は除外できない。

ヘルズエンジェルズは、1966年までに、自分たちが自由にフリーウェイを走行する唯一の方法は――「目的地を仲間内に対してであってもランの途中まで秘密にすることだ」という情報戦術論に達していた。

実に有効な戦術で、一時のエンジェルズは、その方法で完全に警察の取り締まりを出し抜いていた。ゆえに対抗策として警察が導入してきたのが新兵器の無線追跡システムである。

この最新式のシステムは、各管轄地域の警察署がエンジェルズの移動情報を相互に無線で報告し、連携して彼らの動きを捕捉するという新しい協力体制のもとに成り立っている。シムテムの導入はヘルズエンジェルズ統制の最高の武器となり、警察機構全体に自信と支配力の増大をもたらした。ただしそれはシステムがトラブルを起こさなければの話で、例えば交通量が増える休日のフリーウェイなどでは、捕捉しているはずのエンジェルズのオートバイ隊列が突如どこかへ消えてしまうというミステリーがよく起こった。まるで巡洋艦のレーダースクリーンの端から飛行機の信号が消えてしまうように。

断言しよう。警官の手がまわらない田舎町の街道沿いに、エンジェルに友好的な何者かが私有する農場でもあれば、エンジェルはいつでも姿をくらますことができてしまう。私有地内であるならば、酔って芝地を裸で転げまわり、さかりのついたヤギのように互いの上に倒れ込み、気絶するまで飲んで遊んでの乱痴気騒ぎをしでかしても、警察にはそれをやめさせる法的な権限がない。

エンジェルズの姿を見失い、パニック状況に陥った警察のハイウェイパトロール本部の慌てぶりを愉しんでみたいと願う好奇心旺盛な読者諸君は、ぜひ本物の警察無線を手に入れて、その愉しみを味わってみてはいかがだろうか?

「……80人のオートバイ集団が、ただ今サクラメントを通過、国道50号を北上中……暴動はなし、タホ湖方面に向かうものと思われます……」

サクラメントのハイウェイパトロール本部で専属の無線係官が最新警報をマイクに向かって読みあげている時、本部から50マイル（80キロ）北にあるプレイサーヴィルの町では、警察署長がじきじきに無線機の前に陣取り、署員たちに檄を飛ばしていた。町の南端のハイウェイ両側にはショットガンを持った部下たちが配備されていた。

しかし……2時間経ってもヘルズエンジェルズはやって来ない。警官たちはショットガンを持って現場に待機したままだ。

しかしその間も、プレイサーヴィル警察署長の元に、ひっきりなしに「……現場での、ヘルズエンジェルズの状況を至急報告するように……」との命令が、サクラメントの通信本部から入り続ける。しかし、現場にはエンジェルズの影も形もないのだから、プレイサーヴィル警察署長は「現場からの連絡はない！」と怒鳴り返すしか術はない。しばらくして署長は諦め、「……もうそろそろ部下たちを帰宅させて、休日を楽しませても良いでしょうか……」とサクラメントの無線本部へおずおずと尋ねてみる。しかしサクラメントの通信部員は「……こちらがハイウェイの要衝を順番にチェックするまで、無線をそのまま待機するように……」との指令を繰り返すだけだ。

しばらくすると奇妙な声がガーガーピーピーと鳴り、突然「……シュヴァイン（ドイツ語で「ブタ野郎」）！　嘘つきやがったな！　奴らはどこだ！」という怒鳴り声が聞こえてきた。通信部員の声だ。「私をシュヴァインなんて呼ぶな‼」今度はプレイサーヴィルの署長の声が怒鳴り返している。「……こっちには来てないぞ！　サクラメントどうなってるんだ！」

サクラメントの通信部員は、ハイウェイをパトロール中の警官や各地元警察署と無線のやりとりを繰り返しながら、なんとかしてヘルズエンジェルズの移動エリアを割り出そうと北カリフォルニア全域を細かくチェックするが、エンジェルズの位置はまったくわからない。あちこちの街道をハイウェイパトロールの白いダッジチャージャーが、ブルーの閃光を放ちながら猛スピードで行ったり来たりし、あらゆるバーを警官たちが隈なく巡回するが、しかし報告されるのは「……何もなしです！」という声だけ。

州内で最もタチの悪い80人のアウトロー集団が、サクラメントとリノのあいだ、北カリフォルニアのどこかで忽然と姿をくらました。レイプと略奪に飢え、酔っ払ってモンスターバイクで駆けまわっている連中を野放しにしておいていいのか！　州内各地の全地元警察が連携して休日返上の総動員体勢を組んだというのに、あのロクデナシ連中をみすみす取り逃がしたとなれば、統括する州警察トップの面目は丸潰れ。マスコミに叩かれ、間違いなく誰かのクビが飛ぶ。

で、この時、エンジェルたちがどうしていたかといえば、〝フクロウ牧場・立ち入り禁止〟の標識が立っている地点でハイウェイを外れ、街道から遠く離れたフクロウ牧場内の私道を駆け抜けていた――となれば、牧場主が訴え出ない限り、ヘルズエンジェルズは公権力の及ばないところにいるわけである。

消えたヘルズエンジェルズを血眼になって捜索している最中、今度は別のハイウェイを走っていた50台ほどのエンジェルズ隊列が、一瞬のうちに消え失せる。パトカーが闇雲に付近を走りまわり、エンジェルたちが吐いた唾や、路面に残っているオイル染み、黒い排気跡、血の跡を辿って、必死の捜索は夜中まで続行されるだろう。その間も、サクラメントの通信部員はマイク越しに怒り狂って怒鳴っている。

無線担当の当直警官が、ついに壊れた。

「も、申し訳ありません！　言えるのはこれだけです。こちらの情報では、か、か、彼らは…、彼らは姿を消しました。エ、エ、エンジェルズ、ヘルズエンジェルズは、はい、ど、どこかへ行ってしまいました～！」

——あー、以上のような事態がこれまで起こらなかった唯一の理由は（起きてねえのかよ！）、ヘルズエンジェルズが私有地に入ることを歓迎する田舎の牧場経営者が1人も現れなかったからだ。私は牧場経営者を親戚に持っているエンジェルを1人か2人知っているが、「皆を連れてピクニックにおいで」と招かれたという話は聞いたことがない。ヘルズエンジェルズのメンバーたちが雄大な山や広い牧場を所有している裕福な田舎の資産家と縁を持っていないのには理由がある。もちろん、ほとんどのエンジェルは肉体的のみならず、経済的にも精神的にも完全に都会っ子であるのがその理由だが、実はエンジェルたちの多くは、少なくとも父・母の世代までは、時には祖父・祖母2世代前まで、牧場どころか、車1台すら所有できなかった最下層に位置する貧困階級の出身者なのだ。

ヘルズエンジェルズは間違いなく、アメリカ社会の下層社会に起きた現象である。

もちろんメンバーの全員が必ずしも、貧困にうちひしがれた恵まれない環境に育ったわけではない。酷く貧しい時期があったにもかかわらず、エンジェルたちの祖先を辿ると、親たちは子供たちを大切に育てた。多くが立派に生きた人たちだったようだ。

現在のヘルズエンジェルズメンバーのほとんどは、第二次世界大戦の直前、もしくは大戦中にカリフォルニアに流れ着いてきた者たちの子供世代である。エンジェルの多くは家族と連絡を絶っており、私の記憶では、故郷を懐かしむエンジェルに出会ったことはない。しかしそれは親との折り合いが悪いというだけでなく、彼らが〝故郷〟という言葉から連想される故郷らしい故郷を持っていないことが、その理由だ。

例えばテリー・ザ・トランプは——デトロイト、ノーフォーク、ロングアイランド、ロサンゼルス、フレズノ、サクラメントなどのすべての町が〝出身地〟だ。

テリーは子供時代、国中を転々として暮らしていた。理由は貧困ではなく、そもそもの生活形態が完全な移動様式だったのである。他のヘルズエンジェルズのメンバーたちも同じようなものだ。彼らの多くは地理的なルーツを持たない。彼らが繋がっているのは、〝現在〟であり〝瞬間〟であり〝行為〟である。テリー・ザ・トランプが一番長く1箇所に住んでいたのは、高校を出たあとの3年間、隊員をやっていた沿岸警備隊の宿舎である。そのあとは中途半端な気持ちで、植木屋、機械技師、端役の役者、肉体労働者、様々なセールスマンなど、いろいろと試してみた。大学には2、3カ月通ってみたが、結婚するために辞めた。2人の子供に恵まれたが、結婚生活は数えきれない喧嘩の末、2年後、離婚という形で終焉を迎えた。2人目の妻とのあいだにもう1人子供を持ったが、この結婚も長続きしなかった。

そして全米市民を震撼させた強姦騒動の主役を2度経験した今、テリー・ザ・トランプは自らを「ヘルズエンジェルズで一番結婚が似合う独身男だ」と笑う。

テリーにはめくるめくような前科があるが、「刑務所にいたのは延べ6カ月ほどしかないんだ」と本人は平然としている。不法侵入で90日。あとは全部交通違反。エンジェルズの中で最も、逮捕してやりたいと警官の闘争本能を駆り立てているのがテリー・ザ・トランプであり、警官たちは、テリーの姿を垣間見ただけ本気で腹を立て始める。

1964年から65年のあいだ、テリーは保釈保証人、弁護士、交通裁判所の費用として約2500ドルを支出している。テリーは自分がフルタイムのアウトローバイカーである理由を――つまり、定職に着かず、ヘルズエンジェルズの活動中心で生きている理由を、「自分をつけ狙うオマワリのせいだ」と言っている。罰金と裁判にかかわる煩雑な手続きが、テリーの日常生活から、金と定期的な就職を奪っているからだ。

繰り返すが、ヘルズエンジェルズに所属する現役アウトローバイカーのうち、少なくとも約半分は、第二次世界大戦（1941〜45年）の戦時下に、カリフォルニアに生まれた子供たちである。しかしよく使われるその言葉でエンジェルズ全体を括るのは、あまりにも大雑把が過ぎると思われる。第二次世界大戦の戦時下に生まれた子供たち世代には、ケネディ大統領が提唱した発展途上国支援部隊にも所属している者もいるし、企業研修プログラムを履修している者もいるし、軍隊に入り現在ベトナムに従軍している者もいる。

確かに、ヘルズエンジェルズの起源に、第二次大戦は大きくかかわってはいる。現在最高年齢現役メンバーのダーティ・エドは40歳代前半。オークランド出身のクリーン・カットとは20歳も年齢が離れているが、広い年代差を〝戦時下の子供〟という言葉でひっくるめて説明するのは、かなり無理があるだろう。

ダーティ・エドは、クリーン・カットの父親でもおかしくない年齢だ。

まさかそんなことはないだろうが、しかしエドは自分で憶えているより、たくさんの子種を撒いてきているはずで――本当に2人が親子だったりして……まさか！

ヘルズエンジェルズが抱える様々な謎のひとつである、〝なぜエンジェルたちは好んでナチスの紋章を身につけるのか？〟についても、その答えを、彼らの背景にある第二次世界大戦とハリウッド（映画『乱暴者』）に求めることは、さほど難しいことではない。ヘルズエンジェルズの真の歴史と遺伝子《ルーツ》の物語を紐解くには、さらに時間を、いやアメリカの歴史を遡る必要があるだろう――。

第二次世界大戦の勃発から戦後にかけての短い期間に、家を構えて定住せず漂流しながら暮らすという新しいライフスタイルがカリフォルニアに急増した。しかし真実を探求るには、時代をさらに遡らなくてはならない。世間から外れた、あるいは外された人々がカリフォルニアを流浪するライフスタイルは、１９３０年代にはすでに始まっているのである。つまり、そもそも漂泊のライフスタイルが受け継がれており、第二次世界大戦でカリフォルニアが新たなヴァルハラ（北欧神話で戦死者の霊を祀る場所）になったのをきっかけに、ここに彼の地は、流浪者の地として大きく再興した、とそういうしだいである。

ウディ・ガスリーが１９３７年に「*Do-Re-Mi*」という曲を書いている。コーラスはこんな感じだ。

カリフォルニアはエデンの園
お前と俺の2人の天国
ところが信じられないかもしれないが
それほどホットなところじゃないんだな
Do-Re-Mi（銭）を持っていなければ

これは1930年代の中旬から末にかけて、おそらくはカリフォルニアに100万人以上暮らしていたと思われるオーキー（オクラホマ州出身の渡り労働者）、アーキー（アーカンソー出身の渡り労働者）、ヒルビリー（南部山岳地帯出身の渡り労働者）たちの、屈折した心情を表現した歌である。

オーキー、アーキー、ヒルビリーといった人たちは、黄金の州、カリフォルニアでの豊かな生活を夢見てはるばる困難な旅を続けて新天地に到着したものの——しかし到着してみると、カリフォルニアもまた、資本家が支配する過酷な資本主義世界の一部に過ぎないと思い知らされた絶望の世代だ。

オクラホマから新天地を目指して西へ向かったオーキーたちが、ついに到着した〝夢のカリフォルニア〟は〝ゴー・ウェスト　西へ向かえ！〟というアメリカ全土を挙げたあの熱狂が、すでにピークを越し、熱の余韻すら冷めつつあった冷徹な社会の救いのない産物である。開拓者たちが夢見た、カリフォルニア的な豊かな暮らしは確かに実在したが、しかし結局は、それもすべて昔ながらの富の椅子取りゲームに過ぎなかったのだ。遅れてきた者に分配される富はない。

しかも、当時は情報が大陸を行き来するのに長い長い時間がかかった。カリフォルニアの新天地開拓はとっくにピークを過ぎているにもかかわらず、何も知らない多くの人々は、そこを夢の楽園と信じて疑わなかった。大勢の貧しい開拓者が夢を追って家を売り払い、長い時間をかけて、2世代3世代をかけて、ひたすら西へ西へと移動しながら生活を続けた。もちろん楽観的な旅ではない。実際のところ、家やわずかな畑を売り払い、家族共々一旦旅に出てしまえば、途中で旅をやめることなどできるわけないではないか。楽天地に到着するまで旅を続けるしか、もはや彼らには生きる術がなかったのである。

出遅れた夢追い人たちは、過酷な貧困をなんとか持ちこたえながら、漂泊の暮らしを続けて子を産み殖やし、子、孫、そのまた子供と何世代かをかけて、ようやく最終目的地であるカリフォルニアへ到着した。しかし遅過ぎた。カリフォルニアは開発しつくされ、彼らが受け取るべき富など、どこにも残ってはいなかった。

となると、遅れてきた極貧のオーキーたちは、カリフォルニアに到着して以後も、季節ごとの期間農夫として州内各地を転々と移動しながら、貧困をしのいで生きてゆくしか生活する手段がない——それが彼らに与えられた夢の残骸、ゴー・ウェストの結末である。

そこに第二次世界大戦が勃発した。戦争が始まると、カリフォルニアは活気づいた。当然ながら、その時代のカリフォルニアに生まれたオーキーの子供たち世代は、安定した就職先である軍隊に入るか、あるいはやはり開戦でにわか景気が巻き起こることとなった肉体労働市場に職を求めることとなる。金まわりは良くなった。そうして戦争が終わる頃までには、漂泊世代を親に持つ子供たちのすべてが定住する家を持ち、完全にカリフォルニア州の住民になっていた。それは、その段階になって、親の時代になってもまだ続いていた何世代にもわたる漂泊式の生活スタイルが、ようやく終わりを告げたことを意味する。しかし同時にそれは、これまで保ち続けてきた彼らのルーツとも言うべき故郷、オクラホマ、アイダホ、アーカンソーに伝わる独特の生活様式を、ルート66沿いのいずこかに置き去りにして失ったことと同義だ。

開拓者たちの子孫は、ようやくカリフォルニア文化という新世界の申し子となったが、故郷を失った。しかし何はともあれ、ついに心落ち着く〝家〟を発見したのだ。

1956年にネルソン・オルグレンが発表した『ウォーク・オン・ザ・ワイルドサイド』(註1)は、白人貧困層を生き抜く開拓農民とその末裔、リンクホーン一族を描いた物語である。物語の舞台は、西へ向かった多くの移住者たちがまだロッキー山脈を越える前、アメリカ開拓時代から始まる。

クレイジー・フィッツの息子、ダブ・リンクホーンはひと旗揚げようと意気揚々ニューオーリンズに出稼ぎに行く。もし舞台設定が10年後なら、エンジェルズの先祖がそうであったように、彼らもまたロサンゼルスへ向かっていたことだろう。

『ウォーク・オン・ザ・ワイルドサイド』の冒頭は、ホワイト・トラッシュ(貧困層の白人)の描写として、歴史的に最も優れたもののひとつである。(註2)オルグレンは、リンクホーン家のルーツを〝白人奴隷〟の第一波が新大陸に到着した建国時代にまで遡って語り始める。当時、イギリスの小さな島からアメリカに移民してきた白人たちは社会のクズだった——社会不適応者、犯罪者、債務者、破産者。

彼らは、新世界アメリカへの夢の航海と引き替えに、過酷な労働契約に喜んでサインした。つまりアメリカ大陸に上陸してから最初の1、2年を、事実上奴隷として働くことで、新天地で生きるのに必要な経済的準備を整える契約を自ら進んで結んだのである。そのあいだの食物と住居の面倒は雇い主が見たが、生活は劣悪で、しかし彼らは耐え忍んでよく働いた。そして契約の期間の満了に伴い移民たちは解放され、いよいよ自分たちの歴史を文字通り自分の足で歩き始めるのだが——。

理屈から言っても、歴史の流れにおいても、アメリカ開拓時代のこの状況は資本家、移民双方にとってに実に都合の

(註1・訳註)『荒野を歩め』(三谷貞一郎訳)として晶文社より出版されている。
(註2)ウィリアム・フォークナーの『納屋を焼く』もホワイト・トラッシュの古典である。こちらにはオルグレンの作品には欠けている人間性の側面が描かれている。

良いものだった。白人移民たちはそもそもが、一定期間とはいえ自らを奴隷として売り払うほど人生に絶望していた人間である。当然ながら以前の国では、財産と呼べるものなど何ひとつとして持ってはいない。一文無しの奴隷移民たちにとって、新大陸での明るい未来への足場を固められる重労働は、むしろ渡りに船のチャンスであったと言えよう。

そうして一定期間を奴隷的重労働者として通し、若干の金を貯めた貧しい白人移民たちは、晴れて自由の身となると、いよいよ天然の富が無尽蔵にあると言われる合衆国の広い国土の好きな場所を、自らが望むだけ耕して、望むだけの畑を所有し、実る作物を望むだけ摑み取ることが許される……はずであった。

ところが実際には、数千人を超す貧しい白人奴隷移民がアメリカ大陸に上陸した時点で、アメリカ東部沿岸の肥沃な土地は入植者によってすべて切り開かれ所有権が確定しており、残っていたのは西部のアレゲーニー山脈沿いの作物の育たない辺鄙な荒地くらいのものなのだった。

厳しい現実を突きつけられた白人奴隷たちは、しかし諦めず西部にまだ無尽蔵に残っているという未開の新天地を目指して、新しくできたばかりの州——ケンタッキー州、テネシー州へ向けて漂流を始める。しかしそこでも彼らの苦労は報われない。到着するたび、すでに土地は誰かのものになっていた。西へ向かう漂泊は、移民1世である奴隷たち本人の時代では終わらない。子供の世代になると、漂流はミズーリ、アーカンソー、オクラホマへと拡がってゆく。いつの間にか、貧しさと漂流が家族の習慣になっていた。かつて住んでいたヨーロッパの旧世界との絆はとうの昔に失われ、かといって新世界アメリカのどの土地ともいまだ絆がなく、しかもリンクホーン家の人々は、定住して土地を耕す農民的な気質を、そもそももちあわせていなかったのだ。漂流する先々の農園で働いて日々の糧を得ることは一家の習慣になっていたが、しかしそれはあくまでその場しのぎの一時的なもので、彼らは本質的に農民ではなかった。開拓時代末期にアメリカに渡ってきた貧しい白人入植者の多くは、本質的な開拓者ではなく、開拓運動のあとについて単に重労働を担うだけの愚衆だったのだ。

リンクホーン一家が新しい開拓地に到着すると、その土地には必ず所有者がいた。一家は、わずかな期間だけ所有者の下で重労働の農作業に従事して当座の生活費を稼ぐと、別の場所へ移動した。農場は刈り入れや摘み取りなど農繁期の一時期しか労働力を必要としないため、渡り農夫たちは仕事を終えると、次の農場を探す漂泊の旅に出るわけである。

彼らの生きる世界は、絶望のどん底と、大自然を歌う明るい伝承曲『ビッグ・ロック・キャンディ・マウンテン』のあいだに存在する、暴力的な酔っ払いが蠢く、現実にある地獄の辺土なのだった。

入植から100年を超えた19世紀になっても、貧困層の白人移民の末裔たちは、仕事を求め……噂を追いかけ……ホームステッド法(註3)の恩恵を受けるために、あるいは開拓の最前線で親類が摑んだという幸運の欠片の話を信じて、西へ、西へ、西へと漂泊を続けた。

多くの移民家族からなる大集団は、まるでアーミー・ワーム——大群をなして移動しては広大な地域にわたって地表を食いつくす害虫のように、移動する土地にある可能な限りの重労働を根こそぎ奪い合って、それぞれがギリギリの暮らしを立てていた。まさに、その日暮らしの典型である。しかし西へ移動すれば、未開墾の土地が自分たちを待っているのだ。その思いが、彼らを西へ進ませた。もちろん途中、夢を諦めて一定の場所にとどまった者たちもいる。

彼らの直系の子孫たちの多くは、現在、夢を捨てたその場所で暮らしている。カロライナ、ケンタッキー、ウェストヴァージニア、テネシー。西へ向かう落伍者は至るところにいた。ヒルビリー、オーキー、アーキー。彼らは皆同じ連中だ。

私が生まれたケンタッキー州は、この種族の生きた記念碑とも言える。南カリフォルニアも同様。

オルグレンは、そうした暮らしの中にある少年たちのことを「騙され続けてきたという怨念に生きる、獰猛な渇望で暴発しそうな少年たち」と『ウォーク・オン・ザ・ワイルドサイド』の中で表現している。

(註3・訳註)5年間定住した西部の入植者に州の公有地を160エーカーずつ払い下げることを決めた、1862年の連邦立法。

武器を持ち、酒に酔った労働の略奪者たち。ギャンブラー。喧嘩屋。強姦魔の群れ。擦り減ったタイヤでマフラーはなく、片方のヘッドライトしか点灯しないポンコツのA型フォードで見知らぬ町へ乗り込むと、彼らはまず、ありつける仕事を探す。過去をあれこれと詮索されたり、できれば税金控除云々の書類手続きが必要ないような低賃金の日雇いの仕事を。それが、長年の漂泊暮らしで身につけた彼らの生活スタイルだった。

そして当座しのぎの現金を手にすると〝格安〟の文字が躍るガソリンスタンドで給油し――また西へ向かう。シートの上にはビールの1パイント瓶。カーラジオからは当時のヒットメーカー、アーカンソー州出身のカントリー歌手エディ・アーノルドが、♪ホーム・スウィート・ホーム……とか、♪今も俺を待ってるブルーグラスのスウィートハートよ……、♪母さんの墓には赤い薔薇を……などと歌っているカントリーミュージックが流れている。

オルグレンの作品に登場するリンクホーン一家は、一旦はテキサスに定住することになる。しかし実際に西部のハイウェイを車で走ったことがある者なら、リンクホーン一家が、やはりそこにも定住することができなかった理由がわかるはずだ。

リンクホーン一家は、その後また漂泊の世界に舞い戻り、西へ西へと移動を続け、そしてとうとう1930年代後半のある日の午後に、ヒイラギ樫の生い茂るカリフォルニアの小高い丘の尾根に、呆然と立ちつくす。眼下には穏やかな太平洋が拡がっている。

太平洋――。西へ向かうロードの終着点だった。

最果ての地、カリフォルニアで始まったリンクホーン一家の新しい生活は、しばらくのあいだ厳しいものだったが、これまで辿って来た100箇所以上の農場や開墾地ほどの厳しさはなかった。そこへ、大きな戦争がやってきた。第二次世界大戦が始まったのだ。戦争は人々にたくさんの仕事を分配した。

町は急速に発展し、社会の最下層部に暮らすリンクホーン一家にさえ、大金をもたらした。そして数年間の戦争が終わると、カリフォルニアには除隊金の使い道を探す退役軍人が溢れ、多くの退役軍人は沿岸に居を構え、新しいラジオにヒルビリー・ミュージックを響かせながら、大型のオートバイを買い求めた。なぜ、帰還兵たちがそうしたスタイルを求めたのか――それは私にもわからない。

戦争が呼んだにわか景気。そもそもが貧困層出身の、そもそもが漂泊の根無し草の白人たちには、当時の雰囲気では、それこそがやるべきことであったのだろう。

もちろん貧困層出身の退役軍人の全員が、リンクホーン一家のようであったわけではない。ただ、第二次世界大戦が続いた1941年から45年のあいだ、戦争貫遂の名のもとに、それまでのアメリカ社会に存在した差別の多くがなくなったので、戦争終結と同時に、何世代にも渡ってジプシー的な漂泊生活を続けてきたリンクホーン一家のような貧困家庭でさえ、一般的なアメリカ市民として社会に混ざり込むこととなったのだ。

これによって、これまで繰り返されてきた、白人奴隷にルーツを持つ貧困移民層の近親結婚の習慣は一掃され、子供たちは自由に結婚できるようになる。

リンクホーン一家は1950年までには、貨幣経済に参加するまでに成長を遂げていた。人並みの車を持ち、家さえも所有した。

しかしリンクホーン一家と同様、市民社会にまぎれた現実の白人奴隷の末裔者たちの中には、時の流れとともに、一般的なアメリカ市民たちが〝立派な慣習〟と呼ぶ、穏やかで慎ましい模範的な社会生活に苛立ち、しだいにそのストレスに押し潰される者が現れ始める。彼らの中に、遺伝子の叫びに従い、自分たちの考える〝自由〟を希求する人々が少しずつ出現し始めたのは、当然のことだ。

ついに事業に成功し、ロサンゼルスで富裕な自動車ディーラーになったリンクホーン――『ウォーク・オン・ザ・ワイルドサイド』のリンクホーン一家のその後の話である。

経済的に大成功したリンクホーンは美しいスペイン人の女優と結婚し、ビバリーヒルズに堂々たる豪邸を構えた。生活には何の不自由もなく、すべてが贅沢で美しい。しかし豊かな生活を獲得して10年ほどの月日が流れた頃……リンクホーンは悪夢に苦しめられ、深夜汗だくになって目覚めるようになる。

そしてある夜リンクホーンは、ついに、思い続けてきたことを実行する。豪邸の裏庭の使用人出入り口からこっそりと抜け出し、数ブロック先のガソリンスタンドまで人目を忍んで走り抜け、隠してあったエンジンを強化したフェンダーなしの37年型フォードのエンジンをかけて、夜の町に繰り出したのだ。

オンボロトラックを駆って安酒場やトラック用のサービスエリアを徘徊することは、すぐにリンクホーンの毎夜の習慣となった。妻が寝静まったあと、汚れたオーバーオールを引っ張り出し、オイルメーカーのエンブレムが縫いつけられた油染みで汚れきった緑色のTシャツに着替え、リンクホーンは邸宅を抜け出す。そして見知らぬ人間にビールをたかり、誘いを鼻であしらう売春婦を力任せにぶん殴ることを心底愉しんだ。DNAの望み通りに。

そうしてついに事態は最終局面に至る。リンクホーンは、長々と値段の交渉をして密造ウイスキーの広口瓶を数本手に入れると、ラッパ飲みしながら、高級住宅が並ぶビバリーヒルズ地区を場違いなオンボロのトラックで、これまでなかったとんでもない勢いでぶっ飛ばし始めた。旧型のフォードのエンジンが焼きついて息絶えると、煙を吐くオンボロトラックを悠然と乗り捨ててタクシーを呼び、自分が経営する自動車販売店に乗りつけた。

リンクホーンは裏の通用口を蹴破り、客の注文でチューンナップ待ちだったコンバーチブルの電気回路をショートさせてエンジンを始動させる。そして、泥酔したままハイウェイ101号線へアクセルを踏み込み、パサデナのチンピラとドラッグレースをやってのけ、そのうえで、勝負に負けて頭にきたリンクホーンは相手の車をどこまでも追いかけて、時速70マイル（113キロ）で追突させて気勢をあげる。

その一夜の蛮行が原因で結局リンクホーンは身を滅ぼすのだが、しかし政界に影響力のある友人が精神科医に金を払って〝リンクホーンは頭がおかしい〟との診断書を出してくれたおかげで、刑務所からは出ることができた。その後1年間、リンクホーンは精神療養所で過ごし、今ではサンディエゴの近くでオートバイの販売店をやっている――そういう話である。彼を知る人は皆、リンクホーンの人生を幸せだと言う。数々の違反で運転免許を取り上げられ、商売は破産スレスレ、新しく迎えた女房はウェストヴァージニアの美人コンテストの元女王というふれ込みのくたびれきった女で、半分気狂いのアル中だそうだが。

アウトローバイカーたちが皆、リンクホーンの遺伝子を受け継いでいると断定するのはフェアではないだろう。しかしアパラチア山脈地方で同族結婚を繰り返してきた生まれつき貧民のアングロサクソン系の人々と、ある一定以上の期間ともに過ごした経験がある者なら、ヘルズエンジェルズと出遭った時、リンクホーンのデ・ジャヴに襲われるはずだ。開拓時代以来、代々貧困層で暮らしてきた彼ら白人移民者たちには、明らかな共通点が多数存在する。よそ者に対する拗ねたような敵意と反感。行動の極端さ。シャープな顔立ちと、何かに寄りかかっていないと不自然に見えるほど骨の長い骨格。同じ名前が多い……など。

ヘルズエンジェルズメンバーの大半は明らかにアングロサクソン系で、リンクホーン的な態度や体型を共通項として持っている。もちろんそうした態度には後天的な感染力があるし、メキシコ系やイタリア系の名をもつアウトローバイカーもいないわけではない。しかし彼らもまた、時間の経過とともに、行動だけでなく容姿までもがアングロサクソン系移民の末裔たちと同じようになってくる。フリスコ支部のメルは中国系、オークランド支部のチャーリーは若いアフリカ系移民の血筋だが、彼らにさえもリンクホーン一族のような歩き方や独特の癖が見られるのだからして――。

14

HELL'S ANGELS

連中は、基本的に黒人とまったく同じだ。

1人でいる時は、素行に問題があるにせよ、まあそう警戒することはない。

ところが一旦集団になると、信じられないくらい暴れやがる。

そう、まったくめちゃくちゃに、信じられないほどにだ。——サンフランシスコの警察官

「ヘルズエンジェルズは許可なしにキャンプ場から出て、バス湖の一般旅行者に近づいてはいけない」——時間の経過とともに、ソニー・バージャーと地元保安官タイニー・バクスターが交わした契約は、事実上、無効となっていった。

原因は、例の異様とも思える愛想のよさでヘルズエンジェルズを大歓迎した酒屋へ、数多くの旅行者が、バイクに乗ったヒールたちを見物しようと、想像を超えて押しかけたためだ。観光で成り立っているバス湖のような町の警察は、観光客たちの意向を無視することができない。

ならず者である自分たちが、観光客たちから奇妙な歓迎で待ち受けられていると知るや、エンジェルたちは、市民社会で暮らしている生ぬるい連中の度肝を抜いてやろうと——つまり〝全米社会の敵〟が、どのような存在であるかを直接理解させてやろうと、意気揚々とバイクで町へ出かけていった。

夕暮れ時を迎える頃になると、ウィロウコーヴ・キャンプ場には、完全にハッピーなパーティームードが満ち溢れていた。新たなメンバーが到着するたびに、そこかしこで大歓声がわき起こり、大勢が駆け寄り、抱き締め、キスをし、飛びかかり、頭からビールを浴びせ……。そう、いつも通りのエンジェルズ流の手荒い歓迎だ。

24時間体制でキャンプ場に駐在している保安官代理たちは、ヘルズエンジェルズの馬鹿騒ぎの一部始終を熱心にカメラで記録していた。私は当初それを、事件が起きた時の証拠写真にするためだと思っていたのだが、どうやらそうではないらしい。保安官代理たちは、ポーズをキメたエンジェルたちをバイクの前で記念撮影し、「今のっ！　服を着たまま湖に飛び込んだシーンをもう一度！」などと、いかにも楽しそうにカメラのシャッターを押していた。なるほど、バス湖保安官事務所の保安官代理たちもまた、ニューヨークのブロンクス動物園のゲートを初めて通ったおのぼりさんのような浮かれ気分で〝あの有名なヘルズエンジェルズ〟を楽しんでいたってわけだ。

「惜しかったなあ。ビデオカメラがあればなあ。こんなクレイジーな光景を見たのは生まれて初めてさ。写真を見せなきゃ、みんな信じてくれないよな。早く現像して子供たちを驚かせたいよ」保安官代理の1人はこう言って笑っていた。

そんなこんなで、多数のエンジェルたちが、キャンプ場と、観光客が待ち構えている町の酒屋をバイクで往復しながら、時には若い女の子を連れて戻ってきたりしている。しかしトラブルらしいトラブルは起こらず、ウィロウコーヴ・キャンプ場には平和そのものの安穏とした時間がゆっくりと流れていた。

しかしその日の昼前、実は空気を一変する出来事が起きていた。理由は不明だが、突然、慌ただしい緊張がキャンプ場一帯を包み込み始めた。

ソニー・バージャーを中心とする数人のオークランド・エンジェルが、保安官代理2人と何やら真剣な顔で相談事をしている思うと、バージャーを先頭に、10人ほどのエンジェルがハーレーに飛び乗り、急発進でどこかへ消えた。保安官代理たちが難しい表情で彼らを見送る。

間もなく、キャンプ場で警備にあたっていたパトカー3台のうち、2台が出動していった。何かが起きている。緊張はすぐにキャンプ場の全員に伝わった。しかし積極的に原因を知ろうとするエンジェルは少数だった。

どこで何が起きていようとも、ラルフ・ソニー・バージャーによる非常召集がかかっていないということは、つまり、バージャーがうまく処理しているに違いない。大半の者はそう考えていた。それでも20人ほどのメンバーがキャンプ場の中央に集まり、バージャーの側近の幹部であるタイニーを囲んで、ひそひそと何やら話し合っていた。

警察無線の情報だけが頼りだった。

「バイカーの1人が、何者かによる襲撃を受けた模様です……」

タイニーを中心としたエンジェルたちが、暗い顔つきで警察無線に聴き入っていた。しかしその段になっても、襲撃を受けたバイカーが誰なのか？　果たしてヘルズエンジェルズのメンバーなのか？　あるいはただの観光バイカーなのか？　警察当局も詳しい情報を摑めていない様子だった。翌7月4日に、ヨセミテ近郊のレース場でオートバイ・ヒルクライム&スクランブル大会という大規模なレース大会が予定されており、アウトローバイカー以外のバイク乗りもまた、バス湖周辺に相当数集まっていたため、情報が錯綜していたのである。

キャンプ場が薄闇に包まれてくる頃、焚き火の近くで1人が口にした。「俺はマリポサの近くで、セブンス・サンズというカラーをつけたオートバイの集団を見かけた」

しかしそんなカラーデザインのバイカー・クラブを知っている者は1人もいない。しかも、その集団がアウトローバイカーなのか、あるいはAMAに所属している一般的なバイカーなのかも、一切が不明だった。

ただ、これだけは確かだった——。誰かが、どこかで襲撃された。

「オートバイに乗った誰かが襲撃された」というニュースがキャンプ場のエンジェルズの耳に入ってくること自体、非常に不吉な予言だった。一部のエンジェルは、かなりナーバスになっていた。

誰かが、どこかで……。

密かに敵が動いている。

バージャーとオークランド・エンジェルたちは、スクランブル発進したまま1時間近く経っても帰還しなかった。

「待つんだ。とにかく詳しい情報を待て——」

もしタイニーがその場を抑えていなければ、多くのメンバーがチョップド・ホッグに荒々しい魂を吹き込み、キャンプ場から急発進していたかもしれない。エンジェルの1人が、やり場のない苛立ちを抱え、身動きの取れない自分たちの状況に悪態をついたのを私は憶えている。

「畜生!! 俺たちゃぁ、とんでもない状況に押し込められてるのさ。警察の奴ら、俺たちをこのキャンプ場に閉じ込めやがった。考えてもみろ、出口はひとつ、あの松林を抜ける一本道しかねえんだからなっ!」

ウィロウコーヴ・キャンプ場のヘルズエンジェルズは、いわば第二次世界大戦のダンケルクの戦い（註1）における連合国軍のような立場に置かれていたわけである。

高まる緊張の中、私が注視していたのは、キャンプ場に残った最後の保安官代理2人の動きである。彼らがキャンプ場を離れるようなことがあれば、私もすぐにこの場を撤収し、新たなる現場に駆けつけるつもりだった。すなわちそれは、バス湖周辺のどこか別の場所で、何か手に負えない大騒動が起きたことを暗に意味するからである。それをわかっていながら、保安官代理が去ったあとも能天気にビールを飲み続け、ヘルズエンジェルズだけになったキャンプ場に例

（註1・訳註）フランス北部ドーバー海峡に臨む市。第二次世界大戦でドイツ軍に包囲されたイギリス軍軍が、ここから必死の撤退を試みた。

の自警団の若者たちが雄叫びをあげてなだれ込んでくる——そんな場面に居合わせるのも、まっぴら御免だった。

しかし結局、保安官代理2人は最後までキャンプ場を離れることはなく、日が暮れる直前になって、バージャーたちが上機嫌で戻ってきた。

どうやら、襲われたと噂になっていたのは、ダーティ・エドだったようだ。

バス湖畔の国道をのどかにツーリングしていたエドを、たまたま通りかかった人の好さそうな少年5人が呼び止めたらしい。ヘルズエンジェルズ・モーターサイクルクラブのイメージアップを常日頃から念頭に置いているダーティ・エドは、少年たちの呼びかけに応じて即座にブレーキをかけた。そしてその後に続いたのは、どうやら許し難い奇襲攻撃だったらしい。以下、その時の模様を伝える新聞記事の引用——。

「明日のスクランブル大会に出るのですか?」と1人の少年がエドに尋ねた。

「俺は出ないね……」とエドが答えようとした途端、2人目の少年が後方からいきなりエドの後頭部に襲いかかった。

「あいつ、俺をバイクから叩き落としたんです」その時の状況を被害者のエドは顔をゆがめながら語る。「長さ8フィート(2・4メートル)。直径は2インチ(5・1センチ)の頑丈なパイプで、俺は突然後ろから力任せに殴られたんです。もちろん頭がぶっ飛びました。機関車が激突してきたかと思いましたよ。少年たちは酒を食らって、ぐでんぐでんに酩酊している様子でした」

なぜ少年たちがいきなり自分を襲ってきたのかに関して、エドは記者の質問にこう答える。

「はてな。有名になりたかったのでしょうか。そのくらいしか、私の頭に思いつくことはありません。町に集まっているのは大人しい普通の観光客のようですが、皆さんここ5日間くらいは飲み続けだそうです。笑ってしまったのは、湖畔のあっち側にキャンプを張ってる観光客の方々が、ヘルズエンジェルズのメンバーである私が襲撃されたと聞いて、仲間たちが復讐にやって来るんじゃないかって、怯えきっているらしいんです。テントを畳んで逃げちまったのもいるって話です。逃げるが勝ち〜って」

以上の馬鹿馬鹿しい食わせモノの与太記事は、我々の業界で、ニューススタンド用の急ごしらえ新聞として名高い、とあるタブロイド紙に――「ヘルズエンジェルズとアウトローバイカーの背後に潜む真実の談話」という見出しで掲載された。

このデタラメな記事をスクープしてきたのは、記者ではなくフリーのカメラマンで、彼はその週の週末に、公務執行妨害で逮捕されてしまうのだが……それはさておき、写真は確かにいいものがあった。しかし記事そのものは、雑誌社に勤めながらソ連のスパイ活動に精を出していたウィテカー・チェンバースがでっちあげたような、こすからいインチキ証言を繋ぎ合わせた捏造に過ぎない。しかしバス湖騒動から1年経った今更になって、ダーティ・エドは、新聞に載った「真実の談話」は、実際に起こったことにかなり近いんだ！　と笑い話にしている。もちろん意味するところは〝一般購読者向けには〟という注釈付きでだが。

とはいえ、「〝少年たちは酒を食らって、ぐでんぐでんに酩酊しているようでした〟とか〝逃げるが勝ち〜〟ってところは、いかにも大袈裟だよなあ」とエドはゲラゲラと笑う。「第一、いきなり後ろから頭に振り下ろされたパイプが、どうして長さ8フィート、直径2インチと殴られた俺にわかるんだ？」

その記事は、アウトローバイカー歴20年のエドが日頃から感じている、全米のプレスに象徴される狡賢い権力者たちが支配している市民社会への不信と疑惑を、より強固に補強するものだった。

エドは、警察官や裁判官を信用していないのと同様、ジャーナリストをまったく信用していない。エドは、警察官、裁判官、ジャーナリストを、完全に同じ生き物と見なしていた。極悪非道な陰謀の手先として、その陰謀が何であれ、3者の存在はここ20年のあいだずっとエドを苦しめてきた憎むべき犬どもに過ぎないのである。

エドは知っている。深く掘られた塹壕の向こう側には警官の親玉がいて、大きな会議室の黒板に「エド」と彼の名前を書き殴り、その横にはこんなメモがついている――「こいつをひっ捕らえろ。こいつをのさばらせるな。救いようのない奴だ。どうしようもない犬野郎と同じでな」

ダーティ・エドは成人してから約20年間、ずっと一個のアウトローバイカーとして、己の人生を歩んできた。バイクや自動車の修理工としてイーストベイの周辺で働いていたが、自分の修理工場を持つとか金をいっぱい稼ぐといった職業的な野心は、一度たりとも持ったことがない。身長6フィート1インチ（185センチ）、体重225ポンド（102キロ）。体型はビール腹のプロレスラーさながらで、すでに頭のテッペンは禿げかかって、こめかみには白髪が混じっている。東洋人風のヒョロヒョロした鬚さえ剃り落としたら、年季がもたらすある種のアウトロー的な風格が漂っているかもしれない。今はただ、陰険そうなだけだけれど。

その夜遅く、エドはビール片手に、キャンプ場の真ん中の燃え盛る焚き火のそばに立ち、災難に遭った状況を手短に話してくれた。頭の傷は合計8針で、1針につき1ドル、計8ドルの治療代金をエドは病院でキャッシュで支払わなければならなかった。エドの話を総合すると、エドを怒らせた最大の原因は、その8ドルの出費だった模様である――

「ファーック!!　8ドルあったらビール1箱と、オークランドに帰るガソリンも手に入るってのによう!」

ベテランの域に到達している白髪混じりのダーティ・エドは、常日頃から自分のセルフイメージを、少なくとも若いエンジェルの2倍はタフな男に保っておかなければならない。エドは自分でもそのことをよく理解していた。エドは、どのメンバーより長い期間ヘルズエンジェルズに現役で所属しているアウトローバイカーだ。しかしだからこそ、一旦年寄り臭さを漂わせたら、若いエンジェルから途端に甘く見られることを経験から十分に知っていた。

おそらく若いエンジェルなら、酒を飲んでイキがっている少年が沿道で何か叫んで挑発してきても、わざわざUターンしてまで殴りかかりはしないだろう。だが中年を迎えたアウトローバイカーであるダーティ・エドは、もし誰かからの挑発を感じたら、仮に相手が発情期のオスのヘラ鹿であっても、ためらうことなくバイクで川に突っ込んで殴りかかってゆく男である。

エドを襲った少年たちが鉛管で後ろからエドをいきなり殴りつけたあと、即座に逃げだしたことは、実はエドにとっても、少年たちにとっても、またバス湖にいたすべてのアウトローバイカーにとっても、幸運なことだった。エドに罵声を浴びせたのは、近隣に住む10代の少年たちで、エドのバイクがくるりと方向を変えて自分たちに突進してきた時、「野次を飛ばしただけで、なぜそこまで血相を変えて怒りだしたのか?」まったく理解ができなかったそうだ。調書によると、「パニックに陥ってしまった……」と少年たちは保安官に言い訳をしている。その際、少年たちの手に鉛管がたまたま握られていたという事実を追及した警察当局者は誰もいなかったが……。

ダーティ・エドを襲った10代の襲撃者たちは、ソニー・バージャーの言葉を借りるなら、「俺たちに殺されないようにするため一応逮捕されたのさ」ということになる。少年たちは、保安官事務所のパトカーで家まで送り届けられ、「残りの週末、エンジェルたちとかかわり合うんじゃないぞ」と厳しく忠告されてから解放された。

エドを襲撃した犯人がまがりなりにも逮捕されたことで、バージャーは事を荒立てずにこの事件を収束させる口実を得たとも言える。何かしら口実がなければ、仲間をやられたエンジェルたちの怒りを収めるのは困難だ。もしエドを襲った者が、どのような理由にせよ、たとえ10代の子供であろうとも、収監されずに町を平然と闊歩していたら、ヘルズエンジェルズは徹底的な復讐に出ただろう。実際の復讐がどういったタイミングで開始されるかは予想できないにしろ、ウィロウコーヴ・キャンプ場が、一触即発の緊迫が張り詰めた、戦争前夜の前線基地に変化していたことは間違いない。しかし幸いなことに、そうした事態には至らなかった。襲撃した少年たちが即座に逮捕されたという法的な儀式は、エドとヘルズエンジェルズ、取締当局、それぞれの人間を満足させたのである。

見せかけだけの逮捕で事件に落とし前をつけることを、ソニー・バージャーは進んで受け入れたわけではない。しかし他の選択肢――例えば〝少年たちを襲撃する〟〝町を襲撃する〟など、他の決断を下した時に起こるであろう様々な事態を考慮して、バージャーは保安官のバクスターと話し合いを持ち、当座しのぎの休戦協定を受け入れる決断をしたのである。

オークランド支部のバージャー親衛隊たちは、いつものように、「ソニーがそう言うのなら」とすぐに賛同を表明した。ちなみに、バージャーに絶対服従を誓った親衛隊たちは、もしバージャーが「保安官の家を真正面から攻撃せよ」と命ずることがあれば即座に行動に移る、筋金入りのアウトローである。とはいうものの、その日のウィロウコーヴ・キャンプ場で――暴力と復讐ではなく、平和と冷えたビールをバージャーが選択した瞬間、ヘルズエンジェルズのメンバーたちは全員が心からほっとしたようだった。ヘルズエンジェルズ・モーターサイクルクラブは戦うことなくプライドを保てたのだし、居心地のいい湖畔で過ごすパーティーの時間は、まだこれから2日も残っていたのだからして。

ヘルズエンジェルズのカラーをつけた者たちは、当然ながら、たとえ大怪我をする可能性がどんなに高くても戦いを厭わない。しかし戦いには必然的に逮捕が付属しており、そこに恐ろしくコストがかかる点は無視できない。実は怪我もさることながら、逮捕による負担金がエンジェルたちを実質的に苦しめていたのである。

逮捕されて監獄に入れられれば、まず、監獄から出るための保釈金が必要となる。一般的なアメリカ市民だったら、保釈金を支払うくらいの預金を持っているか、あるいは預託保釈金の保証人欄にサインをしてくれる友人や親戚が、1人や2人はいるものだ。

しかしエンジェルたちは、継続的な仕事も、財産も、頼み事ができる親戚も持っていない。となると、唯一頼れるのは、逮捕者に監獄を出るための保釈金を貸し付ける職業保証業者（職業保証人）だけとなる。

ヘルズエンジェルズの各支部は、最低でも1社の善意の金儲けを生業としている保証業者と顧問契約を交わしており、必要に応じていつでも呼び出せる態勢をとっていた。職業保証人は、それが彼らの仕事なので、必要とあれば、たった1人のメンバーを監獄から出すために、真夜中に電話で叩き起こされ、「200マイル（322キロ）離れた警察署まで行ってくれ」と乞われても絶対に断りはしない。その代わり、その報酬として、裁判所が被疑者に対してかけた保釈金の10％を手数料として、依頼者（大抵は本人）に請求するのである。

都会ならまだしも、バス湖のような田舎町で逮捕されるとなると、状況は非常に厳しいものとなる。逮捕されたエンジェルを牢屋から引っ張り出すために、田舎の裁判所が吹っかけてくる保釈金は法的な最高額と相場が決まっており――その額たるや！　酩酊罪5000ドル。暴行罪5000ドル。公然猥褻罪2500ドル。一般的に、ヘルズエンジェルズを排除する目的で田舎の裁判所が提示してくる保釈金は、都市部の同種の犯罪の何倍にも跳ね上がる。保証人は手数料として、前記の場合それぞれ、500ドル、500ドル、250ドルを手にすることとなる。

裁判所に預託した保釈金は、被疑者が無罪あるいは不起訴……あるいは有罪判決を受けて刑務所に収監された場合でも、全額が被疑者（エンジェル）に返金されることがあらかじめ約束されている。保釈金というのは、裁判の途中に被告人が逃亡しないための金銭的な担保だから、裁判が終われば、預託した金額のすべてが本人に返金されるのは、まあ当然のことである。

しかしエンジェルたちには、いずれにせよ業者に10％の手数料を支払わなくてはならないという、極めて厳しい現実が残されるわけだ――仮に不起訴処分でも。

職業保証人にとって、ヘルズエンジェルズは大口得意客であったため、台所事情に照らし合わせて、団体割引を適用してくれる業者もないわけではなかった。しかしそれはごく一部の業者の話で、さればヘルズエンジェルたる者、業者への10％の手数料など支払わず逃げてしまえばよい、あるいは脅し取ってしまえばいいではないかと考える読者諸兄もいるだろう。しかし保釈金の10％を手数料として取られるとはいえ、エンジェルたちは皆、職業保証人に本心から感謝しているから、金を踏み倒すことがほとんどない。ために、多くのエンジェルたちは、複数回の逮捕によって生じた大きな保釈金の総額を、週に10ドル、または15ドルと、分割で返済する状態が当たり前になっているのだ。

フリスコ支部では、一晩に46人ものエンジェルが逮捕され、支部が契約している顧問業者がパンク寸前に陥るという事態も起きている。同案件では、保釈に必要な各人の保釈金額は、1人あたま100ドルから242ドルだった。×46人分である。（註2）

46人という大量逮捕者が一度に出たきっかけは、クラブハウスの一斉捜索によるものだ。うち18人の容疑者が女性だった。罪状は、①窃盗、②凶器による暴行、③マリファナ所持、④犯人隠匿、⑤犯人隠匿謀議、⑥青少年非行幇助――それぞれの疑い。

この時の大量逮捕事件は新聞の見出しを大きく飾り立てたが、エンジェルズが法的な対抗措置として取締当局を相手に不法逮捕の訴えを起こした時点で、すでに46人全員の容疑が取り下げられていた。にもかかわらず、つまり、46人のうち誰ひとりとして裁判にかけられず、必然的に有罪判決も受けなかったにもかかわらず……46人は監獄から一時的に出るために保釈金額の10％を失うのである。

しかし他に選択肢はない。エンジェルたちは真夜中、あるいは翌朝に2500ドルを現金で、あるいは資産で立て替えてくれる裕福な友人など持っていないし、先払いの小切手も使えない。実際、ヘルズエンジェルズのメンバーが自分自身で保釈金を払って釈放された例など一度もない。シャバへ出る唯一の方法は、とにかく10％の手数料を支払う約束をして、業者に保証人になってもらうしかないのである。

（註2）全額は支払われず、フリスコ・エンジェルズは保証人の変更を余儀なくされた。新しい保証人はきっかり10パーセントを請求した。

その際、当然のことだが、職業保証人たちは、エンジェルたちの過去の履歴を洗い、手数料を返済している者の依頼だけを受けつける。つまり、過去に保証人への返済を一度でも踏み倒したエンジェルは、裁判までの長いあいだ、そして裁判の期間もずっと……仮に無罪評決が確実視される裁判でも、監獄の中に押し込められるハメになる。

ドロシー・コナーズは、オークランド支部が顧問契約している職業保証人だ。

ドロシーは、プラチナブロンドの美しい中年女性で、松材でつくられた寄木造りの居心地のよいオフィスと白いキャデラックを所有し、我がままな子供たちを優しく諭すようにエンジェルたちに話しかけることで知られている。

「あの子たちは、私たちの保釈保証金ビジネスの屋台骨を支えているのよ」ドロシーは私の取材に対してこう答えた。「普通の客は、来ては去っていく。けれどエンジェルズは時計みたいに規則正しく、毎週私のオフィスに来ては、決められた金額を支払って、またやって来る。私は事務所の諸経費を全部ヘルズエンジェルズとの仕事でまかっているの」

1965年のバス湖における保釈手続きは、取締当局がエンジェルズへの法的対抗策として急遽定めた様々な禁止条例のせいで、かなり複雑なものになっていた。たとえ10％のレートを支払っても、エンジェルはもう保釈保証人を呼べない状況に追い詰められていたと言ってもいい。にもかかわらず、夕暮れ時のウィロウコーヴ・キャンプ場には、平和な雰囲気がゆったりと漂っていた。事前に予想されていた危険がすべて消え去ったようなムード。さて、いよいよこれから本格的な大酒飲みのワイルドな野外パーティーの序章が幕を開けようとしている。そんな印象の夕暮れだった。

〝過剰であればすべてよし〟——これがヘルズエンジェルの倫理・価値観だが、こと酒を飲むことに対するヘルズエンジェルズの過剰な熱意は、人間の限界を超えたものがある。

飲んで、とにかくむちゃくちゃな乱痴気騒ぎをするのが、彼ら流の正しいアルコールの楽しみ方だ。普段地元の酒場では、さほどハメを外さないエンジェルたちだが、ランの夜に限っては、全員が全員、常軌を逸して狂ったように飲んだくれ、飲み、飲み、飲み、飲み、浴びるように飲み、飲み狂う。そうして酩酊の極みに達しては、わけのわからないことを叫び、わめき！　洞窟の中の狂ったコウモリさながら、猛然と互いの肉体と肉体をぶつけ合い、はしゃぎ、じゃれ合い暴れ狂う。したがってランの夜には、必然的に夜通し燃やし続けられる焚き火が、大変危険な装置として、別の意味を持つこともある。

あるランのパーティーでは、酔って走りまわっていたテリー・ザ・トランプが勢いあまって燃え盛る焚き火に頭から突っ込んで、病院に担ぎ込まれるという事件が起きた。バス湖のランでは、車のフロントガラスを拳で殴りまわったりしない比較的穏やかなエンジェルたちですら、よく見れば、全員が一様に酩酊している姿であった。

1957年には――数百人が参加したランで、とんでもない悲劇が起きている。ランの目的地となっていたカリフォルニア州中部の田舎町エンジェルズ・キャンプでは同日、AMAが主催する大規模なオートバイレースが開かれることになっていた。同じ場所ではまた、毎年恒例のカエル飛び大会（カエルが跳ぶ距離を競うアメリカの伝統競技）も開催されることになっていた。が、イベントの主軸は何といっても、全米からトップクラスのバイカーが集まる本格的なオートバイ競技大会である。観客と総合して約3000台のバイクが全米から大集合するとみられていた。

ヘルズエンジェルズの面々は当然招待されていなかったが、「まあ、とりあえず」と大会会場目指してバイクを走らせたのは、騒動好きの彼らの当然の行動であろう。自分たちが行けば、きっと暴力沙汰が起こるだろうと予想しながら。

AMAに登録しているバイカーは、サンダル代わりのホンダの50ccに乗っている者から、完全装備のハーレー74を所有する熱狂的バイクファンまで多岐にわたる。ともあれ、AMA会員の中心的存在は、競技に出場するバイカーたちである。彼らはプロであれアマチュアであれ、バイクに対して真摯な姿勢を持ち、多額の予算をつぎ込んで、各地で開かれるレースに一年中出場している。

そうしたバイカーたちにとって良い競技会とは、レースに勝つためのギア比や、オーバーヘッドカムシャフトのことをバイカー同士で情報交換できる社交的大会のことで、間違っても酒を飲んで乱痴気騒ぎすることではない。

競技バイカーたちは、大人数による隊列走行を好むアウトローバイカーとは違い、1人で、あるいは2、3人で長期間のツーリングにもよく出かける。そしてしばしば、競技バイカーとアウトローバイカーの見分けがつかないど田舎の人間たちに、ただオートバイに乗っているというだけで、自動的にヘルズエンジェルズとして――つまり文明人と一緒に飲み食いするのにふさわしくない強姦獣として扱われ、手酷い仕打ちを受けることになる。

ツーリングに出かけるたびに、訪れる町、訪れる町で受ける不名誉な経験は、真面目に競技に取り組んでいるバイカーたちの気分を著しく害し、彼らはその怒りを無条件にヘルズエンジェルズにぶつけた。

モータースポーツとしてのバイクに打ち込んでいるバイカーと、アウトローバイカーが友好を結ぶことは、金輪際ない。両者を喩えるなら、フクロウとカラスの関係に似て、相手を見た途端に互いを攻撃し合う、生まれつき反目した習性を持つ間柄と言えるだろう。しかし絶対に融合することのない両者は、同時にまた、オートバイを中心にした小さな世界を交錯しながら生きている不思議な共生者の関係にある。

実例を挙げれば、彼らが日常的に足を運ぶ場所は似通っていて、例えばバイク修理店。レース場。深夜営業のハンバーガーショップなど。両者はしばしば交錯する。

競技に出場しているバイカーに言わせれば、オートバイに邪悪なイメージが植えつけられているのは、すべてヘルズエンジェルズのせい、ということになる。つまり、自分たちが日常被る不愉快な現実は、すべてあの狂ったアウトローバイカーのせいだ、と。

警官たちによる嫌がらせ。市民たちから受けるいわれなき侮蔑。バイクの保険料まで自動車より割高なのだ。バイカーは常に虐げられている。しかし私、ハンター・S・トンプソンが公平に見るに、AMAに所属している真面目なバイカーたちのお上品さもまた、多分に〝アウトロー〟と比較して〟という相対的なものでしかない。AMA所属の多くのバイカーは、ヘルズエンジェルズのメンバーと同じくらい陰険で嘘つきだし、中には常識外れな振る舞いをして、場所をわきまえずゴタゴタを起こすハードコアな連中もいる——主にレーサーや修理工だ。

AMAの役員たちは（それが仕事だから当然だが）競技バイカーをめぐるそうした現実を否定する。しかも返す刀で「悪いのは犯罪者のクズどもだ！」とヘルズエンジェルズを罵倒することを忘れない。

私は取り締まりに当たっている警官たちが、ヘルズエンジェルズに代表されるアウトローバイカーを、〝最低の中の最低〟とか〝地上のクズ〟と呼んでいるのを聞いたことがあるけれども、彼ら警官はある程度の自己抑制を効かせながら、そうした言葉を演劇的に使ってみせたに過ぎない。

先にも申し述べた通り、ほとんどの警官はヘルズエンジェルズの全米的な注目の高まりを苦々しく思いつつも、しかしその実、彼らと公道でやり合うことを楽しんでいるのだ。それに対し、オートバイのイメージを守り、高めるために組織されたバイク業界の腰巾着組織であるAMAの役員は、カラス軍の司令官がノーベル平和賞を受賞したと聞いてヒステリー反応を起こしたフクロウ軍の群れ……といったところである。

1965年の秋には、サクラメントで行われた全米2輪車チャンピオンシップ・レースに数人のエンジェルが参加し、駐車場で2人の競技バイカーと小規模な衝突を起こしている。とはいえ双方に怪我人はなく、争いは一旦収まり、エンジェルズの5人はサクラメントをあとにした。しかしほどなくエンジェルたちは、猛スピードで追いかけてきた2台の車に強制的に道端に停止させられ、競技バイカーたちとその仲間の修理工からの奇襲攻撃を受けるのである。エンジェルたちを殴り倒すために追ってきた彼らであったが、しかし、、車から引きずり出されたエンジェルズの1人がのちに語った言葉では——「わははははは、逆に俺たちが連中を血まみれになるまで殴ってやったぜ。奴ら全員、最後は立つことすらできずにメソメソ泣いてやがった。がははは！」

話は戻るが、1957年の悲惨な事故が起きたエンジェルズ・キャンプへのランに参加したエンジェルズメンバーは約１００人。対して、会場近くにいたＡＭＡ加盟の競技ライダーは約１０００人。人数的には1対10の割合でエンジェルズが負けていたのだ。

まずヘルズエンジェルズのメンバーは、いち早く大会会場に到着するや、会場近くにあった４つのバーのビールをすべて買い占め、数マイル離れた牧場に運び込んで自分たちだけで飲み干してしまうという挑発行為を行った。当然ながら、日が暮れるまでにエンジェルたちはぐでんぐでんに泥酔してしまい、誰かが「そろそろＡＭＡの連中をからかいに行こうぜ」と提案した時には、全員がゆらゆらと無意識のまま体を動かし始める始末だった。

泥酔状態も顕に、わめき散らしながらレース会場へ突撃してきたヘルズエンジェルズのマシーン約１００台は、町の人々を震え上がらせ、保安官のパトカーを走らせることとなった。エンジェルたちは狭い道路の両方のレーンいっぱいに拡がってスロットルをぶんまわし、ジグザグ走行をし、住宅地の細い道へ突っ込むたびに平穏なレース大会の開催を望んだ町の人々の心はずたずたに引き裂かれた。エンジェルたちはのちに、「自分たちはパーティーに向かっていただけだった」と述べているが、57年のランでは結局パーティーが開かれることはなかった。……惨劇が起きたからである。

泥酔しながら走っていたエンジェルズのマシーン数台が、時速１００マイル（１６０キロ）を超える速度で減速もせずにレース会場近くの丘を越えようとして、丘の向こうに停車していたバイカーたちの群れに宙を舞いながら突っ込んでしまった。

２人のエンジェルは即死。

事故現場は凄惨を極めた。駆け寄ってきたバイカーを押しとどめるには警官隊の数はあまりに少なく、事態はコントロール不能の状態に陥った。原形をとどめないまでにひん曲がったタイヤ。拡がる血痕。うめき声に叫び声。騒乱の事故現場で、お互いを押しのけようとわめき合っているバイカー同士の殴り合いが始まった。報道カメラのストロボ。閃光。怒鳴り声。

駆けつけてくる何台ものパトカーのサイレンが、混乱に陥った群衆をさらに興奮させ、状況は収拾不能の混沌状態に発展した。結局、エンジェルズの無謀運転に端を発した悲惨な騒動は一晩続き――大暴動には至らなかったが、翌日もあちこちで小競り合いがあり、地元警察は緊急態勢をとり続けた。当時の状況を示す負傷者リストには死者2名、重傷者12名が記載されている。

１９５７年のその日は、〝田舎のコミュニティは地理的に隔離されているから、いわゆる都会のトラブルから無縁である〟というアメリカの古い概念に、決定的な終止符が打たれた記念日である。結果、カリフォルニア州はその騒動をきっかけに、州内の警察機構の体制を大いに強化することを決定した。ご存じの通り、カリフォルニア州内すべての町や村の警察組織は、法的にはそれぞれが独立した組織である。「しかし緊急時においては近隣の警察機関に援助を要求できる」ことを明文化した新制度を発足させたことで、カリフォルニア州警察機構の相互応援体制は、歴前と強化された。そしてその制度こそが、現在の強固な警察体制の原点となっている。

それではどんな時が、州法が定義する「緊急時」に該当するのか？　しかし公式な記述は現在に至るまで存在しないのであった。まあ、もしあったとしたら〝ヘルズエンジェルズが来ているという噂〟が、当然その最上段に記載されている可能性が高いわけではあるが……。

15
HELL'S ANGELS

貧者や被差別者であるからといって、必ずしも正義、高潔、慈愛、思いやりの精神を備えているとは限らない。

——ソール・アリンスキー

夜8時を過ぎた頃——バス湖の保安官バクスターとハイウェイパトロールの警官隊は、突如、夜10時以降のキャンプ場内外を結ぶ通用道を完全封鎖するという主旨の、キャンプ場外出禁止令を発布すると打ち出してきた。酩酊したアウトローバイカーたちが夜中にわめき声をあげながらバイクで町を走りまわる事態を、なんとしても阻止する構えである。

禁止令が発令されると、夜10時以降、アウトローたちはいかなる理由があろうとも、キャンプ場を出ることも、また、入ることもできなくなる。

禁止令の発表は唐突だったが、しかしバクスターと配下の保安官代理たちは、その段階でもヘルズエンジェルズに対して友好的な姿勢を崩しておらず、「外出禁止令はエンジェルズのためでもあるのだ」と丁寧に理由を説明していた。騒ぎ立てる一部のエンジェルに対しては、保安官代理たちが「そうしないと、町の自警団が鹿撃ち用のライフルを持ってキャンプ場に入ってきちゃうんだから」と必死になって宥《なだ》めてまわった。

バクスターはハイウェイからキャンプ場へ入る脇道の入り口にもう1箇所、新たな検問所を設けた。

そうこうしているうちにも――キャンプ場の真ん中には、ビール6缶パックの塊がうず高く積まれていった。新たに到着したメンバーたちが、次々とビールを持ち込んできたのだ。しかしあたりがすっかり暗くなる頃までには、私の車のクーラーボックスを冷蔵庫代わりにして保存していた湖畔の酒屋で買ったビールは、残り半分くらいまでに減っていた。そこで私は残っているビール缶を独り占めするため、こっそりと車の後部座席に移し、ついでに、寝袋や水筒などの個人的な所持品をトランクにしまい込み鍵をかけた。

ランの夜のパーティー会場で、個人的な所有物をあからさまにしまい込むという行為は、何か象徴的に、私がヘルズエンジェルズと距離をおこうとしていると取られる可能性もあったが、奪われてしまうよりマシに決まっている。しかも、夜10時になれば、町とキャンプ場の交通は完全に遮断され、事実上ウィロウコーヴ・キャンプ場は動物の檻になるのだ。追加のビールは、翌朝までやって来ない。ビールに関して言えば、最低限、自分が今晩飲む量だけは確保しておきたい――それが私の判断だった。

翌朝――。

一晩が過ぎたキャンプ場に現れた『ロサンゼルス・タイムズ』紙の記者が、「……まるでダンテの地獄絵図のようだ」と呟いたのを、私はぼんやりと記憶している。

燃えつきた焚き火を中心に拡がる光景が、まさに権力や道徳に背いた者たちがのたうちまわる煉獄の森の光景そのものとして記者の目に映ったのであろう――「ああ、そんな感じだ……」記者の言葉をぼんやりする頭で聞きながら、私はキャンプ場をぐるりと見渡し、とりあえずの同意を示した。しかし……。記者がキャンプ場に入って来たのは、確か昼頃だったから……夜更けから明け方まで延々と続いた、あのろくでもない乱痴気騒ぎの夜はとうに終わり、キャンプ場は平穏を取り戻していたはずなのだ。

『タイムズ』の記者がキャンプ場に足を踏み入れたその時間、ほとんどのエンジェルは疲れ果て、ぐったりと横になっているだけだった。騒動と騒動の合間にだらりと横たわる、無気力で平穏なひと時が、ダンテの地獄絵図として彼の瞳孔に映るのなら、前の晩の火祭りの実際を目にした彼の精神は粉々に崩壊し、もう二度と記者として立ち直れなかったに違いない。

まあしかし、うん……どうだろう。そうとばかりは言いきれないか。というのも、例の夜10時に発令されたキャンプ場出入り禁止令が、その夜のエンジェルたちの行動を抑制していたのは確かだからだ。

報道記者や野次馬など、余計な部外者を外に追い出してしまえば、キャンプ場に篭城させられたエンジェルたちの手元には、もうわずかな楽しみしか残らないことになる。

わずかな楽しみ――キャンプ場に遊びにきていた若い女子のことである。

夜間外出禁止令の発令が決定すると、警官たちは、キャンプ場に遊びにきていた女子たちに「10時までに出ていけよ、じゃないと一晩中ここにいるハメになるんだぞ」と繰り返し声をかけていた。最初、好奇心の強い彼女たちのほとんどは、キャンプ場で無法者との一夜を楽しむつもりでいたらしい。しかし警官たちは、理由なく彼女たちに警告を発していたわけではない。警告の裏には、夜の10時になればキャンプ場には一切の法が適用されなくなる――すなわち、キャンプ場内で壮絶な乱交パーティーが始まるという意味が歴然と隠されていたのだから。

その日のウィロウコーヴ・キャンプ場には、フレズノ、モデスト、マーセドといった近隣の町々に住む好奇心の強い女子たちが、6台から10台ほどでの車でやって来ていた。若い女たちが放つ華やかで楽しげなガーリーな雰囲気はエンジェルたちをなごませた。彼女たちは、エンジェルズがどういう集団であるかわかったうえでやって来ただけあって、見るからにハメを外したそうにうずうずとしていた。

そうした若くて可愛らしい女子たちが、その夜、さらに翌日以降も続くパーティーのあいだ、ずっと自分たちと一緒にワイルドなアウトロー流の男女交際をエンジョイしてくれると思い込んでいたエンジェルたちは、NNNNOOOOOOHHHHHH！！！　夜10時を目前にして、彼女たちの全員が！　自分たちの車でキャンプ場を立ち去ってしまったことに、酷くショックを受けていた。

山頂のキャンプ場の帰り道にすれ違った、ラリーとピートとパフが連れていた例の3人は、当初、勇敢にもキャンプ場に居残る決心をしていたようだが、やはり、彼女たちもギリギリのところで逃げだしたのだった。彼女たちはナースだった。

「俺、マジで耐えられねえよ」キャンプ場を出てゆく女子の最後の1台となった赤いプリマスがヨロヨロと夜の松林に消えていくのを眺めながら、あるエンジェルが呟いていた。「あの可愛らしいベイビーたちが、全部オジャンだ。あの赤い靴を履いたイカしたカワイコちゃん。ホントはぜーんぶおいらのものだったのに。畜生！　なんだって、いったいどうして全員が全員逃げちまったんだ……」

女性ゲストに逃げられて嘆き悲しんでいるエンジェルたちの姿は、贔屓目に見ても、みじめでみすぼらしい、モテない男のそれだった。エンジェルたちは口々に愚痴っていた――「ストレッチパンツのおねえちゃん！　ノースリーブのブラウスのボタンを半分開けた、尻の締まったおねえちゃん！　髪をビーハイヴに結ったおねえちゃん！　ブルーのアイシャドウのおねえちゃん！　大人のお肉をしてるくせに、未開発っぽいおねえちゃん……。あの娘、午後のあいだずっと嬉しそうに俺っちとエッチなことを喋ってたんだぜ。〝なあベス、おいらのハーレーに乗ると、何だかワイルドな気分になって、うずうずしてきやしないかい？〟とかなんとか。なのによぉ、10時の笛の音を聞いた途端、全員一斉に、尼さんみたいに逃げ帰っちまったよおおおおぉぉぉ」

エンジェルたちは女子たちに襲いかかることもなく、夜の10時の合図を目前にお帰りしていく若々しいヒップにただ呆然と、「バイバイ」と力なく手を振っているだけだった。

エンジェルたちの多くは、予想されていた大きなトラブルから守るため、ステディな彼女や妻たちを今回のランに連れてきてはいなかった。そして夜になり、どうやら大きなトラブルの心配はなさそうだと安心したところで、ゲストの女子たちは帰ってしまうし、自分の彼女はいないし、つまり、ヤらせてくれそうな女はもう誰ひとりもいない……。

一番酷い衝撃を受けていたのは、テリー・ザ・トランプだった。相当なショックだったのだろう。女子が全員帰ってしまうとすぐさまテリーはLSDを口に放り込み、その後12時間ずっと、パネルトラックの後部に1人閉じこもったままだった。――その夜テリーは、今日という日まで、もうほとんど忘れかけていた神様という存在と1対1で向き合いながら、叫び、おののき、泣いた。テリーによると、神々が目の前の木の枝まで降りてきたそうだ。「み、見えたんだ。じっと見つめていたんだよ。俺のことをじっと、俺は小さなガキのように、ただ怯えていたんだ」

諦めがつかないエンジェルたちは、外出禁止令が公布される直前に、出会いを求め、大勢の野次馬が待ち受ける町の酒屋へバイクを飛ばした。しかし町に到着したものの、酒屋をはじめとする商店街は10時きっかりに閉鎖されていて、「旅行者に真にワイルドなエンジェルズ流の夜のパーティーを教えてやる」という彼らの願いは打ち砕かれた。

となると……外出したエンジェルたちもキャンプに戻って時間を潰すより他なかった。警察は、遅れてキャンプ場に戻ってくるエンジェルたちの措置には寛大だったが、一度戻ると、朝まで二度とキャンプ場を出ることはできなかった。結果、夜10時から深夜零時の2時間は、膨大な量のアルコールが、とめどなく消費され続ける時間となった。夜11時を過ぎた頃、私はキャンプ場のど真ん中に停めてある自分の車に頭を突っ込んで、目の前で展開しているパーティーの状況をテープレコーダーに口述で記録する作業を始めた。

私が語りだしたモノローグは、車のバックウィンドウから手を伸ばして、後部座席に隠してある私のビールをかっぱらおうとする、また、トランクを無理やりこじ開けようとする手癖の悪いエンジェルたちによって幾度となく邪魔された。コソ泥に来た連中は、1缶ずつではなく、全員が一度に6缶ずつパックを盗んでいった。そのうち、1人でたくさんのパックを平気で持っていく奴らが現れ、いつしか私の車は、取り付け騒ぎの客が詰めかけた銀行のように、エンジェルズに囲まれる有り様になってしまった。大勢のエンジェルが、自分の預金したビールを引き出すために私の車に殺到してくる――となれば、当然のことながら、後部座席にあったビールは、数分のうちにすべてなくなった。

一方、焚き火の近くには、ヘルズエンジェルズ全員の共有物である6缶パック×20から30のビールが山積みで残っていたが、それらに大っぴらに手を出すエンジェルは1人もいない。なぜか？　あとで飲むために保管しているわけではない。答えは簡単である。ヘルズエンジェルの一員たる者、全員の公共財産たるビール貯蔵所へ、意地汚く飲み漁るような不粋な真似は、やはりしないのである。しかしまあ、もしビールの残量が、いよいよなくなっていると知れば、一晩中飲み明かしたいアルコール好きのエンジェルが一斉に殺到し、不足分を嘆き呪いながら凶暴化するかもしれない、とは思う。結果的に――外出禁止令が発布された数時間後までには、キャンプ場内のすべてのアルコールは飲みつくされることになる。

夜のウィロウコーヴ・キャンプ場は、マリファナ、LSDなどのドラッグの引き起こす様々な反応と、アルコールがもたらす酩酊感に渾然一体と包まれており、いつ、誰が何をしでかすかまったく予想もつかない混沌たる状況となっていた。

幅約10フィート（3メートル）、高さ約5フィート（1・5メートル）――丸太や枝を積んで燃え盛る大きなキャンプファイヤーの炎が、閉ざされた真夜中を照らし出す唯一の明かりだ。

オレンジ色の炎に、野獣たちのシルエットがゆらゆらとあぶり出されていた。暗闇に灰色の煙が流れてゆく。背中を歪めた男たちの影。バイクが並んでいる一帯は薄暗く、隣にいる人間の顔ぐらいしか見分けられなかった。激しく爆発した感情が、闇を縫った怒声となって聞こえてくる。湖に飛び込む遠慮のない水音が湖畔に響いている。水を蹴る音。酒に酔った野獣たちの遠吼え。闇の縁では何台もの巨大なモンスターハーレーが燃え盛るキャンプファイヤーの炎の煌きを反射し、まるで生き物のようにヘッドライトやハンドルバーを艶めかしく光らせていた。声だけが、いつもと同じように聞こえてくる。それが私には、とても不思議なことのように思われた。

好奇心からやって来たゲストの女性たちがいなくなったとはいえ、それでもキャンプ場には、50人を超すヘルズエンジェルの女たちがいた。

ほとんどが〝オールドレディ（*Old ladies*）〟と呼ばれる女たちだったが、ここで気をつけるべきは、オールドレディ――を〝ママ（*Mamas*）〟や〝よそ者のヒヨコちゃん（*Strange chicks*）〟と混同すると、大変な厄介事に巻き込まれるということである。オールドレディは大抵の場合、エンジェルズのステディなガールフレンドだったり、奥さんだったり、あるいは誰かがゾッコン惚れ込んだ売春婦だったりする。つまり、どんな関係であるにせよ、オールドレディはすでに売約済みの女であるから、彼女自身が自分を、現在売り出し中であるとはっきり示さない限り、普通は誰も声をかけたりせず1人っきりにされている。

エンジェルたちは女関係に厳格で、特に仲間の女は聖域であり、絶対に手を出してはならないのが不文律であった。

しかしそれもまた程度の問題である。

荒野に暮らす狼のつがいとは違い、オールドレディが1人のエンジェルと生涯にわたって睦まじく連れ添うということはまずない。1カ月も経たず、特定のステディとのつき合いを解消してしまうオールドレディもいた。オールドレディたちの多くは、法的に言えば、すでにどこかの戸籍で入籍している既婚者である。子供もいて、普段は、劣情のままに誰彼となくワイルドな性交渉を繰り返すアウトローバイカーの世界とは完全にかけ離れた生活をしていた。

一部のオールドレディたちの中には、いざ！　という際どい場面で、急に気が変わって男を変える……そういう気まぐれを起こす者もいた。また、気持ちをコロコロ変えるオールドレディもいる。オールドレディたちは、エンジェルズ内での階級を落とすことなく相手を変えることができ、前につき合っていた男と同様の固い関係を、次の男とすぐさま築くことができるのだ。オールドレディたちの多くは流砂の如く、複数のエンジェルたちと積極的に肉体関係を結んでいくのが常であった。

美や誠実さと同様、淫乱さもまた、それを見る者の瞳に映す——。

次々と男を短期間に換え続けたか、あるいは時にはたった一度心変わりをしただけで、いつしか自分が〝ママ〟と呼ばれるグループに再分類されていることに気づくオールドレディもいる。ママとは、ヘルズエンジェルズ全体の共有物となった慰安婦たちの総称である。大・小を問わずあらゆるエンジェルズの集まりに、ママたちは参加している。ママたちは、自分がならず者たちに何を期待されているのか知ってか知らずか——牛の背にチョコンと乗ってクチバシで寄生虫をついばみ続ける小さなウシツツキ鳥（註1）のように、ヘルズエンジェルズのバイクの背に乗り荒野を旅する。

ママたちは、ヘルズエンジェルズのメンバーだけでなく、エンジェルズが歓迎したゲストが望めば、個人であろうが団体であろうが誰とでも寝なければならなかった。もちろん、そうした扱いが気に入らなければ、ママたちはいつでも自由意志でエンジェルズを去ることができる。実際、ママたちのほとんどは、数カ月間エンジェルズに所有されたあと、また別の何かを求めて、どこかへ去って消えてゆく。当然、あとを追う者は誰もいない。

数年間、ただ流されるようにエンジェルズと生活をともにしているママもわずかにはいたが、その種の性的献身には、虐待や恥辱に対する超人的と呼ぶべき忍耐力が必要とされるのは読者諸兄の想像に難くないところだ。ママという言葉は、「誰かをママにしに行こう」、のちに「ママしに行こう」に短縮された――言語表現の名残である。

集団内に存在している同じ役割の女性を、別の言葉で呼ぶアウトローバイカーたちもいるが、意味はまったく同じである。マスコミがしばしば引用する『リンチ報告書』では、この部分に触れた箇所で、「これらの少女たちは、シープ(*Sheep*)=羊と呼ばれている」と述べているが、私の記憶では、エンジェルズのメンバーが〝シープ〟という言葉を使っていたことはない。シープ……何やら、非常に田舎臭い、いかにも警察調査官がつくり出したような言語感覚だ。

ママに関して他に特筆すべきことは、〝ママたちは可愛くない〟という歴然たる事実である。できたてのママや、比較的若いママたちには、ある種の天性の狂気じみた美貌を備えている者もいないではないのだが、その美しさはエンジェルズのママになるとあっという間に減退してしまう。

その様を……生来美しかった女性から美しさが急速に消滅していくあの過程を、数カ月かけて観察し続ければ、ママという暮らしがどのようなものなのか、あなたも生《ナマ》で感じ取ることができるだろう。ヘルズエンジェルズという集団とともに流浪する中で、ママたちもまた、アウトローバイカー特有の物の見方を身につけることになる。

ある夜のこと、ヘルズエンジェルズの一団がサクラメントでビール銭を切らしたために、ママ・ロレインとのセックスを酒場で競売にかけることにした。競りの結果、ママ・ロレインとの性交についた最高値はわずか12セントだった――。自分自身が競りにかけられたママ・ロレインは、その夜、他の連中と一緒になってそれを笑っているのみだった。

オークランド・エンジェル、マグーの回想はこうだ。「ママ・ビヴァリーをタンデムシートに乗せてベーカーズフィールドに向かっている途中、ガス欠になったのさ。それでスタンドで、ママ・ビヴァリーをヤっちゃっていいから、ガスを1ガロン分けてくれよって頼んだんだけど、相手にしてくれるスタンドのアンチャンはただの1人もいなかったってわけ」

新聞や雑誌の世界には、自分の才能を高く売ったことを誇らしげに喋る勝ち組の若者たちが溢れている。しかし自分の唯一の〝才能〟が15セントにも、あるいはガソリン1ガロンにも値しないと衆人環視の中で突きつけられ、自らそれを笑っているエンジェルズのママのような人間の言葉を取り上げるメディアは、どこにも存在しない。ママたちは、日記にその日の出来事や感想を残す女たちではないが、自ら競売台に上がって「何でもする」と宣言しているのに、たったの12セントしか値がつかないということが、いったい本人にどんな感慨をもたらするものなのか？　もしインタビューに成功すれば、きっとそれは意義あるものとなろう。

しかし大抵のママは感慨や感想などはもちあわせず、ましてや口にはせず、ランの夜にママ同士が熱心に語り合っていることと言えば——いつも通りの身内のゴシップか、露骨な当て擦り、あるいはお互いの嘲笑を受け流すための自己防衛的な軽口……。あるいは支払いの時、ほんのちょっとのハシタ金を値切るためにレジ係に投げかけるチープなスラングだけに限られる。しかし時には、事象に対して説得力ある至言を放つママもいる。ママ・ドナはずんぐりした気立ての好いブルネットで、バードゥー支部の集団移住とともにカリフォルニア州北部へ移動してきた古参ママだが、ある時、ドナは自分とヘルズエンジェルズの関係のすべてを、見事なひと言で要約してみせた。ママ・ドナは私の目を見てこう言ったものである。

「誰もが、何かしら信仰を必要としているものだわ。神を信じる人たちもいる。あたしはヘルズエンジェルズを信じるの」

ヘルズエンジェルズの各支部は、それぞれ2、3人のママを所有していたが、バージャー率いるオークランド・エンジェルは、5、6人のママを切らしたことがない。

ヘルズエンジェルズ以外のアウトローバイカー集団が女性をどう扱っているか？　状況は様々である。ジプシージョーカーズは、ヘルズエンジェルズほど、ママという存在にこだわっていなかった。

サタンズスレイヴズは女性の存在に非常に執着していたので、共有物とみなした女に、根城としているタトゥースタジオで、左の尻に〝サタンズスレイヴズの所有物〟という一生消えない文字を彫った。スレイヴズは、タトゥーこそが女たちにより深い安心感と帰属意識を与えると信じていた。そして当然ながらタトゥーは、その女性を正式に仲間として受け入れたことの証明となるわけだ——牧場の牛に焼き印を押すように。実際タトゥーを入れられた女性は、集団に所属する者としての特別な精神性や、クラブへの強い帰属意識を持ち始め、その段階を経た者だけが、サタンズスレイヴズというアウトローバイカー・クラブ内の、特殊な女性エリート集団を構成するとも言われている。

ヘルズエンジェルズには、ママにタトゥーを彫るという習慣はないが、この行為が、本当の人生の階級を示すと考えていた連中もいるから、たぶんそのうちにこの習慣は流行るだろう。(註2)

「相当な娘じゃないと、本気でタトゥーまで彫ろうとはしないさ。そういるもんじゃない」あるエンジェルは私に言った。「タトゥーを嫌がる娘も多いしさ。そりゃ、ま、誰だって〝あたしはサタンズスレイヴズの所有物です〟なんて書いたタトゥーを尻に入れて産科には行きたくはないわな。そうでなくたって、アウトロー生活から抜け出して、まっとうな結婚する時なんかに大変だろ。おい、初夜のことを想像してみろよ。ネグリジェを脱ぐと、あらまあビックリってわけ。ワオ!」

ウィロウコーヴ・キャンプ場にやって来ていた、ヘルズエンジェルズ以外のアウトローバイカー・クラブについて書き記しておこう。

(註2) 1966年2月の初め、テリー・ザ・トランプとフリスコ・エンジェルのジョージ・ザーンは、15歳の少女を非行に導いたとして逮捕された。その少女は肩甲骨のあたりに〝ヘルズエンジェルズの所有物〟というタトゥーを入れていた。少女が淋病に罹っていたことが判明すると、エンジェルたちは不安に陥った。淋病は彼らにとって口臭と同じくらい厄介なものだったのだ。

サタンズスレイヴズは総勢20名で参加していたが、彼らは他のクラブと積極的に交流しようとしなかった。スレイヴズはキャンプ場の片隅の小さな場所に、自分たちのバイクで砦のようにバイクで円陣を組むと、その中だけで、自分たちの連れてきた女と寝たりワインを飲んだりして、大半の時間を過ごしていた。

ジプシージョーカーズの面々は、普段はあまり自制心がある方ではなかったが、キャンプ場での振る舞いは、ヘルズエンジェルズがいたために妙に抑制されたものになっていた。スレイヴズと違って、ジョーカーズはランに女を連れてこないので、どこかのヤク中のエンジェルから、「女をよこせ!」と喧嘩を吹っかけられる心配もない。

原則として、バス湖のランに参加していたアウトローバイカー・クラブは、互いに友好的であるというスタンスをとっていたが——実際にはほとんどのクラブが、活動地域を隣接するヘルズエンジェルズの支部と、日常的に大小様々ないざこざを繰り返していた。

サンフランシスコでは、エンジェルズのフリスコ支部とジプシージョーカーズが、長期にわたって敵対し、憎しみ合い、衝突を繰り返してきた。しかし一方でジプシージョーカーズは、フリスコ以外のエンジェルズ支部と友好的な関係を保っていることで知られている。ロサンゼルス近郊でも、似たような状況が近年あからさまに展開していた。例えばバードゥー支部のエンジェルたちは、縄張りを隣接するスレイヴズ、コマンチェロズ、コフィンチーターズと散発的な小競り合いを繰り返していたが、しかし上記3つのクラブメンバーたちはバードゥー・エンジェルズ——「他人の縄張りに強引に割り込んでくるバードゥー出身の汚らしいエンジェル」(彼らの弁)——以外のヘルズエンジェルズを褒め称えていた。

アウトローバイカーたちの勢力図に決定的な一撃を食らわしたのは、やはり1964年のモントレー・レイプ事件である。事件をきっかけに、警察当局によるアウトローバイカー・クラブの取り締まりが猛烈に強化されたため、これまで抗争と呼んでいいほどの血生臭い喧嘩沙汰を繰り返していた各アウトローバイカー・クラブが、互いに協力し、共存することを強いられるようになったのである。

エンジェルズ以外のアウトローバイカー・クラブについてもう少し説明を続けよう――。

サタンズスレイヴズはアウトローバイカーの世界である種の尊敬を集め、確かな実権と存在感を誇っている強力なグループのひとつだ。しかし彼らは1960年代初めに誇っていたワイルドな耀きを、実は1965年までに完全に失っている。(註3)

多くのアウトローバイカーたちは、「伝説的なリーダー、スマッキー・ジャックを失ったスレイヴズは、もう二度と立ち直ることがないだろう」と証言する。スレイヴズの伝説、ヘルズエンジェルズでさえ一目置いていたスマッキー・ジャックは、独自のスタイルを確立した、比類なき真のアウトローバイカーだった。

スマッキー・ジャックをめぐる逸話は、数多くのアウトローバイカーたちに今もなお語り継がれている。

「ああ、スマッキー・ジャックは、強烈なバイカーだったさ」私に初めてジャックの伝説を聞かせてくれたのは、サクラメント支部に所属するノーベットという大人しいエンジェルだった。「ジャックはとにかく強烈な男でさ。クスリとワインで3、4日間連続で荒れ続けなんて、いつもだった。でね、傑作なのは、ジャックはいつも錆びたプライヤーを持ち歩いているのさ。一度、売春婦どもをジャックにけしかけた時なんか、なんとジャックの奴、いきなり売春婦たちを全員地面にノシちまって、それからプライヤーで女たちの歯を力任せに抜き始めたんだぜ！」

ジャックの伝説はまだまだ続いた。「それにさ、これはまた別の話だけど、ある街道沿いのダイナーで、ウェイトレ

(註3) サタンズスレイヴズは1966年の復讐劇で名声を回復した。30人がロサンゼルス郊外のバンナイズのアパートを荒しまわったのである。8月6日土曜日の朝、退去命令を受け、わずか1週間で彼らが占拠していたアパートを去ることを余儀なくされた。その日の夜、追い立てられた3人は仲間を引き連れて建物に戻り、何時間にもわたってアパートをめちゃくちゃにした。ならず者たちが16枚の窓を割り、30点もの家具をプールに投げ込むあいだ、住民たちはドアに鍵をかけて怯えていた。スレイヴズは隣人たちに、警察を呼んだらもっと攻撃するぞと脅した。結局誰かが通報したが、しかしそれはスレイヴズたちがさらなる悪の深淵を求めて町を去っていったあとだった……云々。

スがいつまでも俺たちにコーヒーを持ってこなかった。そうしたらジャックは、いきなりカウンターの上に飛び乗って、ウェイトレスを押さえつけ、プライヤーで前歯を3本引き抜いたんだ。ジャックはいつでも、その場にいる全員の気分が悪くなるようなことを平気でやってのけちまう。一度なんか、バーで自分の歯を抜いたことだってあるんだぜ。ジャックが自分の口にプライヤーを突っ込んで自分の歯を抜き始めた時……奴がマジだって気づいた瞬間、慌てて大勢がその場を逃げだした。しまいには、抜いた歯をプライヤーで挟んだまま、これ見よがしにカウンターに置いて、これで1杯くれるか？　とバーテンに開き直りやがったよ。ジャックが床にペッペと血を吐き捨て続けているあいだ、バーテンは震え上がって口がきけなかったね」

スマッキー・ジャックがリーダーになって以降、栄華の絶頂を極めたサタンズスレイヴズの3年間は、ある日、突然の終わりを告げた。ジャックが忽然と姿を消したのである。ジャックに何が起こって、どこに行ったのか、その消息を知る者は、誰もいなかった。

どうやらジャックは、酷く派手なパクられ方をしたらしいぜ――様々な噂が流れていたが、しかし多くのバイカーたちは、「奴は運を使い果たしちまったのさ」というひと言で、すべてを片付けようとした。一般的にアウトローバイカーは、悲劇的な最期を遂げた仲間のことを真剣に語りたがらない。というのも、つまり、そうした仲間の最期の有り様は、自分を映す鏡のようで、多分に気を滅入らせるからだ。

スマッキー・ジャック――。伝説のスマッキーは、1964年のある日、突如どこかへ風の如く消えた。それでいいのだ。この、〝アウトロー歯科技士〟とも言うべき、一風変わったフェティッシュでバイオレンスな男は、いずれにせよ、平和に引退できるタイプのアウトローバイカーではなかったのだ。監獄に繋がれたか、殺されたか、今も名を隠して逃亡しているか……それは、どこの誰にもわからない。しかし現在もスマッキー・ジャックの名は、途方もないモンスター級のアウトローバイカーだったと、彼らの世界で語り継がれている。

ジャックを失ったことは、当時、警察の継続的な取り締まりを受けていたサタンズスレイヴズに致命的な打撃を与えた。実際、1964年末、スレイヴズは解散の瀬戸際に立たされていたのである。皮肉な話をしよう。サタンズスレイヴズもまた、いくつかのヘルズエンジェルズの支部と同様、カリフォルニア州検事総長のトーマス・C・リンチ氏が政治的目的で作成した報告書と、それに続いて全米のメディアが展開した全国規模のアウトローバイカー糾弾キャンペーンによって、逆に滅亡から救われたのである。

リンチ氏によって作成された報告書は、すべてのアウトローバイカー集団に「自分たちこそは、現代社会において傑出して特異な存在である」という明確な自尊心を与えた。その自尊心の確認が、カリスマを失い存亡の危機にあったサタンズスレイヴズのメンバーに再起のガッツを与えたのだ。また、もし『リンチ報告書』が作成されず、警察の取り締まりが極端に強化されなければ、アウトローバイカーたちはその後も無意味にグループ間の抗争を繰り返し、果てしない潰し合いの果てに、いずれ組織は弱体化し、消滅していただろう。同じように、ヘルズエンジェルズもまた、各支部の規模を現在のように大きく成長させることはできなかったと考えられる。

ヘルズエンジェルズ・オークランド支部長のソニー・バージャーは、すべてのアウトローバイカーが団結することの有効性に、最も早く気づいた1人である。『リンチ報告書』が発表されたのを契機に、ヘルズエンジェルズをはじめとするアウトローバイカーたちは、無益な同志討ちの抗争の歴史に終止符を打ったのだ。

しかし一方で、モントレー・レイプ事件を機に作成された『リンチ報告書』が、ヘルズエンジェルズだけをことさら悪の権化として大きく取り上げたため——相反して、エンジェルズ以外のクラブの存在感は、一夜にして吹っ飛んでしまった。

1965年初頭になると、エンジェルズ以外のアウトローバイカー・クラブの存在感は、バンドワゴンに便乗しながら全米をさすらうか、消滅を受け入れるか、絶望的な二者択一の選択肢を迫られるほどに衰退してしまう。

そのタイミングでソニー・バージャーが、「全米すべてのアウトローバイカー・クラブが団結する」という大連合構想をぶち上げ、1965年の終わりにはほぼ実現するのだが——現在進行している物語、65年のバス湖のランの段階では、バージャーの連合構想はまだ第一ステップを消化しているに過ぎない。

1965年7月、全米にアウトローバイカー・クラブを名乗る組織は12ほど存在している。しかしその中で、ヘルズエンジェルズのランに参加できるような実力と名声を持っていたのは、ジプシージョーカーズとサタンズスレイヴズのわずか2チーム。当然のことながら、両クラブは、バス湖で自分たちのスタイルを押し通すことに強い自信とこだわりを持っていた。

とはいえ、ヘルズエンジェルズという一本化した大集団はあまりにも巨大で、他のクラブに対する優位性は、疑う余地もなく絶対的だった。

以上のような状況を総合的に考え合わせると、1965年7月3日、バス湖に集合したアウトローバイカーたちの中で、サタンズスレイヴズの面々だけが、可憐で、可愛らしい、自分たち好みのブロンドの女性たちを引き連れて真夏の夜のリゾートをセクシーにエンジョイしていたという状況は、「なぜ、スレイヴズの連中だけがいい思いを……」とエンジェルズの面々を刺激し、スレイヴズのメンバーは、エンジェルたちから放たれる、ある種のジェラシーに似た暴力的な威圧のテンションに神経質にならざるをえないのであった。彼らがバイクで砦のような円陣を組んだ理由はそこにある。

夜11時を過ぎると、エンジェルズのママたちもまた、皆、予約済みとなり、実際、あちこちの暗がりで行為が行われていたようだ。

真っ暗な藪の中からは時折、クスクスという忍び笑いや悶え声が聞こえ、地面に落ちた小枝がポキポキと鳴る。そんな時、焚き火のまわりに男だけで残っていた100人のアウトローたちがどうしていたかというと……他人のお楽しみを邪魔するのは趣味じゃないのさ、とでも言いたげに、ただ慎み深くぼんやり炎を見つめていた。というのも、その時間のエンジェルたちは、すでにランの時の定番のお楽しみのひとつである戦争ごっこで、エネルギーをすっかり使い終わっていたからだ。

何回か前のランからヘルズエンジェルズでは、〝ロッジ *vs.* Uボート13〟という戦争ごっこが大流行していた。ランの夜のパーティーが始まると、前もって決められたシグナルが鳴った瞬間に、エンジェルズの面々は、Uボート13側の暴徒になるか、あるいはそれに襲われるロッジ側の不運な人間になるかして戦争ゲームを開始する。

さあゲームの始まりです。

Uボート13に振り分けられたエンジェルたちは、一斉にロッジ襲いかかり、馬乗りになって相手を押し潰す。Uボート13の下で押し潰されている仲間を見るや否や、ロッジの面々は、今度は押し潰しているUボート13の人間の山の上に遠慮なく飛び上がり乗りかかる。さらにUボート13が、さらにロッジが、さらにUボート13が、さらにロッジが、と際限なく人間がのしかかり、重なり合う。

その様はまるっきりフットボールの試合中、ルーズボールをめぐってスクランブルをかけ合っているシカゴ・ベアーズとグリーンベイ・パッカーズの激闘といった状態なのだが、ただし、フットボールの試合に出場するのは両軍合わせて20人だが、バス湖のゲームには、総勢50人から60人のアウトローが参加している。

私は、体重225ポンド（100キロ）のパフが、両手にビールを引っ掴んだまま20ヤード（18メートル）を全力疾走し、人間が折り重なった肉体の山に頭から突っ込むのを目撃した瞬間の凄まじさを憶えている。

言うまでもなく、ヘルズエンジェルの面々は、元レターマン、つまり、大学対抗フットボールで優秀選手として母校の略字マーク（*letter*）の着用を許されたような名選手たちではない。大学に行っていないのだから当り前だ。しかしほとんどのエンジェルが、全員が全員、揃って現役運動選手のような体格を常に維持している。

もちろんアウトローであるエンジェルたちが、健全なスポーツで体を鍛えたり、ウェイトトレーニングで肉体のビルドアップに励んだりするわけがない。しかし彼らがたまにありつく仕事といえば、それはいつも肉体労働であり、働いていない時のメンバーは、常にハンバーガーやドーナッツ、その他、手に入るものなら何でも食って血をわき立たせてきたため、エンジェルたちは生活の中で自然と肉体を逞しく維持しているしだいである。

確かに、多くのエンジェルたちの腹は見事なビール腹に膨れあがっている。が、しかし、その腹ですら、デスクワーク世界の連中が洒落たビアマグで1杯飲んでつくりあげるブヨブヨのビール腹とは似ても似つかない、強固なビール腹なのだ。〝ファット（デブ）〟と呼ばれるようなエンジェルズもいることはいる。が、しかし、そのファット加減ですら〝水風船のようにブヨブヨ〟ではなく〝ビア樽のように逞しい〟と表現すべきがヘルズエンジェルズの一般的な体型なのである。

エンジェルたちは、〝ペップピル〟と呼ばれるある種の覚醒剤でエネルギーを得ているのだから食べ物なんて必要ない――メディアで主張をする識者も見受けられるが、まあ、いくら何でも、その意見は聞くに値しない。試したことのある人間なら、誰でも知っている。ドラッグが食べ物の代わりになることは、ありえない。ドラッグが、体の奥底で眠り込んでいる未知のエネルギー叩き起こす現象は、確かに存在する。しかしここで大切なことは――いくらドラッグをやったところで、そもそも体の中に核となるエネルギーが存在しなければ、ドラッグには何ら効き目などなく、それどころか逆に気力を弱めてしまうことすらあるというドラッグの原則である。

例えば空きっ腹に覚醒剤を詰め込み過ぎると、人は一種の神経麻痺の状態を引き起こす。元気になるどころか、疲れたり、落ち込んだり、寒気がしたり、汗をダラダラ流したり……。ヘルズエンジェルズの面々は、ブラックマーケットで自由にドラッグの取引ができる環境に暮らしているので、識者の言う通り、もし何らかの覚醒剤が本当に食べ物の代わりになるのであれば、エンジェルたちはきっと、もっと日常的に、大量のドラッグを摂取しまくることだろう。そうすれば生活を大幅にシンプルにすることができるからだ。しかしドラッグのもたらす現実はそう甘いものではない。エンジェルたちは経験則から、それをよく知っていた。したがって、エンジェルたちは、栄養ある食事をとれる機会があれば、どこででも遠慮なく食べる。

女の子の手料理。薄汚れたダイナーのウェイトレスがツケで食べさせてくれることもある。エンジェルの女房が、昼夜を問わず、亭主が連れてきた仲間5、6人分の食べ物を嫌がらず料理するなんてよく聞く話だ。

ヘルズエンジェルズの掟では――エンジェルが、別のエンジェルに何かを強いる・強奪することは、ありえない。逆に言えば、腹を空かしたエンジェルは、いつだって、どこでだって、食い物を持っている他のエンジェルから、気持ちよく食べ物を分けてもらえるわけである。全員が空腹でどうしようもない時は襲撃班が編成され、スーパーマーケットを襲って、持っていけるものを手当たりしだいに盗むことになる。

ハムを2本と1クォート入りミルクを3本抱えて出口へ向かってひた走るヘルズエンジェルズに向かって、「ちょっと、お客さん待って！」と声をかける店員など、この世にいるわけがないではないか！　それにヘルズエンジェルのメンバーたるもの、些細な食い物を盗んだくらいでは、決して悪びれたりはしないものだ。たとえそうした盗みが、自分のプライドに反する行為であったとしてもお構いなし。もちろん、ほとんどのエンジェルたちは、堂々たる盗みなんかしない方がいいと理解はしている。しかしやるとなったら、空腹しのぎの些細な盗みでも、エンジェルたちは物怖じせずに堂々と盗む。

1人がハムやステーキをかき集めているあいだに、別の1人がシリアル売り場で騒動を起こす。店員の気がそちらに向いている隙に、3人目が店の反対側で缶詰や野菜をリュックサックいっぱいに詰め込み、そして別々の出口から一斉に逃げだす。

難しいことは何もない。必要なのは――

①図々しさ。
②威圧的な態度。
③どんな視線を浴びようと、無愛想に無視を決め込むアウトローらしい態度。

この3つである。それさえ守れば、ゲップ！　警官が現場に急行してきた時には、盗まれた食料はすでに20ブロック先で調理されて「俺たちはもうお腹いっぱい」というわけだ。

ヘルズエンジェルズのメンバーたちは、以上のような行為が、アウトローバイカーの世界の長所なのか短所なのか、キッチリと頭で理解できているわけではない。しかし彼らは、鋭敏に研ぎ澄まされた直感と経験から、罰を受けやすい犯罪と、そうでない犯罪の区別をよくわかっている。

例えば長距離電話をかけたくなったエンジェルは、コイン式の公衆電話の受話器を取って、最初の3分間話せるだけの金を入れておく。そして3分が経ち……オペレーターが時間の終了を知らせてきたら、素直にそれを認めたのち、しかし好きなだけ話し続ける。必要な会話を終えると、待機していたオペレーターは規則通り、電話器にこれだけのお金を入れて下さいと告げるのだが、しかしエンジェルたちは料金を支払う代わりに電話口のオペレーターに向かって大笑いし、卑猥な言葉を吐き捨て、そのままガチャリと電話を切ってしまう。

一般市民階層を維持する勤勉なアメリカ社会の皆様と違い、アウトローバイカーは、テレフォンオペレーターによる電話代の請求に代表されるような、現代アメリカを維持するためのシステムを尊重するという考えを、これっぽっちももちあわせていない。エンジェルたちにとって、それに類似した現代資本主義システムは、正真正銘、まったく無価値なものなのである。

何よりエンジェルたちは、公衆電話口で無銭通話をした人間が、追跡され、逮捕されることなどありえないとよくわかっている。だから電話交換手の料金催促の声など誰も気にもとめず無視する。そうして今日も、電話をかけ、オペレ受話器を叩きつけ、さて、どっかで愉快に1杯やろうかと、どこかのバーを目指してハーレーを走らせてゆく。ーターをひと通りおちょくって、ガチャリ！

精神病質者は、子供と同じで、欲求充足の快楽をあとにとっておくことができない。

この特質は病気の根源であって、いずれの患者にも必ず見られる症状である。

エロティックな悦びというのは、一般的に、まず女性の同意を得てから次の段階に進むが、
彼らは、その段階を待ちきれず、いきなりレイプしてしまう。

そういった人種は、自分の社会的名声が高まるまで、時を待つことができない。

したがって、利己的な野心のために、向こう見ずな行動で先走って新聞の見出しになることを喜ぶ。

1本の赤い糸にすがるように、トラブルによる一時的な精神的満足に走るという心理的優先は、
すべての精神病質者に共通する。

以上の考察は、精神病質者の行動だけでなく彼らの行為の暴力性をも説明していると考えられる。


——ロバート・M・リンドナー『理由なき反抗　犯罪精神病質者の催眠分析』／1944年（映画『理由なき反抗』の原案）

16
HELL'S ANGELS

正気を失うまで徹底的に酔っ払うのが、ランの夜のヘルズエンジェルズの流儀である。ウィロウコーヴ・キャンプ場は、真夜中が近づくにつれて、いよいよ狂乱の空気に色濃く包まれてきた。うつろな眼をした者たちがさまよい歩いて座り込む。ある者はバイクにつまずき、ある者は相手構わず捕まえては、世の中を呪うわめき声を喉奥から絞り上げる。アルコールとドラッグに酩酊し、焚き火のまわりで正気を失っているエンジェルたちから離れ、ぶらぶらと1人暗がりの車へと戻った私は、ジプシージョーカーズの集団に加わってみた。ジョーカーズの面々は、まだ自分たちを自制しており、エンジェルたちのラリった酩酊ショーを湖畔でぼんやり眺めているといったところだった。

ジョーカーズのスポークスマンであるハッチという若者は多分に哲学的なところがあり、しきりに私と話したがった。

——アウトローバイカーたちがリスクを冒してこうして集まり、狂ったようなパーティーを夜を徹してやっていることに、いったい何の意味があると思う？

ハッチは自分自身でも、突き詰めてその理由を考えたがっているようだった。

「なあ、俺たちゃあ、根っからワルってわけじゃあないんだよな……。だけど……、善良な市民ってわけでもない。それはわかってる」ハッチはゆっくりとあたりを見まわし、ひと呼吸置いて話を続けた。「……こんなことが好きな時もあるし、もうすっかり嫌になっちまう夜もある。だけどはっきりわかっていることは……とにかく新聞には腹が立つってことさ。新聞が俺たちのことをチンピラだの何だのって書くのはいいんだ。だけど——」ハッチは私の目をじっと見て言った。「知ってるか？　俺たちが本当に酷いことをした時ですら、新聞記者の連中は間違ったことを平気で書きやがるんだ。だから、当の本人が読んだって、それが自分のことを書いた記事だって気づきゃしない。あんた、俺たちを取材している記者なんだろう……。ホント言えば、それだけの理由で、俺たち全員から蹴り倒されたって文句が言えないって話なんだぜ」

ジョーカーズの他のメンバーは、ただクック、ククと忍び笑いをしているだけだった。

これがもし、もう少し深い時間で、より多くのアルコールが入っている状況だったら、ハッチの発言は周囲の仲間に、また別の反応を起こしたに違いない。忍び笑いではなく、もっと直接的な、何か、暴力的拒否反応を。

とは言うものの——キャンプ場に集うアウトローたちが、本当にメディアやジャーナリストとまったくかかわりたくないのなら、私はもっと早くにキャンプから追い出されていたはずだ。実際、暗くなるちょっと前、CBSから派遣されていた2人のカメラマンが、タイニーによって追い出されていた。その少しあとにタイニーは私の方へ寄ってきてテープレコーダーについて、手短で明快な警告をくれた。

「レコーダーを使っているところを見かけたら、火の中に投げ込むからな」

自分からポーズをキメたり、前もってシチュエーションを設定しない限り、大抵のエンジェルたちは、写真や録音などの記録をとらせない。ノートを持っている相手を見ただけで神経質になる。テープやフィルムは特に危険視される。なぜならそれは——裁判における動かぬ証拠となるからだ。

エンジェルたちのその用心深さは、ランやパーティーの夜だけでなく、日常的に集っているバーや、何気ない生活の一場面でも変わることがない。

なぜなら……何の気なしに撮らせた1枚の写真が、重大犯罪の証拠にされてしまうことが実際に起きうることを、彼らは経験から知っているからだ。オークランドでの殺人容疑で逮捕されたエンジェルは、その日の夜に「いや、彼はサンフランシスコにいた」と宣誓してアリバイ証言してくれる証言者を用意することが容易にできる。しかしどこかの新聞が、事件の10分前にエンジェルが犠牲者と話している写真を撮影していれば、もう人生はおしまいだ。会話を録音したテープもまた、裁判で有罪の証拠とされる。

アルコールとドラッグのチャンポンで気分が高揚し、エンジェルズ叩きの急先鋒マーフィー上院議員言うところの〝野蛮な行動と良識に対する挑戦〟をペラペラと自慢気に話し始めるようなエンジェルは、特に注意が必要だ。不用意な演説が原因で逮捕されてしまったエンジェルだって実際にいるわけである。

ある時ソニー・バージャーは、どこかの記者が録音していた3時間分のインタビューテープを奪い取って、注意深くすべての会話を検閲し、有罪の証拠となりそうな部分を全部消去した。それからすぐに——「事前にソニー・バージャーの許可を取らずに、インタビューを受けてはならない」という正式なエンジェルズ通達が発令された。

独立したアウトローバイカー・クラブであるジプシージョーカーズは、エンジェルズのリーダー、ソニー・バージャーの命令にすべて従うわけではない。ジョーカーズのメンバーは、自分たちの悪の名声を高めてくれそうなジャーナリストであれば、どんな相手とでも積極的に話をしたがった。

ハッチは身長6フィート2インチ（188センチ）、ふさふさのブロンドで、アーサー・マレー（世界的に有名な社交ダンス教師）がひと目見ただけで、自分のスタジオで雇いたいと願うような美しい顔の持ち主である。しかしハッチは、ダンスクラブではなく、多くのアウトローバイカー同様、肉体労働の現場で働いていた。とはいえ、それは、ならず者たちのあいだで〝52‐26クラブ〟と呼ばれている、失業保険の給付資格を得るためだけの〝言い訳労働〟でしかない。現在27歳のハッチは、本格的な労働シーンの周縁部を漂いながら生きており、いよいよ困った時にしか働こうとしない。

この夜のインタビューから何週間か経ってから、私は、サンフランシスコの富裕層のための住宅街にある、ハッチと両親のアパートメントを訪ねたのだが、その時のハッチはバス湖での夜と違って、私の質問に対して醒めた態度で面倒臭そうに語るのみだった。その様子は、質の高いマスコミを通して自分たちの正しい姿を全米に知らせたい——という、ハッチの野心からするとまったく納得できない非協力的なものだった。なぜか？　その時はただぼんやりと感じただけだったが、アウトローバイカーたちは、悪評で評判になりたいのだ。私はかなりのちになってそのことを認識した。

ハッチと私が話していると、ジョーカーズの別の1人が話しかけてきた。ブルーノだかハーポだか……何だかそんな名を名乗りながら、彼は1枚の名刺を差し出してきた。意外かもしれないが、ほとんどのアウトローバイカーは業務用名刺を普段から携帯して、お互いに交換している。

中にはかなり凝った名刺を差し出してくる者もいる。

例えばヘルズエンジェルズ・フリスコ支部のフレンチーは、特殊なシルバーインクでレタリングした黒光りするメタリックな名刺を持っている。そもそも名刺を持つというアイデアはフリスコ支部から生まれたものだ。当時、フリスコ・エンジェルズのメンバーたちは、マスメディアがつくりあげた自分たちの腐敗しきったイメージを嘆いていたため、街道での急なエンジントラブルなど、困っているバイク乗りを見つけるとボランティアで手助けし、その後名刺を渡すことによって大衆の支持を獲得しようとしたのであった。

名刺の片面にはこう書いてある。「あなたはヘルズエンジェルズ・フリスコ支部のメンバーによって助けられました」裏面には――「俺たちがいいことをしても誰も憶えてはいない。俺たちが悪いことをするといつまでも忘れない」

それが彼らの考えたイメージアップ作戦である。名刺を渡すという行為は、自分たちがそこにいた証に、銀製の銃弾(註1)やクローム製のヘッドボルトを残していくほどには粋ではないが、何も残さないよりはまだマシだと考えていた模様である。フリスコのエンジェルたちは、故障や改造で困っているバイク乗りに無償でメカの知識を提供するボランティアも実践していた。しかしそれもヘルズエンジェルズがレイプ事件で有名になる以前までのことだ。今そんなことをしようとすれば、大変危険な目に遭いかねない。

一例として、ファミリー向けのムスタングにワイフと子供2人を乗せて、人里離れた荒野のハイウェイ101号線をひた走る、リフォーム会社の中年セールスマンの反応を想像してみようではないか。

走行中、セールスマンのムスタングのエンジンが突然ガタガタと鳴り始めた。セールスマンはゆっくりと車を路肩に

(註1・訳註)銀製の銃弾(*silver bullet*)には、〝問題解決の特効薬〟という意味がある。

停め、ワイフと幼い2人の子を車内に残して太陽の照りつける砂漠に降り立つ。ボンネットを空けるとラジエーターがシューシューと湯気を吹いている。と、そこに突如バイクの轟音が響いて、十数人のヘルズエンジェルズが、「どうしましたか〜?」と作り笑いで近寄ってくるのだ。

レイプ！　反射的な恐怖に駆られた善良なるセールスマンは、妻と家族を守るため、とっさに鉄製のオイル計量棒をエンジンから引き抜くと、やたらめったらエンジェルに向かって振りまわし始める。セールスマンのワイフはその光景を目のあたりにして、恐怖のあまり車から弾けるように飛び出ると、近くのトウモロコシ畑に駆け込み、トカゲのように茎の根元をかき分けながら、どこまでもどこまでも逃げてゆく。子供たちは車内で縮み上がり、殴られるパパを見ながら悲鳴をあげ、抱き合って震えている。

しばらくしてハイウェイパトロールが到着すると、まったくの善意から調子の悪そうなエンジンを見てやろうとしただけの無法者たちは、加重暴行とレイプ未遂で逮捕され、保釈金3000ドルで投獄される。

1週間後、すべての事情が明らかになり、エンジェルたちの嫌疑が晴れた時、リフォーム会社のセールスマンは、きっと心から「勘違いして悪かった」と謝罪の言葉を述べるだろう。しかしエンジェルたちが保釈保証人に支払った1人あたま300ドルの手数料は返ってこない。

となれば、もう決まっている。次回からはエンジントラブルで困っている車に遭遇しても、バイクを停車させて近寄っていかないし、市民たちの車のメカニックトラブルを無料で解消してやる優待名刺は使わずに家に置いておく──。

エンジェルたちは、今でもまだ名刺を持ち歩いてはいるが、ハイウェイボランティア用の名刺は使用していない。アウトローバイカーがお互いに交換する名刺に記入されているのは、それぞれのクラブの紋章（カラー）、名前、1％erのマークだけで……通常、住所や電話番号は印刷されてはいない。誰の名刺を見ても同じだ。稀に、カードの裏面に手書きで住所と電話番号が記入されている場合もあるが、しかしそうした個人に関する情報はしばしば変更されるので、実際に通用する最新ヴァージョンを持つことは、事実上不可能である。

私はエンジェルの名刺を多数持っているが、それぞれに記入されている3つか4つの電話番号は、ほとんどすべて料金未払いのために使用不可能になっていた。

そういえば、あの夜、確かにもらったはずのブルーノの名刺を、私はどこかへなくしてしまったようだ。奴にはビールを盗まれたんで、よーく憶えてる。ブルーノ！（またはハーポ！）面白い男だった。奴は、取材者である私がジプシージョーカーズに対して悪い感情を抱いていないことを確認するために、あらゆることを仕掛けてきた。2人で車に寄りかかってビールを飲んでいると、ブルーノは私がトランクの上にビールを置いた一瞬の隙を見て、私が開けたばかりの新しい缶と、飲みかけの自分の空の缶を、素早く交換したりする。

ハッチにその話をすると、肩をすくめて笑いだした。「それはさ、たぶん習慣って奴だね。金がない時にバーで飲むためのトリックのひとつさ」

こうした習慣はアウトローの酒場社会ではごく当たり前のものである。

アウトローたちは時として、私のような外部の者とも非常に仲良くなり、信頼を築き合うこともももちろんあった。しかし〝友人として認めること〟と〝相互間の信用〟を分裂した価値で矛盾なく捉え、平気な顔で相手から、ちょっと失敬することができる者もまた、少なくはない。

習慣的な手癖で、あるいは単なるその場の衝動で、意味なく部外者から盗みを働く者たちを、まあ、わざわざ叱責する必要はないとしても——仲間となった部外者を守るために、見張ってやろうと苦心するアウトローもまた、確かに存在していた。（註2）エンジェルたちの手癖に関するこんな話がある——。


（註2）私は約12カ月間、特に何かを盗まれることを警戒せずにヘルズエンジェルズと過ごしたが、盗まれたものが2つだけある。1つは『リンチ報告書』。もう1つは、マントルピースの上に置いていた、イタリア製のずっしりと重いアンティークの飛び出しナイフで、気に入ってペーパーナイフとして使用していたものだが……。

とあるエンジェルが、見知らぬ家のバスルームを借りていた。彼は、バスルームの薬棚を隈なく探索し、デキセドリンに似たオレンジ色の錠剤の入った瓶を発見すると、OH! ラッキーとばかりに大量にくすねて喉に流し込んだのだが、しばらくすると、具合が悪くなってきた。

家主が帰ってきたので、エンジェルは「いったいあの薬は何だったのか?」と正直に尋ねるた……すると! 錠剤はコーチゾンだったのである。コーチゾンは関節炎に効く薬としてよく知られていたが、同時にまた、予測できない反応と奇妙な副作用を引き起こす強力なドラッグとしても有名だ。

錠剤を勝手に飲まれたことを知った家の主人はいかにも不満げで、心配顔のエンジェルに、「腫れ物や、ジクジクと膿みの出るオデキがきっとたくさん出てきて、これから先何週間かは体中の痛みに悩まされるぞ」と脅し気味に副作用を説明した。それを聞いたエンジェルは非常にナーバスになり、すぐさまその時寝泊まりしていた家のベッドに戻った。

幸い腫れ物やオデキはできなかったが、それから10日間、彼の体はどうにも調子が悪く、彼自身の言葉を借りると「すべてがまったく奇妙な感じ」だったそうだ。

そして自分の体調が完全に元に戻ったと同時に彼は「この事件から重大な教訓を学んだ」と、私に得意げに語ったものである。「コーチゾンをあれだけ飲んで大丈夫だったってことは、これからはどんな錠剤をどんだけ飲もうが、心配なんかまったくいらないってことだろう。よくわかったよ。何を飲んだって、体が自然に処理してくれるのだかんな」

ブルーノ(またはハーポ)にビールを盗まれた私は、そのつど、空き地を横切って自分の車へ戻り、新たな1缶を開けなければならなかったが、すでにその頃、キャンプ場の真ん中に山と詰まれていた共有のビールのあらかたが飲みつくされていたことは、キャンプファイヤーを囲む誰の目にも明らかだった。

あと1時間もすれば、自分専用のビールをこっそり隠し持ってでもいなければ、喉が乾いてどうしようもないことになりそうだ。

この事態は、深夜のウィロウコーヴ・キャンプ場を得体の知れない緊張で包み込んだ。ビールを隠し持っているエンジェルたちは、「もう1回町へ行き、新たなビールを調達しようぜ」と、しきりに主張した。だって……そうでもしなければ、彼らは自分たちが隠しているビールを仲間に分配するか、あるいはそれをめぐって喧嘩するハメになるのだから。

ウィロウコーヴ・キャンプ場には、ビールの残量なんか気にしていない、へベレケに酩酊した酔いどれ連中もいたが、夜通し両足でシャンと立っていようと心がけていた50人くらいのハードコアな酒飲みは、深夜のこの段になって、なんとかしてアルコールをかき集めようと、骨折り仕事に取りかからねばならなかった。

深夜のこの時点までに、キャンプ場の無秩序状態はさらに強烈なことになっていた。全体の秩序を保てる唯一の人間、ソニー・バージャーは林の暗闇に姿を消したままだったし、焚き火のまわりに残っているのは、全員、酒を買う金を持ってなさそうな、貧乏連中だけだった。

「バス湖周辺のすべての酒屋が閉店しているという事実は、この際、あまり重要ではなかった。そんな中、「ハイウェイまで出れば、友人が酒屋をやっている」とタイニーが主張し始めた。「ああ、大丈夫だ。誰かが店の裏手にまわって寝室の窓を叩けば、たとえ真夜中でも、奴なら店を開けてくれるに違いないって」

私は、注意してタイニーの話に耳を傾けた。それがもし事実ならば、誰がその役目を果たさなければならないか明白だったからである。

私である。警察は、ヘルズエンジェルズのメンバーが、誰ひとりとしてキャンプ場の外に出ることを許さないだろう。しかしエンジェルズ以外の人間なら、まだ可能性は残されている。

キャンプ場にいるエンジェルズ以外の人間は、保安官事務所の人間を除けば、わずかに2人。私と、早い時間にキャンプ場へ迷い込んで、帰るタイミングを逸したまま居座ってしまい、しかしいよいよ家に帰りたくてしょうがないという顔つきで、さっきからその辺をうろついている見ず知らずの少年の、計2人だけである。

私がこのことを言いだすまで、その場にいる誰もが、少年は誰かの友人なのだと考えていたそうだ。しかし少年は、ならず者たちとは一切関係のない純粋な部外者で、ヘルズエンジェルズも、その他のバイカーも、保安官も、誰も正体を知らない〝密入者〟だったのである。

聞くと少年は夜10時の外出禁止令のせいで、家に帰りたくても帰れなくなり、この時間まで、ほとほと困りきっていたのだと言う。

なるほど。あ、そうなの〜。困ったね――。少年がキャンプ場にいる理由に皆は納得だが、しかしかといって酒を飲んでパーティーを楽しんでいる最中に、わざわざ少年を家に送り届けるならず者など、いるわけがない。それにそもそも夜10時以降は、誰ひとりとして、キャンプ場を出ることなど許されないのだからして。

少年は、「自分のことを心配して捜している友達が近くにいるはずだ。どうにか連れていってほしいんだ」と不安げな表情でしきりに訴えていた。「友達の車はハイウェイとキャンプ場のあいだを行ったり来たりしながら、きっと僕を見捨てずに待ってくれているはずだから」と。しかしその少年の切なる願いは、炎と風と暗闇の中ではかなく消えていくのだった。

タイニーと、タイニーの隣に立ち、焚き火の炎に不安げに照らされている少年の対比は、圧巻としか言いようがない風景だった。

キレイに髪を整え、山の空気を胸一杯に吸い込んで育った、白いTシャツとチノパンツの16歳くらいの健康そうな少年と……「すでにこの世の地獄を過ごしている俺は、死して天国に行く定めなのだ」と記されたパッチを、ボロボロのジャケットに縫いつけた、あらゆる種類の堕落に長年耽り続けてきた巨漢で毛むくじゃらのアウトロー。焚き火の炎に浮かび上がっている2人の対照的なシルエットは、何か不吉な絵のようでもあり、また、獣人が自分自身の影と対峙している最後の審判の日のポートレートのようでもあり――あたかも、黄身の2つ入ったひとつの卵が、雛鳥と角の生えたワイルドビーストを同時に生み出した一夜の幻想のようでもあった。

タイニーという男は――例えばの話だが、もしその気になれば、たぶん優秀な取材記者や、俳優のエージェントにもなれただろう。ジャーナリストの私は、タイニーが情報に接触するセンスを持っていることを知っている。今起きていること、それも内幕の人間しか知らない最新の情報に、タイニーはいつも確実に通じているのである。

長距離電話の通話料などものともせず、タイニーはいつもひっきりなしに電話を使っていた。オークランドにいながら、ボストン、プロビデンス、ニューヨーク、フィラデルフィア、その他、様々な都市からのコレクトコールを受けるため、タイニーはあちこちの公衆電話を確保していた。タイニーの日常行動はまるで手慣れた犯罪者のようで、様々な出来事の進行具合、偶然性、あるいは可能性を考慮しながら、常に冷静に状況を判断していた。

バーに行くと、タイニーは決まってドアに顔を向けて座る。他のエンジェルたちが飲んだくれて与太話に興じている最中も、正気を保ち、自分に届かない情報や、伝えられない出来事、その他、真相が明らかになるかもしれぬ諸々の懸案について、黙して深い考察を加えていた。

タイニーの身長は6・5フィート(198センチ)で、体重は彼の精神状態によって250から270ポンド(113〜122キロ)のあいだを激変する。

タイニーの精神状態は、しばしば激流のように変化するのだが、おそらくそれがタイニーを、ヘルズエンジェルズの中で最も危険な男であると同時に、最もユーモラスな男にしているのだと考えられる。タイニーはプロの喧嘩屋だ。もちろん、ヘルズエンジェルズにはタイニーより喧嘩っ早い連中はたくさんいる。しかしタイニーほど容赦なく残忍な仕打ちを相手に加える人間は他にいない。タイニーが自制心を失うと、その瞬間に巨体は完全な最終兵器と化し、これ以上ないというほど残虐に相手を痛めつける。タイニーのような人間は、ジョンソン大統領が提唱する〝偉大なアメリカ社会〟において、ああ、いったいどんな役割を果たせばいいというのだろうか？

焚き火の前に積まれたビールの山が加速度的に小さくなっていく頃、真っ暗な松林の向こうに車のヘッドライトが揺れて見えた。ライトは木々の暗闇を抜け、キャンプ場へ縫うように近づいてくる。10時以降もバイクは数台到着したが、車が来るのは初めてだった。

車はキャンプ場の手前で停車した。運転者席から降りてきた人物を目の前にした全員は、その瞬間激しく動揺したのものである。

やって来たのは、フリスコ支部の元リーダーのフィルシー・フィル！

「15歳の女の子をハイウェイの暗がりに隠しているのだが、道路封鎖をクリアして、なんとかここに連れ込みたい。ちょっくら力を貸してくれないか？」

車を降りるや否や、フィルは私たちに持ちかけてきた。すぐに話はまとまった。私たちはやるべきことを、全部一度にやっつけることにしたのだ。

①私とフィルは、追加のビールの買い出しのためにキャンプ場の外へ車で出発し、②その際、可哀想な居残り少年を道路封鎖の向こう側へ連れ出してやる。③ついでにピートとパフを森の奥深く、フィルが隠した15歳の少女を確認できる地点まで連れていく。

これでキマリだ。

その夜のフィルはの服装は、名前通りの *Filthy*（汚い男）には見えなかった。ドレス・スラックス、白シャツ、それに青いカシミアのセーター。フィルが言うには、その服装のせいでキャンプ場に入るのにひと苦労したそうだ。検問所にいたすべての警官たちは、フィルのこざっぱりした服装を見て、ヘルズエンジェルズのメンバーだとすぐには信じられなかったらしい。

ふむ。確かにフィルの格好はアウトローバイカーというより、まるで非番の警官だ。あるいは——高級レストランやナイトクラブが立ち並ぶロサンゼルスの大通り、サンセット・ストリップ地区にあるナイトクラブの豪腕自慢の用心棒。

しかも車はまっさらな白のシボレー・インパラときた。これまた服装と同じくらいヘルズエンジェルズの乗り物としてふさわしくはない。

ぐずぐずしている理由はなかった。ピートとパフ、私、そして家に帰りたくてしょうがない気の毒な少年が乗り込んだインパラのアクセルを、フィルはゆっくりと踏み込んだ。松林を抜ける暗く細い道を、砂利を踏み締めるようにタイヤが進む。そしてハイウェイから約50ヤード(46メートル)手前に到達したあたりで——少女を隠している暗闇をフィルが指差し、ピートとパフが腰をかがめて捜索に消えていった。

さらにインパラを進めると、すぐに、3台の捜査車両が待機している検問所が見えてきた。

警備にあたっていたのは10人前後の警官たちだ。場を仕切っているのは、白髪が目立つハイウェイパトロールの警部。警部はインパラが停車すると「いったい何をしに来たんだ!」と声をあげながら近づいてきたのだが——ちょうどその時、ハイウェイの方向からキャンプ場へ向かってくる別の車のヘッドライトが見えた。その瞬間、少年は叫んだ。「あ、あれだ、きっとあれ、友達の車に違いないよ!」

フィルが独特のリズムのクラクションで合図すると、それに気づいて向こうの車は停まり——すると少年は、「ありがとう」どころか「バイバイ」もなしで、インパラの後部扉を開けるや全速力で突っ走って……数秒後には、急発進した車とともに消えてしまった。

警官たちは呆然と突っ立っていた。我々が彼らの裏をかくために何かペテンを仕組んだと考えたようだ。「お、おい……」1人が慌てて尋ねてきた。「お、おいちょっと、ちょっと！　あの子供は誰だ。まさか……お前らと一緒にキャンプ場にずっといたってことなのか？　怪我でもさせたんじゃないだろうな。いったいキャンプ場は今どうなってるんだ」

「べつに何も。どうもなってなんかないですよ」私は冷静に応じた。「みんな、ただ退屈してるだけでね」

警官はなおも疑り深い視線で私を見ていた。私は言った。

「信じられないなら、自分で行って、自分の目で確かめてくればいいじゃないですか。きっと驚くぜ……」

それから私は警部に報道記者証を差し出して、「私の立場はジャーナリストであって、ヘルズエンジェルズではないので、一旦車で出て、ビールを買ってからキャンプ場に戻りたい」――その趣旨を伝えた。しばらくのあいだ胡散臭そうに記者証を眺めていた警部は、腕組みしてからこう言った。「ダメだな。プレス証があったとしても、ここから出すわけにはいかん」

それから私と警部の長い口論が始まった。

私が主張したのは、報道の自由に関する記者の権利。法的に許される時間ならいつでも国民はビールを買うことができるという合衆国市民の権利。……他、多数。やり込めるネタはいくらでもあった。私の口は、法的、修辞学的な言葉を次から次へと並べ立てた。そして最後に私は、感じているままに、ある客観的推測をぶつけてみた。

「このまま手ぶらでキャンプ場へ戻れば、酔い足りない大勢のエンジェルたちが大挙してハーレーに跨り、爆裂音とともに町へ押しかけようとするのは確実ですよ」と――。

初老の警部は、しばらく黙って腕を組んだままじっと考えていたが、ふと顔を上げると、私の顔を怪訝そうに眺めてこう言った。「ビールって言ったって、いったいどこで買うつもりだ？　バス湖の酒屋はどこも、もうとっくに閉まってるぞ」

私は答えた。「なるほど。では、買えるところまで行くだけでしょう。時間はたっぷりあるんだから」

警官たちは何やら相談を始めたが、しばらく経ってから、私たちにただ、「行ってよし」と身振りだけで合図してきた。たぶん警官たちは——この時間に空いている酒屋は、60マイル（97キロ）も先のマデラまで行かねばならず、どうせ途中で諦めて引き返してくると踏んだのだろう。ゲートが開かれた検問所を通り過ぎる時、警官の1人が、私たちを嘲笑うように手を振っていた。曰く、「なが〜い旅をた・の・し・ん・で・き・な！」

10分後——私たちは、タイニーが〝友人の店〟と説明していた（と、思われる）とあるマーケットの前にインパラを停めていた。

しかしそこは……確かにタイニーの言っていた店なのだろうが、かといってはっきりした確証があるわけでもなかったし、どう考えても説明よりも遠い場所だし、店の規模もタイニーが言っていたよりずっと大きい。

砂利を踏み締めながら裏口にまわってはみたものの、私は、明かりが消えた暗い窓を叩くことを瞬間的に躊躇した。店を間違っていたら大変なことになる。

だが、とにかく試してみるしかないのだ。ノック、ノック、ノック、裏窓をノックする——。

真っ暗な室内から、ライフルの撃鉄を起こす音が聞こえた瞬間、私は一目散に走って建物の陰に逃げ込むつもりだった。身構えながら、ノックの返事を待ち続ける。暗闇の長い時間だ。室内からは依然何の反応もなかった。私はまたノックした。ノックノック……ノック、ノック、ノック。

今にも女の叫び声が聞こえてきそうだった。ヘンリー!!　奴らが来たわ！　いったいなんてことなのかしら、ヘルズエンジェルズがよりによって私たちの店にやって来るなんて！　撃って！　撃つのよヘンリー、撃って！

暗闇の中で、私は耳を澄ませ考えていた。もし、ヘンリーが私の頭を撃ち飛ばさなかったとしても、彼らはすぐに警うのだ。

察に通報するだろう。そして私たちは住居侵入罪未遂と、真夜中に商店を襲撃しようとした罪で、即刻逮捕されてしま

その時、窓の向こうで誰かが動く気配がした。

「誰だ！」短く鋭い男の声だった。

「タイニーの友人だ」すぐさま私は答えた。「ビールが欲しくて買いにきたんだ」

窓の向こうで、スイッチを入れるパチリという音がして、裏口の扉が開いたのと電灯の光が漏れてきたのが、ほぼ同時。現れたのは、嬉しそうに微笑んでいるマーケットの店主だった。

店主はバスローブを着ていたが、そのままの姿で表へまわり、鍵を使って扉を開けると、そうかぁ、あの懐かしいタイニーの友人かあ……と、私の顔をしげしげと眺めた。あいつはホントに愉快な奴さ、な、そう思うだろう？　もちろん。私は本心から答えた。そしてエンジェルたちが焚き火のまわりで出し合った35ドルを店主に手渡すと、その場でフィルがポケットから取り出した5ドルを足して——私たちは難なく8箱ものビールを手に入れることができたのである。店主はタイニーの男ぶりを非常に高く評価していて、6缶あたり普通の店では1ドル50セントとするところを、1ドル25セントしか受け取らなかった。

タイニーと店主のあいだに何があったか、どういう関係なのか、私は今になっても知らないのだが……。

来た道を10分ほど戻り、検問所に到着すると、懐中電灯で私たちの車内を照らした警部が、そこに映し出された信じられない光景に驚き、彫像のように凍りついてしまった。

私たちが警官たちの予想を裏切り、わずか30分で、表面に水滴を浮かした冷えた缶ビールをどっさり車に積み込んで戻ってきてしまったからだ。全員が、この手品に目を丸くしていた。警部に至っては動揺を隠せないのが、ありありだ

った。

「ど、どこでこのビールを手に入れた?」

「道の先で」

私が示した最小限の答えに対し警部は押し黙ったまま首を振り、むっつりと、ただのひと言も発しないまま、キャンプ場に入ってよし、とだけ仕草した。

警部に言わせれば——何か、明らかに不正なことが町のどこかで起きたのだ。私は、鬢に白髪の交じっている初老の警部が少し不憫に思えてきた。それが職務とはいえ、警部は他でもない、バス湖の市民の安全を守るために、独立記念日の真夜中に立ちっぱなしで警備にあたっているわけである。——というのに、もし酔ったヘルズエンジェルズが暴れだしたら一番最初に略奪の被害に遭いそうな当の酒屋が、警察の通達を無視して、ゴロツキどもを酔わせようとして協力している。

当然ながら、私たちの帰還はキャンプ場に歓喜の叫びをもたらした。新たに到着した8ケースのビールが、パーティーに新たなガソリンを投入した。ビールを隠し持っている連中は、あざとくも隠し場所に寄りかかったまま飲んでいたが、午前4時をまわった頃に、さらにビールを何ケースも持った南部各支部のエンジェルズの大集団が合流してきて、それから夜明けまでは——歓楽というよりは忍耐の時間だった。

マグーは、火のそばに座って薪をくべ続けていた。まだ初日の夜なんだから、全部燃やすんじゃないぞ! 誰かに注意されると、マグーはこう反論した。

「どうしてだい!? 森がまるごとあるじゃないか。薪ならいくらでもある」

ヘルズエンジェルズの中でも、とりわけ興味深い人物の1人がマグーである。

オークランド支部ソニー・バージャーの側近である26歳のマグーは、20世紀の進歩的なアメリカのライフスタイルそのものに、まったく興味を持っていなかった。大抵のエンジェルと同じく、マグーもまた高校を中退だ。しかしマグーはトラック運転手として人並みの収入を得ているので、経済的に困窮することはない。マグーは頼まれれば、いつでもトラックを走らせる。時には週に6日。時には週に1日。

そして自分の仕事について「楽しんでやってるのさ」と余裕たっぷりに語ってみせる。とりわけ、長いこと仕事にありつけなかったあとは。

ある夜――白いシャツの上にカラーをつけたデニムジャケットで、オークランド支部の溜まり場の酒場に現れたマグーは、ゴキゲンに喋り始めた。

「今日は久しぶりにいい仕事をしたんだよ。冷凍チキンを3万5000ポンド（15・8トン）降ろしたんだ。〝おまけ〟に自分用に、ひとつ盗んできちまったよ。たまに気分転換に働くって、いいもんだよな～！」

マグーはヤク中なので、ラリった時はよく喋るのだ。彼はクロマニヨン人に似た原始的な風貌からは想像できない、独特の、何というか、威厳としか表現しようのない奇妙な風格を身につけていた。しかしその風貌から、時としてマグーは、仲間のエンジェルたちから、からかい半分の侮辱を受けることがある。しかしマグーは、他のエンジェルたちと違って〝偶然性の中に生じてしまった侮辱〟と〝意図的な侮辱〟を見極める感性、さらに感情をコントロールする理性を持っていた。

マグーの流儀はこうだ。

怒りを感じてもすぐさま相手を拳で殴りつけたりはせず――その点が、ガタイのいいメキシコ人でオークランド支部の〝殴り屋〟ファット・フレディとはまるで違う――、じっと黙り込み、そしてくるりと相手に背を向け、立ち去る。それだけだ。

マグーが述べる意見にはいつも〝経験から得た教訓〟というよりも〝直感のモラリティー〟と表現した方がふさわしい誠実さが添えられていた。

実際マグーはとても真面目で、話していることの大半はとりとめのない風変わりな与太話だとはいえ、しかしその言葉の中には、原始キリスト教や、強烈なダーウィニズムを思わせる、はっとする一節が散りばめられているのだ。

一例を紹介しよう。

1963年にポーターヴィルで起きた暴動は、実は、マグーが発端になって起きた騒動である。ニュース雑誌では、マグーが「酒場にいた老人客を容赦なく殴った」とされているのだが、ところが本人によれば事実はそうではない。マグーは当時を回想する。

「俺は、あのホースシュー・バー（カウンターが馬蹄の形になったバー）に腰かけて、1人でビールをやってたんだ。すると、そこに1人の老いぼれがやって来て、俺のビールジョッキを取り上げて、顔にぶちまけやがったんだな。もちろん俺は〝何をしやがる！〟って叫んで立ち上がったよ。すると老いぼれは、〝おっと、ついうっかりしたのう〟とか、そんなことをぬかしやがる。即座に俺は、右の拳で力一杯殴りつけてやった。よろめいたところに、次の一発。床に倒れ込んだところにとどめの一発。それから俺は、老いぼれを床に転がしたまま店を出た。おい、ハンター、もしお前なら、いきなり誰かが、顔にビールをかけてきたらどうするよ？」

ある夜はオークランドのバーで――。マグーと私は、お互いが興味を持っているある対象について長談義を交わした。銃について、である。といっても、私が最初期待していたのはダムダム弾（註3）をどう見ているかとか、実際の撃ち合いの経験とか、拳銃を持ったプロの殺し屋たちの存在とか、そういった、銃愛好家の話題によくのぼるような他愛ない会話を期待していたのだが……。


（註3・訳註）銃頭が軟質金属の鉛で出来ており、命中すると弾がひしゃげて直径が増し、口径以上の大きなダメージを相手に与える。

しかしマグーは、自分がオリンピック・ピストル競技チームの候補者であるかのように、冷静に話し始めた。その時私が、何気なく〝人間型をした標的〟のことに話題を移すと、マグーは突然背筋を伸ばし、ピシャリとこう言ったものである。

「俺に向かって人間を撃つなんてことを口にするなよ。俺はマッチ棒のことを話してるんだよ」

実際、その通りだった。マグーは、極めて精巧にできている、銃身が長い高価なルガー22型・リヴォルバーを愛用し、仕事がない日は決まってゴミ捨て場に行き、10メートル以上も離れた場所にマッチ棒を立てては、その頭を撃ち落としていたのだから。

「とても難しいんだ」マグーはしみじみと語った。「でも時々はうまくいって、マッチに火がつくんだ」

平均的エンジェルよりも、マグーはずっと落ち着いた性格だ。本名を気軽に教えてくれた数少ない1人でもある。マグーはリンという名の、物静かで成熟した女性と結婚していたが、仲間たちの集まりに妻を連れてくることは、まずなかった。

マグーはいつも1人でランに参加し、あまり仲間とも喋らない。

ただ、ドラッグを飲んだ時は別だ。そんな時のマグーは、コメディアンのロード・バックリーさながらの独特のモノローグで、ありとあらゆることをとめどなく喋りまくる。

バス湖でのマグーは、ポップコーンのようにアンフェタミン錠剤をむさぼり食い、そうした人間特有の、驚異的な集中力で夜通し、一晩中焚き火の燃え具合の調整に専念していた。炎の縁に座り込んだマグーが、細長い枝で焚き火をつつくと、炎がパチパチはぜ、マグーの眼鏡と、頭に載せたナチのヘルメットを紅く照らし出す。

マグーは、ウィロウコーヴ・キャンプ場に到着するとすぐさま、ハンティングナイフでリーバイスを膝の高さで切り落とし、ライダースブーツを履いた太く白い生臑が10インチ（25センチ）ほど見えるようにしていたのだが、どう見てもそれは奇妙なファッションで、何と言うか、バミューダショーツに対する卑猥な嘲りのような効果をもたらしていた。

夜明け近く。マグーは焚き火の横に突っ立ち、アンフェタミン効果でかれこれもう何時間も炎をつついていた。私はマグーの隣に立ち、聞いていた。マグーはその場にいた2人のエンジェルと1人のママにこう持ちかけていた。

「なあ、これから俺たち4人で森の奥に行こうぜ……」マグーはヒソヒソ声で先を続ける。「そんでもって、マリファナを吸うんだ。したら頭がイカレちまって、痛みなんか全然感じないだろう。で、もしママがいいって言ったら、な、みんなでヤるんだよ」

マグーはここで話を一旦止めたが、ママも、ママを連れてきたエンジェルも、暗い顔で押し黙っている。何の返事もなかった。しばらくの沈黙のあと、マグーは焚き火を2、3度つつき直し、お喋りを再開した。「なあ、俺もお前もエンジェルじゃないか。な、俺、お前に手荒くしたことないよなあ。困らせたこともないよなあ。だったら、何の問題もないじゃないか。なあ、森に入って、奥の藪んとこでマリファナを吸おう。んでもって、ヤろう。だって彼女はエンジェルズの女なんだぜ。彼女も楽しまなきゃ」

そして話し終わったマグーは、仲間たちの返事を待たず、足も動かさず、ただ尻のところをちょっとひねって、小さくなりかけていた焚き火に向かってションベンをかけた。シュー！　大きな音とともに灰が飛び、煙が上がって燃えカスが黒くなった。う、くっ臭い！　悪臭。ママもエンジェルもたまらずその場を逃げるように離れた。

たぶん……マグーはこの行為を、気のおけない仲間への親愛の証として、また、その場にあった、何かこう、気取った雰囲気から仲間を解放するための肉体的なジェスチャーとして行ったのだろう。だけど実際には、マグーのやることは、いつも奇妙な行為としか映らないのだ。焚き火のそばにいたエンジェルは、ママを含め誰ひとりとして、そもそもマグーの提案に乗り気じゃなかったので、ションベンで焚き火が消されると、絶好の口実とばかりに、何も言わずその場から離れた。それからしばらく、逃げた3人はマグーのションベンが臭ってこないポジションを、風上で探しまわっていた。

それからまたしばらく経った頃、焚き火から反対側に何フィートか離れて、地べたに座っている2人のエンジェルが、1台のバイクに並んでもたれ、マリファナのジョイントを交互に吸いながら、何やら非常に真剣な顔で話し合っていた。

2人の表情があまりにも真剣だったから、私は彼らに背を向けたまま、じっと神経を集中して聞き耳を立てた。2人のあいだでは――たったひとつのセンテンスが、ただ感情的な口調で繰り返されているのだった。「畜生、まったく、今の俺のこの混乱した頭を整理してくれる奴がいたら、世界中のマリファナを全部くれてやらあ。まったくだ、今の俺のこの混乱した頭を整理してくれる奴がいたら、俺だって世界中のマリファナをくれてやるぜ。俺もそれを言いたかったんだ。今の俺のこの混乱した頭を整理してくれる奴がいたら、世界中のマリファナをすっからかんにくれてやるってよ。まさにお前の言う通りだ。俺だって、今の俺のこの混乱した頭を整理してくれる奴がいたら、世界中のマリファナをくれてやるぜ、この野郎！」

私は素早くその場を去った――気づかれていないことを願いながら。こういうキマりきった連中にかかわると、埒があかない。

自分の車に戻ると、そこには、意地汚く後部座席をかきまわして、ビールを盗もうとしているエンジェルたちがいた。しばらくのあいだ森の奥に消えていたため、新しいビールが到着していることを知らなかったのだろう。

缶ビールを必死の形相で摑んでいる1人は、フレズノ支部のリーダーで、常に謎めいた存在であり続けたレイだった。ヘルズエンジェルズのメンバーたちですら、レイという人物を理解できずにいた。

レイは、外部の者に非常に友好的なエンジェルの1人だ。初対面の相手には型通りの挨拶をし、自分から握手を求める。6・3フィート（192センチ）、200ポンド（91キロ）という巨体を別にすれば、対面者に与える外見上の脅威は、彼のどこを探しても見当たらない。ブロンドの髪は、エンジェルズの基準からすれば短くてサッパリしたものだし、顔立ちは『ボーイスカウト・ハンドブック』の表紙を飾れるくらいに健全だ。

エンジェルズの一部は、レイのことを〝社交界の名士〟と呼んでいた。その呼び方に、レイとエンジェルズのあいだにある距離感――レイが湛えているディレッタント（道楽的）な雰囲気対する、エンジェルたちの受け入れきらない気持ちが込められていた。

確かにレイは他のエンジェルたちとは違う文化的な雰囲気を持っていて、メンバーたちは、いつかきっとレイはアウトローバイカーの世界を抜け出して、もっと将来性のある何か別のことをやり始めるだろうと考えていた。エンジェルたちがさしあたって思いつくところでは、例えばどこかにちゃんと就職して肉体労働するとか、あるいはバイクや自転車の修理を専門職として、どこかのグリース・ピットに働き口を見つけるとか……。

25歳のレイは、ヘルズエンジェルズの一員としての自分にもちろん喜びを感じていたが、かといって、完全にクラブに呑み込まれた生活をしているわけではなかった。

それが理由で、ハーレーダビッドソンで走りまわる生活を続けるアウトローバイカー人生を自分自身と同義に捉えているほとんどのメンバー――たとえ空想でも、別の生き方を模索したことのない生粋のエンジェルたち――にとって、レイは何かこう、自分の居心地を悪くさせる、ノドに刺さった骨のような存在でもあった。

レイが所属しているフレズノ・エンジェルズが、警察の弾圧で解散寸前まで追い込まれた時、もしレイがオークランドへの移籍を希望していたら、オークランド支部の面々はレイに対して、彼らが基準とする〝悪の品格〟――例えば大衆の目前で警官を叩きのめすとか、安食堂のカウンターの上でウェイトレスをレイプするとか……を要求し、それに応えて、レイがカタギの世界へ逆戻りする退路を断つ決断を行動として示せなければ、彼を仲間として受け入れなかったはずだ。

しかしレイは、バージャーのオークランド支部には最初から加わろうとせず――したがって、悪の品格を示すことなく、フレズノ・エンジェルズのワイルドなパーティーオーガナイザーであり続け、自分でハーレーやパーツの取引商売をして生計を立て、満足して暮らしている。

レイは極度のバイク狂であり、ロサンゼルスやベイエリアのエンジェルたちは、レイを一種の〝ハーレーダビッドソン専門のパーツ物流センター〟として利用していた。レイはオン・ザ・ロード――常に旅している人間でもある。そして移動に使っているのは、必ずパーフェクトなチョップド・ホッグに改造された、美しいハーレーダビッドソン。

レイは本当に不思議な男なのだ――。

ある週末にフォンタナの〈ブルー・ブレイズ・バー〉で、バードゥー支部の動向を探っていたかと思うと、別の週末には、オークランド支部の溜まり場、〈ルアウ〉や〈シナーズ・クラブ〉に姿を現して、機嫌よくエンジェルたちにエンジン改造に関するアドバイスを与え、握手をしながらパーティーのオーガナイズを約束している。

アラバマ州のリベラル派の市民たちが、黒人たちに白人と同等の権利を与える、公民権運動のデモ行進を行った時、レイはアラバマ州中南部のセルマまで、極限まで改造した完璧なアウトローハーレーをすっ飛ばした。そして――デモ行進に参加するでもなく、反対するでもなく、ただ何が起きているのかをじっと見物して帰ってきた。

その時のことを、レイは微笑して振り返る。「俺はいつも、ニガーの存在が、いずれいつか大きなものになると考えていたのさ。それでちょっと、状況をチェックしにバイクを飛ばしたってわけでね」

『サタデー・イヴニング・ポスト』誌に出稿しているジャーナリスト、ビル・マーレーにフォンタナで会った時のレイは、自己紹介を済ませて握手を交わすと、マーレーをフレズノ支部のパーティーに招待すると申し出た。「街に着いたら連絡してくれよ」と連絡方法まで丁寧に説明して。

「フレズノに着いたら、ラトクリフ・スタジアムが見えるところまで、ブラックストーン・アベニューを真っ直ぐ進んでほしいんだ。すると、道を渡ったとこにガソリンスタンドがあるから、そこで俺の居場所を聞いてくれればいい。俺がいつ、どこにいるか、スタンドの連中が一番よく知ってるんだ」

しかしフレズノに足を運んだビル・マーレーは、結局、レイに出会えなかった。

マーレーの話では、街の案内図と睨めっこして、レイの説明通り半日も街中を右往左往したが、フレズノの街には肝心のガソリンスタンドすらなかったそうだ。何のことはない、そもそも、すべてがデタラメだったのだ。

レイの人間洞察アンテナは、『サタデー・イヴニング・ポスト』記者ビル・マーレーを、握手した瞬間、瞳に映した瞬間、警察の味方と判断して、にこやかな顔でまったくのデタラメを教え込んだのである。しかしフレズノの街を半日かけて車で走りまわったマーレーは、努力の甲斐あって、レイが最近パーティーをオーガナイズしたと思われる1軒の家屋を発見することに成功した。マーレーはそのインパクトに驚き、すぐに街を立ち去り、次のような記事を発表した。

記者はその家屋を、フレズノからヨセミテの北にある主要道路、ブラックストーン・アベニューから100ヤードか200ヤード(90〜180メートル)奥まった場所で発見した。

家屋の建物は、周辺と比べて特別なものではない。白くペンキが塗られた平屋のバンガローで、間取りは3部屋。前には小さな庭がある。

しかしそれを目にした人なら誰でも、そこがヘルズエンジェルズのパーティーの現場だったとわかるだろう。物凄い有り様になっていた。フェンスの一部は倒壊し、窓はすべて叩き割られ、柵柱のひとつはドアに釘で打ち付けられている。前庭の2本の小さな木は、すべて幹元から折られ、グロテスクに地面を引きずっていた。そうした光景の中に、腕が潰され、シートが破り剝ぎ取られた肘掛椅子の骨組みが骸骨のようにひっくり返っていたのだが、チェアーの背には赤いインクで言葉が書かれていた。

ヘルズエンジェルズ
13卐69er
ディー――バードゥー

壊れ果てた家屋に入り、記者はリビングの中央に立った。その場の様子を言葉で伝えるのは難しい。これほどまで完全なカオスを、記者はこれまで見たことがない。あらゆる家具が破壊され、ガラスや壁の破片が床のあちこちに散らばっていた。破れた衣服。空き缶。ワインやビールのボトル。陶器類。何が何やらわけがわからない様々な箱。

すべての扉は蝶番ごと外され、力任せにエアコンが剝ぎ取られた壁には、大きな穴が開いていた。その壁には、赤い大きなペンキで大きく〝ポリ公〟と書き殴られたベッドが立てかけられており、ボトルや石などを手当たりしだいに投げつけたらしく、真ん中が酷く陥没していた。その下に、また別の鉤十字に重ねて〝YEAH! フレズノ〟と残されていた。壁紙はすべて剝がされていた。

悪夢の残骸と成り果てた家屋から数ヤードしか離れていない場所には、ごく普通のフレズノ市民たちが暮らしている。

彼らによると、その家は初め、ごく普通の独身女性が借りたそうだ。

しかし翌日になると、バイクに乗ったヘルズエンジェルが集まり始めた。メンバーたちが連れてくる女子も含むと、連日20人から25人の集団が大騒ぎをしていたらしい。

そして約2週間ののち、ついに地元フレズノ警察が現場に駆けつけるのだが、警察官たちは、近隣住民の通報を受け出動したのではない。ではなぜ、2週間ものあいだ、住民たちは警察に通報しなかったのか？

近隣住民たちは、連日連夜休みなく家屋の中から聞こえてくる、ヘルズエンジェルズの狂声に恐れおののき、直接彼らに異義を唱えるはおろか、警察に助けを求めることすらできない心理的恐慌状態に陥っていたのだ。エンジェルたちが破壊した家の真後ろに住んでいる男は、理由を次のような言葉で説明した。

「軍隊に反抗することは誰にもできない。まさに連中は軍隊だろう。警察を呼んだりしたら、逆上した彼らに何をされるかわかったもんじゃない。連中は、本物の野獣集団だ」

17

HELL'S ANGELS

【*rapere*】奪い取る、慌しく享受する、など。——ラテン語の辞書

レイの在籍するフレズノ・エンジェルズは、ニュースネタになるような大きなトラブルを四六時中引き起こしている問題支部というわけではないが、しかし——彼らが関係する事件は常に異常で、市民社会が大切にしている価値観を、その都度こっぴどく侮辱的な方法で易々とぶち壊してみせる。

そのうちのひとつがフレズノ近郊の広大な砂漠を開拓してつくられた農業地帯、セントラル・ヴァレーのクローヴィスという小さな町で起きた、残虐なレイプ事件である。

各地の新聞に事件のあらましが掲載された時、事件と直接関係がない遠く離れた大都市の市民たちもが憤激して、心の底からヘルズエンジェルズへの憎悪を募らせた。

5児の母で未亡人の36歳白人女性　フレズノ・エンジェルズを告発！

友人（女性）と馴染みの酒場でビールを飲んでいた被害者は、フレズノ支部のヘルズエンジェルズに、店の裏口からいきなり表に引きずり出された。そして近くの空き家で2時間半にわたって15から20人の男たちに繰り返しレイプされ、その後150ドルを強奪された。

サンフランシスコの新聞各紙に以上のような記事が掲載され、さらにその後、「警察に証言をしたら殺すぞ」とエンジェルたちから脅迫電話があったと被害者女性が主張したため、騒動はさらに拡大。2、3日のあいだ、新聞各紙はニュースを特報した。

事件の4日後、ついに犯人が逮捕された。逮捕されたのは、なんと被害者女性本人。告発した本人が性的倒錯罪で逮捕されたのである。

クローヴィスの警察署長は記者会見で述べている。

「この事件の真相が判明したことを発表する」署長は記者たちを前にこう言った。「――我々の捜査によれば、彼女はレイプされていない」

クローヴィスの警察署長は淡々と捜査経過を説明した。「当該女性は犯行があったとされる時刻に相当な酩酊状態にあり、酒場の店主に退店を命じられるまで、店内で少なくとも3人のヘルズエンジェルズを相手に、自らの意思で猥褻行為を行っていた。彼女はエンジェルたちの肉体的要求を喜んで受け入れ、裏手の空き家に、自らの意思で男たちを招き入れた。金銭の強奪はない。友人女性の証言によると、当該女性は、事件があったとされる夜、早いうちに5ドルを手に家を出て、はしご酒をしていた」

この冤罪レイプ事件は、リンチ検事総長作成の報告書には記載されていないが、報告書でヘルズエンジェルズの犯行と断定されている事件の多くは、この案件とほぼ同等の、根拠を持たない冤罪事例であると、私、ハンター・S・トンプソンは断言する。

一般論だが、ヘルズエンジェルズが犯人とされる冤罪事件には――つくられた筋立てが確立し、O・ヘンリーの小説のようなご都合主義が漂い、不自然なほどに出来過ぎの展開を見せながらメディアを過熱させつつ進行する。

言うまでもないことだが、新聞記者たちは自分の足でフレズノを歩き、関係者たちを取材してから記事を書くべきだったのだ。警察発表を受けて最初の、〃ヘルズエンジェルズによる5児の母レイプ報道〃を新聞に掲載し始めたのち、せめて一度でいいから記者自身が直接取材していれば、すぐに寄生虫のような偽被害者をあぶり出せたはずなのに。モントレー・レイプ事件がそうであったように、このクローヴィス・レイプ事件も、真相を知っている真の目撃者たちが沈黙を守っていたら——検察官がエンジェルズに罪を被せることに成功した、典型的なやらせ逮捕の一例である。

私がこの偽レイプ事件をここに記した目的は、事件そのものを知らせることではなく、新聞報道された女性の告発と、4日後に判明した現実のとんでもない落差について、特に読者に注目してほしいからだ。

事実確認も定かでないうちに、レイプ事件が過熱報道に発展した背景には〃ヘルズエンジェルズは全員レイプ魔〃という、現在ではもうお馴染みとも言える、無根拠な市民間の前提がある。その前提の存在こそが、エンジェルズに対する予断に満ちた過熱報道、市民たちの過剰防衛、エンジェルズ自身による無自覚な自己演出、などを読み解く大きな手がかりなのは言うまでもない。

レイプ事件を客観的に判断できる者など、実は誰もいないのだ。

恐怖、快楽、そして謎——。レイプにはあらゆる要素が混沌として存在する。レイプという言葉にリアルな恐怖を抱いている女性が、ある時は子宮の奥のどこかに潜んでいる、正体のわからない好奇心を疼かせる——人間の心理には、そうした矛盾した末梢神経が存在しているとも言えるだろう。

人間という生き物の深層心理を探ることは、レイプ行為そのもの以上の恐ろしい何かを心の奥底に手探りすることに他ならない。というのも、〃レイプとは何か?〃に深く踏み込んだ言及を試みることは、人間が本来的に隠し持っている根源的な堕落状態への願望、あるいは善良なる市民社会が抱える陰なる性欲を暗示することに直結するからである。

新聞やラジオでレイプ事件を知った男性は、憎しみを込めて犯人を「レイプ魔」と罵り、被害者女性に同情の目を向けるが、しかし彼らはまた、正義を語っている自分自身の隠された一面も自覚している。

レイプ被害に遭った女性の家庭が、その後崩壊するという悲劇が、これまでアメリカ社会で何度となく繰り返されてきた。その背景にあるのは――被害者女性の夫の心の底にある疑念……つまり、「妻のレイプには、何らかの禁断的な快楽や、潜在的な願望が伴っていたのではないか?」という、信じたくない恐ろしい認識、妄想、可能性への執着だ。レイプ被害者の家庭崩壊は、それらの幻惑に囚われながら、従来通りの夫婦生活を続けることに耐えられなくなった男性心理によって引き起こされる、もうひとつのレイプ悲劇である。

言葉では語りつくせない、人間存在の謎の核心がそこにある。

アメリカ国民であるなら、レイプ事件の犯人を、羽根ペンとインクを使って無罪にしたインチキ弁護士のジョークを誰しも聞いたことがあるだろう。

法廷に立った弁護士は、陪審員に向かってまず、「この世にレイプなどというものは存在しない」と堂々と主張した。弁護士は――「羽根ペンがボトルにすんなり入るように、男性器が女性器に入ることは自然の摂理であり、互いに抗うことができない衝動である」という屁理屈をこねまわし、ついには目撃者自身に、羽根ペンをインクのボトルに入れさせてしまった(註1)というあれだ。

そうしたレトリックは、言うまでもなく、まったくのペテンである。

「この世にレイプなど存在しない」という言説は、17、8世紀のアメリカで、様々な実害ある道徳律を演説してまわったキリスト教会衆派の牧師、コットン・マザーの説教の垂れ流し、あるいはコットン・マザーと非常に似通った他の誰か――肩甲骨の後ろに両腕を力任せにねじ曲げられた状態で性的に蹂躙される(レイプ被害者はそうやって自由を奪われる)、過酷な経験を背負ったことのない、どこかの誰かの与太話に過ぎない。


(註1・訳註)羽ペンをインクのボトルに入れるには、"黙らせる"という意味がある。

法廷で、「レイプなどこの世に存在しない」など大与太を傲慢に言い放っている弁護士は、真っ昼間の公共の場所で依頼人全員が見守る中、3人の巨体の変質者によってケツの穴を掘られてみるがいい！

1966年現在、カリフォルニア州では毎年平均して3000件以上のレイプ事件が発生している、と正式に報告されている。年間を通じ、1日に3件のレイプの発生——恐ろしい数字である。

州当局の統計によると、平均的な年であった1963年には、3058件のレイプ事件が起きている。だが裁判にかけられたのはわずか231件であり、有罪判決を下された被告はたったの157人だった。しかも3058件というのは、あくまで〝告発されたレイプ事件〟に限った数字であり、実際には何人のレイプ被害者が出ているか知る由もない。

レイプ被害者の多くは、警察への通報を拒否したり、裁判でさらなる屈辱を受けるのを恐れて泣き寝入りしたり、人々の好奇の視線に晒されるのを避けて刑事告発そのものを自らの意思で拒んでしまう——ということがよく起きる。検察官は被害者に裁判での証言を無理強いすることができない。理由は、検察官こそが、レイプの裁判のつらさを誰よりよく知っている当人であるからに他ならない。

かような背景を十分承知したうえで、狙う相手を中流から上流の社会階級に暮らす女性に限定したレイプ犯は、告発される可能性が低いため、かなり安全な立場で、レイプ犯罪を繰り返している。しかしレイプされたことが汚名にならない下層階級に暮らす女性を標的としたレイプ魔たちは、自分の身を危険に晒すことになる。

レイプの告発が被害者によって自発的になされた場合、被害者の多くは法廷での証言を積極的に行う。頭の切れる検察官は、様々な比喩と暗喩を使いながら事件現場で起きたレイプの惨劇を、細部にわたって生々しいリアリティで再現してみせる。となれば、被告人席に座っている男がどんなに紳士的な仮面を装っていても、陪審員たちの目には彼が〝堕落したフン族〟に見えてくるだろう。

カリフォルニア州で多数のレイプ事件が起きているにもかかわらず、裁判に持ち込まれるケースすら少ないのは、一方で、州検察当局が実績づくりのために、はじめから有罪（勝訴）が確実視される稀なケース以外、レイプ事件を立件したがらないという、検察不正義の存在をも示唆している。

カリフォルニア州では、レイプ以外の重罪裁判では約8割の確率で有罪判決が下されているのに対し、レイプ事犯においては10件のうち7件にしか有罪が言い渡されていない。

市民社会の中に潜んでいるレイプ魔たちが繰り返し犯している卑しい犯罪を包括的に解決するためは、社会的、心理的、環境的、精神医学的、人権的、司法的……多岐にわたる複雑な問題を総合的に解決する必要があるだろう。最近注目を集めている、議員相互のなれあい投票や脂肪背症候群と同じように、レイプ犯罪もまた、近い将来、大統領命令で精選されたメンバーからなる連邦特別委員会によって包括的に調査されるべき国家的重要事案なのは確かである。

レイプ事犯に対する公的な取り組みが真剣になされる時代がやって来るまで——つまり、レイプ魔がこの世に存在する確かな理由や、それに対する明確な対処法が明示されるまで、合衆国市民社会は、社会的スケープゴートとして、毎年単調な規則正しさで、ヘルズエンジェルズの誰かをレイプ魔として逮捕し、生贄として刑務所にぶち込むことで現状に対する不平や不満を、うやむやにごまかし続けていく気なのだろうか？

とりわけ痛ましく卑劣極まりない者の性犯罪である〝集団レイプ（*gang rape*）〟は、「エンジェルズが好んで嗜好するひとつの特性である」と報道されている。

しかしエンジェルたちの多くは、過去一度あるいはそれ以上レイプ容疑で逮捕されているにもかかわらず、ここ15年のあいだにカリフォルニア州の同容疑で有罪判決を受けたメンバーは6人に満たないのだ。

ヘルズエンジェルズのメンバーは、皆一様に「レイプはやらない」と主張しているが、警察当局は、「ヘルズエンジェルズは継続的にレイプを繰り返している」と主張し続けている。両者の主張は長いあいだ平行線のままだ。

警察当局は——ヘルズエンジェルズのメンバーがレイプ犯として有罪判決を受けることが少ないのは、被害者のほとんどが、「切り刻んでやる！」「クラブ全員でまわしてやる！」といった脅迫に屈して証言を拒否しているためだ、と主張している。

本当にそうなのだろうか？　1966年の6月の話をしよう。

カリフォルニア州中部にあるソノマ郡で、4人のエンジェルが、パーティーの最中にサンフランシスコ出身の19歳のモデルをレイプしたという第一級強姦罪の容疑で裁判にかけられた。当初、告発されたメンバーは全部で19人だったが、郡検事はそれを有罪確実な4人にまで絞り込み――テリー、タイニー、モールディ・マーヴィン、マグー2世（14章のマグーとは別人）の全員を刑務所送りにできると確信して、法廷戦術に入った。

しかし2週間後、エンジェル側の弁護人3人が被害者女性に反対尋問を行い、その後に陪審員が下した評決は無罪であった。女性11人と男性1人からなる陪審員が全員一致の評決に達するまで、2時間とかからないスピード評決である。

ヘルズエンジェルズがレイプ事件で告発された場合、脅迫罪で有罪となる事実は、確かにある程度存在する。しかし、なぜエンジェルズのメンバーは、これほどまで頻繁にレイプでの告発↓逮捕↓告訴されているにもかかわらず、めったに有罪判決を受けないのか？　その理由を〝脅迫されたから〟だけで片付けるのは無理がある。

ヘルズエンジェルズのレイプ容疑が有罪判決を受けない秘密は、レイプ犯罪の有罪立証が〝起きた出来事に基づいてのみ認められる〟と厳密に定義されている法制度そのものに隠されている。つまり、起きていないのだ。

例えば、もし、ある女性が通りを引きまわされ、意思に反して猥褻行為を行うことを強要されれば、それは明らかにレイプである。しかしエンジェルたちは、「俺たちはそんなことは絶対に行わない」と力説する。

あるエンジェルの説明はこうだ。「一体全体どういう理由で、懲役50年を食らう危険を冒してまで、俺がレイプなんかやらなきゃならないってんだ？　クソったれ、どっちにしたって俺は、レイプなんかに燃えたりしない。現実にはな。だけど、エンジェルズのカラーをつけて街角に立ってるだけで、俺たちはありとあらゆる訴訟沙汰に巻き込まれちまう。ああ、確かに俺は、信号待ちの最中に通りがかりのネエちゃんに誘われれば、その辺のバーで、ズボンのチャックを気軽に下ろしているよ。でもそれはレイプじゃないだろう。求めてくる女がいない時は、あちこちに電話して、ヤりたがってる女を見つけりゃいいだけの話じゃないか。レイプなんかする理由なんて、ひとつもないのによ」

別のエンジェルは言う。「ああ、確かに俺たちゃ、来る女は拒まずヤっちまう。でもさ、レイプされた！　と女がわめき始めるのは、事がぜ〜んぶ終わって、1人きりになって冷静になって、いろいろ思い返してからの話だろう。はっきり言うけど、一度に1人の男だけじゃ物足りないって女は実際問題いっぱいいる。ノーマルじゃつまんないんだろうな。ただ厄介なのは、大勢でヤッてる途中、何人目かが終わって、女の方が一方的にやめたくなることがある。あるいは女がピックアップトラックの荷台で15人の男と楽しんでいる最中に、誰かが女の財布から何ドルか盗んだりする。当然、女はカッとなってギャアギャア文句をつけ始める。それかさぁ……突然、警官隊が手入れに乗り込んできた時、裸の女が何人ものヘルズエンジェルズに囲まれてりゃ、自動的に〝女はレイプされていた〟ってことにされちまうものだろう？　だってその状況をどう説明すればいい？　自動的に逮捕されちまうんだぜ。でもさ、俺たちが雇った弁護士が女の耳元で〝法廷で証言するのなら、おたくの性癖のことも全部ばらしてしまいますよ〟と囁けば、大概の女は、まあ訴えを取り下げるわな。だから俺たちが告発されるレイプってのは、大抵の場合、裁判にもなりゃしないのさ」

警察記録にも、2、3人のエンジェルズと性交渉していたが、途中で嫌になったからレイプの刑事告発を行ったと、あっさり認めた若い女子たちの証言が複数存在する。最初のお相手には愛があって、次のお相手は快感のためで、残りはすべてレイプだという趣旨の被害者証言を——法廷の陪審員12人は、どう判断すればいいというのか？

ヘルズエンジェルズのレイプ被害者とされたオークランドの女性のケースはこうだ。

ある夜、1人の女性が前日夜に知り合ったばかりのエンジェルを伴い、馴染みのバーの奥の部屋の扉を開けた。2人は最初からいいムードで、ほどなくして奥の部屋のビリヤード台で事に及び始めた……その時、1人の男が偶然部屋に入ってきた。男は、少しのあいだ2人の性交渉を眺めていたのだが、それに気づいた女性は、「見ないでよ!」と拒否したのち、性交渉を行っていたエンジェルに対しても「やめて、もうあたしやめるわ」と、その中断を申し出た。

その時、バーカウンターで飲んでいた、女性の恋人が異変に気づいた。部屋に入ってきたその男は自分の恋人が他の男に抱かれているのを見て盛り上がり、彼女に対して脅しをかけて、エンジェル、見物人の男、さらに自分とのその場での性交渉を女性に要求した。女性は嫌がったが、恋人に「言うことを聞かないとぶん殴るぞ」脅されたことで、自らが置かれた状況を理解し、仕方なく行為を受け入れることにした。そうして3度目の性交渉が終了した時……彼女は、この先自分にどんな酷いことが待ち続けているかを想像してヒステリーを起こし、バーテンは警察を呼んだ。

こんなパターンもある。1人の若い女が、ロサンゼルスからオークランドの〈エル・アドービ〉まで、バイクに乗ってやって来た。ヘルズエンジェルズの正式会員にしてほしいと言うのである。エンジェルたちは彼女に、「入れてやってもいいが、それならエンジェルズにふさわしい品格ってものを示してもらおうじゃないか。入会はそれからだ」と応じてみせた。

「まったく、ありゃホントにイカレた女だった!」メンバーの1人は今も大仰に嘆いて振り返る。「あの女ときたら、翌日の夜のパーティーに、巨大なセントバーナードを連れてたのさ。で、とんでもねえ見世物をやらかし始めた! おりゃもう、本当にシビレちまいそうだった。巨大なセントバーナードを連れた女が、俺たち全員に向かって〝いいわよ〟と誘うんだぜ。とにかく、みんなでヤりまくりさ。あのビッチ! 散々俺たちとファックしまくったあとで、俺たちが、自分のことをエンジェルズの仲間に入れる気がさらさらないと知って、完全に怒り狂っちまった。一人ひとりをめちゃくちゃに罵って、外の電話ボックスに走ってオマワリを呼びやがったんでさ、で、翌日には全員が強姦罪でパクられた。けど、その件についちゃそれっきり。ってのも……女がそのままどっか行っちまったのさ。あれ以来、誰もあの女を見かけた奴はいないねえ」

〝レイプ〟という言葉が出るたびに、テリー・ザ・トランプは、ある晩タクシーに乗って〈エル・アドービ〉にやって来た奇妙な女の話をする――。

「あれはホントいい女だった。バーの扉口に立って外を眺めていると、1台のタクシーが店の向こうで停まったんだ。降りてきたのはとびきりの美人。女は金を払うとしばらく道に突っ立ったまんま、俺たちをじっと見てたね。で、女は、まるで自分の庭みたいな感じで駐車場を気取って渡ると、俺たちのそばへ来て、うんとセクシーに言ったのさ。〝何をジロジロ見てるのさ〟わお。それから女は突然笑い始めたね。で、突然〝わかったわ〟と頷きやがった。こっちが何も言っていないのにだぜ。女が言うには――〝あたし、ファックもするし、フェラチオもするし、クスリもいっぱいキメるわよ。さあ始めようじゃないの〟だって。WWWWoooohhHH!! 俺にはその現実がまるっきり信じられなかったね。でも誓ってもいい。あの女は嘘をついてたわけじゃないんだな。正真正銘の本気だった。そこで俺たちは、それからだいぶ経ってから、当時持ってたオンボロの小型バンの荷台に女を乗せて、誰もいない荒野へ向かうことになったんだ。だって女ときたら、〈エル・アドービ〉閉店時間が来ても〝もっと! もっと! もっと!〟って叫んでんだもん。ホントだぜ。だから途中からは誰にもバレないように、郊外に連れてかなきゃならなかったんだ」

ヘルズエンジェルズの周辺には、ママともオールドレディとも、また、正式な彼女や正式な妻とも違う、いわゆるグルーピーが大勢いる。エンジェルズには、グルーピーの話題が常についてまわるが、上記のエピソードはそうした逸話のごく一部である。エンジェルたちは、自分たちとグルーピーのあいだで起きたエピソードを、いつも大袈裟に面白おかしく脚色して話すが、ゼロから話をでっちあげるということはない――そのことを付け加えておく。

この1年数カ月のあいだ、私は幾度となくヘルズエンジェルズのメンバーたちと血の気の多い、あるいはゆったりと打ち解けた長い夜を過ごしてきた。振り返ると、血気盛んな若いエンジェルたちには、いつも誰かしら女性が付き従っていたように思う。

大抵はママの誰かだったが、時にはエンジェルズが〝外の女〟とか〝新顔のプッシー〟と呼ぶ、外部の女子の場合もある。そうした女子たちの大半は、一緒にいるエンジェルとすでにデキているように思われたが、たぶん実際そうだったのだろう。

新顔のプッシーたちは、エンジェルたちの溜まり場になっているバーにエスコートされて来ると、少し踊って、ちょっとだけビール舐め、そして彼女のシェーンにしがみつきながら、暗闇の彼方へハーレーの轟音とともに去ってゆく……大概の場合は。

中には誰かの小型バンに誘われたまま、何時間もバーに戻らない女の子もいる。というか少なくない。そういう場合は、大勢のエンジェルたちが入れ替わり立ち替わりバンに足を運び……揺れる車のバックシートで何が行われていたかは、無論明白である。しかし2、3の例外を除いて大した騒動に発展したことはない。

週末の夜のオークランド・エンジェルズの溜まり場である〈エル・アドービ〉には、いつも30人かそこらのメンバーがたむろしていた。もちろん何人ものグルーピーたちが店の中を闊歩している。そんな時、つまり仲間たちと気分よく店で酔っている時に、七面倒臭いトラブルに巻き込まれるとわかっていながら、わざわざ店を出て駐車場を渡り、薄暗がりを歩いている見ず知らずの女性に襲いかかろうと考えるエンジェルなど……いるわけがない。そうは思わないか？〈エル・アドービ〉に何よりグルーピーがいるということは、メンバー1人につき数回ずつの順番がまわってくることを意味するからだ。

しかしそんな夜でも、つき合っている特定の彼女や、ワイフがいるエンジェルたちは、仲間たちのセクシャルなドンチャン騒ぎを、見て見ぬふりでやり過ごしていた。

理由は……言うまでもない。エンジェルたちの妻やステディなガールフレンドは、自分の男が輪姦遊びに興じることを嫌がったからだ。となると必然的に、エンジェルズのママたちの存在がクローズアップされてくる。何せママたちはエンジェルたちの共有物なのだ。

エンジェルと結婚していたり、正式につき合っている女性たちは、ママたちを恨むのではなく、お互いに共闘して堅固な社会的バリアを張ることで、自分たちの家庭や恋愛を守ろうとしていた。

オークランド・エンジェルズのメンバーの妻の1人、ジーンというチャーミングな黒髪の女性は、エンジェルズのママたちを「とても悲しい人間で、生まれつきの敗北者だわ」という言葉で表した。ジーンは語った。「ママ・ビヴァリー（ガソリンスタンドの店員にとって1ガロンの価値もなかったママ）みたいな女性を、あたしはひたすら同情するの。あの人たち、エンジェルズみたいなアウトローと一緒にいるためには、何でもやらせて、何でもしなきゃいけないって信じ込んでる。でもそんな女、他にもいくらでもいるわ。リッチモンドのパーティーに突然見知らぬ若い女の子が来て、自分の裸の写真を、みんなに見せてまわり始めたなんてこともあったわ。その子、6人のエンジェルと奥の部屋に消えていったけど。ヘルズエンジェルズのメンバーってだけで群がってくる女の子たちってたくさんいるの。ランの時に見てごらんよ。そんな子がレイプされたって騒いだって、自分からされに来たみたいなもんじゃない」

ジーンの言わんとすることは理解できる。しかし彼女の意見は、ちょっとばかし手厳し過ぎやしないだろうか？

確かにヘルズエンジェルズを追いかけるグルーピーたちは、何らかの肉体的欲求に突き動かされてはいる。もちろん異常にだらしない女性も混じってはいるのだが、かと言って、大勢にまわされることを本心から心待ちにしている女性なんて、ほとんどいやしない。

多数の男性に囲まれながらの性行為――それは恐ろしく過酷な経験である。

ヘルズエンジェルズは、集団による強制的な性行為をひとつの〝刑罰〟の形態として分類していた。彼ら独自の暗黙の共通認識である。密告したり、エンジェルの誰かを捨てて別の男に走ったりした女子は、エンジェルズ流の言葉で表現するならば――〝まわし放り出されて（turned out）〟〝エンジェルズの輪姦列車に乗せられて（pull the Angel train）〟当然なのである。

ヘルズエンジェルズの仲間内の刑罰は、決まった手順で行われる。性的な刑罰は魔女狩りのように明確な、エンジェルズの〝儀式〟なのである。

手順はこうだ。何人かのエンジェルがある晩、問題を起こした女を連れ出し、他のメンバーが待ち受けている場所に連れていく。女性は服を剝ぎ取られ、床に押しつけられ、一番年配のエンジェルが、まず最初に彼女に馬乗りになる。こうした刑罰は、ママやエンジェルの妻たちを含む、衆人環視の中で執行される。

ただし、エンジェルズの女たち――正式な彼女や妻たちは、そうした残酷な刑罰ショーに立ち会うのを避けるべく細心の注意を払っていた。エンジェルにしても、全員が全員、性的刑罰を愉しみにしているわけではない。粛清を実行するのは、ほとんどの場合、不当な扱いを受けた当の本人と、その種の懲罰を好む少数の者たちだ。

どこの支部にも、2、3人の輪姦マニアがいるのである。そうした連中は、尊敬を集めているタフな中心メンバーではなく、メンバーで最も卑劣な部類の男たちだ。彼らは昼夜を問わず、いきなり豹変して敵意剝き出しの強姦魔と化す。

ヘルズエンジェルズの取材を始めて数カ月が過ぎ、エンジェルたちが私の存在を仲間として受け入れ始めた初期に目撃したある光景が、今も私の記憶の中を漂い続けている。あの光景にどのような説明をつければよいのか、自分自身、いまだに判断がついていない。

いったいあれは…… 悦楽の乱交パーティーだったのだろうか、それとも徹底した集団レイプだったのだろうか。

パーティーの主催者からの招待を受け、会場にはおよそ20人のエンジェルがいた。パーティーそのものは、結果的に2日間連続のドンチャン騒ぎになだれ込んだ派手なものだったが――。パーティーが始まって間もなくのことだ。5、6人のエンジェルが、会場の片隅で、とあるエンジェルの前の妻を発見した。エンジェルたちが声をかけると、女性は「母屋から離れた小さな建物でなら、みんなとヤってもいいわよ」と応じてみせた。

彼女は、自分が選んだ最初の3人と嬉しそうに性交渉を終えた。しかし事はそれで終わらなかった。新たに誕生したママの噂は、あっという間にパーティー会場の全員に拡がり、ほどなくして彼女は、大集団の見物人に囲まれながら輪姦されるショーの出し物にされたのである。

限りない輪姦が続くあいだ、見物人たちは酒を飲み、ゲラゲラと笑い声をあげ、空きが出るとすかさず交代して果てることなく次々と女性にのしかかった。しわくちゃになった私の古い黄色いノートに……部分的に判読不可能なところもあるが、その晩の走り書きが今も残っている。


……25歳くらい　美人の女性が木の床に寝かされ、代わる代わる2、3人の男たちにのしかかられている。脚のあいだに膝をついて、のしかかっているのが1人、顔の上に座り込んでいるのが1人、脚を押さえつけているのが1人……歯、舌、陰毛……木造小屋の薄暗い照明。太腿と腹が、汗と精液でぬるぬるしている。赤と白のドレスが胸のあたりまでめくられ……大勢が歓声をあげ笑い転げる。下半身裸の男たちが何人も何人も　最初だか2度目、3度目だか、みんなが順番を待っている……女の体は痙攣し、逆らわず、ただしがみつき、酒ではない何かに泥酔している。めちゃくちゃに溺れている、何が何だかわからないまま。


その光景は、特に性的に淫靡なものではなく、その時私は、これは復讐のひとつなのだと直感でわかったのだ。輪姦が繰りひろげられている小屋は冷たく、非情な雰囲気に満ち、ヒステリックで、無慈悲な気分が充満していた。

大抵の男は、一度犯したらあとは見物しているか、あるいはパーティー会場へ戻っていくのだが、8人から10人のハードコアな強姦魔は数時間以上、女性を解放せずに代わる代わる犯し続けた。優しさや愛情の欠片もない様々なやり方で少なくとも50回……いや、それ以上。

ひと休憩入った時、何人かのエンジェルがパーティー会場から、泥酔しきった女の前の旦那を引っ張ってきた。「ほら、お前の番だよ、ヤれよ」

強姦魔の1人からその言葉が発せられた時、木造小屋に、にわかに嫌な緊張感が張り詰めた。そこまでやらせなくてもいいだろう。ほとんどのアウトローが、瞬間的に我に返った。しかし虚ろな瞳に前夫の姿を映した若い女は、前屈みになり、床に肘をついて、かつて愛した男にキスを求めた。元夫は、かつての妻にキスをして、他の者たちが大笑いで囃し立てる中、酩酊しながら求められた役目を全うした。

その後……彼女はしばらく薄暗い小屋で茫然自失していたが、虚ろな様子で立ち上がると、ふらふらとパーティー会場へ戻り、何人かの男たちとダンスを踊り……それからまた、ハードなレイプマニアのエンジェルたちによって輪姦部屋に連れ戻された。そしてまた長い苦痛の時間が過ぎ——。再びパーティー会場に現れた彼女はもはやズタボロで、前夫の肩にしがみつき、なんとか踊ろうとしていたが意識は遠く、前後に揺れているのがやっとだった。音楽すら聞こえていなかったに違いない。凄惨な儀式を終えた彼女の後ろで、あまりにも場違いな軽快なロックンロールが響いていた。

あらゆる事実や状況や、そこから派生した様々な問題を知っていたとして、陪審員は、果たしてこの一夜をどう判断するのだろうか？ もしこの25歳の女性が「レイプされた」と言うのなら、なぜ彼女は抵抗したり助けを求めたりしなかったのか？

そのパーティーにおいて、ヘルズエンジェルズメンバーは少数派だったし、そもそもパーティーの趣旨からして、エンジェルたちは凄惨な輪姦ショーを見せつけるために、そこに集ったわけではない。会場では、他にもいろいろなことが起こっていた。もし誰かが、いつまでも続く集団レイプショーに抗議をすれば、エンジェルたちはきっと途中でやめただろう。だが、小屋で続いている出来事を気にしている者は誰もいなかったし、最終的にはエンジェルズ以外の招待客も1人か2人、輪姦ショーに加わっている。

女性には、パーティー会場を抜け出して警察を呼ぶチャンスが幾度もあったが、そんなことはしなかった。エンジェルズのパーティーで輪姦されるような女子たちは、警察が自分を守ってくれるとは考えない。

レイプを広く定義する場合、〝強制的なセックス〟はレイプのひとつの側面にしか過ぎない。レイプという語はラテン語の〝*rapere*〟に由来し、ウェブスター辞書による現代語訳は、多岐に渡って言語的に定義している。

①同意なしに女性や少女と性的関係を持つという犯罪。
②力ずくで奪って持ち去る行為。
③戦時におけるように、略奪したり破壊したりすること。

つまりヘルズエンジェルズは、自分たちオリジナルの定義を含む複数の定義において、まぎれもない〝レイプの実行者である〟ということになる。

レイプはセクシャルな意味においてだけ成り立つものではない。20世紀の折り返し地点を過ぎた1966年の合衆国において、ヘルズエンジェルズのレイプが、残酷で救いのない行為に思えたとしても……現実には良識派を自認する我々もまた、他者を破壊し、略奪する〝*rapere*〟を様々な人間に対して行っているのだ。エンジェルズの*rapere*は、見た目にわかりやすい性行為の形で行われている。しかし形を変え、我々もまた、様々な場所で、様々な*rapere*を行っている。そのことを忘れてはならない。

ヘルズエンジェルズのミーティングが終わるのを待っている女たち。年齢は10代から20代前半まで。
1965年、ビル・レイ撮影

今やボニーとクライドは バロウ・ギャングと相成った
誰でもみんな一度くらい きっと読んだりしたはずさ
どんなふうに強奪し どんなふうに盗むのか
密告者どもは瀕死の重傷
殺されるのが当たり前
新聞記事は嘘だらけ
ボニーとクライドは無慈悲じゃない
憎んでいたのは 法の手先とスパイ 見張り屋 裏切り者
奴らは冷たい殺し屋だ
奴らは非情な卑劣漢
みんなは冷たく言い放つ
だけどあたしは知っている 誇りを持ってこう言える
真っ直ぐ 真面目で 汚れてなかったクライドを
あたしはあたしで知っている

——ボニー・パーカー　テキサスの警察がついに彼女を殺した時、ピストルには9つの刻み目があった。

18
HELL'S ANGELS

昼も夜もなく……
クラッシュした野郎を見つけると
あいつは落書きをして火をつけた
ところがさ！！！
ある日 あいつ自身がクラッシュさ……
でもって火をつけられた
でもって落書きされた
ところがだ！！！
今でもあいつは狂ったように走ってる
逞しい奴さ……
根に持ったりしない いい奴なのさ
でも頼むから勘違いしないでくれよ
もしオメエがクラッシュしたら
絶対ヒデエ目に遭うからな！

——ヘルズエンジェルズのパーティー会場の壁で見つけた詩

1965年、独立記念日のランの夜、ウィロウコーヴでは誰もレイプされなかった。外から来た女たちが帰ってしまったせいで、ほとんどのエンジェルはヤケ酒をかっ食らって酩酊している。私が、そろそろひと眠りしようと車の中に引っ込もうとした頃には、シラフの人間は1人もいなかったに違いない。

深夜の底が見え始めると、焚き火のまわりには50人かそこらのメンバーが集っていたが、半分以上は、完全に現実と幻想の縁を彷徨っていた。ゾンビのように立ちつくし、ぼんやり炎を見つめている者。しばらくじっと考え込んでいたかと思うと、いきなりわけのわからないことをわめきだす者。狂ったような叫び声が明け方の湖に散発的にこだましていた。水辺を遊ぶアビ鳥みたいにグァア、グァアァアァアと。時折、誰かが投げ込んだ赤いかんしゃく玉が焚き火の中でざっと音を立てて破裂すると、あらゆる方向に火花が弾け飛び、燃えさしの枝が宙を舞った。

私は車の中で眠ることにしたが、意識が落ちてしまう前にやらねばならぬことがあった。ドアのロックを確認し、誰かの腕が忍び込んでこないようウィンドウをしっかりと上げること。

ヘルズエンジェルズには、パーティーの最中に眠りこけている者に強烈なイタズラをしでかし、皆でゲラゲラとからかう風習があるからだ。

ヘルズエンジェルズには――いつ、どのようなランであれ、最初の晩は寝ずに過ごす、という誇り高き伝統的な不文律がある。

エンジェルズとつき合い始めてすぐの頃、人ごみを離れた暗闇で誰かを捜していると、「ああ、きっと奴はどこかに隠れてクラッシュしているのさ」と告げられたことがあった。しばらくのあいだ、私は彼らが口にする〝クラッシュ〟という言葉を、大勢が一般的に使っている〝オーバードーズ〟の隠語だろうと想像していた。

オーバードーズ――つまり、ヤクが効き過ぎた状態。オーバードーズになって、自分が発狂状態にあると自覚した人間は、他人に迷惑をかけずに妄想状態を乗りきるため、病気の動物が本能的に森に深く隠れ潜むように、皆の前からそっと姿をくらます。その状態をクラッシュと呼んでいるのだと思っていたのだが……。

ところがエンジェルたちが使うクラッシュという言葉には、文字通りアルコールに〝酔っ払って潰れた〟とか、あるいは単純に〝疲れてうとうとする〟という以上の隠語的な意味はない。もし誰かがパーティーの最中にクラッシュすると、エンジェルたちは即座に手酷い方法でイタズラを始める。

一般的なのは、小便のシャワーである。眠り込んでしまったエンジェルのまわりに大勢がそぉ～っと集まり……そぉ～っとチャックを下ろし……あとの展開はご想像通り。頭のてっぺんから爪先まで、眠っていた人間はびしょびしょだ。より洗練されたイタズラもある。モールディ・マーヴィンは、クラッシュした仲間に独創的なイタズラをやらかす天才考案者として、広く仲間たちの尊敬を集めていた。テリー・ザ・トランプを電気コンセントのある柱にロープで括りつけ、リーバイスのジーンズをビールで濡らしてから、エレクトリック・ショック・オン！ 電気を通して感電させたのは、何を隠そうマーヴィンである。

比較的物静かなエンジェルズの1人、オークランド支部のジミーは、サクラメントのランの夜に経験したクラッシュをニヤニヤと楽しそうに回想する。

「まったく、あの馬鹿どもときたら、俺の眼鏡を真っ黒に塗って、口紅で体中に落書きしてさ。それから体に火をつけやがった！」

マグーはかつて、あるパーティーで目覚めると、手錠と足枷で身動きできないように転がされている自分に気がついた。マグーはそのことを話す時、いつも愉快そうに笑いだす。「それでおい、聞いてくれよ。膝の上で2パックの紙マッチがぼうぼう炎を上げて燃えてたんだぜ！ たまらず俺は叫んだ。おいっ、誰でもいい小便をかけてくれ～！ってな。だって仕方ねえだろ。目が覚めたら自分が燃えてんだからよう」

淡い夜明けの空気がキャンプ場に漂い始めると、自力で立って正気を保っているエンジェルはもう20人もいなかった。ジョーカーズの1人は〝追っ立てる（*shunt*）〟という言葉に、なぜか魅了されていた。まだパーティーが活気よくまわっていた頃、私がジョーカーズのメンバーに「酷いキャンプ場に追っ立てられたもんだ」と何気なく愚痴った時、どうやらその何気ないひと言が、瞬間的に彼の鼓膜を捉え、以来、そのまま離れないらしい。数時間が経ったのち、私は……彼がジョーカーズの仲間たちに迫っている声を聞いた。「なあ、町に行って誰でもいいから追っ立ててやろうぜ」

そしていよいよ午前4時を過ぎた頃になると、追っ立てるという単語は、彼の朦朧とする意識の中で悪性腫瘍のように際限なく肥大化し、ついには焚き火のまわりをうろつきながら、誰彼構わず引きとめての、意味不明の長話になっていた――「もし俺があんたを追っ立ててやるつもりだったって言ったら、あんた追っ立てをどうする？」「朝まであんたの追っ立て貸してくんねえかぁあ？　俺すっかり追っ立てで痛くて困っちまってんだよ」……など、もう何が何だかわからない状態で。

ジョーカーズのそのメンバーが、追っ立てるという言葉を発するたびに、キャンプ場には、彼1人だけが発する、狂ったような笑い声が響き渡り、そうしてそのたび彼は、ビールが積まれているあたりにヨロヨロと歩いていくのだが、すべてのビールはとっくに飲み干されてしまっている。

空き缶がうず高く積み上げられているその場では、怒り狂った1人のエンジェルが、四方八方、あらゆる方向に力任せに空き缶を蹴飛ばしていたりする。見かねた仲間が止めに入るまで、そのエンジェルは、狂気の叫びをあげながらキャンプ場のあちこちへ空き缶を蹴り飛ばし続けた。

疲れきった1人のエンジェルは、ふらふらと愛車のハーレーに歩み寄り、ようやくといった感じでシートに腰を下ろすと、そのままぐったりうなだれて意識を失いかけていたが、次の瞬間、シャンと背筋を伸ばしてアクセルを握り、全身の力を込めた一発のキックでエンジンをかけ……しばらくのあいだ目を瞑ってシートに座ったまま、アイドリングのトロトロいう穏やかな振動に身を任せじっとしていた。まるで充電でもしているように。

しばらくすると、彼はおもむろに頭を上げエンジンを切り、よし！　とばかり気合を入れて、また仲間のところに戻っていく。多くのエンジェルたちが、ゆったりとしたエンジンのアイドリングを揺りかごに新しいエネルギーを肉体に蓄電していた。

車の中でストンと眠りに落ちる寸前に私が最後に耳にした音は、隣に停めてあったハーレーダビッドソンが放ち続ける、穏やかな寝息のようなアイドリングの音だった。

そして翌朝——私は、投下された爆弾が耳元で炸裂するようなとんでもない衝撃音で否応なく叩き起こされた。衝撃音は、ハーレーのエキゾーストノイズだった。数時間前、優しい音とバイブレーションで、まるで子守唄のように私の耳をあやしていたあのエンジンが、今は窓のすぐ隣で、爆弾のような音を炸裂させている。何というか……私は叩き起こされたままの姿勢で窓の外のハーレーを呆然と眺め、にわかには信じられない思いだった。

攻撃的な新しい朝が、エンジンオイルの焼ける臭いとともにキャンプ場へ殺到していた。

シートから半身を起こして窓の外を見上げると、キャンプ場には、すでに7月4日の木漏れ日が明るく光っていた。

焚き火は今も燻り続け、近くに大きな人だかりができていた。

中心にいたのはソニー・バージャーだった。

バージャーは、コレラ患者のようにふらふらしている1人の小男に話しかけていた。私は小男の禿げ頭に見覚えがあった。『ロサンゼルス・タイムズ』紙の記者、ジェリー・コーエンである。

キャンプ場には数人の保安官代理がいたから、彼の身の安全は保障されたも同然だったが、にもかかわらず記者は酷く不安気で、まるで酋長の娘を嫁にもらうため食人族の砦に乗り込んできた白人のように身悶えし、油汗を垂らして萎縮していた。

「私は、ジェリー・コーエンといいます」コーエンは自己紹介していた。

続いてコーエンが取材の趣旨を説明しようとした途端、タイニーがバージャーの肩に腕をまわして抱き締めたかと思うと、突然、唇と唇を荒々しく重ね、男同士のキスをしてみせた。

コーエンはいったい何が起きたのかと、恐怖に身をすくめ、瞬きも忘れ呆然としていた。

実はこれは、堅物の新聞記者を驚かせるための、エンンジェルズ流の一種のジョークなのだ。エンジェルたちは、『ロサンゼルス・タイムズ』から派遣されてきた目の前の小男がどんな反応を返してくるか、すでに経験から予想して、含み笑いで成り行きを見物している。

「記者連中は、ああいうことが耐えられないのさ……」テリーが耳元に囁いてきた。「ああいうことをすると、あいつらみんな気がどうかなっちまう。舌を入れた時は特にな」

私は小さく頷いた。

自分たちを撮影しようとする報道カメラマンを発見すると、ヘルズエンジェルのメンバーたちは、にわかにピリピリし始めて、挙句、突然発狂したかのようにカメラマン連中に激しく男同士のキスを迫ろうとする。それをして〝ヘルズエンジェルズはホモだ〟という言説を唱える者がいるが、見当違いもはなはだしい。

近くに報道記者や見物人がいない時、私は、エンジェルたちが男同士でキスをしているシーンを一度も目撃したことがない。

エンジェルたちが記者や聴衆の前で見せつける仲間同士でのキスは、部外者たちへ自分たちの異常性と特殊性をわざと見せつけるための一種のショー&ビジネスなのだが……とはいえ、ただそれだけでもない。ある時、エンジェルの1人は私にこう説明した。

「あれは、世の中の連中に俺たちが兄弟だってことを知らせる、ひとつの方法なのさ」

しかし実際にキスの洗礼を受けた身として語るならば、エンジェルと交わす男同士のキスは、総身に鳥肌がわき立つような不気味でバッドな挨拶であるという、嘘のない実感を私はここに記述せざるをえないだろう。

ヘルズエンジェルズとつき合うようになって数カ月が過ぎた頃——。ある晩私は、サンフランシスコのバー〈ハイド・イン〉の扉を開け、エンジェルたちの輪に加わった。カウンターに置かれたビールサーバーの横で、代金を探してポケットをまさぐっていると……うわ！　いきなりどこからか大男が飛びかかってきて、相手が誰かもわからぬうちに、私は、抵抗しようもない太い腕で抱きすくめられてしまった。

視界を失い、パニックに陥った私の真っ白な脳裏を瞬間的によぎったのは、「ついに連中は俺のカマまでレイプしようとしている」という思いと、「これで俺の人生は終わった」だった。次の瞬間、私の顔に髭もじゃの巨大な顔面が押しつけられ、酒臭いヌルっとした唇が私の唇を奪った。無我夢中で私はディープに舌を入れ直し、それに応えてしまったのだが……と、その瞬間！　あたりでどっと笑い声があがり、私は開放され、ようやく正気を取り戻した。

私を抱き締めてキスをしてきたのはオークランド支部の幹部であるロニーで、彼は当然、私が寸前で顔を背けて拒否すると思ったのに、自分から心を込めて唇を差し出したというので、ガックリと肩を落とし——ロニーは相当バッドに入っていた。

この一件は、つき合い始めたばかりのアウトローと私との社交上の大失態であり、これをもってエンジェルズのメンバーは私を、普通の取材記者の半分程度の知能しか持っていない馬鹿男、として受けとめるようになってしまった。もっとも、それ以前からエンジェルたちは私のことを、物覚えが悪い本物の間抜け、だと思っていたようではある。

その理由、つまり私が潜在的に人間が備えている知能のほんの一片しか発揮できない、ギリギリ一般人のケースとだと思われた最初の原因は、エンジェルズの多数のメンバーに強く薦められたにもかかわらず、私がハーレーではなく英国製のバイク、ＢＳＡを買ったことだった。

ヘルズエンジェルズとつき合いながら、ハーレー以外のバイクをチョイスすることは、彼らに対する大変な侮辱行為であったのだ。彼らの感じた怒りは――後日、私がハイウェイで酷い衝突事故を起こして頭皮をパックリ割る大怪我を負い、ＢＳＡがめちゃくちゃになってからも、まだ部分的にしか償いきれないほどのものだったらしい。しかしワイルドな大事故を起こして大怪我を負って以来、私はある種の最低と言える地位ではあるが、とりあえずヘルズエンジェルズというアウトローバイカー集団の中に、一定の居場所を与えられたのだった。

そしてそれは、エンジェルのキスを自分から進んで受け入れたあの夜まで持続していた。キスの一件以降、エンジェルたちは私を、不治の病にかかったメンバーの弟でもあるかのように、優しげな無関心で扱うようになっていく。というわけで――その後だいぶ経ってから、私はようやく、エンジェルたちが、私のことをアウトローバイカーの世界に本気で受け入れてくれている、と気づくわけだが、それまでのあいだは、本当に「こいつは単なる馬鹿だから」と皆に大目に見られて、様々なことが許されていると信じ込んでいたわけだ。

可哀想な馬鹿には好きなようにさせておきな。俺たちがあいつにしてやれるのは、それくらいしかないってこたぁ、神様だってわかってら――。(註1)

バス湖のエンジェルたちは、『ロサンゼルス・タイムズ』の記者、ジェリー・コーエンのことを、初期の私同様に扱っていた。しかしコーエンは、いつまで経っても、誰かが自分の後ろにそっと忍び寄り、金属製のタイヤレバーを力一杯振り下ろし脳みそをグチャグチャにするかもしれないという恐怖が、克服できない様子だった。

とてもおかしな光景だった。

(註1) もちろん、すべてのエンジェルが私を可哀想な馬鹿として寛大に見ているわけではなかったと、のちに判明するわけだが……。

私はコーエンが、「バージャー総裁であられますでしょうか？」とかなんとか、滑稽なことを言ってくれるよう願っていた。

しかし彼は、あまりに神経質にビクついていた。

警官と話したので、これまで見聞きしたヘルズエンジェルズのあらゆる残虐行為の警察記録がコーエンの頭の中で嵐のように渦巻いていたのかもしれない。コーエンの脳裏には、殺された時に、他の誰かが書くことになる訃報記事の内容さえ組み立てられていたと想像できる。

コーエンの脳内にあった予想記事。


……コーエン記者は奮闘したが孤立無援、その甲斐なくして死亡した。

麻薬で狂ったアウトローバイカーたちは素早く彼を四つ裂きにし、遺体の上に唾を吐いた。

彼らの浮かれた叫び声が赤い血潮の上を漂う。ジャーナリズムに身を殉じたコーエン記者の遺族は……


ところが！　である。なんとなんと、ジェリー・コーエンは、ソニー・バージャーが受けた数あるインタビュー記事の中で、最もロングで、価値ある真剣な1本を、この朝のキャンプ場でモノにしてしまったのだ。奇妙だが、事実だ。

理由はいくつか考えられるが——第一に、ソニー・バージャーは、その朝珍しく上機嫌だった。太陽が暖かく湖面に反射し、仲間たちの安全は保障されている。前の晩に手に入れたものは、居心地のいいキャンプ場と山ほどのビール。ハメを外しても逮捕されない権利。自分たちへの敬意を態度に映した警官たちの言葉。何であれ、それはヘルズエンジェルズのボスであるバージャーにとって明らかに気持ちのよいものだった。

コーエンが、価値あるインタビューをモノにできた勝因は、彼の取材者としての態度に拠るところもあったと思う。

そもそも、はじめからコーエンはエンジェルズに対して、敵意を持った取材姿勢で乗り込んではいかなかった。かといって、慇懃無礼に愛想よくにじり寄ることもなかった。

ヘルズエンジェルズを取材しようとする記者のほとんどは、そのどちらかなのだ。

①わざとらしい理解者ぶった態度で、お愛想丸出しの揉み手姿勢でエンジェルたちに近寄るか、あるいは、②最初から批難めいた独善的な質問を真正面からぶつけて、結局は『リンチ報告書』の確認作業を行おうとするか。

エンジェルたちはその両方を嫌っていた。

イーストベイの新聞記者が、ある晩、同時に2つの過ちを犯す現場を目撃したことがある——。

記者は、オークランド・エンジェルズの溜まり場として名高い〈エル・アドービ〉に入ってくるやいなや、身分を明かさず、いきなり「マリファナを買わないか」と切り出してきた。

エンジェルたちがその珍入者を、ただの馬鹿なのか？　あるいは麻薬捜査官なのか？　決めかねて眺めていると、記者は自分で持ってきたマリファナを取り出して、まわりの者たちに誰彼となく勧め始めた。

たぶんその時、もし彼の指先が、いかにも手慣れた仕草でジョイントのひと巻きでもつくり出せていれば、その場に立ち込めていたよそよそしい雰囲気もまた、少しはほぐれたかもしれない。しかし記者の手つきは、どう見てもマリファナに初めて触ったとしか思えない、おぼつかない初心者のものだった。それから記者は、どこかで仕入れてきたらしい、わけのわからない隠語をまくし立てながら、そこにいる者たちの全員にビールを奢ろうと言い出した。

エンジェルたちはしばらくのあいだ、目の前の見知らぬ男のやることなすことに、ただ黙って耐えていたが、何杯目かのビールのあとで記者が突然「ヒトラーや、集団レイプや、男色についてどう思う？」と場違いな質問をし始めると、とうとうバージャーがキレて「30秒やるからとっとと失せろ！　今度お前の面を見たらチェーンで頭をカチ割るぞ！」と怒鳴りつけ、記者はそそくさと逃げ帰った。

あまりに憐憫の極北に値する人間だとして穏やかに帰されるジャーナリストもいる──。

「確かにあの男には、どこかぞっとするところがあったな」と、のちにバージャーは、あるジャーナリストをこう振り返った。「俺は、奴を最初、潜入のオマワリか、本当に頭がイカレてるサイコのどっちかだと思ったのさ。どっちでもないとすりゃ……あの野郎、俺たちにゃ何ひとつ断りを入れずに、単にヘルズエンジェルズを利用しにきたロクデナシってことだろう?」

サイコではないか? というバージャーの推測は正しかった。つき合うほどにギクシャクしてゆくエンジェルズとの関係性に、ジャーナリストは心底怯え、その怯えはしだいに深刻なものへと変化していった。私が最後に会った時、ジャーナリストは神経質な面持ちで、「え、え、エンジェルたちは、ほほほ、ほ本気で、ぼ、僕のことを殺そうとしているんだ」とすっかり吃音になっていた。

そして驚いたことに、彼らに殺されるのが心配なので357型マグナムのリヴォルバーを買ったのだと、男は私に耳打ちしたものである!「ぼ、ぼぼ、僕は本当に、こ、こここ、ここここ、こ、怖いんだ」独白にも似た言葉を彼はたどたどしく続けた。「も、も、ももも、もも、もももももも、もし、ししへ、へ、ヘル、ヘルズエ、エエン、エン、エンンンン、エンエンジェルズの誰かが家にやって来たら、う、ううう、うちうち撃ち殺すつもりだからさあああ」

しかしこうした過剰に壊れきった精神反応は、ヘルズエンジェルズの面々を逆に大いに満足させたようだった。とあるエンジェルは、その理由をこう説明する。

「あのイカレたサイコ野郎は、そもそも、最初から恐怖を求めて俺たちのところへやって来たのさ。これで少しはまともになるだろうよ」

7月4日の朝にウィロウコーヴ・キャンプ場を訪れた『ロサンゼルス・タイムズ』の記者のジェリー・コーエンは、その手の過ちを犯さなかった。コーエンは基本的な質問を手短に済ませると静かに立ち上がり、テープレコーダーにバージャーの返答が録音されるあいだ、不安そうに汗を垂らしながら、擦り足であたりを歩きまわっていた。

「俺たちエンジェルズは俺たち自身の世界に住んでる。俺たちを個人主義者として放っといてもらいたいんだ」

以下は、その朝コーエンが収録した、貴重なバージャーの発言記録である。

俺たち個人のそれぞれの資質は、反体制ではなく本質的には体制順応型だ。ヘルズエンジェルズに加入を望む者は誰しもエンジェルズのルールに厳密に従う必要があるが、俺たちのルールは、どこのアウトローバイカー・クラブより厳格だ。

俺たちにとって一番大切なものはバイクだ。俺たちはバイクで、他の誰にもできないことをやってのける。他の連中も、確かに試すくらいはするが、俺たちには遥かに及ばない。エンジェルズなら大型バイクをバラバラに分解して、また組み立て直す作業を、たったの2時間でやってのける。どこの誰にそんな神業できると思う？

俺たちが愛用しているこのナチの勲章と帽子のことについて聞きたい？　ああ、いいぜ。俺たちはナチ信奉者でも何でもない。こんなもの、人を驚かせるための、ただのアイテムさ。しかしこれが、俺たちヘルズエンジェルズが究極の個人主義者だってことを表しているのは確かだ。その個人主義の象徴が、俺たちがヘルズエンジェルズだってことを世間に知らしめる。

放っとかれりゃ、俺たちは何のトラブルも起こさない。暴力沙汰を起こすのは、力づくで追い立てられたり、必要に迫られて仕方がない時だけだ。2人のエンジェルがどこかのバーに入って2、3人の酔っ払いといざこざを起こしても、一方的に責任を取らされるのは、決まって俺たちってことになる。そのことに不満はない。理由は、こっちの2人が大勢の相手をのぶちのめしちまうから。エンジェルズが2人いりゃ、5人相手に対等な喧嘩ができるからな。

どうだ、ヘルズエンジェルズの一員になりたくなっただろう？　でも誰でも入れてやるってわけにはいかないぜ。俺たちは、まず黙って相手を見るんだ。そうして、そいつが俺たちのルールに従うってわかったら――そこからすべてが始まるのさ。

発言がテープに録音され、写真を撮られていることを十分に承知しながら、バージャーは1時間近くも絶え間なく喋り続けた。

その点では、このインタビューによって、ヘルズエンジェルズのひとつの時代があっけない終焉を迎えたと言えるだろう。これをきっかけに、インタビューに応じたり、カメラに向かってポーズを取ることが報酬《ギャラ》になるとわかったバージャーは、稼ぎの手段としてマスコミ取材を受け始める。そしてその記事が掲載されると、ソニー・バージャーが元来湛えていたアウトローバイカー特有の孤高のオーラはみるみる消滅し、残されたのは、高慢な厚かましさだけだった。

バス湖での残り時間は比較的平和に過ぎていって、到着から一夜明けた日曜の午後になると、多くのエンジェルが、例の愛想のいい酒屋へハーレーを飛ばし、群がる観光客を相手に、いかにもヘルズエンジェルズらしい振る舞いを、多分に観客の視線を意識しながら演じてみせていた。

店の前の路上で互いに頭からビールをかけ合い、観光客たちと猥談し、時に奇声を発して驚かせ、小さなチョッカイをかけて、エンジェルは相手の反応を楽しんだ。老人たちはスターたちに惜しげもなくビールを振る舞い、中年女たちは無礼な質問を繰り返しては嬌声をあげて答えを愉しみ、酒屋のキャッシュレジスターは休むことなくリズミカルに鳴り続けた。

一方、湖畔のキャンプ場では、ちょっとした騒ぎが起きていた。エンジェルたちが水浴びをしている入江の近くに、

3隻の水中翼船が近づいてきたのだ。水中翼船は日焼けしたマッチョな若者と、ビキニの若い女の子を満載していた。

若い男女は、ヘルズエンジェルズに喧嘩を吹っかけにきたわけではないが、いみじくもエンジェルズの1人が言ったように、彼らは水上からエンジェルたちのいるキャンプ場へ「強引に迫ってきた」のであり――しばらくのあいだこの状況は、何か酷いことが起こる予兆のようにも感じられた。というのも、実際、警察はボートで湖面からキャンプ場が狙われるという可能性をまるで想定していなかったため、水中翼船の接近に対しての有効な対抗策が何ひとつとして用意されていなかったのだ。加えて運悪く、その時刻、キャンプ場には保安官代理が1人もいなかった。

船上の男たちは、皆20代の若者で真っ黒に日焼けしている、いかにも健康的なビーチボーイ。引き締まった肉体に明るい色のトランクスをフィットさせ、水の中でも崩れないよう、短い髪は耐水性のワックスで固められている。全部で20人ほどはいただろう。さらに女子が5、6人。まるでリヴィエラから海を渡ってそのままバス湖へやって来た、バカンスを楽しむフランス人のように華やいで見えた。

しばらくすると、ビーチボーイたちが巨大なエンジンを積んだ水中翼船をゆっくりと動かして、エンジェルたちのいる入江に近づいてきた。彼らはキャンプ場沖の係留木にボートを繋ぐと、大勢のエンジェルたちが遠目に見守る中、これ見よがしに水遊びを始めたものである。船からバシャリと湖に勢いよく飛び込んでみせたり、女の子たちをあっちこっちへと楽しげに放り投げ飛ばしたり、あるいはビールをまわし飲みしたり。彼らは、湖畔のエンジェルたちを完全に黙殺していた。

エンジェルたちがいる岸辺から水中翼船までの距離は約100フィート(30メートル)。エンジェルたちは、水しぶきを上げて遊ぶ若い男女を珍しげに眺めながら、しかし自分たちは自分たちで、アウトローバイカー特有の堂々たるだらしなさをいっぱいにひけらかし、心ゆくまでくつろいでいた。

もちろんエンジェルたちは、日焼けもしていないし、華やかなビキニパンツも、最新式の防水機能の腕時計も持っていなかった。彼らは、リーバイスを脱いだニット・ブリーフか、あるいはジーンズのまま、水際でバシャバシャやって大騒ぎしていたのだが、全身服を着たままズブ濡れになってはしゃいでいるならず者もいた。エンジェルズのほとんどが、もじゃもじゃの髭を生え放題に生やしていたから、小麦色した若者たちの姿と対照的に、彼らの顔色は太陽を浴びてやけに青白く不健康そうで、酷い荒れ肌のようにくたびれて見えた。

水中翼船には、ブラ&パンティ姿の女の子もいれば、トレアドールパンツ（細くぴったりしたスポーツ風のパンツ）の裾をうんと上まで捲り上げ、自慢の脚線美を誇っている女子もいた。男物のTシャツに乳首を浮かせて泳いでいる子も、ちらほらと2、3人。

その様は、なんというか――彼女たちのはしゃぎっぷりは、まるでモンタナ州ビュートにあるネヴァー・スウェット銅山の遅番労働者たちが年に一度のピクニックを満喫している、そんな印象を抱かせるほど楽しげで、思いっきりハメを外している様子だった。

身長より深い場所を泳いでいるエンジェルはほとんどいなかった。エンジェルズに泳げる者はごくわずかだった。

「ちくしょ～う、おりゃ、水ん中に入ると、どうやったって石みたいに沈んじまうんだぁあ……」エンジェルの1人が、巧みに泳いでる若者たちを眩しそうに眺めながら、いかにも惜しそうに呟いた。「やろうと思えば、泳ぎなんて簡単に覚えられたんだろうけどよぉお、だから、でも、な、だからどうだってんだよなあ。だって俺たちゃ、泳ぐ機会なんて年に1回くらいしかねえんだからよぉおおおお」

湖畔で遊んでいるエンジェルたちが、若者たちに何やら大声で話しかけると、しばらくして何人かのマッチョなビーチボーイたちが優雅に入江を泳いで渡り、キャンプ場へ上陸してきた。若者たちは、エンジェルたちが湖畔でがなり立てていた質問に答えるためにやって来たのだ。エンジェルたちの質問――それは、水中翼船に搭載されたエンジンのことだった。水中翼船のエンジンは船体に不釣り合いなほど大きく、なぜ船体が沈まないのか？　エンジェルたちには、どう考えても理解できなかったのである。

水中翼船の1隻は、スーパーチャージャー搭載の400馬力のオールズモビルV8エンジンを積んでいた。健康そうに日焼けした短髪のビーチボーイズと、デニムベストを身につけた青白い顔の髭もじゃアウトロー。両者のあいだの共通の話題は唯一、エンジンのことだけだったが、それだけで十分だった。

若者たちとエンジェルは、専門用語をまじえた会話を30分ほど交わし、心から打ち解けあったのち、ビールを分け合ってお互いの出会いを祝福した。見た目は大きく違っても、年齢のそう変わらない若者同士なのである。しばらくすると1人の若者が、もしよければ何人か乗せて湖面をひとっ走りしようじゃないか、と申し出た。

400馬力のV8エンジン！　なぜに断る理由があるだろう。

若者たちが操縦する水中翼船で湖面をぶっ飛ばしてきたエンジェルたちは、一様に興奮冷めやらぬ様子で初めての体験を語った。あるエンジェルは心底感心して、水中翼船とそれを操縦していた若者を賞賛した。「なあ、あの船、湖を走ってるあいだずっと、スゲエウィリーしてたんだぜ。信じられねえよ、水の上でウィリーかよ。あれにゃ本気でたまげたぜ！」

1965年の独立記念日のランの3日間、キャンプ場で他に起きた事件らしい事件といえば、日曜の夜、例の愛想のいい酒屋が閉まる10時近くになって起きた、ある小さな出来事ぐらいだろうか。

酒屋の前で、日がな一日、観光客相手に〝ヘルズエンジェルズ〟を演じ続けていた見られたがりのエンジェルたちの一群は、一日中奢られ続けたビールのせいで、夜になるともうぐでんぐでんに酔っ払っていた。それでも彼らは、自分たちのステージを最後まで完璧に仕上げることにこだわった。

通常、ヘルズエンジェルズに所属するバイカーたちは、酔っていようがいまいが、自分のモンスターバイクを、空母のカタパルトから飛び立つジェット戦闘機のように爆音とともに急発車させる。

凄まじい勢いで道へ飛び立ってゆくバイクは、必ず一度に1台。それを連続して何台も、速射砲のように繰り返すことでヘルズエンジェルズのオートバイ編隊を組んでいく。1台ずつ連射する高度な技術は、基本的に混乱と衝突を避けるために開発されたテクニックだが、ヘルズエンジェルズはそれを儀式性を伴った劇場芸術の域にまで昇華させていた。

スタートに順序はない。が、スタイルとリズムは、極めて重要視された。

エンジェルたちは、最初の一発でエンジンが始動するように細心の注意を払ってキャブレターに燃料を入れる。そして！　いよいよスタートの瞬間、車体は必ず稲妻のように跳ね上がり、ロケットさながらの派手さで発射するように飛び出さなければならない。もし失敗すれば、恥晒しで不名誉な……つまりそれは、戦闘中の兵隊が銃に弾を詰まらせたり、役者が大事な場面で台詞をトチったりすることと同義なのだ。隊列スタートに失敗することは、エンジェルズのメンバーにとって、まさに〝生きるべきか死ぬべきか、大鴉は言った〟――ハムレットとポーをごっちゃにしてしまうほどの、大失態なのである。

夜10時。酒屋の前には、ヘルズエンジェルズ襲来劇のフィナーレを見届けようと、さらに多くの野次馬たちが集まり、車道は文字通り黒山の人だかりとなっていた。

報道各社のカメラマンがあちこちを駆けずりまわり、半狂乱で数秒ごとにストロボを焚いていた。第四幕開演の準備はついに整った。いよいよ主役たちによる、盛大なフィナーレの始まりだ。

エンジェルたちが自慢のチョップド・ホッグをいつものように自由自在に操り、ど派手でクールなフィナーレをキメれば、バス湖の公演は大歓声に包まれて、スタンディングオベーションを受けながら幕を降ろすはずだった。

ところが、だ！　一日中飲み続けていたエンジェルたちは全員ふらふらで、連続スクランブル発進をやってのけるには、あまりにも酩酊が過ぎていた。

何人かのエンジェルは、キャブレターに燃料を入れ過ぎてエンジンがかからず、怒り狂って悪態をつきながら何度も何度もキックスターターを踏んでいた。

発進の際の呼吸が合わず、2台同時に猛スピードで走りだしたバイクもある。慌てて方向転換しようとしたが失敗して、叫び声をあげながら群衆に突っ込んでいくバイクもあった。エンジェルたちの多くが片腕でビールの6缶パックを抱えていたのが、運転をより困難にしていた。

エンジン点火に手間取っていた何人かのエンジェルは、エンジンがかかると、直前までの失敗を埋め合わせようと、猛烈なウィリーでロケット発車したものだから――つまり、クラッチペダルを戻す前に極限までエンジンを噴かし過ぎたものだから――正体を明かすと、ジョーカーズに所属する巨体のバックは、1速から一度もギアチェンジすることなく、そのままブレーキもかけずにパトカーにもろに突っ込み、そのまま警察署に連行されて、30日間を留置場で過ごした。お気の毒としか言いようがない。アーメン。

そして最後に、オークランド支部のフリップが、ロデオの荒馬のように跳び跳ねたハーレーをアスファルト上で制御しきれず、そのまま全速力で太い樹木にぶち当たり、足首を骨折して道をのたうちまわり、湖畔の狭い道を遮断した。

大勢の観光客たちは、次々と繰り出される予想外の惨状の成り行きを、ただ茫然と見ているばかりだった。しかしほとんどの見物人は、内心では、倒れたりうめいたりしているエンジェルに、なんとか救助の手を差し伸べてやりたいと願っていたに違いない。

一方で、現場にいた唯一の警官であるマデラ郡の保安官代理は、エンジェルたちに救援を求められても、乗り込んでいた護送車から降りようともせず、馬鹿のひとつ覚えで「自分には救急車を呼ぶ権限がない」を繰り返すばかりだった。「誰かが救急車の代金を払うという同意書にサインするまで、民間の救急医療車両を呼ぶことはできない」と一方的に言い張っていた。保安官代理の物言いに対し、群衆の一部が抗議の声をあげ始めた。群衆の語気はしだいに鋭くなり、ついには報道カメラマンの1人までもが、保安官代理にあからさまな悪態をつき始めた。

状況を眺めていた4、5人のエンジェルのうちの1人が、火急の事態をバージャーに告げるため、猛烈な勢いでキャンプ場へ向けハーレーを走らせた。

その間、話しても埒があかないことに業を煮やした先ほどの報道カメラマンが、「救急車の費用は自分が払う」と約束をするに至って、ようやく保安官代理は救急車を要請する電話をかけ始める。

少し経つと、暴徒鎮圧用のヘルメットを被った2人の保安官代理が車で現場に駆けつけてきた。が、なんと彼らは、2匹の獰猛なシェパードを引いてそのまま群がる観光客の中に分け入ろうとしたから、興奮して牙を剥く犬から逃げようとした群衆たちが、酒屋前で押し合いへし合いを始め、あたりに一帯に怒号が飛び交うこととなった。怒声、罵声！泣き叫ぶ女性。事態はいよいよ大混乱の様相を呈し始める。

どこからか、パトカーのサイレンが響いてきたが、サイレンはある地点でとどまったまま、現場に近づいてくる気配がない。エンジェルたちが起こした事故が、バス湖からの帰路についている市民たちの自動車を堰き止め、大渋滞を引き起こしているのだ。

渋滞を突破できなかった警官たちがパトカーを降り、棍棒をぶんまわしながら走ってきた。

「下がって！　下がって！」

「ほらそこ、下がれ‼」

警官たちは混乱する群衆に向かって興奮して叫んではいたが、事態を収拾する能力はゼロだった。と、そこへ――パトカーが来たのとは反対の方向から、V型2気筒のハーレーダビッドソン独特のエキゾーストノイズが響いてきた。群衆が一斉にその方向へ目やると、モンスターマシーン、チョップド・ホッグがヘッドライトを左右に激しく揺らしながら、車と車の狭い空間を縫うように猛スピードで近づいてくる。ヘルズエンジェルズの本気の疾走がそこにあった。ソニー・バージャー率いるヘルズエンジェルズ偵察隊だ！

疾駆する鋼鉄そのものが、猛り狂ったアウトローの魂を宿している。恐ろしげな光景を目の当たりにした観光客たちは、アウトローバイカーたちがこれまで秘めていた脅威の一端の凄まじさに触れて言葉を失い戦慄していた。現場に到着するや否や、ソニー・バージャーは群衆を押しのけて、負傷して倒れている仲間の元へ厳しい顔つきで近づいていく。

私のいる位置からはちらりとしか見えなかったのだが、ズカズカと進むバージャーを制止しようと両手を広げた1人の警官が、ダーティ・エドにぶん殴られてヘルメットを装着したまま6フィート（1・8メートル）も吹っ飛ばされたようだった。

警官たちは一斉にエドに襲いかかったが――私は自分で自分の目が信じられなかった。警官も同じ気持ちだったろう。荒れ狂ったダーティ・エドは1人の警官を殴るのと、別の警官の制服の胸倉を掴むのを同時にやってのけていた。顔面に一発食らった警官は後ろによろめきながら、怒りに燃え立って棍棒を高く振りかざした。と、その瞬間！　近くにいた保安官代理がエドに飛びかかり、激しい取っ組み合いの乱闘が始まった。

割って入ったのは例のカメラマンだった。そして……理由は推測する他ないが、なんと警官たちは、エドではなくそのカメラマンを殴りつけ、その場で逮捕したのである。

カーン郡警察犬パトロール隊に所属する2人の警官が、悲痛な叫び声をあげるカメラマンを二重に羽交い絞めにし、声も出なくなるまで何度も何度も堅い崖の土壁に打ちつけている。そしていよいよぐったり動けなくなった彼の首根っこを押さえると、勝ち誇ったように護送車にぶち込んだ。

この頃、ようやく現場に、バス湖保安官タイニー・バクスターを乗せたパトカーが到着する。バクスターは混乱する現場に降り立つと、バージャーに駆け寄り、すぐに救急車がやって来る旨を伝えていた――これによって事態は解決に向かう。

ソニーと、付き従ってやって来た10人ほどの偵察隊は、強硬に主張したわけではないが、足を骨折したフリップが救急車で病院へ運び去られるのを見届けるまでその場に残ることを黙認された。ダーティ・エドは、警官たちと激しくやり合った興奮がいまだ鎮まらぬ様子で、騒動の中心から離れた場所を、1人悪態をつきながら歩いていた。エドなりに、高ぶった神経を鎮める努力をしているのだ。

警官隊はエドを無視していた。

保安官タイニー・バクスターは、護送車の後部扉を開けると、理不尽に放り込まれている報道カメラマンを物凄い形相で睨みつけ、一方的に「暴動を起こそうとしたのはなぜだ!」とチーターのようにわめき始めた。激しい怒声はいつまでも続いた。「このイカレた馬鹿野郎が! ど頭をカチ割ってやるぞ!」バクスターの怒声は感情的で、その声があまりにヒステリックだったので、私は一瞬、バクスターがカメラマンを棍棒で殴りつけるのではないかと焦ったほどだった。バクスターの剝き出しの怒声に、彼がこれまで溜め込んできたストレスの大きさが表れていた。

もちろんバクスターは、騒動の発端をつくったのがダーティ・エドだということを十分承知していた。しかしもし混乱の現場でエドに突っかかれば、せっかく収まりかけた暴動のダイナマイトに自分から点火してしまうことになる――バクスターにはわかっていたのだ。

報道カメラマンには、弁護してくれる仲間も、復讐を果たしてくれる援軍もいなかったので、まさに人間サンドバッグであった。そしてさらに悪いことには、彼は自分が〝フリーランサー〟であることを認めてしまった。

フリーランスの――カメラマン。ジャーナリスト。記者。警官たちはその言葉を〝まともな仕事を見つけられないチンピラ野郎〟という意味に解釈する。

考えるに、もしその晩、バクスターに摑みかかられていたのが自分だったら、私は「フリーの記者です」などという自己申告はせず、嘘でも何でも、例えば「アヘン売買の秘密結社の用心棒だ」とでも言い張っただろう。警察というのは、組織に雇われた者に対しては常に慎重に対応するものだ（たとえ秘密結社に雇われている人間であったとしても）。

あるいはそれに勝る方法としては、財布の中を格調高い身分証の類でパンパンに膨らましておくか。つまり、見ただけで警官たちがビビるような様々な権力団体、圧力団体、あるいは権力構造に直接的な影響力を持っている大物、実力者たちとのコネクションを示す奇妙な団体名や役職でいっぱいのメンバーズカード、ＩＤ、クラブカード、身分証明証、名刺……。そういったモノをトランプができるほど持っていれば、警官たちは大概尻込みしてしまう。

しかし逮捕されたフリーのカメラマンは、いざという時のための強いカードを1枚も持っていなかった――。ので、否応もなく、そのまま留置場に入れられた。結果は公務執行妨害で１６７ドルの罰金刑。カメラマンは、生涯マデラ郡に近づくな、という警告とともに3日後に釈放された。

警察に連行される直前、カメラマンは必死の形相で、新車のサンビーム・ロードスターのキーを私に託しながら懇願してきた。「あ、あんたに頼む。トランクに２０００ドルのカメラ機材が入っているんだ！　警察署の駐車場まで車を運んでくれ」

私と彼はまったくの初対面だった。その私に、２０００ドルものカメラ機材を平気で託す？　客観的に見て、明らかに貧乏丸出しの私の姿には、これ幸いと新車もカメラも平気で売り捌いてしまう、金なし特有のカッパライ根性が漂っていたはずだ。しかしそれでも彼は、私に車のキーを手渡した。それしか手がなかったのだ。じゃなければ、彼の新車は、トランクに２０００ドル相当ものカメラ機材を積んだまま、数日間のあいだバス湖の街道に放置されることになる。結果を想像するのは簡単だ。

唯一の幸運は、カメラマンが、2人の若い正直なヒッチハイカーを拾っていたことだろう。若者たちはその日、朝のロサンゼルス発↓フレズノ行きの飛行機に飛び乗り、そこから先はラジオ情報を頼りにヒッチハイクを繰り返し、ヘルズエンジェルズが暴動を計画していると報道されているバス湖へ、実際の様子を見届けるために来たのだという。

彼らが、カメラマンのサンビームをマデラ郡警察署まで移送すると言いだした。そして……理由はわからないが、不思議なことに彼らは、途中どこかの脇道にトンズラもせず、私の車について律儀にサンビームを運転し警察署に送り届けた。彼らは、車の持ち主は収監中で、すぐさま盗難届けを出せやしないとわかっているにもかかわらず。

警察署に着いた私たちは、「保釈金が払われるまでは、誰も収監者と話してはならないぞ」という警告を与えられた。裁判所がカメラマンに設定した保釈金は275ドル。私は唯一呼べそうな保釈保証人に電話したのだが、事件の内容を話すと即座に拒否された。「この週末は、ふらふらしているゴク潰しがあんまり多くて忙し過ぎる──」

電話はそっけなく切られた。

ヒッチハイカーの若者2人は、警察署前の路肩にサンビームを停めるとドアをロックした。それから1人は内勤の巡査へ車のキーを預けるために署内へ入り、私が彼らを適当な場所まで送ると約束したので、残る1人は私の車の後部座席に乗り込もうとしていたのだが……その時、騒動の現場にいた警官の1人が私を発見してツカツカと歩み寄りこう言った。「次にお前を見かけたら放浪罪で逮捕してやるからな」

威圧的な警告だった。一体全体この警官は、合衆国憲法が国民に保障している〝移動の自由〟という基本的人権をどう考えているのだろうか？　しかし議論しても始まらないので、私は黙ったままヒッチハイカーたちを車に乗せると101号線まで走り、そこで彼らを降ろし、マデラ郡警察署の管轄境界線を確実に越えたと確認できる場所まで、1時間以上北へ向かって車を走らせた。

境界線を越えて少し行った頃、空港の隣にちょうどいい裏道を見つけたので、私は車を乗り入れ眠りについた。

疲れきっていた。

目覚めたのは翌朝だった──。私は、もう一度バス湖に戻り、騒動が去った町の光景を見ておこうかと考えた。しかしあの町でビールを飲む気にも、警官の暴言を浴びながら一日を過ごす気にもなれなかった。

101号線をしばらく走ってから、街道沿いのダイナーに入り、私は地元の農夫たちと並んで朝食を済ませた。くしゃくしゃの紙幣とポケットの小銭で支払いを済ませるとダイナーをあとにした私は、サンフランシスコに向かってひたすらハンドルを握り続けた。休日のハイウェイはゆったりしていたが、開催されていたカスタムカー、ホットロッドショーに集っている群衆のせいで、トレーシー近郊だけは大渋滞となっていた。

ハイウェイを走っている途中、オークランドの西のどこかで、私は、職業訓練センターのキャンプから逃げ出してきたという2人の少年ヒッチハイカーを拾った。少年たちは特に行きたい場所があるわけではなかったが、1人の少年が、沿岸地方を北上したユカイアの町に従兄弟がいると言ったので、私は2人をそこへ送り届けてやることにした。別れ際、煙草を1箱やって、オークランドの交差点の赤信号で少年たちを降ろした。

バス湖のランが終わった翌朝、連休最終日の7月5日、月曜祝日の各紙の朝刊はどこも暴動の記事でいっぱいだった。『ロサンゼルス・タイムズ』は、特大の8段抜きの大見出しで、週末に起きた騒動の顛末を伝えていた。

休日の暴動 警官隊が催涙ガスで若者を鎮圧
中西部の4リゾート地 群衆と警察の対決で混乱

『ニューヨーク・タイムズ』の一面のヘッドラインは次のようなものだった。

3州で若者による暴動が勃発 負傷者25名 逮捕者325名
同時に4箇所 リゾート地に夜通しの暴動の嵐

ジョージ湖で暴徒200名拘束

アメリカ全土に不満と不平が飽和し、いつどこで暴動が起きてもおかしくない社会情勢の中、1965年の7月4日に〝暴動を起こさなかった暴徒〟は、実はヘルズエンジェルズだけだったのである。サンフランシスコの2大新聞はこの点に注目した。

『サンフランシスコ・クロニクル』の見出し——。

ヘルズエンジェルズ戦線異状なし

『サンフランシスコ・エグザミナー』はもうひとひねりネジを巻いてきた。

警官隊 エンジェルズの翼をもぎ取る
無条件降伏でマデラの街を明け渡す

アウトローバイカーに関する唯一の記事は、アイオワ州スー・シティのUPI通信の特報だけで、短いものだった。

〝中西部アウトロークラブ〟と名乗るバイク集団30名が、独立記念日を含む週末のあいだ、人口9万500人のスー・シティに集結し、市民を悩ませた末に立ち去った。アウトローバイカーたちは交通を遮断し、歩道をバイクで走り、パトカー相手にかくれんぼをするかのように走りまわった。集団の代表者は「町にハクをつけてやるためにスー・シティに来たのだ」と語った。

ヘルズエンジェルズに関係する報道の中で特に興味を惹いたのは『サンフランシスコ・クロニクル』の記事だろう。記事は「マデラ郡の警察当局が、事前に公布したオートバイ臨時走行抑止令に違反したヘルズエンジェルズをどう法的に処罰するかに苦慮している」と意味ありげなことを書いていた。どうやらここへきて、ヘルズエンジェルズを制圧・殲滅しようとしていた法の執行者たち（警察、検察、裁判所）の連携が、当初の勢いはどこへやら、ギクシャクと妙な具合になっているらしい。というのも、マデラ郡高等裁判所は走行抑止令に違反したヘルズエンジェルズのメンバーに対し、「7月16日に裁判所に出頭しなければ永久に郡から追放とする」という趣旨の命令を下していたのだが、記事には「一方で警察は、出頭のために再来するエンジェルズとの対決を恐れている」とある。

記事は興味深い事実を伝えていた。ヘルズエンジェルズが独立記念日の連休の終わりに際し、マデラ郡警察に、「出頭日の7月16日までバス湖に居残るか、援軍でも呼んで16日にもう一度この町へ戻ってきてやる！　と脅した」らしいのだ。まさしくそれは、ヘルズエンジェルズが叩きつけた正面切った挑戦状に他ならない。

なるほど……。私は深く頷いた。となると、マデラ郡司法当局者に残された選択肢は2つしかない。①出頭要請を無効にするため、施行済みの走行抑止令をそもそもなかったことにして撤回するか。②あるいは7月16日に、バイクで乗り込んでくる、闘志満々のヘルズエンジェルズの大群をもう一度迎え入れる準備をするか。

全米のマスコミが注視し、否が応にも緊張が高まる中、ソニー・バージャーはマデラ郡司法当局に追い討ちをかけるように、強硬なステートメントを発表した――「ヘルズエンジェルズは、この件について断固たる決着をつけるために全軍を動員してバス湖に戻るつもりだ」

結果、ヘルズエンジェルズの再来訪を避けるため、バス湖治安当局は7月16日の出頭命令を無効にすることを決断。

走行抑止令はお払い箱となった――最初から〝なかったこと〟にして。

繰り返すようだが、走行抑止令とは、こうした結末があらかじめ予期されていた完全な失敗法令なのだ。現実的な法の運用を任されていた現場の警官たちは、そのことをとっくにわかっていた。

以上の様々を踏まえ、ヘルズエンジェルズの1965年アメリカ独立記念日バス湖のランをめぐる全米のマスコミ・警察・市民を挙げての大騒動に対する総括ともいえる論評が、『サンフランシスコ・エグザミナー』に、「ヘルズエンジェルズの勝利」というごく小さな見出しで掲載された。

記事は、2週間前に走行抑止令を施行したカリフォルニア州知事が、自分自身で条例をゼロ撤回したことを、手短に伝えていた。

こうして原稿をタイプしているこの時点から、1965年のバス湖のランを振り返ってみると――「報道機関と警察当局の双方が、全米市民の話題をかっさらう超大作のノンフィクションをつくりあげた」ということで、全員の意見の一致を得ることができるのではないだろうか？　ノンフィクションを構成した要素は以下の3つだ。①報道各社が連発した大規模な惨劇の予告と、過剰な警告。②警察当局が敷いた無責任に大規模な警戒態勢と、無駄な禁止法令の乱発。そして③それらのすべてを思う存分エンジョイした、ヘルズエンジェルズの大規模なビールパーティー。

1965年、全米各地では国家の安全保障にかかわる大規模な暴動が頻発していた。当時の合衆国の社会にあって、独立記念日の西シエラ山脈の小さなリゾート地バス湖だけは、平和な夜空に星が瞬く、ロマンチックな夜であった。バス湖でエンジェルズによる騒乱事件が起きなかったことに関して、様々な立場の人間が、様々な分析や解釈を試みたが――その中には非常に不吉で不気味な思惑が込められたものもあった。

警察関係者の発言に、そのひとつが象徴されている――。

ある警察関係者は、バス湖で暴動が起こらなかった理由を、「エンジェルズと同数の警官隊がいたから、武力で敵を押さえ込むことができたのだ」と数の論理で結論づけて総括していた。関係者によれば、バス湖警戒のために編成されていた機動部隊は約百人で、全員が超過勤務で厳重な警戒に当たっていたという。(註2)

しかしヘルズエンジェルズの面々は、警官の言い分を軽く一蹴してせせら笑った。「数の上では、圧倒的に警察が優っていた。しかし戦いは数ではない。それを知っているからこそ、負けることを恐れた警官や武装市民は、俺たちを放っておかざるをえなかったのだ」という主張である。結局最後まで、警察/エンジェルズの双方がともに、「自分たちの強大な戦力を相手に見せつけたからこそ、危機的状況は回避されたのだ」と平行線の主張を引かなかったわけだが、公平に見て、私には両者の主張はどちらもある程度まで正しいと思われる。

バス湖において、警察 *vs.* エンジェルズが、正面切った全面対決になだれ込まず、ギリギリの平穏をなんとか保てたのは、集まっていた観光客たちの振る舞いに象徴されるアンビヴァレンツな怖いもの見たさの集団心理が、エンジェルたちに、これまでなかった精神状態をもたらしたのではないか――それが私の考察である。

バス湖に集まった観光客たちの野次馬的な行動は、警察のみならず、ヘルズエンジェルズをも激しく混乱させた。そもそもエンジェルたちは、市民たちの怒りや、憎しみや、嘲りや、嫌悪の対象となるために、わざわざケバケバしく不穏な装束で自らを飾り立て、はるばるバス湖へ向けてモンスターバイクの隊列を組んだわけである。

しかし理由など知りたくもないが、実際にバス湖に到着してみると、彼らは観光地の週末の呼び物――メインの出し物にされていたのである。加熱した報道合戦が伝えていた大袈裟な〝ヘルズエンジェルズの脅威〟が――実物のヘル

(註2) バス湖の騒動の他にもうひとつ興味深い出来事が、ひと月ほど経った頃に起きた。8月中旬、ロサンゼルスのワッツ地区で4日間にもわたる大暴動が発生したのだ。死者34名、負傷者は数百名、建物の被害は100万ドル以上に及んだ。しかしこのワッツ暴動はバス湖のランとは違い、発生前に報道されることなく突然起こったため、ロサンゼルス市警はあまりに準備不足で、事態を収拾するため州兵を動員せねばならなかった。

ズエンジェルが、マスコミ報道通りにバス湖に劇場的に登場したことによって、その瞬間、観光客を楽しませる痛快なスリルにすり替えられることになったと言ってもいい。

絵葉書のような古き良きアメリカを象徴するリゾート地バス湖は、期せずして7月4日に〝合衆国独立記念日に上演されるにふさわしい、真にアメリカ的な野外劇とはいかなるものなのか？〟を、最も野蛮でガサツな形で全米へ証明してみせたのである。

エンジェルズに群がる観光客は多幸症的な集団心理に包まれ、ほとんどエロティックですらあった。もちろん、観光客とエンジェルたちのあいだで、複数の小さな事件は起きたが、いずれもさほどのことではなかった。

そしてすべてが終わった時、独立記念日の週末のバス湖で真に悲惨な目に遭っていたと断言できるのは、例のロサンゼルスから来たあのフリーの報道カメラマン、ただ1人なのである。

と同時に——独立記念日の終末のバス湖は、アメリカ社会が誇る〝商業の自由競争〟が勝利した記念碑的な週末であったとも言える。もしエンジェルたちが、酒屋でビールを買えない事態が起きていたら？　を想像するのは難しいが、今の時点から振り返ると少々滑稽な話ではあるが、ヘルズエンジェルズに大量のビールを売り捌いた、バス湖の酒屋の経営者——異常に愛想のよいまん丸顔の男、あの男こそがヘルズエンジェルズの来襲を〝脅威〟から〝スリル〟へ、バス湖全体の潮の流れを変えた預言者ではなかったのだろうか。ヘルズエンジェルズの面々は丸顔の男の酒屋で最初の買い物を終えて以降、湖畔に軒を連ねるすべての商店で、歓迎されるか、少なくとも客として寛容に扱われた。商店主たちは酒屋の繁盛ぶりを知り、即座にエンジェルたちを歓待する姿勢へ商売の方向を改めたのだ。

湖の対岸にたくさんの観光客を集め、ヘルズエンジェルズによる楽しげなフェスティバルが開かれていることが知れ渡ると、ウィリアムズの店は地元山岳自警団の若者たちにも見捨てられてしまった。ヘルズエンジェルズを誰よりも警戒し、傭兵まで雇って身構えていたバス湖随一の資産家のミスター・ウィリアムズは、結局、最後の最後まで貧乏くじを引いたまま、1人寂しく取り残されて独立記念日の連休を終えた。

しかし何はともあれ、土地の名士であるウィリアムズは、断固とした態度でヘルズエンジェルズを拒否したのである。言うまでもなく、彼こそが、勇気ある典型的保守的アメリカ人である！　そうして、ヘルズエンジェルズがバス湖から消え去った月曜日の晩——ウィリアムズは暇に任せて湖畔の水辺に立ち、『偉大なるギャツビー』の主人公のような誇り高く切なげな表情を顔に浮かべながら、対岸の酒屋が放つ明るい緑色のネオンの光を見つめているのだった。満足そうに湖面を眺める彼の瞳孔には、予想もしない大繁盛で独立記念日を終えた対岸の商店主たちが、嬉々として売上金を数え上げる姿が、ただぼんやりと映っていた……。

麻薬神秘主義と火の壁

19 HELL'S ANGELS

奴らが酒を飲み、マリファナを吸い、得体の知れない錠剤を口に放り込み始めた……。

地獄だ。何が起こってもおかしくない。

奴らはきっと、狂った動物のように人間をバラバラに引き裂いてしまう。

チェーン、ナイフ、ビール缶オープナー、手当たりしだいすべてが凶器だ。――フォンタナの刑事

全米に構築した大規模な麻薬ネットワークを活動の資金源にしていると、ヘルズエンジェルズはこれまで非難され続けてきた。連邦麻薬調査官は、ヘルズエンジェルズが１９６２年から65年のあいだだけで、１００万ドル以上に相当するマリファナをオートバイの部品として箱に詰め、南カリフォルニアからニューヨークへ、航空貨物として密輸したと報告書に記述している。

街角で売られている末端小売価格で勘定しても、１００万ドルのマリファナはかなりの量になる。それだけ大量のマリファナを、本当にエンジェルズは密輸できたのだろうか？

ヘルズエンジェルズの〝邪悪な麻薬ネットワーク〟の存在が暴かれたのは１９６５年の終わりで、その一例を『ロサ

ンゼルス・タイムズ』紙の記事から引用すると、「ヘルズエンジェルズを標榜する容疑者8人が、マリファナ150ポンド（68キロ）をメキシコから合衆国へサンイシドロ経由で密輸した罪をサンディエゴの裁判所で認めた」ということになる。

しかし有罪判決を受けたスマッグラー（密輸人）たちは、ヘルズエンジェルズのメンバーを自称していると伝えられるものの、実際の関連性は……あれを〝ある〟と称していいのなら……ほとんどないに等しかった。

逮捕された8人の容疑者のうち、3人はニューヨーク在住。その段階で3人は、エンジェルズのメンバーから除外される。1966年の今も、ニューヨークにヘルズエンジェルズの支部はない。残る5人の容疑者はロサンゼルス出身だが、2人は女性——除外。ヘルズエンジェルズの正式メンバーに女性はいない。となると、残る容疑者は3人ということになる。3人……。主だったエンジェルたちに3人の容疑者を知っているか聞いてみたが、皆一様に知らないと言う。

エンジェルたちが「ヘルズエンジェルズは麻薬の密輸などしない」と嘘をついたのだろうか？　私にはそう思えない。というのも、一般的にエンジェルたちは、新聞の見出しになるようなことなら何であれ、犯罪であれ、事故であれ、暴動であれ、自分たちが社会を騒がせたことを誇りとして、自慢げに喧伝するからだ。

『ロサンゼルス・タイムズ』の記事も、肝心なポイントを外している。

摘発された150ポンドというマリファナの量は、毎週、国境を越えてメキシコから合衆国に流入してくるマリファナの、ほんのわずかな一部に過ぎない。印象よりは、ずっと微細な量なのだ。その程度の量で全米的な麻薬ネットワークの存在を語るには無理がある。合衆国税関の役人が鋭く目を光らせているにもかかわらず、それが国境線の現実だ。

あ〜さて、厳しい現実の最前線で、日々懸命に職務に励んでいらっしゃる合衆国税関のジェントルメンのお役人方は、罪を憎むと同様、麻薬のことも厳格に憎んでいらっしゃるからして、大量の麻薬を効率的に摘発するには、どのような人物を重点的に調べればよいのか、職業上の経験でよーく御承知であるのは言うまでもない。役人たちが怪しむ人物風体は大方決まっている。

・邪悪で反社会的なビートニク連中。
・髪と髭を伸ばしたサンダル履きの奇人変人。

ここ数年来、国境税関では、髭を生やした長髪の若者たちが徹底的な身体検査を受けている。私はこれまで、十数回以上、ティファナ経由でアメリカ・メキシコの国境線を行き来しているが、車内を捜索されたのは、ただ一度。メキシコのバハ・カリフォルニア沖で友人たちと7日間のスキンダイビングを楽しみ、不精髭のまま、国境を越えようとした時——のことである。

その時のことを話そう。これまで問題なく通過してきた国境線で、私と友人が乗ったピックアップトラックが、停車を命じられた。お決まりの質問をされ、お決まりの返事を返し、そして……すぐに捕まった。役人たちは私たちのトラック——キャンプやスキューバの用具でいっぱいのトラックを、専用の取調ガレージへ運び、1時間半かけて丹念に調べまくった。酒瓶が何本か発見されたが、麻薬は見つからなかった。

当たり前である。持っていないのだからして。

しかし税関役人たちは疑い続けた。どこかにマリファナを隠しているのでは？ と。猜疑の視線で、用心深く寝袋の感触を確かめたり、手探りでシャーシの下に腕を伸ばしたり。そしていよいよ諦めて私たちを解放するのだが、最後の言葉がふるっていた——「これからは、もっと気をつけるように」

え？

思うに、そうしているあいだにも、麻薬を大量に積み込んだプロの運び屋の車は「どうぞ、通過オーケー」と、にこやかな税関役人に手を振られて国境を越えていたに違いないのだ。

プロの運び屋は、決して長髪や髭面にしないのである。彼らはビジネススーツにネクタイの出で立ちで、電気剃刀付きの最新型レンタカーを運転している。私たちが取り調べを受けている最中、アウトロー仕様に改造されたオートバイで国境線を通過しようとするバイカーは見なかったが、もし、改造ハーレーがメキシコからアメリカ国境へ猛スピードで唸りをあげながら走り込んできたのなら、税関役人たちはバイクを強制的に停車させてガレージに引きずり込み、徹底的に身体検査をするに決まっている。

麻薬密輸を生業としているプロの運び屋たちが、不渡り小切手を切る経済詐欺師たちと同じ職業的原則で働いているのを役人様方はご存じないのだろうか⁉ 要するに、プロのイカサマ師というのは、顎鬚、イヤリング、ナチの鉤十字など、強烈なアイテムで人目を引こうとは決してせず、平均的な市民社会の住人を装う……ものでしょう? 普通。

しかし国境の税関役人たちは、今もってレストランのボーイ長的な〝高級スーツの人間は上客として優遇／アウトロースタイルの人間はタダ食いの可能性あり〟という過去の凡庸なメンタリティで、熱心に職務を遂行していらっしゃる。以上のことは、麻薬業界では広く知られた事実なので、プロの大物密売人は間違っても、マリファナやヘロインの運搬をヘルズエンジェルズに依頼しようとは考えない。エンジェルズに麻薬の密輸を任せること――それはまさに、車体の両側に〝アヘン特急〟と赤いペンキで書いたバンで国境線を突破するぐらい無鉄砲なことなのだ。したがって、正義の神が天から降臨して、気まぐれにヘルズエンジェルズの全員をガスバーナーで焼きつくしても、メキシコからアメリカへのマリファナ密輸網はこれっぽっちも減るわけない！ のである。かかか。

1966年2月には、3人組の男がメキシコで盗んだトラックに半トンを超えるマリファナを積んで合衆国内への密輸を謀り、ロサンゼルスで逮捕されている。半トンといえば、積載量1050ポンド（500キロ）である。3人はロサンゼルスまで無事に到着したのだが、数日後、匿名の密告によって逮捕された。密告者は報奨金として10万ドルを手にしている。

ドラッグの密輸をビジネスとして組織的に展開するとなれば、悪名高きアウトローバイカーとしての看板、当局との明確な対立姿勢の誇示、目立つ行動、服装……ヘルズエンジェルズにまつわる、あらゆることがリスク要因となるのは、自明の理である。

実際のエンジェルたちに目を向けると——エンジェルのほとんどは、割高な小売価格で少量ずつマリファナを買っていたが、それは割安価格でまとめ買いするためのちょっとした小金すら持っていないからで、したがってマリファナ仲買人になるための資金などあるわけがないし、まして彼らに資金源があるという報道は……いったいどう理解したらよいのか、私にはまったく不明。

エンジェルたちにとってマリファナは貴重品だ。細く巻いた1本のジョイントを3、4人のエンジェルが、最後はクリップで挟まないと熱くて火傷するくらい、短く短く、ちびちびと、大切大切に、最後の最後まで、まわし合って吸っている光景はごく当たり前のものである。多くのエンジェルが、日頃クリップを持ち歩いているのを謎に思う人がいるらしいが、理由はそれである。

ちなみにマリファナを大量に買い求める経済的余裕のある者たちは、大きなパイプやボング（水パイプ）で優雅にプカプカとやっている。実際、本気のマリファナ商売《ビジネス》で荒稼ぎしている裏社会の人間は、プロ根性を発揮して、鍵を閉めた室内でしか一服つけないものだ。

マリファナは人間を怠惰にさせる。マリファナへの嗜好が、現代の利益追求型社会における経済的成功の妨げとなるのは、言うまでもない。

かの有名な作家ホレイショ・アルジャーはご存じの通り、聖職者でもあり、また生涯を通じて独立心と勤勉の大切さを少年たちに説いた、アメリカを代表する少年小説家であるが、そのホレイショとて、もし天然のロコ草（大麻草）が大地に生い茂る土地で生まれ育っていたなら、彼がこれまでに描いた『ぼろ着のディック』や、様々な偉人たちの立身出世の伝記物語も、きっと随分違った印象の作品に仕上がっていたに違いない。

おそらくは、成人したホレイショ・アルジャー自身も、失業手当てを受けることになったであろう。そして、ぷかぷかと絶えず一服しながら、ニヤニヤと無為な毎日を過ごし、友人や教会の後援者に意見されても、「うるさく言うのはやめてくれないかべイビェェ……あんたらにゃわかりゃしないのさ〜」などとアンニュイに呟く人物になったかもしれないのだからして。（註1）

ヘルズエンジェルズは、公式には「我々のクラブにヤク中はいない」と強く主張している。確かに、エンジェルズの公式ステートメントを法的、あるいは医学的な定義に基づいて判断するのなら、その通りである。法的には——エンジェルたちは、極めて開けっぴろげにマリファナを吸う。しかしマリファナ吸引の罪で逮捕されたエンジェルは、過去1人もいない。不思議なほど、開けっぴろげなのだが。

1966年の今、マリファナに関するカリフォルニア州の刑法は、合衆国の中で最も原始的な部類に属するもので、煙草1本分のマリファナを所持していただけで（10分の1本でも同じだが）……有罪判決を2度受けたら、最低2年間の刑務所暮らしを命じられることとなる。3度目なら最低でも5年。重いわ。

裁判官が、被告人にいかなる情状酌量の余地を見出しても、条文を逸脱して軽い刑罰で許されることはない。現在の

（註1）若いエンジェルズ、特にマスメディアに取り沙汰されて以降にエンジェルズに参加したメンバーは、古参メンバーよりもずっと深くドラッグの地下組織にかかわっている。彼らはドラッグの密売や取り扱いのリスクに関して、古参メンバーほど警戒心を持っていない。それまでエンジェルズは常に買う側だったが、1966年には徐々に商売——例えば大量密売など——にもかかわり始めていた。

カリフォルニア州のマリファナ環境は、1920年代の禁酒法時代における酒とよく似ている。つまりポット(マリファナ)は、禁止されているが、州内のあらゆる場所で普通に売られ、人々を酔わせている。

一般世間で言われるところの〝ヤク中〟とは、医学的には〝薬物嗜癖者〟として分類されている。嗜癖者の特徴として挙げられるのは、意思とは関係なく肉体レベルで、各人それぞれがある特定の物や行為と強く結びつき、切り離し難い依存的執着をみせることである。

アルコールを嗜癖する者はアルコールを。アンフェタミンを嗜癖する者はアンフェタミンを。ヘロインを嗜癖する者はヘロインを。しかしヘルズエンジェルズの面々にはその手のこだわりが何もない。

マリファナ、アンフェタミン、LSD、鎮静剤——メンバーたちは、ドラッグを目にすると、豪勢なバイキング料理の前に放たれたように、ありとあらゆるネタをあればあるだけすべて貪り食ってしまう。要するに手に入るものなら何でもござれだ。たとえその結果、バッドトリップして、嘔吐し、意味不明な言葉を叫ぶ最悪の狂乱状態に陥ろうとも、彼らの姿勢は一貫して変わらない。

州内だけで何千人もの者たちが、アスピリンを飲むのと同じように、今日もマリファナを吸っている。興味深いのは、アスピリンに神を感じる者が皆無なのに対し、なぜかマリファナに限っては愛好者のあいだに、ある種の崇拝的な雰囲気が生み出されているということだろう。なぜ、マリファナを吸うための地下組織まで誕生しているのか?

私の考えでは、答えは、要するにマリファナが〝違法〟だからである。

地下組織のマリファナ活動家たちは、スパイのようにコソコソと、押し黙った暗い表情で狭い部屋へと集まってくる。そして1本のジョイントを罪深い背徳の緊張感の中で紙巻にすると、震える指先から指先へまわしては吸っていく——そのこと自体に、喜びを感じているのだ。

スリルだけで人はハイになる。

多くの人たちにとってマリファナの喫煙体験は、第一歩であるスリルから始まり、階段を上っていくわけで、いきなり気持ちよくなる人はほとんどいない。

数少ない例外のひとつがヘルズエンジェルズである。

エンジェルたちは、あまりにも長いあいだ、あまりにも当たり前にマリファナを吸い続けてきたため、もはやマリファナという植物がもたらす薬理効果を〝神秘性〟などという言葉で受けとめたりはしない。マリファナはエンジェルたちにとって、リラックスのための嗜好品だが、それ以上でも以下でもない。

エンジェルたちは、マリファナを〝草(*weed*)〟や〝ヤク(*dope*)〟と呼び、ビートニクの若者たちが使う〝葉っぱ(*grass*)〟や〝ポット(*pot*)〟といった流行の呼び方を意識的に避けている。

理由は、エンジェルズのほとんどが、ビールやワインと同じようにマリファナを当たり前の嗜好品と考えており、ビートニクたちが好んで語るような神秘性を否定しているからだ。

エンジェルたちは、無料あるいは安く簡単に手に入るならマリファナを吸うが、たかがマリファナのためにわざわざ高い金を使うことはないと考えている。ドラッグでエンジェルたちが好むのは、むしろスピード感を与えてくれるアンフェタミンだ。バス湖に持ち込まれたのもアンフェタミンの錠剤だった。


バス湖でのこと。キャンプ場に到着した7月3日、土曜日の日が暮れてすぐのことだった——。

エンジェルたちとキャンプ場の焚き火を囲みながらラコニアのバイク暴動のあれこれについて話していると、大きなビニール袋を持って現れた1人のエンジェルが、中に入っている何かを、ひと掴みずつ全員に配給し始めた。順番がまわってきたので手を出すと、30粒ほどの白い錠剤だった。エンジェルたちが自分の分け前をゴクリゴクリとビールで流し込んでいるあいだ、話し声がやみ、あたりが静まり返った。「これは何?」私が尋ねると隣にいたエンジェルが教えてくれた。

「表面に×印があるだろう。これが〝カートホイール〟っていうベニー、つまりベンゼドリン。中身はアンフェタミン。中枢神経刺激剤さ。試してみな。イカせてくれるぜ」

「1錠何ミリグラムになるの?」聞いてみたが彼はわからず、しかしごく簡単でわかりやすいアドバイスをくれた。

「まあ10錠くらい飲んどけばいいさ。それで効かなきゃもっと飲めばいいんだ」

なるほど。まず2錠飲んでみた。錠剤は1錠5ミリグラムといった大きさだった。2錠。通常、それだけの量のベニーを飲めば、一般的な人間なら数時間にわたって覚醒し、ベラベラと喋り続けることになる。……となると、隣にいるエンジェルの言う通り10錠――つまり50ミリグラムを一度に飲めば、常用者でない限り深刻な急性中毒症状を引き起こし、病院に送り込まれてしまうことになる。

しばらくすると数人のエンジェルが、「このベニーは正真正銘1錠5ミリグラムの上物だ」と言い始めた――その根拠は、その勘定で密売人に金を払ったからというものだった。なるほど。

エンジェルたちが、ドラッグの卸売価格をはっきり口にすることはなかったが、私は一度あるエンジェルに、「1000錠53ドルで、アンフェタミンを欲しいだけ分けてやるよ」と言われて呆れ返ったことがある。なぜならその価格が、処方箋薬局で売っている正規価格の、2倍の高値だったからだ。ところで……のちに判明するのだが、その夜配られたカートホイールは、1錠5ミリグラムのアンフェタミン含有どころか1錠1ミリグラムそこそこの粗悪品だった模様である。どうりで。というのも、最初の2錠で効果が感じられなかった私は、そのあと数錠飲み……そしてそれからさらに飲み……日の出までに都合12錠飲んでいた。

もし1錠5ミリグラムのアンフェタミンを含んだ錠剤だったら、それだけの量を一晩で飲みつくした私は、きっとビーバーのようにバス湖の森の木々を前歯でかじり倒していたはずだ。

しかし現実には、12錠のアンフェタミン錠剤は、普段の夜より4時間ほど長く立っていられるという、微々たる作用しかもたらさなかった。

翌日になって、エンジェルたちに、「たぶん君たち、騙されたんだよ」と正直に告げてみると、彼らの反応はただ首をすくめてみせただけだった。

そして1人がこう言った。

「しょうがねえさ。誰だってブラックマーケットでスタッフ(薬剤)を買ったら、どんなもんでも、とにかく手に入れたものを受け入れなきゃなんねえ。そうだろ。返品なんてできないんだからさ。それに効きが良いとか悪いとか、いちいちうるせえって。効きが悪かったらもっと飲みゃいいだけさ。モノはたんまりとあるんだ」

確かに。

アンフェタミンの錠剤であるベニーは〝カートホイール〟あるいは〝ホワイト〟とも呼ばれ、草やビール、ワインと同じく、エンジェルたちの最も好むドラッグのひとつである。

だが、本気でラリるためとなると、エンジェルたちはさらにハイレベルのドラッグへと移行する。次なる段階は〝レッド〟もしくは〝レッド・デビル〟とも呼ばれるセコナール錠剤である。セコナールは、通常は鎮静剤や中心系抑制剤として使われる、バルビツール剤の一種である。

〝ブルー・ヘブン〟とも呼ばれる催眠鎮静剤のアミタール、また〝イエロー・ジャケット〟と称される鎮静麻酔薬であるネンブタールや、ツイナールもよく飲まれる。

しかしエンジェルたちが一番好むのは、やはりレッドだろう。通常レッドは、ビールやベニーと一緒に、眠気を払うために飲む。この組み合わせは、実に恐るべき効力をもたらす。バルビツール剤とアルコールは、医学的に言えば、命を失う可能性の高い組み合わせだが、エンジェルたちは意識をはっきりさせておくために、それが無理なら少々の眠気覚ましのために——大量の興奮剤と鎮静剤とを、カクテルして飲むわけである。ランの最中などは、ほとんど何でも、錠剤ならあればあるだけ、たとえそれがどんな錠剤で、どんな量で、どんな組み合わせで、どんな順序であっても、とにかくありったけ飲み続けるのが本物のヘルズエンジェルズというものである。

思い出すのは、バス湖のランの数カ月後に行われた、2日間連続のエンジェルズ・パーティーに参加した日のことだ。テリー・ザ・トランプは、初日ビールでスタートし、昼には葉っぱのジョイントを1本とビールを飲み、夕食前にまたジョイントをやり、その後、眠気覚ましにひと握りのベニーを赤ワインで飲み……宴もたけなわになるとまた葉っぱ。ここで趣向を変えるためにレッドをやって、そして夜を徹してビール、ワイン、ベニーをさらに飲み、それから少し休むためにまたレッド。こうして、次なる20時間に突入するのだが、今度は同じメニューにバーボンを1パイントとLSD500ミリグラムを加えて、いかなる退屈さも入り込んでこないように、精神を厳重に薬物で密閉した。ヘルズエンジェルズの中心的人物とはいえ、このような〝食事〟は、かなり極端な例である。アッパー系とダウナー系のタブレットを交互に(あるいは同時に)、48時間連続して摂取することで味わう切れ目のない興奮、憂鬱、幻覚、酩酊。そしてその果てにエンジェルに襲いかかる、想像を絶する疲労感——そうした一連の薬物反応に、すべてのエンジェルたちが全面的に対応できる能力を持っているわけではない。

ほとんどのメンバーは、一定の組み合わせを遵守しようとする。例えばビール、草、セコナールの組み合わせ。あるいはジンとビールとベニー。またはワインとLSD。しかしそれでも毎回パーティーのたびに、何人かは全行程を制覇するための長いトリップへと出撃し、すべての高峰の極みへついに達したところで、さらにメシドリンやDMT目がけて特攻を試み……そして魂を失った完全なるゾンビ状態で、数時間をふらふらと過ごすのだ。

20

HELL'S ANGELS

あいつらを止められるのは、逮捕、逮捕、逮捕だけだ。

――黒人の暴動について　ロサンゼルス警察署長・ウィリアム・パーカー（故人）

合衆国全体を網羅した麻薬密売組織網を構築している可能性がある――。あらぬ疑いのために、〝ヘルズエンジェルズが全米へ勢力を拡大している〟という、もはやお馴染みの警鐘が、またまた激しくかき鳴らされることとなった。

マスメディアの関心は、〝ヘルズエンジェルズはすでに東部の都市へも勢力を拡げているのか？〟その一点に集約された。ニューヨークの新聞『デイリーニューズ』によれば、「薄汚い野郎どもは、すでに行動を起こしている」そうで、（以下、『デイリーニューズ』紙から引用）――「川面が霧で覆われたある夜、ヘルズエンジェルの乗るオートバイのサドルバックに麻薬とセックス器具がぎっしり詰められていると気づいたジョージ・ワシントン・ブリッジの料金所の守衛が、チェーンでメッタ打ちにされるという事件が起きた。その後、エンジェルたちは爆音を残し逃げ去っていった」そうな。

記事は、どぎつい見出しで飾り立てられていた。

バイクに乗った恐怖 ヘルズエンジェルズ セックスと暴力で燃え上がる狂ったバイカー

見出しの上部には――なぜか、カリフォルニア州バークリーで3人の警官に拘束された時の笑顔のタイニーの写真が載っていた。写真下のキャプションはこうだ。

「髭面のタイニー、手首から血を流しているのは、ベトナム戦争反対のデモ行進に、先週、がむしゃらなエンジェルズが突っ込んだ際の暴動により、棍棒で打ちのめされた。背の高いタイニーの他2人が留置場に送られ、警察官の1人は脚を骨折した」

こ、この、文章として成り立っていない、めちゃくちゃな一文は、いったい何を意味しているのか？　暗号か？「手首」とは、誰の手首のことだ？　写真には、確かにタイニーと警官で合計3つの手首が写っている。しかし血など流れていない。

記事に対する疑問はあとを絶たない。逮捕されながら、なぜタイニーは笑っている？　ベトナム反戦デモに乱入して手首を切ったから、異常な興奮状態に陥っているのか？　タイニーが棍棒で殴られた理由は？　どの警官が脚を折った？　タイニー同様、警官たちまで笑っているのはなぜ？　というか、そもそもニューヨークの事件を伝える記事に、なぜカリフォルニアで逮捕されたタイニーの写真が？　記事との関連性は？

記事と写真とキャプションの奇妙な三角関係は、疑問を増幅させるばかりだった。（註1）

（註1）タイニーは警官に襲いかかり脚を骨折させたとして逮捕された。その場にいた警官の1人が、タイニーがコーラの瓶を使って攻撃したのを目撃したと証言したのだ。9カ月後、長い訴訟手続きののち、罪状は治安紊乱に軽減され、タイニーは150ドルの罰金を支払った。重罪での起訴が取り下げられたのは、撮影されたフィルムから、タイニーが別の警官に頭を殴られ、問題の警官の脚に倒れ込んだことが判明したためだ。

不可思議な気分のまま新聞をめくって私は、ようやく社会面に答えらしきものを発見した。

「美女 自傷で死ぬ」

どうやら、社会面のキャプションが、手違いでヘルズエンジェルズの記事にまぎれ込み、ゴッチャ混ぜになって印刷されようである。とんだ誤植だが、しかし他愛ないミスであれ、新聞、雑誌に掲載されるこの手の意味の通らない不可解な記述は、一般市民たちの興味と不安を酷くかき立てる。

ヘルズエンジェルズにとっては、いい迷惑だ。

「逮捕されたタイニー」の下のもう1枚の写真は、さらに迷惑！ というのも、掲載されているのは――無断離隊中の海兵隊員1人をナイフで刺傷した疑いで、グリニッジ・ヴィレッジの警察署で取り調べを受けている容疑者4人の写真なのだが……。うむ、4人の容疑者はこぎれいなボウリングシャツを着ており、なるほど、いかにもニューヨークのグリニッジ・ヴィレッジで海兵隊を刺しそうなブロンクスの不良の若者、といった身なりである。ただし、犯人たちのジャケットの背中にヘルズエンジェルズという文字が入っていなければの話。え？ 何で背中にヘルズエンジェルズの文字が入っているわけ⁉

もちろん彼らはエンジェルズのメンバーではない。縁もゆかりもない。したがってジャケットには、正式なカラーがついているわけでも、トレードマークのフライング・スカルの刺繍があるわけでも、支部内の地位を表す階級章がついているわけでもない。

しかし確かに4人のシャツの背中には *Hell's Angels* という文字が入っている。しかも彼ら自身が警察の取り調べに対して、「自分たちはヘルズエンジェルズである」と応じているのだという。

こうした、すぐにわかる明確な偽者を、ヘルズエンジェルズとして取り上げてみせる新聞記事は、警察発表を鵜呑みに記事を組み立てる誤報ジャーナリズムの典型である。『デイリーニューズ』は、「――4人の容疑者たちは事件を起こした数時間後、ナイフで刺された海兵隊員が運び込まれたのと同じ病院に偶然現れ、逮捕された」と事件の成り行きを伝えている。その際、容疑者の4人は、「ジャケットを着てブーツを履き、金色の長いイヤリングをつけ……腫れあがっている仲間の1人の首のオデキの診察のためにふらふらと病院に入ってきた」というのだが。

記事によると、病院内で緊急逮捕された第一容疑者は、そもそもオデキの診察のために病院を訪れていたらしい。「若者のオデキは延髄の末端を圧迫し、非常な痛みをもたらしていた」――ゆえに、診察までの時間、待合室で痛みに耐えていた容疑者は、ある時点でついに我慢の限界を超え、「発作的に通りがかりの海兵隊員を刺して逃走した」のち、「仲間たち3人とともに姿をくらました」とのこと。

それから4人は、ハイエナの家族のように何時間もグリニッジ・ヴィレッジの周辺をあてどなく逃げまわっていたのだが、「気づくとまた病院の前に来て」おり、それならいっそ「すべての厄災の根源である忌まわしいオデキを、病院で切除してもらおうと意を決した」そうな。

その結果、「ヘルズエンジェルズの4人全員がナイフ不法所持の現行犯で捕まり、うち2人が刺傷にかかわっているとみられる」――と『デイリーニューズ』は大々的に喧伝するわけだ。しかしヘルズエンジェルズを自称する容疑者たちは、誰ひとりとしてバイクを所有しておらず、背中に書かれた文字さえなければ、写真を見る限り、彼ら4人は、どう見てもブロンクスから遠征してきたボウリングチームそのものなのである。驚くのはまだ早い。

本当の衝撃はここから始まる。

容疑者たちは、ふてぶてしくも、自分たちはニューヨークを震撼させるためにマンハッタンにやって来たヘルズエンジェルズの一員で、他に15人から24人のエンジェルズの仲間が街を徘徊していると告げている。

おぉぉぉおおおお！『デイリーニューズ』は、ヘルズエンジェルズを糾弾する「バイクに乗った恐怖」の記事のすぐ下に、何ら事実検証もなしに、４人の自称ヘルズエンジェルズの写真と戯言を掲載してしまうのだ。

記事を目にしたニューヨーカーの多くは、マンハッタンのどこかにエンジェルズが潜伏していると、恐怖に震えたことだろう。なぜなら、実際にはヘルズエンジェルズはニューヨークにいないのだからして、読者からすれば、姿を見せないエンジェルズは、どこかに隠れていると推測するしかない見えない存在だからである。

『デイリーニューズ』に掲載された「バイクに乗った恐怖」の記事内容は、すでに『タイム』『ニューズウィーク』が１年以上前に書きつくした、お決まりのヘルズエンジェルズ恐怖伝説の要約と『リンチ報告書』からの抜粋……さらにいくつかの古新聞の切り抜きを繋ぎ合わせただけの、どうしようもない、あまりに陳腐な粗製のモンタージュだった。

しかしそのどうしようもない陳腐な記事は、「他に15人から24人のエンジェルズの仲間が街を徘徊している」という少年たちの嘘の証言を、ニューヨークの読者に対して、明らかな真実であると、強く印象づけていた。

私、ハンター・Ｓ・トンプソンが思うに……たぶん、『デイリーニューズ』の記者や編集者が断言するんだから、ああ実際、ヘルズエンジェルズは本当にバイクではなく、徒歩でマンハッタンをうろつき歩いていたんだろうよ。そしてもう少しツキに恵まれていたら、きっと、こぎれいなボウリングシャツを身につけた、バイクを持たないエンジェルたちが、マンハッタンのどこかにある、オデキ切除を専門とするアヘン窟に立てこもって、何かしら騒動をしでかしたりしたんでしょうよ……。

ひとつの警鐘を鳴らしたい。『デイリーニューズ』の手法――つまり、時期が異なる断片的な過去の噂話を繋ぎ合わせて、大袈裟かつ扇情的な記事をモンタージュにして、それを真実として読者に提供するという手法を報道ジャーナリズムに採用するならば、例えば昨年１９６５年11月９日の夜のニューヨーク大停電ですら、ヘルズエンジェルズによって引き起こされた、として書きあげることが可能なのである。記事はたぶんこんな調子だ――。

ヘルズエンジェルズは地下鉄システムを乗っ取って、翌日から乗車運賃を3倍に値上げするという信じられない計画を練っていた。ヘルズエンジェルズの薄汚い野郎どもは、システムの電気回路を組み替える複雑な破壊工作を何週間もかけて秘密裡に行ったのち、いよいよ名門〈イェール・クラブ〉の地下で、メイン電気ケーブルの接続という最後の大仕事に取りかかろうとしていた。しかしその時、酷いジンマシンに悩まされていたメンバーの1人が突発性無気力症に襲われ、ケーブルを誤ってエンパイアステート・ビルディングの避雷針に接続してしまい、その結果、地下大爆発と停電が起こり、実行犯のエンジェルは粉々になって全員即死。彼らの骨はドブネズミによって運び去られ、よって……ヘルズエンジェルズは何の証拠も残さずニューヨーク大停電を引き起こしたのである。

なるほど、そういう理由で、エンジェルたちはいつものようにうまく逮捕を逃れたってわけだ。そして『デイリーニューズ』は、どえらい大スクープを取り損ねたってわけだ。

ヘルズエンジェルズ ニューハンプシャー州のオートバイ騒動で刑務所行きか

――『ニューヨーク・ポスト』誌（1965年6月）

1965年11月のニューヨークの大停電でヘルズエンジェルズを疑う報道機関は現れなかったが、仮にそうした記事がひとつでも新聞に出ていれば、真面目腐った権力者どもは、即座に信用したに違いない。彼らに言わせれば、それほど「ヘルズエンジェルズは物事をごまかし逃げきるのがうまい」のである。警察当局は、エンジェルズを〝スナイプ

（日本名シギ・シギ科の渡り鳥）〟になぞらえこう語っている。

「知っての通り、スナイプは非常に狡猾な渡り鳥で、狩猟者であるスナイパーに出会うと、姿をまったく別の生物へ変幻させ、俊敏に姿をくらましてしまう。スナイプのような能力を持っている地球上の哺乳類は、他には狼男とヘルズエンジェルズだけであり、両者には多くの共通点が見られる。肉体的な類似についてはすでに十分明らかにされているが、それよりずっと重要な共通点は、ヘルズエンジェルズも狼男も変身する……つまり、自らの肉体的な構造を変態させるという奇妙で特殊な能力を持っていることだ。それによってヘルズエンジェルズは、あらゆる場所からあらゆる場所へ、自由自在に姿をくらますことができる。エンジェルたちはこの点について非常に口が堅いが、それでもこれは警察官たちのあいだではよく知られた事実である」……云々かんぬん

頭の固い権力者たちが信じる、想像上のヘルズエンジェルズの特徴が、現実的にどう機能するのか？　さてここでは、すでに9章でも取り上げているが、1965年6月下旬、独立記念日のラン直前に、東海岸ニューハンプシャー州のラコニアで起きたバイク暴動に再度注目し、より詳しく、読者諸兄とともに検証してみたい。

ラコニア・バイク暴動が起きたのは1965年。ヘルズエンジェルズの独立記念日バス湖のランを間近に控えて、アメリカ社会全体がバイク暴動なるものへの関心と緊張をにわかに高めていた時期である。そうした時期に勃発した大規模な騒動だったため、全米市民社会が受けた衝撃は凄まじく、暴動の詳細を書いた記事はアメリカ大陸の西から東まで即座に隈なく配信され、翌朝のあらゆる州のあらゆる新聞の一面トップを飾り立てることとなった。合衆国にオートバイという乗り物が発祥して以来、オートバイに関連した事件がこれほどまで大きく取り上げられた前例は、過去にない。

当時のアメリカは建国史上初めて、全国民的な社会不安が高まっていた時代である。全米各地で、新しいタイプの騒乱が次々と誕生していた。突発的な市民暴動。活動家による過激な反体制運動。攻撃的公民権運動。そうしたニュータ

イプの社会騒乱に対して国家権力が抱いた恐れが、奇妙な形でバイク暴動へ結びつき、誤解を含みながら拡大していく。それが、当時のアメリカ社会が国家的といっていいほどの恐慌状態に陥りながら、ヘルズエンジェルズに象徴されるバイク暴動に注目していった理由である。

東海岸代表、『ニューヨーク・タイムズ』紙の見出しはこうだ。

バイカー軍団の暴動 鎮圧される
ニューハンプシャーの街で一掃作戦

西海岸代表『サンフランシスコ・エグザミナー』紙はもう少し威勢がいい。

ヘルズエンジェルズの恐怖
ニューハンプシャーのバイクレース 警察・守衛隊が暴徒に一撃

暴徒の数は、『ニューヨーク・ポスト』紙は5000人。『ナショナル・オブザーバー』紙で2万5000人。メディアによって差があるが、2万人多いとか少ないとかはどうでもいいことで、肝心なことは、全米各紙の記事内容が「バイクに乗った荒くれ者によって、田舎町が突然野蛮な暴動に巻き込まれた」——その一点で突っ走っていることである。

ニューハンプシャー州ラコニアは2年前、1963年のレース大会でも、バイカーたちによる暴動に見舞われている。そのため翌64年の大会開催は見送られているのだが、注目すべきは、1年おいた65年には、早くもレース大会の開催をAMAが決定し、そして結果的にまたもや！　2大会連続して暴動が起きるという、大会運営の一連の流れである。

1年の空白期間を置き、2大会連続で5000人（あるいは2万5000人）のバイカーたちが暴動を起こすとは尋常な騒ぎではない。ラコニアの市の行政上の責任者、ピーター・レザード市長は、35歳になる熱烈な愛国者だが、なんと彼は、今回の暴動の責任をすべてヘルズエンジェルズに押しつけてみせた。ラコニア市長ピーター・レザードはこう主張する——「ヘルズエンジェルズは、かねてからラコニアで暴動を起こす計画を綿密に練っており、周到にもメキシコで暴動の訓練まで行っていた」

1965年6月21日（月）。2度目の暴動勃発から2日後。ラコニアの有力市民たちは、いったい何がどうなって、2年前に続き今回も町が暴動に見舞われたのかを、市長の口から直接聞こうと記者会見場となった〈タヴァーンホテル〉に押しかけた。

市長のピーター・レザードと、ラコニア市公安委員長のロバート・ローデスは、集まった市民と報道陣を目の前に、「大挙して襲来してきたヘルズエンジェルズが、ラコニア一帯をぐるりと取り囲んだのが、暴動の発端だ」と大見得をきって断言してみせた。

ラコニア市公安委員長ロバート・ローデスの説明——。「あの夜、ヘルズエンジェルの大群は、人知れずラコニア郊外に集結し、誰ひとり外へ逃げられないよう、あらかじめ町を包囲していたのです。そして彼らは、私たち市民に、マリファナの煙を臭わせながら得体の知れない恐怖を突きつけてきました。おそらく、彼らの背後には共産主義者の存在があると思われます」

共産主義者ぁ……？　集まっていた大勢の報道記者たちは、公安委員長のこのトンデモ発言を少々面白がりながらも、しかし事実として各新聞、雑誌に掲載した。

この後、ラコニア市民たちの地道な証言の積み重ねによって、暴動の真相が少しずつ明らかになり、市長たちの弁明が責任逃れの嘘だと判明するまで——つまり、メディアが真実に近い内容の報道をし始めるまでに、少なくとも1カ月の時間を必要とした。騒動勃発直後の複数の新聞、雑誌を注意深く読んでいこう。

ラコニア暴動の現場写真を誌面に掲載して、迫りくる独立記念日のランにおけるヘルズエンジェルズの危険性をショッキングに訴えていた『ライフ』誌(7月2日号)ですら、文章では——「総動員態勢で招集された警察官や州兵が、市民や群衆に対して催涙ガス、銃剣、警棒、岩塩と6号鳥猟用散弾を充填した暴徒鎮圧用散弾銃で、無差別攻勢をかけたため、多くの人々が自己防衛のための行動を取らざるをえなかった」と、〝暴徒〟とされた群衆の多くが、警官隊・州兵隊からの自己防衛を強いられた市民であることを指摘している。実は鎮圧部隊によって逮捕・拘束された暴徒の多くは、オートバイを持ってすらいない、善良な観光客や地元住民だったのである。

サミュエル・サドウスキーという若者は、静かな駐車場でいきなり逮捕され、懲役1年の実刑判決を受けている。「ある目撃者によれば、サミュエルの犯した唯一の法令違反は〝銃撃線からの性急なる撤退〟——つまり大慌てで逃げたことである」(『サイクルワールド』誌より)

ラコニア地元警察機構は、この日のために2カ月以上の特殊訓練を実施し、全勢力を投入して、暴動鎮圧戦術を展開した、との自己弁護説明を繰り返した。

ラコニア警察署長ハロルド・ノウルトンは、暴動に備え、自身が直接指揮する28人の通常警官に加えて、州兵200人、州警官60人、民間防衛ボランティア10人を非常召集して万全を期してきたと胸を張った——「我々は10週間にわたり、群衆の統制及び暴動鎮圧戦術を徹底的に訓練してきたのです」

会見に臨んだノウルトンは胸を反り返し、独善的釈明会見の最後をこう結んでみせた。「ただし、我々はそれらの作戦行動を、すべて秘密裡に行ってきた。ヘルズエンジェルズをいたずらに挑発したくなかったからだ」

外部部隊の大量動員——確かに、そりゃそうだろうさ。そもそも、ノウルトンが抱える28人からなる地元警察署というのは、普段は単に「ラコニアには警察権力が存在する」というアナウンス効果を果たすためだけに存在する象徴的な組織に過ぎない——ちょうどヘルズエンジェルズが、1965年のアメリカで反社会的分子の象徴とされていたのと同じように。そのココロは、警官たちもまたエンジェルズ同様、一般市民を挑発はしないが、苛立たせる。

市の治安当局発表の報告書には、ラコニア住民が語ったとされる、次のようなお手盛りのコメントが残されている——「幸運だったのは、州兵さんたちがたまたま近所で訓練してくれていたことだね。もし兵隊さんたちが駆けつけてくれなかったら、ラコニアの町は完璧に破壊しつくされたに違いない。あいつらバイクに乗った怠け者の腐れクズどもに、いったい何人の町の女が輪姦されたことか。何人の住民が殺されたことか。おお神よ、兵隊さんたちを派遣してくれてありがとう!」

おお神よ! そなたはなんと面倒見がよいのだろう。その夜のラコニアの町には神のお導きで、たまたま武装していた兵隊が大挙して突入し、バイクに乗ってもいない、暴れてもいない暴徒たちを銃で撃って撃って撃ちまくって追っ払ってくれたというのだから。重傷者リストの中には取材に当たっていたメディア関係者もいる。最も深刻な被害を受けたのは現場を取材中に暴徒鎮圧用の銃弾で顔面を直撃された報道カメラマン、ロバート・セントルイスだ。ラコニア警察が発表した暴動による負傷者数70名。うち警官の負傷はわずかに1名。実に69名は一般人の負傷である。(註2)

『ライフ』誌に掲載されている、17歳の少年の証言はこうだ。

「武装した警官が突然現れて、車から無理やり引っ張り出されたんだ。で、いきなり殴られてアスファルトに引き倒された。むちゃくちゃさ。警官の1人が力任せに頭を地面に押さえつけて、もう1人が後ろ手に手錠をかけてきた」

ラコニア暴動で主役級の犠牲者として取り上げたいのが、町で長年理容業を営んできたアーマンド・バロンという善良なる初老の紳士である。偶然暴動に巻き込まれたアーマンドは、突然現れた警官に、なんといきなり口元を警棒で殴りつけられた。さらにアーマンドは、州兵にライフルの銃床で力任せに尻を打ちのめされ地面に引き倒される。この気

(註2) 8月のワッツ暴動でも同じ負傷者のパターンが繰りひろげられていた。死者34人のうち、31人は黒人だった。

の毒な理容師は騒乱の最中、暴徒によって自家用車を丸焼けにされているが、それでもなお——「私は、群衆にではなく軍隊にやられたんです」と証言している。

毎年6月下旬の週末に、ラコニアで大きなオートバイ競技大会が開かれることは、実に1939年から続く恒例行事である。1965年のラコニア・バイク暴動は、アメリカ近代史的に見ても、最も予想可能な社会的騒乱のひとつだった。イベントの正式名は——『ライフ』誌が伝えるところによれば、第44回〝ニューイングランド・ツアー＆ラリー〟であり、『ナショナル・オブザーバー』誌によれば〝ニューイングランド・モーターサイクルレース大会〟の26回目ということになる。

一方、主催者のAMAは同じ大会を〝100マイル・ナショナル・チャンピオンシップ・ロードレース〟と呼んでおり、ヘルズエンジェルズは〝ニューイングランド・ジプシー・ツアー〟と親しみを込めて呼んでいた。いったい正式名は何なのか？　その段階からして極めて曖昧だが、現実に他の後援者たちもそれぞれが勝手な名称でこのイベントを呼んでいる。

しかしどのような名称で呼ばれているにせよ、毎年6月にラコニアで開催されるこの大会が、オートバイとバイカーのための特別な一大レースイベントであることに変わりはない。全米各地のオートバイマニアやレース愛好家たちが一度は参加してみたいと憧れる、屈指のモータースポーツの祭典——それがこの大会である。

全米のバイカーたちは、同じ趣味を持つ同志として集い、大いに楽しむことを目的として、毎年ラコニアへやって来る。つまり、ラコニアのバイク大会は、基本的にヘルズエンジェルズのランと似ているわけだが、スケールはこちらの方が遥かに巨大だ。

観光で成り立っているラコニアの人口は、冬季が約1万5000人、夏季が約4万5000人だが、そのちっぽけな町へ、毎年6月下旬のレース開催期になると、全米各地から1万5000人から3万人のバイカーが集まってくる。

第1回大会が開催された1939年といえば、ラコニア郊外に、冬はスキー場、夏はキャンプ場として利用できる巨大なリゾート施設〈ベルナップ・ガンストック・レクリエーションエリア〉がつくられた1年後であるから、当初、集客イベントの一環としてレース大会の開催が発案されたと考えるのが、まあ常識的な線だろう。

レース大会の発起人でもあるウィリアム・シャイティンガーは、ラコニア近郊の市、コンコード出身で、AMAの設立者でもある。

実は、今回の2度目の暴動を予測していた人間がいる。

「イベントのことをちょっと詳しく知っている人間なら誰だってまた暴動が起きると予測できたはず。確実にね――」

そう話すのは、2年前、1963年の暴動時に、レース会場が設営されていたラコニア郊外にある郡有地ベルナップ管轄区の管理人だったウォーレン・ワーナーである。ワーナーは、今回の暴動は確実に予測が可能だったと断言する。

以下は、ワーナーとの一問一答である。

――暴動は予想できたと？

「ああ。確実にできたね。同じような暴動が、わずか2年前に起きているんだから。ただ、1回目はダウンタウンではなく、レース場がある山間部のベルナップ一帯で起きたから、巻き込まれた町の住民は誰もいない。町から競技場までは、随分遠いからね」

――2年前の暴動について話してほしいのだが。

「ああ。何せ大勢が集まるからね、万が一の事態に備え、町には70人の地元警察と州警察が待機していた。で、暴動勃発の第一報があった時に、待機していた警官隊が、一応はベルナップまで出動したんだ。ところが予想以上に騒ぎが大きいんで、結局警察は、何もしないことに決めたのさ。バイカーたちはやりたい放題で、ところ構わずチェリーボム（さくらんぼ大の赤いかんしゃく玉）を放り投げ、ナイフやチェーンを振りまわしていた。警官にビールの缶を投げつけたりもしてたな。そのうち発砲が始まった。建物が焼けてた。真夜中にスキーリフトが動きだして、壊されちまった。キャンプ場のピクニック・テーブルは、すべてぶった斬られて、焚き火のように燃やされちまうし」

——大会主催者は、暴動の起きた現場を視察して、十分な再発防止策を講じたと釈明しているが。

「いやいや、それは事実と大きく異なるね。主催者は誰ひとりとして現地視察には来なかった。町に雁首を揃えたまま、暴動が起きた現場には、一切視察に現れなかった。行きたいとも思わなかったんだろう。暴動が一段落ついてから、もちろん俺は、市のお偉いさんに対して、暴動の原因究明と今後の対策について話し合いを持つべきだと、何度も申し出たさ。ところがどうだい！ 奴さんたちときたら〝我々は誰ひとりとして暴動を見てないんだから、対策会議は無意味だ〟って口実で、逃げ続けたね」

そして暴動から1年おいた1965年、ラコニア市の実力者たちは暴動の現場となったベルナップ管轄区の競技場を捨て、ラコニア管轄区の外れに別の新しいレース施設を建設し、「1965年は、新しいレース会場で例年通りに大会を開催する」と一方的に発表したのである。何の対策も講じることなしに、ただ場所だけを移して。

市に大変な経済効果をもたらすレースイベントの早期再開を、ラコニアの実力者たちは強く求めていた。市の商工会議所が〝レース大会早期開催奨励金〟の名目で、5000ドルの寄付を行ったことからも、それはわかる。

商工会議所は、地元の中小商店経営者中心に組織されているが、彼らの立場から見て、大会の再開を要望した寄付金は、かなり割のいい投資なのである。商工会議所が見積もったレース大会実施による経済効果は25万ドルから50万ドル。寄付した奨励金の50倍から100倍が戻ってくる計算となる。

大袈裟な数字ではない。予想総額を、全米から集まってくるバイカーの頭数で割ると、1人あたりわずか25ドルから50ドルの消費。地元のモーテルや土産物屋、酒屋、バー、ハンバーガーショップに落とされる一般的な金額だ。

若き市長ピーター・レザードは、前回の暴動からわずか2年後に早くも大会を再開した理由について、説明会の席上、次のような弁解を行った。

「バイクレースの大会は、この地域の観光シーズンのオープニングを飾るにふさわしい伝統行事であります。レースが中止された1964年には、実際、市の経済状態は逼迫しました」

街でビールの卸売会社を経営するラコニア前市長のジェラルド・モーリンは、1965年6月、暴動事件が起きたまさにその週末に、バイカー相手に、約1万5000ケースのビールを売り上げ、相当な純利を得ている。ジェラルド・モーリンは暴動後に行われた葬儀の席で、全米の耳目がラコニアに集中している中、次のような発言を堂々と行った。

「今回、このような暴動が起きたのは憂慮すべき事態ではありますが、しかしながら一方、レース大会の開催は、明らかに我々の市の経済運営に役立っております。暴動事件直後の現段階におきましては、住民の感情が高ぶっておりますので、今の段階で今後のことを決定すべきではないでしょう。住民の感情が静まり、冷静さを取り戻すまで、レース大会の存続を含めたあらゆる決定は先送りにされるべきであります――」

続いて市長のレザードは、同じことをより直接的な言葉で表現してみせた。

「今回また、懸念されていた暴動が起きてしまったことで、大会の早期再開を望んでいた商店主さんでさえ、正直、再開の判断が正しかったかどうか疑問を感じたでしょう。しかしそれもレース後の売上金を銀行で集計してもらうまでの話。さて、皆さんどうですか！　今ははっきりしているはずです！」

大会のメインスポンサーであるニューイングランド・オートバイ・ディーラー協会の広報担当フリッツ・ベアは、自分の持つ肩書きの大きさを使って、市長やビール卸業者、商工会議所の実力者など、大会再開推進派を支援する言論活動を積極的に行っている。

「今回見舞われた2度目の悲劇さえ乗りきってしまえば、もう大丈夫です。悪の反乱分子たちは、我がラコニアの町に2度と戻ってはこないと、私は確信しています。ラコニアの町が、暴徒化した反乱バイカーをどのような強硬策で叩き出したか！　その事実が広く合衆国中に知れ渡った現在となっては、もはやバイクに乗ったゴロツキどもが、ニューハンプシャー州に戻ることは金輪際ない！　私には明確にそれがわかるのであります」

ベア氏は「悪の反乱分子」をどこの誰とは名指ししなかったが、金輪際ニューパンプシャーに戻らない、と言うのだから、自分の協会に加盟しているニューイングランド州の販売店でオートバイを購入した顧客のことは、反乱分子とみなしてはいないのだろう。暴動は、どこか遠い場所から来たよそ者の悪党バイカーがしでかしたことで、自分たちが地元向けに販売したオートバイは、今回の暴動には加わっていない——実に都合の良い言いっ放しである。

いずれにせよ、悪の反乱分子と決めつけられて逮捕されたバイカーのうち何人かは、UPI通信が「ニューハンプシャー州議会が、大会開催決定のわずか1週間前に強引な拙速さで可決した」と評じた新暴動鎮圧法を根拠に、司法制度から、かなり暴力的歓迎を受けていた。即席の荒っぽい新法は——「騒ぎを煽動したり、暴動時に市民の私有財産に損害を与えた者に対して、1000ドル以下の罰金と3年以下の懲役を課す」と規定している。従来の法律の罰金最高額は25ドルだから、突如罰金が40倍という極端な重罰化である。厳罰化を謳った新法制定の唯一の救いは、噂されていた、「上記の規則に違反したバイカーは沈み椅子の刑（吊るした椅子に座らせて、死ぬまで何度も水の中に沈める古い刑）に処す」という条項がなかったことくらいだろうか。

しかし実際には、新暴動鎮圧法が州議会を通過し成立したあとも、ラコニアを通る高速道路の電柱にはこれ見よがしに、以下のようなバイカーたちのメッセージが、花飾りつきで楽しげに掲げられていた。

　今年も暴動に来たれ！
　燃えるウィアアーズ・ビーチ土曜の夜に見物だ!!

ウィアーズ・ビーチは、ラコニアの湖畔に沿った細長い観光海岸線で、メインストリートとなる海岸沿いの道には居酒屋やゲームセンター、ボウリング場などの娯楽施設が建ち並んでいる。暴動が起こるまでのラコニアの当日の流れを辿ってみよう。

1965年6月19日土曜日。夜9時――。いよいよ、レース大会開催を明日に控え、ビーチ沿いのメインストリート、レイクサイド通りは前夜祭のように楽しげな盛り上がりを見せていた。気候は良く、心地よい海風が流れ、ビールを手にした観光客の数は4000人。通りに集まっていたバイクの数は約2000台。物凄い混雑ぶりだった。

同時刻、ゲームセンターの建物の屋上に、不審者の一団が現れたという目撃報告がある。「暴動を起こそうぜ!」という叫び声が群衆の中であがっていたことを警察もまた確認している。先に紹介した理髪店経営者アーマンド・バロン氏が、レイクサイド通りを車で運転していのはこの時刻である。

ハンドルを握っていたのはバロン氏。車内には、奥様、ご子息、ご夫妻、ドゥエーンとブレンダという2歳と生後8カ月の孫がそれぞれいた。バロン氏は、週末を利用した思い出に残る素晴らしいドライブの帰り道で、街の一角にある自宅兼理容室を目指して、レイクサイド通りの緩やかな坂をゆっくりと、群衆の中へ車を進めていった。

バロン氏がのちに説明したところによれば――車が進むにつれ、道に溢れる群衆たちはみるみる平常心を失ってゆき、ある時点からはヒステリックな集団的混乱状態に陥っていったらしい。何者かが商店街のビルの屋上によじ登り、ごった返すストリートへ無差別にビール缶を投げつけ始めると、通りにいた群衆が呼応したように暴れだし、抑制を失った群衆のうねりは、氾濫した大河の濁流のように急速に拡大していったそうだ。

「何者かによって火災通報用の電話ボックスに鎖がかけられ、警察本部への電話線が切断されたため、初期対応が遅れて混乱が拡大した」――警察は、暴動の初期鎮圧に失敗した理由をそう説明した。しかしそれは、暴動拡大の速度に対応が追いつけなかったことの言い訳に過ぎない。

メインストリートで5000人にまで膨れあがった暴徒が、口々にナチスの合言葉である「ジーク・ハイル！（ナチス勝利万歳！）」を繰り返し叫んでいるのを確認するのに、電話回線は必要ない。実際問題、電話回線が通じていても、警察には群衆の暴徒化を防ぐ方法が皆無だったと考えられる。

時の経過とともに群衆は荒っぽくなっていき、集団的に加熱しつつ膨張を続け、ついにはビーチ沿いに立てられているポールによじ登ってナチの鉤十字旗を括りつける者が現れた頃……群衆はいよいよ本格的な暴徒と化し、レイクサイド通りの人ごみの中で立ち往生している車を、手当たりしだいに大勢で前後左右に揺すり始める。

バロン氏の車も巻き込まれた1台だ。幼い2人の子供を含む家族全員を乗せたバロン氏の車は、「ジーク・ハイル！」のかけ声をあげて荒れ狂う5000人の暴徒の真っ只中で、大勢に囲まれ揺すられ続けた。危険を感じたバロン氏は家族とともに車外へ飛び出すわけだが、その判断は正しく、幸い誰にも怪我はなかった。人ごみから離れた沿道に座り込み、家族6人全員の無事を確認して、バロン氏がほっと胸を撫で下ろしたのは想像に難くない。2歳と8カ月の孫を含むバロン氏一家の全員は、すぐ目の前で、たった今楽しいドライブを過ごしてきたばかりの自動車が、目を血走らせた暴徒たちによって火を放たれ、激しく炎上し黒煙を上げるのを、ただ茫然と眺めていた（さらにバロン氏はその後、逃げ惑っている最中に警官に殴りつけられ、州兵にライフルの銃床でしたたかに打ちのめされてしまうのだが）。

何台かの車に火が放たれ、レイクサイド通りの夜空高く燃え上がる紅蓮の炎が漆黒のアスファルトを、場違いなほど明るいオレンジ色に染めた頃……殺気立った州兵たちが、銃剣をつけたライフルの銃床をぶんぶん振りまわしながら、群衆の中へ殺到した。

闇雲に散弾銃を連発して威嚇射撃しながら突撃してきたのは、地元の警官隊である。

メインストリート周辺には、鎮圧隊が放つ催涙弾のガスと煙が、鼻を突く異臭とともに立ち込め、暴徒たちは咳き込み、視界を失いながら転がるように逃げ散らばった。

一部の暴徒は、花火、石、ビール缶などを警官隊に投げつけて抵抗したが、警官隊も州兵も頑丈なヘルメットなどで完全装備しており、実際、10週間ものトレーニングの成果は確実に現れていた。警察署長のノウルトンの――「暴動の起こったレイクサイド通りを鎮圧するのは15分で終了したが、暴徒たちの退路となる路地を完全掃討するのに約1時間を要した」という、この言葉に嘘はない。

大通りから路地を抜けて町中へ逃げ込んだ暴徒を完全殲滅する第二次掃討作戦は、暴動を煽動したと思われる容疑者たちの一斉検挙を目的としていた。新聞、雑誌各メディアには、オートバイから警棒で叩き落とされたり、寝袋を銃剣で突かれている若者たちの写真が多数掲載されているが、AP通信によれば――「警察は、ホテルの宿帳に名前を記載している身元の判明した正規の観光宿泊客を含め、全員を強制的に逮捕し連行していった」そうである。

翌日の全米市民の多くは、朝刊を広げた途端、デカデカと一面に踊る強烈な見出しに目を見張った。

ニューパンプシャー州で激しいバイク暴動！　焼きつくされる町
守備隊と激しく戦闘　ヘルズエンジェルズの脅威

想像されるのは、ヘルズエンジェルズによって焼きつくされ灰塵と化したラコニアの町。重傷の生存者。今なお黒煙を上げる黒い骨組だけの自動車。繰りひろげられている銃撃戦。まさに映画の戦争シーンさながらの光景だ。しかし実際はそうではなかった。

暴動から一夜明けた日曜日。レース大会は、何事もなく開催されたのである。

土曜の夜に宣言された戒厳令は、日曜日の最終レースが始まる直前に解除され、酒やビールの販売も、その段階で再開された。

事件らしい出来事といえば、日曜の朝、鎮圧部隊のあまりに強引なやり方に抗議の意を表明するため、1人の裸の男がレイクサイド通りで〝悪者に災いあれ！〟という大きな看板を立ててピケを張っているという、なんとも奇妙なラジオニュースが流れたくらいだろう。

ラコニア市長のピーター・レザードは間髪を入れず、事件翌日の日曜日から、前夜の暴動がなぜ起きたのかの調査に着手した。そしてなんと！　わずか24時間後の月曜の昼には、早くも「原因の究明と分析は終了した」と調査の終結を発表。調査結果を、「今回の暴動は、共産主義者の煽動によるメキシコからの潮流のひとつで、その実行部隊の役割をヘルズエンジェルズが担当していた」とする報告書を作成し、事件に幕を引こうとした。

警察署長のノウルトン、公安委員長のローデスもまた、暴動のすべてはヘルズエンジェルズが引き起こしたという市長の調査結果に、すぐさま同意を示した。

「エンジェルズは暴動を起こそうと、具体的な計画を何カ月も前から練っていたことが、我々の調査ですでに判明している」

そしてローデスは市民を前に宣言した――「……もはやエンジェルたちが戻ってくることはないだろう。もし戻ってくるようなことがあったとしても、我々は今回のような準備をすればいいだけだ」

地元の商店経営者たちもまた、公安委員長らと同じ意見を述べた。ウィアーズ・ビーチの〈ウィネペサーキーガーデン・ダンスホール〉の経営者はこう語った。「健全なバイカーさんたちは、来年もまたラコニアに招かれるでしょう」

ラコニア・ナショナル銀行の頭取は、「暴動は一部の少数派によって引き起こされたが、これをよい教訓とし、もう二度とラコニアで暴れようとする者は現れないだろう」と楽観的な意見を述べている。

数少ない反対意見を提示した1人が、ベルナップ管轄区管理人のウォーレン・ワーナーだ。ワーナーはラコニアのオートバイ大会がベルナップ地区の古いレーシングコースで行われていた時代、15年以上も大会現場を取り仕切ってきたベテラン責任者である。

「市のお偉方は、暴動の原因を突き止め、その殲滅に成功したって説明に終始しているが、それは違うね。少なくとも半年は時間をかけて暴動を詳細に検証してみる必要があるはずだ。そうすれば今回の暴動を引き起こした本当の犯人が、野蛮な武力制圧を強引にやろうとした警察なのか、それともカリフォルニアからやって来たヘルズエンジェルズの悪党連中なのかがはっきりする。そしてもしヘルズエンジェルズが本当の犯人だというのなら、お偉方は、自分たちは本当にヘルズエンジェルズを統制・制圧することが可能なのか、を本気で考え始めなきゃならない。忘れちゃいけない事実は、集まった2万人のバイカーの中には大会が目的ではなく、単に暴れ狂うためだけにラコニアに乗り込んできた野獣同然の連中が、少なくとも2000人はいたってことだ。その事実を無視している限り、ヘルズエンジェルズが来るか来ないかに関係なく、今後も大会を開催するたびに暴動は起こるべくして起こるだろうね」

地元のビール業界ともハンバーガー業界とも癒着していない、ラコニア在住のジャーナリストは、ワーナーと同様の発言を、よりドラマチックに表現する。

「もし大会に来ていた大勢のバイカーたちが、本当に町を焼きつくそうと計画していたら、実際その通りにできたはずだね。来年がそうなったっておかしかあない。今のラコニアは、市全体でロシアンルーレットをやっているみたいなもんさ。6回のうち5回は、引き金を引いても致命的なことは起こらない。でも6回目には——アスファルトに脳みそがぶち撒かれる」（註3）

ウォーレン・ワーナーや地元ジャーナリストの分析と見解は、「悪い風がどこか遠くから吹いてくる」という市長や公安委員長の主張と、明らかに相容れないものである。

（註3）1966年、ラコニアのレース大会は予定通り開催された。大量の警官が配置され暴動も起こらなかったが、おそらく、そこにいた唯一のヘルズエンジェルズのメンバーがLSDで癒されていたためであろう。

冷静になった現時点から、1965年のラコニア暴動を振り返れば、あれほど全米メディアが大騒ぎしたにもかかわらず、死者や重傷者が1人も出ておらず、破損された建物の被害総額も、2000から3000ドルに過ぎなかったという事実に、私は驚きを感じざるをえない。

説明会に出席したラコニアの市民たちの多くは、公安当局や市長たちの報告には到底納得できず、地元のジャーナリストが表現した「ロシアンルーレットっぽい雰囲気が、あの夜の町に漂っていた」という説に、賛同を示しているようだった。

私が特に興味を抱いたのは、暴動の原因を解明したとするラコニア市長ピーター・レザードの発言中の、「共産主義者が煽動した暴動を、ヘルズエンジェルズが実働部隊として担当していた」という部分である。暴動の調査・分析責任者である人物が、なぜそのようなたわけた報告をするのだろう。いったい何を根拠に、どこからそのような説が生まれてきたのだろうか。私にはそれが不思議でならなかった。ヘルズエンジェルズが共産主義者の実働部隊？　あまりにも馬鹿馬鹿し過ぎる……。

そこで私はラコニア市長に直接電話をかけ、事実関係を詳しく再確認することにした。共産主義者の実働部隊云々に関係する部分だけでなく、例えば暴動における逮捕者の数など、いい加減に放置されたままの事実についても、当然質問するつもりだった。

実は驚くべきことに、あれほど大々的に初期報道が行われたにもかかわらず、ラコニア暴動では、多くのメディアが事件後、暴動に関する様々な客観的数値を把握することができなかったのである。

通常、こうした大事件が起きたあとには、正確な検挙者数を発表するなどして、事件そのものを客観的に見つめ直すことが、犯罪報道におけるジャーナリストの必須事項とされている。数値を探し出すことは、実にたやすい。解釈も、分析も、色づけも、影つけも必要ないのだから、運がよければ警察署を訪ねたその場で、内勤専従の巡査部長が質問の答えを提出してくれる。

あるいは、仮にその場ですぐ、といかなくても、報道記者が質問をすれば、ほとんどの場合、巡査部長は24時間以内に事件に関する正確な資料を用意する。それが彼らの仕事だから当然なのだ。

報道記者の大半は、内勤の巡査部長が示す数字を、正確であるとみなした。その根拠は——事件に直接かかわっていない内勤巡査は、ただ帳簿に数字を記載する職務を担当するだけだから、事件の背景を受けて恣意的な情報操作をする立場にないからである。しかしラコニア暴動の、その後を記事にした主要メディア8媒体には、どういうわけだか、8ヴァージョンもの検挙者数が記載された。

暴動の1週間後に各報道機関が発表した検挙者数の一覧表を、私は個人的に作成してみた。

ニューヨーク・タイムズ………約50名
AP通信………少なくとも75名
サンフランシスコ・エグザミナー（UPI配信）………少なくとも100名、うちヘルズエンジェルズ5名
ニューヨーク・ヘラルド・トリビューン…29名
ライフ………34名
ナショナル・オブザーバー………4名
ニューヨーク・デイリーニューズ………100名以上
ニューヨーク・ポスト………少なくとも40名

各紙誌に異なった検挙者数を示した記事が掲載された裏に、何らかの理由が存在することは疑いない。その理由が明

確に示されない限り、出来事のあらましを公の活字媒体で知るしかない市民たちは、当然ながら、ただ戸惑うばかりだ。

さらに8つの新聞、雑誌は、暴動の原因、鎮圧状況について、それぞれ見解が異なる8ヴァージョンのリポート記事を掲載している。

まあ仕方あるまい。たった1人の特派員記者が暴動で混乱している広範囲な市の全域を取材するなど、どだい不可能なのだ。したがって、各紙誌に掲載されている記事は、それぞれが別々のソースから情報を得て成立しているわけで──それはそれで理解できる。

ただ、検挙者数のような、記事の信憑性を裏付ける基本的な取材事項が、新聞、雑誌ごとにバラバラだという事実は、暴動を報じた記事自体が、いかにも信頼に足らない与太ではないのかという危惧を、私たちに喚起する。

暴動から7週間経った8月11日──AP通信がラコニア・バイク暴動における正確な検挙者数をついに全米各メディアに配信した。しかしながらその時期はヘルズエンジェルズのバス湖のランも終了したあとで、ラコニアに興味を持っている市民はもはや皆無と言ってよく、私の知る限りAP通信が配信した正確な数値を掲載した新聞や雑誌はひとつもない。AP通信が配信した数値は、ラコニア地方裁判所が発表した正式な記録──「検挙者32名」である。

そこで私は驚くわけだ。市長や治安当局責任者、また、大会実行委員幹部が口を揃えて「ヘルズエンジェルズが暴動を主導した」と言っていたのに、発表された検挙者の中に、なんと1人のヘルズエンジェルズの名も記載されていないではないか！　それどころか、アウトローバイカーが群雄割拠する、カリフォルニア州在住者の誰の氏名も！　さらに言うなら、東海岸を代表するアディロンダック山脈（ニューヨーク州北部）以西からやって来た者の名が、ただの1人もいないのである。

裁判所の書記官は逮捕された容疑者の現住民登録を次のように記録している。

マサチューセッツ州……… 11名
コネチカット州……… 10名
ニューヨーク州……… 4名
カナダ……… 3名
ニュージャージー州……… 3名
ニューハンプシャー州……… 1名

結果、ラコニア地方裁判所において起訴された32名の被告のうち7名に〝州の矯正院に1年間の服役〟が申し渡され、〝同6カ月〟が1名。さらに10名に〝25ドルから500ドルの罰金刑〟が下された。しかし――残りの14名のうち、公判途中で12名の起訴が取り下げられ、1名が無罪評決。有罪判決を受けたうちの11名も即座に上訴している。

求めに応じて、ピーター・レザード、ラコニア市長はご親切にも、裁判所の公判結果を記録した、すべての書類を私の元に郵送してくれた。が、届いた封筒を開けて記録を目にした瞬間、私は驚きを感じた――というよりも、くらくらとめまいがしてしまった。

つい先日、電話で取材した時には、市長自身が――「33名の暴徒が罰金と有罪判決を受け」て「前科のある悪い連中は1000ドルの罰金と1年の刑務所暮らしになった」と語っていたばかりじゃないか。市長は自らの発言とまったく異なった事実が記された公式文書を、何の呵責もなく平気な顔で私に送りつけてくれたのだ。

裁判記録とともに暴動の最中に撮影された多数の写真を送ってくれた市長の真意も測りかねた。写真には、ヘルズエンジェルズがその場に存在していた証拠を示すものは何もなく、写っている暴徒たちのほとんどは、明るい色のセーター、チノパンツ、ローファーなどを身につけたティーンエイジャーらしき少年なのだ。写真を見る限り、州兵の出動で少年たちは散々な目に遭ったようである。

レザード市長はポラロイドカメラで撮った自分自身の写真と、警察署長の写真もなぜか同封して送ってくれたのだが、どういう自己アピールなんだろう？　市長の写真は、私のキャビネットの中ですぐに黄色く変色し、やがて薄れて消えてしまった。

書類が届くのに先駆けて、事件後のとある木曜日の朝、私とラコニア市長ピーター・レザードは、電話で1時間もの長い会話をしている。ごく簡単な数値の確認のやりとりで済むはずが、1時間もの長電話になったのは、市長が真顔で語る言葉のすべてが、私の好奇心を激しくそそり、ついつい電話を切りそびれてしまったからだ。

35歳のピーター・レザード市長は、電話口で異国情緒たっぷりの独特の口調で、様々なことを語ってくれた。思うに市長は、私が生涯一度も聞くことがないであろう、ユーゲントの叩くブリキの太鼓のリズムに合わせて、一生涯迷わずどこまでも真っ直ぐに行進し続けるタイプの男なのである。

まず私は、『ニューヨーク・タイムズ』紙の記者が、「暴動でヘルズエンジェルズが果たした役割について市長さん本人から直接聞いた」という非常に奇妙な情報を、直接電話口で本人にぶつけてみることにした。その内容はあまりに奇妙で、私の予想では、市長本人は当然否定するものと考えていた。ところが……いやいやとんでもない！　ピーター・レザード市長閣下は、ご自分の洞察力に揺るぎない自信をお持ちの一言居士であり、否定するどころか、発言をもっともっと強くメディアで引用してもらいたがっていたのである。

電話口で突然長演説を始めたレザード市長の言い分を要約しよう。

暴動首謀者、共産主義者、麻薬中毒者――市長は、以上の3つの言葉でヘルズエンジェルとラコニア暴動の関係を手際よく解説したうえで、さらに市長自身が独自に入手したという極秘情報を、自信たっぷりに電話口で語ってくれたものである。

「実はですね、バイク大会に先駆けて、4人のヘルズエンジェルズが、麻薬、携帯用武器、銃身を短く切り詰めたショットガンを貨車に満載し、ラコニアへ侵入を企てているという極秘情報を入手していたのですよ」

ほう、初耳である。市長は先を続ける。

「これは大変な秘密情報ですよ、ミスター・トンプソン。つまりエンジェルの奴らはラコニア暴動計画を、噂ではなく、本当に実行に移していたわけです。しかし途中、連中はコネチカットで逮捕された」

さも貴重なことを教えてやっているという口調である。

しかし私の質問が、「ヘルズエンジェルズが共産主義者から戦闘訓練受けていたのは、メキシコのどこの町でしょうか?」というある一点に及ぶと、その途端に発言をあやふやにして、口を濁してしまう。

「あー、トンプソンさん。ヘルズエンジェルズがメキシコの共産主義者キャンプで軍事訓練を受けていたという情報は……いいですか、極秘情報ですからね。どこから情報を入手したかについては、お答えは差し控えさせていただきます」とかなんとか、まあこんな具合に。しかしそれでも私が執拗に質問を繰り返すと、ついに市長の口から驚くべき真相が明らかにされたのである!

「トンプソンさん、何と言われても――。わかりました。たってのご希望なので、お教えいたしましょう。しかし㊙情報なんで口外は無用でお願いしますよ。実は情報は、匿名の第三者から郵便で郵送されてきたんですね。もちろんすぐに私は、FBIに連絡しました。どうやらFBIは、共産主義者の方面からヘルズエンジェルズの追跡調査を行っていたらしいんですよ。ナチの鉤十字をつけている連中の写真も、送られてきた㊙情報の中に入っていました」（註4）

そこで私が、「では、ラコニア暴動では、いったい何人のヘルズエンジェルズが逮捕されたのでしょうか?」と尋ね

（註4）市長は最も説得力がある写真をかき集めてくれたのだろうが、送られてきた写真の中に鉤十字と認識できるものは写っていなかった。

ると、レザード市長は事もなげにこう答えるのだ。

「ゼロですね。少なくとも自分をヘルズエンジェルズだと認めている逮捕者は1人もいません」

ちょっと待って下さいよ！　私は叫びそうになるのを必死で我慢した。ということは、だ。郵送されてきたという胡散臭い㊙怪情報——暴動を計画して、貨車いっぱいに麻薬や武器を詰め込んで移動している途中、コネチカットで逮捕されたという4人の間抜けたちでさえ、自分たちをエンジェルズとは認めていない、ということではないか。

というか、第一、ヘルズエンジェルズがメキシコの共産主義キャンプで軍事訓練を受けているとか、そんな事実はこの世に微塵も存在しないわけである。しかも逮捕され裁判にかけられた容疑者の中に、ただの1人のヘルズエンジェルズもいない。

冷静に、客観的に、公平に考えて、以上の事実が示すことは、ラコニア暴動にヘルズエンジェルズは一切関与していないという、歴然たる事実ではないのか？

ではなぜ市長は、事件の首謀者がヘルズエンジェルズだと断言するのだろうか？

私の質問と、市長の答えはいつまでたっても堂々めぐりのまま、1本の電話回線を行き来した。

〝ラコニアのどこかで誰かがカリフォルニア州のナンバープレートをつけた不審車両を見かけた〟という、暴動直後にレザードがしきりに流していた情報も、いつの間にか、どこかへ消えてなくなっていた。埒のあかない長電話が半ばにさしかかった頃——私は、じきにレザード市長の話が、〝エンジェルたちが変装して町へ忍び込んでいた〟という、最近よく耳にする都市伝説へ移行していくのではないか？　と予測していたのだが、しかし！　予想を上まわり市長の話は意外な方向へと展開し始めたものである。

ヘルズエンジェルズをめぐる珍報道に慣れきっているはずの私ですら、さすがにそれには驚いた。なんとピーター・レザード市長は、暴動首謀者であるヘルズエンジェルズが逮捕も起訴もされていない理由を——「暴動の最中には、実際にヘルズエンジェルズが大勢いたんだけど、全員がうまいこと逃げてしまったんだ。燃え盛る車の炎の壁の後ろに姿を隠してね」と、このように説明したのである。

その後も、ピーター・レザード市長が、「燃え盛る炎の壁の後ろ」に姿を消していったエンジェルたちの様子を、文学的とも言えるドラマチックな描写で電話口でとうとうと語り続けるあいだ、私は壁にかけてあるカレンダーをチェックし、自分が曜日を正しく把握しているかを無意識に確認していた。……うん、木曜日、確かに木曜日だ。

もしこの会話が、日曜日に行われていたのなら、市長は昼のその時刻、もしかしたら教会のミサから帰ってきたばかりで、神に祝福された多幸感の中で冷静な自分を見失っているとも考えられる。しかし私と市長は、平日の木曜日の昼間の業務時間に話し合っているのである。「炎の壁の後ろに忽然と消え去った地獄の天使たち」――という神がかった馬鹿話につき合わされているうちに、私は、ついには市長が、「ヘルズエンジェルズの一群が、海岸線からバイクを飛ばし、海の底へ逃げていった」などと、本気で語り始めるのではないかと、いささか心配になってきた。「……そこにモーゼが現れ、杖を振り上げると強風とともに海面が巻き上がり、ヘルズエンジェルズを海の向こうの彼方の国へ通り抜けさせたのだった」云々かんぬんなどと。

いやいや！　しかしレザード市長が私に伝えたかった話は、ヘルズエンジェルズがもたらした神秘的な現象ではなかった模様である。ラコニアの市長ピーター・レザードは、ヘルズエンジェルズが「炎の壁の後ろ」に逃亡したというトンデモ話を、驚くべきことに、本当に信じ込んでいたのである。

市長は、あらゆる地域のあらゆる警察組織が情報を把握し、いかなる時も、できる限り厳重な警戒態勢でヘルズエンジェルズに対抗すべきだと、真面目に考え、愚直な主張を繰り返した。そして市長は自信満々に、もったいぶった金言を口にするのである――「トンプソンさん、何はともあれ、知識は力なりですぞ！」

レザード市長は終始冷静沈着な語り口で、ヘルズエンジェルズが炎の壁の後ろに消えていった詳細をその後も延々と話し続けた。市長によると、ヘルズエンジェルズは暴動に先駆けて、町の主要な出入口となる道路のアスファルトにあらかじめガソリンを染み込ませていた、らしい。そして暴動の猛威がピークに達し、強力な武力を持った鎮圧隊が出動してきたその瞬間に、神業のような速さで町から逃げ去り、最後の1人がガソリン漬けの道路に素早くマッチの炎を落とし、アスファルトを炎上させ、炎の向こうに姿を消した――「以上のように周到に準備され仕組まれた妨害工作によって我々の鎮圧部隊はヘルズエンジェルズの追跡を断念せざるをえなかったのであります！」

うん？　この話、どこかで聞いたことがあるぞ……。その時、私は電話口でぼんやり考えていたのだが。そうだ！　これは、イギリスが、ダイヤモンドと金の鉱脈を強奪するために、南アフリカに入植していたオランダ人プロテスタント、ボーア人に仕掛けたボーア戦争（1880～1902年）の最中に、ボーア人がとった火炎作戦ではないか！　半世紀以上も忘れられていたボーア戦争の遺産が、1965年のラコニアで、よりによってヘルズエンジェルズによって再現されていたとは！

しかし炎の壁に阻まれた警官隊は、最後までヘルズエンジェルズを追跡・逮捕しようと決死の努力を試みた、と市長は電話口で繰り返し力説していた。曰く――「通信用に配備していた水晶式短波ラジオ送信機が炎による強烈な暑さで使用不可能になってしまい、しかるに追跡は断念せざるをえなくなったのですよ」

しかし、ならば現場から逃走したヘルズエンジェルズのうち、せめて1台くらいは、ニューハンプシャー州とカリフォルニア州のあいだ（直線距離にして約4000キロ）のハイウェイのどこかで、全米各地の警察署を結んで構築された広域無線警戒網に引っかかって捕らえられてもよさそうなものなのだが……しかし実際には、市長様の発言をそっくり信じろと言うのなら――「共産主義者のキャンプで戦闘訓練を受けたヘルズエンジェルズは、ラコニアでの大仕事を無事やり終えたのち、炎の壁を盾に、いかなる警察組織からの追跡も受けずにカリフォルニアまで逃げおおせ、大陸横断の長旅のあいだに積もり積もった土埃を払い、2週間後の7月4日に迫っている独立記念日バス湖のランに向けて準備を開始した」というわけだ。なるほど確かに市長閣下殿、知識は力なりですな！　だ。

ラコニア市長が電話口で語った、ヘルズエンジェルズが持つという〝魔術的な逃走力〟をメンバーたちに聞かせると、まさにそれは、エンジェルたちがセルフイメージに求める理想の自画像だったので、否定するメンバーは現れなかった。

そしてしばらくのあいだ、エンジェルたちはこの話題に関心を寄せた。

もし市長の話が本当なら、どこの支部の誰がやってのけたのか⁉

尊敬に値する偉大な男ではないか！

エンジェルの誰もが、ラコニアで事件をやり遂げ、大胆不敵に逃げおおせた偉大な仲間に、祝杯を贈りたい気分だった。しかし実行者として名乗り出る者は、ついぞ現れなかった。

ヘルズエンジェルズのメンバーで、新聞に書かれた以上の真相を摑んでいたのはタイニーだけだ。暴動の最中にタイニーのオールドレディ（元妻）がラコニアから電話をかけてきたらしい。

独立記念日のパーティー初日の夜、焚き火を囲んで盛り上がるエンジェルたちが一度だけ救いようもなく激しく落ち込んだ場面があった。

それはタイニーが、「エンジェルズからは、誰もラコニアに行っていない」と痛ましい宣告を口にした時だった。「俺のオールドレディが、暴動の時ラコニアにいたんだが……」

がっかりしている仲間たちに、タイニーは真実を語った。「エンジェルズはいなかった。もしエンジェルズの誰かを見かけてりゃ、あいつはきっと話したはずだからな。見逃すはずねえもの」

エンジェルたちは、真実の宣告を受けとめるしかなかった。タイニーは続けた。

「ラコニアで暴れてたのはケベックの野郎たちさ。東部出身のフランス系がつくってるバンディートス（山賊）ってクラ

カリフォルニア州ベーカーズフィールドへのランの準備をするヘルズエンジェルズ　1965年、ビル・レイ撮影

UNION
76

ブがあるだろ。あの連中だ。まあなあ、ラコニアの暴動でとうとうあいつらも、自分たちが本物だってことを見せつけやがったってわけだよなあ……。なあ、みんな。そうだ！　今度は連中と一緒に大暴れようじゃねえかよう、な！」

焚き火を囲んでタイニーの話を黙って聞いていたエンジェルたちは、しかし一様にガックリと意気消沈し、炎を見つめながら黙りこくったまま、口を開くこともできなかった。

長い沈黙のあと、1人のエンジェルが不平の声をあげた。「ファッーク！　だからどうしたってんだよおおお‼　ラコニアの暴動なんて、まるっきりのアマチュア集団がやらかした、シケシケのセコい騒動じゃねえか！　もし俺たちがラコニアにいたら、バンディートスの連中だって簡単には鎮圧されなかったはずだぜ！　こん畜生！　こん畜生！　こん畜生！　こん畜生！　ひとつの町に1万5000のバイクだぜ。めちゃくちゃな大暴れができたチャンスだってのに、チクショッ！　チクショッ！　チクショッ！　チクショッ！　チクショッ！　俺は胸が痛くて仕方ねえやっ‼」

市長、町の有力者たち、レース主催者のAMAのスポークスマンが暴動直後に発表したご都合主義の説明の虚飾のメッキが剝げてしまった1カ月後には、誰ひとりとして……AMA加盟のオートバイクラブに所属するバイカーたちでさえ、ヘルズエンジェルズがラコニア暴動にかかわっていたと考えてはいなかった。

ご存じ「オートバイファンのためのアメリカ屈指の専門誌」である『サイクルワールド』誌は、ラコニア暴動を取り上げた記事で、カナダ在住のフランス系住民からなるケベック人のアウトローバイカーたちを明確に非難している。同誌の言葉を借りるなら――「アメリカ東部に所在するバイカーたちの傷跡だらけの脇腹（ラコニア）からまんまと逃げおおせた連中は、過激な狂人集団であり、その中にはラコニア近郊で公職に就いている者も何人かいる――」

21
HELL'S ANGELS

嘘よ！　あなたたち、嘘つきね！　あなたたち、みんなして私の息子たちに嘘ついたんだわ！

——マ・バーカー　１９３０年代に悪名を轟かせたバーカー４兄弟の母親。

様々な事件を経たうえで、１９６５年の夏の終わりまでに、ヘルズエンジェルズは単なる粗暴者の集団としてではなく、ラディカルな思想と活動で知られるカリフォルニア州北部の社会的、文化的、政治的な分子の象徴的な存在として、広くアメリカ国民に認識されるようになっていた。ヘルズエンジェルズ関連のニュースは、ほぼ連日全米メディアを賑わし、結果——皮肉にも、その年の秋口のヘルズエンジェルズは、合衆国のある種の人々のあいだで一風変わったセレブリティに祀り上げられていた。

当時、カリフォルニアの各地では、ビートニクやヒッピーたちが主催するボヘミアン的な野外パーティーが連日のように開催されていたが、ヘルズエンジェルズはそうしたパーティーにおけるある種のカリスマであり、「エンジェルズがやって来る！」——主催者たちが、それらしい噂を流さなければ集客すら見込めないほどの人気ぶりだった。

エンジェルズは、アメリカ国民の様々な階層の人々を強く惹きつけた。異常とも言えるエンジェルズ・バッシング報道の裏で、彼らの存在に密かに共感を抱く若い世代や好意的な興味を持つ人々もまた、着実に増えていたのである。

取材者である私自身もまた、そうしたある種のヘルズエンジェルズ・シンドロームの影響を色濃く受けていた。実際、その頃までに私、ハンター・S・トンプソンの名は、エンジェルズと極めて密接に結びついたジャーナリストとしてマスメディア内外に知られ始めており、世間には、もし私がその気になりさえすれば、ヘルズエンジェルズをアメリカ社会の表舞台で大々的にプロデュースすることができると考えた者も多くいたという。

しかし、私にはそんな気持ちはさらさらなかった。

確かに私は、彼らにとって価値があると判断できることなら何だって――彼らが自由に酒を飲んだり、自由にどこへでもハーレーを飛ばせるよう、彼らの法的な権利を主張するなど――ヘルズエンジェルズに対するあらゆる協力を惜しまなかった。と同時に私は、エンジェルたちの尻拭い役を押しつけられるのは御免だった。

有名人となったヘルズエンジェルズの面々は、1965年夏以降、ビートニクやヒッピーたちの野外パーティーのゲストリストで常に最上級のVIP待遇を受けるようになっていた。しかし野外パーティーの主催者の多くは、エンジェルたちの暴力性を過小評価していた。もし、どこかのパーティー会場でヘルズエンジェルズが暴れだせば、人々の想像を絶する惨たらしい暴力沙汰が繰りひろげられるのは明白である。彼らが本質的に内包している暴力性のプラグが何かの拍子で点火してしまえば、常に恐るべき騒乱が待っている。

しかしパーティー主催者たちは、私の心配など無きに等しいが如く、大いなる希望的空想力を抱きつつ、ヘルズエンジェルズを善意に基づいた英雄として思い描き、理想的なスペシャルゲストとして招きたがるのだ。

あるパーティーで私は、小さな子供や若い母親たちに、「なぜヘルズエンジェルズは来ないの?」と繰り返し尋ねられたことがある。

そうしたことを言ってくるパーティーの参加者たちは、ほとんどがバークレー在住のお育ちよろしいインテリ層の方々で、彼らがイメージする〝ヘルズエンジェルズ〟あるいは〝アウトローバイカー〟と実像のあいだには、言うまでもなく、かなりの隔たりがあった。

ある時私は、とあるパーティーの主催者から「ヘルズエンジェルズを正式なゲストとして招待したい」という申し出を受けた。気は進まなかったがエンジェルたちに話を通し、会場となるイーストベイの閑静な住宅街のアドレスが書かれたメモを彼らに渡した。

パーティー当日、時間より早く会場入りした私は、どうかエンジェルたちが来ないようにと、心から願っていた。会場は美しく飾りつけられ、メインゲストのエンジェルズを迎え入れるための真心こもった準備が万端整えられていた。だからこそ、彼らが来ればパーティーがめちゃくちゃになること必至だったのだ。

冷えた缶ビールが氷でいっぱいの桶に山積みにされ、スピーカーからはテンションを上げるノイジーな音楽。さらに何十人もの若く可愛らしい女子たちが可愛いファッションですらりとした脚を強調し、今や遅しとエンジェルズを待ち構えている、その光景——。ぱっと見には、連休中のバス湖に大集合した観光客の再来と見えなくもない。しかしサンフランシスコのカウンターカルチャーシーンに集まっているハイブラウな女性と、バス湖にいた田舎ネエちゃんたちでは、そもそも畑が違うのだ。

知性的で洗練されており、育ちがよい彼女たちはただ、ご亭主や同棲相手、あるいは交際しているボーイフレンドたちが四六時中口を開けば語りだす、〝疎外〟やら〝革命の世代〟といった理屈っぽくて小難しい話題に少々ウンザリして、ほんのひと時の非日常的な刺激を求めて、気晴らしに野外パーティーを覗きに来ているに過ぎない。決してワイルドなアウトローバイカーの暴力性に女性としての性愛をもって惹かれているわけではない。

ビートニクが主催するパーティーへ参加者するのは、サンフランシスコ周辺のベイエリアに暮らす、流行に敏感で、ヒップでオシャレな、知的エスタブリッシュメントたちである。当然ながら、独立記念日の祝日に退屈な田舎町であるバス湖をうろついていた野次馬根性丸出しの貧相な連中とは育ちも考え方もまるで違う。

そこへもし、たとえたったの5、6人でも本物のヘルズエンジェルズが到着したら、パーティー会場に溢れている平和で品のいい幸せな空気は瞬時にしてぶち壊しになり、会場にいる女性たちには到底耐えられない、おそらく彼女たちが生涯耳にしたことがないような、低俗で下品で卑猥なわめき声が、ブンブンと大声で飛び交うに決まっている。

ぐへっへっ！　おいおい、ネエちゃんたち！　一番最初に俺っちにファ〜ックされちゃいたいのは、いったいどのネエちゃんってわけなのさ、ＢａｂｅｅＥＥＹＹ！　うへへへ、ゲラゲラゲラゲラ！

しかしまあ何はともあれ、ヘルズエンジェルズというカリフォルニア州のアウトローバイカー・クラブは、1965年の夏以降から秋にかけて、合衆国全土のあらゆる年代の、あらゆる階層の人々に大流行していたわけである。

ベイエリア周辺に居を構えた知的なエスタブリッシュメントたちは、ヘルズエンジェルズに夢中になる寸前まで、実は、イギリスからやって来た4人組のバンド、ビートルズに熱中していた。ビートルズの特徴は、スモール、シンプル、クリーン。ところが問題が起きた。ビートルズがあまりにメジャーになり過ぎてしまったせいで、彼らを語ることが、なんとなくファッションにならなくなってしまったのだ。そこへ登場したのが、ビッグ、ワイルド、汚らしい……という新鮮なイメージを提供するマイナー世界のニュースター、ヘルズエンジェルズというわけである。

ファッションピープルを自認するヒップな人々の興味から4人組のバンドが消え失せた瞬間、彼らの心に好奇心の真空状態が生じた。――そこにタイミングよくヘルズエンジェルズが吸い込まれたという分析も、当時のエンジェルズの人気を知るうえで重要なポイントと言えるだろう。

ヘルズエンジェルズを招いた野外パーティーには、大抵の場合ロスという名の青年がいた。ロスは、メンバーが現れるとすかさずエンジェルに駆け寄り、会場にいるあいだずっと後ろに控えてこんなことを言ってまわった。

「ヘルズエンジェルズこそ、我々世界のラストアメリカンヒーローなんだ、わかるかい――」

エンジェルたちを迎えるビートニクのパーティーは、大抵そんなものだった。

ロスはヘルズエンジェルズにのめり込んでしまった青年で、そのうち、エンジェルズを賞賛するための、象徴的な意味合いを込めたグッズの制作にまで乗り出した。

ロスがつくったのは「キリストは詐欺師だ――」というゴキゲンなスローガンの入った、ナチのプラスティック製のレプリカ・ヘルメットと鉄十字章で、ロスはそれをアメリカ全土のティーンエイジャーへ、売って、売って、売りまくった。

ヘルズエンジェルズのイメージは、当時のアメリカ社会の中でそのようにして徐々につくり変えられ、ベイエリアのお洒落ピープルたちにとってのポスト・ビートルズとなっていった。エンジェルたちが抱えていたただひとつの悩みは――何がどうなって何がなんなのか自分たちにだけは、さっぱり事情が呑み込めないということだった。エンジェルたちは、自分たちと何の共通点もない連中に、勝手に象徴的英雄として祀り上げられることに困惑していた。しかしそうしたムーヴメントがエンジェルたちにもたらしたのは、女、酒、麻薬。そして何だかよくはわからないが、新しい刺激。まさに日頃の彼らが望んでいるものだったのである。

したがって、エンジェルたちは、「象徴なんてクソ食らえ!」と内心違和感を覚えながらも、自分たちを中心とした、しかし何だかわからないムーヴメントを徐々に受け入れるようになっていく。しかしヘルズエンジェルズの面々は最後まで、自分たちがパーティー会場で期待されていることが、イメージされるヘルズエンジェルズを演じることだと理解できず、相手が誰であっても常に素の自分で対することにこだわった。そもそもエンジェルたちに、あらかじめ決められた役割を求めるのは、彼らのコミュニケーション方法に対する最大の侮辱行為なのである。それが理由でエンジェルたちは、しだいにナーバスになっていった。

そして短期間のうちに、一種の流行タレントとして様々なパーティーをざっとひと通り経験したあと、ほとんどのエンジェルたちはヒップな野外パーティーにVIPとして招かれるよりも、自分の金で好みの安酒を買い、汚く居心地のいいバーで理屈っぽくない女を口説いていた方が——長い目で見れば安上がりだし、気楽でよっぽど面白いという結論に達したのだった。

私は数多くの人物にヘルズエンジェルズを紹介したが、本当に成功した出会いと言えるのは、ただ1人、1962年に『カッコーの巣の上で』でセンセーショナルなデビューを果たしていた作家のケン・キージーだけだ。ケン・キージーは当時30歳。サンフランシスコの南、ラホンダの近くの森に広大な地所を所有しており、そこにある種のコミューンと表現してよい、一風変わった邸宅を構えていた。

キージーは、デビュー作『カッコーの巣の上で』がベストセラーとなり、アメリカ文化に対する様々な提言や実際的な行動で全米的な注目を浴びるようになった、若者たちのカリスマ作家である。

またLSD信奉者であり、またマリファナ解放論者でもあった。1965年から66年にかけてマリファナ不法所持で2度逮捕され、エンジェルズと出会った時期は、長期の服役を避けるためにいよいよ合衆国を脱出せざるをえないという、苦しい立場に立たされていた。にもかかわらずキージーは、ヘルズエンジェルズに近づけば、明らかに法的、社会的立場が不利になるとわかりつつ彼らを熱心に支援した。何の見返りも求めず純粋に。そう、キージーはまったく純粋にヘルズエンジェルに興味を持ったのである……過度の熱意を込めて。

1965年8月のある午後——私とケン・キージーの初対面の場所は、サンフランシスコの教育テレビ局KQEDのスタジオだった。テレビ出演を終えた私とキージーは、スタジオを出たその足で、近所のバーで軽くビールを引っかけていた。キージーとの会話は気軽で楽しいものだった。私はその後、フリスコ支部のフレンチーに、ブラジリアンドラムのレコードを届ける約束があり、何気なくそれを告げると、キージーが「一緒に行ってもいいかな?」と突然言いだした。「もちろんだ、キージー」私は答えた。

というわけで私たちは一緒に、フリスコ・エンジェルたちの待つフレンチーのバイク修理工場、〈ボックスショップ〉

へ向かったのである。〈ボックスショップ〉で待っていた4、5人のエンジェルは、電話で伝えてはいたものの、やはり見知らぬ人間が来ることを警戒していた。が、キージーは意外なほどすんなりとエンジェルたちに受け入れられた。その日私たちは、ともに食べ、飲み、交友をあたためる意味でハーブ（マリファナ）を分けあった。

その席でキージーは、週末にラホンダで開かれるパーティーにフリスコ支部の全員を招待したいと提案した。キージーと彼のバンド、メリー・プランクスターズは、6エーカー（7000坪）の土地を所有し、時折そこでパーティーを開いていたのである。森の中に拡がっているキージーの所有地は、山から流れてくる深い掘のような川によって街道と完全に分断されていた。川の上にかかる橋には砦を思わせる堅牢なゲートが設置され、それが何というか、キージーのプライヴェートな6エーカーを周囲の森とはまるで異なった――一種異様な狂気じみた混沌の空間に仕立てあげていた。パーティー当日の朝刊で初めて知ったのだが、私とフリスコ・エンジェルズが招待を受けたキージーのパーティーは、毎週金曜日ごとにキージーの家に集まる〝風変わりな人々〟（マリファナ解放などを主張する若いビートニクたち）に対する9件の告訴を地方検事局が取り下げた日と、偶然にもタイミングが重なっていた。

朗報を掲載した新聞がラホンダ地域へ配られた8月7日土曜日の朝、キージーは、やはり嬉しかったのだろう。橋を渡ったゲートの正面に――「メリー・プランクスターズはヘルズエンジェルズを大歓迎」と大書した高さ15フィート×横3フィート（4・5×1メートル）の大きな看板を高々と掲げてみせた。看板は赤、白、青の彩色が施された華やかなものでお祝いムードたっぷりだったが、しかし当然ながら、近隣住民や管轄警察は、キージーのそうしたおふざけに、かなりの不快を感じた模様である。

燦々と太陽が照りつける午後の早い時刻、私が車に妻と幼い息子を乗せてキージー邸に着くと、邸宅の前には、サンマテオ郡の保安官事務所の車が5台待機していた。

私たちが橋を渡りゲートから車を進めると、前庭にあたる敷地内に、すでに10人ほどのヘルズエンジェルズが到着しており、聞くと、さらに20人が来るという。

飾りつけやバーベキューの支度など、大勢の手で様々な準備が着々と進められていた。妻と幼い息子を連れていた私は、まあ、本格的なお祭り騒ぎが始まる前に軽い食事でも、と一度車でキージー邸を出て、ビーチの方角へ数マイル、サングレゴリオという小さな町に向かうことにした。

サングレゴリオは、4筋の幹線道路が交差する地点に存在する小さな町だ。いや、町よりも集落と言った方が正確かもしれない。外から来る誰かを迎えるためというよりも、地元の農夫たちが日常を過ごすためのちっぽけな場所――。

私たち家族は、メイン通りと思われる方角へ車のハンドルを切り、1軒の雑貨店兼ダイナーに入ることにした。店内は、いかにも田舎の農村の雑貨店という印象で、飾り気のない木製の陳列棚には、様々な鉄製の農具、地元の農産物、蹄鉄や鼻革などの馬具が並べられている。雑貨売り場にはあまり客がいないようだったが、軽食カウンターをちらりと覗くと、農夫らしい日焼けした男たちが何人も顔を突き合わせ、喧々諤々の激しい議論を交わしていた。耳を傾けると、どうやらキージー邸で起きていることを、好ましく思っていないようである。

中年の農夫が顔を歪め、吐き捨てるように言った。「あのヤク中の畜生どもめがあ。最初はマリファナ騒動。今度はヘルズエンジェルズ様大歓迎ときたもんだ。ああ神様！　キージーの野郎は、いつだって俺たちの顔に汚物を塗ったくりやがるんで！」別の男が声を厳しい口調で言葉を継ぐ。「ビートニクのあの連中なんざ、1ポンドのションベンの価値もねんだ！」

私と妻が黙ってその様子を眺めていると、ついには1人の男が、私たちのいる陳列棚の方にやって来て、大声をあげながら売り物の手斧を1本ずつ全員に配り始めた。

「おう！　こうなったら、これからキージーの家に乗り込んで連中を片付けちまおうぜ！」

表に停めてあるピックアップトラックの荷台に乗り込み、今にもキージー邸を襲撃しに出撃しそうな勢いであった。

その時1人が、皆をまあまあと宥め始めた。「なあおい、落ち着けって。大丈夫だって。保安官たちがすでに仕事を始めているだから。んだから今度こそ、きっとビートニクの連中は1人残らず永久に監獄にぶち込まれて消えちまう」

手斧はしぶしぶ棚に戻された。

夜が深まるにつれ、キージー邸に続々と招待客が集まり始めた。

屋外に積み上げられた巨大なスピーカーは途切れることなく音楽を流し続け、邸内のあちこちに飾りつけられた虹色の電灯がチカチカと光っている。全員が親しい友人みたいに挨拶を交わし、乾杯し飲んでは踊り、抱き合い、邸内は大変な賑わいだった。

警官たちは、川を隔てた向こう側にパトカーを停め、邸内の様子をうかがっていた。警告灯をフラッシュさせたパトカーから放たれる赤やオレンジのエレクトリックな煌きは、川を越えてパーティー会場へも注ぎ込み、あちこちをチカチカと照らし出していた。

この年、1965年の春早く――。キージーの邸宅と所有地は、ウィリー・ウォンという悪名高き連邦麻薬捜査官と彼が率いる17人の警官、5匹ほどの警察犬によって強制的な捜索を受けていた。結果、キージーとキージー邸にいた12人がマリファナ不法所持の容疑で逮捕されたのだが、公判に至る前に、ウィリー・ウォンの強引な捜査手法が問題となり、告訴はすべて取り下げとなった。

間もなく、奇襲逮捕作戦に失敗した捜査責任者のウォンは左遷されて移動となり、それを機に地元の警察もまた、キージーの6エーカーに直接踏み込むことを控えるようになっていた。とはいえ、警官たちは、川を挟んだ街路に常時パトカーを待機させ、キージー邸に出入りする者たちの全員を写真で記録し、身元を調査することに熱を入れるようになるわけだが――。

さらに警官たちは、キージー邸に出入りする大学教授、浮浪者、弁護士、学生、心理学者、あるいは最新のファッションに身を包んだ若いヒッピーたちを、理由もなく呼び止めては、無意味な職務質問を繰り返すようになった。職務らしいことといえば、交通違反金の未払いで召喚状が出されていないか無線でチェックをすることぐらいだったにもかかわらず、警官たちは揺るぎない決意で、飽きもせず連日連夜、同じことを繰り返していた。

警官たちは時々、明らかに酔っ払っている者や完全に酔い潰れている者を拘束したが、何カ月間にも及ぶ公然たる集中張り込み捜査にもかかわらず、逮捕できたのは、交通違反金未払いがその場で判明したわずか5、6人に過ぎない。

時間が深くなるにつれ、キージーのパーティーはさらに美しい盛り上がりをみせていた。稀に見る最高の夜が誕生しようとしていた。マリファナはもうほとんど残っていなかったが、当時合法だったLSDはいくらでもあった。大勢が酩酊していた。パトカーは深夜になっても川の向こうに停車したままで、大勢の警官が街道からキージー邸を見張っていたが、警官たちの瞳孔に映し出されていたのは、これまで彼らが信じてきた人間というものへの理解を根底から崩壊させてしまう、奇妙でめまぐるしい光景だったに違いない。

馬鹿デカいアンプから夜の樹木を突き抜けて鳴り響く、ロックンロールの激しいサウンド。大勢が叫び、吠え、半裸になって踊りまくり、サイケデリックなライトの迷宮をよろめき歩く。酩酊してふらつき、つまずいては笑っている。ワイルド。ワイルド。まるっきり、神によってもたらされたワイルドでサイケデリックな夜だった。合衆国のあらゆる法律も、あらゆる道徳も、あの夜キージーの6エーカーで繰りひろげられたすべてを、何ひとつとして邪魔立てすることなどできなかった。

しかし同時に——ヘルズエンジェルズをラホンダに迎え入れたことで、ついに警官たちは、キージーを法的に処理するための有効なカードを手に入れたのだ。地元警察当局は、キージー邸を見張る警官の数を一気に3倍に増やした。

思うに……キージーはやり過ぎたのだ。

これまでキージーは、地元警察の干渉を最小限に抑えるためにギリギリ許容範囲内の緊張関係を敷地内に維持していたのに、大勢のヘルズエンジェルズを大っぴらにパーティーに招いたことで、とうとう飽和状態だった緊張感を所有地の外へと溢れ出させてしまった。

これまで警官たちにとって、ＬＳＤなる得体の知れない化学物質で酩酊しては奇妙な理屈をこねまわすビートニクやインテリ学生、知識人といった人種は、安易に手を出せば自分たちもまた火傷しかねない厄介な存在だった。ところがそこへキージーは、ヘルズエンジェルズという簡単に法律で処罰される対象を仲間に引き入れてしまった。（註1）

しかし、この時のフリスコ・エンジェルたちをメインゲストにフィーチャーした、キージー最初のエンジェルズ・パーティーは、大いなる盛り上がりをみせて大成功に終わった。

ドラッグレーサーのピートは、冷えた缶ビールが入った大桶に手を突っ込みながら、真夜中にニヤリと笑ってみせたものである。「こりゃ、まったくえらく素敵なパーティーだよなぁあ。来てみるまでは、まったく想像もつかなかったけど、ホント最高！　今はすべて最高。すべてハッピー、すべてオーケー。頭にくること何もなし！」

しかしキージー邸を訪れたエンジェルたちの多くはへベレケに酩酊するまでは、緊張し、静かで、驚くほど小さくかしこまり、防衛的ですらあったのだ。エンジェルたちはこれまでの経験からこの種のビートニクなパーティーは、最初どんなに楽しく感じられても、途中からわけのわからないことを質問されたり、理屈臭い論議に巻き込まれたり――彼

（註1）数カ月後、キージーが最初のマリファナ不法所持罪で出廷した時、彼は条件付きで比較的軽い懲役６カ月という刑を言い渡された。その条件とは、彼が宅地を売却し、サンマテオ郡をから出ていくことだった――永久に。彼はそれに従ったが、裁判所や警察が思い描いていたよりは少しばかり遠くへ移住したようだ。１９６６年１月31日、キージーは保釈中に失踪した。北カリフォルニアの海岸に乗り捨てられたバスの中から遺書が発見されたが、仲間内はもちろんのこと、警察でさえ彼が死んだなどとは信じなかった。私も捜してみたものの、確たる情報は得られていない。しかし何カ月もかけて調べた末、彼宛の手紙の転送先だけは突き止めることができた――パラグアイ アスンシオン アメリカ大使館農務官気付。

らの感覚からすれば、攻撃され、鞭打たれるのと同じ目に遭わされると知っていた。今回も、やはり最後まで打ち解けられなかったメンバーは2、3人いた。

しかしエンジェルたちは、自分たちがヘルズエンジェルズ・フリスコ支部というグループとしてパーティーに参加しているからには、自分たちの居場所は自分たちでつくり出すしかないということも知っていた。一方で、キージーの取り巻きであるビートニクやLSD信奉者の学生たちは、自分の心を〝無〟にすることにあまりに忙しいので、エンジェルたちのように、生々しいリアルな現実に悩む余裕はもちあわせていない様子だった。

パーティーにはヘルズエンジェルズの他にも、幾人もの有名人の顔があった。詩人のアレン・ギンズバーグや、LSDの権威であったリチャード・アルパートといったビートニクのスターたち。エンジェルたちは、当然ながら彼らのことを知らなかったが、しかしその場の雰囲気から、彼らが有名人であることはすぐに察しがついたようだ。

フリスコ・エンジェルの面々は、いつもなら自分たちだけを照らすはずのスポットライトが、その夜は他の招待客にも当たっている状況に、少しばかり戸惑い動揺していた。

この夜が――アレン・ギンズバーグとヘルズエンジェルズの最初の出会いである。ギンズバーグはすぐにエンジェルズの熱烈なファンになった。

パーティーがお開きになり始めた頃、キージー邸をあとに帰途に就いた招待客たちが、ことごとく警察に捕まっているらしいという情報が入ってきた。いったいどういうことなのか――？

私が車を運転し、ギンズバーグと偵察に行くことになった。

私がハンドルを握る少し前を、若者が運転するフォルクスワーゲンが走っていた。半マイル（805メートル）進んだあたりだろうか、ワーゲンは待機していた警官に停車を命じられた。警官は、路肩の車から有無を言わさず若者を引きずり出し、何か激しく言い立てている。

その一部始終をフロントガラス越しに見ていた私とギンズバーグは、証拠を残すためのテープレコーダーを抱えて、すぐさま現場に急行するつもりだった。ところが……アクセルを踏み込んでミッションを2速へ切り替えたところで、私たちの車も突然後方に現れたパトカーに停車を命じられたのである。路肩に車を停めた私は、テープレコーダーを小脇に、「いったいどういうことなんでしょうか?」と警官たちにマイクを向けて近寄った。

いきなり突き出されたマイクに警官たちは一瞬怯んだ様子を見せ、注意深く最小限の言葉しか口にしない作戦をとり始めた。私たちが押し黙って立ち続けていると、1人の警官が「免許証を見せて」と事務的に私に命令し、そのあいだギンズバーグはもう1人の警官に――「ねえねえ、パーティーから帰る全員が捕まえられているのはなぜなんだい?なぜなんだい?」と嬉しそうに繰り返し尋ねていた。「ねえ、なぜなのか教えてほしいんだ。なぜなんだい、なぜなんだろう? 僕に教えてほしいんだ。なぜなんだい? なぜパーティー帰りのみんなが捕まっているんだい?」

警官は、延々と繰り返されるギンズバーグの質問を無視して懸命に無表情を装っていた。それでもギンズバーグは質問をやめようとはしない。「――ねえ、なぜなんだい? 教えてほしいんだ。なぜパーティーから帰る全員が捕まえられているんだろう? わからないんだ。なぜなんだい? ねえ、教えてほしいんだ。なぜなんだい、何でだろう? 僕にはわからない。教えてほしいんだ、なぜなんだい?」

ギンズバーグの質問攻めに遭っている警官は足を開いて凍りついたように仁王立ちし、後ろでぎゅっと両手を組み、ただひたすらに虚空を見つめて、完全に押し黙ることでその場の不条理に耐えに耐えていた。

ギンズバーグは、別の警官が無線機の方へ消えたあとも、ずっと同じこと尋ね続けていた。「――ねえ、キージーのパーティーから帰ろうとする全員を捕まえるのはなぜなんだい? なぜなんだい、どうしてなんだい。なぜなのか僕に教えてほしいんだ。理由が知りたいだけなんだ。どうしてだい? 教えてくれよ。どうしてパーティーから帰るみんなが捕まらなくちゃいけないんだい、教えてほしいんだ、理由が知りたいだけなんだ。おかしくないだろう、いったいどうしてなんだい、僕はそれを知りたいだけさ――」

私は今でも、その夜のやりとりが残されたテープを聞くのが大好きだ。何というか、バックに流れる警察無線をBGMにギンズバーグと私が警官に修辞上の質問をぶつけているその会話は、私たちと警官のあいだに生み出された、なんとも不条理で、奇妙な禅問答のような感じなのである。

ギンズバーグと私が投げかける独白のような質問の合間に、パトカーから聞こえてくる警察無線独特の無機質な単語がノイジーな声とともに入り込んでくる……しかし面前の警官たちは黙り込んだままで……そのあいだも私とギンズバーグはひと言も話さない相手に向かって延々と独り言のような質問を続け……そしてほんのちょっとのあいだすべての音が停止したかと思うと、突然、ギンズバーグがハミングする中近東のラーガのメロディーが聞こえてくる……とそこへまたノイジーな雑音が流れ、「あー、こちら無線指令所、こちら指令所」という生真面目で無機質な声が入り込む。

その様子があまりに変だったので、しばらくすると頑なに沈黙を守っていた警官までもが、ついに我慢できずに吹き出してしまった。警官たちの唐突な笑い声は、なんともヘンテコなその場の状況を、よりいっそう奇妙に際立たせた。

そうしてついに、1人の警官が諦めたように話し始めた。一気に緊張が解けてしまった警官の口調は予想していたよりずっとフランクなものだった。警官はギンズバーグの顔をさも珍しそうに眺めながら、実はそれが聞きたくて仕方なかったと言わんばかりの質問をした。「その髭を伸ばすのに、どれくらい時間がかかったんだい?」

ギンズバーグはハミングをやめると、質問の意味について少し考えてから、警官の問いにゆっくりと答えた。「だいたい2年……いや、18カ月かな」

警官は、なるほど、とまるで自分も髭を伸ばそうと考えてみたように深く頷き、髭を伸ばすためだけに、それだけの期間費やすことはできないな、とでも言いたそうな表情で黙っていた。12カ月ならオーケーだが、18カ月となるとちょっと。警官は、そんなことを考えていたのかもしれない。

私たちと警官は、それをきっかけに意味のない会話を交わし始めたのだが、しばらくして、本部と無線連絡を取っていた若い警官が戻ってきた。

「ミスター・トンプソン、あなたに対して特に令状が出ていないことがわかりました。車を出していただいて結構です」

この時点で私は、「外に漏れたらまずい会話ならテープレコーダーを止めてオフレコにするから、少し話を聞かせてくれないか?」と警官たちに提案してみた。

返事はイエスだった。テープレコーダーのスイッチをOFFにし、私たちは少しばかりオフレコの話をすることになったわけだ。警官たちは、見張っているのはヘルズエンジェルズであって、キージーではないと説明を始めた。「まあ、あのバイクに乗ったゴロツキどもは、遅かれ早かれまた騒動を起こすんだろうが……。実はちょっと聞きたいんだが、エンジェルズはキージー邸の中で、いったい何をやっているんだ?」

「パーティーさ」反射的な言葉が、私の口を突いて出た。警官たちは、「よくもまあヘルズエンジェルズと行動をともにして、あれだけいろんなことを書けるもんだ。どうやってエンジェルたちに話をさせるんだ」というようなことを、興味深げに私に尋ねてきた。1人の警官の質問は、より率直だった。

「殴られたことはないのかい?　いったいどうしてエンジェルズは、トンプソンさん、あなただけに近づくことを許しているんだろう?」質問は続いた。「そもそもあなた、何でヘルズエンジェルズの取材なんか始めたでんすかねえ?だって本当にバッドな、噂通りに凶悪な連中なんでしょう」

私は答えた。「ヘルズエンジェルズは署のレクチャーで聞かされているより、ずっとバッドな連中ですよ。でも私には面倒なことを仕掛けちゃあこないんだ」

警官たちは口々に言った。「まあねえ、俺たちがヘルズエンジェルズについて知ってることなんて、新聞に載ってることくらいだからねえ。実際のことは知らないんだよ」

ギンズバーグはそのあいだも、フォルクスワーゲンを運転していた若者が、どうしてパトカーで連行されたのかを気にしていた。疑問に答えるため1人の警官が無線機のある闇の中のパトカーに消え——数分後、戻ってきた。ワーゲンを運転手していた若いビートニクは、数カ月前に切られた交通違反の罰則金を払っていなかったらしい。警官によると、当初20ドルだった罰金はカリフォニア州法の滞納罰金法令によって、その夜までに57ドルになっていた。全額がキャッシュで支払われるまで若者は監獄の中にぶち込まれるということだった。

ギンズバーグと私は、その時57ドルを持っていなかったので、若者の名を警官から聞いてメモに控え、キージー邸に戻ってから彼の友人に57ドルを持って監獄へ迎えにいくように告げることにした。

しかし！　驚いたことに、キージー邸に戻ると、なんと、ワーゲンの若者を知っている人間は、ただの1人もいなかったのである。私が知る限り、あのワーゲンを運転していた若きビートニクは、いまだレッドウッド・シティ刑務所に収監されているはずだ。

深夜のオフレコ会話を終えた警官たちは、極めて友好的に去っていった——最後の最後に、両サイドのテールランプを割れたままにしていた私の車に、整備不良のキップをしっかり1枚切ってから……。

ヘルズエンジェルズを招いて、丸2昼夜にわたって繰りひろげられたキージー邸にのパーティーで、この他に勃発した危機的状況といえば……。

いくつかの小説のモデルとなっているある人物が、アルコールやLSDですっかり酩酊してしまい（出版社の顧問弁護士のアドバイスで実名は省略する）、パトカーが待機する街道沿いの崖っ淵へふらふらと歩み出て、川を隔てて20ヤード（18メートル）しか離れていない警官たちに向けて、溜まりに溜まっていた警察への日頃の不平不満を爆発させ、容赦ない罵声を長々と浴びせて挑発した——それくらいのものだったであろうか。ある人物は、全裸で片手に摑んだビール瓶を高々と掲げ、自分が蔑む世の中のすべてに拳を振り上げながら、キージー邸から漏れ光るサイケデリックな照明を全身に浴びて、性器をぶらぶらさせながら精魂込めてわめき続けた。

「オメエら警官ども！　この、意気地のねえマザーファッカー！　テメエ、どうしたってんだクソ野郎！　一歩でも近づいたらヒデエ目に遭わすぞ。馬鹿ったれ!!　クソったれ！　まったくこの、シミったれたケチ野郎！」一拍おいたあと、ある人物は獰猛な勢いで嘲笑の雄叫びをあげると、突然ビール瓶をグルグル振りまわし、空を仰いで叫び続けた。

「馬鹿野郎、この野郎、クソ野郎！　俺様をからかってんじゃねえぞ！　貧乏臭せえコップども、おい、おら、こっちへ来てみろ、テメエらのど汚え根性を、テメエら自身に食らわしてやるぜ！」

幸いにも、皆がある人物をパーティー会場の奥へ強引に連れ戻したので、騒動は事件にならずに丸く収まった。が、キージー邸に引き戻されても、まだある人物の腹の虫は収まらなかったらしく、いつまでも裸でわめき続けていた。

何事もなかったからよかったようなものの、実はこのような警官への挑発行為は、深刻な惨劇を招きかねない危険なものであることを、賢明なる読者諸兄にはお伝えしておきたい。カリフォルニア州をはじめ多くの州は法令で、「警察は捜索令状なしに、個人の所有地に侵入してはならない」と警察権の行使を限定しているが、それには例外があって、次の場合には、捜査令状なしに個人所有地に踏み込むことができるのである——。

①犯罪が現在犯されつつあると警察官が正当に確信した時。②警察官がその土地の所有者や滞在者に自発的に招かれた時。

文字通り法律を解釈するならば、ある人物のパフォーマンスは、警察がその気になれば、何でもできる危険なものだった。なにしろ、どう考えても正常とは思えない人間が「来てみやがれ！」と自発的に自分たちのいる場所へ警官を招いているのである。

しかしながら、その夜、警官隊がいかに招かれようとも、小川にかけられた小さな橋を渡り、キージー邸へのゲートをすんなりと通ることはできなかっただろう。パーティー会場でのエンジェルたちは終始ゴキゲンではあったが、しかし彼らはどのような場合であれ、強制的な一斉検挙に乗り出してきた警官を素直に迎え入れるような男たちではない。しかかといって、べつにエンジェルたちは警官隊との戦闘を望んでいたわけではない。正確に言えば、その夜のエンジェルたちは酔っ払っていて、もし警官が橋を越えて邸内に侵入してくれれば、まあ黙って成り行きを見守ることはできなかったに違いない……それだけのことである。

ケン・キージーの邸宅で開かれた盛大なプライヴェートパーティーの詳細が、エンジェルズの他の支部へ知れ渡るのにさして時間はかからなかった。

オークランド・エンジェルズは、パーティーの様子を知るために、フリスコ支部へ偵察隊を繰り出したほどだった。偵察隊が持ち帰ったエピソードは熱く刺激的なもので、オークランドに限らずあらゆる支部のエンジェルたちが、キージー邸で時々行われるというLSDパーティーに、強い興味と羨望を抱くようになった。

ラホンダのキージー邸は急速に北カリフォルニア全域のヘルズエンジェルズにおけるパーティーのメッカとなっていった。以降エンジェルたちは通常5人から15人の小グループで予告なしにキージー邸を訪れ、それまでごく少数の者しか試したことのなかったLSDを、飽きるまでキメ続けるか、あるいは使い果たすまで駐留し続けるようになっていく。エンジェルズとキージーの提携の始まりである。

ここで、読者にひとつ断っておかなければならないことがある。

ヘルズエンジェルズが参加する遥か以前から、ラホンダにおけるキージー邸のビートニク精神溢れる自由闊達なLSDパーティーは、社会的信用のあるLSDファンたちのあいだで、最も危険性の高い野外LSDパーティーとして要注意と噂されていたイベントである。

ここに意味する〝社会的信用のあるＬＳＤファン〟とは――「ＬＳＤは経験ある指導者の監視下でのみ使用されるべき劇薬である」と主張するＬＳＤ擁護派の科学者や精神科医、その他行動科学を専門とする学者たちのことを指す。

そうした主張を唱える専門家たちは、ドラッグを〝管理された実験の時のみ服用されるべき特殊な薬剤〟と厳密に認識、定義しており、専門家による監視と管理の下で行われる実験こそが、バッドトリップが引き起こす重大事故に対する唯一の保険になると考えていた。

通常、科学者たちはドラッグ実験の前に、被験者に対し以下のようなインフォームドコンセントを行っていた。①徹底した性格・精神状態の診断を行ってから実験に入る。②実験開始後、被験者が流血沙汰への欲望を訴えたり、あるいは、頭の中をよく見たくなって自分自身の首をねじり取ろうとするような仕草を見せた場合、被験者の同意なしにトランキライザー（鎮静剤）を飲ませることができる。（註２）

管理された環境でドラッグ実験を行う各分野の専門家たちは、パーティードラッグとして出まわっているＬＳＤの乱用や、エンジェルたちのＬＳＤのドンチャン騒ぎが、いずれ自分たちの真面目な研究の妨げになるだろうと、大いなる警戒心を強めていた。

暴力とレイプとナチの鉤十字を愛してやまない白人下層階級出身のアウトロー集団ヘルズエンジェルズが、素晴らしい未来を開くための新薬としてのＬＳＤを信奉する知識階級のヒッピーやラディカルなマルクス主義者、あるいは平和を求めてデモ行進するフラワーチルドレンたちと同じ空間でＬＳＤを摂取するとどうなるのか？

（註２）管理されたＬＳＤ実験のために厳密な準備をすると、バッドトリップの予防になるどころか、より深刻なバッドトリップを引き起こしかねないと主張する者たちもいる。少数派ながら、一般的なＬＳＤの常用者たちである。彼らがそう訴える根拠は、被験者のほとんどはＬＳＤが自己の精神状態にどのような変化をもたらすのか、事前に文献で予習したり、経験者の話を聞いたりしているので、実際にカプセルを飲み込む時には、自分がどのような反応を示すか、すでに頭の中でイメージが完成してしまっており、それがマイナスになる。事前の想定と違う恐怖だけで、時として被験者たちはパニックに陥る。もちろんパニックは、ＬＳＤを飲んでいようがいまいが、常に最悪のトリップである。

楽観的な想像は危険だ。全員が一応平常心を保っていたとして……う～む、それでも想像するだけで気が滅入る。

が、そもそも、そんな仮定そのものが無意味なのである。エンジェルたちはＬＳＤを摂取すると、いつでもどこでも、全員がとことん徹底的に前後不覚になるまで酩酊《ターンオン》していた。学生たちのように、仲間が酩酊している様子を客観的にノートに記録する者など1人もいない。同時に、奇行をおっぱじめた仲間を宥める介護役も、誰かがつけた火を消しにまわったり、肉切り包丁を戸棚の奥へ隠したりする冷静な傍観者も存在しなかった。

エンジェルたちは、実験者たちの心配はどこへやら、いつでもどこでも、ＬＳＤをキメ始めると極限まで徹底的に酩酊した。もちろん、常軌を逸して暴れだした誰かを抑えるための予備のシラフの人間など1人もいない——それがエンジェルズとＬＳＤの関係である。

ラホンダのキージー邸では定期的にＬＳＤパーティーが開かれていたが、常連のビートニクたちは市民社会の住人とは違い、ヘルズエンジェルズを、脅威という視線で捉えていなかった。キージーの6エーカーは、切り立った川岸で外界と隔てられた、ある種のアジトと呼べる異空間である。しかし同時にまた、気が向けば誰でもゲートを出入りすることできる、パブリックな場所でもあった。

初めてゲートをくぐった来客たちは、四六時中ＬＳＤをやりながらキージー邸に居座り続けている常連たちの奇妙な視線に晒され、どうしようもなく居心地の悪い思いを味わうのが常であった。キージー邸に居ついているＬＳＤフリークの若者たちはゲートをくぐってやって来た客人たちを、フレンドリーな笑顔で歓迎したり、積極的に話しかけコミュニケーションとろうとはしなかった。彼らは新参者が来訪すると、ただじろじろと身じろぎもせずいつまでも凝視し続けるか、あるいは凝視した相手がまるで透明でもあるかのように向こう側を透かし見ているかのどちらかだ。

来訪者の多くは、ＬＳＤフリークの若者のそうした応対を受けるだけで居心地が悪くなり、二度とキージー邸を訪れようとはしなかった。キージーの6エーカーには、邸内から出ようとしない浮浪者のような若者が多数たむろしていた。彼らのほとんどは、何らかの事情で行き場を失ったピッピーやビートニクの流れ者だった。

所有地から外界へ出ず、ひたすら世間から隔絶された邸内でLSDに耽溺して無為の日々を過ごしている若者たちは、〝キージー邸に居候している〟という一点の共通点でのみ、相互に依存し合い、その相互依存の意識が、本来お互いが内面に抱え合っている個人的な敵対感情を曖昧にしていた。

彼らのもうひとつの共感は、水路の向こうに絶えず待機している警官たちへの警戒心と対抗意識だ。それだけがキージー邸に引きこもっている若者たちの共有感覚だった。（註3）

本当のことを打ち明けると、実は当初は、キージーのバンド、メリー・プランクスターズのメンバーたちでさえ、ヘルズエンジェルズがキージーのLSDパーティーにやって来ることに懐疑的だったのだ。したがって最初のパーティーでエンジェルたちに提供されたLSDは、ごく少量だった。しかし一夜を共有し、エンジェルたちがLSDで暴れだすことがないとわかってからは、毎回大量のアシッド（LSD）が会場に投入されることとなった。

エンジェルたちは、キージー邸に出入りする以前はLSDという最近話題の不慣れな新薬を、少量ずつ注意深く試すように摂取していた。しかしひとたびLSDを強烈な効き目を持った本物のドラッグだと認知すると、すぐに独自の入手ルートを開拓して、アウトローバイカーならではの流儀でその作用を愉しむようになった。つまりエンジェルたちはLSDを――ビールやセックスや、あらゆる他のドラッグと同様に、あればあるだけ貪り食うようになったのである。

実はヘルズエンジェルズには、1965年の夏の早い時期まで、ドラッグに関する次のようなコンセンサスがあった。


（註3）振り返ると、いつでも可能だったにもかかわらず、地元警察が邸内の一斉捜索に着手しなかった本当の理由は、強引な踏み込み捜査を行っても、法廷闘争で負けてしまうという純粋な法律問題だけが要因ではなかったように思える。自分たち警察官が何もせずとも、ただ、じっと敷地の外で待ってさえいれば、キージーのアジトにいるゴロツキどもは、いずれ仲間割れを起こして消えてゆく、と考えていたに違いない。そうなれば、起訴事実の立証や法廷維持のために納税者たちに出費を負担させる必要もない、と。

バイクに乗ることができなくなるほど強力なドラッグには手を出さない。

しかしキージーのパーティーを何度か経験したのちのエンジェルたちは、なし崩し的に、あればあるだけ、一日中LSDを口に放り込むようになっていった。さらにある時期を境に、ラホンダへ向かうたびエンジェルたちは、出発前に軽くプッシャー（密売人）をひとまわりしてLSDのカプセルを仕入れ、それをキージー邸にいるビートニクの若者たちへ配っては金、あるいは他の何かのドラッグと交換するようになっていった。エンジェルたちはアンダーグラウンドでドラッグをビジネス展開している数多くのプッシャーとコネクションを持っていたので、常にLSDでラリっていた。

わずか数カ月のあいだに、エンジェルたちのLSD消費量にリミットをかけられる唯一の要因は、慢性的な金欠だけとなった。もしエンジェルたちが資金に恵まれていたら、1965年に所属していたメンバーのうち約半数は、脳みそを丸焦げにして人間の燃えカスと化していたに違いない。

LSDはマリファナと違い強烈なドラッグである。

エンジェルたちのLSD消費量は、人間の脳組織が耐えられる限界を遥かに超えていた。エンジェルたちはいつの間にか、LSD以外の話題をほとんど話さなくなっていたし、多くのメンバーは独りでLSDに沈み込む危険な悦びを覚えると、仲間同士で雑談することすらやめてしまった。

1963年にジョン・F・ケネディが暗殺され、その年の11月に民主党のリンドン・ジョンソンが就任すると、ジョンソンは新時代のアメリカの目標として〝偉大な社会〟の実現を掲げた。しかし実際のアメリカ社会には〝退屈〟という重症の現代社会の病理が蔓延していた。

当時、アメリカが罹患していた退屈の病状は相当に深刻で、ヘルズエンジェルズのような派手なアウトローバイカーですら、退屈と無縁ではなかったのだ。言ってみればLSDという新薬は、退屈という現代病に処方された極めて有効な劇薬だったのである。

そしていつしか、オークランド・エンジェルの溜まり場――イーストオークランド4丁目の〈エル・アドービ〉のいつもの午後にも、ジミーが、テリーが、スキップが、アシッドカプセルを持って現れるようになり、ここではない彼方のどこかへ、心安らかにトリップをするようになっていった。

LSD研究者の予想とは裏腹に――エンジェルたちの大半は、LSDの摂取によって凶暴な深層心理を激しく表出させるような症状を現さなかった。それどころか薬物の影響下にある時間、エンジェルたちは、普段以上の落ち着きをみせたのである。外部の人間は、（少数の例外を除けば）LSDが浸透したことで、ヘルズエンジェルズと打ち解けやすくなったと感じていた。

LSDという薬剤は、エンジェルたちの一部になった。条件反射的な暴力衝動を緩和、いや、消し去り、本来持っていた――部外者への攻撃性や陰気な悪知恵、異常なまでの喧嘩っ早さが、LSDの登場によってほぼ消滅した。ヘルズエンジェルズから攻撃性が消え失せた！　大変な衝撃である。罠を察知する警戒心。野生動物のような疑い深さ。反射的な暴力。威圧の感覚。ソリッドなテンション。そういったすべてが、LSDの登場によってヘルズエンジェルズから失われていった。実に奇妙な現象で、私にはいまだその理由を十分に解説することができない。

当初私は、攻撃性を失ったエンジェルたちの姿を目の当たりにして、これは嵐の前の静けさではないか？　と不安を覚えていた。鎮静化作用が進んでいるのは、単に量が足りないだけで、十分な量を摂取すれば、遅かれ早かれ発露し始める劇的なアシッドの薬理作用によって、地獄のような恐ろしい惨劇が繰りひろげられるのではないか？　その不安をなかなか拭い去れないでいた。

しかしながら一方で私には、エンジェルたちにLSDが十分に効いているという確信もあった。エンジェルたちは、精神科医が安全とみなす限界摂取量など一顧だにせず、専門家が推奨する限界量の2、3倍の量を一度に摂取し——具体的に言うと、12時間で800から1000マイクログラムものLSDを摂取していた。大変な量である。

実際、大量摂取の副作用で、本人以外の誰にも理解できない筋の通らない懇願を〝誰でもない誰か〟に独白しながら、長い時間泣きわめくようなエンジェルもいた。また、緊張性の精神失調に陥って石のように固まり、身動きひとつせず何時間も沈黙していたかと思うと、突然幸せいっぱいの声をあげ、「遠くの土地を旅して、途方もない光景を目にしたんだよ!」と嬉々として話し始めるエンジェルも——。

ある夜マグーは、LSDが効き過ぎて酷く混濁した精神状態で暗い森の深くに迷い込んでしまい、ひきつけのようなパニックを起こし、仲間たちによって明るい電灯の下に引き戻されるまで、ひたすら叫び続けた。

「HeeeeeeeeeeeLLLLLLP!」

また別の夜の野外パーティーの会場では——スピーカーから流れている音楽が終わった途端、自分は人間として一度死に、目の前の焚き火でローストされているオスのニワトリに来世で生まれ変わる宿命なのだと確信してしまったテリー・ザ・トランプが、ダンスミュージックが終わりかけるたびにテープレコーダーに駆け寄り、「頼むから音楽を止めないでくれえええぇぇぇ! NohhhhhHHH、NNNoohhォォォォオ!!」と延々と叫び続けた。

別のあるエンジェルは(名前は忘れてしまった)、大勢の警察が注視している目前で、ほぼ垂直な200フィート(約61メートル)の崖を、(脳内的な)スキー板で滑り降り始めた。そのエンジェルは、何の前触れもなく突然崖から勢いよく飛び上がったかと思うと、断崖絶壁の斜面を必死になってバランスを取りながら、それでもどうにか転倒も滑落もすることなく、ブーツの踵からもうもうたる砂塵を巻き上げながら猛烈な速度で大滑走し……その姿を見ていた全員がヤンヤの声援を送ったのは言うまでもない。

唯一の暴力沙汰は、エンジェルの1人がキージーの家の正面階段で、自分のオールドレディを狂ったように突然絞め殺そうとしたことだろう。理由は不明だが初めての、そして最後のLSDカプセルを飲み込んでから、まだ30分と経っていない時点での衝動的な出来事だったそうだ。

私自身の個人的なアシッド体験も記そう。消費したLSDの総量からすれば、そう大した体験をしているとは言えないが、一緒にいた人間や環境——いわゆるセッティングによって、私は実に様々なLSD独特の精神交感を感じることができた。

記憶されているトリップは5回ぐらいだが、もしひとつを選んで追体験できるなら……やはり、ラホンダのキージー邸でのトリップを選ぶだろう。……あの夜、ラホンダで開催されたエンジェルズ・パーティーは、本当に素晴らしいものだった。散り散りに流れるエレクトリックに分断した時間の流れ。五感のすべてをLSDに委ねきり、私は完全に耽溺していた。愉しんでいる大勢の横顔。酩酊している若者たち。ヘルズエンジェルズのフライング・スカル……様々なものが暗闇の中でフラッシュし、まるで時間が断続しているようだった。光。点滅。光。点滅。点滅。キージーの邸宅を包み込む森の木々の葉の1枚1枚。赤やオレンジの狂ったようなライティング。夜空に耀く星が完璧にコンプリートされ、圧縮された時間感覚の中で、瞳孔に映るすべてがちぎれちぎれに煌く。川の向こうの街道沿いに待機していたパトカーが眩いフラッシュライトを放つ中、すると森の奥から突如、ロン・ボイシのメタリックな彫刻が動き現れ！　おおおぉぉぉお、息を呑んで思わず立ちすくむと、巨大なスピーカーが大きく口を開け、ボブ・ディランの「ミスター・タンブリン・マン」を歌いながらわなわなと震えだす——ああ、まるで昨夜のことのようだ。

あの夜、会場のあちこちで酩酊していたヘルズエンジェルズの存在が、パーティーの他の参加者に、何がしかの脅威や警戒を与えていたとしても、しかし彼らの放つワイルドな異彩はそれ以上の効果で、キージーの6エーカーを、より完璧な異空間にする幻想的な物語効果を生み出していた。

あの夜のキージーの6エーカーは、真面目腐った科学者連中たちが管理された大学の研究室で行うLSD実験よりも、遥かにリアルな時代の真実を語っていた。同時にまた、真実の探究者を自称する似非インテリたちが小難しい理屈を振りまわす馬鹿げたパーティーよりも、格段に美しくリアルで、生命の活気に満ちていた。

しかし本当のことを言えば、多数のエンジェルたちとともにキージー邸でＬＳＤの世界にダイブすること自体が、まぎれもない冒険そのものだったのだ。

エンジェルたちは、ＬＳＤについて予備知識をまったくと言っていいほど持っていなかったし、どのような精神変容が現れるかもまったくわかっちゃいなかった。というか、そもそもエンジェルズの面々はドラッグに対して非常にワイルドなので、摂取量が云々などと細々したことは心配しないのである。

あの夜、大挙してラホンダに乗り込んだエンジェルたちも、提供された量のＬＳＤを何も言わずただ飲み込むと、自分の中で何かが始まる瞬間をただ黙ってじっと待っているだけだった。自分の体内で新しく始まる何かをただじっと……運命に寄り添うように、五感を澄ませて待っている……。

断っておくが、ＬＳＤ被験者としてエンジェルたちがとった〝効果を待つ姿勢〟は、アシッド実験の専門家たちが、最もやってはならない危険行為と指摘しているものなのである。

しかし――！　どうだろう。実験室に座り込んで、取り澄ました先導者の管理を受けながらＬＳＤを安全に体験しようと考えるヒップスター気取りの神経質な学生より、あの夜のヘルズエンジェルズの方が、よっぽどイカしているのではないかな？

私の知る限り、ＬＳＤを摂取したアウトローバイカーが見境なく凶暴化し、惨劇を起こしたことは一度もない。理由は不明だが、推測するに、エンジェルたちの精神は、そもそもはじめから、ほとんど完膚なきまでに荒涼と渇ききっているので、一般的にＬＳＤを摂取することで初めて表層心理に浮かび上がってくるとされる〝心の奥底に沈んでいる狂気〟なるものなど、とっくの昔に表層で大っぴらに爆発させてしまっているのではないだろうか――推論である。

ニューヨーク州ブルックリンで起きた肉切り包丁による惨殺事件は、合衆国上院議会で本格的なLSD調査が開始される引き金となった重大事件である。容疑者は優秀な大学院生で、警察の取り調べで「3日連続LSDでぶっ飛んでいた」と証言し、「自分が何をやっていたのか、まるっきり思い出せない」と答えた。

LSDの法的禁止の必要性を声高に主張している立法府の権力者たちは——アメリカ市民社会の中・上流階級に育った、良識と教養を兼ね備えた若者たちが、LSDの摂取によって猟奇的な犯罪を起こし始めている、と主張している。1966年6月、カリフォルニア州議会は、「LSDを摂取すると良識的な人間であっても、全裸で木によじ登ったり街路を走り、四つんばいなって芝生をムシャムシャ食べるなどの異常行動に駆り立てられる」というロサンゼルスの警官の証言を採用して、極めて厳しいLSD禁止法案を成立させた。

LSDがきっかけで起きたとされる事件には殺人、自殺なども挙げられているが、報告には、いつも必ずクレイジーなエピソードがついてまわる。とあるバークレーの学生は——「どうせトリップするんなら、ヨーロッパへでも行った方がいいね」と笑いながら3階の窓の外へ歩きだして、即死した。

注目すべきは、これまで合衆国社会を悩ませ続けてきた代表的な社会犯罪とは異なった背景から、LSDによる事件・事故が生み出されているという点だ。

サイケデリック・ドラッグ、LSDに起因する犯罪、または事故は、ほとんどの場合——談合による価格操作、脱税、業務上横領といった経済犯罪と同様、経済的に成功している富裕層によって引き起こされている。しかしながら、LSDは極めて安価なドラッグだ。平均的な価格は、1カプセル、あるいはLSDを浸透させた角砂糖1個あたり75セント。最高品質のもので5ドル。わずかな価格を支払えば、モノにより効き目は不安定ではあるが、誰しもが12時間のトリップを体験できる。このことからもわかるように、LSDの薬価は他のドラッグと比べて安価で、決して経済的に恵まれた人間だけしか入手できない、特別な薬物ではないのである。

対照例を挙げると——大半のヘロイン常習者は低所得労働者階級の人間であるが、彼らはヘロインを手に入れるために1日に最低20ドルを費やしながら、しかも大抵の場合、その金額では収まりきっていない。

ではなぜ？　極めて安価であるにもかかわらず、LSDは貧困層の人間ではなく、中流からそれ以上の富裕層に暮らす知的階級層、あるいは芸術家たちの心を捉えたのか？　この点について、私はいまだ取材を進めている最中であり、現時点では曖昧な推論しか導き出せていない。しかし残念ながら、1965年から66年にかけて次々と議会で可決された禁止法案によって、これまでLSDをテーマに長年続けられてきた、あらゆる意義深い研究は中止せざるをえない状況に追い込まれるだろう。

しかしケン・キージーが行っている実験——大勢の若者をバスに乗せ、LSDを摂取させながら全米を巡回するような、アシッドの本質を探るアバンギャルドな試み——は、同じような信念を持った研究者によって、さらなる記録、考察、分析が重ねられるべき題材である。

これまでキージーが独自の実験により解き明かしてきたLSDの新事実は、いずれも従来のLSDの常識を塗り替えるものである。①LSDの様々な性質。②サイケデリック愛好者の人格構造と柔軟性。③上記2つの関連性。（註4）

……私とヘルズエンジェルズは、その後も幾度も夜をともに過ごしたが、うむ、最高の一夜として思い出されるのは、やはり、誰が何と言おうとも1965年の労働者の祝日の夜——ラホンダのキージー邸で、モントレーレイプ事件1周年を記念して開かれたエンジェルズ・パーティーことなのだった——。

当時、全米メディアによるヘルズエンジェルズ取材合戦は、完全にハイ・ギアに突入していた。エンジェルたちは連日各社のニュース記者から熱烈な取材を受けており、ソニー・バージャー率いるオークランド・エンジェルズの溜まり場、〈エル・アドービ〉には、ほとんど毎週末、報道各社の多数の記者やカメラマンが駆けつけていた。

集まってきた記者たちはエンジェルを発見するとお決まりの質問をして写真を撮影。翌日の見出しが少しでも派手になるように、何かしらの騒動が目の前で起きることを面白半分に期待して待っていたわけである。

この頃、オークランドの地元警察は、オークランド・エンジェルズを監視するために、4人の専従捜査官を任命している。専従警官たちはしばしば〈エル・アドービ〉に現れては、エンジェルたちが投げつける罵声の激流の中を余裕たっぷり、これ見よがしに歩きまわってみせ、笑みを浮かべながら、その場にいる全員が〝ここはオークランド警察の監視指定場所である〟とはっきり自覚するまでの長い時間、悠然と店の中にとどまっていた。

しかし本当のことを言うと、オークランドのエンジェルたちは警官の来訪を歓迎し、楽しんですらいたのだ。〈エル・アドービ〉に寄り集まっている飲んだくれのエンジェルたちは、報道記者や、その頃にわかに増え始めていた自称エンジェルズ親派の若者に話しかけられるより、警官と無駄口を叩き合っている方が遥かに気楽だったのである。

全米のマスコミが、全力を挙げてヘルズエンジェルズ糾弾の大キャンペーンを展開していた当時、カリフォルニア各地のエンジェルズ支部がそれぞれの地元警察からいよいよご臨終を迫られる激しい弾圧を受け続けている中で――しかしオークランド警察だけは、真剣な態度を装ってエンジェルズの近くに迫って見せながらも、実際的には、バージャー率いるオークランド・エンジェルズを追い詰めるようなことをしなかった。

（註4）エンジェルたちのほとんどは3、4カ月のあいだLSDにどっぷりハマったが、その後、徐々に遠ざかっていった。メンバーの一部は摂取をやめてからも恐ろしい妄想に悩まされ、他のドラッグも完全にやめてしまった。また、薬理作用で正気を失っているあいだに、バイクを壊してしまうのが怖いから、LSDをやめたと告白するメンバーもいた。1965年夏以降、ヘルズエンジェルズで大流行したLSDは、66年には少数派のドラッグとなった。少数のメンバーの1人は「LSDは、今まで体験した中で最高のドラッグだ。初めてカプセルを口にした時から、俺の中から悩みが一切なくなったのさ」と告白している。66年9月、姿を消していたケン・キージーが、予告なくカリフォルニアに戻り、アンダーグラウンドパーティーや記者会見などに、少しずつ顔を出すようになった。6カ月間メキシコに逃亡していたキージーは帰国に際し、「FBI長官エドガー・フーヴァーの傷口に塗り込むための、ひと摑みの塩となるべく、永遠の逃亡者として合衆国に戻ってくる決意をした」と力強く宣言した。しかしキージーと仲間たちが乗り込んでいた赤い小型バンのエンジンが弱かったのか、若いドライバーの運転が下手だったのか、キージーはすぐに囚われの身となった。これを書いている時点において、キージーは3万ドルを超える多額の保釈金を積んでシャバに出ているが、懲役1年から5年の罪状に関する裁判を抱えている身だ。キージーは帰国せず、パラグアイに残り、成すべき仕事に打ち込むべきだったと私は感じている。

取り締まりが最も厳しい時でさえ、地元警察とオークランド・エンジェルズのあいだには当事者だけに感じられる〝ある特別な均衡関係〟があったのである。ニー・バージャーは、警察と自分たちが、ある種の謎めいた共同歩調を取っていることを暗黙裡に認め、自らの見解を次のように示した。

「もし、オークランド地区で黒人による暴動が起きた場合、警察とオークランド・エンジェルズは、共同戦線を張って黒人制圧に乗り出すことになるだろうな。ああ、俺たちと不良黒人グループは、互いが自分の縄張りと考えているイーストオークランドのどこかで、近い将来、必ず激突することになるはずだ」

1960年代中頃のイーストオークランド一帯には数多くの黒人が居住しており、黒人住民が蜂起して大きな暴動を起こそうと計画を立てているという不穏な噂が、幾度も立っては消えていた。バージャーは、「オークランド警察は、黒人連中に対抗するためヘルズエンジェルズの戦闘能力を当てにしているのさ」とも語っている。「警察は、俺たちより黒人暴動の方が怖いんだ。何たって黒人の方がずっと数が多いからな」とも。

オークランド・エンジェルズとイーストオークランドに暮らす黒人たちの関係はエンジェルズ *vs.* 警察の対立構図と同様、非常にアンビヴァレントなものだった。

ヘルズエンジェルズに所属しているメンバー各人の黒人差別意識は、個人的感情に左右されていたが――〝いい奴もいるが、黒人一般としては頭がおかしい〟という認識が一般的といったところだろう。

元サクラメント支部の漂泊のエンジェル、ジミー（白人）は、ある黒人の芸術家と部屋をシェアして暮らしていた。黒人男性は人種的な自意識を微塵も出さずに、エンジェルズのためにパーティーを開くような友好的な人物でもある。オークランド支部の面々はその黒人男性のことを、イカした洒落者と呼んでいた。「ああ、奴はアーティストなのさ……」と。ある夜開かれた集まりで、ジミーは共同生活者である黒人について語ってくれた――「俺は、まあ芸術のことはわからねえけど、でもみんなは奴の作品をいいって言っているな」

チャーリーは、エンジェルズの言うところの、また別の〝良い黒人〟である。小柄で頑強な体つきをしており、腕っ節も逞しい。同時に彼はまた、長い期間ヘルズエンジェルズとともにチョップド・ホッグを飛ばしてきたバイカー仲間でもある。しかしチャーリーはヘルズエンジェルズの正式メンバーではなく、その理由を説明するのに困惑するエンジェルもいた。

「チャーリーかぁ。まったく、あの小さい黒人野郎は尊敬しちゃうね。俺は好きだね」あるエンジェルは言った。「だけど正式なヘルズエンジェルズのメンバーにはなれねぇだろうな。本人はなるつもりだろうが、クソったれ！　無理だ。支部に反対者が2人いるだけで、正式メンバーになれないんだぜ。それが規則さ。今ここにいる連中をざっと眺めただけで、誰が反対するか、俺にはわかるってもんだぜ！」

　黒人だけのアウトローバイカー・クラブも、実は存在する。例えばイーストベイ・ドラゴンズやサンフランシスコのラトラーズ。ではなぜチャーリーはそうしたクラブで走らないのか？　実は、私もチャーリーに直接尋ねたことはない。

　イーストベイ・ドラゴンズは、エンジェルズ同様の、狂気とともに生きるアウトローバイカー的気質を十二分に備えており、むせぶような排気音を響かせてハーレー隊列で街路を突っ走る様は、まさに壮観。いかなる点から見ても堂々たるアウトローバイカーの集団であり、格別な威厳と風格を漂わせている。ど派手なペインティングのヘルメットを被るのが標準スタイルで、乗っているバイクは、ケバケバしい改造を施したチョップド・ホッグと、標準装備のハーレー74（エンジェルズが言うところの〝ゴミ収集車〟）の混合――ハーレー74であればいい。ヘルズエンジェルズ同様20代が中心で、やはりほぼ全員が失業中。彼らもまた、暴力やドラッグ、危険を顧みない過剰な行動を好み、派手な喧嘩沙汰を日常的に求めているところもエンジェルズと酷似している。（註5）

（註5）イーストベイ・ドラゴンズよりラトラーズの方が年上のメンバーが多い。ラトラーズはブーズファイターズとほぼ同時期から存在している。あるオークランド・エンジェル曰く、「ラトラーズは、かつては派手にやってたみたいだが、今となっちゃあ、バーの椅子に座ってドミノで遊んでやがる」

オークランド・エンジェルズと知り合ってまだ間もない頃——つまりイーストベイ・ドラゴンズという黒人アウトローバイカー・クラブの存在を知るよりもずっと前の、ある退屈な金曜日の夜のことだ——。

その夜、私は、手持ち無沙汰に〈エル・アドービ〉の戸口で風に当たりながら、外の通りをぼんやりと眺めていた。するとそれまで人生で一度もお目にかかったことのない、過剰にワイルドな雰囲気を漂わせた黒人たちが、突如、ハーレーの隊列を組んで乗り込んできた。黒人たちは20台を超す荘厳なバイクを駐車場に侵入させると、わざとらしくスロットルを噴かして轟音をかき鳴らしエンジェルたちを挑発してきた。

私は仰天して飛び上がり、ビール瓶を落として危うく逃げだす寸前だった。

その頃の私はヘルズエンジェルズのまわりをある程度の期間うろついていたので、エンジェルたちが〝ニガーのアウトローバイカー〟をどう考えているか、わかっていたのである。そのニガーたちが、エンジェルズの戦闘司令所ともいうべき酒場〈エル・アドービ〉に、何の前触れもなく、爆撃機さながらの轟音を響かせて群れをなして来襲したのだ。その夜の〈エル・アドービ〉には30人ほどのエンジェルたちがいたが、ビールジョッキを片手に店から飛び出してきた。

私は酷く緊張した。

イーストベイ・ドラゴンズの面々は、駐車場でこれ見よがしに改造ハーレーのスロットルを噴かし、その後オーケストラのエンディングのように、ほとんど同時にエンジンを切ると、もったいぶった仕草で余裕綽々シートから降り、万全の自信を漲らせながら威張った足運びで店の戸口に近づいてくる。

私は戸口から1歩、2歩と店の外へ移動し、黒人たちに戦闘的なテンションが少しでも感じられ、手にしている鋼鉄のチェーンが打ち鳴らされでもしたら、すぐさま逃げだせるよう身構えていた。しかしエンジェルたちは、皆リラックスした調子で黒人アウトローバイカーたちの様子をおかしそうに和やかに眺めている。

そしてついにエンジェルたちは口々にこんなことを叫びだすのである。「キャー誰か警察に電話して！」「怖いわ

〜！」「おい、市民を脅かすお前たちロクデナシども！　全員まとめて牢屋にぶち込んでやるぞ」

アウトローバイカーに遭遇した時の、警官や一般市民たちの過剰反応の物真似である。私の想像に反し、ヘルズエンジェルズは実に友好的な歓迎で黒人アウトローバイカー、イーストベイ・ドラゴンズを迎えたのである。

驚いている私の視線の先で、バージャーと、イーストベイ・ドラゴンズのリーダーであるルイスが歩み寄って握手を交わしていた。

バージャーが口を開いた。「おいおい、いったい今日はどうしたってんだルイス？　久しぶりじゃねえか。いったいどこに隠れてたんだ？　もっとしょっちゅうここに来てたら、お前らも俺たちと一緒に新聞に載れたかもしれないのにな。惜しかったぜ」

するとルイスは、笑いながらドラゴンズの新入りメンバーたちに、バージャー、テリー、ガットの3人を紹介し始めた。ドラゴンズメンバーの大半は、エンジェルたちとすでに懇意で、ファーストネームで呼び合っていた。店内でビールで乾杯しているメンバーもいる。駐車場のあちこちに、お互いのバイクを褒め称えながら握手を交わしている光景があった。

両者のあいだで交わされる会話は主にバイクの改造に関することだ。

ヘルズエンジェルズとイーストベイ・ドラゴンズの空気は、明らかにフレンドリーなものだったが――同時に、どこか打ち解けきらない独特の他人行儀なテンションも併せ持っているようにも感じられた。

しばらく経ってから、私もまた、バージャーによって、ルイスをはじめとするイーストベイ・ドラゴンズの面々に引き合わされた。

「この男はライターなんだぜ」バージャーは微笑みながら私を紹介した。「ハンター・S・トンプソン、こいつの名前だ。何を書いているのかは神のみぞ知るってね。でも、いい奴さ」

ルイスは頷き、私の手を握った。「やあハンター、調子はどうだい？」そしてルイスは意味ありげな笑みを浮かべて言ったものである。「ハンターとやら、あんたのことをソニーが認めているんなら、俺たちもオーケーさ」

今にも大声で笑いだしそうな、大袈裟な笑い顔だった。それからルイスは素早くフレンドリーな調子で私の肩を叩いたのだが、その動作には、「おい、ライターさんとやら、本当はお前、抜け目のない詐欺師なんだろ。俺にはわかってるぜ。でもソニーには言わないでやる。こんな面白いジョークを台無しにすることぁないからな」――そんな感じがこもっており、ルイスは、言わんとすることが伝わっているか、笑顔のままじっくりと私の表情を確認している、そんな感じだった。

イーストベイ・ドラゴンズの〈エル・アドービ〉の滞在時間は、1時間ほどだっただろうか。極めて友好的な社交を終えると、彼らは隊列を組んでどこかへと走り去った。しかしその後、ヘルズエンジェルズが、彼らイーストベイ・ドラゴンズをパーティーに招いたという事実はない。

突然の訪問が、双方のプライドを傷つけることなく自然な形で無事終了したことで、実は両グループともにほっとしたのではないか、という印象を私は持った。ドラゴンズがいなくなると、エンジェルたちは黒人たちの訪問などなかったかのように、いつも通り騒々しく騒ぎだし、〈エル・アドービ〉には、すぐに毎夜の無秩序が戻ってきた。

退屈と鬱憤をビールで飲み干し、馬鹿話に笑い声をあげ、ジュークボックスのホンキートンクが、騒々しい音をがなり立てる。駐車場をバイクが行き来し、ビリヤード台では球がぶつかり合う音。音楽。仲間たちの猥雑な声――。

エンジェルたちは、これまでのあいだ、同じ顔ぶれの仲間たちとあまりにも長い時間べったりとともに過ごしてきたので、ありとあらゆることをやりつくし、もはや我を忘れることでしか退屈をしのげない。バージャーはいつものように、他のメンバーよりひと足早く店を出て家路に就いた。

私は少々聞きたいことがあり、バージャーのあとを追った。駐車場に停めてある愛車の黒のハーレー・スポーツスターにバージャーが跨ったタイミングで、私は疑問をぶつけてみた。「ドラゴンズの黒人たちは、何であんなにエンジェルズに対して友好的なんだい？」

急に真顔になったバージャーが鋭く答えた。「いや、俺たちは実のところ親しくない。これから先も俺がエンジェルズを率いる限りその方針に変わりはない。だけど連中は、その辺の黒人とは違う。ルイスたちは間違いなく俺たちと同じ種族だからな」

以来私は二度と〈エル・アドービ〉でドラゴンズを見ることはなかった。しかしアウトローバイカー以外の黒人たちが店に来ることは時々あり、そうした黒人たちは、ドラゴンズとは違った歓迎を受けることとなった。

8月の終わりのある週末の夜、黒人の若者たち4人が〈エル・アドービ〉の扉を開けた。全員が20代で、ネクタイを締めずにスポーツコートを着ていた。1人はモンスター級の大男で、戸口を通るのに屈まなければならないほどの図体だった。おそらく身長は7フィート（213センチ）、体重は250から300ポンド（113～136キロ）を超えていただろう。

週末ということもあり、〈エル・アドービ〉はかなり混み合っていたが、黒人たちは明らかに友好的な表情で店の奥に進み――大男などは、ヘルズエンジェルズ名誉会員になったばかりのアウトローカメラマン、ドン・モーアに歩み寄り、いかにも親しげに話しかけたほどである。

しかし他のエンジェルたちは黒人連中を完全に無視していた。

4人が来てから30分ほど経った頃だろうか。理由はわからないが例の身長7フィートの黒いゴリアテ（ダビデに殺されたペリシテ人の巨大戦士）とモーアが、激しい怒鳴り合いの喧嘩を始めた。

のちにモーアは理由をこう語っている。「あのデカいニガーに、ビールを奢ってやったんだ。それも2杯だ。そうしたら野郎、もう1杯とせびってきたんだぜ。おいおい、どういうつもりなんだ！　だから俺は、キッパリ言ってやった。御免だね、と」

なるほど。頷く私にモーアは続けた。「奴ら、ここに来た最初の瞬間から、揉め事を起こそうとしていたんじゃないのか。だって、こっちは気持ちよく2杯奢ったんだぜ。で、俺が〝テメエ、自分のビールくらい自分で買え〟と断ると、あの野郎、今度は厭味を言いだしやがって、それで〝表に出るか、この野郎！〟と、そういうわけさ。な、そりゃそうなるだろ？」

モーアと巨体の黒人が、店の外で喧嘩をおっぱじめるらしいぜ！　店内にいたエンジェルたちがにわかに騒ぎ始めたのは、2人が駐車場で身構えたあとだった。喧嘩が始まる前には、すでに大勢のエンジェルが駐車場に溢れ、2人を囲んで成り行きを見守っていた。

突然、モーアが何の前触れもなしに巨大な対戦者に飛び込んで、顔面に強烈な一撃を食らわした。その一発が、1対1の喧嘩が終了した合図だった。次の瞬間！　大勢のエンジェルたちが一斉に、巨大な黒人ゴリアテに飛びかかった。ゴリアテは巨大な拳をぶんぶん振りまわして抵抗したが、そうしているあいだにも数十人のエンジェルに腹、背中、腰、頭、顔面、体中の至るところを、代わるがわる殴られ蹴られ、徐々にボロボロになっていく。

黒人の1人が、仲間を助けようとタイニーの腕に飛びついたが、逆に顔面に拳を叩きつけられて気絶した。他の2人は理性をもちあわせていたので、走ってその場から逃げだした。ゴリアテはメタメタに殴られながらも拳を振り上げ、よろめきつつも立っていた。そして気迫を振り絞るように助走をつけて目の前に群がるエンジェルたちに突進したのだが……しかし数人のエンジェルに真横からしたたかに殴りつけられると、ぐらりと揺れたのち、大木が倒れるように音を立てて駐車場に昏倒した。

すぐに3人のエンジェルが倒れたゴリアテを取り押さえようとしたが、ゴリアテは壮絶な形相で飛び上がると、たぶんもう意識が朦朧としていたのだろう。血走った目で仁王立ちし、扉を押し開け、のしのしと〈エル・アドービ〉の店内に入っていった。体のあちこちから血が流れ、誰が見ても混濁してるとわかる状態だ。

店内になだれ込むと、ゴリアテは再びよろめき倒れた。が、再度意識を取り戻してゆらゆらと起き上がると、迫り来るエンジェルズに目をやりながら、ジュークボックスを背に、追い詰められた巨獣よろしく、じりじりと店の奥へとあとじさっていった。腕を振りまわし、常に前後左右の敵、あるいは目の前の敵に突っかけていたため、意外にも致命的な一発を食らっていなかったのかもしれない。しかし店の奥に追い詰められ、もはや巨獣の命運は、絶体絶命の窮地にあった。

エンジェルたちが、唇を舐めながらニヤニヤと獲物を囲み、じりじり肉迫する。

5秒のあいだ、何も起きなかった……。永遠とも思えるその時間、巨漢の黒人は、腫れあがった血みどろの顔面に恐怖の表情を浮かべ、血管が切れて真っ赤に充血している瞳を小刻みに左右に動かしながら、追い詰められた自分が生き延びるための逃走経路を必死に探していた。

その時！　テリーが飛び込みざま、瀕死の黒人の左眼球に痛烈なブロックバスターを突き上げた。それが致命傷だった。最後の最後まで逃げ場所を探し続けていた哀れな黒人は、スローモーションで倒れるヘビー級のボクサーのように、ジュークボックスのガラスを粉々に砕き割りながら崩れ落ち、それから派手な地響きとともに〈エル・アドービ〉の床に沈んだのである。

板敷の床に、みるみる血溜まりが拡がっていった。もはや黒いモンスターは身動きできず、永遠に立ち上がることはないように思われた。私は妙に冷静になって、その姿を呆然と見下ろしていた。

しかしエンジェルたちの暴力は、その後さらに凄惨を極めた。身動きしなくなった黒人を取り囲み、肋骨にブーツの蹴りを、これでもかと際限なく食らわしてゆく。しかし！　驚いたことにその時、蹴りつけてくる1本の足を、倒れ込んだままの姿で大男がむんずと引っ掴むと、もう一度、自分自身の両足で、そびえるように立ち上がったのである。

意識は完全に途絶えていたはずだ。その瞬間！　あらゆるエンジェルズの中で最もひ弱で口数の少ないアンディが、普通の人間なら一発で眼窩骨が粉砕されるような鋭いパンチを、走りながらゴリアテの右目にお見舞いしたが、しかし黒人は数秒間佇立していた……。そして突如ぐらりと揺れたかと思うと、ついに血まみれの黒い巨体は、どおっと倒壊するように崩れ落ち、二度と動かなくなったのだった。

ソニー・バージャーが、身動きしなくなった黒人につかつかと近寄る。バージャーは表情ひとつ変えずに大男の両襟を摑んで仰向けにすると、エンジニアブーツをこれでもかとばかり高々と上げ、真上から硬い踵を口に叩き落とした。何本もの歯が同時に砕かれる凄まじい音が店内に響いた。

それからもエンジェルたちは、永遠とも思える時間、無抵抗のゴリアテを力任せに蹴り続けた。肉体が打ち据えられ、骨が砕ける低く重い音が、いつまでも店内に響いた。そして最後に――動かなくなった黒いモンスターを店の外に引きずり出すと、うつぶせにして駐車場にうっちゃった。

暴行が終わったと同時に、パトカーが到着。2台のパトカーが応援に駆けつけ、続いて護送車、最後に救急車がやって来た。

エンジェルたちは「黒人がナイフを抜いたんだ。だから押さえつける必要があったんだ――」と即興の口裏合わせで対抗した。

警官たちは懐中電灯を手に、あたりを見てまわったが、黒人が持っていたとされるナイフは発見できなかった。信じられないことに、救急車が到着すると、例の大男はふらふらと自力で立ち上がり、その救急車に向かって歩き始めた。とはいえ、エンジェルたちの言い分に反論できるような状態ではなかった。

当座はこれで警察も満足したようだった。形ばかりの現場記録をメモ用紙に書きとめると、「あの黒人が回復して被害届を出したら起訴されるかもしれないぜ」とバージャーに一応の警告を出してはいたが、しかし私は、それこそが、この事件は片付いたという警察からのサインだという印象を強く持った。警官も含め、あたりには黒人に対し、当然の報いだという冷めた雰囲気が漂っていた。結局、大男は被害届を出さず、その凄惨なリンチ事件は、結局、うやむやのままの幕引きとなった。

しかしその事件は、その後の長いあいだ、ヘルズエンジェルズ・オークランド支部に非常なる緊張と動揺をもたらすこととなった。エンジェルたちは、黒人たちが報復を仕掛けてくると考えたのだ。「黒人たちが次に〈エル・アドービ〉の扉を開ける時は、決して4人だけではないだろう。連中は必ず大挙して報復にやって来る。きっと今度の新月の夜に……。そして武器を手にした大勢の黒人は、店が閉まる間際まで付近の暗闇に潜み、エンジェルたちが正体なく酔っ払ったところを確認し、それから黒豹のように油断なく復讐を始めるだろう」

エンジェルたちは怯えた。

復讐心に猛り狂った黒人たちが襲ってくるその晩――〈エル・アドービ〉のネオンがぽつんと灯る荒涼とした東14番街の静けさが、突如原始的な骨笛の音で破られる。黒人たちの戦闘司令所、東23番街の酒場〈ドギー・ダイナー〉と〈エル・アドービ〉は、わずか400ヤード（366メートル）しか離れていないのだ。けたたましく鳴り響く骨笛！人間離れした金切り声とともに、汗だくの黒人の大群が殺到してエンジェルたちの溜まり場になだれ込む。最初の一群は、悪魔のように赤信号を無視して突っ走り、獰猛な手製の武器を振りまわしながら押し寄せてくるに違いない。

事件が起きてから数週間、エンジェルたちは顔を合わすと、「もうすぐ暴発が起きそうだぜ……」と、しきりに警告の言葉を囁き合っていた。

「俺たちは土曜の夜に騒ぎが起きると確信している」バージャーはそう言っていた。「潜り込ませたスパイから聞いたのさ」

私は言った。「その夜、その場に居合わせたい」

強がりではない。実際そう思ったのだ。もちろん数カ月前の私が、そんな戯言を口走っている28歳のフリージャーナリストに出会っていたら――「おいおい、ひねくれ青年の英雄幻想はいい加減にね」とかなんとか、笑い飛ばして無視していただろう。しかし夏の大半を、酒と血で汚されためちゃくちゃな暴力酒場であるイーストオークランドの〈エル・アドービ〉で、ヘルズエンジェルズで最も戦闘的な集団であるオークランド・エンジェルズとともに過ごしていた私は〝暴力のリアリティ〟とか〝野獣のような人間の性《さが》〟といったものを、以前とはまるで異なった感覚で捉えるようになっていた。

夏の終わりのある週末の夜、あたりはすっかり暗かった。私が〈エル・アドービ〉の駐車場に車を乗り入れると、どこからか私の名を呼ぶ緊張した囁き声が聞こえてきた。最初、誰かが話しかけてきたのかと思ったのだが……違う。声は別の方向から聞こえていた。あたりを見まわしても何者もいない。

気配が感じられた。見上げるとバージャーの頭が、〈エル・アドービ〉の屋根のコンクリートから見え隠れしている。「ハンター、裏へまわれ。梯子がある」刺すような囁きだった。

裏にまわると乱雑に積み上げられたゴミ箱やビールケースのあいだに20フィート（6メートル）の梯子が立てかけてある。梯子を上って屋上に顔を出すと、古びた防水用のタール紙が剝がれて捲くれ上がり、ほとんど先を見通すことができないほど荒れ果てていた。

暗闇に目が慣れてくると、屋根の片隅にバージャーとゾロが並んで這いつくばっているのが確認できた。バージャーは最新型の合衆国陸軍正式ライフルであるAR16を抱えていた。ゾロの胸には、M1型のカービン銃。狙撃手のようなスタイルで身を伏せている2人の近くに、銃弾の箱やカートリッジに入った弾薬、懐中電灯、コーヒーの魔法瓶など、持久戦用の装備が山と積まれている。

バージャーとゾロは真剣な面持ちで私に告げた。「黒人どもをここで待ち構え、ライフル銃で撃ち殺してやるのさ」

決戦の日と噂されていたその夜、バージャーは黒人たちとの最終戦争に備えて怠りなく殺戮の準備をしていたわけである。が、幸いにもアテは外れた。黒人たちは、復讐のためエンジェルズの本拠地を襲ってきはしなかったのだ。

しかしそれでもオークランドの面々は、黒人グループが怖気づいて復讐を諦めたと確信するまで、その後も1カ月近く〈エル・アドービ〉の屋根の上に、ライフルやカービン銃を持ち込んで、物々しい警戒態勢をとり続けた。

最も緊張が高まっていた時期のある午後のエピソードを紹介しよう。

ソニー・バージャーと5人のエンジェルが、とある目的のためにカリフォルニア州西部の小さな港町アラメダへ行くことになったのだが、バージャーを含む全員がライフルを革紐で背中に結びつけてオークランドの中心部を走行したものだから、「重装備したヘルズエンジェルズの偵察隊が、町の中心を通って南の方に向かっている」という電話が、すぐさま市民から地元警察に入ることとなった。

スクランブル発進した警察車両が街道でバージャーたちを発見して停車を命じ、しかし、できることは何もなかった。バージャーたちの銃からは弾丸がすべて抜き取られており、しかも銃ははっきりと目につく背中にある。カリフォルニア州の法令に照らし合わせても、バージャーたちの行動にいささかの違法性も存在しない。当然、バージャーたちは制限速度を厳密に守っている。実はバージャーたちは、黒人たちの来襲に備えて実弾による射撃訓練の必要を感じ、練習場に行く途中だった。自己防衛の訓練のために法令と法定速度を遵守してバイクを走らせるヘルズエンジェルズの様子が、いかに市民たちに脅威を与える恐ろしげな姿だとしても、あくまでそれは、脅威を感じる市民の側の感覚の問題であって、エンジェルズの落ち度ではない——それもまた真実である。

エンジェルズのほとんどは、普段、大っぴらに武器を持ち歩くような馬鹿な真似はしない。警察に見つかれば、それだけでしょっぴかれるからだ。しかし中には、自宅そのものを壮大な武器庫のようにしている者もいた。

何種類ものナイフ。様々なタイプのリヴォルバー。ずらりと揃えた自動式ライフル。さらに自作の旋回式銃座を取り付けたマシンガン装備の車まで。しかし武器を収集しているエンジェルは、コレクションの詳細を語りたがらなかった。なぜならそうした過剰とも思える武器の数々は、警察組織が本気になってエンジェルズ殲滅の決断を下した時に——武器収集に燃えるエンジェルたちは自分たちとアメリカ社会との最終戦争が近づいていると、100%確信していた——武器は当局とやり合うための唯一の保険だと考えられていたから、内緒にしておかねばならなかったのである。

いいや、それは違うな。我々はヘルズエンジェルズを人種差別主義者と認識しちゃいなかった。ああ、そうさ。連中は差別主義者じゃない。ただ、どうだろう……根っこのところは、そうかもしれんな。お前さんも気づいていると思うが、ニグロのエンジェルなんていないもんな。だけどいいか、エンジェルズは誰の味方にもならないのさ。連中のほとんどは黒人を嫌っている。だがそれだけじゃない。肌の色に関係なく、自分たち以外すべての人間《ひと》が、斉しくみんな嫌いなのさ。

——サンバーナディーノ郡のとある警部補

政治家や警察広報担当者の言葉を借りれば——ヘルズエンジェルズの勢力は、全米の話題が集中した1965年の独立記念日のバス湖のラン(7月3日～5日)のあと、早くも同年秋にはピークを過ぎていたことになる。

晩夏の光を浴びながらラホンダのキージー邸を目的地として決行された同年9月の労働者の祝日のランには、ヘルズエンジェルズ衰退の兆候が如実に現れていた。その頃になると、合衆国各地の町々が、ヘルズエンジェルズのレイプや略奪に対して異常な警戒心を示すようになっており、本質的にはアウトローバイカーたちの野外パーティーに過ぎないヘルズエンジェルズのランに対して、まるで内戦に備えるかのような重武装の警備態勢が正面から敷かれ始める。アリゾナ州パーカーやインディアナ州クレアモントのような、カリフォルニアから遠く離れた町々にまで、ヘルズエンジェルズ対策として、強力な火器を装備した州兵たちが続々と緊急配備され、もはやヘルズエンジェルズは、ハイウェイを走行する自由を事実上武力によって奪われたのである。

カナダ警察はエンジェルズの来襲に備え、ブリティッシュ・コロンビア州バンクーバーのアメリカ・カナダ国境付近に武装した特別国境警備兵を配置した。

アイダホ州ケッチャムでは、地元民がメインストリートに臨むドラッグストアの屋上に、強力な殺傷力を持つマシンガンを備えつけた。郡を管轄する保安官は敢然と言いきった――「俺たちは、ヘルズエンジェルズを迎え討つ準備を万端整えた！　我らこそが、あのゴロツキどもの半分を監獄に、残りの半分を墓場に送ってやるのだ！」

そうした社会情勢の中、これまで自分たちのランを追いかけまわしてきたメディア陣営に対して、まことに悲劇的なアンチ・クライマックスを突きつけるという事態を、ヘルズエンジェルズは引き起こしている。

キージー邸を目的地としたその年の労働者の祝日のランにおいて、ソニー・バージャー率いるエンジェルズ隊列は、理由は不明だが、これまでの大規模ランの常識を打ち破り、法定速度を無視した高速走行を公然と敢行したのである。メディアにかかわる者の誰ひとりとして予想しなかった事態である。

結果、報道各社の記者たちは事態に対応しきれないまま、記事を書きあげるうえで必要な５つのＷ＝*who*（誰が）、*what*（何を）、*when*（いつ）、*where*（どこで）、*why*（なぜ）――を最後まで確定できず、その年のランのエンジェルズの不可解な行動を、読者が納得する形で記事に仕上げることに完全に失敗してしまう。

私の記憶する１９６５年の労働者の祝日のランの忘れ難い光景のひとつは、テリー・ザ・トランプが川を隔ててキージー邸の向こう側に陣取っている警官隊に対して行った記念碑的な大演説だ。テリーは何台もの強力なスピーカーに接続されたマイクロフォンを力強く握り締め、これまで胸の奥に溜め込んできた警察への思いのたけを、思うがままに唾を飛ばしてぶちまけた。

「ポリ公！　よく憶えとけ、憶えとけよぉお‼　テメエらが、こんな寒い夜に道端に突っ立って、職務やら義務やらを後生大事にお勤めあそばしてるあいだによぉ、俺たちは川のこっち側で、セックスフレンドやらヤク中やらと、楽しく遊んでるわけだよなあ！　でもって、こうしてるあいだにも、どっかのヤク中の間男が、オメエん家に上がり込んで、オメエさんの大事な大事な古女房相手におまんこかましてやがんだよぉ！　この馬鹿ったれ、オメエら、ちったぁ想像してみろってんだ！」

テリーは現代アメリカのモラルや音楽、狂気の定義についてもマイクロフォンを握り締め強く熱く叫び続けた。演説がひと区切りすると、下卑た笑い声がどっとあがったが、笑い声は警官からも聞こえてきた。

テリーは最後にひときわ甲高い叫び声をあげると、まことに詩的な一節を朗々と語りあげて、大演説を締めくくったものである――「キエーッ！　なあポリちゃん様！　腹ぁ減ってねえですか？　なんなら残ってるチリビーンズ持ってきてやりますかぁ。だけどなあ、おい！　今日は休日だ。誰もが知ってる9月の労働者の祝日だ！　だから仕事が終わったら、家にはちゃんとお帰ぇりなさいよ。けど、急ぐんじゃないぞう！　だってほら、お前らの奥ちゃまは今どこかの男とクネクネべっちょりお楽しみ中！　ぐえっへっへ。な、労働者の祝日の夜くらい、日頃とんとご無沙汰の女房様に、思う存分楽しませてやるってぇのが、ぐぁっははは！　テメエらポリ公亭主の務めってこ～ったぜ‼」

テリーの魂の叫びは、演説の一部始終を聞いていたサンマテオ郡の保安局にとって、生涯忘れ難い、屈辱的なものとなっただろう。

しかし正直、私には判断がつかないのだ――。

テリーと、テリーを囃し立てていたエンジェルたちは、いったいどうした理由で、いつになく度を超して警官たちを挑発し、その夜キージー邸で繰りひろげられていた、華やかで楽しい、警官さえもが許容していた調和のとれた混沌を、意識的にぶち壊そうとしたのだろうか？　今もって私にはその理由がわからない。

言えることは、あの年の労働者の祝日のヘルズエンジェルズは、すべてにおいて何かがおかしかった。今までのランとは、どこか違っていた。あるいはエンジェルたち自身が、自分たちの衰退の微妙な兆候を敏感に感じ取り、無意識に焦り、苛立ち、そうした心理が、彼らを違う何かに駆り立てていたのだろうか？　いや……私の気のせいさ、きっと。特別な理由などないのだろう。ヘルズエンジェルズが人々の予想を裏切り、脅威とともに田舎町の平和な時間をぶち壊そうとするのは、以前からの当たり前の習性なのだから。

しかし実際問題——エンジェルたちの挑発もあり、キージー邸を取り囲んでいた地元警察は態度を徐々に硬化させ、現場の緊張感は時間の経過とともに高まっていった。とはいえ1965年9月のその晩、警察が本当に問題視していたのは、ヘルズエンジェルズでも、テリーの下卑た演説でもなく、敷地内に集っていた多数の反戦ヒッピーたちと、当時社会問題化し始めていた彼らのドラッグ、ＬＳＤなのだった——。

泥沼化の一途を辿るベトナムへの軍事介入が1965年以降、政権そのものの存続を含めた合衆国全体の社会問題に発展してくると、ヘルズエンジェルズは、これまで経験しない新たな苦境に立たされることとなった。ある時点からエンジェルたちは、自分たちとまったく関係のない、関心もない、理解もできない、完全な別世界の出来事であるベトナム戦争についての政治紛争の激流に否応なく巻き込まれ、わけもわからないまま翻弄され始める。言うまでもなく、エンジェルズのメンバーのほぼ全員は、ベトナム戦争にこれっぽっちの興味もない。ベトナム戦争のような高度な政治論議が必要とされる複雑な社会問題が、エンジェルたちの理解の範疇を遥かに超えたテーマであるのは明白である。

しかし実際エンジェルたちは、全米的なベトナム問題の激流に巻き込まれた。なぜか？

理由のひとつは、皮肉にも、西海岸の反戦ラディカリズムの中心地であるカリフォルニア州バークレーと、ヘルズエンジェルズ・モーターサイクルクラブが事実上の本拠地としてきたオークランドの両エリアが、行政区分上、地図上たった1本の線を境に隣り合わせに存在していたという地理的偶然にある。

わずかな道路標識を挟み隣接している2つの町は、完全に真逆の町なのだ。

読者諸兄にわかりやすく喩えるなら、学生たちの町バークレーは高級ブティックが立ち並ぶマンハッタン5番街。エンジェルたちが暮らすオークランドは同じニューヨークでも、貧民が暮らすブロンクス——とでも表現しようか。

バークレーは、南カリフォルニア大学バークレー校を中心として栄えているアカデミックな学生街である。書店が軒を連ね、詩の朗読《ポエトリーリーディング》などを行う文学カフェ、前衛芸術を扱うギャラリー、ロックバンドが出演するライブハウスなどが数多く集まり、地域全体が湛える文化的で知的な空気は、学生たちの他、知識階級の裕福な短期滞在者を大いに魅了した。

一方、隣接するオークランドは人口約40万人の貧しい労働者の町——中心部のイーストベイに建ち並ぶのは、安酒場、ポンコツ自動車工場、廃屋同然の倉庫群。埃っぽい住宅街にはボロ家が並び、低賃金の時給労働者や、各地から流れ着いてきた低所得者が生活している。彼らのほとんどは満足な教育を受けていない貧困層で、早い話が、バークレーやサンフランシスコ、あるいはベイエリアの郊外に家を構えることなど夢のまた夢の下層階級の人々である。(註6)

それゆえに、かつて詩人のカール・サンドバーグは、愛するシカゴの裏町に感じる雑然たる郷愁と感慨を、オークランドの路地裏に抱いたのである。猥雑で、危険な香りがぷんぷん立ち込める裏通り。荒廃し、薄汚れ、チンピラや喧嘩自慢のゴロツキが闊歩し、10代のギャングが我が者顔で信号を無視して通りを横切る。白人。黒人。雑多な人種のワルどもが肩で風切る暴力的な緊張感溢れる威嚇の街——。


(註6) オークランドの人口は40万程度である。しかしここはイーストベイと呼ばれる、人口約200万(サンフランシスコの約2倍)の広大な都市スプロール現象地帯の中心なのである。

1965年秋まで、ベトナム反戦を訴える平和パレードに参加するバークレーの学生たちは、ヘルズエンジェルズを――〝政治的には過激なリベラリストであり、非常に知的な自由主義の集団である〟と完全に間違った解釈で理解していた。さらに一部は、〝エンジェルズは、アメリカ学生運動発祥の地として名高いバークレー校の過激派学生にも匹敵する、極めてラディカルな急進的リベラル集団である〟と勝手に思い込んでいただけでなく、あろうことか！　なんと、バークレーの反体制学生活動家とエンジェルズが、暗黙の左翼的共闘関係を結んでいるとまで勘違いしていた。

バークレーのお坊ちゃん学生たちはヘルズエンジェルズが置かれている現実的な苦境を〝既存社会から虐げられた人々の疎外された状況〟と理屈臭い語を並べて悦に入り、分析し、エンジェルたちの反骨精神――一歩も引かず権力構造に抵抗する強い攻撃性に、共闘の可能性を片思い的に夢想していたのである。しかし私が想像するに、理想主義的なインテリ気質のお坊っちゃんたちが、ヘルズエンジェルズというアウトロー集団に魅せられていた本当の理由は、そうした理論的分析によるものではない。

実のところ、戦争反対の嘆願書にサインをしたり、ドラッグストアのレジでこっそり2、3本のキャンディーバーを万引きする程度の違法行為で反体制意識を満足させていた甘ちゃん学生たちの多くは、思うままに町を破壊し、国家権力と腕力で対峙し、欲しいものは強引に何でも手に入れてみせるヘルズエンジェルズという自分たちと同世代のアウトロー集団に――単純で子供っぽいヒーロー像を眺めていただけなのである。

学生たちは、自分たちと年の変わらないヘルズエンジェルズの若者たちが警察権力に対して反抗のポーズを敢然と態度で示し、激しい弾圧を受けながらも、自分たちの力で自由を獲得することに成功している――そうした現実を、若者ならではの希望的解釈で一途に受けとめていた。もちろんそれは単なる思い込みに過ぎないが、しかし学生たちの楽天的な勘違いを責めるには当たらない。バークレーの学生たちが思い描いたヘルズエンジェルズ像が、実態とかけ離れた理想の産物であったのは、むしろ両者の育ってきた環境の違いを考えれば、当然のことなのだ。

毎度毎度繰り返されるのんびりとした平和運動や、安穏とした反戦集会に不満を感じていた過激派の学生にとって、ヘルズエンジェルズは強力な理想像であった。しかし学生たちと違い、ヘルズエンジェルズは、理想や空想のマスターベーションではなく、現実をレイプすることで生きている。彼らは平和パレードに参加する学生たちのように、理論やら歌やら花やら、あるいはどこかから引っぱってきた政治的なレトリックで自分たちの生き様を偽装したことは一度もなく、常に自らの筋肉とクソ度胸によってのみ、自分たちの存在を主張し守り抜いてきた、生粋のアウトロー種族である。したがって、お坊っちゃんたちとエンジェルズのあいだの埋め難い溝が明確化してくるのは……まあ、時間の問題だったと言えるのだ。

バークレーの反政府学生活動家とヘルズエンジェルズの奇妙な蜜月は、約3カ月続いて、派手にクラッシュした。

1965年10月16日(土)――オークランドとバークレーの境界付近で行われていた学生たちの平和デモ行進に、ヘルズエンジェルズ・オークランド支部が、ついに総攻撃を仕掛けた。

キージー邸で行われていたパーティーで、1本のマリファナを分かち合ったバークレーのリベラル派とヘルズエンジェルズは、この日を境に、突如、剝き出しの敵対関係へと立場を急変させる。この事件をきっかけに、〝現代アメリカの実存的ヒーローたち〟とヘルズエンジェルズを賞賛していたバークレーのリベラリストは、〝悪意に満ちた野獣〟とエンジェルズへの形容を一変させた。一方エンジェルズは、歯を剝き出しながら、平和を叫ぶ学生デモ行進に突っ込み、「裏切り者！　共産主義者！　このビートニク！」と叫びまくって誰彼構わず殴りつけ蹴りつけ大暴れをした。

エンジェルたちは、警察やペンタゴン、それに反共極右団体のジョン・バーチ協会と協力して、デモ行進の前に立ちふさがり、学生たちを殴り、蹴り、引き倒し、踏みつけ、罵倒し、狂ったように自らに与えられた暴力的な役割を全うした。

その瞬間、それまでヘルズエンジェルズに、自由と社会変革の夢を重ねてきた学生たちの心は無残に粉砕され、散り散りになった夢の残骸は、怒号と悲鳴に姿を変えて風に散って消えていった。

その日は、バークレーにとって歴史的に陰鬱な1日となった。

ヘルズエンジェルズが、学生たちに突如牙を剝いたその日の暴力行為は、これまでヘルズエンジェルズという社会から阻害されたアウトロー集団を〝人間が本来持っているフリーダム精神のパイオニア〟とみなしていたリベラル陣営に非常なショックを与えた。

しかし私を含め、ヘルズエンジェルズをよく知る者たちは、エンジェルたちの行動に、いささかの矛盾も不思議も感じてはいなかった。あらためて指摘するまでもなく、ヘルズエンジェルズの全体としての主張は、これまでも常にファシスト的なものであった。

エンジェルズは、自分たちの鉤十字へのフェティッシュ的な愛着を、ある種の反社会的なジョークと定義し、世の中の真面目ぶった連中や、エンジェルたちが軽蔑的に〝市民ども〟と呼ぶ善良な納税者を苛立たせるためのギミックに過ぎないと主張していたし、本人たちもそう信じ込んでいた。しかし彼らが侮蔑的に口にしている〝市民ども〟という言葉が意味しているのは、実際的にはミドルクラス(中流階級)と富裕階級(ブルジョワジー)、バーガー(中産階級の市民)に属する富裕層のことなのだ。バークレーの学生は、ほとんどがその階級に含まれる。

とはいえ、当のエンジェルたちは、ミドルクラス、ブルジョワジー、バーガーといった市民階級を区別する用語すら知らないのであり、今も知らないし、これからも知らない。

同時に、そうした言語によって社会構造の矛盾や問題を説明しようとするインテリたちの言葉も、決して信用しなかった。エンジェルたちは、階級というものを言葉として——つまり知識として——認識してはいなかった。しかし一方でエンジェルたちは、生まれ持った独特の感覚として、バークレーに暮らしているような市民どもを、頭の固い権力者以上に敵視していたのは、まぎれもない事実なのである。

ヘルズエンジェルズが合衆国の政治・経済機構を支配している権力者たちを本気で逆上させることなど、実は簡単なことだったのだ――方法を知ってさえいれば。ある時点でナチの紋章を捨て、代わりにソビエト革命のシンボルである〝ハンマーと鎌〟を採用すれば、すべて完了。フリーウェイは、想像もつかないほどの大混乱に陥ると思われる。何百人もの狂ったアウトローの共産主義者《コミュニスト》が、革命の叫びをあげ、巨大な赤いバイクで次々と田舎町を襲撃するなんて！

反戦派学生とエンジェルズの最初の衝突は、土曜日の午後に起きた。場所は、学生たちの本拠地であるバークレー大学のキャンパスと、極東地域へ兵隊や軍事物資を船で輸送するオークランド軍事ターミナルのほぼ中間地点。バークレーとオークランドの境界線付近である。

予定通り大学キャンパスを出発した1万5000人の反戦平和デモの行列は、バークレーのメインストリートのひとつであるテレグラフ・アベニューを、粛々と進んでいった。そこまでは何の問題もなかった。予定コースの中間地点にあたるバークレー／オークランド両地域の境界線にさしかかった時、学生たちの前に、突如として400人からなる暴徒鎮圧隊が出現したのである。

警察組織は、学生たちの平和デモ行進を断固として阻止する構えだった。警棒とヘルメットで武装した警官が分厚い人間の壁をつくって道に立ちふさがり、両サイドには、銃を構えた別の警官隊がV字型に配備されている。中央には、オークランド警察署長のトゥースマンが仁王立ちし、前線基地の司令官よろしく、無線電話器であちこちに厳しい指令を飛ばし続けていた。

400人もの武装警官を配備し、街道を完全封鎖したということは、バークレーの平和デモ行進は、もはや武力衝突を避けては一歩も先に進めないということである。事情を知った私は、即座にオークランド側から現場への急行を試みたが、私は、テープレコーダーやカメラ、報道記者証を持っているにもかかわらず、現場近くで警戒線を張る警官に立ち入りを咎められ、V字型の壁を通過するのに、まるまる30分を要してしまった。

現場は酷く緊迫しており、ほとんどの人間、ジャーナリストまでもが立ち入りを高圧的に拒否され、即座に引き返すことを求められた。

実は私は、現在に至るまで大いなるひとつの疑念を持ち続けている——。

自分たちの町、オークランドへ侵入してくるバークレーたちの学生たちを、手荒い邪悪な暴力で歓待してやろうとうずうずしていた10人前後のヘルズエンジェルズの軍団は、どうして⁉ 多数の警官たちが壁となって立ちふさがっている防衛線を通り抜け、デモ行進の最前線へ易々と躍り出ることができたのだろうか？

ジャーナリストですら通行を禁止された防衛線を、ヘルズエンジェルズだけが自由自在に行き来していた不思議——。おそらく警官隊は、エンジェルズをあらかじめ味方に引き込む密約を結び、意識的に防衛線を通過させ、〝外人部隊〟の突撃要員として最前線に配備したに違いないのだ。

裏付けるように、ヘルズエンジェルズの突撃隊は、平和行進の学生リーダーたちが、警官隊総司令官であるオークランド警察署長トゥースマンと話し合うために歩み寄った途端、まるで！ 話し合いの決裂を目的とするかのように、絶妙のタイミングで、奇声をあげながらデモ隊に襲いかかったのである。

結果、エンジェルたちの大暴れをきっかけに、現場は収拾がつかない暴力的混沌に巻き込まれ、一度発火した暴力の渦は阿鼻叫喚とともに瞬間に拡大し、現場には無残としか言いようのない、怒号飛び交う流血の惨状が展開されることと相成った。

現在、本稿執筆のこの段階に至っても私は——「オークランドの警察機構は、デモ行進を粉砕するための暴力ツールとして、あらかじめヘルズエンジェルズを現場に潜り込ませたに違いない」と確信的な疑念を抱いているのである。

襲撃部隊を率いていたリーダーはタイニーだった。タイニーは丸太のような両腕を猛烈な勢いで振りまわしながらデモ隊に突入し、不運な若者たちをなぎ倒し、ブレーキを失ったダンプカーさながら大暴れをした。エンジェルたちはすぐに警官に取り押さえられたが、振りきるように、さらに近くにいた2、3人の学生を殴りつけ、プラカードをぶち壊し、デモ隊リーダーがシュプレヒコールをあげていたマイクのコードをトラックのラウドスピーカーから引き抜くなど、デモ行進阻止の大戦果を上げていた。

その際、エンジェルと揉み合っていた警官が倒れ込んだ勢いで脚を骨折し……それが例の――タイニーが笑いながら逮捕されている、間違ったキャプションがつけられた『デイリーニューズ』の写真……この時に撮影されたものである。

ヘルズエンジェルズによる平和デモ襲撃事件は、学生たちにとって、100%予想外の出来事だった。デモ行進ゲリラ部隊長の某ヒッピーは、自分でも理解不能なその状況を――「すべては誤解から生じたことだ」と説明した。「……エンジェルズは、警察に金で買収されたんだ。極右がまわした汚い裏金で、彼らの気は変わってしまった。エンジェルたちは、状況を見て忠誠を誓う相手を変えてしまったんだ」

しかし真相はそんな単純なものではない。ヒッピー学生たちの想像より事態はずっと複雑だった。

ヘルズエンジェルズの思想を分類するなら、他のアウトローバイカー・クラブ同様、彼らは厳格なる反共産主義集団である。エンジェルズの政治的な立ち位置は、ジョン・バーチ協会、クー・クラックス・クラン(KKK)、アメリカ・ナチ党を支持している退行的な愛国主義者とほぼ同じ軸を共有していると断言してもよいだろう。

ヘルズエンジェルズは、自分たちが知的リベラル層から求められているキャラクター――〝合衆国社会からすでに破門されているのに、しかし信念を守り続け自らの自由世界を生きる義侠の士〟という役割と、そのアイロニーがまったくわかっていなかった。

それだけではない。ヘルズエンジェルズはとりあえず、愛国主義者を標榜する極右組織の政治屋どもに、わけもわからないまま政治的な賛同表明をしてはいたが、そうした政治屋どもがアメリカ社会の権力中枢に立つ日が来れば、まず自分たちが真っ先に投獄される、あるいは殺されるということにすら、まったく気づいていないのだ！

ヘルズエンジェルズが反戦学生デモを襲撃したという動揺冷めやらぬ中、しかし1カ月半後の11月半ばには、また次の反戦平和デモが予定されていた。

その間、反戦運動のリーダーたちとオークランド・エンジェルズは、幾度にもわたる話し合いを持ち、両者の妥協点を探り合った。バークレーの若きリーダーはソニー・バージャーを相手に、長く巧みな論戦を仕掛けたが、しかしながら、当然、議論はかみ合わなかった。学生運動のリーダーたちは、同じテーブルに着きながらも、自分たちとヘルズエンジェルズがまるっきり違うことを話していることが最後まで理解できなかったのだ。

話し合いのたび、バージャーは自宅のソファに深く腰を沈めたまま、ベトナム・デー委員会のリーダーたちが述べる理想的高説を、反論ひとつ挟まず、いつも最後まで辛抱強く黙って聞いていた。そして最後に、すべての提案をほんのひと言で否定するのである。

次のデモにどれほど多くのビートニクが集まり、役立たずの学生が声高にどんな理想を叫ぶか？　なんて、バージャーの興味の対象外だった。ＬＳＤのカプセルがどれほど集められるか？　ですら、もはやどうでもよいことだった。

「反戦運動家の学生は憶病者だ」――バージャーの目には、それが一番の問題だった。

第2回目のベトナム反戦デモの開催予定日まで、いよいよあと1、2週間となった1965年11月初旬――私はアレン・ギンズバーグとともに、バージャーとオークランド・エンジェルズの幹部面々と話し合いを持った。場所はバージャーの家である。ギンズバーグはバージャーと側近幹部を相手に、デモ行進を邪魔しないようにと、長い時間を費やして率直で丁寧な説得を試みた。

デモ行進予定日の4日前の火曜日。11月16日には、ギンズバーグ、キージー、ニール・キャサディー、メリー・プランクスターズのメンバー数人と私が、バージャーの家を再度訪問し、オークランド支部の幹部たちと、様々な話題をざっくばらんに語り合う一夜を持った。

話し合いのテーブルには、いつものようにビールが持ち込まれ、大量のLSDが投入された。会話は馬鹿げた政治談義から始まった。笑い声が起こり、様々な考え方の披露へと内容を移行し……しかしいつしか肝心のデモ行進にまつわる話はジョーン・バエズやボブ・ディランのレコードによってかき消され、結局時間切れとなって、いつも通り説得は失敗に終わってしまった。

バージャーの家で行われるヘルズエンジェルズ最高幹部との会合では、毎回最後に、ギンズバーグの提案で、仏教における最高最大の知恵の経典「プラジュナパーラミタ スートラ」(般若心経)を唱和して、全員でさようならをするのが恒例だったが、エンジェルズのメンバーたちは、そうした提案をするギンズバーグを、いつも、まるで別の世界の住民のように不思議そうに眺めていた。

エンジェルたちは、ギンズバーグのような人間に、これまで一度も出会ったことがなかったのである。敵意があったわけではない。むしろギンズバーグが好きだった。本当に好きだった。ただ、理解の範疇を超えていたのだ。

「あのギンズバーグってとんでもない男は、俺たち全員を狂わすつもりなんじゃないか」とテリーはギンズバーグを評してこう言った。「ストレートじゃない男(同性愛者)にしちゃあ、奴は俺が見た中で一番ストレートな男だな。だってさ、奴が〝ソニーを愛している……〟って言いだしたあの瞬間! 見せたかったぜ。ソニーときたら、ギンズバーグに、いったい何と言い返したらいいかわからなくて、モジモジしていただろう」

しかしエンジェルたちは、最後までギンズバーグの本当の思いを理解することはできなかった。とはいえ、理解はできなくとも、胸に響くように伝わってくるギンズバーグの率直さや誠実さと、キージーの「僕は、そんなギンズバーグが好きなんだよ」という言葉が、エンジェルたちの心に何かを響かせたのは事実だった。

実際、エンジェルたちがデモ行進への攻撃を中止する心変わりのきっかけをつくったのは、ギンズバーグとキージーの言葉だったのである。

アレン・ギンズバーグは、デモ開催がいよいよ近づいた実行予定日5日前、サンノゼ州立大学でスピーチを行った。講演には、学生とヘルズエンジェルズのベイエリア代表がともに現れ、その時の全文は、カリフォルニア州のヒッピーたちが発行していたアングラ学生新聞『バークレー・バーブ』に次のようなに掲載された。

エンジェルズへ　　アレン・ギンズバーグ

不安なデモ行進者の頭の中にある——不安に思っている——こと。
それは、エンジェルズが自分たちを攻撃しようとするのではないかということ。
楽しみのため、名声のため、自分たちに対する圧力を取り払うため、
あるいは、警察やプレスの厚意、そして／あるいは右翼の金を得るため、
それともまた、もしエンジェルズが平和なデモ行進を攻撃して解体させ、
暴動に変えるならば、
エンジェルズを攻撃するのをやめるという、

オークランド警察との意識的な取引があったのか。
それとも無意識の連帯が、暗黙の了解が、相互的なシンパシーがあったのか。
いずれかが真実なのか。
あるいはデモ行進者の不安定な気持ちが生み出したパラノイアに過ぎないのか。
エンジェルズの態度が曖昧である限り、
騒ぎなど起こさないと信頼してもいいという安心を皆に与えてくれない限り、
デモ行進者の不安に怯えた心、生来の荒くれ者たち、自信がない者たち、感情の起伏の激しい者たちは、
非暴力というポリシーに対して、
自己防衛のための暴力なら仕方がないと言い訳をするだろう。
それは、自分の内に潜む暴力を合理化すること。

こうしたことは行進者たちに選択を迫るものだ。
恐れや脅威のために暴力を通じて自己防衛し、
少数のより不合理な反乱者たちの抑制を解くか、
あるいはせいぜい、理性を失わずに自己防衛し、
無法者だという非難を浴びるか。

あるいは自己防衛などせず、警察に見捨てられるか。
（オークランド警察が真剣に秩序を維持し、行進に対する私たちの法的な権利を守ると

はっきりと確信することはできないのだから）
もし攻撃を仕掛けて純粋な平和主義者、若者たちや老女たちをぶちのめすなら、
無責任な臆病者たちという非難を浴びるのだ。
お前たち自身に、マスコミに、人々に、そして暴力を好む極右や極左によって。

現状では、ＶＤＣ（ベトナム・デー委員会）はデモ行進者に、
短絡的に戦うことで抗うのではなく、
平和的にデモを行うよう促している。
そしてデモ行進自体を、ハッピーな催しにしようとしているんだよ。

●●

エンジェルズはＶＤＣに何か聞きたいことでもあるのかい？
今晴らせるかもしれない疑いはあるかい？
何が一番の不満なのだい？

エンジェルズは11月20日に何をしようとしているんだい？
本当に何か計画があるのかい？
皆を安心させる計画を立てようではないか。

ＶＤＣたちの公開会議に集まってくる怖がり屋たちは、
エンジェルズを、興奮を味わうために人々を蹴散らすのが好きな連中
というイメージで捉えていているが、
たとえ一時的ではあれ、踏みにじることを社会的に許された敵に対して、
警察とグルになってそれをやってのけるというのなら、
お前たちの評判はますます悪くなるだろう。
お前たちは変化を求めず、今あるがままの自分たちであろうとする。
そしてもしそれがサディズムや、やむにやまれぬ嫌悪といったものを伴っているのなら、
今こそ、そんなものとはおさらばする時。
だけど誰もヘルズエンジェルズの精神を拒絶したり、
変えようとはしない——
俺たちはただ痛い目に遭いたくない、それだけなんだ。

●●

デモ行進は、ベトナムでの恐怖が、
私たちの国の内側でも同じことを生み出していると喝破しようとしている試みなのだよ。
ベトナムの黄色い東洋人の頭を平気で銃でぶっ放すことを容認するのは、

それと同じ残酷な心理を、アメリカの公衆に解放すること。
大衆の敵愾心や偽善、衝突が大きくなるのに不賛成な人々への公衆の面前での大々的な迫害を推進し、
国内の平和な人間関係を汚染する。
行進者の大多数は政治的なのではなく、彼らは精神的な存在なんだ。
国が盲目的な暴力や無意識の残酷さやエゴイズムの習慣に流されていくのを嫌がっているんだ。
コミュニケーション——外部の世界との、
あるいはアメリカの孤独なマイノリティたちとの対話がなくなることを嫌がっているんだ。
例えばお前たちのような、
そして私たちのような、
そして黒人、
そしてマリファナ中毒者、
そして共産主義者、
そしてビートニク、
そしてバーチャー（ジョン・バーチ協会の会員）、
そして頭の固い奴らとの対話でさえも。
俺は恐れている。
かつて我々平和デモ行進者を憎み、
お前たちに殴ることを任せた——我々平和主義者を恐れたからだ——奴らが、
本当のところはいまだに同じ恐怖と憎しみを持って、

今度はお前たちを恐れ、
お前たちに恐怖と憎しみの矛先を向けるのではないか?
はたまた、お前たちに他のマイノリティへ矛先を向けろと言いはしないか?
例えば黒人に、
究極的にはお前たちに、そしてお互いに、
(これは、ドイツのナチ突撃隊員と同じパターンだ。
彼らは憎しみを操作する政治家に操られ、それから強制収容所で叩きのめされたんだ。おそらくな。)

●●

前にも言ったが、俺たちのほとんどは政治的な人間じゃない。

お前たちも政治には関心がないと言う。でも事実お前たちは政治にしがみついている。

お前たちはベトナムに爆弾を落とすのを推進するような地政学的立場をとっているんだよ。

●●

他に何が、つまり政治の他に何が、ヘルズエンジェルズへの圧力を緩められると思う?

圧力はみんなにかけられている、お前たちだけじゃない。

戦争に行くこと、徴兵されること。
戦争の仕事や経済で金を稼ぐこと、爆弾によって粉砕されること、マリファナのために文無しになること――

圧力を緩めるために、お前たちは、
自分たちの内側にある圧力を緩めなきゃならない――
平和を見つけるというのは、自分を憎むのをやめるってことなんだぜ。
お前たちを憎む奴らを、憎むのをやめるってことなんだぜ。
圧力を相手に跳ね返すのを、やめるってことなんだぜ。
威圧的でない人間というのもいるんだ。
平和行進をするのは、大抵そういう人間なんだ。
彼らはお前たちが参加して、
お前たちや俺たちみんなにかかる圧力を和らげることを望んでいる。

圧力を――不安偏執症を――取り除け、
俺たちから、そして警察から、すべての憶病者から――
安心させろ、そして――残酷になるのではなく、親切になることで――
心を安心させるように、はっきりと行動しろ。
そうすれば、みんなそれを憶えていてさ、応えてくれるさ。
自分を、他人を、警察を窮地に追い詰めれば、

くつろいだ討論をする仲間の横でノートに目を落とすアレン・ギンズバーグ。　1965年、ジム・ジョンソン撮影

圧力が増す。

ベトナムを荒らすことは、圧力を緩める良策ではない――

たとえもし、国中がヘルズエンジェルズに味方しても、

――世界は圧力を生み出し続けて、破滅するだろう――（ヒトラーを通じて起きたこととほとんど同じだ）

そうさ、鉤十字から圧力のシンボリズムを奪い、
インディアンや平和な神秘主義者、カルカッタのガンジャを嗜む者たちの手に戻す時だ。
同じことをハンマーと鎌にするなんて想像できるかい？
俺はユダヤの星を見た、そしてＭ13も、ＬＳＤも、
黒人の三日月（ブラックムスリムの象徴）も、
それがお前たちが気づかないうちに幸せにしてくれるんだよ。

●●

俺がビートニクやベトニク（註7）に集合をかけたのは、皆にとって普通でない
――皆に認められ受け入れられることがない――ものを目指したからではなく、
激したり拒絶したりすることなく、皆が仲良く暮らせるような方法を探っているからなんだよ。
欲しているのは分かち合うことで、

（註7・訳註）ビートニクのもじりで、ベトナム戦争介入反対者のこと。

イメージの独占権を得ることではない、この地上で1人きりになりたいわけじゃないからな。
俺は自分にとっても、他の誰にとっても——お前たち、警察、ベトナム人、そして全人間世界にとっても
——不必要な苦しみなど欲しくはないんだよ。

●●

どうやったら、お前たちは熱くならずに済むんだろうね?
他人を支配するために脅かすのをやめたら、
人々はお前たちを放っといてくれるはずさ。
それでもまだ、行進者たちを脅すのをやめないというのかい?
脅すということは、圧力を欲しがっているってことだぜ。
俺たちは、
圧力をお前たちから、俺たちから、警察から、合衆国から、中国から、
ベトナムから取り除こうとしているんだよ。

●●

圧力は人間のもの。感情のもの。自然の法則なんかじゃないよ。

どれだけのエンジェルズが、自分たちの政治的立場を理解しているのだろうか？
圧力冷ましの戦略ぐらいにしか考えていないんじゃないか。
どれだけのエンジェルズが行進者たちを嫌っているのか？
本当に彼らを悩ませたいと思っているのか？
そりゃ、お前とタイニーの個人的な楽しみの種じゃないか？
じゃなきゃ実際、お前たち本当はいったい何がしたいんだ？

マリファナが好きなんだったら、どうして熱い戦争を気に入らないと感じている世代全体が、
マリファナやら意識やら自発活動やら髪型やらにこだわっていて、
彼らがお前たちのブラザーだってことがなぜわからないんだい？
戦争好きというネガティブなアメリカのイメージを定着させた、
モラリスティックで厳格な連中なんかより。
偉大なイメージ——誰もが支持する——それがお前たちの理想のイメージだ——
同志よ、ホイットマンの自由の精神は、どこまでも続くハイウェイでもあるんだぜ！
俺はお前たちに、同志に、友人に、思いやり深い人に、恋人になって欲しいんだ。
なぜなら大多数の平和行進者たちは実際お前たちの孤独や闘争を尊敬し崇拝していて、
恐ろしく、怒り狂い、怯えた偏執性の敵同士として互いを叩き合うのではなく、
お前たちと友好的な親友になりたいと望むだろうから。
それは警察の望むところでもあるはずだ。彼らも制服の下には人間の肉体を備えている。

中には——世界は悪であると信じているような——頑迷な連中もいて、
セックス、マリファナ、バイク、そして平和を恐れている。
たとえそれらすべてが平和で穏やかなものであったとしても——
人生を恐れ、無害な空虚さを悟っていないのだ。
俺たちはそんな連中を相手にしなきゃならない——愛してやらきゃならない——
俺たちにも、連中にも、一緒になって我を忘れさせなきゃならない。
連中を懐柔し意識を拡大させるのだ——
そしてその過程で俺たちの意識も拡大させる——
互いに戦うのではなく。

それぞれ独立したアイデンティティなんてものは破産してしまった——
お堅い連中、ビート、ユダヤ人、黒人、ヘルズエンジェルズ、共産主義者、それにアメリカ人。
ヘルズエンジェルズとタイニーの介入は、たぶんいい効果をもたらした——
指導者や行進者たちに自分たちのことを見つめ直して、
どれほど自分たちの行進が、
誰か非難できる者を見つけて戦い、
わめこうとする錯乱した欲望によって動機づけられた、
見せかけだけの意味のない攻撃に過ぎないかを、見極めるよう促したのだ。

そうでなければ、

どれほど行進というものが、
静かな人々にとっての自由の表現になりうるかを見極めるよう促したのだ。
彼らは自分たち自身の憎しみを抑制してきた。
そして彼らはアメリカの人民に、
自分の恐れや憎しみをコントロールし、
やがて惑星を滅ぼすに至る、増大していくプレッシャーとこれっきりおさらばし、
地球上の圧力を完全に取り払う術を示しているのだ。

——1965年11月15日月曜日、サンノゼ州立大学学生とベイエリアのヘルズエンジェルズの代表を前にして行われたスピーチ

ギンズバーグの切実な訴えを受けたにもかかわらず、バージャーはデモ1週間前になっても頑なに態度を変えようとはしなかった。

「カリフォルニアの人間が誰ひとりとして目にしたことがない、史上最大規模のアウトローバイカーの大群が、平和デモ行進の行列に真正面から暴力的な激突を挑むことになるだろう!」メディア取材に対しバージャーは平然と予告し、最後の言葉をこう結んだ。「アレンたちの気持ちは嬉しいさ。だけどあいつらには、何が起きてるのか、本当のところが見えちゃいないのさ」

そのような状況下の11月19日(金)——デモ行進の前日。ヘルズエンジェルズを代表してソニー・バージャーが、メディアを集めた記者会見を開き、自らの口で「デモ行進の邪魔はしない」という声明を出した時は、学生のみならず、我々一同、本当に驚いたものだった。プレスリリースという形で各メディアに配られたガリ版印刷の『ヘルズエンジェルズの見解』には、次のような文章が綴られている。

我々ヘルズエンジェルズは、軽蔑すべき反アメリカ的なデモ行進に対し、断固たる阻止行動を取ることを、自らの意思表明とすると、これまで明言し続けてきた。

しかし本日、公共の安全とオークランドという町の名誉を守るため、また、我々が介入することで、逆にVDC/ベトナム・デー委員会(デモ実行委員会)に、正当性を主張する口実を与える事態を避けねばならないという結論に達した。

言うまでもなく、デモ行進を画策している者たちが、我が偉大なるアメリカ国家に対して行っている反愛国的行為に対して、我々は怒りを覚えるとともに、暴力的意味で強い敵愾心を持たずにはいられない。しかし我々とデモ隊とのあいだに物理的な衝突が生じれば、デモ参加者——アメリカを裏切った者たちは、逆に社会的な同情を集める成果を得ることだろう。

記者会見の最大の見せ場は、バージャーがアメリカ大統領閣下宛てに送った電報を読みあげる芝居がかった一大シーンであった。

「ワシントンDCペンシルベニア通り1600番地、リンドン・B・ジョンソン大統領殿。親愛なる大統領閣下。私及び、私の友人を代表いたしまして、私はベトナム戦線の後方支援任務に携わる忠実なるアメリカ人のグループに志願いたします。私たち訓練された一流の荒くれ者の集団は、ベトコンの意気を喪失させ、自由の大義を促進させるものと信じております。私たちは今すぐにでも軍事トレーニングを開始し、任務を遂行する準備が整っています。真心を込めて。カリフォルニア州オークランド、ヘルズエンジェルズのリーダー、ラルフ・バージャー・ジュニア」

しかしどういうわけか第36代アメリカ合衆国大統領リンドン・ジョンソン閣下は、バージャーから届いたアウトローバイカーによる戦争応援の申し出を無視したので、エンジェルズがベトナムに兵隊として送られることはなかった。

ベトナム反戦平和行進への暴力的介入を自粛したことを受け、ヘルズエンジェルズが、右派からリベラル方面へと政治的方針を変更したのではないか？　と言う者たちも現れ始めた——。

オークランドという共同体が抱えている問題は、警察に原因しているのではない。共同体そのものが問題を抱えているのだ。　——前オークランド警察署長

私、ハンター・S・トンプソンがヘルズエンジェルズとのあいだに築き上げ、1年以上維持してきた関係に崩壊の予兆が見え始めたのは、ちょうどその頃だ。

エンジェルズの面々が、自分たちを取り上げる新聞記事の内容を真面目に受け取るようになったことと、私たちの関係が壊れ始めた時期が重なるのは、決して偶然ではない。

かつてあれほど侮蔑し、嘲笑の対象にしていた新聞を競って読むようになり、内容を鵜呑みにするようになったことで、ヘルズエンジェルズのあらゆる行動に急激な変化が生じ始めた。

確かにその頃になっても、ヘルズエンジェルズは導火線に火のついたダイナマイトの如く危険ではあった。しかし一方で、アウトローバイカー特有の友愛精神とユーモアに満ちた、ワイルドかつ愉快な彼ら独特の感覚は、彼ら自身が世

間の視線を意識し始めた途端、ごく短期間のうちに嘘のように消え失せてしまった。卓越した強いオーラを放っていた筋金入りのエンジェルですら、バリアのように身に纏っていたオリジナリティ溢れるアウトローバイカーとしての魅惑のテンションを、見るも無残に喪失していた。

神秘性を失ったエンジェルたちは、ついに、ユーモアと毒気の効いたエンジェルネームで呼び合う風習——バグマスター（ブス専）やスカジー（ヨゴレ）、ハイプ（インチキ）、まで忘れた。やって来たのは凡庸な本名の時代。ルーサー・ヤング、E・O・スチューム、ノーマン・スカーレット3世……。

その頃になると、もはやヘルズエンジェルズの生態に謎めく不可思議な領域など、何も残されてはいなかった。暴力と、仲間意識と、市民社会から隔絶されることで保たれていたアウトローバイカー独特の冷厳たる神秘性は、彼らが新聞やテレビで安っぽい政治発言を繰り返し、また連日メディアでプライヴェートのあれこれが俗っぽく明かされ続けたことによって、市民社会にいとも簡単に消費しつくされた。

エンジェルズの最大の魅力であった、何者をも寄せつけない脅威のテンションですら、短期間のうちに耀きを失い、チンピラ風の暴力的威圧へと実に安直に変換されてしまっていった。

いつの頃からか、私はエンジェルたちと酒を飲んでも楽しいと感じられなくなっていた。もはや夜空を見上げても、暗黒に耀く堕天使たちが君臨する黒色矮星の煌きはそこになく、無残に平板化された、珍奇な生活を送る、貧乏人のバイク乗りの姿だけが、地上の片隅に惨めに取り残されていた。

かれこれ私は1年ほどの期間——ヘルズエンジェルズの世界をともに生き、ヘルズエンジェルズと同じ呼吸をし、同じ鼓動を感じながら、時に修羅場を、時にアスファルトを、時に荒野を、朝靄を、沈む夕日を、そして銀河の激流を駆け抜けてきた。もちろん私には、かなり初期の段階から、メディアで流布されているヘルズエンジェルズの脅威のほとんどが、実際とは異なる空想上のイメージの産物であることがわかっていた。

しかしそれでもなお、エンジェルたちが折々にクリエイトしてみせる常識外れの大騒動は、アメリカ小市民社会の現実を正面から嘲笑してみせる小気味よさに満ちており、新時代の到来を告げる刺激に満ちていた。彼らの住む未知の世界に飛び込み、その渦中で魂を躍動させることは、取材者である……いや、取材者という立場を超えた私個人、ハンター・S・トンプソンの生命の炎をたぎらせた。それはまぎれもない事実である。しかし、1965年のベトナム反戦デモ行進襲撃事件をきっかけに、自らの意に関係なく政治に巻き込まれてしまったヘルズエンジェルズは、彼らの最大の魅力である神秘性の耀きを、メディアによってあっという間に消費しつくされ、瞬時にして、ただの薄っぺらい〝情報の集積〟に成り下がり、最後は……本当に使い捨てられ、何処かへ消え失せてしまったのである。

私がヘルズエンジェルズに落胆を感じ始めていたある日の午後――。〈エル・アドービ〉で、こんな場面を目撃した。カウンターに座っていたエンジェルが、ひと摑みのバルビツールの錠剤を、ニキビ面の16歳の悪ガキ2人に売り捌いていたのだ。

その瞬間に私は悟った。もはやヘルズエンジェルズの行動の根底を支えている常識外れのアウトロースピリッツは〝由緒あるアメリカの神話〟に由来しているものではないのだ、と。バイクに乗ったアウトローが、16歳の少年相手にバルビツール錠剤を売っていたあの光景が、由緒あるアメリカの神話であるはずなど、断じてないではないか！

あの光景は何を映し出していたのか？　思うにあの光景は――1966年に生きる私たちの足元で、今胎動を始めたばかりの、まだ形も定まっていない〝未来のアメリカ社会の姿をいち早く映した予告編〟なのではないか。

もはやヘルズエンジェルズを、アメリカ合衆国が歴史上これまで伝統的に誇りとしてきた、誰に臆することなくオリジナリティを追求し続ける、誇り高き個人主義の求道者の象徴――と過去の彼らの有り様にこだわって定義し続けることは、逆に、ヘルズエンジェルズとは何なのか？　という、現代的な問題の本質を探求するうえで必要な視線を奪いかねない。

もはやヘルズエンジェルズは、アメリカ建国ロマン主義の残滓などではない。現在の彼らは、伝統ではなく、未来を象徴し始めた犯罪集団なのである。

ヘルズエンジェルズとは何なのか？　と問われれば、現在の私は躊躇なくこう答える。

――彼らこそは、対処すべき処方箋を歴史に求めることができない、未来のアメリカ社会が抱える大いなる苦悩を伴った、社会病理の第一波である。彼らこそは、近い将来急増する、ティーンエイジャー犯罪者の意識を先取りしたプロトタイプである、と。

ヘルズエンジェルズのメンバーのほとんどが、まともな教育を受けていないという現実は、現在のアメリカの、貧者に教育を与えない社会システムを象徴している。

貧者に教育を与えない社会システムは、高度技術経済社会の中で、多数の若者を使い道のない人間に追い込んでしまった。無責任に切り捨てただけでなく、彼ら若者の心の深奥に、社会に対する払拭し難い激しい憎悪を残すという最悪の事態を生み出している。そして現在、社会から見捨てられながら生きてきた若者たちが抱える憎悪の感情は、互いに共鳴し、求め合い、糾合し――いよいよ今日に至り〝新生ヘルズエンジェルズ〟という、破壊的カルト組織として我々の社会に表出した。これが私の見解である。

これまでジャーナリズムは、アウトローバイカー集団ヘルズエンジェルズの生態を、珍奇なレアケースとして捉え、警察の取り締まりによって遠からず消滅する運命となる、一過性の社会現象という視点でしか見てこなかった。

確かに、そうした見方は市民社会の住民たちに、ある種の安心感を与えるという点では役に立っただろう。警察が同じ見解を共有していればなおさらのことだ。

しかし不幸なことに現実はそうではなかった。

新聞や雑誌の記事を通してしかヘルズエンジェルズを知らない田舎町の警官たちは、知らないがゆえに、ヘルズエンジェルズを非常に恐れている。逆に言うと〝知る〟ということは余裕の生みの親でもあって、ヘルズエンジェルズと日常的にかかわりを持っている警官たちは――「問題視されているエンジェルたちの脅威は、マスメディアによるイメージ操作で生み出された、誇張された虚像の産物に過ぎない」と口を揃えて断言してきた。

しかし一方で、私が言葉を交わしたカリフォルニア全土の数十人の警官のうち、90％以上の警官がヘルズエンジェルズを――〝法や秩序に対する社会的な敬意が加速度的に失われつつある現代社会が予告する、未来への危険な兆候〟、あるいは〝現在誕生したばかりの、しかし今後、急速に増加すると思われる、社会へ対する憎悪の感情を源として現れた、新しいタイプの犯罪集団の前兆的なスタイル〟と捉え、大いなる危機感を抱いている。

現場の警官たちは、現在早くも、ヘルズエンジェルズというアウトローバイカー集団を〝未来のアメリカ社会に到来する新たな犯罪脅威の予兆〟として、その瞳孔に映し出し始めているのである。

ここ数年の合衆国の社会状況の変化を、サンタクルーズの若いパトロール警官はこう証言した。「5年前まで、俺たちの仕事は簡単だった。悪い相談でもしてそうな不良連中を街角で見かけたら、近寄って話しかけ、軽く説教でもすれば、カタがついた。まあ、10代の若者がほとんどだったが、いつの時代にも、悪ガキはいるもんだ。連中は不良だが、俺たち警官の言うことを聞いたもんさ。ところがだ……」若い警官は腰に巻いている38口径スペシャルの薬包を指差して、独白的に呟いた。「ところがだ。この数年で、チッ、まったく状況が変わっちまった」

警官は肩をすくめながら先を続けた。「ちょっと注意すると、いきなり殴りかかってきたり、突然銃を抜いてきたり、それともただ逃げだすか……今じゃさっぱりわからない。最近のガキどもは、警察バッジに対する尊敬も畏怖も恐怖もなし。何も感じていないんだ。最近じゃあ、ビールパーティーで喧嘩してる高校生の仲裁に入るより、ヘルズエンジェルズを棍棒で殴りつける方が、遥かに安全な仕事なんだよ。相手がアウトローバイカー連中なら、まあ、俺にだって、奴らが何に怒り、何に抵抗するかぐらいは想像できる。ところがだ、この頃のガキどもときちゃぁ、何を考えて、何にイキり立っているのか、さっぱりわからない」

警官はここで言葉を区切り、首を振りながらこう言った。「最近の若いギャングどもには本当にぞっとする。ここ5年くらいのことさ。この5年で世の中のガキどもの状況が急に変わったのさ」

ヘルズエンジェルズのメンバーにとって――〝ここ数年（あるいは5年のあいだに）10代の少年ギャングたちの意識が急変している〟ということや、〝現在、変化しつつあるヘルズエンジェルズ・モーターサイクルクラブという存在が、未来のアメリカ社会を暗く予兆している〟などという分析は、まったくの埒外の、どうでもいい戯言であろう。警察や検察当局が、自分たちアウトローバイカーではなく、ティーンエイジャーたちのギャング犯罪に強い危惧を抱いていることも……エンジェルたちにとってはどうでもいいことだ。彼らは、自分たちの現在しか見られないし、興味を持つこともできない。

事実、オークランド・エンジェルズのメンバーたちは、一連のヘルズエンジェルズ・バッシングの嵐が終わり、地元警察署との〝ある特別な同盟関係〟が終了したあとになっても、警察機構と自分たちの関係を、警察 *vs.* エンジェルズという、単純な二者対立軸の視点でしか、捉えることができなかった。

断言するが、ヘルズエンジェルズは、自分たち以外の存在にはまったく興味がないのである。ビートニク、ヒッピー、フラワーチルドレン――、自分たちと異なった社会背景から出現してきた既存社会への抵抗者、あるいは反権力活動家との感情的・思想的な連帯にも、まるで興味を示さなかった。

ヘルズエンジェルズの世界観では、警察権力と対峙する世界で唯一絶対的な存在であるのは自分たちでなければならず、ティーンエイジャーのギャングや学生活動家といった他者と、自分たちが比較されることは、許しがたい侮蔑なのである。

マグーがある夜私に語った言葉を思い出す。

「世界には2種類の人間しかいない。エンジェルズと、エンジェルズになりたがっている人間」――しかし当のマグーでさえ、その言葉を信じてはいなかった。

酒と女に囲まれた野外でのパーティーがワイルドかつハッピーに展開しているあいだは、ヘルズエンジェルズの一員であることは、確かに彼ら全員にとって幸せである。しかし保険がないため医者に通えず、虫歯の痛みと格闘したり、交通違反の罰金をかき集めるために、みみっちい借金を申し込んだり、家賃の支払いが遅れて部屋の鍵を変えられ、曇天に閉め出されたりした1人ぼっちの寂しい冬の午後は――ヘルズエンジェルズという人生はそう楽しいものではない。

どんよりした空の下、寒さに震えながら、放っておいた虫歯がいつものようにじくじくと痛み始め、しかし前払いじゃなきゃ歯医者の診察を受けられない。そんな自分の人生を笑い飛ばすことはたやすくはない。だからこそエンジェルたちは、大した治療を受けられないままの大きな古傷や、体を蝕む放ったらかしの病巣が、我慢の限界を超えて激しく痛みだした時――「この苦痛こそが、俺がエンジェルとして生きてきた、誇り高き生き様に冠された勲章なのだ」と自分自身に言い聞かせ、アウトローバイカーとしての人生の孤高に耐え抜く、そんな術を身につけるのだ。

傍から見れば滑稽としか言いようのない屁理屈を、彼らは誇り高き人生の信条として、自分自身に噛んで含めるように独白しながら過酷な世界を根性ひとつで生き抜いている。

己の人生を幸せにするかもしれない様々な可能性の選択肢を、自らの意思で、きれいさっぱり捨てきってしまったアウトローには、もはや人生をやり直す贅沢など許されない。アウトローバイカーとして生きていくためには、どんな些細なものであれ、自分に残されているすべてを利用して戦い抜かねばならず、その戦いという選択が、さらに彼らを行き場のない袋小路の奥へ奥へと導いてゆく。アウトローとしての自分の人生を肯定する言葉を、どれほど繰り返し自分自身へ言い聞かせてみても――もはや彼らには、人生を肯定的に眺める余裕など、どこにも残されていやしない。

ほとんどのエンジェルたちは、自分たちが置かれている極めて不利な社会的立場を明確に認識していたが、なぜそういう立場に置かれているのか(あるいは置かれてしまったのか)についてを、まるで理解していなかった。

しかしながら、エンジェルズのメンバーのほとんどは、子供時代に聞かされた童話『カエル王子』の結末を知った途端、「そんな都合のよいハッピーエンドが、この世にあるはずがない!」と即座に見破り、現実の厳しさを幼少期から徹底的に叩き込まれて成長してきた人間だ。

彼らが所属しているヘルズエンジェルズ・モーターサイクルクラブは、ハッピーエンドを迎えるカエルの王子様のクラブではなく、いつまで経っても醜いままのカエルたちの集団である。魔法で眠りについているチャーミングなプリンセスにどれほど熱烈なキスをしようと……レイプしようと、王子様に変身する幸せな日がエンジェルたちに訪れることは永遠になく、カエルはカエルだからして、自分たちが暮らしやすくなるような新しい法律をつくったり、社会構造を変えようと考えることも永遠に、またない。

しかし小さなきっかけで、醜いカエルたちにもまた、ダイナミックな意識の変革がもたらされることがある。

人を罰する権力が、どんな連中によって行使されているのか――?

物心つくずっと以前の幼い頃から、ヘルズエンジェルズの面々は、自分たちは虐げられて不当に扱われていると肌で感じて生きてきた。そして世の中から受ける侮蔑の視線や不当な扱いを、いたいけな子供心の中で憎しみとして受けとめた彼らは、生まれながらの無知とともに、成長過程で憎悪を熟成させるに至り、ついにアウトローバイカーという苛烈な信念を持つ新しい世界を、現代アメリカに誕生させたのだ――。地獄の天使たち《ヘルズエンジェルズ》というアウトロー集団が、この世に生み落とされた独自性の根源はそこにある。

エンジェルズが組織維持の矜持としている苛烈な報復の理論――敵対する相手に対する理屈なしの暴力的拒絶や、

強烈な唯我独尊性、つまり〝社会秩序など無視してやりたい放題やる〟という感覚は、彼らが長年感じてきた、〝自分たちは搾取されている〟という被害者意識と同根から発生していると言っても過言ではない。

ここで注目すべきは、これまでの歴史上、アメリカ社会が〝ならず者〟〝アウトロー〟と呼んできた逸脱者のほとんどが、本質的な反社会的気質を持つ人間であったのに対し、ヘルズエンジェルズのメンバー各人は、元来、社会的気質を持つ人間たちであるという相違である。しかしながらエンジェルたちは、集団としては反社会的存在であり続けようとした。

この矛盾した状況を、いったいどう説明すればいいのか？

実は、矛盾を根源にまで辿ってゆけば、事はヘルズエンジェルズの分析・理解にとどまらず、広く現代のアメリカ社会全体の地下に蔓延している、ある重大な問題に直面する。

今日のアメリカではヘルズエンジェルズに限らずあらゆる階層の人々——富裕層、インテリ層、学生たちもまた、自己と社会のあり方（関係性）に対して、同じような大きな矛盾と苦悩を抱えている。社会学者は、現代アメリカ社会を構成するあらゆる階層の人々が抱いているそうした苦悩を、〝社会的疎外感〟あるいは〝自己喪失《アノミー》〟と表現している。

疎外、自己喪失——。人間が、自分が属している、あるいは属していると信じている社会から排除されている、あるいは無視されていると感じた時に生じる、虚無と孤独を根源とする社会的な心理病症の名である。経済成長や戦争など、強いモチベーションを軸に社会全体がダイナミックに躍進と成長を続けている時代であれば、自己喪失、あるいは疎外の犠牲者は、レアケースとして社会の片隅に排除されているのが一般的である。

その理由は——自己喪失、あるいは疎外の感覚は、極めて個人的な病症として表出するのが一般的であり、その症状は往々にして、個々の奇癖・奇行（本人以外の誰ひとり理解できない奇妙な自己表現）として処理されてしまう。その隠された理由が、これまでこの社会病理の病理性を一般に向けてわかりやすく説明をすることを非常に困難にしていた。したがって、発展と成長の時代における、自己喪失と疎外の犠牲者たちは、互いに連携することもなく孤立したまま、ひっそりと人知れず社会の片隅で生涯を終えていくのが普通であった。

しかし社会全体がモチベーションを失ったまま長期間停滞し続けている現在のような状況下では、そこに暮らす大勢の人々が、拠るべきアイデンティティを喪失した困惑状態に陥っているので、自己喪失や疎外を感じる者たちが急増し、人々が抱える心の苦悩とそこから表出する様々な病理的生活スタイルが、もはや個人の問題として片付けることができないほどの社会問題となってくる。そこで――「指導者の役目とは、社会と国民に対して、何でもいいから具体的な目標を示してみせる国家目標設定委員会委員長のようなものだ」と考える大統領、アイゼンハワーのようなリーダーが必要とされるわけである。

しかし社会目標が設定されたところで、それが受け入れ難いものであれば、逆に、人々が受ける疎外の感情はより深刻なものとなり、自己喪失の犠牲者はさらに増えることとなる。

今後、社会が目標に掲げるものが何にせよ、目標に対して意味を見出せない、意にそぐわない目標に従わないことを当然とする新世代のアメリカ人がなお一層増加してくれば、人々を襲う疎外感はさらに深まり、苦悩する自己喪失者はとめどない増加の一途を辿るだろう。

しかるに……過去のアメリカが誇りとしてきた栄光の歴史などは、権力に憑かれた年寄りどもとともに、地平遥か彼方歴史の向こうへ放り捨ててしまえばいい！

民衆を拘束するために、権力者たちがつくりあげ、守り抜いてきた〝アメリカ〟という神話や古い法律など、もはや時代遅れの遺物にしか過ぎない。権力者たちが愛してやまない、古き良きアメリカの流儀など、現在においては、いつ崩れてもおかしくない、安セメントで塗り固めた決壊寸前のボロ堤防も同然だ。旧態依然としたモラルと古臭い法律という安セメントで練り固めた時代遅れの堤防には、もはや両手の指でふさぎきれないほどたくさんの穴が開いている

——それがまぎれもない、アメリカが直面している現実の最前線である。

第二次世界大戦から20年余年が経った。しかしこの間、アメリカ政府は数えきれないほどの疎外と自己喪失に悩み苦しむ若者を生み出しながら、何の対処もせずに、ただ捨て置き、無視し、放置し続けてきた。

これは政治の話ではない。人間存在の尊厳の話をしているのだ。

国家的権威を誇る大学に通う恵まれた生い立ちの知的な若者までもが、藁をもすがる思いで苦悩している現代アメリカのリアリティ——切迫感や怒り、絶望。

ジョンソン大統領が提唱した〝偉大な社会〟の基準に照らして分類すれば、ヘルズエンジェルズをはじめとするアウトローバイカーの面々は、全員が全員、まぎれもない敗残者である。

落伍者、厄介者、負け犬、不満分子、不適合者——言い方はいくらでもある。

しかし彼らは同時に、自分たちを厄介物としか扱おうとしない市民社会の不当に対して、自らの存在を激しく主張し、関係性を見出して、なんとか生き延びようと戦っている、堂々と胸を張った不適合者たちである。ヘルズエンジェルズが、未来の社会の不幸な有り様を象徴している預言者、先駆者、前衛であったとしても、あるいは現代特有の反社会分子であったとしても——ここではっきり明言しておこう。バークレーで反体制運動をしている学生たちが屁理屈をこねくりまわしてどう主張しようとも、ヘルズエンジェルズに所属する若者たちは、学生たちの代表者でもヒーローでもなければ、大学キャンパスで流行っているモラル革命の体現者でもない。ヘルズエンジェルズが代表しているのは、彼らと同じ怒りのエネルギーを内に秘めて社会に存在し、昨今急速に増えつつある、教育を受ける機会も与えられないまま、仕事に就くこともできず、見捨てられたまま社会の片隅を生きるしかない、未来を見出せない若者たちの極限化した自画像なのである。

反体制政治活動に熱を上げる過激派学生とヘルズエンジェルズの違いを説明するのは、実に簡単なことだ。学生たちが〝過去〟に反抗を示しているのに対し、エンジェルズは〝未来〟と格闘している。両者が共通して抱いている感情は——〝現在〟に対する軽蔑。

現在、バークレーやその他、数十を超す全米の大学で、反戦や平和を訴える学生たちの運動が盛り上がりをみせている。参加している学生たちのほとんどは、一途に理想を信じる誠実な若者たちだ。しかし学生の中には、ヘルズエンジェルズのメンバーに勝るとも劣らない過激な攻撃性を内包している危険人物も多数存在している。

同じように、平和デモ行進を襲撃したからといって、すべてのエンジェルが残酷で凶暴な潜在的ナチス崇拝者というわけではない。様々な事件を経て全米的な知名度を得る以前は特にそうだった。

平和デモ行進への襲撃事件をきっかけに、ヘルズエンジェルズは、特にマスメディアを通して、政治の側面から急速に注目を浴びることとなった。ヘルズエンジェルズ自身が、自分たちがあたかも政治集団であるかの如く振る舞い始めたのも事実である。

しかし本来、ヘルズエンジェルズはこれっぽっちも政治的な集団ではない。いくつかの証拠を提出しよう。

カリフォルニア大学バークレー校が政治的な意味で全米の注目を浴びるようになってきた1965年初頭以降、毎夜自分たちが集い飲み明かしている溜まり場と、大学キャンパスがいくらも離れていなかったにもかかわらず、エンジェルたちは、政治活動にいそしむ学生たちにまったく関心がなかったのである。もしヘルズエンジェルズが右翼的な政治思考を持っているのなら、エンジェルたちは、学生運動を嫌う公権力のお偉方の暗黙の許可をもらったうえで、学生集会への暴力的襲撃を仕掛けるチャンスが何度でも持てたにもかかわらず、数人が話題にするぐらいで、そうした行為を行わなかった。

もしその気なら、学生運動家がオークランドのダウンタウンの中心、ジャック・ロンドン・スクウェアに構築したCORE（人種平等会議）のピケライン（監視線）を侵略して、会議をめちゃくちゃに破壊することだって難なくできたにもかかわらず、しかしエンジェルズはそれもしなかった。

1965年の春や初夏になっても、ヘルズエンジェルズは、公民権運動にもベトナム戦争反対を主張する反体制政治集会にも、少しも興味を示さなかった。ヘルズエンジェルズが、もし本当に、自らが標榜するような反共産主義集団であるなら、1965年から66年まで、当時のアメリカメディアや議会が華々しく行っていた赤狩りの集会に顔を出す機会はいくらでもあったはずだが、それもしなかった。あらためて確認しておきたいが――そもそもヘルズエンジェルズというアウトローバイカー・クラブは、公民権運動にもベトナムにも関心など持ったためしがない、まったくのノンポリ集団なのである。

学生たちの反戦デモを襲撃したことで市民社会から〝ヘルズエンジェルズは政治的な右派団体である〟と認識されるに至った現在でも、エンジェルズのメンバーが政治に自覚的に参加しているなどという事実はない。繰り返すが、彼らは政治活動家ではない。ワイルドな生活様式を好む、生粋のアウトローバイカー集団なのだ。

しかし現在、彼らは歴然たる政治集団として全米から認識されている。なぜこんなことになってしまったのか?

理由は――様々な事件を通して獲得した〝ヘルズエンジェルズ〟という良くも悪くもの名声が、ヘルズエンジェルズの本質を蝕んだのだ。

ベトナム反戦デモを襲撃したエンジェルたちは、突如、自分たちが別の角度から浴びることになった脚光の大きさに驚き、それ以後、まるで政治家のように新聞を読むようになる。その結果、自分たちの政治的な発言や行動に対してメディアがどういう反応を示すか、また、示さないかを逐一気にするようになってしまった。続いて、メディアから次々と政治的なコメントを求められるようになる。

――ソニー、ヘルズエンジェルズはベトナム戦争に対してどういう態度をとるんだい?

――タイニー、君は公民権運動をどう思う?

エンジェルたちが口にする政治的発言は、いつも格好の新聞ネタになった。

エンジェルたちもまた、自分たちが放つ政治声明や政治宣言が全米の興味を惹いているからこそ、大人数を集めての派手な記者会見を開くことができ（註8）、記者会見場に多数の新聞記者のみならず、複数の全米ネット局のテレビカメラまで用意されているのだと、自分たちがスターとして取り巻かれるための必要条件をすぐに理解した。

当然ながらニュースメディアは、「あのレイプ魔の、無知で粗暴なアウトローバイカー集団ヘルズエンジェルズ」が、自発的にマスコミに現れ、大真面目な顔で政治的発言を繰り返すことを珍妙な時事ネタのひとつとして大歓迎した。メディアはエンジェルズの政治的声明を、いつも皮肉なユーモアたっぷりの滑稽な調子で扱ったが、しかしエンジェルたちだけは、最後の最後まで自分たちがピエロを演じていることに気がつかなかった。

ソニー・バージャーやバージャー側近のオークランド・エンジェルたちは、しばしばヘルズエンジェルズというアウトローバイカー組織全体の代表者としてマスメディアに登場し、個人的な政治見解を口にしていたが、もちろんそれは、あくまでバージャーと一部の側近の意見であって、ヘルズエンジェルズ全体が議論の末に決定した統一見解などではない。一方で、バージャーとその側近たちが、自分たちの政治スタンスをヘルズエンジェルズ全体に強要したことも一度もなく、発言に賛同できないメンバーはいつでも誰でも、自由にカラーを外せばよかった。しかし誰もカラーを外すことはなかった。

理由は簡単――。ほとんどのエンジェルたちは、政治など本当にどうでもよかったのだ。

ヘルズエンジェルズの中で、左翼であれ右翼であれ、何らかの政治的意識を持っていたのは、たぶんバージャーと2、3人の側近だけだったろう。ということは……神に賭けてもいい！　ヘルズエンジェルズの実質的リーダーである

（註8）オークランドのダウンタウンにあるエンジェルズの女性保証人のオフィスで開かれたある記者会見では、42人の記者と13本ものマイクがバージャーを取り囲んでいた。そして5台のテレビカメラも。

ソニー・バージャーが、「俺は、左翼学生のデモ行進にムカついてるぜ、この野郎！」と発言したら、それはすなわち、ヘルズエンジェルズの全員が、「ああ、俺もだ！」と何も考えずに即座に同意することを意味するのだ。その良し悪しは別として、しかしまあとにかく、これまでもヘルズエンジェルズは、そんな調子でやってきたのだ。

例外的に、ヘルズエンジェルズに本質的な政治意識をもたらしたのが、ケン・キージーとキージー邸に集うビートニクたちである。

ラホンダのキージー邸にエンジェルたちが出入りし始めてから少し経った1965年の秋から年末にかけて、少しずつビートニクの影響を受けたメンバーが現れている。それを示す断片的な証拠もある。

1965年、ヘルズエンジェルズがバークレーの反戦平和デモ隊を襲う数週間前のある午後――。〈エル・アドービ〉のいつものカウンターに座っていたテリー・ザ・トランプが、ビールをチビチビやりながら、感慨深げにこう言った。

「なあハンター、最近俺は、エンジェルズはこの先うまくやっていけないんじゃないかって、ふと考えたりするんだよな。キージーのところにいるヒッピー連中は、少なくとも何か、目的のようなものを持っているだろ。確かにあいつらも無茶はする。けど、何というか、そう、建設的だよな。ところが俺たちといえば、いつだってすべてに否定的で……そう、破壊的だ。俺たちも何か破壊以外のことを、何でもいいんだ、でも何か見つけなくちゃ、どのみち俺たちには出口がないんじゃないのかなぁ」

1965年の春頃まで、エンジェルたちの唯一の現実的な最大関心事は、刑務所に入れられないことだった。しかし同年7月のバス湖のランを経て、10月の平和デモ行進襲撃事件を過ぎると、ヘルズエンジェルズは否応なく政治に参加して（させられて）おり、真面目な顔をして政治集会の席に座ることを強いられる機会もまた増えた。政治集会への参加という新たな厄介事を生きがいにできるメンバーもごく少数はいた。しかし多くのエンジェルたちにとって政治を語る会合は、パーティーではなく、単に退屈なだけだった。

ヘルズエンジェルズ・モーターサイクルクラブは、1940年代中頃の結成当初から一貫してアメリカ社会全体に徹底した敵対姿勢を取り、自分たちだけの孤高のライフスタイルを維持し続けることを最大の誇り――アイデンティティとしてきたアウトローたちの集団である。それを踏まえたうえで、ヘルズエンジェルズを過去10年、あるいはそれ以上の長いスパンで俯瞰すると――1965年10月以降から始まったヘルズエンジェルズの政治参加は、明らかにヘルズエンジェルズ・モーターサイクルクラブのひとつの時代が終わったことの証明なのである。

以上のように、1965年の夏から秋にかけてヘルズエンジェルズは急変し……終焉の時を迎えた。

社会が犯罪者を取り扱うために築き上げたシステムは、それ自体が自滅的な矛盾を含んでいる。市民社会は往々にして犯罪者の犯歴を劇場的に脚色して公表し、犯罪者と共同体は脚色が含まれたその前歴を、相互における確定的事実として受け入れるのが常である。しかしそのことにより犯罪者は、自らを実際以上により強く〝犯罪者〟として意識するようになり、社会共同体は犯罪者に対し、その悪評に見合うように生きることを無意識に期待するようになる。もし犯罪者が犯罪を犯さずに生活すれば、社会は犯罪者を人間として認めない。

――フランク・タネンバウム『犯罪と共同体』

ヘルズエンジェルズは、断じて奇人変人の集まりではない。ヘルズエンジェルズは、「連中のような奇妙な人間が、この世に存在していることに大いなるショックを受けた」と声高に驚いてみせている、堅物たちが辛抱している現代文明社会によって生み落とされた、必然的な現代の産物である。

しかしながら、伝統ある老舗雑誌『タイム』(1923年創刊)の編集者に代表されるような古い世代のジャーナリストは、長いあいだ西部劇やギャング映画の中で繰りひろげられる、歯を磨き、鏡の前でヘアーオイルで髪型を整える、古き良き時代のアウトロー芝居を安穏と受け入れてきたため、もはや現代アメリカ文明の最前線に存在しているアウトローのリアリズムに正面から向き合い、対処する能力をもちあわせていない――彼らの書く記事を見れば明々白々である。

過去20年来、大手マスコミのジャーナリストたちは、子供たちと一緒に映画館や居間のソファに座り、ビリー・ザ・キッドやバロウ・ギャングといった過去のならず者たちを描いた昔話を通してのみ、アウトローの世界を認識し、理解したつもりになってきた。彼らはまた、自分の子供たちに西部開拓時代の伝説的ガンマン、ジェシー・ジェイムズを、テレビの架空のキャラクターと思わせるような育て方をしてきた親たちである。同時に、ママ、日曜日の礼拝、アップルバターといった伝統的なアメリカ生活様式を守るために、第二次世界大戦、あるいは朝鮮戦争の開戦に賛同してきた保守的なアメリカ伝統主義者と同じ世代でもある。

彼らは戦地から帰還すると、アイゼンハワーを英雄的に大統領に祀り上げ、それから引退し、アメリカの歴史を都合よく再構築した、毒の抜けたアウトローが活躍するハリウッド映画を見るために映画館に赴き、あるいは居間のテレビからフィクション化された、自分たちに都合のよい歴史知識を得て、何らの疑問も挟まず漫然と生きてきた。

おそらく当初彼らは、突如現れた、アウトローバイカーなる聞いたこともないライフスタイルを生きるならず者集団ヘルズエンジェルズの存在を、雑誌販売のための物珍しい宣伝促進材料くらいの、珍品の安物と捉えたに違いない。

現在、市民社会につきものの瑣末なあれこれに悩み、怯える意気地のない薄のろどもが暮らしているアメリカという腰抜け合衆国には、過去のかなりの期間、反逆者としてのオーラに満ちた、真の耀きを放つ本物のアウトローが情けないほど欠乏してきた。その代替行為とし、我々社会は、困難を克服して成功を収めたアメリカ的偉人を賞賛し、フラストレーションを解消してきたわけである。例えばフランク・シナトラ（歌手）であり、アレクサンダー・キング（俳

（註9・訳註）『*Fear and Loathing in Las Vegas : A Savage Journey to the Heart of the American Dream*』に登場する、ハンターが自らをモデルにした架空のジャーナリスト。

優）であり、エリザベス・テイラー（女優）、ラウール・デューク（註9）であり……確かに彼らは、特別な何かを持っている。私はそれを否定する者ではない。

しかし私は思う。1957年に全米の脚光を浴びたチャールズ・スタークウェザーもまた、特別なものを持っていた。が、残念ながら当時19歳のスタークウェザーは、自分をショービジネスのスターに押し上げてくれる有能なマネージャーと出会うことができなかったため、脚光を浴びたいというバイタリティを、ハリウッドとは別の方面に向けざるをえなかった。

チャールズ・スタークウェザーは、ワイオミングで自制心を失い、自分でも説明できない理由によって、14歳のガールフレンドの両親と妹を殺害し、都合11人を殺しながらガールフレンドと一緒に逃避行を続けた少年である。国家は、スタークウェザーを電気椅子という処遇で歓待した。

1950年代には、チャールズ・スタークウェザー以外にも、社会的に大成功する千載一遇のチャンスを、自らの人間性のために失ってしまったアウトローたちがたくさんいた。

毒舌で売ったコメディアンのレニー・ブルースもその1人だ。レニー・ブルースは大変な人気を誇ったテレビタレントだが、ブルースの本質は、決してテレビ向きではなかった。1961年頃まで、ブルースは全米屈指のコメディアンとして不動の地位を保っていたが、しかしある時期を境に視聴者たちは、それまでブルースが放ってきた背筋が粟立つ禁断のブラックジョークや、差別用語や猥雑な言葉溢れる毒舌のすべては、ショービジネスの一環から生み出された単なる冗談ではなく、アメリカ市民社会の偽善や欺瞞の本質をナイフで刺し貫こうとする、本心からの攻撃なのだと気づいてしまった。それゆえ、市民社会の視聴者たちは、一気に引いてしまったのである。ブルースは警察にも目をつけられ、結果、すべてを失った。19歳のスタークウェザーがガールフレンドとその両親を殺して、何かを示したかったように、ヘルズエンジェルズがアウトローバイカーという新しいスタイルを発見し、アメリカ社会に向けて拳を振り上げたように、レニー・ブルースもまた、ジョークを通してアメリカ社会と戦っていたのだ。

7人のティーン・テロリスト 13歳14歳15歳のギャング団を警察が摘発

エンジェルズが『サタデー・イヴニング・ポスト』誌の表紙を飾ったすぐのち、AP通信が、ある事件をデトロイト発として全国へ配信している。

警察によれば、事件の主犯者である少年たちは、枕カバーでつくったフードで顔を隠し、長期間にわたり、放火、武装強盗、住居侵入そして動物虐待といった犯罪を続けたという。

少年たちは〝バイロウズ(条例)〟というグループ名を名乗り、ユダヤ人、黒人、フラッツ(いい洋服を着た学生)を攻撃対象に限定して暴力犯罪を繰り返していた。また、『サタデー・イヴニング・ポスト』の数カ月前には、UPI通信がダラス発で――「少年暴徒　レスキュー隊を足止め」という記事を全米配信している。

――木曜の夜、ダラス南で発生した民家の火災現場へ急ぐ消防車が、わめき散らしながら道をふさぐ約60人の若者グループによって走行妨害を受ける事件が起きた。

消防車は立ち往生を余儀なくされ、何台かのパトカーが現場に急行したが、若者たちのグループは罵声を浴びせながら警官隊に激しく応戦。警察が犬をけしかける段になって、ようやく消防車の通行が可能となった。

しかしその頃には、民家は激しい延焼状態にあり、逃げ遅れたパトリック・チェンバースちゃん(2歳)は、消防隊員によって発見救助されたものの、病院で死亡が確認された。

パトリックちゃんの母親であるジュネーバ・チェンバース夫人(31歳)と、隣人のジェシー・ジョーンズ夫人

（27歳）は、ショックのため搬送先の病院に入院した。

「ポリ公どもが、俺たちとのひと騒動を望んでんなら、いいタイミングでご来場ってわけだ。どうだ！　オメエらもぶちのめしてやろうか⁉」

若者グループの1人は、火災現場でも消防隊員を挑発し続けた。

また、意識のないパトリックちゃんを芝生に寝かせて必死の蘇生を試みている最中にも、何人かの若者が走ってきては——「死んだ赤ん坊を踏みつけようとした」と消防隊員は取材に応えている。

なお、若者を中心に400人に膨れあがった野次馬から、女1人と男2人の計3人が公務執行妨害で逮捕されている。逮捕された女は群衆統制任務の警察官に対して、引っかく、平手打ちするなどの大暴れをし、2人の男は、女を押さえ込もうとした警察官に飛びかかった模様である。

あなたがかつてそうであったように、私もかつてそうだったのだ。

私がそうなったのだから、あなたもいずれそうなるのだ。

——ヘルズエンジェルズのパーティー会場の壁に落書きされたH・ヒムラー（ナチ党の親衛隊の第4代親衛隊全国指導者）の言葉

あるひとつの時代を終えたのちに存続する、現在のヘルズエンジェルズ・モーターサイクルクラブを、新たなふさわしい言葉で括るなら、それは〝変種〟としか言いようがない。

変種となった新生ヘルズエンジェルズは、続々と若いメンバーたちを迎え入れながら、田舎者特有の暴力倫理と、ご都合主義的な都会派スタイルで自らを飾り立てているだけの、魅力の欠片もない単なる陳腐なアウトロー集団に成り果ててしまった。

現在のヘルズエンジェルズのメンバーは、16歳か17歳以降の教育を一切受けていない者がほとんどで、書物を開く人間はほとんどいない。

彼らが持っているアメリカについての歴史的知識は乏しく浅はかで、せいぜいコミックかテレビ、映画から得た程度のものである。したがって、現在のエンジェルたちは、自分たちに重ねるアウトローとしてのイメージを、チープなヒーローコミックや西部劇、マッチョなテレビドラマからしか想像できない。オリジナリティなど微塵もなく、凡庸にエンタテインメント化された、通俗的なステレオタイプの英雄像だけが投影されている。自分たちの存在意義を、コミック雑誌やテレビドラマが語るハリウッド式に脚色された歴史を通してしか理解できない新生エンジェルズの若いメンバーたちが——未来について何を思うかなんて、もはや言わずもがな……何もありゃしない。

元来のヘルズエンジェルズのメンバーのルーツを辿れば、彼らのほとんどは、白人奴隷としてこの国にやって来た、貧困層、漂泊者、敗北者の末裔である。ということは——ヘルズエンジェルが抱えている合衆国での歴史的ルーツと、アメリカ社会に暮らしている一般的な市民のルーツに、実は大した違いはないのである。極端に言えば、ヘルズエンジェルズは、この国に住み着いた数百万人の移民たちの末裔と、ほぼ同じ歴史的ルーツを背負っている一般的なアメリカ人なのだ。

しかしエンジェルたちは、ヘルズエンジェルズという集団に対する帰属性を、異常とも言える強いアイデンティティで捉えており、それがあまりに強烈なので、報道機関は——皮肉なしにとは言えないまでも——これまでヘルズエンジェルズという集団が放つ特異性を、文化として認めてきたのだった。ゆえに、ヘルズエンジェルズが好む、浮世離れした信じ難い儀式、集団帰属的な行動様式の多くが、最大の畏怖、ユーモア、そして恐怖とともに、記事として全米に提供されてきた。

ここで忘れてならない事実がひとつある。

いつの時代においても、現場の記者や編集者が、一般大衆が望む野次馬的な好奇心の奴隷であることは、新聞や雑誌の売り上げを伸ばすことによって正当化されてきた――歴然たる事実である。

しかしながら多くのジャーナリストや記者が、ヘルズエンジェルズ狂騒曲とも言えるマスコミの取材合戦の中で、彼らの特異な嗜好や儀式性を取材・分析する仕事を積極的に行おうとせず、世論調査員や各分野の専門家たちの分析でお茶を濁してしまったのは、記者やジャーナリスト本人が、ヘルズエンジェルズという存在に、困惑と軽蔑を抱いていたからであろう。

今の時点から振り返ってみると、記者やジャーナリストたちはヘルズエンジェルズを軽蔑し、受け入れ難い心情を抱えながら気乗りしない記事を書き散らしてきたにもかかわらず、ヘルズエンジェルズというアウトローバイカー・クラブは、アメリカ社会を構成する広範な社会階層の人々（バス湖の野次馬に代表される一般市民や、あるいはバークレーの反体制学生、ビートニク、文化人たち、若者たち）を魅了してきた。一考に値する事実である。

学生たちに代表される政治的反権力分子と違って、ヘルズエンジェルズのメンバーたちは、〝いつか、世界は、より良く変革していくだろう〟といった類の、未来への希望を抱いたことが一度もない。

エンジェルたちは、これまで自分が生きるうえで経験してきた様々な体験を通して、アメリカの社会機構を支配している権力者たちが、自分たちの生活向上に関心を示すことなど、絶対にありえないと知っていた。繰り返すが、自分たちが社会の中で遇される未来の可能性など想像したことすら一度もない。ヘルズエンジェルズは、自らを敗北者であると無意識で認識しながら、それに抗うことなく生きてきた人間たちの集団である。

しかし同時に！　彼らヘルズエンジェルズは、疎外と自己喪失の苦悩を心の奥底にいじいじと抱えながら、社会の片隅に引きこもり、物言わぬ敗北者として惨めに人知れず消えてゆく自分の人生を、自らの意思で断固として拒否し、自力で立ち上がった人間たちなのである。

彼らは独特の掟や儀式を装置として、メンバー同士の組織への忠誠心を相互的に極限まで高め合い、それを礎に、ヘルズエンジェルズという強固で堅牢な〝自分たちだけの世界〟をつくりあげてきた。そしてとうとう、彼らはある日、カリフォルニアのハイウェイを派手なオートバイ隊列を組んで、合衆国社会が自分たちに与えた〝敗北者〟という役割を命がけで拒否すべく、社会の枠組みの外へ向かって、良かれ悪しかれ、とにもかくにも、攻撃的な爆撃音を轟かせる灼熱のエンジンを燃やす、ハーレーダビッドソンで疾走し始めるのである。

彼らが、初めて荒涼とした砂漠の大地でスターターペダルを蹴り下げ、ハーレーダビッドソンの心臓にアウトローの思いを噴き込んでから、すでに数十年の時を経た。しかしエンジェルたちは、今もなお、自分たちが何者であるか？という明快なビジョンを発見するに至ってはいない。ただ、これだけは言える。

彼らは今なお、この瞬間も、誰に頼ることなく自らの両足で、堂々とアメリカの大地を踏み締めている。

ある夜に行われていた週に一度のメンバーミーティングの最中、私は19世紀から20世紀にかけて銃弾とフォークソングを武器に労働運動を展開したスウェーデン系移民ジョー・ヒルが、ユタ州で処刑される前に残した最後の言葉を思い出していた。

「嘆くんじゃない。組織するんだ――」

日頃からの口癖であった。

当然ながら、エンジェルたちはジョー・ヒルのことなど知らない。それどころかエンジェルたちは、ウォブリー（*Wobbly*　浮浪者／世界産業労働者組合の別称）とブッシュマスター（*bush master*　熱帯・アメリカ産の巨大毒ヘビ）の区別すらつけられないだろう。

ウォブリーは、１９０５年にシカゴで結成された、激しいデモやストライキで知られる極左労働組合組織で、彼らは常に社会に対する明確な理想像（青写真）を掲げながら、傲慢な資本主義体制への暴力的挑戦をこれでもかと繰り出してきた。

ウォブリーとエンジェルズには共通点がある——と私がここに記述するようなことがあれば、読者諸兄は、何を冗談を！　と即座に笑いだすだろう。しかし冗談ではない。確かに、ウォブリーとエンジェルズには類似の行動様式が見てとれる。私は主張したい。ヘルズエンジェルズは、ご存じの通り、理想も未来も持たない、ただ闇雲に社会機構に反抗しては騒ぎ立て、罵倒して挑発することで束の間の満足感を得ている、理想なき暴力集団である。ヘルズエンジェルズは〝よりよい世界〟を実現するために、内部で何かを討論をしたことは一度もない。

しかしヘルズエンジェルズが、自分たちを虐げているアメリカ市民社会へ対して、自らの行動を通して表明した苛烈な激怒の反応——肉体を暴力的に爆発させることで憤怒を直接相手に伝えるという方法は、ウォブリーに加盟していた労働者たちが、金で雇ったギャングたちを使って組合潰しを画策した資本家に対して見せた、剝き出しの激怒の表現と同じ信念に基づいている。

彼らには、自らの怒りを表現する方法として、反政府的・反法律的な過激行動をとる場合、いかなる躊躇も逡巡もない——これは意識化された信念である。

その点において、私は、ウォブリーとエンジェルズに大きな一致を見る。ウォブリーには、ヘルズエンジェルと似通った組織に対する自己犠牲的忠義心があり、さらに細部に目をやれば、内輪だけの儀式、仲間内だけで通用させている独特のニックネームなども持っている。そして何よりウォブリーもまた、〝不誠実な世界〟に対して、剝き出しの敵対意識を抱き、絶えることなき闘争心で敵を叩き潰そうとした。遠慮のない好戦性を最大の特徴として、存在を誇ってきたではないか。

以上の点から私は、ウォブリーとエンジェルズを似通った集団と考える。

そして結成から約20年後……。ウォブリーは1924年に解散し、所属していた労働者たちは、文字通りの敗北者となった。

同様に、結成から20約年を経た今、現在の新生ヘルズエンジェルズもまた、敗北者だ。

しかし今日、この国のすべての敗北者たちが全員一斉にバイクに跨り、ハイウェイを望むがままに疾走すれば、アメリカ合衆国の幹線道路のシステムは完全に麻痺し、アメリカ社会は、敗北者を生み出しては放置するという、自らの社会構造の抜本的な過ちを認め、その見直しと変革に即座に取りかからねばならなくなるだろう。

〝敗北者〟と〝アウトロー〟という２つの言葉には、決定的な違いがある。

〝敗北者〟という言葉は受動的な立場を表すが、〝アウトロー〟が意味するものは、能動的に勝ち取る立場である。アウトローは、人間の自発的な選択によって獲得される勝者たる者の座する玉座なのだ。

ヘルズエンジェルズというカリフォルニアの小さなオートバイ集団が、わずかな期間のうちに全米を揺るがすカリスマ的名声を勝ちえた理由は——自分自身のアイデンティティを鼓舞するための小さなトレードマークすら持つことができず、どうしたらアウトローになれるのかすらわからない……疎外と自己喪失の中にある、数百万人を超す名もなき敗北者たちの白日の夢を、ヘルズエンジェルズというオートバイ集団が、衝撃的なスタイルで地上に降臨させたからに他ならない。

そう、見るがいい！　この瞬間にも、アメリカ各都市の街路には——「警察の警告なんかお構いなし！」と叫びながら、怯えたバーテンダーから無理やり酒を奪い盗り、銀行家の娘をレイプしてスッキリしたあとで、ギラギラに改造したモンスターバイクのスターターキックを一発！　怒髪天を衝くようなエンジン音を響かせて、もじゃもじゃのヘアスタイルをこれ見よがしにかき上げながら、市民を震え上がらせ、爆音とともに町を走り去る……そんな野獣のようなアウトローバイカーに変身することがたとえ1日でもできるのなら、財布の中の有り金すべてを支払って構わないという、そんな人間が溢れ返っているではないか。

ヘルズエンジェルズなんか、とっとと取り締まってこの世から消し去ってしまえばいいと考えているお堅い保守的な市民様ですら、時にエンジェルズに感情移入する。意識の上でヘルズエンジェルズを頑なに否定、拒絶、嫌悪している人々ですら、ヘルズエンジェルズに向けた侮蔑の視線の奥底には、意識と相反した羨望の眼差しを、心理的なマスターベーションのように隠し持っている。

独自のスタイルを築き上げ、アメリカの現代史の1ページを飾った光り耀く暗黒のアウトロースターへの憧れ――恥じることはない。誰もが抱いて当然の人間らしい心情ではないか。

ヘルズエンジェルズは、敗北者とされるのを好まない。ヘルズエンジェルズは、敗北者と呼ばれるしかないアル中のゾンビたちが蠢く劣悪な環境の中で、自分のスタイルを損なうことなく生き抜く術を必死に模索し続けてきた根性者の集まりだ。

「俺が敗北者？　まあ、その通りだ……」以前、1人のエンジェルが私にこともなげに言った。

――「だけど、お前が見ているのは、たとえ死にかけても、物凄いことをやってのける敗北者なんだぜ」

22 HELL'S ANGELS

野獣になることができる人間は、人間であることの苦痛から解放されるのだ。

――サミュエル・ジョンソン（18世紀英国の文人／手紙の中の言葉より）

病的な興奮が、群衆たちにみるみる伝染していった。ヒステリーを起こした若い女性たちが、ほとんど性的なエクスタシーに近い鋭い叫び声をあげ、デリンジャーの死体に殺到する。彼女たちは、近寄ろうとするＦＢＩや警察たちに爪を立てて抗った。

その時、１人のくたびれた赤毛のデカパイが非常線を突破して、骸の元に静かに跪いた。彼女は大きく拡がるデリンジャーの赤い血溜まりに自分のハンカチを浸し、汗だくのドレスの胸元にしっかりと抱くと、よろよろと立ち上がり歩き去った……。――ジョン・デリンジャーの死に関するある報告

１９６５年のクリスマスが近づくと、学生たちの反戦暴動やデモ騒動はひとまずの収束を迎え、ヘルズエンジェルズが新聞の見出しを賑わすこともまた、なくなった。

タイニーは、職を失った。ソニー・バージャーは、殺人未遂容疑で長々とした裁判に巻き込まれていた。（註1）〈エル・アドービ〉は廃業した。建物は解体用の巨大な鉄球で跡形もなく破壊されたので、その後、オークランド・エンジェルズはあちこちのバーを転々としながら、溜まり場をつくるのは、維持するよりも遥かに難しいということを身をもって知ったのだった。

サンフランシスコもまた、パッとしなかった。ガソリンを詰めたドラム缶爆発の直撃を食らった〈ボックスショップ〉のフレンチーは、総合病院に3カ月間入院し、パフは、仲間のエンジェルのバースデイパーティーに踏み込んできた2人の警官とやり合い、刑務所に入れられた。

冬は、ただでさえアウトローたちにとってさえない季節だ。

来年の夏の失業保険給付金にありつくために、便宜上とはいえ働きに出なくちゃならないし、ビッグな野外ランを計画するには寒過ぎる。しかも、カリフォルニアの冬は絶えず雨が降りそぼり、バイクに乗っても気分が晴れず、濡れたハイウェイは滑りやすく危険だった。

私はエンジェルたちの行動が停滞しているこの時期を、ジャーナリストとしての仕事を完成させる好機と捉え、ヘルズエンジェルズとともに行動するのをきっぱりとやめた。

最新の情報は、時折テリーが持ってきてくれた。ある日、腕を折った包帯姿でテリーが現れた。

「事故を起こしてバイクをダメにしちまったよ」

いつもそばにはべっていたオールドレディたちもまた、それを機に、全員どこかへ消えてしまったらしい。――「ついてないことに、黒人たちに家も爆破されちまった」テリーは笑いながら続けた。テリーの家が爆破されたことは、ソニー・バージャーの妻のエルジーから聞いていた。エルジーは、オークランドの自宅でヘルズエンジェルズの情報・諜

（註1）ソニー・バージャーは結局、陪審員の評決が一致しないまま、〝致命的な武器による傷害〟で検察と司法取引を交わし、刑務所に6カ月の服役をした。

報部門のような役割をしていた。

その頃、オークランド・エンジェルと黒人たちのあいだで、散発的な揉め事が日常的に起きていたのだが、ある夜、イーストオークランドにあるテリーの借家の窓に、何者かが手製のガソリン爆弾を投げ込んだというのである。炎は瞬く間に拡がり、家と、テリーと一緒に暮らしているマリリン——確か19歳くらいだった——が大切に描き続けてきた絵画のすべてを焼いてしまった。

マリリンは長いブロンドヘアの可愛い少女で、サンフェルナンド・ヴァリーに邸宅を構える、裕福な家庭で育った良家の娘である。マリリンはテリーと6カ月前に同棲を始め、以来、テリーの家の壁はマリリンの芸術作品で埋めつくされていた。

しかし家もろとも作品を焼失した彼女は、今後も必然的に起きるであろう今回の爆弾騒ぎのような憎悪と暴力、そして恐怖の中で暮らしてゆく気力を完全に失ってしまった。

家がなくなったのち、テリーとマリリンは別居し、間もなくセパレートした。

「ある晩帰ってきたら、マリーが消えていたんだ」テリーは言った。「彼女が残していったのは1枚の置手紙だけさ。〝親愛なるテリー。もう嫌、うんざりよ!!〟それで終わりさ」

翌年の1966年1月までは何も起きなかった。

そしてマザー・マイルズが殺されたのだった。

バークレーのハイウェイをバイクで走っていたマザー・マイルズは、見通しの悪い脇道から、狙い済まして突っ込んできた大型トラックに激突され、両脚を折るとともに、頭蓋骨を粉々に砕かれて、6日間昏睡状態に陥ったのち——日曜の朝に死んだ。

30歳の誕生日まで、あと24時間だった。マイルズは、妻と2人の子供、それにガールフレンドのアンを残して、この世を去った。

マザー・マイルズは、元サクラメント支部のリーダーだった。マイルズの影響力は絶大で、警察の弾圧に窮していた支部を、1965年にまるごとオークランド支部に合流させたのも、マイルズの果敢な決断だった。マイルズはこう言っていた。「サクラメントはしょっちゅう警察がチョッカイを出してくるから走りづらいし、第一、生きづらくてたまらない」

サクラメントのエンジェルたちは、ひと言の異議を挟むでもなく、ただ荷物をまとめ、マイルズに従ってオークランドへ移住したのだ。マイルズの本名はジェイムズ。しかしエンジェルたちは本名ではなく、〝マザー〟と呼んでいた。

ガットはその理由をこう説明する。

「たぶんマイルズに、何ていうか、お袋みたいな面倒見の良さがあったからじゃないかな。マイルズは、そりゃとてもとてもグレートな人間だったよ。大勢の面倒をよく見ていたんだ。それに仲間のことをいつも気にかけていた。情けがある、頼りになる男だった」

私はマイルズのことを、間接的にだがよく知っていた。

マイルズは物書きを信用していなかった。しかしマイルズには、底意地の悪さがこれっぽっちもなかった。そしてそのうち私が仲間を刑務所にぶち込むような記事を書く男でないとわかると、急にフレンドリーな面を見せてくれた。マイルズは太ッちょの港湾労働者のような体つきで丸い顔をしており、燃えるように赤いもじゃもじゃの髭面だった。

私は、ただの一度も、マイルズをゴロツキだなどと思ったことはない。確かに警察には、マイルズに関するたくさんの逮捕記録が残っている。しかしヘルズエンジェルズのほとんどのメンバーがそうであるように、マイルズの罪状は、酩酊、秩序壊乱、喧嘩、放浪、たむろ、けちな窃盗。そして法廷に持ち込まれなかったいくつかの嫌疑。いずれも大した罪ではない。マイルズの犯した行為に、あえて名前をつけるとするなら、それは〝自由であることの罪〟だ。

マザー・マイルズは、エンジェルズメンバーの多くが取り憑かれている憎悪の悪魔にすら悩まされてはいなかった。決して恵まれた幸福な世界を生きてきたわけではなかったが、自分の境遇を憎んだり、恨んだり、めそめそと愚痴ったりもしなかった。

マイルズはいつも純粋にヘルズエンジェルズという組織、あるいはマザー・マイルズという個人に向けて放たれる特定の嫌悪に対してのみ、復讐心を抱いていた。しかもそれとて、あくまで個人的なことで、それ以上の恨みを偏執的に抱いたりする男ではなかった。

マイルズとともに酒を飲む時は、いつどんなタイミングで誰を殴りだすのやらとハラハラしたり、ちょっと目を離した隙に財布をかっ払われるのでは？ などと心配せず、いつも落ち着いて時間を過ごすことができた。マイルズは親しい者から盗んだり、苛々するという理由だけで誰かを殴ったりする人間では決してなかった。アルコールはマイルズをより温厚な人物にした。他の支部のエンジェルズのリーダーと同様、マイルズもまた、的確な決断力と自制心を備えた、仲間たちから頼られる人間だった。

マザー・マイルズが殺されたと聞いて、私はすぐに、葬儀のことでソニーに電話した。なかなか連絡が取れず、ようやく取れた頃には、すでに新聞やラジオで、マイルズの葬儀に関する詳細が報道されたあとだった。

葬儀の段取りを決めたのはマイルズの母親で、事故から間もないとある冬の木曜日に、サクラメントの教会で、マイルズの葬儀は執り行われることとなった。

ヘルズエンジェルズは、葬儀当日の朝11時にバージャーの家の前に集合することになっていた。これまで数多くのメンバーの葬儀を経験してきたエンジェルズだが、今回だけは別格だった。

ソニー・バージャーはマイルズの葬儀の日、主要な幹線道路、距離にして90マイル（145キロ）を、正式なエンジェルズ隊列を組んでの公式追悼走行にすると発表した。サクラメントの警察がエンジェルたちの町への進行を拒否する可能性もあったが、計画は粛々と準備された。

追悼走行の手順にまつわる様々な各支部間の連絡は、月曜から火曜にかけて電話で綿密に為されていた。追悼走行の他、〝正装〟による追悼集会の開催も決定されていた。

ジェイ・ギャツビーが死んだ時の段取りとは、すべてが違っていた。しかし複数の大規模な追悼行事が次々と決定されたのは、エンジェルズ内でのマザー・マイルズのステータスが高かったからではない。ヘルズエンジェルズでは、誰が殉死した場合でも、組織として平等に手厚く弔いの儀式を執り行う。バージャーは、今後のヘルズエンジェルズという組織の存続のために、このタイミングで葬送の儀式を荘厳に行う必要性を強く感じたのだ。

死せるエンジェルズメンバーを弔う追悼行事は、仲間の冥福を祈る以上の重要な意味を持っていた。エンジェルたちにとっての仲間の葬儀は、今なお生きてエンジェルズに属している自分たちの友情と、団結と、誇りを再確認する厳粛な儀式なのである。葬儀に参列することで、アウトローバイカーとして生き抜いているアイデンティティを確かめ合い、結束をより強固なものにする。追悼儀式は、死者へ対してではなく、生きている自分たちを肯定するために果たされる、重要な儀礼的式典であると考えてもらってもよい。

したがって、葬儀に参加することは、死せるメンバーに対して背負う義務であると同時に、エンジェルズとして生き続ける者同士が、互いのために背負う重要な義務でもある。追悼行事の不参者に、特別の罰則があるわけではなかったが、そんなものは必要なかった。アウトローを自覚して生きているすべての者にのしかかる、メンバーの死という逃れようのない現実――。

エンジェルたちが仲間の死を悼む儀式は、自分と同じような人生を歩む者がまた1人減ったことを意味する、空虚で、寂しく、寒々しい、そして自分たちを鼓舞する場でもあった。

1人の死によって仲間の輪はひとまわり小さくなり、また少し敵の分がよくなる。アウトロースタイルという信念を生きる者たちは、陰鬱とした気分を追い払うために、儀礼化された葬儀や、厳かな追悼集会という組織的な祭礼を、絶対的に必要としたのだ。

葬儀はまた、仲間の死を経ても、アウトローバイカーとして生きる決意を崩さない同志がどれほど残っているかを確認するイニシエーションの場でもあった。したがって、仕事を放り出してでも、徹夜で何時間も寒空のハイウェイを突っ走ってでも、決められた時間までに葬儀場に到着することは、ヘルズエンジェルズメンバーとして当然のことと考えられていた。

葬儀当日の木曜日早朝、改造されたチョップド・ホッグが、次々とオークランドに集まり始めた。ほとんどのエンジェルは、すでに昨夜のうちにベイエリアに到着しているか、あるいは50から60マイル（80〜97キロ）以内の地点を走っていた。

サタンズスレイヴズの一群はメインの追悼走行に参列するため、ロサンゼルスからの500マイル（805キロ）の距離を、水曜日の夜中から徹夜で走り続けていた。

フレズノ、サンノゼ、サンタローザなどの町々から集まってきた、エンジェルズ以外のアウトローバイカーの姿も数多く見られた。ハングメン、ミスフィッツ、プレジデンツ、ナイトライダーズ、クロスメン――。いずれも名の通ったアウトローバイカー・クラブである。

カラーをつけていないフリーランスのアウトローバイカーもいた。こわばった表情の小男は、陸軍迷彩色のボマージャケットの背中に、青いインクで「*Loner*（一匹狼）」と署名のように書いていた。

私の車がベイブリッジを渡ろうという頃、徹夜でハイウェイを走り続けてきたジプシージョーカーズの一群が、雷鳴を響かせて後方に現れた。

バックミラーに目をやると、アウトローバイカーの一群が小さな点のように、ちょうどミラーに映り始めた頃で、しかし彼らは完全に制限速度を超えたトップスピードで疾走していたため、遥か後方の黒い点は、次の瞬間には車の横に並んだかと思うと、疾風のようにウィンドウ脇を抜けて、数秒もしないうちに爆雷の余韻だけを残し、濃い霧の中へと姿を消した。

酷く寒い朝だった。

早朝のベイブリッジは霧に閉ざされ、相変わらずの渋滞だったが、徹夜で走り続けるアウトローバイカーたちの瞳孔には、渋滞の車列など映っていなかった。ベイブリッジから湾を見下ろすと、港湾労働者たちが船着場に整列し、仕事始めの時を待っていた。

ヘルズエンジェルズを中心としたマザー・マイルズ追悼走行は、午前11時にきっかりにエンジンプラグに魂を点火し、ソニー・バージャーの家の前から厳かに開始された。

追悼走行に参加したのは、150数台のバイクに20台ほどの車。さらにサクラメント方向へ進むにつれて多数のバイクや車が合流してきた。

オークランドの北数マイル、カルキネス橋のあたりにさしかかった時、追悼走行は、見張り役の警官たちのエスコートを受けることとなる。

ハイウェイパトロールの警官のパトカーが、葬儀へ向かうアウトローバイカーの隊列を、はるばるサクラメントまで先導してくれるというのだ。追悼走行の最前列を走るヘルズエンジェルズの幹部メンバーは、法定速度時速65マイル（105キロ）を守りながら、右側の1車線を2列縦隊で占領し、粛々と隊列を進行させた。

表情を引き締めたソニー・バージャーが、最前列左のトップポジションを取っていた。そしてエンジェルズ選り抜きの近衛兵、マグー、トミー、ジミー、スキップ、タイニー、ゾロ、テリー、チャージャー・チャーリー・ザ・チャイルド・モレスター——。いずれも、あのアウトローバイカー特有の正装を身に纏っていた。

寒い冬の曇り空のハイウェイを、モンスターハーレーの隊列が葬儀会場へ向かう威厳に満ちた重々しい光景は、ドライビング中の一般市民たちを驚嘆と混乱の渦に巻き込んだ。

突如、町へ現れたエンジェルたちの隊列は、まぎれもなく異世界から現れた怪物だった。普段、公然と名指しで罵倒されている最悪の野獣たちが、群れを成して整然と目の前を走ってくる。……地球上で最も醜い吹き溜まりの滓。哺乳類という生物が辿り着いた最悪の最終形態。不潔なギャングたちのレイプ集団……。先導しているのは、黄色い光をチカチカと点滅させたハイウェイパトロールカーだ。市民たちは目を見張り動揺した。

バイク2台が並走する長い隊列を、一糸乱れぬ陣形で走らせる異様な風貌のアウトローたちの全員が、引き締まった厳しい表情で口元を結んでいた。すべてのハーレーダビッドソンが、ぴたりと同じ速度、同じ距離を保ちながらハイウェイを走行している姿は地上に降りた堕天使の名に恥じぬ堂々たる威儀を示し、その日の彼らの存在に、格別な尊厳を与えていた。

エンジェルズ嫌いの急先鋒で知られるカリフォルニア州選出のマーフィー上院議員ですら、実際の隊列を目の当たりにしていたら、〝野獣どもの危険なラン〟などといういつも通りの下卑た言葉を、つい呑み込んでしまったに違いない。

厳粛な面持ちのアウトローたちが駆るモンスターマシーンの長い行列は、市民たちの畏怖の視線に背中を刺されながら、カリフォルニア州都サクラメントへと順調に行軍を続けた。

隊列には、いつもと変わらぬ髭面があった。さらにイヤリング。カラー。ナチの鉤十字紋章。湾からの海風には、トレードマークの髑髏の旗がはためいていた。しかしその日、エンジェルたちが身につけているのは、自らの奇態を、市民や頭の固い堅物どもにことさらに誇示するためのパーティー着ではなく、死者への弔意と自分自身の尊厳の確認のために身につけた、アウトローバイカーの正装に他ならなかった。

さらに、お楽しみのパーティーランとは違い、アウトローバイカーたちの所作には、いつもの、市民たちの度肝を抜くための誇張された演出や演技が一切なかった。もちろん彼らは、追悼走行にあっても、確かにそれぞれに与えられた儀礼者としての役割を演じてはいたのだが、しかし普段のランの時のような浮かれた雰囲気は微塵もない。

唯一のトラブルは、給油のために立ち寄ったガソリンスタンドでの簡単ないざこざくらいだろう。ガソリンスタンドの経営者が、以前エンジェルズの誰かが、ガスを入れる時に14クォート（13リットル）のエンジンオイルを盗んだと文句をつけ始めたのである。バージャーはすぐさま金をかき集めてガソリンスタンドの経営者に手渡すと――「オイルを盗んだ奴が誰であろうとも、あとで鎖打ちの刑にしてやる」と憎々しげに呟いていた。事情が全軍に知れ渡ると、メンバーそれぞれが近くの誰かに、「そりゃ、本当の品格ってものをわきまえていない、クズのヒヨッコメンバーの仕業だな」と噂し合い、その場の気まずさをお互いの軽口でやり過ごした。

その後も追悼走行は、ハイウェイパトロールの先導を受けながら順調に目的地に向かって進行し、じきにサクラメントの町中に入ったが、その段階になっても、いかなる相手からも妨害を受ける徴候は見受けられなかった。

マイルズの実家に近づくと、墓地へと続く道沿いに数百人もの野次馬が待ち構えていた。いずれも、エンジェルたちの追悼走行をひと目見ようと集まってきた人々だった。メディア関係者の姿も多数見受けられた。彼らのお望みは、マザー・マイルズの一味である何百人ものならず者たちと、彼らに付き従う、タイトなリーバイスとスカーフを身につけ、までであるプラチナ色のウィッグを頭に載せた奇妙な格好の少女たち《グルーピー》――。

マザー・マイルズの遺体はすでに棺に納められ、墓所に併設された教会内の祭壇の前に安置されていた。

教会に着くと、マイルズの幼馴染みと数人の親戚、雇われ牧師と、見たことのない3人の神経質そうな参列者たちが席についていた。マイルズの母親は太った中年女性で、葬儀用の黒い服を着ていた。息子の棺に向かいながら、母親は最前列で声を出さずに泣いていた。午後1時30分——アウトローたちの追悼走行が沿道をゆっくりと進み、教会の正面へ到着した。

ハーレーダビッドソン特有の重いエンジン・バイブレーションが、あたりの空気をゆっくりと震わせると、教会のガラス窓がかたかたと鳴り、母親の啜り泣きがかすかに響いた。窓の外の木の葉が1枚落ちて、流れ散る。バージャーを先頭に、100人を超すアウトローバイカーたちが沿道にバイクを並べ、整然と停車した。

主だったメンバーたちは、バイクのサイドスタンドを立てると、ブーツで地面をしっかりと踏み締め、葬儀が行われる教会へと向かい歩き始めた。複数のテレビカメラがバージャーたちの様子を追い、報道カメラマンのシャッターがパシャパシャと鳴った。その間、警察は躍起になって、野次馬やプレス記者が押し合いへし合いする墓所周辺の交通規制を行っていた。

ほとんどのアウトローはバイクから離れず、沿道に待機していた。この日に限っては大騒ぎすることもなく、バイクに寄りかかりながら小さな声で適当な話をしている。マザー・マイルズの思い出話をする者はほとんどいない。ウィスキー瓶をまわし飲みしている連中もいた。何が起きて、自分たちがここにいるのか——、偶然通りかかった野次馬たちに理由を説明しているエンジェルもいた。1人のエンジェルが、ベースボールキャップを被った年配の男に喋っている
——「その通り。奴は俺たちの中心人物の1人だったのさ。いい男だったよ。信号無視のロクデナシに殺されたんだ。俺たちは、奴のカラーを奴と一緒に埋葬してやるために、ここに来たのさ……」

教会はパイン材のパネルがあちこちにはめ込まれた造りで、壇上に立った牧師は、マイルズの死を悼むために集まってきたアウトローたちをじろりとひと睨みすると、もったいぶった調子で一拍沈黙をおくと、大仰な説教をわざとらしく開始した。

牧師はノーマン・ロックウェルの描くドラッグストアの店員のような顔だった。

「大罪を犯した報いは、死なのですっ！」牧師はいきなり金切り声で決めつけた。牧師が、アウトローバイカーに対して嫌悪感を抱いているのは明白だった。信徒席のすべてが埋まっていたわけではないが、立ち席は、出入り口の方まで大勢の弔問者で混み合っていた。

牧師はあたかも弔問客から反証が出ることを期待しているかのように、時々説教を中断しては、参列者一同を壇上からゆっくりと見まわし、くどくどと罪と義務についての説教を繰り返した。

「審判を下すのは、私の仕事ではないのであります！」一度言葉を区切ったあと、牧師はもったいつけて説教を続けた。「――また、同時に誰かを褒め称えるのも、私の職務ではございません。しかし〝汝よ、審判はあなたの身にも降りかかるのですぞ！〟と、この教会において皆さんに警告することは、私が神に仕えている仕事のひとつであります。私は、あなた方が死についてどのような哲学をお持ちかまったく存じる者ではありません。がしかし！　私は、聖書が〝神は邪悪な者の死に、いかなる喜びも感じない〟と教えているのを知っている者であります！」

いったいこの牧師は、マザー・マイルズの死を悼むための葬儀で、何を言いだしているのだ？　全員が首をひねっていた。しかし牧師はご満悦な表情で朗々と場違いな説教を続けた。「イエスは、獣のためには死にはしなかった。イエスは、人間のために死んだ。私が今日ここでジム・マイルズについて何を述べても、すでに死んだジム・マイルズの運命を変えることはできないのであります。しかし私は、あなた方に対して福音を説くことはできる。そして私はまた、あなた方全員に、神に応えなければならないと、警告する責務を背負っているのです――」

教会の中は蒸し暑く不快で、じっとしていても汗が流れ、立ちっぱなしの参列者たちは絶え間なく小刻みに体を動かしては、やりきれない思いをごまかしていた。私にはその様子が、地獄から蘇った天使たちが、牧師が説教を終えた途端に、「真に邪悪なのはオメエに決まっているだろう！」と叫び返す、そのタイミングを辛抱強く待ち構えているように見えた。牧師の名調子はなおも続いた。

「あなた方のうちの幾人かが、今日、この場に到着する前に、自分自身の胸の内に尋ねてみたことでしょう。次に死ぬのは誰だ！　と」

その瞬間、聞くに堪えない説教を、それでもなんとか我慢してきたエンジェルたち数人が、信徒席から立ち上がり、その昔、自分自身の意思でおさらばした暮らし――偽善に満ちた牧師から、友人の葬儀でその死を侮辱した説教を聞かされるような耐え難い暮らし――を、静かに口の中で罵りながら退場していった。

牧師は、そうしたエンジェルたちの反乱をまるっきり無視して、今度はマイルズとはなんの関係もない、どこかのフィリピン人の看守の話を長々と始めた。

「とんでもねえクソったれ牧師だ――」吐き捨てるように言うと、タイニーが外へ出ていった。タイニーはこれまで約30分間、汗をかきながら教会の後方に静かに立ち続け、あとでオメエの歯を全部抜いてやるからな、と言わんばかりの憎悪のこもった眼差しで牧師を睨みつけていたが、今日はマイルズの葬儀だから、と必死で怒りを自制していたのだ。タイニーに続き5、6人のエンジェルが、表情を噛み殺して外に出た。

牧師は、自分の演説が急速に聴衆を失いつつあることに焦りを感じたらしく、フィリピン人看守の話を急いできり上げると、簡単な辻褄合わせの話をして説教を終えてしまった。

葬儀の参列者が教会をあとにする時になっても、葬送の音楽は流れなかった。

最後の別れを告げる段になって、棺の中に横たわるマイルズの姿を眺め、私はショックを受けた。きれいサッパリ髭を剃られ、青いスーツと白いシャツ。栗色のネクタイを身つけて、静かに眠っているマイルズの姿――。

マザー・マイルズが心の底から愛していた、エキゾチックな紋章が描かれたヘルズエンジェルズのジャケットは、棺の足元の台の上に置かれていただけだった。

私には、棺の中の若者がマイルズであると、すぐに認識できなかったほどだ。棺の中のマイルズは、29歳よりも若く見えた。よくいる普通の市民のようにも感じられた。表情は落ちつき、マザー・マイルズは、どうやら自分が棺の中に入っているという事実に、これっぽっちも驚いていない様子だった。死んでから着させられた服装は、きっとマイルズの好みではないだろう。しかし葬式代を払ったのはエンジェルズではなく母親だったので、仕方がなかった。ヘルズエンジェルズにできたことといえば、棺が閉められる前に、マイルズが死ぬまで愛して誇りとし続けた、エンジェルズのカラーが忘れられず棺の中に入れられたか確認することぐらいだった。

祭壇には13の花環があり、エンジェルズ以外のバイカー・クラブからの献花もあった。

バージャーは、棺を担ぐために参列者の後ろに控えて立ち、葬儀がつつがなくなく進行しているかを冷静に見守っていた。

墓地へ向かうマイルズの棺を見送るために、200台以上のバイクが霊柩車のあとに続いた。エンジェルズの後ろを、他のアウトローバイカー・クラブが走り。その中にはイーストベイ・ドラゴンズの黒人も数人含まれていた。

葬儀の様子はラジオで生中継されていた。コメンテーターは、「何十人もの10代のアウトローバイカーが参列して、若い彼らがあんまり真面目な顔なんで、ロビン・フッドが死んだのかと思うほどでした」と葬儀の様子をからかっていた。ヘルズエンジェルズの全員が『ロビン・フッド』を読んでいるわけではないが、葬儀をからかっていることくらいは推測できた。

しかし若いメンバーの中には、ラジオのコメントを単純に、敬意を示した言葉だと信じて疑わない者もいた。無法者ならではの荒涼とした心を持つアウトローバイカーでも、まだヒヨッコの若年であれば、未熟な心に好意の幻を受け入れるくらいの純真さの余地はある。一方で、30歳前後以上のアウトローたちは、自分たちとロビン・フッドが並べて語られるラジオトークを好意として受けとめるには、荒れた心で生きてきた歳月が長過ぎた。

キャリアのあるアウトローバイカーたちはよくわかっている。

英雄は常に善玉でなくてはならないが、言うまでもなく、自分たちは悪玉だ。そして、物語の最後は、結局、善玉が勝利する。カウボーイ映画から学んだ物語のセオリーだった。当然ながら、マザー・マイルズがメディアに善玉として現れることはないことも。

マイルズはヘルズエンジェルズのベストメンバーの1人であったが、人生の最後に手に入れたものは、2本の折れた脚と、グチャグチャになった頭と、死者を慰む慈悲の欠片もない、牧師による言葉の鞭であった。

しかしマザー・マイルズは、ヘルズエンジェルズの一員だったという冷厳たる事実によって、どこかにいる匿名の誰かのように、人知れず死んで、人知れず忘れられていくことはなかった。

マイルズの葬式は全米の新聞や雑誌で大きな記事として扱われ、マイルズの棺を担ぐエンジェルたちの写真も掲載された。『ライフ』誌は、墓地に向かうバイカーたちの車列の写真を掲載した。その日のテレビのニュース番組は、マイルズの葬儀の様子にトップニュースの地位を与えた。

『サンフランシスコ・クロニクル』紙の見出しはこうだ。

ヘルズエンジェルズは自分たちを埋葬した 黒のジャケット そして奇妙な尊厳

マザー・マイルズが見たら喜んだだろう。

埋葬が終わると間もなく、葬送を終えたアウトローバイカーたちのキャラバンは、サイレンを鳴らす警察の車両に守られながら再び隊列を組み、町の外へ向かって進行を始めた。

市の境界まで来ると、警察当局とヘルズエンジェルズの束の間のレクイエム休戦は終了した。アウトローたちは一斉にエンジンの回転数を上げ、これでもかと言わんばかりの爆音をサンフランシスコ湾に響かせながら速力を増し、ベイブリッジを一直線に渡ってリッチモンドへと突っ走る。アウトローバイカーたちは次にそこに集合し、夜通しの追悼集会を行う予定を立てていた。夜が明けてだいぶ経ってからも、警察はピリピリと緊張していた。

日曜の夜、オークランドで会合が開かれ、支部内でマザー・マイルズの地位を後継する者としてビッグ・アルが決定した。就任式は簡素で、葬儀のように重々しいものではなかった。葬儀後間もなく開かれた定例集会では笑い声も聞かれ、もはやバンシー（註2）の泣き声は消え去りつつあった。

集会が終わると、オークランド・エンジェルズの新たな溜まり場となった〈シナーズ・クラブ〉で、ビールパーティーが行われた。店が閉まる頃には、次のランの予定がすでに決まっていた。ヘルズエンジェルズの次のランは、来る春の最初の日、ベーカーズフィールドが目的の地とされた――。

一生のあいだ、私の心は名づけることのできないものを追い求めていた。

――長いあいだ忘れていた詩から思い出した一節

ヘルズエンジェルズの取材を終えて数カ月後――。私は、元来の私の居場所であるジャーナリズムの世界へと戻り、もはやヘルズエンジェルズと時間を過ごすことはなくなっていた。

しかしガレージには、エンジェルたちとともに荒野を駆けた、1台の巨大なバイク、BSAが残されていた。

誰もが寝静まった深夜3時――。とうとう私は、長い眠りにつかせていた400ポンド（181キロ）の深紅のクロームボディを、101号線の湾岸道路に解き放つことにした。BSAは、エンジェルたちとつき合っている頃、一度激しい衝突事故を起こして完全に壊してしまったもので、数カ月をかけてレストアした。

（註2）アイルランドとスコットランドに伝わる女の妖精。大声で泣いて家人の死を予告する。

夜中の湾岸道路には、警察が待ち伏せしているかもしれない。エンジェルたちと走っていた頃の走り方を、私はすでに捨てていた。自らの宿命を試すかのように無謀にカーブに突っ込むことはもうしない。きちんとヘルメットを被り、制限速度の範囲にスピードを抑え、一般市民のお手本のように、ゆっくりとスロットルをひねって道を走ろう。それなら大丈夫だ――。実際、私の保険はキャンセルされており、運転免許証も、取り上げられる寸前だったのだ。

私は、その日の深夜の孤独なランを、頭をスッキリさせるために、ほんの短い距離、2、3のカーブを走るだけで終えようと考えていた。1人きりで湾岸を走り抜ける孤独なランは、いつだって狼男のように夜中に出発するものなのだ。

しかし制限速度を心がけていたはずの私は、海風を真っ向から受けて街道を走り込んでいるうち、いつしか轟音を響かせながらゴールデンゲート・パークを抜け、海辺の街道へ駆け込んでいた。深夜の波が防波堤に激しく当たり、砕け散る大きな音を立てている。

暗闇の果てのハイウェイはサンタクルーズまで伸びている。この先70マイル(113キロ)、ガソリンスタンドすらない一本道だ。ロッカウェイ・ビーチに下ったあたりの終夜営業ダイナーの安っぽいネオンサインだけがチカチカ瞬いている。

こんな夜は、ヘルメットも、制限速度も、慎重さも、すべてが不要なものに思われた。その時の私の精神状態を喩えるなら、そう……終の禁酒を誓ったはずの意志の薄弱なアルコール患者が、軽くちょっとのつもりで、引き返せないところまで一線を越えてしまう――そんな危うい境界線上にいたのかもしれない。

湾岸線近くのサッカー場から少し進み、公園通りを出て赤信号で停車した。

車の往来が1台もない漆黒のアスファルトで、とろとろとアイドリングの音を夜気に流しながら、私はぼんやりと信号の点滅を眺めながら夢想に耽った。

――どこかの街道沿いのダイナーか安酒場に、エンジェルたちがバイクを停めてやしないだろうか……。

信号が青に変わると同時に、現実に引き戻された。ブーツの先で、ギアをファーストに入れる。35マイル、45マイル（56キロ、72キロ）。

ギアをセカンドにチェンジ。信号なんて関係ない。エキゾーストが夜霧にむせぶように唸り始め、私と一体となったバイクは、リンカーン通りをただ一直線に通過した。

脳裏をよぎっていたのは、そこにハイウェイがある限り、変幻自在に姿を変えては現れる、あのバイクに乗った酔っ払いの狼男たちのことだけだった。奴らもまた、この月夜の晩に、私と同じようにランを始めているかもしれない。さらに私はスピードを上げた。風切り音が鼓膜いっぱいに膨張する。もしかしたら！　連中が突然目の前に姿を現し、激突すれすれに私目がけて突進してくるかもしれない。

仮にそんなことがあるにせよ、3車線もあれば、どんなにスピードを出したバイクでも十分にかわせるに決まっている。大丈夫だ――。ギアをサードに入れる。75マイル（121キロ）。耳の奥で誰かが何かを叫び始めた。風が顔面に乱暴に押し寄せ、高いボードから水に飛び込んだみたいに、眼球が押し潰されそうになる。

もはや私は、私自身で制御できない何者かだった。シートに深く腰かけて、前傾姿勢をとってさらにスピードを上げる。風の激流の中で車体が暴れ始めた。前輪が安定を失い危険水域までブレ始めたが、私は気にせずハンドルを握り、スロットルをまわし続けた。

遥か前方に、チカチカと光る4輪車のテールライトが小さく目に入った。赤ライトがみるみる近づき、そして瞬時、ザザザザアァアァぁぁあぁぁぁぁァァァァァアアア――私のマシーンは、深夜のハイウェイを高速で走っていたスポーツカーを、遥か遠く右サイドに追い越していた。

動物園近くのカーブへの突入に供え、重心をかすかに移動させた。緩いアールを越えてゆけば、すぐに海へと道は通じる。視界の先に、暗く平板な砂丘がぬめぬめとした生き物のように拡がっていた。ハイウェイに飛んできた砂が、もし吹き溜まりのように路面に散っていたら、スピードを出し過ぎた私のバイクは、油に乗り上げたように瞬時にコントロールを失い、クラッシュ！　火花を上げて転がり滑ってゆくだろう。

よくある新聞の3行記事——昨日、身元不明のバイク乗りがハイウェイ1号線でカーブを曲がりきれずに事故死しました……。

路面に砂はない。私は躊躇なくギアを4速に上げた。もはや風の他に何の音も聞こえなかった。マシーンは望むまま最高速で猛々しく走り続けた。震える指先をゆっくりとハンドルの先に伸ばし、ヘッドライトをハイビームに変えた。

速度計に目をやると、針は100という数字に迫ろうとしていた。風に焼かれた眼球が、生態が反射的に行動するための余地を残そうと、闇に浮かび上がるセンターラインをじっと、ただ本能に任せて追い続ける。スローモーションのようだった。しかしスロットルはすでに完全に開きっぱなしで、人間の生存本能が介在する余裕など、もはやどこにも存在しない。かすかなミスすら許されなかった。マシーンと人間が完全に一致して、正確な瞬間を生き抜かねば、瞬時にすべてが終わるのだ。そして……奇妙な音楽が始まった。

懐かしい、それは久しぶりに聞く、実に心地のよい、しかし実に不思議な奇妙な音楽なのだった。いいかい？　もし君が、ここまで運を天にまかせて速度を求めることがあったとしたら、恐怖は昂揚に変わり、生死すら越えた運命が君の腕の中で、ただ楽しげに振動し始める。憶えておくといいぜ——。深夜のハイウェイを時速100マイル（161キロ）で走っていると、バイカーの視界にはもう何も映らない。君の涙は突風に吹き流され、耳に達するより早く蒸発してしまう。

聞こえるだろう。そう、風の音。マフラーから遥か後方へ流れゆく鈍い唸り。君はセンターラインの白い線だけを凝視し、そして何かに寄りかかろうとする……。

マシーンはそれ自体が意思を持った獰猛な獣のように吠えながら右へ、そして左へ、まるで自分の意思ででもあるかのように自在に方向を変えながら、パシフィカまでの長い下り坂を、さらに速度を上げて走り続けた。私は何も考えず、望むままに奴を開放してやる。

街灯が、空を飛ぶジェット機のような黒い閃光を沿道のアスファルトに映し、一瞬、正気が蘇る——警察に気をつけなくては！

しかしすぐにまた次の暗闇に包まれる。と、数秒も待たず、私はギリギリの臨界点に達した……エッジだ。エッジ。これを説明するのは難しい。エッジを説明する言葉など、この世に存在しない。

本当にエッジがどこにあるのかを知っているのは、そこに行ったことがある者だけだ。みんな——つまり現在も生存しているエッジを知る者たちは、自分で自分をコントロールできる最大限まで自分を押し進めてから、ギリギリの地点で引き返したか、あるいはペースを落としたか、あるいは今死ぬかあとで死ぬかという選択を、極限の状態で、迫られる臨界点で、できる限りの選択をしたんだよ。ああ。

だがね……エッジはすぐそこにも転がっているよ。いや、君の内側にも存在するんだ。

バイクとLSDの繋がりは、世間の注目が、時代の中で偶然重なり合ったというものではない。ひとつの目的に達するための手段なんだ。終焉。そして……

やあ、覚醒の世界へようこそ——。

あとがき

1966年の労働者の祝日の夜――。私は4、5人のエンジェルから、手酷い暴力を受けた。エンジェルたちとの信頼関係を、少々過信し過ぎていたようである。殴ってきたメンバーは、私がエンジェルズを巧みに利用しているペテン師だと感じたらしい。

ちょっとした意見の食い違いが、突然、暴力に発展した。容赦なく私を殴り続けたエンジェルは、あまりよく知る支部のメンバーではなかったが、しかし私がこれまで親しくつき合ってきたエンジェルたちもまた、彼と同じヘルズエンジェルズの一員である。

したがって殴られている私をかばうメンバーは誰もなく、大勢が見守る中、私はただひたすらサンドバッグのように殴られ蹴られ、しだいに輪になって盛り上がる集団リンチの犠牲者となった。

初の一発は警告もなく顔面を襲ってきた。その瞬間、私は朦朧とする頭で、「いずれこうして殴られることは、ヘルズエンジェルズのような集団とつき合ううえでは避けられない。酔っ払った末のアクシデントのようなものだ」と軽く考えていた。しかしそうではなかった――。

数秒後、今さっきまで話をしていた別のメンバーに太い梶棒で背後から殴りつけられ、それからは、朦朧とする意識の中で徹底的な袋叩きにあった。大勢が二重三重になって私を囲み、嘲笑しながら鞭やチェーンを打ち下ろし、終わるあてのない暴力を愉しんでいた。口の中が裂け、血を感じながら突っ伏していると、視界の端に、私を見下ろしているタイニーの姿がぼんやりと映った。大勢が面白がって私のことをリンチしているその瞬間にあって、誰を一番発見したくないかといえば、タイニーだった。

その場にいた私の唯一の親しい友人、それがタイニーだったのだから。

助けを求めたが、希望より絶望の方が大きかった。

しかしそれでも、頭蓋骨を潰されたり睾丸を破裂させられる前に、私をリンチから助け出してくれたのだから、やはりタイニーには大いに感謝しなければならないのだろう——。重いブーツで繰り返し肋骨を蹴り上げられ、衝撃で頭ががくがくと揺れる遠い意識の中で、ぼんやりとタイニーの声が聞こえていた。

「……なあ、もうよせ。それくらいでいいじゃないか」

もしかしたら私が気づいていないだけで、いろいろと私をかばってくれていたのかもしれない。まあ、たとえ見ていただけだとしても、いよいよ私の頭に叩きつけようと巨大な石を頭上に構えたゴロツキを制止してくれたのだから、それだけで十分だ。慈悲深いタイニーは、私の頭に狙い澄ましてゴジラのような凶暴な腕で頭上高くに大きな石をかざしていた見知らぬエンジェルを、あっちへ行けと遠ざけてくれた。しかしその後もエンジェルたちのリンチは続き、私は暴力の玩具にされ続けた。

ちょっとした小休止のタイミングでタイニーが割って入り、私を2本の足でしゃんと立たせ、車が置いてあるハイウェイの方向へと逃がしてくれた。誰も追ってはこなかった。私へのリンチは始まった時と同様、説明のつかない突然さで、それきり終わったのである。

あの夜のことを私と話すエンジェルは、その後もいない。私もまた、なぜ殴ったのか?との説明を迫らなかった。サメの群れに、狂ったように食うのはなぜか?　と質問しても無駄なことだ。

私はズタボロだったが、それでもどうにか車に乗り込み、キーをまわしてエンジンをかけた。とめどなく溢れ出てくる血を唾とともにダッシュボードに吐きながら、助かった片目の焦点が合ってくるまで、私は真夜中の街道をふらふらと、あやふやな意識のままハンドルにしがみついていた。

あまり遠くまで行かないうち、後部座席でマグーが眠りこけていることに気がついた。路肩に車を停め、私はマグーを起こす。

「おいマグー、起きろよ」

マグーは私の血だらけの顔を見てギョッとしていた。「ジーザス・クライスト!! いったい誰にやられて逃げてるんだ? 早く起こしてくれりゃいいのに!」

「気にするなよ」私は言った。「降りた方がいい。俺は行くから」

マグーは虚ろな表情で頷くと、「お前を殴った敵を捜索し復讐しにいく」と言いだした。

私は黙って首を振り、マグーを砂利の路肩へ降ろして車を出した。

次に停車したのは、50マイル(80キロ)ほど南へ行ったサンタローザの病院だった。

緊急病棟の待合室に入ると、怪我をしたジプシージョーカーズのメンバーでいっぱいだった。パイプで顎の骨を割られた重傷者もいた。その日の夕方、早い時間に、ヘルズエンジェルズと衝突したのだという。ジョーカーズはエンジェルズに復讐を果たすため、北に向かっている途中なのだと。

1人が言った。「派手な殺し合いになるだろうよ」

「だろうな」私は同意し、彼らの幸運を願った。

もうこんなことにかかわり合いたくなかった。たとえショットガンを持っていても、もう御免だった。私はくたくたに疲れきっていた。体中が傷だらけで、あちこちが腫れあがっていた。顔はまるで高速で走っているハーレーのスポークに突っ込んだように無残に裂けている。意識を失っていないのは、折れた肋骨が酷く痛んで、ずっと痙攣していたからだ。

まったく酷いトリップだった。ある時は、切り裂くようにワイルド。またある時は、怠惰で薄汚なかった。

しかし結局のところ、集団リンチを受けるのは、麻薬で体験する不快な幻覚に似た感じだった。

サンフランシスコへ車で戻る道すがら、私の中のひとつの時代が完全に終焉を迎えたことを自覚した私は、私自身が葬り去ったその時代に、何かぴたりとくる墓碑名を刻んでやることにした。オリジナルな言葉が欲しかった。

しかし頭の奥では、ジョセフ・コンラッドの小説『闇の奥』のミスター・クルツの最後の言葉がこだまし続け、私は長いことその言葉から逃れることができなかった――。恐怖！　恐怖！……獣どもを殲滅するのだ！

訳者あとがき

本書『ヘルズエンジェルズ』は、アメリカのジャーナリスト、ハンター・S・トンプソンのデビュー作となるノンフィクションである。

舞台は1965年――。内包していた様々な社会問題が一気に表面化してきた、アメリカ合衆国混迷の時代である。公民権運動。ケネディ暗殺。ベトナム戦争。フラワーチルドレン……。大都市のスラム街に、マイノリティの少年たちからなるギャング団が結成され始めたのも、合衆国の歴史上初めて、黒人による市民暴動（ワッツ暴動）が起きたのもこの時期だ。

古き良きアメリカ的伝統に終止符が打たれ、混沌とした現代アメリカが産声をあげる瞬間の社会的混乱期。そうした時代の最中にもうひとつ、合衆国全体の安全保障にかかわる新時代の脅威としてFBIの重要捜査対象になった無法者集団があった。アウトローバイカー・クラブ――〝ヘルズエンジェルズ・モーターサイクルクラブ〟である。

ヘルズエンジェルズは、独特の儀礼様式を築きながらカルト的に自然組織化した若者たちのオートバイ集団で、彼らは特殊な形に改造したオートバイを乗りまわしては、街道の小さな町々を襲い、すべてをめちゃくちゃに破壊してレイプする――。虚実取りまぜたヘルズエンジェルズに関するニュースが全米に配信されると、当時のアメリカ市民社会は、激しく動揺し恐怖することとなる。

その渦中にハンター・S・トンプソンは飛び込んだ。時代を動かしたアウトローバイカーなる若者集団の本質とは、いったい何なのか？　ルーツは？　取材を通してトンプソンが突き止めた〝ヘルズエンジェルズという集団を生み出した現代アメリカ合衆国の社会病理〟に対する考察は、見事。

現代の日本社会に生きる我々の目から眺めると、なぜ、ただひとつのモーターサイクルクラブ（要するにオートバイ同好会）が、アメリカ国家の安全保障を揺るがすほどの脅威として市民社会、政治世界、治安当局、全米メディアの関心を一身に集め、叩かれまくらなければならなかったのか？　――正直、状況を今ひとつ想像し難いのだが、時間的、空間的、文化的な差異を超えて、読者を1960年代の取材現場の臨場感に、読み進むうちぐいぐいと引きずり込んでゆく著者ハンター・S・トンプソンの手腕は、まさにニュージャーナリズムの真骨頂。圧巻としか言いようがない。

それゆえ本書は出版時ベストセラーとなり、その後も、今日の興味を満たすスリリングな1冊として、現代に至るまでアメリカ社会で読み継がれている、ジャーナリズムの古典的名作なのである。

著者のハンター・S・トンプソンは本書刊行時、弱冠27歳。フリーランスのライターである。ケンタッキー州ルイヴィルの田舎で生まれ、大した学歴もなく、ニューヨークに出てフリーになった。危険大好き。騒動大好き。正義漢。そして無茶苦茶。トム・ウルフをして〝GONZO（ならず者のジャーナリズム）〟と言わしめた、まさに常識破りの者。

ハンター・S・トンプソンの目から見て語られる1960年代半ばのアメリカ社会の状況。ハンターは、時にジャーナリストとしての視線を見失いながら、被取材者とともにバイクを疾駆させ、浴びるように酒を飲み、マリファナを吸いながら、時の権力者に「ノー！」を突きつけ、挑発し、銃を忍ばせて取材現場に向かう。エンジェルたちと信頼を築き、友情を結び、しかし一方で徹底的に資料をもとに果断な推論を行い、そして……、殴り倒される。

取材手法、情報収集、その分析、発見される結論、文章表現、未来への提言――。本書のあらゆる部分に、競争厳しきアメリカジャーナリズム界にこの1冊で打って出ようという、若者ハンター・トンプソンならではの意気込みと才気が満ち溢れ、若く強い野心が、読んでいて心地よい。著者は、のちに全米メディアを代表するスターライターに育ってゆくのだが、その原石としての耀きにまざまざと触れた気がした。見事という他ない。

本書は、大きく分けると5つのパートで構成されている。

1　ヘルズエンジェルズという脅威が、どのようにつくられていったのか？　徹底的なメディア検証

キャリアのない若いフリーランスライターである著者が、ニューヨークに本拠を構える全米メディア界の権威に対し、鋭い言葉のジャブを繰り出しながら、これでもか！　と過ちを連続して追及してゆくシーンは、痛快極まりない。胸がすくものである。本書の約3分の1のテーマは、この部分に当てられる。

2　ヘルズエンジェルズというオートバイ集団の驚くべき生態の解明

アウトローバイカーというのは、ハンターの言葉を借りるなら、当時のアメリカ社会に登場した、まったく新しいひとつのライフスタイルなのである。それゆえ、市民社会はヘルズエンジェルズを好奇の視線で眺めると同時に恐怖した。

1960年代は、全米ハイウェイ網が完備したモータリゼーション幕開けの時代である。そこに降ってわいた〝交通網を利用して、強奪と闘争を行うオートバイの犯罪集団が現れた〟という都市伝説めいた噂。当時のアメリカ社会では、まだまだオートバイという乗り物自体がニューカマーなのである。

本当か嘘か、ハンターが偶然道で出会ったという、ホンダ創業者の一族に持ちかけられたバイク事業の利益分配の話など、ユーモア溢れるエピソードが続き、読み応え十分。ハー

レーダビッドソンというバイクメーカーが、短時間に世界マーケットの敗者となってゆく解説部分に、ハンターの涙が滲む。

3　ヘルズエンジェルズのルーツを合衆国の歴史を遡っての探求

ヘルズエンジェルズの結成は、第二次世界大戦後の復員兵たちの時代。しかしさらに、さらに時を遡り、ハンターはヘルズエンジェルズのルーツを、アメリカ移民時代に見出す。取材と推論。大胆に駆使される想像。ハンターが語るアメリカ開拓の陰の歴史物語。ハンターもまた末裔としての気持ちで書いている。胸にくる。

4　ヘルズエンジェルズと、ベトナム反戦運動、当時盛んであったＬＳＤ実験との関連

『カッコーの巣の上で』の作者ケン・キージーや、詩人のアレン・ギンズバーグなど、65年当時のアメリカの、時代を代表する文化的人物が普段着で登場するのも、本書ならではの魅力溢れる部分である。ケン・キージーの邸宅でのパーティの様子。キージーとエンジェルたちの友情。ギンズバーグが、友情を交わしているエンジェルズのボス、ソニー・バージャーに宛てた、「ベトナム反戦デモの邪魔はしないでくれ」という長文の詩。ハンターとの交流。当時のカウンターカルチャーを知るうえで、貴重なエピソードが連続する。

5　ヘルズエンジェルズへの取材を通して導き出されたアメリカ社会病理の正体。未来への提言

当時のアメリカ市民社会が抱えていたいかなる病理が、どのような過程を経て、ヘルズエンジェルズという集団を生み出し、奇妙な形で社会に表出することになったのか？　権力者。マイノリティ。教育。貧困。社会構造の問題点を舌鋒鋭く多角的に指摘しながら、来るべき未来の社会へ向けて、ハンターならではの提言を厳しい論調で行う。読みどころである。

文章表現は、詩的な優雅さを湛えて格調高く、自在なユーモアに満ち、限りなく美しい。でありながら、突如暴力的に斬り込んでくる高い攻撃性！　めまぐるしく、激しい展開のある筆遣いである。なるほど、本書の原著が〝判読難解な美文〟として高い文学的評価を受けているわけである。しかし本書は、アメリカ60年代の社会状況の一断面を、現代の日本社会に生きる我々が、〝教養〟として身につけるための著作物ではない。

混沌を生きる者たちへ――。

本書は、若き日のハンター・S・トンプソンが命がけで探し当てようとした、あらゆる時空の混沌を生きる者たちへの処方箋、あるいはその可能性である。混沌は、歴史を問わず、いつの世にもある。たとえ今が、現在であれ、過去であれ、未来であれ、あらゆる国のあらゆる場所で、我々は混沌の中に苦悩している。

1965年の若きハンター・S・トンプソンは、本書において、苦悩するアメリカ社会の真っ只中に自分の身を置きながら、自らもまた必死にもがき、苦しみ、時代を手探りしながら、生きる処方を探そうと、社会に有効な処方箋を探ろうと、悪戦苦闘の努力をしている。桁外れのアウトロー集団にしがみつき、瀕死の重傷を負うまでバイクを走らせ、ドラッグを摂取し、殴られ蹴られ……、そうして〝何か〟を探し出そうとしている著者の姿そのものが、現代を生きる我々に対しての有効なひとつの処方になっているのだと、私は確信しながら原著にあたっていた。

翻訳に関して、若干の裏話をさせていただく。本書は、訳者にとって初めての翻訳書となる。構想15年、実作業8年――というと長いような、短いような……いや、格好をつけていてもしょうがない。実は本書は、大学教育を受けていない全くの文盲が、辞書を引きながら6年かかって日本語に訳した、そういう1冊なのである。

それゆえご想像通り、これほどの大著が文盲1人の力で訳せるはずもなく、協力していただいたのは、佐々木一彦、田村理香、小路恭子、高村峰生、中垣恒太郎、新井景子の各氏、いずれも大学で専門に翻訳を学ばれた俊英である。彼らの協力の礎なしに本書の完成は、ありえなかった。大事業に協力していただき、本当に感謝している。

さらに、仕事で行った日本全国の様々な外人バーで捕まえては、闇雲にコピーを突きつけ、うまく掴めない部分を詰問させてもらったアメリカ人、カナダ人、オーストラリア人、イギリス人も数名いた。君たちに教えてもらったところも、確かにある。「俺は今、ハンター・トンプソンの『ヘルズエンジェルズ』を訳しているのだ」と告げると、大半の人たちが「ええっ！　お前が？」と驚嘆に目を見開き、それぞれの解釈で、不明な部分を酒に酔いながら解説してくれた。今から考えると、結構みんな適当だったが、いずれもためになった。高級メディアの特派関係者から、有意義なご指摘をいただいたこともある。大概は自分が1杯奢ったが、奢られたことも多く、もしかしたら、より多く奢られたかもしれない。「ハンターを訳している」と言うと、様々な場所で、様々な人たちに、驚くほどモテたのである。可愛い子もいた。それだけの理由で得体の知れない錠剤がまわってきたこともある。嬉しい驚きだった。当然すぐに飲み下したが、あれは何だったのだろう？

版元のリトルモアの社長孫家邦氏、担当編集者浅原裕久氏、辻枝里氏に、感謝を示しておきたい。そもそも、小さな頭脳で大きな野望を抱いた文盲の自分に、よくぞ翻訳のチャンスを与えてくれたものである。しかるのち、ハンターが60年代に検証したアメリカのメディア資料と同じものを入手し、つまり膨大な量の雑誌や新聞や地図や写真をかき集め、原著者が行ったのと同じ検証を自分たちでもう一度行うぞ！　という、もはや翻訳というよりも検証取材そのものという面倒臭い作業に、よくぞ長い期間お付き合いくださいました。装丁家の緒方修一さん。今回もどうもありがとうございます。『*SPEED*』（単行本）以来の付き合いです。楽しみにしてました。ソフトでこの厚さ。ありがとうございます。

そして*Dr.*ハンター・S・トンプソンへ、多大な感謝を申し述べたい。

R・I・P――ハンター・S・トンプソン氏は2005年2月に、銃による自殺を遂げている。完成した本書を届けることが間に合わなかったことに無念の思いがある。本書を墓前に届けるのは、これからの作業となろう。

偉大なる大作家よ。安らかにお眠りください。本書の原著を読み返すたび、本当にこれを27歳の若者が成したのか？　意気込みとど根性に震え上がる。最後に原著からの抜粋を、少々要約して紹介させていただく。

――政府は、数えきれないほどの疎外と自己喪失に悩み苦しむ若者を生み出しながら、何の対処もせずに、ただ捨て置き、無視し、放置し続けてきた。

これは政治の話ではない。人間存在の尊厳の話をしているのだ。

ヘルズエンジェルズは、断じてアメリカ建国ロマン主義の残滓などではない。

彼らは社会の片隅で、疎外と自己喪失にこもったまま孤独な敗者として惨めに生きる人生を断固として拒否し、自らの意思で、自力で立ち上がった人間たちなのである。

多くの助力を頂きながらも、まことに稚拙な訳文の仕上がりではあるが、現代の混沌を生きる我々に対して有効な可能性を持った1冊であることを確信し、本書の翻訳を閉じる。

2011年2月20日　石丸元章

写真提供：*Time & Life Pictures/Getty Images*
（カバー、48-49 頁、464-465 頁、540-541 頁、604 頁）

ヘルズエンジェルズ
HELL'S ANGELS

2011年2月20日　初版第1刷発行
2012年6月20日　初版第2刷発行

著　者　ハンター・S・トンプソン

訳　者　石丸元章

編集者　浅原裕久　辻枝里

発行者　孫家邦

発行所　株式会社リトルモア
〒151-0051　東京都渋谷区千駄ヶ谷3-56-6
電話　03-3401-1042
FAX　03-3401-1052
e-mail　*info@littlemore.co.jp*
URL　*http://www.littlemore.co.jp*
印刷所・製本所　図書印刷株式会社

Printed in Japan
*ISBN*978-4-89815-306-2　*C*0098